하나님의 사랑

하나님의 사랑

1판 1쇄 인쇄 2020년 9월 10일
1판 1쇄 발행 2020년 9월 15일

지은이 김서택
발행인 한동인
펴낸곳 (주)씨뿌리는사람

등록번호 제2006-4호
주　　소 경기도 이천시 경충대로 2096-4
　　　　　　(서울사무소) T. 741-5181, 4 F. 744-1634

책값은 뒤표지에 있습니다.

ISBN 978-89-90342-48-5

Web www.kclp.co.kr

"천국은 마치 사람이 자기 밭에 갖다 심은 겨자씨 한 알 같으니
이는 모든 씨보다 작은 것이로되 자란 후에는 나물보다 커서 나무가 되매
공중의 새들이 와서 그 가지에 깃들이느니라"(마 13:31-32)

공급처 기독교문사 도매부 T. 741-5181~3 F. 762-2234

하나님의 사랑
김서택

씨뿌리는 사람

프롤로그
Prologue

요한복음 강해 《하나님의 사랑》을 완성할 수 있게 되어 얼마나 기쁘고 감사한지 모릅니다.

요한복음이 얼마나 은혜스러운지 누구든지 읽기만 해도 믿음이 생기고 예수님을 알게 됩니다. 하물며 요한복음을 설교하기만 하면 하늘에서 불이 떨어지는 부흥을 경험할 수 있습니다. 요한복음은 사도 요한이 많이 늙었을 때 기록한 복음서입니다. 그래서 다른 복음서에 있는 내용도 있지만 빠진 내용도 많이 기록되어 있습니다. 사도 요한은 예수님을 '하나님의 아들' 이시요, '태초부터 계신 말씀' 이라고 소개하고 있습니다. 하나님의 아들이 이 위대한 말씀을 남기셨습니다. 우리는 이 요한복음을 '보물지도'로 알고 열심히 탐색해서 인생의 보물을 꼭 찾으셔야 합니다.

저의 부족한 설교집을 언제나 기꺼이 책으로 출판하셔서 꿋꿋이 문서사역을 감당하시는 한동인 사장님께 깊이 감사드립니다. 그리고 늘 저의 말씀의 동역자가 되어주시는 대구동부교회 성도님들에게 깊은 감사를 드립니다.

대구 수성교 옆에서
김서택 목사

차 례
Contents

프롤로그   04

01	하나님의 비밀	요 1:1-13	09
02	은혜 위에 은혜	요 1:14-18	20
03	하나님의 어린 양	요 1:29-34	30
04	무화과나무 아래서 보았노라	요 1:43-51	40
05	새로운 인생	요 2:1-12	50
06	너희가 이 성전을 헐라	요 2:13-22	60
07	두 번째 인생	요 3:1-8	70
08	하늘의 일	요 3:9-15	80
09	하나님이 세상을 이처럼 사랑하사	요 3:16-18	90
10	하나님의 맞선	요 3:29-36	100
11	인생이 바뀐다	요 4:1-30	109
12	너희가 모르는 양식	요 4:31-42	119
13	예수님의 말씀	요 4:43-54	129
14	희망은 있다	요 5:1-9	139
15	아버지께서 일하시니	요 5:10-18	149
16	죽은 자들이 음성 들을 때	요 5:19-29	159
17	부흥의 주인공	요 5:30-47	170

18	말씀이 현실이 되다	요 6:1-14	180
19	물 위를 걸으신 이유	요 6:15-27	191
20	생명의 선물	요 6:28-40	201
21	하늘의 양식이 필요한가?	요 6:41-59	212
22	기회를 놓친 사람들	요 6:60-71	223
23	누구든지 목 마르거든	요 7:37-39	233
24	용서받지 못할 죄인은 없다	요 8:1-11	243
25	생명의 빛	요 8:12-20	254
26	진리가 자유롭게 하리라	요 8:31-36	265
27	영원히 죽지 아니하리라	요 8:51-59	275
28	실로암 못에 가서 씻으라	요 9:1-12	286
29	목자가 필요하다	요 10:1-12	297
30	예수 선한 목자	요 10:13-39	307
31	진짜 죽은 자를 살리심	요 11:1-44	317
32	믿으면 하나님의 영광을 보리라	요 11:17-57	328
33	부활을 믿는다면	요 12:1-8	338
34	한 알의 밀알	요 12:20-31	348
35	빛을 믿으라	요 12:30-50	359
36	유다는 왜 주님을 배반했을까?	요 13:1-3	369
37	끝까지 사랑하심	요 13:1-20	379
38	영광의 서곡	요 13:16-38	390
39	너희는 근심하지 말라	요 14:1-6	400
40	아버지를 보여주소서	요 14:7-14	412

차례 Contents

41	고아와 같이 버려두지 아니하고	요 14:15-24	422
42	예수님의 평안	요 14:25-31	432
43	참 포도나무	요 15:1-8	442
44	과일의 비밀	요 15:9-17	453
45	세상이 나를 미워할 때	요 15:18-27	463
46	보혜사 성령	요 16:1-7	473
47	정의의 기준	요 16:7-15	484
48	내가 세상을 이기었노라	요 16:16-33	495
49	하나님이 내민 손	요 17:1-10	506
50	세상에 남은 자들	요 17:11-25)	516
51	믿는 자는 영원하다	요 17:14-23	527
52	우리가 가야 할 곳	요 17:24-26	537
53	죽음을 찾아들어가심	요 18:1-11	547
54	억울한 죄수	요 18:12-27	557
55	왕을 심판하다	요 18:28-40	568
56	예수님의 십자가	요 19:1-42	579
57	놀라운 소식	요 20:1-18	590
58	평강 있으라	요 20:19-31	600
59	배 오른편에 던지라	요 21:1-14	610
60	네가 나를 사랑하느냐	요 21:15-25	620

01

하나님의 비밀

요 1:1-13

우리가

하루에도 수십 번 들여다보는 스마트폰 안에는 많은 비밀기술이 들어 있습니다. 그 기술 중에는 자판으로 문자를 입력하면 화면에 글자가 나오기도 하고, 스마트폰을 기울이면 화면이 세워지기도 하는 기술이 있습니다. 또 요즘은 말만 해도 그 대화가 문자화되어서 상대방에게 보내면 화면상으로 전달됩니다. 삼성전자만 해도 스마트폰에 오천 개 이상의 특허를 가지고 있다고 합니다. 스티브 잡스의 전기를 보면 자판으로 입력하는 글자를 화면에 나타나게 하는 기술이 아주 어려웠다고 합니다. 우리는 스마트폰이 이렇게 놀랍게 작동하는 원리를 잘 모르지만 그냥 이 기계를 사서 사용하기만 하면 되는 것입니다.

고급자동차에도 많은 비밀기술이 들어있습니다. 자동차 기술 중에서 가장 어려운 것은 역시 엔진을 만드는 기술입니다. 그리고 그것 외에도 요즘은 운전자가 없어도 자율주행 자동차가 자동인식으로 목적지까지 안전하게 가는 기술이 개발되고 있습니다. 그러나 우리는 그런 작동원리를 하나도 모르더라도 그냥 자동차를 사서 운전하기만 해도 자동차는 잘 가고 있습니다.

이와 마찬가지로 우리 인간에게도 수많은 비밀이 있습니다. 우리 몸에는 뇌의 구조, 신경의 역할, 심장과 간, 위, 폐, 혈관들의 아주 복잡한 비밀들이 있습니다. 의사들은 그 인체의 비밀을 많이 알아내어서 우리 몸의 병을 고치고 있습니다. 우리 몸에 병이 났을 때는 병원에 가서 고칠 수 있지만, 우리의 인격이 비뚤어지거나 가치관이 잘못되었거나 심지어는 영이 죽었을 때는 그것을 인간의 힘으로는 고칠 수가 없습니다. 그런 경우에는 그냥 그대로 살다가 죽는 수밖에 없는 것입니다.

요한복음은 예수님의 제자 요한에 의해 쓰인 복음서인데, 사도 요한은 말년에 엄청난 경험을 하게 됩니다. 요한은 예수님의 어머니 마리아를 모시고 에베소에 가서 목회할 때 예루살렘과 로마와 소아시아에는 엄청난 일이 일어났습니다. 그중 하나는 유대인과 로마 사이에 전쟁이 일어나서 유대인 백십만 명이 죽고 이십만 명이 포로로 로마에 끌려가게 되는 것이었습니다. 이 당시 유대인도 넓은 의미에서는 하나님의 백성들이었는데, 그들이 백십만 명이나 예루살렘에서 죽었다는 것은 엄청난 사건이었습니다. 이때 예루살렘을 함락시킨 로마 장군은 디도인데, 그는 황제가 된 후 이 년 만에 병으로 죽게 됩니다.

그리고 디도의 동생 도미티아누스가 로마 황제가 되는데, 그는 피해의식이 아주 심했고 정신적인 문제도 있는 사람이었습니다. 그래서 도미티아누스는 의심이 되는 원로원들을 죽이고 자기를 신이라고 부르지 않는 기독교인들을 엄청나게 박해합니다. 이때 주로 박해의 물결은 기독교인들이 많이 있었던 소아시아에 일어나게 됩니다. 그리고 사도 요한은 로마 군인에게 체포되어서 그 당시 채석장으로 유명한 밧모섬으로 유배 가게 됩니다. 전설에 의하면 도미티아누스 황제가 사도 요한을 여러 번 죽이려고 끓는 기름 가마에도 넣었지만 죽지 않았다고 합니다. 지금도 밧모섬은 풍랑이 심해서 여행하는 사람들이 멀미를 아주 심하게 한다고 하여, 바람이 세게 불면 아예 배가 뜨지를 않는다고 합니다. 특히 밧모섬은 땔 나무와 물이 없는 채석장이어서 거기에 끌려가는 죄수의 고생은 이루 말할 수 없다고 합니다. 요한은 이미 나이 많은 노인인데도 채석장에 가서 고생을 많이 하게 됩니다. 그러다가 사도 요한은 어느 주일 동굴에서 기도하던 중에 유명한 예수님의 묵시를 보게 되는데 그것을 기록해서 소아시아에 있는 일곱 교회에 보내서 그들이 어떤 상태에 있으며 앞으로 얼마나 치열한 영적인 전쟁이 일어나게 될 것인지 알려줍니다. 이것이 바로 요한계시록입니다.

요한은 밧모섬에 있는 중 경비대장의 아들이 귀신들린 것을 고쳐주어서 경비대장은 예수를 믿게 되었고, 또 요한을 악랄하게 핍박하던 마술사가 있었는데 자기는 바다에 들어가도 죽지 않는다고 하면서 마술을 부리다가 물에 빠져 죽는 바람에 사람들이 사도 요한의 말을 믿게 되었다고 합니다. 그러나 그 당시 이미 구십 세가 넘은 요한이 채석장에서 견디어내는 것은 어려웠습니다. 그러나 예수님은 계시를 통해서 요한에게 "네가 다시 나가서 하나님의 말씀을 전해야 한다."고 말씀하셨습니다. 그러다가 갑자기 기독교를 그렇게 박해하던 로마 황제 도미티아누스가 자기 부인의 노예에게 암살당하는 사건이 일어납니다. 그리고 요한은 밧모섬에서 풀려나게 됩니다. 요한이 에베소에 돌아왔을 때 에베소의 원형경기장에 수만 명의 교인이 모여서 열렬하게 그를 환영했습니다. 그때 요한은 "형제들아, 우리가 서로 사랑하자. 하나님은 사랑이시라"는 설교를 했다고 합니다.

사도 요한이 요한복음을 쓸 때는 아주 나이가 많은 때였습니다. 그리고 이미 마태복음이나 마가복음이나 누가복음이 꽤 많은 사람에게 읽히고 있는 때였습니다. 그리고 영지주의(靈智主義, Gnosticism)라는 이단이 맹렬하게 기독교를 공격하고 있었는데, 이 영지주의는 그리스 철학의 영향을 받은 사상입니다. 즉 인간의 이성(理性)이 가장 중요하고 인간의 육체는 타락했기 때문에 예수는 실제 인간일 수 없다는 사상입니다. 그래서 요한은 할 수 있는 대로 마태나 마가, 누가복음과는 중복을 피하면서 자신이 가장 가까이에서 체험했던 하나님의 아들을 바로 전하는 것이 필요하다고 생각한 것 같습니다. 요한복음이 쓰인 시기는 밧모섬에서 돌아온 후라고 생각되는데 그 내용은 이미 그가 그전에 교인에게 많이 가르쳤던 내용이었습니다. 그것은 바로 예수님만이 참된 진리이고 그 안에 참 생명이 있다는 것입니다.

1. 태초부터 계신 말씀

우리 모두에게는 남들에게 다 말하지 않은 비밀이 있습니다. 그것은 나만의 프라이버시이고 다른 사람들은 알아야 할 필요가 없는 것입니다. 마찬가지로 하나님에게도 비밀이 있었습니다. 사실은 하나님 자신이 전 세계 사람에게는 비밀이었습니다. 그러나 하나님은 자기 자신을 오직 이스라엘 백성들에게만 알리셨습니다. 그래서 우리는 보통 하나님이라고 하면 아브라함의 하나님, 이삭의 하나님, 야곱의 하나님이라고 부르든지 아니면 이스라엘의 하나님, 창조자 하나님, 혹은 성경이 증거하는 하나님 정도로 생각했습니다. 그러나 유대인을 제외한 전 세계 사람들은 하나님에 대하여 전혀 알지 못했습니다.

그러다가 갑자기 하나님이 유대인만이 아니라 전 세계에 나타내신 비밀이 있었습니다. 그것은 하나님에게 아들이 있다는 사실이었습니다. 이것은 전 세계가 놀랄만한 일이었고 믿기 어려운 일이었습니다. 즉 유대인들은 하나님만을 믿었고 아들은 생각도 하지 않았고 전 세계 사람들은 하나님조차도 믿지 않았는데 갑자기 하나님에게 아들이 있다는 것은 온 세계가 놀랄만한 일이었습니다. 그런데 요한복음의 저자 요한은 그분을 태초부터 계셨던 말씀이라고 소개했습니다.

> 1:1, "태초에 말씀이 계시니라 이 말씀이 하나님과 함께 계셨으니 이 말씀은 곧 하나님이시니라"

이 "말씀"으로 번역된 말이 헬라어 원어로는 '로고스(Logos)'입니다. 사도 요한은 예수님을 특히 태초부터 있던 '로고스'라고 소개하고 있습니다. 왜 예수님을 소개하면서 태초부터 계셨던 '로고스'라고 하는 것일까요? 이 당시 많은 지식인이나 기독교인들은 '로고스'를 찾고 있었습니다. 그런데 그들이 찾는 '로고스'는 주로 우주의 생성 원리라든지 인간의 이성 같은 것이었습니다. 그래서 이들은 철학이야말로 진정한 진리라고 생각하는 사람들도 많았습니다. 이때 그리스 철학자들이 보기에 이 세상은 어떤 원리로 꽉 차 있는데, 그 원리가 무엇인지 알 수 없는 것이었습니다. 그래서 그들은 그것을 로고스라고 부르기도 하고 인간의 이성이라고 부르기도 했습니다. 어떤 철학자는 그것이 '불'이다, '물'이다, 혹은 '원자'라고 하기도 하고, '숫자'라고 하기도 했습니다.

사도 요한은 이 세상에 어떤 원리가 있다는 것을 부인하지 않았습니다. 그런데 그 모든 것은 바로 하나님의 아들 되시는 그리스도가 만든 원리의 지극히 작은 한 부분에 불과했습니다. 즉 하나님의 아들은 온 세상과 인간을 만드신 기술자였던 것입니다. 그래서 예수님은 이 세상에 오셔서 사람들이 모든 병을 다 고칠 수 있었습니다. 예수님은 인간의 육신의 병이나 선천적인 장애나 귀신 들린 정신적인 병을 다 고치셨습니다.

그러면 사도 요한은 왜 예수님을 '말씀'이라고 소개하고 있는 것일까요? 우리 인간에게 말이라는 것은 의사소통하는데 가장 중요한 수단입니다. 인간은 말에 의해 행동을 하고 생각도 하게 됩니다. 그리스도는 하나님의 모든 비밀을 인간의 언어로 가져오신 분입니다. 그래서 예수님의 말씀 안에는 인간을 살리는 생명이 있습니다.

1:4, "그 안에 생명이 있었으니 이 생명은 사람들의 빛이라"

기술자는 드라이버 같은 공구를 가지고 고장 난 기계를 고치고, 의사는 메스를 가지고 환자의 병을 고칩니다. 그런데 예수님은 하나님의 말씀을 가지고 우리 인간의 병을 고치시는 것입니다.

2. 빛으로 오신 예수님

기술자나 의사가 자동차나 환자를 고칠 때 빛이 중요합니다. 요즘 의사들은 환자의 몸 안에 현미경 같은 것을 넣어서 그것을 보면서 수술을 합니다. 마찬가지로 그리스도는 말씀으로 먼저 우리 인간을 비추는 일을 하기 시작하셨습니다. 그런데 이 빛은 사람의 눈에 보이는 빛이 아니라 엑스레이와 같이 눈에 보이지 않는 빛이었습니다. 그런데 이 빛에 대하여 인간의 반응은 거의 없었습니다.

1:5, "빛이 어둠에 비치되 어둠이 깨닫지 못하더라"

우리가 겉으로는 모두 멀쩡한 사람들 같은데 속으로는 얼마나 깊이 병이 들어있는지 하나님의 빛이 비쳐도 전혀 깨닫지 못하는 상태였습니다. 즉 의식이 없는 상태였고 감각이 죽은 상태였던 것입니다. 사람이 정상적인 상태에 있다면 하나님의 빛이 비치면 반응이 있어야 합니다. 즉 기뻐해야 하고 행복해해야 합니다. 그러나 인간은 전혀 빛이 비치는 것을 의식하지 못하고 있었습니다. 그것을 대표적으로 보여주는 것이 하나님의 백성의 반응이었습니다.

1:11, "자기 땅에 오매 자기 백성이 영접하지 아니하였으나"

유대인들은 하나님의 빛이 오랫동안 비추었던 백성이었습니다. 하나님은 이스라엘 백성들을 애굽에서 인도하여 내시면서 구름 기둥과 불기둥으로 인도하셨고 애굽은 캄캄하였지만 이스라엘 백성들이 있는 곳에는 빛이 비치었습니다. 하나님은 이스라엘 백성에게 하나님의 말씀을 수도 없이 보내어주셨습니다. 그런데 이스라엘 백성들은 이 빛을 알지 못했고 오히려 이 빛을 죽여 버렸습니다. 만약 오늘도 예수님께서 우리를 찾아오신다면 '아, 예수님이시구나!' 하면서 맞이할 사람이 있는가 하면, '도대체 저 사람 누구야?' 하면서 빈정거릴 사람들도 있을 것입니다.

그런데 유대인들 중에서 모든 사람이 다 죽어 있었던 것은 아니었습니다. 요한복음 1장 43절 이하에 보면, 나다나엘이라는 사람은 처음에는 자기 친구 빌립이 메시야를 만났다고 하니까 "말도 안 되는 소리 하지 말라"고 하면서 "나사렛에서 무슨 선한 것이 나오겠느냐?"고 빈정거렸다가 예수님이 "네가 너를 무화과나무 아래 있을 때 보았노라"고 하시니까 "당신은 하나님의 아들이시요 이스라엘의 임금이십니다"라고 바로 반응을 했습니다. 안드레도 자기 형 베드로를 만나서 내가 메시야를 만났다고 하니까 즉시 예수님을 찾아왔습니다(요 1:41-42). 그러나 거의 대부분 유대인은 너무나도 깊이 병들어 있어서 이 땅의 오신 하나님의 아들을 알아보지 못했습니다.

1:9-10, "참 빛 곧 세상에 와서 각 사람에게 비추는 빛이 있었나니 그가 세상에 계셨으며 세상은 그로 말미암아 지은 바 되었으되 세상이 그를 알지 못하였고"

이 세상을 창조하시고 모든 학문과 모든 의학과 모든 세계를 만드신 그 하나님이 이 세상을 찾아오셨다는 것은 인류 역사상 최고의 일입니다. 이것은 노벨상을 받는 것이나 어떤 큰 병을 치료한 의사나 최고의 정치인들을 만나는 것과는 비교할 수도 없는 큰 사건입니다. 예수님은 이 세상을 고치기 위하여 오신 것이 아니라 우리 영혼이 병든 것을 고치기 위하여 오셨습니다. 우리는 사회가 병들었다고 하면서 고치려고 노력을 많이 합니다. 물론 그것도 해야 하겠지만 자기 자신이 병들었는데 어떻게 세상을 고칠 수 있겠습니까? 사람들은 유명한 가수나 영화배우가 오면 구름떼같이 몰려들어서 환영합니다. 그러나 우리는 이 세상보다 더 깊이 나 자신이 병들었다는 것은 알지 못하고 있는 것입니다.

사도 바울은 이런 말을 했습니다.

"어두운 데에 빛이 비치라 말씀하셨던 그 하나님께서 예수 그리스도의 얼굴에 있는 하나님의 영광을 아는 빛을 우리 마음에 비추셨느니라"(고후 4:6).

예수님이 이 세상에 빛으로 오신 것은 우리 자신이 마치 처음 세상이 만들어지기 전의 상태만큼이나 망가져 있어서 다시 창조하기 위해서 오신 것입니다. 처음 이 우주에 하나님이 "빛이 있으라" 말씀하시기 전에는 땅이 혼돈되어 있었고 그 안에 아무 생명체도 없었고 깊은 어둠만이 이 세계를 덮고 있었습니다. 그때 하나님께서 빛이 있으라고 말씀하시자 사실 보기에 끔찍한 모습이었지만 우주의 실상이 드러나게 되었습니다. 그때는 하늘이나 바다나 육지의 구별도 없었고, 별들도 제대로 빛을 비추지 못하고 있었고, 생명체는 생기지도 않았을 때였습니다. 그러나 하나님은 이 흉측하게 생긴 우주와 지구에 하나씩 하나씩, 하늘이 생기게 하시고 바다의 물이 모이게 하시고 땅과 별과 생명체도 생기게 하시고, 나중에는 인간도 만드셔서 너무나도 아름다운 세계를 창조하셨습니다.

마찬가지로 지금 인간은 사람의 탈을 쓰고 있을지 모르지만 속에는 괴물들이 들어 있어서 언제 어떻게 발작을 일으킬지 알 수 없습니다. 사람들은 내가 누구인지 알지 못하고 있고 지금 내 모습이 어떤 모습을 하고 있는지 모르고 있는 것입니다.

그러나 성경은 이렇게 말씀하고 있습니다.

"그런즉 누구든지 그리스도 안에 있으면 새로운 피조물이라 이전 것은 지나갔으니 보라 새 것이 되었도다"(고후 5:17).

우리를 새사람으로 만들기 위해서 하나님 아들 자신이 이 세상에 오셨습니다. 이 하나님의 아들은 하나님의 최고 비밀이었습니다. 그래서 본문 18절에 보면 "아버지 품속에 있는 독생하신 하나님이 나타내셨느니라"고 말씀하고 있습니다. "아버지의 품속에 있는 하나님"은 아버지 품속에 깊이 감추어져 있었던 하나님을 말합니다. 하나님은 우리를 너무 사랑하셔서 그렇게 오랫동안 감추어 놓으셨던 하나님의 아들을 내놓으셨던 것입니다. 그것은 우리에게 새 생명을 주시기 위해서입니다. 그래서 우리는 다른 어떤 것보다 새 생명을 가지고 산다는 것이 이 세상에서 가장 중요한 것입니다.

3. 영접하는 자

하나님은 그분의 품속에 있는 하나님을 우리 인간에게 보내시면서 엄청난 축복을 주셨습니다. 그것은 누구든지 이 아들을 영접하기만 하면 하나님은 그들에게 하나님의 자녀가 되는 권세를 주시겠다는 것입니다.

1:12, "영접하는 자 곧 그 이름을 믿는 자들에게는 하나님의 자녀가 되는 권세를 주셨으니"

여기서 참 빛 곧 메시야를 '영접'한다는 것은 무슨 뜻일까요? 우리가 다른 것은 알지 못하지만 메시야는 우리 한 사람 한 사람에게 찾아오셔서 "하나님이 너를 사랑하셔서 나를 보내셨다"고 말씀하십니다. 우리가 복음을 들으면 다른 것은 몰라도 하나님이 나를 사랑하신다는 것은 알게 됩니다. 그 하나님의 사랑을 믿고 받아들이면 하나님은 우리를 '위로부터 나게' 하십니다. 여기서 '위로부터 나게 한다'는 것은 그야말로 영어로 '본 어게인(born again)' 입니다. 예수님이 하나님의 말씀으로 우리 안에 하나님의 생명을 창조해주시는 것입니다. 그리고 우리 안에 하나님께서 천지를 창조하셨을 때처럼 빛이 없는 곳에 빛이 비춰게 되고 생명이 없는 곳에 생명이 생기게 되고 물이 없는 곳에 물이 흐르게 되고 꽃이 없던 곳에 꽃이 피게 되고 감각이 없던 곳에 감각이 생기게 됩니다. 기쁨이 없던 곳에 기쁨이 생기게 되고 행복하지 않던 삶이 행복하게 됩니다.

에베소서 5장 8절에 "너희가 전에는 어둠이더니 이제는 주 안에서 빛이라 빛의 자녀들처럼 행하라"고 했습니다. 전에는 우리가 어둠이었습니다. 어쩌면 모든 빛을 빨아들이는 블랙홀이었는지 모릅니다.

"그때에 너희는 그 가운데서 행하여 이 세상 풍조를 따르고 공중의 권세 잡은 자를 따랐으니 곧 지금 불순종의 아들들 가운데서 역사하는 영이라 전에는 우리도 다 그 가운데서 우리 육체의 욕심을 따라 지내며 육체와 마음의 원하는 것을 하여 다른 이들과 같이 본질상 진노의 자녀이었더니"(엡 2:2-3).

우리도 예전에는 하나님의 아들이 이 세상에 오신 것을 몰랐습니다. 그러나 누군가가 우리에게 그 놀라운 사실을 전해주었고, 우리는 하나님의 사랑을 믿었고 하나님의 말씀을 믿었습니다. 그랬더니 하나님은 우리에게 새 인생을 창조해주셨습니다. 이것이 바로 하나님의 자녀의 권세입니다. 이것은 어떤 마귀나 다른 사람도 빼앗을 수 없는 하나님의 권세입니다. 우리는 새로운 피조물이고 새로운 인생을 받은 사람들입니다. 이것이 참된 로고스이고 이것이 참된 학문이고 이것이 참된 진리입니다. 새 인생이 없는 사람은 완전한 어둠밖에 없습니다. 그들은 돈밖에 모르고 자기 권리밖에 모르고 자신이 무엇을 할 수 있는지 전혀 알지 못하는 것입니다. 하나님의 아들은 우리가 더 똑똑한 사람이 되고 우리가 더 부자가 되도록 오신 것이 아닙니다. 하나님의 아들은 우리가 새 인간이 되도록 오셨습니다.

우리는 새로 창조함을 받은 새 인간이라고 할 수 있습니까? 나는 하나님의 빛으로 치료함을 받은 피조물이라고 할 수 있습니까? 아니면 그냥 말만 기독교인이고 여전히 어둠입니까? 오늘 기독교는 빛이 아니라 어둠입니다. 오늘의 많은 교회도 빛이 아니라 어둠입니다. 그들은 빛이 왔지만 빛을 알지 못하는 사람들입니다. 빛은 돈을 사랑하지 않습니다. 빛은 자기 자리를 사랑하지 않습니다. 빛은 그 자체가 보배입니다. 오늘의 기독교인들이나 목사들은 빛을 끄고 있습니다. 빛이 이 세상에 왔으나 어둠이 빛을 꺼버리고 있는 것입니다. 그러나 어둠은 빛을 이기지 못합니다.

"영접하는 자 곧 그 이름을 믿는 자들에게는 하나님의 자녀가 되는 권세를 주셨으니"라고 했습니다. 하나님 아들의 인생은 돈이나 명예가 아니었고, 사랑이었으며 진리였고 능력이었습니다. 우리가 세상 것을 많이 가지려고 하는 것은 이 새 생명을 모르기 때문입니다. 세상 것을 알아주지 않는다고 화가 나는 것은 이 새 생명이 없어서 그런 것입니다. 오늘 마음을 열고 빛을 마음에 받아들이시기 바랍니다. 내 마음에 하나님의 사랑이 들어오게 하시기 바랍니다. 그래서 과거의 모든 어둡고 실패한 과거는 사라지고 하나님이 창조하신 새 세계에서 살아가시기 바랍니다.

02

은혜 위에 은혜

요 1:14-18

얼마 전에

어떤 분이 외국의 아주 유명한 산맥을 모르는 여러 사람과 며칠에 걸쳐서 트레킹 한 경험을 이야기했습니다. 여러 사람과 함께 깊은 산을 여행하는데 낮에는 산길을 걷고 밤에는 텐트를 치고 모닥불을 피워놓고 둘러앉아서 오래오래 이야기했다고 합니다. 하늘에는 수많은 별이 총총 박혀 있고 주위에는 오직 새카만 어둠밖에 없는데 자기들의 마음속에 담아둔 이야기를 하면서 모두 다 울었다고 합니다. 그러면서 그 여행은 자신의 인생에 있어서 영원히 잊을 수 없는 추억이었다고 고백했습니다.

    요한은 십대 후반에 예수님을 만난 것 같습니다. 요한은 예수님의 제자 중에서 얼마나 어렸던지 예수님의 품 안에 안겨서 이야기를 나눌 정도였습니다. 그리고 요한은 구십이 넘는 노인이 되기까지 예수님의 제자로 살았습니다. 요한이 한평생에 걸쳐서 예수님을 알고 지냈던 경험은 그야말로 '어메이징!'(amaging)이었습니다. 요한이 예수님과 알고 지냈던 그 경험은 그야말로 영광중의 영광이었고 은혜 위의 은혜였습니다.

오늘 본문인 요한복음 1장 14-18절의 내용을 보면, 요한이 한평생 예수님의 제자로서 그분과 함께 지내면서 느꼈던 인상을 아주 간단하게 소개하고 있는 것을 볼 수 있습니다. 요한이 예수님과 함께 했던 인생은 놀라움 그 자체였습니다. 이것은 우리 인생도 그렇게 되어야 한다는 것을 의미합니다. 우리가 만일 예수님과 텐트를 나란히 치고 함께 음식을 먹으며 밤에는 모닥불을 밝혀놓고 밤새도록 이야기도 하고 그분의 말씀을 듣는다면, 어느 순간 눈물이 터져 나오고 통곡도 하고 또 아름답고 진실하게 변해 있는 자신의 모습에 감탄도 하게 될 것입니다. 지금 우리의 신앙은 놀라움 그 자체입니까? 아니면 그저 그런 생활을 하고 있습니까?

언젠가는 우리도 이 세상의 텐트를 걷고 영원한 세계로 떠나게 될 텐데 우리는 자기 자신과 이 세상에 대하여 어떤 인상을 가지고 있습니까? 그야말로 빌어먹을 인생입니까? 아니면 주님과 함께 한 놀라운 인생입니까?

1. 말씀이 육신이 되어

1:14, "말씀이 육신이 되어 우리 가운데 거하시매"

사도 요한은 1장 14절에서 "말씀이 육신이 되어 우리 가운데 거하셨다"고 했습니다. 여기서 우리에게 좀 불만스러운 것은 왜 요한은 이런 어려운 표현을 써서 이야기할까 하는 것입니다. 차라리 "하나님의 아들이 사람이 되어서 우리와 함께 계셨다"라고 하면 얼마나 이해하기가 좋을까요? 그런데 "말씀이 육신이 되어 우리 가운데 거하시니"라고 하니까 무엇인가 철학적인 이야기를 하는 것 같기도 하고 또 그 내용도 잘 이해가 잘 되지 않습니다. 그러나 여기에는 두 가지 중요한 이유가 있습니다.

그 첫째 이유는 하나님 나라의 진리는 제자들이나 우리 믿는 자들에게는 알려줘도 되지만 믿지 않는 자들에게는 알려지는 것이 금지되어 있기 때문입니다. 그래서 믿지 않는 자들에게는 반드시 비유로 말씀하게 되어 있습니다. 그 대표적인 예가 예수님의 씨 뿌리는 비유입니다. 어떤 농부가 밭에 씨를 뿌리는데 어떤 씨는 길가에, 어떤 씨는 자갈밭에, 어떤 씨는 가시덤불에, 또 어떤 씨는 좋은 땅에 떨어져서 백 배, 육십 배, 삼십 배의 열매를 맺었다고 말씀하셨습니다. 그리고 예수님은 천국에 대한 모든 진리를 겨자씨 비유나 밭에 감추인 보화 비유나 임금의 결혼 잔치 비유 등으로 전부 비유로만 말씀하셨습니다.

이때 제자들은 예수님께 "왜 천국의 진리를 비유로만 말씀하십니까?"라고 물으니까 예수님은 "천국의 비밀을 아는 것이 너희에게는 허락되었지만 다른 사람에게는 허락되지 않았기 때문이다"고 말씀하셨습니다. 그래서 그들은 보아도 보지 못하고 들어도 이해하지 못하고 깨닫지도 못하게 하려 함이라고 하셨습니다. 세상 사람들은 하나님 나라 진리를 몰라야 되는데 왜냐하면 그들이 그것을 알면 그것을 가지고 엄청나게 따지고 물고 늘어지고 나쁘게 사용하기 때문입니다. 그래서 요한은 하나님의 아들과 함께 살았던 그 놀라운 날들을 "말씀이 육신이 되어 우리 가운데 거하셨다"라고 비유적으로 표현하고 있는 것입니다. 이것은 요한이 예수님과 함께 살았던 그 시간들은 우리 같은 인간이 되신 하나님의 아들과 함께 산 멋진 시간이었다는 뜻입니다.

그리고 또 다른 의미가 하나 더 있습니다. 그것은 우리도 하나님의 아들 예수님과 함께 지낼 수 있다는 것입니다. 그것은 바로 육신이 아닌 말씀으로 찾아오시는 예수님을 만나는 것입니다. 어떤 의미에서는 육신으로 오신 예수님을 만난 것도 좋지만 말씀으로 찾아오시는 예수님을 만나는 것이 더 좋을 수 있습니다. 왜냐하면 예수님은 아무도 모르게 내 마음 깊은 곳에 찾아와서 나만 알 수 있는 사정을 말씀해주시고 위로해주시기 때문입니다. 그래서 하나님의 말씀을 들으면서 은혜받는 시간은 하나님의 아들과 함께 하는 놀라운 시간인 것입니다.

그런데 어떻게 하나님께서 육신이 될 수 있을까요? 그것은 이 우주에서 가장 어려운 문제였습니다. 하나님께서 무에서 유를 창조하는 것보다도, 무수한 생명체를 창조하는 것보다도, 빛을 창조하는 것보다도 더욱 어려운 문제였습니다. 이스라엘 백성이 시내산에서 보았던 하나님은 그야말로 불덩이였습니다. 하나님이 시내산에 임하실 때 산은 진동했고 온 산은 불덩이였습니다. 그런 하나님이 어떻게 인간이 될 수 있을까요? 그 엄청난 능력과 에너지가 몸 안에 들어오는 순간 인간의 몸은 갈기갈기 찢어지든지 폭발해버리지 않을까요? 그것이 바로 성육신의 신비입니다. 하나님의 아들은 그 모든 능력과 영광을 죽이시고 그 연약한 인간의 몸을 가지는 데 성공하셨습니다. 예수님은 핵무기보다 수억만 배 위력을 가지셨고 태양보다 수백만 배 더 뜨거운 분이시지만, 그 모든 에너지를 말씀 안에 다 넣으시고 인간이 되시는 데 성공하셨던 것입니다.

"말씀이 육신이 되어 우리 가운데 거하시매"라고 했는데 여기 "거하시매"라는 단어는 '텐트를 치고 같이 사셨다'는 뜻이 있습니다. 우리 인간은 모두 연약한 육신을 장막으로 삼아서 이 세상을 살아가고 있습니다. 제자들은 연약한 육신을 장막으로 가지고 오신 하나님의 아들을 만나게 되었던 것입니다. 그런데 예수님의 장막은 다른 사람들의 장막과 다른 것이 아무것도 없었습니다. 옛날 왕들의 장막을 보면 겉도 화려하고 크고 그 안에도 바닥에는 양탄자가 깔려 있고 으리으리하게 되어 있었습니다. 그러나 예수님의 장막은 아주 초라하고 작은 장막이었고 보잘것없었습니다. 그러나 제자들이 예수님을 만나고 그 장막 안에 들어가 본 결과 예수님의 내면세계에는 너무나도 놀라운 하나님의 영광이 있었습니다.

원래 이스라엘 백성들이 만들었던 회막이나 성막도 겉으로 보기에는 화려하지 않은 장막이었습니다. 그 장막을 덮는 막은 편편하고, 수달피 가죽으로 되어 있어서 검은 색깔이었습니다. 그러나 성막 안에 들어가 보면 모든 벽이나 기구들은 금으로 되어 있었습니다.

제자들도 처음에는 예수님을 잘 알지 못했습니다. 그러나 예수님과 함께 다니면서 그분의 영광을 하나씩 보게 되었습니다. 그것은 예수님이 말씀하시는 즉시 능력으로 나타나는 것이었습니다. 예수님은 하나님 나라의 그 엄청난 에너지와 능력을 전부 말씀에 다 넣으셨습니다. 그래서 예수님의 말씀으로 물이 포도주로 변하기도 했고, 죽어가던 왕의 신하의 아들이 살아나기도 했습니다. 그분의 말씀 한마디로 맹인이 눈을 떴으며 귀신들린 자들에게서 귀신들이 나가기도 했습니다. 예수님은 말씀으로 죽은 지 나흘이 되어서 썩은 냄새가 나는 나사로를 살려내셨습니다. 이것이 하나님의 아들의 영광이었습니다.

오늘도 예수님의 말씀은 우리의 죽은 내면을 살려내실 것입니다. 우리는 꼭 돈이 생겨야 하고 자녀가 좋은 대학에 들어가야 하고 병이 나아야 하나님의 능력이라고 생각하기 쉬운데 그것은 하나님의 능력을 과소평가하는 것입니다. 하나님은 우리의 내면이 온통 하나님의 영광으로 빛나는 성전이 되기를 원하십니다. 그래서 오늘도 예수님은 우리 안에 기적을 일으키려고 하십니다. 즉 맹물같이 냉랭하던 우리의 인생으로 최고급 포도주가 되게 하시고, 미친 광기로 날뛰고 있는 우리의 내면을 아름다운 천사로 만들려고 하시는 것입니다. 우리는 세상의 돈을 가지고 살려고 하지만 예수님은 하나님의 능력으로 사는 법을 가르쳐주시는 것입니다. 예수님은 썩는 냄새가 진동하는 우리 인생을 최고급 향수의 향기가 나는 인생으로 바꾸어주시는 것입니다.

2. 은혜와 진리가 충만하심

1:14, "우리가 그의 영광을 보니 아버지의 독생자의 영광이요 은혜와 진리가 충만하더라"

예수님을 만나고 제자들이 크게 놀란 것은 두 가지가 있었습니다. 그 하나는 예수님은 나의 모든 것을 다 알고 계신다는 사실이었습니다. 예수님이 베드로를 만나셨을 때 "너는 시몬이지? 장차 베드로라 하리라"고 말씀하셨습니다. 베드로라는 말은 '반석'이라는 뜻입니다. 베드로는 그때까지 중심을 잡지 못하고 많이 방황하면서 살아왔던 것입니다. 그러나 앞으로 더 이상 방황하지 않을 것을 말씀하셨습니다. 또 예수님이 나다나엘을 만나셨을 때는 "네가 무화과나무 아래 있을 때 내가 보았노라"고 말씀하셨습니다. 나다나엘이 무화과나무 아래 있는 것을 본 사람은 아무도 없었던 것 같습니다. 더욱이 그가 무화과나무 아래서 무슨 고민을 하고 있었는지 아는 사람은 없었던 것입니다. 그래서 나다나엘은 이 말씀에 당장 "랍비여 당신은 하나님의 아들이십니다"라는 고백을 하게 됩니다. 그래서 제자들은 예수님이 하나님의 아들인지 알았습니다. 예수님은 누구를 만나든지 그가 무슨 생각을 하고 있으며 그가 어떻게 살아왔고 지금 그가 어디가 아픈지 다 알고 계셨습니다.

우리가 다른 사람에 대하여 모든 것을 다 아는 것이 좋은 일일까요, 좋지 못한 일일까요? 아마 좋지 못한 일일 것입니다. 왜냐하면 우리는 다른 사람들의 모든 무거운 짐들을 다 질 수 없기 때문입니다. 그러나 예수님은 이 모든 짐을 다 지실 수 있었습니다. 그래서 예수님은 "수고하고 무거운 짐 진 자들아, 다 내게로 오라"(마 11:28)고 말씀하셨습니다. 예수님은 지금까지 내가 어떻게 살아왔고 지금 어떤 상태에 있으며 앞으로 무슨 일을 겪게 될지 다 알고 계시기 때문에 나에게 오라고 말씀하시는 것입니다.

그리고 제자들이 또 놀랐던 것 한가지는 예수님의 입에서는 진리가 무궁무진으로 쏟아져 나왔다는 사실입니다. 예수님은 입만 벌리시면 생전 듣지도 못하고 배운 적도 없는 무궁무진한 진리가 쏟아져 나왔습니다. 예수님은 성경 말씀도 정확하게 알고 계셨습니다. "사람이 떡으로만 살 것이 아니요 하나님의 입으로부터 나오는 모든 말씀으로 살 것이라"(마 4:4). 우리는 떡이 있고 돈이 있고 수입이 있어야 살 수 있습니다. 그러나 예수님은 그것은 사는 것이 아니라고 말씀하셨습니다. 그것은 오직 생존에 불과한 것입니다. 우리가 지금 사는 것은 전부 생존이지, 진정한 의미의 사는 것이 아닌 것입니다. 우리가 하나님의 능력으로 살아야 진짜 사는 것이고, 하나님의 기쁨으로 살아야 진짜 사는 것이고, 하나님이 보시기에 가치 있는 삶을 살아야 진짜 사는 인생입니다.

예수님은 하나님이 "아브라함의 하나님이요 이삭의 하나님이요 야곱의 하나님"이라고 하면서 그분은 죽은 자의 하나님이 아니요 산 자의 하나님이라고 말씀하셨습니다. 이것은 죽은 자들도 믿는 자는 하나님 앞에서는 다 살아있다는 뜻입니다. 예수님은 우리의 상태에 대하여, 우리의 미래에 대하여, 천국에 대하여 너무나도 정확하게 알고 계셨고 전부 다 알고 계셨습니다.

그래서 요한은 예수님을 보니까 "아버지의 독생자의 영광이요 은혜와 진리가 충만하더라"고 했습니다. 예수님의 능력은 바로 하나님의 능력이었습니다. 즉 예수님의 능력은 다른 사람의 능력을 빌려오는 것이 아니라 즉시 창조하시는 능력이었습니다. "은혜"라는 것은 죄인에 대한 한없는 사랑을 말합니다. 예수님은 죄인을 사랑하셨습니다. 예수님은 의인보다 죄인을 더 사랑하셨습니다. 그래서 예수님 앞에서 의인인 체하는 사람은 엄청나게 손해 보는 사람입니다. 왜냐하면 그는 하나님의 도움을 전혀 받지 못하기 때문입니다.

그리고 예수님은 "진리"가 충만했습니다. 예수님은 모든 창조의 원리와 구원의 진리를 다 가지고 계셨습니다. 지금 학자들이 공부하고 있는 학문은 예수님이 가진 창조 원리의 지극히 작은 단편에 불과합니다. 학문에서 표절을 가장 나쁜 것이라고 말하는데 그것은 도둑질이라고 합니다. 그러나 사실 모든 학문은 예수님의 지식의 표절에 불과합니다. 그러나 더 놀라운 것은 예수님의 구원의 진리라는 사실입니다. 즉 예수님이 십자가 위에서 내 모든 죄를 다 가져가신 사실입니다. 그리고 예수님은 질그릇과 같은 우리 몸 안에 하나님의 말씀과 성령을 부어주셨습니다. 이 진리가 우리를 모든 속박에서 벗어나게 합니다. 예수님은 "진리를 알지니 진리가 너희를 자유롭게 하리라"(요 8:32)고 말씀하셨습니다.

예수님은 은혜와 진리가 충만하셨습니다. 여기서 충만하다는 것은 차고 넘친다는 뜻입니다. 옛날에 우리가 동네 우물에서 두레박에 물을 잔뜩 담아서 줄로 당기면 물이 흘러넘치게 되어 있습니다. 두레박 물을 다 올려도 물이 얼마나 가득한지 조금만 기울여도 물이 쏟아지게 됩니다. 예수님에게는 은혜와 진리가 넘쳤습니다.

3. 은혜위에 은혜

요한은 이렇게 말했습니다.

1:16, "우리가 다 그의 충만한 데서 받으니 은혜 위에 은혜러라"

예수님에게는 은혜와 진리만 충만한 것이 아니었습니다. 능력도 충만했습니다. 그래서 예수님 앞에 데리고 온 모든 병자를 다 고쳐주셨습니다. 그래서 맹인이 보게 되고, 장애인이 걷게 되고, 말하지 못하는 자가 말하고, 귀신 들린 자의 정신이 온전해지고, 중풍병자가 낫고, 간질 환자도 낫고, 한센병 환자들도 다 나았습니다. 예수님은 사람들의 병을 고치시다가 힘이 다 빠졌다든지 능력을 다 써버렸다든지 하는 법이 없었습니다. 예수님은 능력이 충만하셨습니다. 그래서 심지어는 예수님의 옷자락에 몸이 닿기만 해도 병이 나았습니다. 어떤 경우에는 예수님이 자신도 모르는 사이에 능력이 나가서 사람의 병이 낫기도 했습니다. 이것은 예수님의 능력이 흘러넘치는 것을 의미하는 것입니다.

젊었을 때는 에너지가 흘러넘쳐서 어떤 청년은 마라톤을 하고 난 다음 축구경기를 또 뛰기도 합니다. 이런 사람들은 비가 와도 달리기를 하고 축구경기를 합니다. 왜냐하면 에너지가 넘치기 때문입니다. 그런데 예수님은 다른 사람들의 병을 고치는 능력이 흘러넘치셨습니다. 더욱이 예수님은 기적이 넘쳤습니다. 그래서 사람들이 빈 들에서 예수님의 설교를 듣고 먹을 것이 없어서 배가 고팠을 때 보리떡 다섯 개와 물고기 두 마리로 오천 명 넘는 많은 사람이 배불리 먹고도 열두 광주리나 남는 기적을 베푸셨습니다.

그래서 요한은 예수님에 대하여 "은혜 위에 은혜"라고 했습니다. 우리는 "은혜 위에 은혜"라는 말을 들어본 적이 없습니다. 우리가 사는 이 세상은 모든 것이 거래로 되어 있습니다. 그래서 잘하면 칭찬받고, 못하면 욕을 먹게 되어 있습니다. 그런데 "은혜"라는 것은 무엇인가 받을 자격이 없는 자에게 거저 주는 것을 말합니다. 우리는 상을 받을 자격이 없는데 최고로 잘했다고 상을 받으면 몸 둘 바를 모를 것입니다. 그런데 또 더 좋은 상을 주면 우리는 진짜 놀라게 될 것입니다. 그것은 모든 예수 믿는 사람들이 겪는 것입니다.

지금 우리가 겪고 있는 것은 모두 은혜 위에 은혜입니다. 즉 우리가 처음 예수 믿으면 모든 죄 용서받고 새사람이 되는 것만 해도 놀랍습니다. 그런데 하나님은 성령을 주시고 능력을 주시고 하늘나라의 상급까지 주시고 하나님의 자녀로 삼으셔서 모든 좋은 것을 다 주십니다. 그래서 우리가 진정으로 예수를 믿는다는 것은 우리의 인생만 바꾸는 것이 아니라, 하나님의 상을 받고 또 받고 또 받는 것입니다. 요한은 보잘것없는 갈릴리의 청년이었습니다. 그러나 예수님을 만난 후 그의 인생이 변했습니다. 그는 최고의 제자가 되었고 요한계시록을 남겼고 요한복음을 기록하기도 했습니다.

1:17-18, "율법은 모세로 말미암아 주어진 것이요 은혜와 진리는 예수 그리스도로 말미암아 온 것이라 본래 하나님을 본 사람이 없으되 아버지 품 속에 있는 독생하신 하나님이 나타내셨느니라"

예수님이 오시기 전까지 최고의 말씀은 율법이었습니다. 그러나 율법은 아무래도 인간의 행위를 가르치는 말씀이었습니다. 그러나 은혜와 진리는 율법과는 근본적으로 달랐습니다. 이것은 하나님의 말씀을 들음으로 속사람을 바로 바꾸는 것이었습니다.

아무도 하나님을 본 사람은 없습니다. 더욱이 하나님의 아들에 대해서는 비밀 중의 비밀이었습니다. 그러나 그 하나님의 아들이 이 세상에 오셔서 요한이 직접 만났고, 직접 그에게서 진리를 배웠던 것입니다. 우리가 배우는 진리는 사람이 적당하게 생각한 진리가 아니라 하나님의 아들이 직접 가르쳐준 진리입니다. 오늘도 예수님은 말씀으로 우리와 만나십니다. 은혜와 진리가 충만한 만남이 되시기를 바랍니다.

03

하나님의 어린양

요 1:29-34

요즘은

우리나라에서도 반려견을 키우는 집들이 아주 많습니다. 간혹 공원이나 바닷가를 가 보면 너무나도 예쁘게 생긴 반려견을 데리고 나온 사람들을 볼 수 있습니다. 그런데 반려견을 키우는 사람들은 개를 정말 사람 못지않게 자기 가족으로 생각하고 사랑하는 것을 보게 됩니다. 아마 그들은 개를 잡아먹는 것을 절대로 반대할 것입니다. 그런데 만일 주인 가족에게 무슨 병이 생겨서 그 반려견을 죽여서 피를 흘려야 하고 그 고기를 먹어야 한다면 그들은 엄청나게 고민할 것입니다.

이스라엘에는 노인이나 어린이나 할 것 없이 모두 좋아하는 동물이 있는데, 그것은 바로 어린 양입니다. 어린 양은 하얗게 생기고 털도 복슬복슬하고 귀여운데 얼마나 아름다운지 모릅니다. 우리나라에서는 양을 키우지 않기 때문에 어린 양이 얼마나 예쁜지 모를 것입니다. 우리가 생각할 수 있는 것은 어렸을 때 시골에 가면 산이나 논두렁 같은데 묶어놓은 까만 염소 정도일 것입니다. 그런데 이스라엘 백성들이 좋아하는 어린 양에는 슬픈 역사가 있습니다.

바로 옛날 이스라엘 백성들이 출애굽할 때 이 어린 양이 이스라엘 백성들을 대신해서 수십만 마리가 죽어서 그 피를 문지방이나 문설주에 바르는 일이 있었습니다. 그때 애굽의 모든 장자는 다 죽었지만 이스라엘 백성은 단 한 명도 죽지 않고 살았습니다. 그래서 어린 양은 이스라엘 백성에게는 그냥 단순한 애완동물이 아니라 자신들의 생명을 대신해서 죽어준 짐승이었던 것입니다. 이스라엘 백성들은 아무 죄도 짓지 않은 어린 양이 자기들의 죄를 위해서 죽어야 하는지 이해가 되지 않았습니다. 그러나 출애굽 이후에 귀엽고 예쁜 어린 양은 유월절이 되기만 하면 수십만 마리씩 죽어야만 했습니다.

예수님 당시에 유명한 설교자가 한 사람 나타나게 되었습니다. 그 사람은 바로 세례 요한이라는 선지자였습니다. 그는 이스라엘 백성들에게 말라기 선지 이후 거의 사백년 만에 능력 있는 말씀을 선포하는 선지자였습니다. 사실 세례 요한이 유다 광야에 나타나서 설교했을 때 이스라엘 백성들 가운데 부흥이 일어났는데, 이것은 바벨론 포로에서 돌아오고 에스라가 부흥을 일으킨 후 거의 수백 년 만에 일어난 부흥이었습니다.

이때 많은 사람 사이에 예수님도 섞여서 세례 요한의 설교를 듣고 세례를 받았습니다. 그때 세례 요한은 많은 사람이 보는 앞에서 예수님을 손으로 가리키면서 "보라, 세상 죄를 지고 가는 하나님의 어린 양이로다"(29절)고 외쳤습니다. 이때 모든 이스라엘 백성들은 일제히 예수님을 주목해 보았습니다. 그러나 그들이 본 예수님은 너무나도 평범한 사람이었습니다. 이스라엘 백성들은 어떻게 이 평범하게 생기신 분이 '하나님의 어린 양일 수 있을까?' 그리고 '왜 어린 양이 양이 아니고 사람일까?' 그리고 '우리에게 아직 어린 양이 필요한가?' 하는 생각을 하게 되었습니다.

1. 세례 요한이 일으킨 대부흥

하나님의 백성에게는 놀라운 잠재력이 하나 있는데, 그것은 언제일지는 모르지만 대부흥을 일으킬 수 있는 가능성이 있다는 것입니다. 우리가 석유난로를 쓸 때 석유통에서 기름이 흘러 들어가서 심지에 불을 붙이면 불이 켜지게 됩니다. 마찬가지로 하나님의 백성은 하나님으로부터 말씀을 들으면서 하나님의 성령의 기름이 들어오게 됩니다. 그러다가 어느 날 이 성령의 불이 붙는 것입니다. 그때 모든 하나님의 백성이 그동안 세상을 사랑하고 돈을 사랑하고 세상의 명예에 목을 매다가 갑자기 성령의 불이 붙으면서 마음속에 하나님의 사랑이 불타오르게 됩니다. 그때 사람들은 하늘의 축복에 너무 행복하여 울게 되고 하나님께 소리를 지르면서 감사하게 되고 수천 명, 수만 명이 영광의 찬송을 부르게 됩니다.

모세 때 이런 부흥이 있었습니다. 모세 때 이스라엘 백성들은 사실 정신없이 애굽을 떠났습니다. 그러다가 이런 부흥이 일어났던 것은 홍해를 기적으로 건넌 후였습니다. 이스라엘 백성은 애굽에 열 가지 재앙이 퍼부어질 때 정신이 없었습니다. 그리고 그들은 말 그대로 허겁지겁 애굽을 떠났는데, 그들 앞에 홍해가 가로막혀 있으니까 다 죽었구나 생각해서 모세를 욕하고 하나님을 원망했습니다. 그러나 모세가 지팡이로 홍해를 가리켰을 때 바다가 갈라져서 육지가 되었습니다. 이스라엘 백성들은 홍해를 건넌 후에 보니까 그들을 죽이려고 추격하던 애굽의 마병과 군대는 바다가 합쳐지면서 모두 물에 빠져 죽어 있었습니다. 그때 이스라엘 백성들은 하나님을 믿는 것이 이렇게 위대하구나 하는 것을 깨닫고 소리 지르면서 찬송 부르고 하나님께 영광을 돌렸던 것입니다. 그리고 이스라엘 백성들에게는 이런 부흥이 여러 차례 있었습니다.

그러다가 사무엘 선지자 때 부흥이 있었습니다. 사무엘 때 이스라엘 백성들은 블레셋의 지배를 받으면서 엄청나게 고생을 하고 있었습니다. 그때 사무엘은 하나님을 믿으려고 하면 제대로 믿어야 한다고 하면서 모든 우상을 버리라고 하면서 미스바에 모여서 기도했습니다. 그때 블레셋 군대가 이스라엘 백성들을 죽이려고 몰려들었는데 하나님이 번개를 치시고 우박을 가지고 내리치심으로 블레셋 군대를 물리치셨습니다. 다윗 때도 부흥이 있었고, 엘리야 때도 하늘에서 비가 삼 년 반 동안 오지 않다가 엘리야의 기도로 불이 떨어지면서 대부흥이 일어났습니다. 그리고 이스라엘 백성들이 바벨론 포로에서 돌아온 후 에스라는 이스라엘 백성에게 하나님의 말씀을 가지고 설교하는 가운데 대부흥이 일어났습니다. 그리고 이스라엘 백성에게는 수백 년간 말씀도 없었고 부흥도 없었습니다. 그러다가 유다 광야에 세례 요한이 나타나면서 하나님의 말씀을 증언하는데 수백 년 동안 없었던 부흥이 일어나면서 수많은 사람이 자기 죄를 자백하고 요단강에 들어가서 그에게 세례를 받았습니다.

영국에서는 조지 휫필드(George Whitefield, 1714~1770)라는 사람이 대부흥을 일으켰는데, 처음에 사람들이 교회를 맡겨주지 않아서 그는 광산촌에서 설교를 했습니다. 그때 광산에서 석탄을 캐다가 나왔던 광부들의 검은 얼굴에서 두 줄이 쭉쭉 생겼는데, 그것은 그들이 흘리는 눈물 자국이었습니다. 그리고 조지 휫필드가 런던 공원에서 설교할 때는 수만 명이 그의 설교를 들었는데 폭우가 쏟아지는데도 한 명도 돌아가지 않고 설교를 들었고 모두 비를 맞으면서 울면서 기도했다고 전하고 있습니다. 우리나라에서도 일제 강점기 내내 영적 부흥이 있었습니다. 이때는 교회에서 부흥회를 한다고 하면 사람들이 이불이나 양식을 싸 가지고 백리나 되는 먼 곳에서 걸어와서 설교를 듣고 먹고 자고 하며 그렇게 은혜를 많이 받았습니다. 이렇게 일제 강점기 때 우리나라에 들불처럼 부흥이 퍼졌습니다.

지금 우리에게 가장 필요한 것은 하나님의 사랑입니다. 우리는 모두 사랑에 굶주려 있습니다. 그런데 하나님의 사랑이 폭발적으로 임하는 것이 대부흥입니다. 만약 우리나라가 축구를 너무 잘해서 월드컵에서 우승하게 된다면 온 국민이 미쳐서 날뛸 것입니다. 온 국민이 그저 소리 지르고 웃고 기뻐하고 음식점에서는 음식값도 받지 않고 짜증만 내던 상사도 짜증을 내지 않고 병원의 환자들조차 병상에서 일어나서 기뻐서 소리를 지를 것입니다. 하나님의 백성에게 있어서 부흥은 이런 월드컵보다 더 기쁜 일입니다.

세례 요한은 거의 오백 년 만에 부흥을 일으킨 사람이었는데, 그는 사람들에게 분명히 말했습니다. "나는 메시야가 아니고 그의 길을 닦기 위해서 온 사람이며 나는 물로 세례를 주지만 내 뒤에 오시는 분은 성령과 불로 세례를 주실 것이라"(마 3:11)고 했습니다. 역시 이스라엘에 부흥의 불은 사라지지 않았습니다. 이스라엘 백성 안에는 성령의 불이 흐르고 있었던 것입니다. 이것이 폭발적으로 나타난 것이 세례 요한에 의해서였습니다. 그러나 세례 요한은 이것은 맛보기에 불과하고 진짜 성령과 불로 세례를 주실 분이 곧 오실 것이라고 했습니다.

세례 요한은 예수님에 대하여 세 가지를 말했습니다. 첫째, 그분은 나보다 먼저 계셨던 분이라고 했습니다. 이것도 '마샬'이라고 해서 상징적인 말입니다. 사실 그분은 세례 요한보다 늦게 태어나셨지만 영원 전부터 계셨던 하나님이십니다. 둘째, 그분은 능력이 많으셔서 나는 그분의 신발 끈을 풀 자격도 없다고 했습니다. 도대체 예수님은 얼마나 많은 능력을 가진 분이시기에 그 능력의 설교자가 신발 끈을 풀 자격도 없다고 했을까요? 그분은 우리의 죽음의 문제를 해결하실 분이시기 때문입니다. 그분은 우리를 만드신 분이시고 우리의 하나님이시며 창조자이십니다. 셋째, 그분은 우리에게 성령과 불로 세례를 베푸실 분이라고 했습니다. 예수님은 우리 믿는 사람들에게 하나님의 영을 마치 양동이로 물을 부어주듯이 부어주실 분이고, 불을 퍼부어주서서 모든 죄와 마귀와 우리의 옛 생각까지 다 태우실 분입니다.

2. 하나님의 어린 양을 보라

1:29-30, "이튿날 요한이 예수께서 자기에게 나아오심을 보고 이르되 보라 세상 죄를 지고 가는 하나님의 어린 양이로다 내가 전에 말하기를 내 뒤에 오는 사람이 있는데 나보다 앞선 것은 그가 나보다 먼저 계심이라 한 것이 이 사람을 가리킴이라"

이스라엘 백성에게 매우 소중하고 사랑스러운 동물은 하얀 어린 양이었습니다. 어린 양은 정말 순결하고 귀엽고 아름다운 동물입니다. 그런데 안타까운 것은 이 어린 양이 일 년에 한 마리씩 나를 대신해서 죽어야 한다는 사실이었습니다. 이스라엘 백성에게 이해되지 않았던 것은 왜 이 아무것도 모르는 어린 양이 일 년마다 죽어야 하는가 하는 것이었습니다. 그것은 어린 양의 피의 효과가 일 년 밖에 가지 않았기 때문입니다.

우리 모든 인간의 본성 안에는 혈기와 정욕과 분노가 있습니다. 저는 사람의 성격을 피로 분류한 것에 일리가 있다고 생각합니다. 그런데 하나님은 이스라엘 백성들을 사랑하셔서 일 년에 한 번씩 피를 깨끗하게 해주셨습니다. 그것이 바로 모든 이스라엘 백성들의 피를 어린 양의 피로 깨끗하게 하는 것이었습니다. 이것은 요즘으로 치면 투석하는 것과 비슷합니다. 콩팥이 좋지 못하면 일주일에 한두 번씩 병원에 가서 피를 투석해야 하는 환자들이 있습니다. 이것은 피를 전부 다 불순물을 여과해서 깨끗하게 하는 것입니다. 그런데 이 방법도 안 되는 환자들은 다른 사람의 콩팥을 이식해서 수술을 받아야 합니다. 저희 교회에도 부부 사이에 콩팥을 이식한 이들이 있는데 저는 정말 그 부부가 생명을 주면서 서로를 사랑하고 있구나 하며 감동한 적이 있습니다.

이스라엘 백성의 문제는 애굽에서 나오면서 끝난 것이 아니었습니다. 그들의 문제는 젖과 꿀이 흐르는 가나안 땅에 들어가서 먹는 문제가 해결되었다고 해서 종결된 것도 아니었습니다. 중요한 것은 그들 안에 있는 죄가 해결되지 않았다는 것이었습니다. 그래서 이스라엘 백성은 모두 남녀노소 할 것 없이 일 년에 한 번씩 흠 없는 어린 양의 피로 죄를 투석 받아야만 했습니다.

그런데 드디어 하나님의 어린 양이 이 땅에 나타났습니다. 세례 요한은 예수님을 보고 "우리 메시아를 보라"고 외치지 않았습니다. 그는 예수님을 보고 "세상 죄" 즉 "우리의 죄를 지고 가는 하나님의 어린 양을 보라"고 외쳤습니다. 여기 "세상 죄를 지고 가는 하나님의 어린 양"이라는 말 속에는 두 가지 의미가 있습니다.

하나는 예수님은 진정으로 우리 안에 있는 죄를 해결해주시는 하나님의 어린 양이라는 뜻입니다. 누구든지 예수를 믿으면 더 이상 죄의 투석은 필요가 없습니다. 예수를 믿음으로 단 한 번 만에 죄가 다 해결되고 여기에는 더 이상 시효라는 것이 없다는 것입니다. 만약 매번 투석해야 하는 이가 더 이상 투석 받지 않고 마음껏 활동할 수 있다면 얼마나 좋겠습니까? 우리는 하나님의 생명으로 이식을 받은 것입니다.

그리고 또 다른 하나는 지고 간다는 것입니다. 예수님은 나중에 진짜 십자가를 지고 가셨습니다. 이것은 예수님이 나의 죄를 지고 가신 것입니다. 그리고 예수님의 십자가는 내 죄를 다 빨아가는 진공청소기입니다. 이렇게 예수님은 우리의 죄를 멀리 치워버리셨습니다. 그래서 예배드리면 우리 몸에서는 향기가 나게 됩니다. 우리 몸에서 정욕과 수치의 더러운 악취는 사라지고 꽃향기 같은 아름다운 향기가 나게 되는 것입니다. 하나님은 이 향기를 아주 좋아하십니다. 남편들은 외국에 갔다 오면 부인에게 향수를 선물하곤 하는데 사실은 이 예수님의 향기가 나야 진짜 아름다운 사람입니다.

3. 세례 요한의 회개

세례 요한은 온 세상이 다 썩었다고 생각했습니다. 그래서 세례 요한은 이 세상 문명이 주는 모든 혜택을 다 거절했습니다. 세례 요한의 옷은 낙타털옷이었습니다. 낙타털은 거칠어서 양탄자 재료로 쓰이기도 합니다. 이것을 우리 예로 들면 요한의 옷은 가마니 같은 것이었습니다. 세례 요한은 사람들이 만든 옷을 절대로 입지 않았습니다. 그리고 그가 먹은 음식은 메뚜기와 자연 들꿀이었습니다.

그리고 세례 요한은 유대 사회에서 높은 자리에 있다고 하는 바리새인들과 서기관들이 그의 설교를 들으러 오니까 "이 독사의 자식들아!"라고 하면서 "누가 너희를 가르쳐 하나님의 심판을 피하라 하더냐?"고 소리를 질렀습니다(마 3:7). 이것은 너희 같은 것들은 하나님을 믿는 것도 아니고 종교적인 장난질만 하고 있는데, 차라리 하나님의 심판을 받고 죽는 편이 더 낫다는 뜻이었습니다. 세례 요한은 유대인들에게 아브라함의 자손인 것으로 하나님의 백성이라고 할 수 있다고 생각하지 말라고 강조했는데, 하나님은 돌들을 가지고도 아브라함의 자손들을 만들 수 있기 때문입니다. 이것은 그들이 자랑하는 아브라함의 자손이라는 것은 길에 굴러다니는 돌보다 더 가치가 없다는 뜻입니다.

지금 우리가 믿는 신앙이나 직분이 그렇습니다. 사람들은 기독교인의 가치는 길에 굴러다니는 돌만큼 흔한 것으로 생각하고 있습니다. 세례 요한은 유대인들에게 회개에 합당한 열매를 맺으라고 했습니다. 즉 죄를 지었다고 회개하고서 또 죄를 짓고 회개하지 말고 믿으려면 확실히 믿으라고 했습니다. 어중간하게 믿는 것은 아무 소용도 없다고 했습니다. 세례 요한은 이미 나무뿌리에 도끼가 놓여있기 때문에 열매 맺지 않는 나무는 전부 다 찍어버릴 것이라고 했습니다.

    우리는 세상의 성공이나 나라의 경제나 다른 어떤 것보다도 자기 자신을 긴급하게 돌아보아야 합니다. 그것은 정말 내가 하나님의 백성이 맞느냐는 것입니다. 그것이 아니라면 빨리 진액을 바꾸어야 합니다. 즉 세상의 진액이 아니라 하나님의 진액을 먹어야 합니다. 우리는 자기 자신에 대하여 정말 솔직하고 진실하게 생각해 보아야 합니다.

1:32-34, "요한이 또 증언하여 이르되 내가 보매 성령이 비둘기 같이 하늘로부터 내려와서 그의 위에 머물렀더라 나도 그를 알지 못하였으나 나를 보내어 물로 세례를 베풀라 하신 그이가 나에게 말씀하시되 성령이 내려서 누구 위에든지 머무는 것을 보거든 그가 곧 성령으로 세례를 베푸는 이인 줄 알라 하셨기에 내가 보고 그가 하나님의 아들이심을 증언하였노라 하니라"

    이때 세례 요한은 아주 중요한 말을 했습니다. 그것은 자기도 이 어린 양을 알아보지 못했다는 것입니다. 하나님의 어린 양이 숨어있기 때문에 세례 요한도 하나님의 어린 양을 알 수 없었습니다. 그랬더니 하나님이 세례 요한에게 말씀하셨습니다. "너는 딴 생각하지 말고 네 사명이나 계속하라. 그러면 하나님의 아들을 알게 될 것이라"고 하셨습니다. 세례 요한의 사명은 사람들에게 세례를 베푸는 것이었습니다. 구약 시대에는 부정한 물건을 만진 자는 우슬초라는 풀로 거룩한 물(성수)을 찍어서 뿌렸습니다. 일주일에 두 번 뿌리면 부정이 제거되었습니다. 그런데 세례 요한은 사람들을 요단강물에 담갔습니다. 그것은 옛사람은 죽고 새사람으로 태어나라는 뜻이었습니다.

그런데 요한의 세례로는 사람이 반밖에 거듭나지 못했습니다. 즉 과거의 죄는 씻을 수 있지만 새사람이 되지 못했던 것입니다. 하나님은 세례 요한에게 그런 걱정은 하지 말고 계속 세례 베푸는 일만 하라고 명하셨습니다. 그러다 보면 어느 날 네가 세례를 베푸는 사람 중에 성령이 비둘기같이 임하는 사람이 있을 텐데 그가 바로 하나님의 어린 양이라는 것이었습니다. 그러던 어느 날 예수님이 세례 요한에게 세례를 받으러 오셨습니다. 세례 요한은 "제가 세례를 받아야 하는데 어떻게 당신이 나에게 세례를 받으려고 하십니까?"라고 하니까 예수님은 이렇게 하는 것이 하나님의 뜻이라고 대답하셨습니다. 그래서 세례 요한이 예수님께 요단강에서 세례를 주는데 예수님 위에 성령이 임하셨습니다. 성령이 비둘기 같은 모양으로 임하더니 예수님 안에 들어오셨습니다(마 3:13-17).

그러나 사실은 세례 요한도 보지 못한 것이 있었습니다. 그것은 예수님에게 하늘에서 성령이 억수같이 임하는 것이었습니다. 예수님 안에 성령이 충만하셨습니다. 예수님은 우리에게 성령을 주실 분으로서 자신이 먼저 성령을 받으셨습니다. 그리고 십자가 위에서 우리 죄를 다 치우신 후에 오순절에 성령을 불같이 부어주셨습니다. 우리에게는 이미 성령의 기름이 부어져 있습니다. 오늘 우리에게 필요한 것은 하나님의 사랑이 부어지는 것입니다. 성령의 불이 붙어서 모든 죄를 다 태우고 마귀를 태우고 정욕과 음란을 태우고 전쟁의 영을 태우고 동성애를 태우고 소돔과 고모라 같은 죄를 태우고 이 성령의 불이 들불같이 퍼지는 것입니다.

이것을 믿으시기 바랍니다. 우리에게 이 능력이 있고 이 축복이 있는 것을 믿으시기 바랍니다. 우리는 썩은 세상을 보고 불안해할 필요가 없습니다. 우리는 다시 예수님에게 이 세상의 썩은 것들을 다 치워주시고 태워달라고 하면 됩니다. 다시 한번 성령의 불이 붙어서 부흥이 일어나는 성도들이 다 되시기 바랍니다.

04

무화과나무 아래서 보았노라

요 1:43-51

스페인에는

'산티아고 가는 길'이 있습니다. 그 길은 약 8백km가 넘는데 순례자들이 한 달에 걸쳐서 걷습니다. 어떤 때는 뙤약볕이 비치기도 하고 어떤 때는 비가 쏟아지기도 하고 어떤 때는 아무도 없는 그 길을 걷게 됩니다. 저는 그 길을 걷는 사람들은 무슨 생각을 하면서 걸을까 궁금합니다. 그런데 그 먼 길을 걷는 순례자 중에는 한국 사람이 특히 많다고 하는데, 아마도 마음에 맺힌 한이 많아서 그런 것이 아닐까 하는 생각이 듭니다. 그들 중에는 직장에서 상사와의 갈등, 자신의 미래 문제에 대한 고민, 자신의 인생을 한번 정리하고 싶어서 등의 문제로 그 길을 걷는 이들이 많을 것입니다. 그런데 거기 갔다 오신 이들에게 물어보면 그냥 아무 생각하지 않고 걷는 것이 좋았다고 하는 사람들이 많습니다.

예수님 당시에 갈릴리 사람들은 자신의 인생 문제나 미래 문제에 대하여 이스라엘에서 가장 답답한 마음을 가지고 있었습니다. 왜냐하면 갈릴리 사람들은 가난하고 무식했으며 제대로 인정을 받지 못하고 있었기 때문입니다. 예루살렘 사람들은 자부심이라든지 경제적인 여건도 나았지만 갈릴리는 그 당시 완전히 소외된 곳이었습니다. 그래서 갈릴리에서는 범죄율이 높았고 폭동 같은 것이 그치지 않았고 살인이 가장 많이 저질러지는 곳이었습니다. 사람들은 갈릴리를 이 세상에서 가장 캄캄한 곳이라고 했습니다. 이런 곳에 사는 젊은이들은 어떤 미래를 가져야 하고 어떤 자아상을 가져야 하는지 알 수가 없었습니다.

1. 사망의 그늘에 앉은 청년들

원래 갈릴리는 가난한 곳이 아니었습니다. 오히려 옛날 이스라엘 왕국 시절에는 농사를 지어서 아주 잘 사는 동네였습니다. 그러나 전쟁도 나고 포로가 되어가기도 하면서 갈릴리는 아주 낙후된 곳이 되고 말았습니다. 그래서 유대인 중에서 가장 못사는 빈민들이 그곳으로 이주하게 되면서 더욱 못 살게 되고 사람들도 사납고 미래가 없는 곳이 되고 말았습니다. 그중에서도 사람들의 평판이 아주 좋지 못했던 곳이 예수님이 자라신 나사렛이라는 곳이었습니다.

목회를 하다 보면 교인 중에는 처음부터 아주 적극적이고 열심이 있어서 예배도 잘 참석하고 훈련도 잘 받는 사람이 있는가 하면, 모든 것에 소극적이고 잘 적응도 하지 못하고 심지어는 교회에 대하여 깊은 상처가 있어서 등록도 하지 않으려는 사람들이 많은 것을 보게 됩니다. 그동안 한국 교회에서는 가장 유행했던 단어가 '제자훈련'과 '목회상담'이었습니다. 이 두 가지는 상반된 것입니다. 제자훈련은 본인이 아주 적극적으로 성경을 배우려고 하고 모든 활동에 적극적으로 참여하는 사람을 위한 것입니다. 거기에 비해 목회상담은 마음에 상처도 있고 성격적으로도 소극적이어서 다른 사람의 도움이 필요한 사람을 상대로 한 것입니다. 그런데 예전에는 적극적으로 교회 활동에 참여하려는 이들이 많았다면 지금은 소극적이거나 마음에 상처를 가진 교인들이 훨씬 더 많다고 볼 수 있습니다.

예수님의 제자 중에도 이것은 마찬가지였습니다. 그들 중에는 아주 적극적인 사람들이 있었습니다. 요한이나 베드로 같은 제자는 "와 보라"는 말만 듣고는 모든 것을 버리고 예수님을 따랐던 사람들이었습니다. 그러나 본문에 나오는 나다나엘이나 세리 마태 같은 사람은 아주 소극적인 사람이었고, 스승인 예수님이 개인적으로 이끌어주어야만 하는 사람들이었습니다.

오늘 본문에 나오는 나다나엘이나 대부분 제자가 자랐던 갈릴리는 아주 무식하고 소외된 곳이었고 살인이나 폭동, 전쟁이 자주 일어나는 곳이었습니다. 그래서 마태는 갈릴리 지방에 대해서 아주 어두운 곳으로 표현을 했습니다.

"스불론 땅과 납달리 땅과 요단 강 저편 해변 길과 이방의 갈릴리여 흑암에 앉은 백성이 큰 빛을 보았고 사망의 땅과 그늘에 앉은 자들에게 빛이 비치었도다"(마 4:15-16).

여기서 '스불론 땅과 납달리 땅'은 바로 이 갈릴리를 말합니다. 갈릴리 사람들은 오래전부터 흑암에 앉은 사람들이었습니다. 갈릴리는 교육도, 의사도 없었고, 바른 말씀을 가르치는 지도자가 한 사람도 없는 곳이었습니다. 거기에다가 갈릴리 사람들은 "사망의 땅과 그늘에 앉은 자들"이라고 했습니다. 어느 순간부터 갈릴리는 전염병이 많이 돌았고 전쟁과 기근과 폭동이 자주 일어나면서 사람들이 많이 죽는 곳이 되었습니다. 그래서 어떤 사람이 병에 들었는데도 그냥 버려져 있다면 그는 '사망의 그늘'에 앉은 자라고 말할 것입니다.

거기에다가 갈릴리 사람들의 자존심을 완전히 끊어버리는 사건이 일어나게 되었습니다. 그것은 바로 갈릴리 분봉왕으로 있던 헤롯 안

티파스가 저지른 짓이었습니다. 헤롯 안티파스는 제사를 드리면서 사람을 죽여서 피를 제물에 섞어서 바치는 인신 제사를 드렸습니다. 그런데 그때 그가 죽인 사람들이 바로 갈릴리 사람들이었습니다. 이들은 죄수도 아니었고 그냥 보통 갈릴리 사람이었는데, 헤롯은 무조건 갈릴리 사람이라는 말만 듣고 죽여서 그 피를 자기 제물에 섞어서 바쳤던 것입니다. 이것은 헤롯이 갈릴리 사람들을 개돼지만큼도 그 가치를 인정하지 않았다는 의미입니다. 이렇게 갈릴리 사람들의 마음은 너무 어둡고 부정적이어서 누가 뭐라고 말해도 잘 믿지 않았습니다.

그러다가 그들은 유다 광야에서 세례 요한이라는 예언자가 나타나서 하나님의 말씀을 전한다고 하니까 그 먼 갈릴리에서부터 말씀을 듣기 위해서 유다 광야로 몰려와서 그의 설교를 듣고 세례를 받았던 것입니다. 즉 갈릴리 젊은이와 사람들에게는 하나님의 말씀 외에는 다른 길이 없었던 것입니다. 그들은 세례 요한이 유다의 지도자들에게 "이 독사의 자식들아!"라고 책망을 하고 모두 죄를 자백하고 요단강에서 세례를 받으라고 외쳤을 때 속이 시원했던 것입니다. 그리고 곧 성령으로 세례를 베푸실 엄청난 분이 오실 것이라고 했을 때 희망을 가지기도 했습니다.

그러면 세례 요한의 부흥회는 성공이었을까요, 실패였을까요? 모인 사람들의 숫자를 보면 성공적이었습니다. 그러나 세례 요한의 부흥회는 근본적으로 예수님을 나타내는 데 있었습니다. 그런데 세례 요한이 예수님을 보고 "세상 죄를 지고 가는 하나님의 어린 양을 보라"고 외쳤을 때 예수님을 따라간 사람은 겨우 두 명이었습니다. 그것은 사람들이 예수님의 외모만 보고 실망했기 때문입니다. 나다나엘은 세례 요한의 설교를 듣고 고향인 갈릴리로 돌아가는 중에 자기 고향 친구인 빌립을 만나게 되었습니다. 그때 빌립은 나다나엘에게 메시야를 만났다고 했습니다. 그런데 나다나엘이 워낙 까다로운 친구였기 때문에 좀 자세하게 설명을 했습니다.

1:45-46, "모세가 율법에 기록하였고 여러 선지자가 기록한 그이를 우리가 만났으니 요셉의 아들 나사렛 예수니라 나다나엘이 이르되 나사렛에서 무슨 선한 것이 날 수 있느냐 빌립이 이르되 와서 보라 하니라"

"모세가 율법에 기록하였고 여러 선지자가 기록한 그이"는 바로 메시야를 말합니다. 빌립은 우리가 드디어 메시야를 만났다고 소개했습니다. 이때 나다나엘의 입에서 나온 말은 강한 부정이었습니다. 그것은 아주 신경질적인 반응이었는데 "나사렛에서 무슨 선한 것이 나온다고 그래?"라는 것이었습니다. 나다나엘은 갈릴리는 썩는 곳이고 비전이 없는 동네이기 때문에 여기서는 아무런 좋은 것도 나올 수 없다고 판단하고 있었습니다. 더욱이 나사렛 같은 데서는 불량배나 반역자나 나올까, 거기서는 제대로 된 하나님의 종이나 메시야는 나올 수 없는 곳이라고 반박했던 것입니다. 그러나 빌립은 나다나엘의 좋은 친구였기 때문에 그렇게 생각만 하지 말고 일단 가 보자고 권했습니다. 그래서 나다나엘은 일단 속는 셈 치고 예수님을 만나보려고 빌립을 따라갔습니다.

2. 참 이스라엘 사람이라

1:47-48, "예수께서 나다나엘이 자기에게 오는 것을 보시고 그를 가리켜 이르시되 보라 이는 참으로 이스라엘 사람이라 그 속에 간사한 것이 없도다 나다나엘이 이르되 어떻게 나를 아시나이까 예수께서 대답하여 이르시되 빌립이 너를 부르기 전에 네가 무화과나무 아래에 있을 때에 보았노라"

나다나엘이 빌립을 따라서 예수님이 계신 곳으로 찾아갔을 때, 예수님은 나다나엘을 보시고 이렇게 말씀하셨습니다.

"보라 이는 참으로 이스라엘 사람이라 그 속에 간사한 것이 없도다"

여기서 우리는 예수님의 말씀에 두 가지 관심을 가지게 됩니다. 하나는 이는 참으로 이스라엘 사람이라는 것과 다른 하나는 그 속에 간사한 것이 없다는 것입니다. 그러니까 나다나엘은 깜짝 놀라면서 "어떻게 나를 아십니까?"라고 물었습니다. 왜냐하면 나다나엘은 아직까지 예수님을 만난 적이 없었기 때문입니다. 그때 예수님은 나다나엘에게 "빌립이 너를 부르기 전에 네가 무화과나무 아래에 있을 때에 보았노라"고 말씀하셨습니다. 그 말씀을 듣고 나다나엘은 그 자리에서 무릎을 꿇으면서 "랍비여, 당신은 하나님의 아들이시요 당신은 이스라엘의 임금이로소이다"라고 고백하게 됩니다.

그렇다면 나다나엘은 무화과나무 아래서 무엇을 하고 있었을까요? 나다나엘이 무화과나무 아래서 단순히 더위를 피하기 위해서나 피로를 풀기 위해서 쉬고 있었다고 말할 수 없습니다. 왜냐하면 그가 단순히 더위를 피하기 위해 무화과나무 아래 앉아 있었다면 누구든지 지나가면서 그를 보았을 것이고 그것 때문에 당신은 하나님의 아들이라고 고백하지는 않았을 것이기 때문입니다.

그 답은 예수님이 나다나엘을 보시고 "이는 참으로 이스라엘 사람이라"는 말 속에 들어있을 것입니다. 그러면 이스라엘 사람 가운데도 참 이스라엘 사람이 있고 가짜 이스라엘 사람이 있는 것인가요? 예수님은 있을 뿐 아니라 아주 근본적으로 중요한 문제라고 말씀하고 계신 것입니다.

나다나엘은 무화과나무 아래서 엄청난 고민을 하고 있었을 것입니다. 우선 나다나엘의 고민의 시작은 왜 갈릴리 사람들은 하나님의 백성으로 이렇게 비참하고 비전 없이 살아야 하는가 하는 것이었습니다. 즉 "우리는 어디서 하나님의 축복을 놓쳤는가, 그리고 왜 하나님은 우리를 버리셨는가?" 하는 것이 고민의 시작이었습니다. 그러다가 점점 나다나엘은 다른 사람이나 세상도 문제이지만 무엇보다 자기가 하나님 앞에서 죄인이라는 것을 깨닫게 되었던 것입니다. 그는 하나님의 말씀대로 살기를 원했지만 도저히 하나님의 말씀대로 살 수 없었습니다. 그는 죄인이었던 것입니다. 그래서 나다나엘은 아무도 보는 사람이 없는 그 무화과나무 아래서 통곡을 하면서 자기는 하나님의 도우심이 필요하며 자기 영혼을 구원해달라고 기도했던 것입니다. 나다나엘은 그야말로 시간 가는 줄 모르고 그 무화과나무 아래서 울면서 몸부림치면서 기도했는데 그때 나다나엘은 마음이 시원해지는 것을 느꼈고 자신의 죄가 씻겨지는 것을 느꼈던 것입니다. 사실 나다나엘에게는 무화과나무 아래의 체험이 하나님과의 만남이나 마찬가지였습니다.

그런데 나다나엘에게는 분명한 중심이 하나 있었습니다. 그것은 자기는 무슨 일이 있어도 성경대로 살겠다는 결심이었습니다. 그런데 갈릴리에서는 가짜 그리스도가 많이 나타나서 사람들을 선동했습니다. 그리고 반역자로 몰려서 수천 명이 처형당하는 일도 있었습니다. 나다나엘은 그런 사람을 절대로 따라가지 않았습니다. 그는 무슨 일이 있어도 성경 말씀대로만 살겠다는 중심을 가지고 있었는데, 예수님은 그 무화과나무 아래 있던 나다나엘을 보셨던 것입니다. 나다나엘이 무화과나무 아래서 무엇을 했는지 아는 분은 하나님밖에 없었습니다. 그래서 나다나엘은 바로 이분이 그분이셨구나 하는 것을 깨닫고 즉시 당신은 하나님의 아들이시라고 고백을 했던 것입니다.

또 예수님은 나다나엘에게 간사한 것이 없다고 말씀하셨습니다. 이것은 그 당시 바리새인이나 서기관들의 위선과 비교가 되는 것이었습니다. 바리새인과 서기관들은 언제나 사람 앞에서나 하나님 앞에서 위선의 탈을 쓰고 있었고 단 한 번도 진정한 자신의 모습을 내어놓는 경우가 없었습니다. 그러나 나다나엘은 위선의 탈이 없었습니다. 그는 하나님 앞에서 자기가 죄인이라는 것을 고백했고 사람 앞에서도 언제나 진실했습니다. 절망에 빠져 살던 나다나엘은 무화과나무 아래에서 통곡하며 기도한 후에 진짜 메시야를 만나게 되었던 것입니다. 나다나엘은 이스라엘의 임금을 만났기 때문에 이제 걱정할 것이 아무 것도 없었습니다. 그는 이제 죽든지 살든지 예수님이 알아서 할 것이라는 믿음이 생겼습니다.

3. 천사가 오르락내리락하고

나다나엘은 꿈에서나 만날 수 있다고 생각했던 메시야를 실물로 눈앞에서 만나니까 너무나도 신기했습니다. 이것은 도저히 믿어지지 않는 일이었고 너무나도 엄청난 일이었습니다. 이 세상 인간에게 가장 큰 뉴스는 하나님의 아들이 사람이 되어서 실물로 이 세상에 오셨다는 것입니다.

우리 인간 세상에는 큰일들이 많이 있었습니다. 아마 이차대전 때에는 전쟁이 끝났다는 뉴스보다 더 큰 뉴스는 없었을 것입니다. 그것을 상징하는 것이 미국의 어떤 수병이 길에서 간호장교를 붙들고 키스하는 사진이었습니다. 만약 북한의 핵이 폐기된다면 그것도 엄청난 빅뉴스가 될 것입니다. 그런데 인간 세상의 최고 뉴스는 하나님의 아들이 이 세상에 사람이 되어서 오셨다는 사실입니다. 그 인간이 되신 하나님을 나다나엘은 눈앞에서 실물로 보고 있었습니다.

그때 예수님은 나다나엘에게 이렇게 말씀하셨습니다.

> 1:50-51, "예수께서 대답하여 이르시되 내가 너를 무화과나무 아래에서 보았다 하므로 믿느냐 이보다 더 큰 일을 보리라 또 이르시되 진실로 진실로 너희에게 이르노니 하늘이 열리고 하나님의 사자들이 인자 위에 오르락내리락하는 것을 보리라 하시니라"

하늘이 열리고 하나님의 사자(천사)들이 하늘에서 오르락내리락하는 것은 야곱이 체험한 것이었습니다. 야곱은 하나님의 축복을 받으려고 형 에서에게 팥죽 한 그릇을 가지고 장자권을 팔게 했고 아버지 이삭을 속이고 장자의 축복을 가로챘습니다. 그러나 그 하나님의 축복은 불발탄이었습니다. 오히려 야곱은 형 에서가 자기를 미워해서 죽이려고 하니까 형을 피해서 야반도주하듯이 도망치다가 벧엘 근처에서 돌을 베개하고 들판에서 잠을 자고 있었습니다. 이때가 야곱 인생의 최고 밑바닥이었습니다. 그런데 잠을 자는 중에 꿈에 하늘이 열리면서 하늘에 사닥다리가 걸쳐지고 그 위에 하나님의 천사들이 오르락내리락하고 하나님이 하늘에서 야곱에게 축복을 약속하셨습니다. 야곱은 잠에서 깨어 부들부들 떨면서 여기가 하나님이 계신 성전이고 하늘의 문인데 자기가 몰랐다고 하면서 돌을 세우고 기름을 붓고 맹세를 했습니다. 그런데 야곱은 외삼촌이 사는 밧단 아람에 가서는 이 체험과 반대되는 삶을 살게 됩니다. 그가 진정으로 하나님을 만났다면 밧단 아람에 가서도 하나님의 말씀대로 살면서 부흥을 일으키는 일을 했어야만 했습니다. 그러나 야곱은 그 엄청난 체험을 하고 난 후에도 라헬과 결혼하기 위해 14년을 종살이하고 또 재산을 모으기 위해서 6년을 더 종살이해서 20년을 허비하게 됩니다.

우리가 진정으로 무화과나무나 수련회나 기도회를 통해서 하나님을 만났다면 무엇을 먹을까, 무엇을 입을까 하는 세상의 염려를 하지 말고 그 나라와 그 의를 위해서 열심히 살아야 합니다. 그러나 지금 크리스천들은 이 세상 사람들과 별로 다를 것이 없이 살아가고 있습니다.

예수님은 너는 하나님의 아들이 너를 무화과나무 아래서 보았고 지금 네가 하나님의 아들을 만났다고 신기해하고 있다고 말씀하고 있습니다. 사실, 이것은 엄청난 체험이었습니다. 그러나 나다나엘은 이것보다 더 큰 일을 보게 될 것입니다. 그것은 장차 예수님이 십자가에 못 박혀 죽으시고 맨 땅에 누우시고 사흘이 지난 후에 하늘의 천사들이 하늘에서 오르락내리락하면서 사망의 권세를 깨트리고 다시 일어나셔서 온 세상 사람들을 다 구원하시고 사망을 이기시는 일을 보게 되는 것입니다.

광야에서 야곱이 보았던 하나님은 꿈이었고 그에게 열렸던 하늘은 일시적인 것이었다면 이제 우리에게는 예수님을 통해서 하늘이 영원히 열렸습니다. 이제 우리는 하늘을 향해 달려가야 합니다. 마치 군인이 적진이 뚫렸을 때 전력을 다해서 달려가듯이 우리는 하늘을 향해서 달려가야 합니다. 가다가 사탄이 방해하면 나사렛 예수의 이름으로 물리치면 되는 것입니다.

우리는 영생을 얻은 사람이고 성령을 받은 사람인데 무엇이 걱정되고 무엇이 염려되겠습니까? 우리는 메시야를 가진 사람이고 천국이 열린 사람이며 하늘 문이 활짝 열려 있는 사람입니다. 물론 우리는 인간이기 때문에 공부도 하고 돈도 벌어야 하고 직장도 가져야 합니다. 그러나 하늘이 열려 있고 영생을 얻었고 성령이 오셨는데 염려할 것이 무엇입니까? 예수님은 나다나엘에게 더 큰 것을 볼 것이라고 말씀하셨습니다. 오늘 우리가 보게 될 더 큰 일은 무엇일까요? 오늘 우리도 이 세상일을 걱정하지 말고 모세와 엘리야와 다윗같이 큰 능력을 받아 하나님께 쓰임 받는 성도들이 다 되시기를 바랍니다.

05

새로운 인생

요 2:1-12

한국전쟁 때

우리나라에 와서 싸웠던 군인 중에서 정부나 교회의 초청으로 다시 우리나라를 방문하는 노인들이 있습니다. 이들이 한결같이 하는 말이 한국이 이렇게 놀랍게 발전할 줄은 몰랐다는 것입니다. 정말 그때는 왜 자기들이 이런 나라에 와서 목숨을 걸고 싸워야 하는 줄 몰랐는데 지금 와서 보니까 그때 피를 흘리면서 이 나라를 지키기를 정말 잘했다는 것입니다. 우리는 이 나라에서 나서 자랐기 때문에 우리나라가 얼마나 발전했고 변했는지 모릅니다. 그러나 오래 떠나 있었던 사람들의 눈에 비친 우리나라는 완전히 맹물이 극상품 포도주로 변한 것 같은 새로운 모습입니다.

 최근 우리나라는 근 이십 년 동안 나라 전체가 방향을 잃고 왔다 갔다 하는 모습입니다. 만일 배가 이런 식으로 왔다 갔다 했다면 벌써 어디에 충돌해서 침몰했을 것이고, 아마 대형사고가 터져도 터졌을 것입니다. 그런데 우리나라는 무엇인가 답답한 것이 나라 전체를 꽉 누르고 있어서 전혀 발전이나 새로운 것이 없고 동성애, 자살, 북한의 핵무기 같은 나쁜 것들만 우후죽순같이 생겨나는 것을 보게 됩니다. 많은 사람은 이 나라를 꽉 누르고 있는 것이 사상적인 좌우대립이라고 생각하고 있습니다. 즉 보수와 진보가 싸우는 바람에 아무것도 안 되고 나아가서 임진왜란이나 병자호란 때같이 망할 수도 있다고 생각합니다. 그러나 어쩌면 이것은 본질이 아닐 수도 있습니다.

예수님 당시에도 유대 사회 전체를 꽉 내리누르는 정신이나 사상 같은 것이 있었습니다. 그것은 바로 아주 낡은 유대주의 사상이었습니다. 그것 중에 대표적인 것이 '정결 예식' 이었습니다. 이것은 밖에 나갔다 집에 들어오면 손을 씻고 몸에 물을 뿌리고 음식을 먹기 전에는 반드시 손을 씻는 것이었습니다. 이것은 단순히 위생 때문이 아니었습니다. 밖에 나가면 죄를 지은 사람들이 있을 수 있는데 이것을 모르고 그런 사람들과 접촉하면 인격이 더러워지니까 몸에 물을 뿌리고 손을 씻는 것이었습니다. 그러나 예수님은 음식을 먹을 때 손을 씻지 않으셨습니다. 이것 때문에 예수님과 유대 지도자 사이에 치열한 논쟁이 있었습니다. 공관복음서를 보면 음식 먹기 전에 손 씻는 문제로 치열한 논쟁이 있었고(마 23:1-36, 막 12:38-40, 눅 20:45-47), 유대 지도자들은 예수님을 귀신 들린 미친 사람이라고 했습니다. 그러나 예수님은 오히려 귀신들린 많은 사람을 온전하게 고쳐주셨습니다.

사도 요한은 이미 마태나 마가 혹은 누가의 복음서를 본 사람이었습니다. 그는 예수님과 유대 지도자들 사이에 치열한 논쟁만 있었던 것이 아니라 아주 놀라운 기적이 있었다는 사실을 기록하고 있습니다.

1. 인생의 새로운 출발

우리는 모두 매일 새로운 인생을 살고 싶어 합니다. 그래서 어떤 사람은 외국을 여행하기도 하고, 자전거를 새로 타기도 하고, 새로운 분야의 공부를 시작하기도 합니다. 그러나 아마도 젊은이들에게 새로운 인생의 출발이라고 하면 뭐니 뭐니 해도 결혼하는 것입니다. 젊은이들이 결혼하면 모든 것이 달라집니다. 그들은 같이 사는 사람도, 사는 집도, 가구도 달라지고, 텔레비전이나 세탁기도 달라지고 미래도 달라지게 됩니다. 그래서 젊은 사람들에게 새로운 인생을 사는 것으로는 결혼보다 더 좋은 것은 없을 것입니다.

예수님이 유대 광야에서 갈릴리로 돌아오셨을 때 예수님에게는 제자들이 여섯 명 정도 생기게 되었습니다. 그러나 그때는 아직 공식적으로 사역을 시작하시지 않았습니다. 그때 가나라는 곳에 사는 예수님의 친척 집에 혼인 잔치가 있어서 예수님의 어머니와 예수님과 제자들이 초청을 받게 되었습니다. 한번 생각해보시기 바랍니다. 어떤 사람의 혼인 잔치인지 이름은 구체적으로 밝히지 않고 있지만, 하나님의 아들이 그 혼인 잔치에 참석하셨으니까 얼마나 대단한 일입니까? 그러나 아무도 하나님의 아들이 그 잔치에 참여한 지 몰랐습니다. 그 혼인 잔치는 다른 사람들의 혼인 잔치와 다른 것이 아무것도 없는 평범한 혼인 잔치였습니다. 오히려 다른 집 혼인 잔치보다 못한 형편없는 잔치였습니다. 왜냐하면 포도주조차 제대로 준비되지 않아서 중간에 포도주가 떨어져 버렸기 때문입니다.

그러나 그 집에도 여전히 다른 집과 마찬가지로 사람이 밖에 있다가 안에 들어가면 손을 씻는 물 항아리 통이 여섯 개나 놓여 있었습니다. 사람들은 모두 그 집에 들어가면서 손을 씻었고 몸에 물도 형식적으로 뿌렸고 또 음식을 먹기 전에 손을 또 씻었습니다. 그러니까 그 물 항아리에는 언제나 물을 채워놓아야 했습니다. 결혼은 인생의 새 출발이기 때문에 기쁨이 넘쳐야 하고 새로운 꿈과 희망이 넘쳐야 하는데 아무래도 갈릴리나 이스라엘 전체가 침체되어 있으니까 결혼식도 별로 생기가 없었던 것 같습니다. 거기에다가 혼인 집이 부유하지 않아서 그런지 몰라도 잔치 도중에 포도주가 떨어져 버렸습니다. 유대인의 혼인 잔치는 일주일이나 계속되는데 얼마 되지 않아 포도주가 떨어졌다는 것은 혼인 집에서는 손님들에 대하여 대단한 실례였고 수치였습니다.

이때 예수님의 어머니는 부엌을 왔다 갔다 하면서 음식을 나르면서 잔치를 도와주다가 포도주가 떨어진 사실을 알게 되었습니다. 그래서 어떻게 하면 좋은가 생각하다가 아들이신 예수님에게 와서 잔치하는 이 집에 포도주가 떨어졌는데 어떻게 하면 좋은지 물어보았습니다. 이 집에 포도주가 떨어진 것은 예수님의 어머니의 책임이 아닙니다. 이 혼인 집이 돈이 없거나 준비가 부족한 것이었습니다. 이것을 예수님의 어머니가 예수님에게 의논한 것은 기적을 행해달라는 뜻도 아니었습니다. 단지 아들이기 때문에 좋은 방법이 없는지 의논해보는 것이었습니다. 그런데 이때 예수님의 태도는 아주 냉정하고 냉담했습니다. 아주 찬바람이 불 정도로 쌀쌀하게 거절하셨습니다.

2:4, "예수께서 이르시되 여자여 나와 무슨 상관이 있나이까 내 때가 아직 이르지 아니하였나이다"

예수님은 육신의 어머니 마리아를 "여자"라고 불렀습니다. "여자여, 나와 무슨 상관이 있나이까?" 이 집에 포도주가 떨어진 것은 예수님과는 아무 상관이 없는 일이었습니다. 혼인 잔치하다가 포도주가 떨어졌으면 맹물을 주면 되는 것이고, 아니면 손님은 집에 가면 되는 것이었습니다. 그러나 예수님은, 지금은 자신이 공식적으로 나설 때가 아니라고 생각했던 것 같습니다. 예수님이 마리아를 "여자"라고 불렀던 것은 예수님께서 마리아와의 관계에 선을 긋는 것이었습니다. 마리아는 예수님의 어머니입니다. 그러나 예수님이 하나님의 아들로서 볼 때는 마리아도 예수님을 믿고 따라야 하는 한 여자에 불과했던 것입니다. (오늘날, 중고생 중에서 어떤 학생이 은혜를 받고 엄마가 무엇을 시키는데 '여자여, 나와 무슨 상관이 있나이까?' 라고 했다가는 터지는 수가 있습니다.) 예수님은 자신이 하나님의 아들이라는 자의식을 가지고 있었던 것입니다. 예수님이 하나님의 아들 입장에서 볼 때 이 집에 포도주가 많이 있든지 없든지, 돈이 많든지 적든지 하는 것은 예수님에게 아무 상관이 없는 것이었습니다. 예수님에게는 오직 한 영혼이 중요했고 믿음이 중요했습니다.

그리고 다른 복음서를 보면 예수님의 첫 사역은 역시 회당에서 설교하는 것으로 시작했던 것을 알 수 있습니다(눅 4:16-30). 예수님은 나사렛 회당에 가셔서 이사야서의 말씀 "주의 성령이 내게 임하셨으니 이는 가난한 자에게 복음을 전하게 하시려고 내게 기름을 부으시고 나를 보내사 포로 된 자에게 자유를, 눈 먼 자에게 다시 보게 함을 전파하며 눌린 자를 자유롭게 하고 주의 은혜의 해를 전파하게 하려 하심이라"는 말씀을 읽으시고 "이 글이 오늘 너희 귀에 응하였느니라"고 선포하셨습니다. 즉 예수님은 메시야의 시대가 왔다는 것을 설교에서부터 선포하셨던 것입니다.

이때 예수님에게는 혼인 잔치가 멋있게 끝나느냐 안 끝나느냐 하는 것은 전혀 중요한 문제가 아니었습니다. 그런데 마리아는 드디어 일을 저질렀습니다. 아마 마리아는 예수님이 "여자여!"라고 해서 잠시 놀랐던 것 같습니다. 마리아는 늘 이 부분이 헷갈렸는데, 그것은 예수님이 내 아들이냐 하나님의 아들이냐 하는 것 때문입니다. 그런데 예수님이 갑자기 결심이나 한 듯이 "여자여!"라고 했을 때, '아, 예수는 하나님의 아들이시구나' 라는 생각이 번쩍 떠올랐습니다. 그렇다면 마리아는 어떻게 해야 합니까? 마리아는 예수님이 내 아들이 아니고 하나님의 아들이라면 무조건 믿기만 하면 되는 것입니다. 마리아가 가졌던 믿음은 하나님에게는 능히 하지 못함이 없다는 것이었습니다.

그래서 마리아는 그 집에서 일하는 하인들에게 "너희에게 무슨 말씀을 하시든지 그대로 하라"고 했습니다. 이것은 바로 믿음이었습니다. '그가 나를 여자로 불렀다. 이것은 그가 하나님의 아들로서 나와 선을 긋는 것인데, 이것은 더 잘된 일이라'고 생각했던 것입니다. 마리아는 하인들에게 그가 어떤 말도 되지 않는 말씀을 해도 그대로 하라고 했습니다. 믿음은 말도 되지 않고 이해가 안 되는 하나님의 말씀을 믿고 그대로 행하는 것입니다.

2. 정결 예식에 쓰이는 물 항아리

예수님 앞에는 유대인들이 철저하게 지키는 정결 예식을 위해 쓰이는 물 항아리가 여섯 개나 놓여 있었습니다. 바로 이 물 항아리야말로 유대인들이 깨끗한 양심을 가진 자들이라는 것을 보여주는 자존심이었던 것입니다. 그러나 앞으로 이 항아리에 든 물은 예수님과 유대 지도자들 사이에 치열한 논쟁을 치르게 되는 문제가 됩니다.

유대인들은 하나님의 복을 받는 비결은 양심이 깨끗해야 하는데 그 방법은 죄와 완전히 단절하는 것이라고 생각했습니다. 그것은 바로 손을 물로 씻는 것이었습니다. 그러나 예수님은 사람의 입으로 들어가는 것은 사람을 더럽히지 못한다고 했습니다(마 15:11). 왜냐하면 입으로 들어가는 것은 배로 들어가서 배설되기 때문입니다. 식중독에 걸릴 정도로 상한 음식이 아니면 해를 끼치지 않는 것입니다. 그러나 사람의 입에서 나오는 것은 온갖 음란과 더러운 것과 거짓과 미친 발광이라고 말씀하셨습니다. 그런데 예수님은 이 보잘것없는 혼인 잔치에서 새로운 인생을 시작하고 양심이 깨끗해지고 하나님의 복을 받는 비결을 가르쳐주셨습니다. 그것은 바로 마리아의 말대로 예수님께서 무슨 말씀을 하시든지 그대로 하는 것입니다.

마리아의 믿음의 말은 예수님에게 확신을 주셨습니다. 그것은 바로 이 일이 예수님이 오신 목적이며, 바로 이때가 예수님의 능력을 나타내실 때라는 확신을 주신 것입니다. 그래서 예수님은 하인들에게 상식적으로 도저히 이해할 수 없는 말씀을 하셨습니다. 그것은 손 씻기 위해서 준비된 두세 통의 물이 들어가는 항아리에 아귀까지 물을 가득 채우라는 명령이었습니다. 하인들은 이미 마리아의 말을 들었기 때문에 예수님이 시키시는 대로 항아리 아귀까지 물을 가득 채웠습니다. 그랬더니 이제 예수님은 하인들에게 그 물을 연회를 주관하는 사람에게 갖다 주라고 말씀하셨습니다. 그러나 하인들은 예수님에게 이런 맹물을 갖다 주었다가 야단맞으면 어떻게 하느냐고 묻지 않았습니다. 하인들은 예수님이 갖다 주라고 하니까 무조건 그 항아리에 들어 있는 물을 연회장에게 갖다 주었던 것입니다.

연회장은 하인들이 갖다 준 물을 마셨는데 그때는 벌써 맛이 기가 막힌 포도주로 변해 있었습니다. 이것이 바로 물로 된 포도주였습니다. 연회장은 너무 포도주가 맛이 있으니까 신랑을 불러서 칭찬했습니다. 사람마다 처음에 좋은 포도주를 내어서 손님을 대접하고 조금 취하고 나면 맛이 떨어지는 포도주를 내는 법인데 당신은 지금까지 최고의 포도주를 아껴두었다가 손님들을 대접하고 있다고 하면서, 지금 이 포도주는 최고의 포도주라고 칭찬했습니다.

요즘 우리나라에서는 재미없는 '맹물 인생'이라는 말 대신에 '그 나물에 그 밥'이라는 말을 많이 씁니다. 이는 그 사람이 그 사람이고 새로운 것이 하나도 없다는 뜻입니다. 왜 우리나라는 모든 부분에 맛없는 맹물이 되고 말았을까요? 왜 그 기업이 그 기업이고, 그 정치인이 그 정치인이고, 그 종교가 그 종교인 밍밍한 맛의 맹물이 되고 말았을까요? 우리나라는 도대체 무엇이 우리를 내리누르고 있기에 모든 사람이 욕구 불만이 되고 도저히 앞으로 나가지 못하고 계속 맛없는 인생을 살아가고 있을까요? 이것은 노조 때문일까요, 좌파와 우파의 갈등 때문일까요? 아닙니다. 바로 어떤 낡은 영이 우리 사회 전체를 누르고 있기 때문입니다. 그래서 우리나라는 계속 따지고 다른 사람을 비난하고 잡아넣는 일을 하고 있습니다. 이것이 바로 사탄이 지배하는 사회의 특징입니다.

그런데 예수님은 우리에게 너무나도 맛있고 아름다운 새로운 인생의 가능성을 보여주셨습니다. 그것은 바로 하나님의 아들이 무슨 말씀을 하시든지 그대로 하는 것입니다. 따지지 말고 상식을 가지고 주장하지 말고 하나님의 말씀이 시키는 대로 그 말씀에 말없이 순종하는 것입니다. 그러니까 최고로 맛있는 포도주가 만들어지게 되었습니다. 지금도 우리가 세상에서 배우고 따지는 것으로는 절대로 새로운 세상이 오지도 않고 새로운 인생이 시작될 수도 없습니다. 우리는 새로운 것을 받아들여야 합니다. 그것은 전혀 오염되지 않은 하나님의 말씀을 그대로 믿고 순종하는 것입니다.

3. 두 부류의 사람들

예수님의 첫 표적은 물이 포도주가 되는 것이었습니다. 어떻게 생각해 보면 메시야가 행한 첫 표적치고는 너무 보잘것없는 것 같습니다. 예를 들어서 어떤 남자가 텔레비전에서 요리하는 것을 보여주는데 그런 사람이 우리 인생의 일부는 도움을 줄 수 있지만 우리 인생 전체를 바꿀 수 있다고 생각하지는 않을 것입니다. 그러나 예수님이 물로 포도주를 만드신 것은 요리 강습이 아니라 새로운 창조였던 것입니다.

요즘 우리 사회는 외모를 아주 중요하게 생각합니다. 그래서 얼마나 좋은 차를 타고 다니며 얼마나 날씬하며 얼마나 좋은 옷을 입고 얼마나 명품 가지느냐 하는 것으로 멋진 인생을 산다고 생각하고 있습니다. 이것은 그 당시 유대인들의 생각과도 비슷한 것입니다. 예수님은 유대인들에게 잔과 대접의 겉은 깨끗하지만 속에는 온갖 더러운 것으로 가득하다고 책망하셨습니다. 우리 사회는 외모를 중요시하는 사회입니다. 그러나 사람의 속은 어떻게 생겼는지 아무도 모릅니다. 그러나 나타나는 현상을 보면 얼마나 속이 병들었는지 알 수 있습니다. 얼마나 자살이 많고 얼마나 욕을 많이 하며 얼마나 정신 질환자들이 많은가 하는 것을 통해서 이 현상을 알 수 있습니다.

예수님이 참석한 혼인 잔치에는 두 부류의 사람이 있었습니다. 한 부류의 사람은 최고의 포도주만 마시고 기분 좋게 집으로 돌아간 사람입니다. 그러나 다른 부류의 사람은 그 모든 과정을 다 지켜보고 새로운 인생의 비결을 안 사람입니다.

2:9, "연회장은 물로 된 포도주를 맛보고도 어디서 났는지 알지 못하되 물 떠온 하인들은 알더라"

연회장이나 잔치에 참석한 손님들은 그 맛있는 포도주가 어떻게 해서 만들어지게 되었는지 아무도 알지 못했습니다. 만일 그 포도주가 손 씻는 항아리 물로 만들어졌다는 것을 알았더라면 그 포도주를 마셨을까요, 안 마셨을까요? 아마 안 마시려고 했을 것입니다. 유대인들의 선입견이 그만큼 강했기 때문입니다. 그러나 그들은 그 포도주가 어디서 생겼는지 몰랐기 때문에 기분 좋게 그 포도주를 다 마셨을 것입니다. 그들은 그냥 잠시 자신들의 혀를 즐겁게 해주는 포도주를 마셨을 뿐입니다. 그러나 하인들이나 제자들은 포도주의 비밀과 비결을 알았습니다. 그것은 바로 예수님의 말도 되지 않는 말씀을 듣고 말없이 순종하는 것이 새 포도주의 비결이고, 새로운 맛있는 인생의 비결이라는 것을 배웠던 것입니다. 예수님의 말씀은 그야말로 새로운 인생의 시작이었습니다.

예수님은 유대인들에게 이 말씀을 하셨습니다. "새 포도주는 새 가죽 부대에 넣어야 한다"는 것입니다. 왜냐하면 새 술에는 새로운 가스가 나오므로 낡은 가죽 부대에 넣으면 부대가 터져서 술도 버리고 부대도 버리기 때문입니다. 또 예수님은 누구든지 헌 옷이 떨어졌을 때 그 헌 옷에 새 천을 깁는 사람은 없다고 했습니다. 왜냐하면 새 천의 섬유가 옛 옷을 당겨서 옷이 더 많이 떨어지기 때문이라고 했습니다(마 9:16-17).

예수님은 새 가죽부대를 만들기 시작하셨습니다. 그들이 바로 예수님의 표적을 본 여섯 명의 제자들과 하인들이었습니다. 이들은 유대 사회의 가난한 자들이었고 주류가 아니었습니다. 그러나 그들에게는 이미 강한 소망이 뻗쳐 나오고 있었는데, 바로 하나님의 기운이었습니다. 이들은 전 세계의 역사를 바꾸었습니다. 이 당시 로마라는 새로운 기운이 전 세계를 정복하고 있었습니다. 그러나 그 기운은 죽은 기운이었고 썩은 기운이었습니다. 그 썩은 세상 안에 예수 그리스도의 새로운 기운이 생겨나고 있었습니다.

오늘 우리 사회를 재미없게 만드는 것은 사탄의 강한 기운입니다. 좌파나 우파나 자살이나 동성애나 모두 사탄의 강한 기운이 막고 있어서 생긴 죽은 기운입니다. 우리는 이 세상의 힘 있는 자들이 아닙니다. 우리는 어떤 의미에서 가나와 같이 변두리에 있는 사람들입니다. 그러나 우리는 하나님의 비밀을 알고 있습니다. 새 인생을 살기를 원하십니까? 우리 사회가 맛있는 새로운 사회가 되기를 바라십니까? 세상과 하나님의 나라를 섞지 마시기 바랍니다. 오직 하나님의 말씀만 듣고 그대로 순종하시기 바랍니다. 하나님께서 우리의 맹물 인생을 최고로 맛있는 포도주 인생으로 만들어주실 것입니다.

06

너희가 이 성전을 헐라

요 2:13-22

사람에게

생명과 건강은 매우 중요한 것이기 때문에 돈이 좀 더 들더라도 더 좋은 병원에서 치료를 받으려 하고 좀 더 좋은 음식점에서 음식을 먹으려고 합니다. 그런데 만일 어떤 환자가 가장 좋은 병원인 줄 알고 치료를 받았는데 알고 보니 그곳이 아주 비위생적인 주삿바늘을 쓰고 세균이 들끓고 있는 환경이었다면 속았다는 생각이 들면서 그런 곳은 폐쇄해야 한다고 주장을 할 것입니다. 또 어떤 사람이 아주 깨끗하고 요리를 잘하는 음식점인 줄 알고 계속 이용했는데 당국에서 조사해보니까 아주 불결한 재료를 써왔고 심지어는 남들이 먹다가 남은 반찬을 도로 내어놓았다는 것을 알게 되었다면 굉장히 화가 날 것입니다.

　우리의 영혼은 인간에게서 가장 중요한 부분이므로 그것이 속해 있는 종교 시설이나 그것을 다루는 종교의식은 이 세상에서 가장 깨끗해야 할 곳입니다. 왜냐하면 종교의식이나 종교 시설은 어려움에 처한 인간과 하나님을 연결해서 그들의 기도가 응답되며 병이 치료되며 지치고 망가진 인생을 치료할 수 있는 곳이기 때문입니다. 그러나 종교인의 마음속에 물질적인 욕심이나 명예욕이 생기면 종교의식이나 종교 시설을 오염된 병원이나 식당보다 더 타락한 곳이 되게 할 수 있습니다. 왜냐하면 하나님은 눈에 보이지 않고, 종교의 효과라는 것도 눈에 보이지 않기 때문입니다.

예수님 당시 유대 사회에서 가장 중요한 종교 시설은 예루살렘 성전이었습니다. 특히 예루살렘 성전은 살아계신 하나님과 인간 세계를 연결해주는 유일한 종교 시설이었는데, 이 당시 유대인의 명절이 되면 백만 명이 넘는 유대인들이 로마제국은 물론 전 세계에서 몰려와서 하나님께 기도하고 제사 드리고 축복을 받고 돌아갔습니다.

예수님 당시에 수백만 명의 유대인이 성전에 와서 제사 드리고 가는 것은 좋은 일이었습니다. 그러나 나쁜 점은 예루살렘의 제사장이나 지도자들이 이것을 돈벌이의 기회로 사용했다는 것입니다. 예루살렘을 방문하는 사람들은 로마나 아프리카 혹은 아시아에서 오게 되므로 그 먼 곳에서 도저히 제사에 바칠 짐승들을 가져올 수 없으니까 예루살렘에서 짐승을 사서 제사를 드렸습니다. 이 제사 드릴 제물을 파는 장사를 성전에서 했던 것입니다. 그리고 그 당시 외국 돈은 황제 얼굴이 새겨져 있어서 성전에 바칠 수 없었습니다. 그래서 유대인들은 외국 돈을 성전에서 쓰는 돈으로 환전해서 성전에 바쳤는데, 그 환전하는 행위를 성전 뜰에서 했던 것입니다. 유대 지도자들은 이것이 제사 드리려는 사람들의 편의를 위한 것이라고 했지만 사실은 엄청난 폭리를 취한 장사였던 것입니다. 그러나 성전 당국이 하는 이 일에 대하여 일반인들은 아무도 불평의 말을 할 수 없었습니다. 왜냐하면 그것은 하나님의 일이었기 때문입니다. 이것은 하나님만이 옳다 틀리다 할 수 있는 것이었습니다.

그런데 예수님은 유월절에 성전에 올라가셔서 성전에서 벌어지고 있는 이 잘못된 행위를 보시고 분노하셨습니다. 예수님은 노끈으로 채찍을 만들어서 제사용 짐승들을 다 내쫓으시고 비둘기나 돈 바꾸는 자들의 상을 엎으셨습니다. 그리고 예수님은 이들이 이곳에서 하는 것은 장사 행위이며 그들은 강도들이 하는 짓을 하고 있다고 책망하셨습니다.

여기서 예수님은 매우 이해하기 어려운 말씀을 하셨습니다. "너희가 이 성전을 헐라 내가 사흘 동안에 일으키리라"(19절) 하신 것입니다. 예수님은 이 말씀 때문에 유대 제사장이나 지도자들에게 엄청 미움을 받게 됩니다. 후에 이 말씀 때문에 대제사장의 집에서 모였던 회의에서 성전을 허는 나쁜 사람으로 몰렸고, 십자가에 못 박힐 때도 유대 지도자들은 예수님에게 "성전을 헐고 사흘 만에 짓는 자여 십자가에서 내려오라"는 조롱을 받게 됩니다. 예수님은 왜 이렇게 어려운 말씀을 하셨을까요? 오늘 예수님이 한국 교회를 보시면 무슨 말씀을 하실까요? 오늘 예수님은 교회의 지도자들을 보시면 장사하는 자들이나 기업하는 자들이라고 말씀하실지, 아니면 진정으로 영혼을 살리는 종이라고 말씀하실지 궁금하기만 합니다.

1. 내 아버지의 집

어떤 자녀가 먼 곳에 살다가 아주 오랜만에 자기 아버지 집을 방문했다고 합시다. 또 이 아버지의 집은 아주 큰 집이었고 멋진 고택이었다고 합시다. 그런데 막상 이 자녀가 아버지의 집을 찾아왔을 때 아버지의 집이 완전히 유흥장으로 변해서 마을 사람들이 마당에 들어와서 고기를 구워 먹고 춤을 추고 있고 또 어떤 사람들은 아예 안방까지 들어가서 살림을 살고 있다면 이 자녀는 분노할 것입니다. 그리고 그는 거기서 고기를 구워 먹고 놀고 있는 사람들에게 "내 아버지의 집을 유흥장으로 만들지 마세요!"라고 하면서 거기에 있는 사람들을 모두 다 내쫓을 것입니다. 그리고 그는 쓰레기들을 다 치우면서 다시 깨끗하고 조용한 옛날 아버지의 집으로 회복시키려고 애를 쓸 것입니다.

원래 예루살렘 성전은 전 세계에서 가장 깨끗한 곳이었습니다. 왜냐하면 하나님께서 유대인들이 성전 더럽히는 것을 용서하지 않으셨기 때문입니다. 그래서 아론의 두 아들 제사장 나답과 아비후는 성전에서 하나님이 명령하지 않은 다른 불로 분향했다고 해서 즉사했습니다(민 26:61). 다윗이 하나님의 궤를 옮기는 과정에서 소가 뛰는 바람에 웃사라는 사람이 하나님의 궤가 떨어지지 않도록 붙잡다가 그 자리에서 즉사하게 됩니다(삼하 6:7).

그러나 예수님 때 예루살렘 성전은 가장 타락한 곳이 되었습니다. 더욱이 로마가 해적을 소탕하여 여행이 안전해지게 되니까 전 세계의 유대인들이 돈을 가지고 성전에 와서 평생 한 번의 제사를 정성껏 드렸던 것입니다. 대제사장과 유대 지도자들은 이때 장사해서 엄청난 돈을 벌어들였습니다. 이때 어느 누구도 대제사장이나 유대 지도자들이 하는 것을 보고 틀렸다고 말할 수 없었습니다. 왜냐하면 성전에서 하는 일은 하나님께서 하는 일이므로 아무나 함부로 말할 수 없었기 때문입니다. 대제사장이나 유대 지도자들은 '이 모든 것은 사람들의 편의를 돕기 위해서 하는 일이라'고 주장했습니다. 이때 예수님이 유월절에 성전에 오셨습니다. 예수님은 이것을 보시고 가만히 있지 않으셨습니다. 노끈으로 채찍을 만들어서 양이나 소를 성전에서 다 내쫓으시고 돈 바꾸는 자들의 돈을 쏟으시고 상을 엎으셨습니다.

1:16, "비둘기 파는 사람들에게 이르시되 이것을 여기서 가져가라 내 아버지의 집으로 장사하는 집을 만들지 말라 하시니"

그리고 예수님은 여기서 아주 무서운 말씀을 하셨습니다. 그것은 "내 아버지의 집으로 장사하는 집을 만들지 말라"는 것이었습니다.

예수님은 성전을 '내 아버지의 집'이라고 하셨습니다. 이것은 예수님 자신을 하나님의 아들이라고 말씀하시는 것입니다. 드디어 하나님의 아들이 성전에 임하신 것입니다.

예수님이 성전에서 장사하는 자들을 내쫓으신 것은 구약 성경에 예언된 것입니다. 구약에서 메시야 예언으로 유명한 스가랴서 끝 절(슥 14:21)을 보면 "그 날에는 만군의 여호와의 전에 가나안 사람이 다시 있지 아니하리라"고 했습니다. 여기에 "가나안 사람"은 두 가지 뜻이 있는데, 하나는 그 말 그대로 가나안 사람이고, 다른 하나는 장사하는 사람입니다. 사람들은 스가랴서 끝 절을 읽으면서 왜 하나님은 성전에서 가나안 사람이 없게 하겠다고 하시는지 의아하게 생각했습니다. 그러나 하나님은 성전이 타락해서 성전에 장사하는 사람들이 가득할 것을 알고 계셨던 것입니다. 예수님은 그 말씀 그대로 성전에서 장사하는 사람들을 내쫓으셨습니다. 그리고 구약 마지막 성경 말라기에는 마지막 때 하나님이 성전에 갑자기 임하신다고 예언했습니다. "또 너희가 구하는 바 주가 갑자기 그의 성전에 임하시리니 곧 너희가 사모하는 바 언약의 사자가 임하실 것이라 그가 임하시는 날을 누가 능히 당하며 그가 나타나는 때에 누가 능히 서리요 그는 금을 연단하는 자의 불과 표백하는 자의 잿물과 같을 것이라"(말 3:1-2).

예수님 당시 예루살렘 성전은 언제 하나님이 나타나실지 모르는 위기 가운데 있었습니다. 일단 그가 오시면 그 불꽃 같은 눈으로 모든 사람의 중심을 녹여서 찌꺼기는 다 태울 것이며 더러운 것은 모두 빨아버릴 것입니다. 사실 예수님이 성전에 오셔서 채찍으로 양이나 소를 내쫓으시고 상을 엎으신 것은 약한 것이었습니다. 말라기 예언대로 하면 그는 불로써 모든 것을 다 태워서 금과 찌꺼기를 구별하셔야 하고, 잿물에 더러운 것을 빨아서 빨래를 깨끗하게 하셔야 했을 것입니다. 그러나 예수님은 "내 아버지의 집으로 장사하는 집을 만들지 말라"고 하시면서 자신이 하나님의 아들이며 그 언약의 사자인 것을 나타내셨습니다.

그러니까 대제사장과 유대 지도자들은 "네가 우리들이 하는 일을 비판하는데 네가 선지자인 증표를 보이라"고 요구했습니다(18절). 즉 마패를 가지고 왔으면 마패를 보이라는 뜻이었습니다. 하나님은 선지자들에게는 증표를 주셨습니다. 그러나 하나님의 아들에게는 증표가 필요 없었습니다. 왜냐하면 그가 심판하시면 끝나는 것이었기 때문입니다. 그러나 예수님은 성전을 심판하시지 않았습니다. 그 대신 예수님은 "너희가 이 성전을 헐라 내가 사흘 동안에 일으키리라" 말씀하시고 물러나셨습니다.

2. 너희가 이 성전을 헐라

2:19, "예수께서 대답하여 이르시되 너희가 이 성전을 헐라 내가 사흘 동안에 일으키리라"

예수님이 유대 지도자들에게 "이 성전을 헐라"고 말씀하신 것은 사실 불가능한 것이었습니다. 왜냐하면 유대 지도자들 중에 이 성전을 허물 수 있는 사람은 한 명도 없었기 때문입니다. 예수님도 자신의 손으로 이 성전을 허물겠다고 말씀하지는 않으셨습니다.

지금 이 성전은 유다 백성들이 바벨론 포로 후에 돌아와 눈물로 지은 성전이었습니다. 이 포로 후 성전은 칠십년 포로 생활했던 유대 백성들의 소원이었고 눈물의 성전이었습니다. 그런데 이 성전은 헤롯에 의해 개축되기 시작했습니다. 헤롯이 유대인들의 환심을 사기 위해서 성전을 화려하게 새로 지었기 때문입니다. 그런데 이 공사가 얼마나 대단했던지 예수님 당시만 해도 46년에 걸쳐서 지어지고 있었습니다.

2:20, "유대인들이 이르되 이 성전은 사십육 년 동안에 지었거늘 네가 삼일 동안에 일으키겠느냐 하더라"

이 성전이 얼마나 어마어마하고 대단하면 46년에 걸쳐서 지어지고 있었을까요? 그리고 이후에도 계속 공사를 해서 결국 82년 만에 완공이 됩니다. 이것은 요즘 스페인 바르셀로나에 가면 가우디가 설계한 성당이 백년 넘게 지어지고 있는 것 같은 경우라고 할 수 있습니다. 예수님의 제자들은 성전 건물과 돌을 보고 예수님에게 "이 어마어마한 돌과 건물을 보십시오"라고 자랑했습니다. 그때 예수님은 "너희가 이 건물을 보느냐? 돌 하나도 돌 위에 남지 않고 다 허물어질 것이라"고 말씀하셨습니다(마 24:1-2).

그 당시 예루살렘 성전은 어마어마한 건물이었고 수백만 명의 유대인이 제사 드리러 오는 곳이었기 때문에 이 세상의 어느 누구도 허물 수 없는 위대한 건물이었습니다. 그러나 예수님은 유대인들에게 "너희가 이 성전을 허물라"고 말씀하셨습니다. 그것은 만일 너희에게 양심이 조금이라도 있다면 너희는 이 성전을 허물어야 한다는 뜻이었습니다. 왜냐하면 이 성전 안에는 아무것도 없었고 겉으로 보기에만 화려하고 대단했지 그 안에는 탐욕과 거짓밖에 없었기 때문입니다. 이런 성전은 허물어야 할 수 있는 대로 사람들이 덜 죽게 되는 것입니다. 그러나 아무도 이 성전을 허물지 못했습니다. 그 대신 로마 군인들이 30년 후에 이 성전을 허물었습니다. 이 성전 안에는 정말 아무것도 없었습니다. 이 성전 안에는 하나님도 없었고 능력도 성령도 없었고 아무것도 없는 빈 깡통이었던 것입니다.

문제는 한국 교회입니다. 한국 교회는 예배당들이 아름답기로 유명합니다. 어떤 교회는 수백억 혹은 수천억 원을 들여서 예배당을 짓고 교인들은 많은 헌금을 바치고 있습니다. 그런데 과연 그 성전 안에 무엇이 들어 있습니까? 예수님의 말씀은 성령의 역사가 없는 교회는 부수는 것이 낫다는 뜻입니다. 왜냐하면 하나님은 그런 곳에 계시지 않기 때문입니다.

성전이나 교회는 오직 성령의 역사가 나타나야 합니다. 그곳에서 죄가 씻음 받고 기도가 응답이 되고 인생이 변하는 곳이 되어야 합니다. 성령의 역사가 없는 교회는 스스로 문을 닫든지 아니면 성령의 역사가 나타나게 해야 합니다. 그렇지 않으면 그 헌금으로 목사가 먹고 살고 여러 가지 사업하고 행사하고 나중에는 먹고 마시는 곳으로 변하고야 마는 것입니다.

3. 내가 사흘동안에

왜 예수님은 성전에 갑자기 임하신 후 금을 연단하는 불같이 표백하는 자의 잿물같이 성전을 깨끗하게 하시지 않았을까요? 말라기의 예언대로 한다면 예수님은 하늘에서 불이 떨어지게 해서 모든 더러운 것을 다 태우시고 깨끗한 정금만 남게 하시고, 표백하는 자처럼 잿물로 모든 더러운 것을 다 빠지게 하시고 깨끗한 세탁물만 남게 하시지 않고, 왜 조용히 갈릴리로 물러나셨을까요? 예수님의 불이 그 불이 아니었고 예수님의 잿물이 그 잿물이 아니었기 때문입니다. 예수님이 만일 엘리야같이 하늘에서 불이 떨어지게 하셨더라면 거기서 불에 타 죽지 않을 사람은 아무도 없었을 것입니다. "누가 능히 서리요?"라고 했는데 정말 예수님 앞에 설 수 있는 사람은 아무도 없었던 것입니다. 만일 예수님이 거기에 잿물을 넣어서 돌리셨더라면 모두 다 씻겨나가고 한 명도 남지 못했을 것입니다. 예수님은 모든 것을 순서 있게 하셨습니다. 예수님은 우선 자신이 온 세상이 사모하는 언약의 사자 하나님의 아들이신 것을 말씀하셨습니다. "내 아버지의 집으로 장사하는 집을 만들지 말라."

예수님은 온 인류가 사모하고 모든 피조물이 사모하던 하나님의 아들이셨던 것입니다. 예수님은 채찍으로 유대인의 제사나 장사 행위가 틀렸다는 것을 선포하셨습니다. 예수님은 유대인들에게 너희가 이 성전을 헐라고 말씀하셨습니다. 너희에게 만일 조금이라도 양심이 있다면 이런 거짓된 짓을 해서는 안 된다는 뜻이었습니다. 너희는 이 성전의 문을 닫아야 한다고 말씀하셨던 것입니다. 그들은 예수님 앞에서 정직했어야 했습니다. 세례 요한은 정직한 사람이었습니다. 그는 예수님이 자기에게 세례를 받으러 왔을 때 제가 세례를 받아야 하는데 왜 예수님이 자기에게 오느냐고 했습니다. 이처럼 유대 지도자들은 예수님 앞에 엎드려서 어떻게 하면 좋으냐고 물었어야 했습니다.

2:21, "그러나 예수는 성전된 자기 육체를 가리켜 말씀하신 것이라"

예수님은 내가 성전을 사흘 동안에 일으키리라고 말씀하셨습니다. 예수님 자신이 성전이었습니다. 예수님 안에는 성령이 충만했습니다. 예수님은 걸어 다니는 성전이었습니다. 이 세상 어디에도 없는 성령이 예수님 안에는 충만했습니다. 그러나 이 희귀한 성령님이 오직 예수님의 말씀이나 기적의 치료를 통해서만 나올 뿐이었습니다. 이것이 우리에게 쏟아지지 못했습니다. 그러다가 예수님이 십자가 위에서 못 박히셨을 때 그의 옆구리가 창에 찔리셨을 때 예수님 안에 있는 성령이 쏟아지게 되었습니다. 그런데 이 성령이 예루살렘 성전에 쏟아진 것이 아니었습니다. 성령은 예수님의 제자에게 쏟아졌고 다락방에서 기도하던 백이십 명의 성도에게 쏟아졌습니다. 예수님은 두세 사람이 내 이름으로 모인 곳에는 나도 그들 중에 있다고 말씀하셨습니다(마 18:20).

오늘 목사들이 타락해서 대형 교회를 세워 넣고는 종교 장사나 종교 장난이 아주 심한 것을 볼 수 있습니다. 오늘 한국 교회나 목사나 교인들을 하나님의 용광로에 넣고 돌리면 금이 얼마나 나올 수 있을까요? 오늘 우리를 하나님의 세탁기에 넣고 돌리면 얼마나 깨끗한 옷이 나올 수 있을까요? 큰 교회 안에 아무것도 없는 경우가 많이 있습니다. 한때는 세계적으로 유명한 교회라고 했지만 얼마 지나지 않아서 아무것도 없는 경우가 많습니다. 나중에는 돈도 없습니다. 예루살렘 성전이 불탔을 때 아무것도 없었습니다. 예루살렘 성전은 참 성전이 아니라 바벨탑이었습니다. 오늘 한국 교회도 열심히 바벨탑을 쌓고 있습니다. 우리는 교회에서 여러 가지 말을 할 필요가 없습니다. 오직 불같은 성령의 역사가 임해서 우리 중심을 태워야 합니다. 오직 성령의 생수가 쏟아져서 우리를 잿물로 빤 것 같이 깨끗하게 만들 수 있어야 교회인 것입니다. "누가 그 앞에 서리요?"

큰 교회를 찾지 마시기 바랍니다. 바른 말씀을 찾으시고 하나님의 불 앞에서 양심이 태움을 받고 하나님의 잿물에 우리 전신을 씻어서 깨끗한 신자들이 다 되시기 바랍니다.

07

두 번째 인생

요 3:1-8

사람들은

좀 더 멋진 미래를 위하여 노력합니다. 그래서 다이어트를 열심히 하기도 하고 외국에 유학 가기도 하고 멋진 차를 사려고 하기도 합니다. 우리나라는 성형수술과 여자 골프, 십대 가수로 유명하다고들 말을 합니다. 그러면 우리나라는 전 세계에서 가장 행복한 삶을 사는 나라여야 하는데 사람들을 만나보면 행복하지 않다고 하고, 오히려 자살률 1위를 하고 있는 실상을 보게 됩니다. 그 이유는 이런 행복들이 사람의 속을 바꾸지는 못하기 때문입니다.

그러나 성경에는 완전히 변하여 새로운 인생을 산 사람이 있습니다. 그중에 막달라 마리아가 있습니다. 막달라 마리아는 일곱 귀신이 들려서 발작을 일으키고 두통이나 심한 우울증과 견디지 못할 정도의 육체적 고통으로 괴롭고 비참한 인생을 살던 사람이었습니다. 그러나 그녀는 예수님을 만나고 난 후에 병이 치료가 되고 완전히 다른 사람이 되었습니다.

오늘 우리 사회를 보면서 걱정하는 분들이 많이 있습니다. 우리 사회의 많은 문제는 신문만 펼치면 나오기 때문에 더 이상 말할 필요가 없다고 생각합니다. 과연 우리나라가 이런 식으로 나가다가 살아남을 수 있을까 걱정하는 분들이 많이 있을 것입니다.

그런데 우리나라만 그런 것이 아니고 예수님 당시 유대 사회도 그랬습니다. 유대 사회의 미래도 굉장히 불안해서 반란이 자주 일어났고 빈부의 차이가 심했습니다. 더욱이 유대 사회의 지도자들이 얼마나 자기주장이 강한지 자기들의 생각과 조금이라도 다른 사람은 귀신 들린 자이고 미친 사람이라고 주장했습니다. 심지어는 예수님도 귀신 들린 자라고 했습니다. 예수님이 아무리 바른 설교를 하고 병자들을 고치고 기적을 행하셔도 그들은 듣거나 믿지도 않았습니다.

그런 유대 지도자 중에 그나마 편견이 없고 진실한 사람이 있었습니다. 그 사람은 바로 오늘 본문에 나오는 니고데모였습니다. 거의 모든 유대 지도자들은 예수님이 갈릴리 출신이고 가난하고 무식한 사람이라고 해서 예수님을 적대시했습니다. 그러나 니고데모는 예수님을 그런 선입견을 가지고 보지 않고 예수님이 행하시는 기적을 보고 그를 하나님에게서 온 분이라는 것을 인정했습니다. 만약 유대 사회같이 혼란스럽고 불안한 사회에 하나님이 보내신 선지자가 있다면 그는 유대인들이 살 수 있는 길을 가르쳐주실 것입니다.

그래서 니고데모는 예수님을 만나기 위해 밤에 찾아갔습니다. 니고데모가 예수님을 밤에 찾아간 것은 아마 낮에 찾아가기에는 자기 체면이 너무 손상된다고 생각했기 때문일 것입니다. 그래서 그의 별명이 '밤에 찾아온 니고데모'가 되었습니다. 성경에도 낙인이 한번 찍히면 벗어날 수 없는 것 같습니다. 그래서인지 도마는 반드시 '의심 많은 도마'라고 불립니다. 그리고 가롯 유다는 '예수님을 팔아먹은 유다'라는 딱지가 붙어 있습니다. 니고데모는 밤에 찾아온 사람이지만 유대 지도자 중에서는 거의 유일하게 편견 없이 진실한 마음으로 예수님을 보려고 한 사람이었습니다.

1. 유대 사회의 해법

그 당시 유대는 로마의 지배를 받고 있었지만 메시야의 시대를 강하게 소망하고 있었습니다. 유대인들은 로마에 반역해야 하는지 말아야 하는지, 가난과 질병의 문제, 신앙의 타락과 독선 등으로 사회 전체가 중병에 들어 있었습니다. 이때 유대 지도자들은 전부 자기 생각만 옳다고 생각하고 남의 말은 일체 들으려고 하지 않았습니다. 그런데 니고데모만은 예수님이 행하시는 기적을 보고서 이분은 하나님이 보낸 분이 맞다고 생각했습니다. 만일 이렇게 혼란스러운 시대에 하나님이 보내신 선지자가 있다면 그는 틀림없이 유대 사회가 살 수 있는 바른길을 제시할 것입니다. 만일 예수님이 하나님이 보내신 선생이라면 옛날 이사야 선지나 예레미야 선지나 미가 선지처럼 지도자들의 타락과 유대 사회의 타락을 통렬하게 지적하면서 살 수 있는 바른길을 가르쳐줄 것이라고 생각했던 것입니다. 니고데모는 지금 이 시대에 하나님이 우리에게 무슨 말씀을 하고 싶어 하시며 예수님이 가지고 온 메시지가 무엇인지 그것을 듣고 싶어 했습니다. 그래서 니고데모는 밤에 예수님을 찾아가서 만났던 것입니다.

지금처럼 우리가 전부 어디로 가고 있는지 모르는 이때 만일 하나님이 보낸 선지자가 왔다면 나라의 미래를 걱정하는 사람이면 누구라도 그분의 이야기를 들어보려고 할 것입니다. 그분이 아무리 우리 사회의 부패나 도덕적인 타락에 대하여 책망하고 아무리 얼굴을 들 수 없을 정도로 통렬한 이야기를 하더라도 들으려고 할 것입니다.

3:1-2, "그런데 바리새인 중에 니고데모라 하는 사람이 있으니 유대인

의 지도자라 그가 밤에 예수께 와서 이르되 랍비여 우리가 당신은 하나
님께로부터 오신 선생인 줄 아나이다 하나님이 함께 하시지 아니하시면
당신이 행하시는 이 표적을 아무도 할 수 없음이니이다"

이미 많은 유대 지도자들은 예수님이 가르치시는 것이나 행하시는 것이 자기들의 생각과 다르다고 해서 예수님을 귀신들린 사람이라고 비난하고 미쳤다고 했습니다. 그러나 니고데모는 예수님의 가르침과 기적에 대한 이야기를 듣고 곰곰이 생각하다가 이분은 틀림없이 하나님께로부터 온 선지자라는 생각을 하게 되었습니다. 왜냐하면 하나님의 능력이 아니면 예수님이 행하시는 기적은 절대로 할 수 없었기 때문입니다. 니고데모는 만약 예수님이 하나님이 보낸 선지자라면 그분은 우리 시대에 대한 메시지를 틀림없이 가지고 왔을 것이라고 생각했습니다. 그것은 유대 지도자들의 위선일 수도 있고 종교적인 독선일 수도 있고 도덕적인 타락일 수도 있을 것입니다. 니고데모는 예수님이 아무리 심한 책망을 하더라도 들을 각오를 하고 예수님을 찾아가서 그분의 말씀을 듣기를 원했습니다.

그런데 예수님이 하신 말씀은 니모데모가 생각했던 것과는 완전히 다른 것이었습니다. 예수님은 니고데모에게 정치인들의 독선이나 돈 많은 부자의 타락, 종교인들의 위선에 대하여는 한 말씀도 하시지 않았습니다. 예수님이 니고데모에게 말씀하신 것은 오직 사람은 거듭나야 하나님 나라를 볼 수 있다는 것이었습니다.

3:3, "예수께서 대답하여 이르시되 진실로 진실로 네게 이르노니 사람이
거듭나지 아니하면 하나님의 나라를 볼 수 없느니라"

예수님은 이 세상 사람들이 서로 미워하고 욕하고 자기 이익을 챙기고 타락하고 부패한 것을 당연한 것으로 생각하셨습니다. 예수님은

사람에게 가장 중요한 것은 '거듭나는 것'이라고 강조하셨습니다. 여기서 '거듭난다'는 것은 한 번 더 태어나는 것을 말합니다. 즉 우리는 이 세상에서 자연적으로 한번 태어납니다. 예수님은 이 인생을 가지고 할 수 있는 것은 아무것도 없고 하나님의 능력으로 한 번 더 태어나야 그때 우리 인생의 병이 치료될 수 있고, 새로운 인생을 살 수 있고, 세상도 새롭게 변할 수 있다고 말씀하신 것입니다. 여기서 '거듭난다'는 것은 영어로 'born again'이라고 하는데 한 번 더 태어난다는 뜻입니다.

우리가 보통 세상에서 "저 사람은 한 번 더 태어난 것 같아"라고 말하는 경우가 있습니다. 어떤 사람이 심한 장애를 가지고 태어났든지 아니면 마약이나 술로 인생을 완전히 망쳤는데 그것이 치료되어서 완전히 정상적인 사람으로 살아갈 때, 그를 보고 "야, 저 사람은 다시 태어난 것 같아"라는 말을 할 것입니다. 그러나 예수님은 우리 사회만이 아니라 모든 사회에서 지극히 정상적인 사람, 심지어는 니고데모같이 매우 정상적이고 이성적이며 성공적인 인생을 산 것 같은 사람조차도 다시 태어나야만 하는 중증 장애인으로 생각하셨던 것입니다.

우리가 아름답고 가치 있게 살려고 하면 하나님의 나라가 우리에게 밀려와야 하는데, 우리 모든 인간은 너무 장애가 심해서 하나님의 나라를 볼 수조차도 못하고 있는 것입니다. 예수님이 보시기에 우리 인간은 모두 죄로 인하여 망가진 생각과 감정을 가지고 있고 하나님에 대하여 죽어 있으므로 아무리 하나님의 능력이 오더라도 일체 받아들일 수 없는 것입니다. 예수님은 유대 사회는 정치 문제, 지도자의 문제, 도덕적인 타락의 문제가 아니라 한 사람 한 사람이 너무 하나님에 대하여 죽어 있는 것이 문제라고 말씀하고 있는 것입니다. 예수님은 이사야 선지자, 예레미야 선지자, 세례 요한 같이 사회적인 타락이나 정치인의 문제, 빈부의 문제나 세금 문제를 이야기하지 않으시고 거듭나지 못한 것이 문제라고 말씀하셨던 것입니다. 즉 모든 인간이 하나님에 대하여 죽어 있기 때문에 사회가 썩고 도덕적으로 타락하고 종교가 썩고 있다는 것입니다. 그래서 예수님은 모든 사람은 새로운 인간으로 한 번 더 태어나야 한다고 말씀하셨습니다.

2. 니고데모의 솔직한 질문

유대인들은 전부 자부심이 아주 강한 사람들이었습니다. 특히 유대인의 지도자인 바리새인이나 서기관들의 자부심은 말로 표현할 수 없었습니다. 그들은 조금이라도 자기들에 대하여 좋지 않은 이야기를 하는 말은 절대로 듣지 않았습니다. 오늘 본문의 니고데모라고 하면 유대 사회에서는 인정받는 지도자였고 공부도 아주 많이 한 학자였습니다. 이런 사람에 대해서 예수님이 "너는 새로운 인간으로 다시 태어나야 한다"고 하는 것은 정말 무례한 말일뿐 아니라 그의 인생을 완전히 무시하는 말씀이었습니다. 즉 예수님은 니고데모에게 '너는 아직 태어나지도 않은 사람이나 마찬가지다' 라는 뜻으로 말씀하셨던 것입니다. 아직 태어나지도 않은 존재라면 그는 태어든지 아니면 아예 태아도 아닌 존재의 의미조차 없는 사람이라는 뜻입니다. 아마 다른 유대인들이 예수님에게 이런 말을 들었다면 얼굴이 벌겋게 되어서 욕을 하면서 돌아갔을 것입니다. 그러나 니고데모는 예수님의 말씀을 진실하게 받아들였습니다. 니고데모는 '예수님은 지금 내 인생은 완전히 실패한 인생이라고 말씀하고 있다. 예수님은 나에게 다시 새사람으로 완전히 태어나야 한다고 말씀하신다. 그런데 나는 어떻게 새사람으로 태어날 수 있을까?' 라고 생각하며 예수님의 말씀을 받아들였습니다.

니고데모는 지금까지 자기가 세상에서 성공하고 인정받은 것은 다 내려놓고 예수님의 말씀을 믿고 싶었습니다. '그래. 나는 다른 사람에 비해서는 성공했지만 내 속에는 아직 만족할 수 없는 갈등과 답답함이 있어. 과연 나는 새로 태어날 수 있을까? 과연 나는 새사람이 될 수 있을까?'

그러나 니고데모는 예수님에게 정말 말도 되지 않는 유치한 질문을 하게 되었습니다. 이것은 대학자로는 절대로 할 수 없는 질문이었습니다. 그것은 "내가 이 늙은 나이에 어떻게 어머니 뱃속에 들어가서 다시 태어날 수 있습니까?"라는 질문이었습니다.

3:4-5, "니고데모가 이르되 사람이 늙으면 어떻게 날 수 있사옵나이까 두 번째 모태에 들어갔다가 날 수 있사옵나이까 예수께서 대답하시되 진실로 진실로 네게 이르노니 사람이 물과 성령으로 나지 아니하면 하나님의 나라에 들어갈 수 없느니라"

니고데모는 예수님이 다시 태어나야 한다고 하시니까 다시 어머니 뱃속에 들어갔다가 다시 태어나는 것으로 생각을 했던 것입니다. 이것이 바로 니고데모의 엄청난 장점이었습니다. 니고데모는 예수님 앞에서는 가장 유치한 사람이 될 수도 있었습니다. 예수님은 니고데모가 이 정도로 유치해지는 것을 보고서 그에게 진리의 문을 활짝 열어주셨습니다.

예수님은 두 번 태어나는 것이 어머니의 뱃속에 들어가서 다시 태어나는 것이 아니라고 말씀하셨습니다. 이것은 '물과 성령'으로 거듭나는 것이었습니다. '물'이라는 것은 예수님의 말씀을 듣고 자기가 하나님에 대하여 철저하게 죽어있는 죄인이라는 것을 깨닫고, 하나님의 말씀에 순종하여 세례를 받는 것을 말합니다. 물론 물로 세례를 받는다고 모두 백 퍼센트 하나님의 백성이 되는 것은 아닙니다. 그러나 이것이 처음으로 하나님의 말씀에 순종하는 것은 사실입니다. 그리고 성령이 우리 마음에 오셔서 우리를 몰아가십니다. 그러나 가장 중요한 것은 하나님의 말씀을 듣는 것입니다. 하나님의 말씀을 듣는 가운데 성령이 임하십니다. 이때 중요한 것은 하나님의 말씀을 듣고 나는 아무것도 할 수 없는 죄인이라는 것을 인정하고 결단을 내리는 것입니다. 우리의 문제는 절대로 다른 사람의 문제가 아닙니다. 중요한 것은 내가 자연인으로 있어서 하나님 나라의 능력 안으로 들어가지 못한다는 것입니다.

3. 예수님이 주시는 새로운 생명

예수님이 이 세상에 오신 이유는 우리에게 새로운 제2의 인생을 주시기 위해서입니다. 그 대표적인 인물이 바로 일곱 귀신 들려서 고통받았던 막달라 마리아이고, 살기와 분노와 야망에 가득 찼던 사도 바울입니다.

교부시대에 성 어거스틴은 너무나도 반항적이어서 기독교를 부정하고 도덕적인 방황을 많이 했습니다. 그는 젊은 나이에 한 여성을 만나서 아기를 낳았습니다. 또 조로아스터교에 심취하기도 했고 플라톤의 철학에 빠지기도 했습니다. 그러나 그의 마음은 조금도 선해지지 않았습니다. 그러던 어느 날 자기 옆에서 아이들이 '집어서 읽으라, 집어서 읽으라' 하면서 놀았는데 그 소리에 얼른 방에 가서 신약성경을 집어서 읽었습니다. 그때 그가 읽었던 말씀은 로마서 13장이었습니다. "너희가 이 시기를 알거니와 자다가 깰 때가 벌써 되었다"는 구절이었습니다. 그리고 이어서 "밤이 깊고 낮이 가까웠으니 그러므로 우리가 어둠의 일을 벗고 빛의 갑옷을 입자"는 말씀이었습니다.

우리 인간은 타락한 후에 너무 죄에 길들여 있습니다. 우리는 모두 죄의 중독자들이 되었고 모두 하나님에 대하여 죽었습니다. 그래서 우리는 모두 고칠 수 없는 장애를 가지고 한평생 살게 되는 것입니다. 감옥에 갇힌 자나 밖에 있는 자나 다 죄인입니다. 단지 더 죄인이냐 덜 죄인이냐의 차이뿐입니다. 그 결정을 판사나 검사가 하는데 그들도 다 죄인들입니다.

사람들이 인간의 도덕이나 인간의 부정에 대하여 비판하고 떠드는 이유는 영혼 속은 손도 대지 못하기 때문입니다. 그러나 예수님은 누구든지 복음을 듣고 예수를 믿는 자는 영혼을 수술하시고 피를 깨끗하게 해서서 완전히 새 사람으로 만들어주십니다.

그래서 예수를 믿고 죄 용서받은 사람은 일단 하나님의 아들의 자격을 얻게 됩니다. 우리는 하나님의 아들로 입양되는 것입니다. 그리고 우리는 죄용서 받고 깨끗한 양심을 가지고 살아가게 됩니다. 하나님은 우리에게 새로운 하나님 나라의 능력을 주시는데 우리를 모두 천재로 만들어주십니다. 하나님의 손에 귀하게 사용된 사람 중에 천재가 아닌 사람들은 아무도 없습니다. 모세도, 다윗도 천재이고, 헨델도, 칼빈도 천재이고, 마틴 루터도, 로이드 존즈도 천재이고, 우리 교인들도 천재들입니다.

예수님은 우리 예수 믿는 사람들의 일은 바람과 같다고 말씀하셨습니다.

3:7-8, "내가 네게 거듭나야 하겠다 하는 말을 놀랍게 여기지 말라 바람이 임의로 불매 네가 그 소리는 들어도 어디서 와서 어디로 가는지 알지 못하나니 성령으로 난 사람도 다 그러하니라"

우리 주위에는 공기가 충만합니다. 우리는 그 공기로 숨을 쉬면서 살아가지만, 그 공기를 느끼지 못합니다. 단지 우리는 바람이 불어야 공기를 느낄 수 있을 뿐입니다. 우리가 공기의 존재를 느끼지 못하는 것과 마찬가지로 우리에게 하나님의 은혜와 성령이 충만하게 있지만 우리는 그 존재 자체를 알지 못합니다. 그러나 우리가 예수를 믿고 우리 속에 있는 죄를 토하여 내고 나면 우리는 성령으로 숨을 쉬게 됩니다. 우리는 성령으로 호흡하게 되고 하나님을 느낄 수 있게 됩니다. 예수님은 참새 한 마리도 하나님의 허락 없이는 죽지 않는다고 하시고 들의 백합화도 하나님이 입히신다고 하셨습니다(마 6:26-28). 예수님은 "천국은 겨자씨와 같다"고 하셨고(마 13:31-32), "너희에게 작은 믿음이 있으면 뽕나무가 뽑혀서 바다에 빠질 것이라"고 하셨습니다(눅 17:6).

예수님은 두 번째 생명을 주신 분이시기 때문에 누가 거듭났는지, 안 났는지 금방 아실 수 있습니다. 이것은 마치 병원에서 의사들이 환자가 자기 힘으로 숨을 쉬는지 인공호흡기로 숨을 쉬는지 금방 아는 것과 같습니다. 예수님은 죽은 자들이 하나님의 아들의 음성을 들을 때가 오나니 곧 이때라고 말씀하셨습니다.

우리 한 사람 한 사람이 성령으로 거듭날 때 이 성령의 바람은 큰 바람으로 변하게 됩니다. 그래서 어떤 때는 큰 폭풍으로 변하기도 하고, 어떤 때는 큰 성령의 불바람으로 변하기도 합니다. 이것이 바로 하나님께서 하시는 일입니다. 우리는 세상을 염려하지만 세상은 성령의 능력 없이는 고칠 수 없습니다. 그 이유는 골수에까지 병들어 있기 때문입니다. 예수님은 골수에까지 있는 병을 수술하셔서 새 인생을 주십니다. 성령으로 숨을 쉬시는 분은 살아나신 분입니다. 새와 꽃을 보고 하나님을 생각하시는 분은 살아나신 분입니다.

우리 성도들은 하나님이 계시므로 두려워하지 마시기 바랍니다. 하나님의 말씀을 읽으면서 미래에 대하여 걱정하지 마시기 바랍니다. 왜냐하면 하나님의 능력은 어마어마하기 때문입니다. 하나님의 펼친 손의 능력은 바다를 가르는 능력이 있고 한 나라를 초토화하는 능력을 가지고 있습니다. 오늘 우리에게 성령의 바람이 불어서 모든 사람이 성령으로 숨을 쉬시고 아름답고 행복한 자기 자신을 찾으시기 바랍니다.

08
하늘의 일
요 3:9-15

언젠가

텔레비전에서 독사를 잡아 그 입에서 독을 빼내는 모습을 보았습니다. 독사의 머리를 잡고 입을 벌리니까 이빨 밑으로 노란 물이 뚝뚝 떨어지는데, 그것이 바로 독사의 독이라고 했습니다. 만약 그 독사의 독이 몸 안에 들어가면 몸이 퉁퉁 붓고 얼마 안 가서 죽는다고 했습니다. 어렸을 때 동네에 다리가 잘린 여학생이 목발을 집고 다니는 모습을 보았습니다. 그래서 어떻게 해서 다리가 다치게 되었느냐고 물어보니까 어렸을 때 시골에 살면서 독사에게 물렸는데 병원에 너무 늦게 가는 바람에 살이 썩어서 결국 다리를 잘라내게 되었다고 했습니다. 사람에게 독이라는 것이 얼마나 무서운지 모릅니다.

우리는 이 세상에서 살기 때문에 자연스럽게 세상일에 관심을 많이 가지고 살아갑니다. 그래서 태풍이 오느냐 오지 않느냐, 수돗물은 마실 수 있느냐 없느냐, 북한의 핵은 과연 해체되기는 하느냐, 최저임금문제는 어떻게 되느냐, 신형 핸드폰은 어떤 기능을 가지고 있느냐,

지금 중3 학생은 수능 비율이 얼마나 되느냐 하는 등의 세상일에 많은 관심이 있습니다. 그런데 우리는 어떤 연극이나 드라마나 율동도 그것을 기획하는 사람이 있고 스탭이 있고 전체를 총괄하는 감독이나 연출이 있다는 것을 알아야 합니다. 즉 이 세상에서 연출 없이 일어나는 일은 아무것도 없다는 것입니다. 예를 들어서 육군 부대에 가면 탱크들이 있고 공군 부대에 가면 비행기들이 수도 없이 있고 해군에는 군함들이 있지만 자기 마음대로 움직일 수 있는 것은 아무것도 없습니다. 전부 본부에 있는 지휘관의 지시에 따라서 비행기가 뜨기도 하고 훈련을 하기도 하고 탱크나 군함도 모두 본부의 지시에 따라서 움직이게 되는 것입니다.

이와 마찬가지로 이 세상에서 일어나는 모든 일도 하늘의 결정과 지시에 의해서 일어나게 됩니다. 물론 시시한 일이나 덜 중요한 일들은 자체적으로 처리되는 경우도 있지만 중요한 것은 전부 하나님이 연출하시고 지휘하시고 감독해서서 이루어지게 된다는 것입니다.

만일 우리가 하늘의 계획이나 하늘의 결정을 알게 된다면 우리 인생은 어떻게 될까요? 우리가 과연 하늘의 일을 알 수 있기는 한 것일까요? 예를 들어서 어떤 사람들이 아주 어두운 굴에 빠졌는데 그 가운데 생존해 있다고 합시다. 그래서 구조대에서 이 사람들이 살아 있는 것을 알고 그들이 있는 곳에 빛을 비추거나 줄을 내려보내거나 구조대원을 내려보내었다면 그들은 그 기회를 놓쳐서는 안 될 것입니다. 그들은 굴속에서 십 년, 이십 년 사는 것보다는 굴 밖에 나가서 환한 빛 가운데서 가족을 만나고 새로운 인생을 사는 것이 수천 배 좋을 것입니다.

그런데 요한은 "예수님은 어두운 데 비치는 빛이라"고 했습니다. 예수님은 어두운 굴속에 빠져서 희망 없이 살아가는 우리를 살리기 위해서 빛의 세계에서 내려오신 밧줄과 같은 분이십니다. 그러므로 우리는 이 세상에서 조금 더 편하게 혹은 더 잘 사는 것보다는 빛으로 나가는 기회를 놓쳐서는 안 될 것입니다.

1. 새로운 인생을 사는 사람들

3:10, "예수께서 그에게 대답하여 이르시되 너는 이스라엘의 선생으로서 이러한 것들을 알지 못하느냐"

니고데모는 유대인 중에서 아주 이름이 있는 대학자였습니다. 그는 대부분의 유대인 지도자들이 자기 편견에 빠져서 예수님을 업신여기고 미워하고 판단하는 중에 객관적으로 예수님이 하시는 일에 대하여 깊이 숙고한 결과 예수님은 하나님이 보낸 분이 틀림없다고 생각하게 되었습니다. 그는 만일 예수님이 하나님이 보낸 분이라면 이 시대에 대하여 무슨 하실 말씀이 틀림없이 있을 것이라고 생각해서 밤에 예수님을 찾아왔던 것입니다. 니고데모는 예수님을 만났을 때 "당신은 하나님으로부터 오신 분이 분명합니다. 하나님이 함께하시지 않으면 당신이 행하는 기적을 아무도 할 수 없습니다."라고 하면서 "오늘 우리에게 하실 말씀이 무엇입니까?"라고 물으려고 했습니다. 그러나 예수님이 한 발 더 빨랐습니다. 예수님은 니고데모를 향해서 "사람이 거듭나지 않으면 하나님의 나라를 볼 수도 없다"고 말씀하셨습니다. 이것이 바로 하나님께서 온 세상 사람들에게 하신 하나님의 말씀이었습니다.

사람들은 모두 이 세상이 더 악해지지 않고 더 행복하고 살기 좋은 곳이 되기를 진심으로 바라고 있습니다. 니고데모는 자살이 많고 폭행과 정신병과 동성애가 많고 전쟁의 위기에 가득 차 있는 이 세상에 대하여 하나님이 하시는 말씀이 무엇인가 물어보았습니다. 그랬더니 예수님은 당장 "사람은 두 번째로 한 번 더 태어나야 한다"고 말씀하셨습니다. 즉 예수님은 니고데모에게 천국이 아무리 가까이 있고 하나님의 축복이 부어지고 있다 하더라도 사람이 부모에게 태어난 그 상태로는 천국의 축복을 구경조차 할 수 없다고 말씀하셨습니다. 예수님은 이 세상에 두 번째로 태어나서 제2의 인생을 사는 사람들이 있다고 말씀하셨습니다. 이 두 번째 인생은 어머니 뱃속에 다시 들어가서 다시 태어나는 것도, 장애를 수술받는 것도, 학교에 들어가서 새로운 지식을 배우는 것도 아니라 오직 예수님을 믿고 성령을 받는 것이었습니다. 물과 성령으로 거듭난다는 것은 예수 믿고 성령 받는 것을 의미합니다. 그런데 예수님이 모든 사람은 다 거듭나야 한다고 말씀하시니까 니고데모가 굉장히 놀랐던 것 같습니다.

그래서 예수님은 이렇게 말씀하셨습니다. "내가 네게 거듭나야 하겠다 하는 말을 놀랍게 여기지 말라"(7절).

니고데모는 이 세상에서 성공하고 세상이 더 좋은 세상이 되는 것이 하나님의 축복이라고 생각하고 있었습니다. 그러나 예수님은 모든 사람이 다시 태어나야 한다고 하셨고, 완전히 변하여 새사람이 되어야 한다고 말씀하셨습니다. 거듭난다는 것은 자동차에 비유한다면 운전자와 엔진을 완전히 바꾸는 것과 같습니다. 우리는 모두 잠재적으로 광기를 다 가지고 있습니다. 우리는 인생을 마치 술에 취해서 운전하듯이 음주운전을 하고 있는 것입니다. 우리 속에서 일어나는 분노와 음욕과 야망을 보고 이대로 살아가면 반드시 대형사고를 치고 말겠구나 하는 것을 깨닫고 예수님을 우리 인생의 운전사로 앉히는 것입니다.

얼마 전에 경북 어느 곳에서 한 노인이 총을 쏘아서 몇 사람이나 죽였습니다. 바로 이런 것이 대형사고입니다. 어떤 사람은 돈을 조금 더 벌려고 하다가 큰 사고를 일으키는 경우도 있습니다. 우리는 자연상태 그대로 살아가다가는 모두 언젠가는 대형사고를 칠 수밖에 없는 미친 광기를 가진 사람들입니다. 우리에게는 모두 예수님이 필요합니다. 우리가 예수를 믿으면 예수님은 우리 과거의 모든 더러운 인생과 미래의 인생까지 다 씻어주셔서 깨끗하게 하신 후에 성령을 새로운 정신으로 주십니다.

2. 독을 빼야 살 수 있다

3:12, "내가 땅의 일을 말하여도 너희가 믿지 아니하거든 하물며 하늘의 일을 말하면 어떻게 믿겠느냐"

예수님이 유대 지도자들을 향해서 하신 충격적인 말씀은 "이 독사의 자식들아"라는 것입니다. '독사의 자식'은 어미 독사에 비해서는 독이 적을 수도 있고 또 자기 자신이 독사인 줄 모를 수도 있습니다. 그러나 아무리 독사의 새끼라 하더라도 그 이빨 밑에는 독사의 독이 있어서 사람을 다치게 하고 아프게 하고 죽이게 할 수 있는 것입니다.

예수님은 사람이 거듭나는 것이 이 땅에서 일어나는 일이라고 말씀하셨습니다. 예수님은 본문 12절에, "내가 땅의 일을 말하여도 너희가 믿지 아니하거든 하물며 하늘의 일을 말하면 어떻게 믿겠느냐"고 하셨습니다. 물론 하늘의 일은 너무 방대해서 우리가 다 알 수는 없습니다. 그러나 예수님은 그 하늘의 일 중에서 가장 중요한 한 가지만 말씀하셨습니다. 그것은 바로 모세 때 있었던 일입니다.

3:14-15, "모세가 광야에서 뱀을 든 것 같이 인자도 들려야 하리니 이는 그를 믿는 자마다 영생을 얻게 하심이니라"

모세 때 이스라엘 백성들은 뜨거운 광야생활을 너무 오래 지내다 보니까 화가 나서 견딜 수 없었습니다. 이런 분노보다 더 중요한 것은 모든 이스라엘 백성들의 마음속에 독사와 같이 하나님에 대하여 반항하는 기질이 가득 차 있었다는 것입니다. 그래서 그들은 광야에서 더 이상 앞으로 가지 못하겠다고 하면서 하나님께 대하여 욕을 하고 모세에 대하여 저주를 퍼부었습니다. 이때 이스라엘 백성들은 자신들이 얼마나 중요한 사람인지 알지 못하고 있었습니다. 하나님 백성들의 자아상은 너무나도 중요한 것이었습니다.

이스라엘 백성들은 이미 이것을 애굽에서 충분히 보았습니다. 애굽에서 바로와 그 신하들이 하나님께 반항할 때마다 모세가 지팡이를 들면 파리 떼, 하루살이 떼, 메뚜기 떼나 우박이나 피부병이나 가축병 같은 것들로 온 밭이나 짐승이나 사람들을 다 초토화해놓았습니다. 그러나 이스라엘 백성들이 있는 고센 땅에는 파리나 우박이나 메뚜기 떼가 한 마리도 얼씬하지 않았습니다. 이것은 하나님의 백성들이 하나님의 말씀에 순종하고 하나님을 찬양할 때 모든 미물도 두려워하고 가까이하지 못한다는 것을 보여주는 것입니다. 가장 절정이었던 것이 장자 죽이는 재앙이었습니다. 하나님이 죽음의 사자를 보내었을 때 애굽의 모든 장자는 다 죽었지만 이스라엘은 단 한 명도 죽지 않았던 것입니다.

그런데 이스라엘 백성들이 자신들의 가치와 존재감을 깨닫지 못하고 광야에서 불평하고 하나님을 비방하니까 하나님께서 징계하셨습니다. 광야에서 우글거리고 있던 불뱀들로 이스라엘 백성들을 공격하게 했는데, 수도 없이 많은 이스라엘 백성들이 그 독사에게 물려서 퉁퉁 부어서 죽어가고 있었습니다. 이때 이스라엘 백성들은 자존심을 버리고 모세에게 가서 우리가 잘못했다고 하면서 불뱀이 물러가게 해달라고 기도해달라고 하니까 모세가 간절히 기도하니, 하나님은 모세에게 불뱀 모양을 놋으로 만들어서 장대에 매달고 그것을 보면 그들의 독이 다 빠져서 살 수 있다고 말씀하셨습니다. 이것은 잘 이해되지 않는 방법입니다. 사람의 몸에서 독을 빼내려고 하면 입으로 빨든지 아니면 독을 중화시키는 주사를 맞든지 해야지 눈으로 독사 모양으로 만든 것을 본다고 해서 독이 빠질까요? 이것이 바로 믿음으로 치료되는 방법이었습니다. 독사에게 물려서 온몸이 퉁퉁 부어서 죽어가는 이스라엘 백성들이 장막에서 나와서 장대에 달린 놋뱀을 보았을 때 몸 안에 있는 독이 빠지면서 치료가 되었던 것입니다.

사실 이 뱀은 에덴동산에서 인간을 죽였던 뱀이었습니다. 뱀은 인간에게 하나님과 같이 될 수 있다고 속여서 하나님이 먹지 못하게 금하신 나무의 열매를 따 먹었습니다. 그때 이미 인간의 온몸에는 독사의 독 즉 죄가 다 퍼져 있었던 것입니다. 그때 하나님은 뱀을 저주하면서 "너는 평생 배로 기어 다닐 것이라"고 말씀하셨습니다. 그런데 우리는 뱀이 배로 기어 다니는 것을 보면서도 하나님의 진리를 믿지 않는 것입니다. 그러면서 하나님은 여인의 후손은 뱀의 머리를 상하게 할 것이고, 뱀은 여자의 후손의 발꿈치를 상하게 할 것이라고 말씀하셨습니다. 결국 인간은 뱀의 머리를 깨고 온몸에 퍼져 있는 독사의 독을 빼내어야 살 수 있는 것입니다.

예수님은 이 세상에 오셔서 직접 뱀에게 발꿈치를 물리셨습니다. 인간은 하나님의 아들을 십자가에서 그의 양손과 양발에 못을 박아서 죽음의 독을 뿜어 넣었습니다. 예수님을 나무에 달아서 공개처형 했습니다. 예수님은 모세의 글을 묵상하시는 가운데 자신이 십자가에 처형당하실 것을 아셨습니다. 그는 나무에 달려야 했고 그의 손과 발이 찔려야만 했고 그의 온몸에 독이 퍼져야만 했습니다. 예수님은 여섯 시간 동안 독사에게 물려서 고통받으시다가 드디어 이 독이 그의 심장을 상하게 해서 돌아가셨습니다. 그런데 놀라운 것은 예수님이 완전히 하나님의 말씀에 순종하셔서 죽으셨을 때 독사의 독은 다 사라지고 예수님의 피는 모든 믿는 자를 살리는 생명의 피가 되었다는 것입니다. 그리고 예수님은 뱀의 머리를 상하게 할 필요도 없으셨습니다. 뱀의 머리는 저절로 깨어져서 머리가 박살이 나고 말았기 때문입니다.

3. 하늘에 오르신 예수님

우리나라에서 벌어지는 일들을 보면 장관이나 청와대 수석에 의해서 모든 것이 다 결정된다는 것을 알 수 있습니다. 사실 사업하는 사람들이 관청에 찾아가 보면 장관은 고사하고 담당과장만 해도 얼마나 대단한 권력을 가진 사람인지 알 수 있을 것입니다. 그리고 사법부의 힘이 얼마나 대단한지 전직 대통령이나 장관들까지 감옥에 가두어 놓고 죄수로 살아가게 하고 있습니다. 그러나 사실은 이것은 아무것도 아닙니다. 중요한 것은 모두 하나님 앞에서 결정된다는 것입니다. 세상의 일도 모두 담당하는 천사가 있는데 좋은 천사도 있고 나쁜 천사도 있습니다. 그리고 그 새카만 밑에 이 세상의 권력자들이 있는 것입니다.

예수님은 이렇게 말씀하셨습니다.

3:11, "진실로 진실로 네게 이르노니 우리는 아는 것을 말하고 본 것을 증언하노라 그러나 너희가 우리의 증언을 받지 아니하는도다"

예수님은 하나님 앞에서 직접 들은 것이 있었습니다. 그것은 하나님의 아들로 이 세상에 직접 가서 어둠의 구렁텅이에 빠진 사람들에게 빛을 비추어서 그들을 건져내라는 것이었습니다. 예수님은 이 세상에 비치는 빛이요 사람을 건지는 밧줄이었습니다. 여기에 우리는 매달려야 합니다.

예수님은 이렇게 말씀하셨습니다.

3:13, "하늘에서 내려온 자 곧 인자 외에는 하늘에 올라간 자가 없느니라"

예수님은 자신이 분명히 하늘에서 내려왔다고 말씀하셨습니다. 그런데 예수님은 자신이 하늘에 올라간 적이 있다고 하셨습니다. 예수님은 언제 하늘로 올라가셨습니까? 예수님은 수도 없이 하늘에 올라갔습니다. 하나님의 아들은 천지를 창조하실 때부터 아브라함과 모세와 이스라엘 백성들 가운데 수도 없이 내려오셨다가 올라가셨습니다. 그러나 그때 예수님은 인간이 아니었습니다. 그는 천사의 모습으로 수도 없이 내려오셨다고 올라가셨던 것입니다. 그런데 이번에 예수님은 뱀에게 물리기 위해서 직접 인간의 몸으로 오신 것입니다. 그러나 이것을 유대인들을 믿지 않았습니다. 왜냐하면 그들이 기대한 하나님의 나라는 독을 빼내는 것이 아니라 독이 있어도 더 잘 살고 더 행복해지는 것이라고 생각했기 때문입니다. 그러나 예수님이 물리신 그 독이 변하여 우리 인간을 살리는 완전한 치료약이 되었던 것입니다.

만약 우리가 예수를 믿고 영생을 얻으면 어떻게 됩니까? 우리는 이 세상을 두 가지로 살아가게 됩니다. 돈이나 세상의 명예만을 위해서 사는 것이 아니라, 하나님을 위하여 살아가게 됩니다. 즉 우리는 두 세계를 살아가게 되는 것입니다. 그리고 우리는 더 이상 미치지 않습니다.

처음에 저는 많은 교인 앞에서 설교할 때 기절하고 싶었고 미칠까 봐 걱정을 많이 했습니다. 그러나 예수님은 절대로 미치지 않는다고 약속하셨습니다. 우리는 이 세상에서 미치지 않습니다. 우리는 이 세상에서 부흥을 체험하게 되는데 많은 사람에게 성령이 임하는 놀라운 현상을 보게 되고, 사람이 다른 사람을 미워하지 않는 것을 보게 됩니다. 즉 어린 양과 독사가 함께 놀고 어린아이가 독사굴에 손가락을 넣어도 물리지 않는 놀라운 세계를 보게 되는 것입니다(사 11:8). 물론 마귀는 이 세상에 전쟁을 일으키려고 하고 할 수 있다면 병이나 사고로 하나님의 백성을 죽이려고 합니다. 그러나 우리의 죽음은 죽는 것이 아닙니다. 우리는 잠깐 마취될 뿐이고 영생을 유업으로 얻게 됩니다. 지금 우리가 부활해서는 안 되는 이유는 세계가 너무 좁기 때문입니다. 하나님은 엄청난 세계를 우리에게 주실 것이며 엄청난 젊음과 권력을 우리에게 주셔서 주님과 함께 왕 노릇 하게 하실 것입니다.

예수님은 영생으로 가는 유일한 빛이고 밧줄입니다. 우리가 예수 믿으면 망하지 않습니다. 그러나 사람들은 세상에서 가지고 있는 것들을 포기하고 싶지 않아서 예수님의 밧줄을 붙잡지 않습니다. 이것은 바로 기회를 놓치는 것입니다. 니고데모는 밤에 예수님을 만나고는 예수님의 밧줄을 붙잡았습니다. 그러나 그는 너무 세상일에 많이 매여 있어서 멋진 인생을 살지 못했습니다. 그는 예수님이 십자가 위에서 죽었을 때 아리마대 요셉과 함께 예수님을 장사지냈지만 복음을 위해서 자신의 젊음과 열정을 불태우지는 못했습니다.

사도행전에 보면 하나님의 나라를 위하여 자신의 젊음을 불태웠던 많은 사람의 이야기가 나옵니다. 결국 영혼을 살리는 것이 최고의 복입니다. 교회에서 주일학교 어린이들을 가르치고 사람들에게 복음을 전하고 하나님의 자녀로 당당하게 살아가는 것이 최고의 복입니다. 그러나 우리가 만일 세상의 명예나 세상의 자랑만 잔뜩 가지고 있다면 이 밧줄을 붙잡지도 못할 것이며 하나님 앞에서 우리 인생도 초라할 수밖에 없을 것입니다. 이 짧은 세상을 살면서 하나님 나라를 위하여 인생을 불태우시기 바랍니다. 모든 열정을 다하여 영혼을 건지고 주님께 죽도록 충성함으로 봉사함으로 영원히 빛나는 별 같은 성도들이 되시기 바랍니다.

09

하나님이 세상을 이처럼 사랑하사

요 3:16-17

사람이

병에 걸렸을 때 빨리 나으려고 여러 가지 약을 한꺼번에 많이 먹는 것보다는 자기 병에 딱 맞는 약을 찾아서 한두 개를 먹는 것이 훨씬 효과적일 수 있습니다. 그러나 비슷한 병에도 너무나도 많은 약이 개발되어 있기 때문에 정확한 약을 찾기는 너무나도 어렵습니다.

스티븐 호킹(Stephen William Hawking, 1942~2018)은 목을 가누지도 못하고 전기 휠체어에 의지해서 손가락으로 컴퓨터를 조작해서 강의하는 물리학자로 유명했습니다. 그는 21살에 근육질환인 루게릭병에 걸리게 되었는데 의사는 그에게 5년밖에 살지 못한다고 했습니다. 그러나 그는 그런 병중에도 계속 연구해서 캠브리지 교수가 되었고 76세까지 살다가 얼마 전에 돌아갔습니다. 아마 이 사람이야말로 하나님의 사랑을 많이 받은 것 같은데 그러나 그는 신은 존재하지 않는다고 말해서 사람들을 놀라게 했습니다. 스티븐 호킹은 눈에 보이는 근육이 마비되는 병에 걸렸지만, 다른 모든 사람은 눈에 보이지 않는 근육이 마비되어 있습니다. 즉 사람의 마음이나 양심이 굳어져 가고 있고 나중에는 완전히 무감각해져서 죽는 무서운 병에 걸려 있다는 것입니다.

요즘 우리는 과거에 비해서 말할 수 없을 정도로 좋은 음식을 먹으면서 좋은 집과 환경에서 살아가고 있습니다. 그럼에도 불구하고 우리나라 사람들은 그다지 행복하지 못하다고 합니다. 자살하는 사람들이 많고 정신질환이나 우울증으로 고통 받는 사람들이 많습니다. 그 이유는 모두의 마음이 굳어지고 강퍅해져 있기 때문입니다. 우리나라 사람들이 공통적으로 느끼는 감정은 모든 사람이 사랑에 굶주려 있다는 것입니다. 모든 사람이 행복하기 원하고 사랑받기 원하는데 사랑을 받지 못해서 마음에 병이 들어있는 것입니다.

예전에 어떤 부부가 있었는데 모두 엘리트였고 직장 생활을 하고 있었습니다. 그런데 그 부부에게는 딸이 둘 있었는데 큰딸은 독립적이어서 공부도 잘하고 혼자서도 생활을 잘했는데 작은딸은 혼자 있는 것에 잘 적응하지 못했습니다. 그래서 어린이집에도 가지 않으려고 하고 엄마가 출근하려고 하면 울고 나중에는 학교에도 가지 않으려고 했습니다. 왜냐하면 그 아이에게 가장 필요한 것은 엄마였기 때문입니다. 큰딸아이는 엄마가 필요하지만 참았던 것이고, 동생은 참지 못했던 것입니다. 그래서 어떻게 생각하면 동생이 더 정상적이라고 볼 수 있습니다. 왜냐하면 큰 아이는 모범적이지만 정이 별로 없었고, 작은 아이는 세상에 잘 적응하지 못했지만 정은 많았기 때문입니다.

우리 사회에 범죄가 많고 사회가 악해져 가고 있고 미래가 불안한 이유는 모두 사랑이 결핍되어 있기 때문입니다. 우리는 누군가가 나를 사랑해주기만 하면 엄청난 능력을 발휘할 수 있을 것입니다. 특히 우리나라 사람들은 한번 한다고 하면 하는 사람들입니다. 그러나 개판을 치기 시작하면 엉망진창으로 사는 사람들이기도 합니다.

그런데 이 세상에 놀라운 일이 일어나게 되었습니다. 그것은 하나님이 우리 인간을 사랑하신다는 소식이 들리게 된 것입니다. 사실 하나님이 우리를 사랑하신다는 것은 믿을 수 없는 이야기입니다. 그런데 이것을 체험한 사람들이 있었습니다. 가난에 빠져있고 병에 걸려 있고 억압 가운데 있는 사람들에게 누군가가 찾아와서 "하나님이 너희들을 사랑하셔서 아들을 보내어 너희들을 대신해서 죽게 하셨다"는 소식을 전했을 때 누군가가 믿은 것입니다.

이 사람들은 오랫동안 누군가가 자기를 사랑한다는 말을 한 번도 들은 적이 없었습니다. 그런데 어떤 사람들이 목숨을 걸고 찾아와서 담대하게 "하나님이 너희를 사랑하신다. 하나님이 너희를 사랑하셔서 너희 대신에 독생자 아들을 죽게 하셨다"는 소식을 전해주었습니다. 그런데 이상하게 이 말이 믿어지게 되었고 이 말을 믿는 사람들은 마음이 뜨거워지고 이상한 영이 임하는 체험을 하게 되었습니다. 그리고 그 나라 전체에 부흥이 일어나고 축복이 일어났습니다. 우리나라에도 이런 일이 있었습니다.

1. 하나님이 세상을 사랑하사

3:16, "하나님이 세상을 이처럼 사랑하사"

아마 우리들이 가장 중요하게 생각하는 것은 성공일 것입니다. 성공해서 높은 자리에 올라가든지 유명해지든지 돈을 많이 벌든지 해야 사람들의 관심과 존경을 받게 되고 다른 사람들보다 행복하게 살아갈 수 있습니다. 그런데 사람들이 열심히 공부하고 노력해서 성공했을 때 과연 그의 마음이 만족스러운가 하면 썩 그렇게 만족스럽지 못한 것입니다. 물론 성공하지 못했을 때에 비하면 성공했을 때가 만족스럽고 대단하지만 그럼에도 불구하고 무엇인가가 허전하고 더 큰 성공을 향해서 나아가야 할 것 같은 충동이 생기게 되는 것입니다.

그런데 우리 인간에게는 성공보다 더 필요한 것이 있었습니다. 그것은 바로 나 자신이 누구인지 아는 것이고 소중한 나 자신을 찾는 것입니다. 만일 어떤 사람이 치매에 걸려 있다면 그는 아무리 돈이 많아도 소용이 없을 것입니다. 알코올 중독에 빠진 사람에게 가장 문제가 되는 것은 자신의 가치를 찾을 수 없고 술을 마시고 싶은 것을 참을 수 없다는 것입니다. 그런데 우리는 어떤 때는 나 자신을 찾은 것 같기도 하다가도 또 어떤 때는 자신이 누구인지 도저히 알 수 없을 때가 많습니다. 그 이유는 우리가 언젠가는 죽어서 없어져야 하기 때문입니다. 만일 내가 죽어서 없어져야 한다면 우리는 자신을 찾은 것이 아닙니다. 우리는 여전히 이 세상에서 자신을 잃은 채 살아가고 있는 것입니다.

그런데 우리를 너무나도 사랑하실 뿐 아니라 그 사랑을 과감하게 표현하고 우리를 고치려 덤벼드신 분이 계십니다. 그분은 바로 하나님이십니다. 이것은 이론으로 알 수 있는 것이 아닙니다. 이것은 실제로 경험을 해봐야 알 수 있습니다. 예를 들어서 어렸을 때 부모를 잃고 혼자 너무나도 설움을 받으면서 자랐던 아이가 어느 날 자기 부모를 만났을 때 본능적으로 부모라는 것은 알게 되듯이 하나님의 사랑도 이론으로 알 수 있는 것이 아닙니다.

우리나라 사람들은 하나님을 만나는 체험을 한 사람들입니다. 우리나라 사람들이 하나님을 만나는 체험을 했던 것은 지금처럼 잘 살 때가 아니라 우리나라가 일본에 의해 망할 때였습니다. 그때 우리나라 왕은 무능했고 관리들은 자기 욕심을 채우고 당파 싸움을 하느라고 백성들을 전혀 생각해주지 않았습니다. 이때 우리나라 백성들을 사랑해주는 나라나 사람은 어디에도 없었습니다. 미국도, 일본도, 중국이나 러시아도 없었습니다. 그때 눈이 새파란 선교사들이 우리나라에 와서 구석구석을 다니면서 "하나님이 너희를 사랑하신다"는 놀라운 복음을 전해주었습니다. 그들은 "하나님이 너희를 사랑하셔서 자기 아들 독생자를 죽게 하셨다"는 소식을 전해주었습니다.

그때까지 우리나라 사람들은 누군가에게 사랑해준다는 말을 들은 적이 없었습니다. 유교 정신에 젖어 있어서 부부끼리도 사랑한다는 말을 하지 않았습니다. 물론 우리나라 사람들이 다 이 말을 믿은 것은 아니었지만, 이 말을 믿은 사람들이 있었습니다. 그때 이 말을 믿은 사람들의 마음은 하나님의 사랑에 녹기 시작했고 마치 스펀지가 물을 빨아들이듯이 하나님의 말씀을 받아들여서 폭발적인 부흥이 일어나게 되었습니다. 그리고 하나님은 우리나라에 물 붓듯이 복을 퍼부어 주셨습니다. 이것은 비단 우리나라만이 아니라 복음이 전파되는 곳마다 일어난 현상이었습니다.

18세기 영국도 굉장히 살벌한 곳이었습니다. 그때는 도둑질하다가 걸려도 손을 자르거나 사형당할 정도였고, 어린이들이 탄광에 가서 석탄을 캐야 했고, 거리마다 거지들이 넘쳐나는 곳이었습니다. 그런데 어떤 사람들이 갑자기 하나님이 영국을 사랑하신다는 복음을 전하면서 사람들이 울기 시작했습니다. 그리고 그들은 술을 끊고 못된 짓을 그만두었는데 영국이 그렇게 변하기 시작하더니 그 당시 세계 최고의 나라가 되었습니다. 이 현상은 미국에서도 있었습니다. 그리고 우리나라에서도 있었습니다. 중요한 사실은 모든 인간이 하나님의 사랑에 굶주려서 죽어가고 있다는 사실입니다. 사람들은 이것을 성 문제로 해결하려고 하고 동성애로 해결하려고 하고 다른 나라를 공격하고 정복함으로 해결하려고 하지만 그렇게 한다고 해서 절대로 해결되지 않았습니다. 그런데 하나님의 사랑이 인간의 병을 해결했습니다.

그래서 이 세상에서 가장 위대한 말씀은 "하나님이 이처럼 우리를 사랑하신다"는 말씀입니다. 이 말씀은 하나님의 고백입니다. 하나님은 우리가 태어나기 전부터 나를 찾고 계셨고 내가 방황하고 고생하고 있을 때도 나를 찾고 계셨습니다. 하나님은 내가 하나님을 모를 때에도 나를 알고 계셨고 나와 함께 계셨습니다. 하나님은 내 인생을 서서히 몰아오셨습니다. 그러다가 결정적인 순간에 내가 너를 사랑한다고 하시면서 나를 붙잡으셨던 것입니다.

2. 독생자를 주셨으니

3:16, "독생자를 주셨으니"

하나님은 우리를 처음부터 사랑하셨습니다. 그러나 하나님의 사랑이 우리에게 전달될 수 없었던 것은 죄라는 엄청난 불신의 벽이 하나님과 우리 사이를 가로막고 있었기 때문입니다. 하나님과 우리는 서로 원수의 나라에 있었습니다. 그래서 하나님이 우리를 아무리 사랑하신다고 해도 그 사랑은 우리에게 전달될 수 없었습니다. 하나님이 아무리 우리에게 사랑의 편지를 보내시고 우리를 찾는 편지를 보내서도 전부 다 차단이 되었던 것입니다. 그러나 하나님은 때가 되었을 때 과감하게 그 불신의 벽을 뚫고 하나님의 하나밖에 없는 아들을 우리에게 보내셨습니다.

하나님은 우리를 그렇게 사랑하실 이유가 없었습니다. 왜냐하면 우리는 하나님에게는 만드신 피조물에 불과하고 피조물 중에도 악한 피조물이고 타락한 피조물이었기 때문입니다. 우리는 하나님 앞에서 벌레나 먼지밖에 되지 않는 존재들입니다. 그래서 하나님은 우리를 사랑하실 필요가 없으신 것입니다.

이와 마찬가지로 하나님도 우리 인간이 무슨 짓을 하든지 내버려 두어서 지옥에 가든 망하든 자기 하고 싶은 대로 하는 것이 가장 간단할 것입니다. 하나님께서는 우리 인간에게 너무 신경을 쓰실 필요가 없으십니다. 그래서 사실은 예수를 믿지 않고 하나님을 안 믿는 사람이 맞는지도 모릅니다. 왜냐하면 내 인생은 내 인생이니까 이것으로 먹고 마시고 죄짓다가 지옥에 가게 되면 가는 것이라고 생각하기 때문입니다. 하나님은 우리를 사랑할 필요가 없으십니다. 더욱이 하나밖에 없는 하나님의 아들을 이 세상에 보내어서 우리를 대신해서 죽게 할 필요는 전혀 없는 것입니다. 그래서 어떤 의미에서 이상한 것은 기독교가 이상하다고 볼 수 있습니다. 하나님이 왜 우리를 사랑하시며 무엇 때문에 하나님의 아들이 이 세상에 와서 우리를 대신해서 죽습니까? 우리는 우리 마음대로 살다가 지옥 가든지 망하든지 하면 되는 것입니다.

그런데 하나님은 처음 우리를 만드실 때부터 우리를 알고 계셨습니다. 하나님이 처음 우리를 만드실 때 너무나도 우리를 아름답게 만드셨습니다. 그리고 하나님께서는 우리 인간을 위해서 하나님의 모든 것을 다 버리실 각오를 하셨습니다. 하나님은 자존심도 버리시고 욕도 먹고 아들까지도 죽게 하실 각오를 하신 것입니다. 왜냐하면 그것이 하나님의 성품이기 때문입니다.

그래서 오늘 본문은 "하나님이 세상을 이처럼 사랑하사"라고 말씀하셨습니다. "이처럼 사랑했다"는 말은 도무지 이해가 안 되는 사랑을 하셨다는 것입니다. 하나님은 우리가 상상할 수 없는 수준에서 우리를 사랑하신 것입니다. 그것은 하나님께서 우리 한 사람 한 사람을 영원 전부터 찍으신 것입니다. 왜냐하면 아무나 구원하려고 하면 인간이 기를 쓰고 도망을 치기 때문에 도저히 잡을 수 없었기 때문입니다. 그리고 하나님은 우리 인생을 몰아오셨습니다. 그리고 하나님은 우리를 위해서 하나밖에 없는 하나님의 아들을 죽게 하셨습니다.

아마 이 세상에 아무리 우리를 사랑한다고 해도 나를 대신해서 죽어줄 사람은 없을 것입니다. 어머니도 나를 대신해서 죽을 수는 없고, 형도 나를 대신해서 죽을 수는 없습니다. 그러나 하나님의 아들이 나를 대신해서 죽을 정도로 하나님이 나를 사랑하셨습니다.

그러나 우리는 죽으라고 하나님을 믿지 않으려고 합니다. 왜냐하면 우리는 하나님의 손에 붙잡히기 싫고 내 힘으로 믿고 싶기 때문입니다. 그러나 어느 날 우리는 우리 안의 병이 우리가 생각하는 것보다 훨씬 더 깊다는 것을 깨닫고는 무조건 하나님의 사랑을 믿게 됩니다. 즉 우리가 예수 믿는 것은 하나님의 사랑에 굴복하는 것입니다. 우리의 힘으로 의로워지려고 하는 모든 노력을 포기하고 두 손 두 발 다 들고 예수님의 십자가 밑에 굴복하는 것이 예수를 믿는 것입니다. 그때 우리 마음의 병이 치료됩니다. 즉 죽음의 병이 치료되고 죄의 병이 치료되고 분노의 병이 치료되는 것입니다.

3. 멸망하지 않고 영생을 얻게 하려 함이라

3:16, "그를 믿는 자마다 멸망하지 않고 영생을 얻게 하려 하심이라"

우리가 복음을 듣고 예수를 믿는다고 해서 당장 천사로 변하거나 딴 사람으로 변하지 않습니다. 그러나 우리가 예수를 믿을 때 분명하게 인식되는 것이 한 가지 있습니다. 그것은 바로 내가 사랑받는 존재라는 사실입니다. 나는 사랑받는 존재이고 아주 존귀한 존재라는 것이 믿어지게 됩니다. 그래서 어떤 사람은 예수님 앞에 무릎 꿇고 예수님을 믿는다고 기도한 후에 그동안 보관하고 있던 포르노 잡지를 쓰레기통에 버리기도 하고 술병을 쓰레기통에 버리기도 합니다. 왜냐하면 마음속에 나는 이런 존재가 아니라는 생각이 들기 때문입니다. 그리고 자기를 사랑하는 법을 배우게 됩니다. 그리고 그는 자기 인생이 가치가 있으면 다른 사람의 인생도 가치가 있다는 것을 깨닫게 됩니다. 그래서 예수님을 영접한 사람은 다른 사람에 대해서도 함부로 말하지 않습니다. 왜냐하면 모든 사람에게는 천사가 될 수 있는 가능성이 있기 때문입니다. 이렇게 하나님의 사랑이 들어오게 되면 천사같이 변하게 됩니다.

이때 하나님은 놀라운 한 가지 변화를 일으키십니다. 그것은 우리 모든 죄를 예수님이 다 가져가시고 하나님의 의를 우리 안에 넣으시는 것입니다. 그리고 하나님은 우리 한 사람도 멸망하지 않고 영생을 얻게 하십니다. 그래서 우리 안에는 이미 영생이 들어와 있습니다.

농부가 농사를 지을 때 봄에 씨를 뿌리면 싹이 나서 자라고 가을이 되면 벼가 무르익게 됩니다. 마찬가지로 우리 모든 신자 안에는 영생이 들어와 있습니다. 우리는 지금 영생에 들어와 살아가고 있고 죽는 순간은 우리가 육신을 벗고 변화되는 순간입니다. 하나님께서는 우리에게 새로운 인생을 주십니다. 그때 우리의 인생이 어떻게 될지 상상할 수도 없습니다. 그러나 분명한 것은 우리는 심판대에서 죄로 인하여 수치를 당하고 문초를 당하거나 부끄러움을 당하지 않는다는 사실입니다. 그리고 우리는 영원히 살게 됩니다. 왜냐하면 하나님이 우리를 아들로 삼으시고 그 첫 열매로 예수님을 부활시키셨기 때문입니다. 우리는 죽어도 영생을 얻습니다. 그리고 예수님이 천사장의 호령 소리와 천사들의 나팔 소리로 오실 때 우리는 전부 변화됩니다. 우리는 가장 젊고 아름답고 썩지 않는 모습으로 변화되고 하나님의 재산을 상속받게 됩니다.

그러나 하나님의 사랑을 믿지 않는 자들은 상상할 수 없는 위선과 죄가 전부 다 폭로될 것입니다. 그들은 하나님의 사랑이 믿어지지 않는다고 하면서 끝까지 믿지 않습니다. 어떻게 보면 예수를 믿지 않는 것이 더 정상적일지도 모릅니다. 왜냐하면 하나님의 사랑은 눈에 보이지도 않고 내 인생은 내 멋대로 사는 것이 더 멋있을지도 모르기 때문입니다. 그러나 예수를 믿지 않는 자는 이미 심판을 받았습니다. 왜냐하면 그는 이 세상에서 한평생 살아도 사랑 결핍증에서 벗어나지 못하기 때문입니다. 우리 인간은 마음속에 하나님의 사랑이 들어와야 딱 맞게 되어 있습니다. 그런데 하나님의 사랑을 믿지 않는 자들은 너무 속이 컬컬하기 때문에 자꾸 세상의 다른 것으로 채우려고 합니다. 정욕도 채우면 채울수록 더 갈급하고 돈도 벌면 벌수록 더 갈급해집니다. 사람의 인기도 유명해지면 질수록 더 컬컬해집니다. 그리고 그들의 마음은 이미 마비증으로 굳어져 있기 때문에 이미 심판을 받은 것입니다.

3:18, "그를 믿는 자는 심판을 받지 아니하는 것이요 믿지 아니하는 자는 하나님의 독생자의 이름을 믿지 아니하므로 벌써 심판을 받은 것이니라"

하나님의 사랑을 믿지 않는 사람은 하나님의 사랑이 없는 그 자체가 이미 심판을 받은 것입니다. 그리고 그들이 영원히 있을 지옥에는 사랑이 없습니다. 그들은 영원히 분노하고 영원히 욕하고 영원히 서로 저주하면서 추한 모습으로 있게 되는데 온몸에는 구더기가 들끓고 얼마나 뜨거운지 혀도 견디지 못하게 되고 영원히 후회하게 되는 것입니다.

하나님이 우리를 사랑하신 것은 강제입니다. 하나님이 강제로 우리를 사랑해주셔서 감사합니다. 우리는 이 사랑을 믿으시기 바랍니다. 그리고 아무것도 염려할 필요가 없습니다. 이제 자신을 학대하지 말고 남을 미워하지 말고 하나님의 사랑받는 자에게 맞는 멋진 인생을 사시기 바랍니다.

10

하나님의 맞선

요 3:29-36

옛날

영국 왕실 경우에는 왕자들도 결혼 상대를 구하는 것이 쉽지 않았던 것 같습니다. 그래서 황태자 같은 경우에는 결혼 상대를 찾기 위해 큰 무도회를 열어 춤을 추면서 직접 자기 눈으로 보고 가장 아름답고 교양이 있는 여자를 택하는 경우도 있었습니다. 그러면 온 나라에 난리가 나게 되는데 그 나라에서 잘생긴 처녀들은 혹시 자기가 왕자의 눈에 들어서 그 나라의 황태자비가 될까 해서 가장 멋진 드레스를 입고 온몸에 보석을 걸치고 그 무도회에 참가하게 되는 것입니다.

우리는 과연 예수 믿는 것이 무엇이며 복음은 무엇인가 하는 것을 생각하게 됩니다. 우리가 예수를 믿는다는 것은 그야말로 하나님 아들의 무도회에 참가하는 것과 같습니다. 사람들은 예수 믿는 것을 잘못 생각해서 어떤 사상을 배우거나 혹은 어떤 훈련을 받거나 어떤 사회봉사 활동을 하거나, 또는 목사의 말을 무조건 믿고 따라서 복을 받는 것으로 생각하는 경우가 많이 있습니다. 그러나 우리가 예수 믿는

다는 것은 어떤 사상을 배우는 것도, 어떤 훈련을 받는 것도 아닙니다. 하나님의 무도회에 참가해서 하나님의 아들을 만나고 그 신부로 약속을 받는 것입니다.

이것을 정확하게 안 사람이 있었는데 바로 세례 요한이었습니다. 세례 요한은 예수님 당시에 최고로 인기 있는 설교자였고 선지자였습니다. 세례 요한이 유다 광야에서 설교했을 때 수많은 유대인이 세례 요한의 설교를 듣고 죄를 회개하고 요단강에서 그에게 세례를 받았습니다. 그런데 예수님이 등장하게 되었습니다. 그리고 예수님도 하나님 나라를 설교하시고 사람들의 병을 고치셨습니다. 이때 세례 요한을 따랐던 사람들이 예수님에게로 몰려가게 되었습니다. 이것을 보고 세례 요한의 제자들은 자기 선생 세례 요한에게 불평하게 되었습니다.

세례 요한의 제자들은 스승에게 "선생님, 얼마 전까지만 해도 선생님이 우리나라 최고의 설교자였습니다. 그런데 선생님이 세례를 주셨던 예수라는 사람이 설교하고 세례를 주니까 사람들이 예수에게로 다 몰려가고 있습니다. 선생님, 우리가 더 분발해서 사람들이 더 몰려오도록 해야 하겠습니다."라고 말했습니다. 그때 세례 요한은 제자들에게 이렇게 대답했습니다. "너희들은 정말 가장 중요한 사실을 모르고 있다. 나는 지금 나에게 사람들이 몰려들게 하기 위해서 설교하고 세례를 베푸는 것이 아니다"고 하면서 "지금 모든 사람이 몰려가야 할 대상은 바로 예수님"이라고 했습니다. 그리고 예수님은 모든 사람의 신랑이고 자신은 신랑의 친구라고 강조했습니다. 처녀들이 관심을 가져야 할 대상은 당연히 신랑이지, 신랑의 친구가 아닙니다. 신랑의 친구들은 이미 끝난 사람들입니다. 처녀들이 관심을 가져야 할 대상은 당연히 새신랑이 될 사람입니다. 이것을 잘 알지 못하면 자신의 소중한 인생을 사기당하게 됩니다.

1. 처녀들의 관심을 빼앗는 사람들

만일 어떤 사람이 중매를 선다고 하면서 많은 처녀를 모아놓고 신랑에 대해서는 별로 소개하지 않고 자기가 처녀들의 마음을 다 빼앗고 자기를 따라오게 한다면 그 중매를 서는 사람은 진정한 소개인이 아니라 사기꾼일 것입니다. 그런데 예수님 당시에는 그런 사람들이 너무나도 많았습니다. 예수님은 이런 말씀을 하셨습니다.

"내가 진실로 진실로 너희에게 이르노니 문을 통하여 양의 우리에 들어가지 아니하고 다른 데로 넘어가는 자는 절도며 강도요"(요 10:1).

"도둑이 오는 것은 도둑질하고 죽이고 멸망시키려는 것뿐이요 내가 온 것은 양으로 생명을 얻게 하고 더 풍성히 얻게 하려는 것이라"(요 10:10).

모든 이스라엘 백성들은 하나님의 처녀들이었습니다. 또 이 세상 모든 사람도 하나님의 처녀였습니다. 이 세상 모든 사람은 하나님의 아들을 만나서 영생을 얻을 자격이 있는 것입니다. 물론 그 처녀 중에는 처녀 자격이 있는 사람도 있고 처녀 자격이 없는 사람도 많이 있었습니다. 여기서 하나님의 처녀 자격이 없다고 말하는 것은 바로 우상에 빠진 자들을 말하는 것입니다. 그 대신 처녀 자격이 있는 사람은 순수한 하나님의 말씀만 듣고 하나님의 구원을 기다리는 사람들이었습니다. 이때 이스라엘에 지도자들이 많이 나타나서 사람들을 끌어모았습니다. 어떤 사람은 수천 명 수만 명의 추종자가 있는 경우도 있었습니다. 그러나 하나님께서 이스라엘 백성들을 구원하기 위하여 보내신 신랑은 단 한 명밖에 없었습니다.

예수님만이 문을 통과한 신랑이고 다른 사람들은 모두 담을 넘어간 도둑들이고 강도들이었습니다. 물론 이 도둑들이나 강도들은 모두 카리스마가 넘치고 나름대로 설득력이 있고 좋은 비전을 제시하는 사람들이었습니다. 그러나 그들은 진정으로 양들을 행복하게 할 능력을 가진 자들이 아니었습니다. 이 사람들은 모두 양을 잡아먹고 돈을 거두어서 자기 배를 채우고 자기 명예를 채우려고 하는 강도들이었던 것입니다. 그러나 모든 정직한 하나님의 종들은 빨리 예수님을 알아보고 사람들을 모두 예수님에게로 보내어야만 했습니다. 왜냐하면 예수님만이 우리에게 진정으로 풍성하고 아름다운 삶을 주실 수 있는 분이시기 때문입니다.

여기서 우리가 알 수 있는 것은 하나님은 하나님의 종들을 통해서 처녀들을 불러서 천국의 무도회를 여신다는 사실입니다. 이때 하나님의 종들은 자기가 처녀들의 인기를 끌거나 처녀들을 차지하려고 하지 않고 모든 사람을 예수님에게로 보내고 예수님을 만나게 해야 합니다. 그렇지 않으면 그들은 처녀 도둑이 되고 처녀 강도가 되고 처녀 사기꾼이 되는 것입니다.

요즘 유감스럽게도 한국이나 미국에서는 목회자가 교인들을 수만 명씩 모으고 자기 사람으로 만드는 것을 볼 수 있습니다. 명목은 제자훈련이니 축복이니 유명하고 큰 교회니라고 떠들어대지만 그들은 모두 도둑이고 사기꾼입니다. 중요한 것은 교회 자체가 유명해지거나 프로그램을 가지거나 교회나 목사가 유명해지는 것이 아니라, 교인들이 예수님을 만나야 하는 것입니다. 목사는 교인들을 자기 사람으로 만들어서 놓치지 않으려고 하고 있는데 이들은 모두 도둑이고 사기꾼들입니다. 사실 교회는 얼마나 탐스러운 곳이며 교인들 한 사람 한 사람이 얼마나 순수하고 좋은 사람들인지 모릅니다.

친구에게 신부를 소개하는 사람 중에서 자기가 친구보다 더 잘났다고 떠들고 처녀의 마음을 빼앗는 자는 진정한 친구가 아니라 양가죽을 뒤집어쓴 늑대입니다. 세례 요한은 이것을 분명히 알고 있었습니다.

3:29-30, "신부를 취하는 자는 신랑이나 서서 신랑의 음성을 듣는 친구

가 크게 기뻐하나니 나는 이러한 기쁨으로 충만하였노라 그는 흥하여야 하겠고 나는 쇠하여야 하리라 하니라"

처녀를 만나서 사랑을 나누는 사람은 신랑이 될 사람이지 소개하는 사람이 아닙니다. 소개하는 사람은 소개만 하고 빠져야 하는 것입니다. 오늘날은 목사가 예수님을 소개하고 뒤로 빠지지 않고 끝까지 자기가 다 먹으려고 하고 있습니다. 모든 영광과 능력과 돈을 자기가 다 차지하려고 하는 것입니다. 이것은 강도요 도둑이고 사기꾼입니다. 이런 사기꾼을 따라가는 처녀들은 절대로 제대로 된 처녀들일 수 없습니다. 그들은 바람이 난 처녀들입니다.

예수님 당시에는 금식이 유행하고 있었습니다. 그러나 예수님은 제자들에게 금식을 시키지 않으셨습니다. 그랬더니 사람들이 예수님에게 몰려와서 "왜 금식을 하지 않느냐?"고 따졌습니다. 그랬더니 예수님은 "혼인집에서 손님들이 신랑과 함께 잔치하는 동안에는 금식하지 않는다"고 말씀하셨습니다(마 9:14-17). 지금 우리는 하나님의 무도회에 참석을 한 것입니다. 여기에는 기쁨이 있고 아름다움이 있고 기쁨이 있습니다. 그러나 신랑을 빼앗기고 십자가에 못 박힐 때는 금식해야 할 것이라고 말씀하셨습니다. 오늘 우리는 사람을 만나러 온 것도 아니고, 좋은 강의를 듣고 교양을 높이려고 온 것도 아닙니다. 하나님의 아들을 만나서 영생의 문제를 해결하려고 온 것입니다. 이때 다른 사람들은 다 물러나야 합니다. 나와 하나님의 아들이 일대일로 만나는 것이 가장 중요한 것입니다.

2. 메시야와의 만남

대개 맞선을 볼 때는 옆에 만남을 주선하는 사람들이 있고 또 신랑이나 신부가 될 사람들이 나오게 됩니다. 요즘 사람들은 신랑이나 신부 후보를 볼 때 얼마나 인물이 잘생겼느냐 하는 것과 얼마나 돈을 많이 벌고 장래가 유망한가 하는 것을 볼 것입니다.

그런데 이 온 우주의 유일하신 하나님의 아들과 처녀들은 어떻게 만날까요? 참 이것은 어려운 문제였습니다. 왜냐하면 그렇게 높으신 하나님의 아들이 인간으로 오셨을 때는 목수였고 무식한 자였고 가난한 사람이고 못생긴 사람이셨기 때문입니다. 그래서 절대로 예루살렘의 미인들 같으면 예수님을 따라오려고 하지 않았을 것입니다.

여기에 하나님 나라의 놀라운 비밀이 있습니다. 즉 하나님의 신부가 되는 데는 예수님을 보았느냐 안 보았느냐 하는 것이 중요하지 않았습니다. 왜냐하면 그것이 하나님의 아들을 만나는 조건이 아니기 때문입니다. 하나님 아들의 가장 중요한 특징은 그가 하나님의 말씀을 한다는 것이었습니다.

3:31-32, "하늘로부터 오시는 이는 만물 위에 계시나니 그가 친히 보고 들은 것을 증언하되"

하나님의 아들은 오직 하나님의 말씀을 합니다. 이것이 그가 신랑이고 구원자인 증거입니다. 그러나 다른 목자들은 땅의 이야기를 한다고 했습니다. 세상 이야기를 하니까 사람들이 그렇게 좋아하고 따라가는 것입니다. 그 대신에 하나님의 아들은 사람들의 인물이나 세상의 성공 같은 것은 일체 보시지 않습니다. 왜냐하면 하나님의 아들이 더 많이 아시고 더 많은 것을 가지셨으므로 그런 것은 필요 없기 때문입니다. 하나님의 아들이 보시는 것은 오직 믿음입니다. 우리가 하나님의 말씀을 듣고 믿으면 우리는 하나님의 신부로 결정됩니다. 우리는 무도회 잔치 자리에서 즉시 하나님의 아들의 신부요 천국의 상속자로 결정이 되는 것입니다. 그래서 우리가 예수 믿는 것은 마치

신데렐라가 무도회에 갔다가 왕자가 보고 좋아서 신부로 결정한 것처럼 우리는 바로 하나님의 축복의 자녀로 발탁이 되게 됩니다.

세례 요한은 자기에게는 이 기쁨이 충만하다고 하면서 예수님은 흥해야 하겠고 자기는 망해야 한다고 했습니다. 즉 자신은 이제 물러나야 하고 모든 사람이 다 예수님을 믿고 구원을 받아야 한다고 강조했습니다.

> 3:36, "아들을 믿는 자에게는 영생이 있고 아들에게 순종하지 아니하는 자는 영생을 보지 못하고 도리어 하나님의 진노가 그 위에 머물러 있느니라"

예수님은 양들은 목자의 음성을 아는 고로 목자가 아닌 사람의 말은 따라가지 않는다고 하셨습니다. 목사가 교인들을 모으고 자기 사람으로 만들고 고급 옷을 입고 얼굴에는 파운데이션을 바르고 인기를 끄는 것은 도둑입니다. 그리고 그런 도둑을 따라가는 자는 바람난 사람들입니다. 하나님의 아들은 오직 하나님의 말씀만 말하고 교인들은 오직 믿음으로 따라가야 합니다.

3. 신부에게 주는 증표

미국 사람들은 성적으로 자유분방하지만 청혼할 때는 정식으로 한다고 합니다. 즉 남자가 식당이나 공원이나 또는 집에서 다이아몬드반지를 준비해서 사람들이 보는 앞에서 한쪽 무릎을 꿇고 반지를 주면서 '결혼해주시겠어요?' 라고 청혼한다는 것입니다. 그러면 여자가 감격하면서 '예스!' 라고 대답하고 두 사람은 결혼식을 준비하게 됩니다. 마찬가지로 하나님의 아들과 우리가 만나게 되면 하나님의 아들이 우리에게 주는 것이 있습니다. 그것은 바로 우리에게 성령을 한량없이 주신다는 것입니다.

> 3:34, "하나님이 보내신 이는 하나님의 말씀을 하나니 이는 하나님이 성령을 한량 없이 주심이니라"

예를 들어서 어떤 처녀가 무도회에서 황태자의 마음에 들어서 청혼을 받고 결혼하기로 결정되었다고 합시다. 그때 아마 황태자는 그 신부에게 왕실에서 내려오는 다이아몬드 반지를 선물로 줄 것입니다. 그리고 신부는 할 것이 아무것도 없습니다. 신부는 결혼식 하는 날까지 지금까지 생활하던 것을 그대로 계속하면서 결혼을 준비하면 됩니다. 그러나 대부분의 준비는 왕실에서 할 것입니다. 신부는 그 다이아몬드 반지를 끼고 다른 남자의 청혼은 받아들이지 말고 아름답고 조용하게 살면 되는 것입니다.

하나님의 아들은 믿는 자에게 성령을 선물로 주십니다. 성령은 우리에게 기쁨을 줍니다. 그리고 성령은 우리에게 죄를 다 씻어버리게 합니다. 물론 우리는 부자가 아닐 수도 있고 공부를 많이 한 사람이 아닐 수도 있습니다. 그러나 하나님의 아들은 그런 것이 아무것도 필요하지 않습니다. 하나님의 아들은 우리에게 성령을 한없이 주신다고 했습니다. 만일 우리 마음속에 성령이 넘치게 되면 우리는 다른 생각은 할 수 없을 것입니다. 우리는 하나님의 아들에 대한 생각으로 꽉 차게 될 것입니다. 자신이 하나님의 아들의 신부로 결정되었다는 것을 아는 순간 돈이나 다른 사람에 대한 생각은 없어질 것입니다. 또 미래에 대한 걱정도 사라질 것입니다. 왜냐하면 미래는 확정되어 있기 때문입니다. 그리고 성령이 한없이 부어지면 기쁨의 감정이 넘치면서 자꾸 울게 될 것입니다. 왜냐하면 너무나도 행복하기 때문입니다. 하나님의 아들은 우리에게 감당할 수 없는 기쁨을 주십니다. 그리고 우리에게 매일 사랑의 편지를 보내십니다. 그것이 바로 하나님의 말씀입니다. 우리가 세상의 글이나 세상의 이론으로 만족한다면 그리스도의 신부가 아닙니다. 우리는 하나님의 아들이 보낸 편지로 만족해야 하고 행복해야 합니다.

예수님은 재앙이 오기 전에 가짜가 판을 친다고 했습니다. 가짜 그리스도, 가짜 선지자, 가짜 목사들이 판을 친다는 경고입니다.

예수님은 신부들을 위해서 십자가 위에서 죽으셨습니다. 그래서 신부들이 많이 울었습니다. 막달라 마리아도 울었고 예수님의 어머니도 울었고 제자들도 울었습니다. 그러나 그가 죽음을 이기셨기 때문에 우리는 다시는 울지 않습니다. 우리 눈에서 눈물을 다 닦을 것이라고 했습니다.

예수님은 제자들에게 거짓 선지자를 조심하라고 하시면서 그들이 양의 옷을 입고 너희에게 나아오지만 속에는 노략질하는 이리라고 경고하셨습니다(마 7:15). 예수님은 양가죽을 쓴 이리를 조심하라고 하셨습니다. 예수님은 심판 때가 되면 불법이 성함으로 사람들의 사랑이 식을 것이라고 했습니다(마 24:12). 아마 지금보다 더 사람들의 사랑이 식은 때는 없을 것입니다.

그러나 우리는 이미 결정이 되었습니다. 우리의 미래 문제를 가지고 걱정할 필요가 없습니다. 우리는 더 잘 살 필요도, 더 높아질 필요도, 더 유식해질 필요도 없습니다. 왜냐하면 우리는 하나님 아들의 신부로 결정되었기 때문입니다. 단지 이 반지를 팔아먹지 마시기 바랍니다. 돈이 없다고 해서 신앙을 팔지 마시기 바랍니다. 세상을 따라가지 마시기 바랍니다. 에서처럼 팥죽 한 그릇으로 장자권을 팔지 마시기 바랍니다. 끝까지 그리스도의 순결한 신부가 되어서 온 우주가 축복하고 부러워하는 성도들이 다 되시기 바랍니다.

11

인생이 바뀐다

요 4:1-30

운동선수들이

전성기를 지나게 되면 체력과 순발력이 떨어지게 되는데, 인기는 절정에 올라 있으니 이때 가장 유혹받는 것이 바로 이런 체력과 순발력을 높이는 호르몬을 나오게 하는 약물의 유혹입니다. 올림픽 경기에서 금메달을 딴 선수 중에 약물 검사에 걸려서 메달이 박탈당하고 선수 생명이 끝난 사람도 여러 명이 있습니다. 스포츠 경기에서 약물 검사에는 인정사정이 없습니다.

청소년기가 되면 성호르몬이 나오면서 여자아이는 더 여자처럼 몸매도 변하게 되고 여러 가지 변화가 일어나면서 여성이 되는 준비를 하게 됩니다. 또 남자아이는 성대가 변하고 어깨가 넓어지고 수염이 나면서 성숙한 남성이 되어가게 됩니다. 그런데 나이가 들어 중년이 되면 호르몬에 변화가 생기면서 몸이 덥기도 하고 불면증이 오기도 하고 몸에 기력이 없어지기도 합니다. 또 현대인들은 스트레스를 받으니까 뇌의 특정 호르몬이 나오지 않아서 분노하고 몸의 기관들이 망가지고 삶의 의미를 찾지 못하고 자살 충동까지 느끼게 된다고 합니다. 그런데 만일 호르몬이 정상적으로 다시 나오게 되면 기분이 좋고 삶의 의욕을 느끼며 젊어지는 기분이 들게 된다는 것입니다.

예수님은 이미 니고데모라는 나이 많이 든 유대인 학자를 만나서 모든 사람이 거듭나야 한다는 말씀을 하셨습니다. "사람이 거듭나지 않으면 하나님의 나라를 볼 수도 없다"는 말은 두 가지로 해석할 수 있는데, 하나는 모든 사람은 거듭나야 한다는 것이고, 다른 하나는 거듭나면 하나님의 나라를 볼 수 있고 그 모든 혜택도 받을 수 있다는 뜻입니다. 그런데 사실 니고데모 같이 자기 인생길을 다 걸었고 공부도 이제 다 끝났고 학자로 인정을 받은 사람이 다시 태어난다면 도대체 몇 살로 태어날 수 있을까요? 그래서 니고데모는 예수님의 말씀에 대하여 적극적인 반응을 보이지 않았습니다. 그는 "나는 새 인생을 시작하고 싶어요. 새로 태어나게 해주세요!"라고 하지 않고, "어떻게 나같이 나이 든 사람이 어머니 모태에 들어가서 다시 나올 수 있느냐?"고 반문을 했습니다.

오늘 본문에서 예수님은 이 세상에서 정말 처참할 정도로 불행하게 망가진 인생을 살아온 한 여성을 만나서 그의 인생을 고쳐주심으로 사람이 거듭나는 것이 정말이라는 것을 보여주셨습니다.

1. 우연한 만남이었을까?

예수님은 정말 유대인을 사랑하셨습니다. 예수님은 할 수만 있으면 유대인 전부에게 새 인생을 주고 싶어 하셨습니다. 그러나 불행하게도 그 당시 유대인은 새 인생의 필요성을 전혀 느끼지 못하고 있었습니다. 예수님은 새 인생을 살 수 있는 능력을 잔뜩 싸 가지고 오셨는데도 불구하고, 당시 유대인은 '새 인생이 뭔데? 우리는 지금 인생으로 만족해!' 하는 태도였습니다. 그러나 예수님은 갈릴리 가나에서 물로 포도주를 만드심으로 새 인생의 가능성을 보여주셨습니다. 또 니고데모 같은 성공한 학자에게도 거듭나야 하늘나라를 볼 수 있다고 말씀하셨습니다. 그러나 그들은 오직 장사하고 돈 벌고 세상에서 인정받는 것을 최고로 생각했지, 새 인생 같은 것에는 전혀 관심이 없었습니다. 그래서 예수님은 안타까운 마음을 가지고 유대를 떠나서 갈릴리로 돌아가시게 됩니다. 길 가시는 도중에 피곤하여 사마리아 수가라는 성의 한 우물가에 앉아 계셨습니다.

> 4:5-7, "사마리아에 있는 수가라 하는 동네에 이르시니 야곱이 그 아들 요셉에게 준 땅이 가깝고 거기 또 야곱의 우물이 있더라 예수께서 길 가시다가 피곤하여 우물 곁에 그대로 앉으시니 때가 여섯 시쯤 되었더라 사마리아 여자 한 사람이 물을 길으러 왔으매 예수께서 물을 좀 달라 하시니"

예수님은 그 우물에서 아무도 물 긷지 않는 시간에 혼자 물을 길으러 온 한 사마리아 여인을 만나게 되었습니다. 예수님은 그 여인에게 물을 좀 달라고 하니까 그 여인은 물을 길을 두레박이 없다고 대답하지 않고, "왜 유대인이 사마리아 여자인 나에게 물을 달라고 하느냐?"고 쏘아붙였습니다. 여기서 예수님과 그 사마리아 여인 사이에 아주 진지한 대화가 이루어지게 됩니다. 그런데 이 여인은 너무나도 새 인생이 필요한 사람이었습니다. 이 여인은 처음에는 예수님에게 아주 냉담했다가 시간이 갈수록 예수님의 말씀에 빨려 들어가면서 나중에는 예수님에게 생수를 달라고 부탁하게 됩니다.

여기서 우리에게 궁금한 것은 예수님이 정말 우연히 이 수가성 우물가에 앉아 계시다가 이 여인을 만나게 된 것인지, 아니면 이 여인이 이 우물에 올 것을 아시고 이 동네로 찾아오셔서 이 우물가에 앉아 계셨을까 하는 것입니다. 그 해답은 이것이 결코 우연이 아니었다는 것입니다. 예수님은 이 여인이 여기에 올 줄 알고 기다리고 계셨던 것입니다. 그 이유는 예수님은 이 여인의 모든 과거를 다 알고 계셨기 때문입니다.

예수님은 이 수가성 여인을 일부러 찾아오신 것이었습니다. 이것을 보면 예수님은 진정으로 구원받기를 원하는 사람을 찾아오신다는 것을 알 수 있습니다. 예수님은 우리를 찾아오셨지만 문화적으로나 인종적으로 너무나도 다른 분이십니다. 즉 이 여인은 사마리아 사람인데 예수님은 사마리아인과는 가장 사이가 좋지 못한 유대인 남자였던 것입니다. 거기에다가 예수님은 이 여인이 관심 가지는 것과는 전혀 상관없는 말씀을 하셨습니다. 즉 예수님은 이 여인의 집이나 돈 문제나 남자관계나 다른 옆집 사람과의 관계 같은 것을 말씀하시지 않고, 물이나 달라고 하셨던 것입니다. 이 여인은 대인공포증 같은 것이 있어서 다른 사람을 만나는 것을 너무나 싫어하고 있었고 물 긷는 것에 대하여 엄청난 콤플렉스를 가지고 있었습니다.

그래서 예수님이 이 여인에게 물을 좀 달라고 하니까 여자는 짜증이 나서 "왜 유대인 남자가 사마리아 여자에게 물을 달라고 하느냐?"고 쏘아주었던 것입니다. 이것은 "물을 마시고 싶으면 당신이 알아서 마실 것이지, 왜 나에게 달라고 하느냐?"는 것입니다. 이 여인은 미래라고는 전혀 없는 여자였고 지금까지 너무나도 많은 배신을 당했고 지금도 엉망으로 사는 여자였습니다. 그러나 예수님은 물을 달라고 했고, 이 여인은 예수님에게 자기에게 말을 걸 생각은 하지도 말라고 하면서 모든 것은 끝나고 말았습니다. 그러나 예수님은 이 여인을 포기하지 아니하시고 지금까지 이야기와는 전혀 다른 이야기를 하셨습니다. 그것은 예수님이 이 여인에게 하나님의 선물을 가지고 온 사람이라는 것이었습니다.

4:10, "예수께서 대답하여 이르시되 네가 만일 하나님의 선물과 또 네게 물 좀 달라 하는 이가 누구인 줄 알았더라면 네가 그에게 구하였을 것이요 그가 생수를 네게 주었으리라"

예수님은 하나님의 선물을 그 여인에게 주기 위해서 오셨다고 하셨습니다. "네가 하나님이 너에게 주실 선물이 무엇이며 그 선물을 가지고 온 내가 누구인 줄 알았더라면 너는 그에게 그 선물을 달라고 했을 것이라"는 말씀입니다. 그리고 예수님은 그 여인에게 생수를 주었을 것이라고 강조하셨습니다.

이 여인은 하나님이 주실 선물이라는 말에 눈이 번쩍 뜨이게 되었습니다. 그는 무엇보다도 누군가가 자기에게 선물을 주러 왔다는 것이 놀라웠고, 더욱이 하나님이 자기를 아시고 사람을 보내었다는 것이 놀라웠습니다.

유다 나라는 물이 아주 귀했습니다. 그들에게 금보다 귀한 것이 물이었습니다. 더욱이 땅속에서 저절로 솟아나는 생수는 금이나 은과 비교할 수 없는 보물입니다. 이 여인은 한번 생각해 보았습니다. '하나님이 나를 알고 선물과 사람을 보내셨다. 나는 과연 누구인가? 이 세상에서 천대만 받아왔던 나를 하나님이 어떻게 아시고 선물을 보내시고 생수를 주실 수 있는 건가?' 여인은 이해가 되지 않았습니다.

2. 여인 속에 있는 목마름

모든 사람 속에는 무엇인가에 대한 목마름이 있습니다. 그중에는 돈에 대한 목마름이 있을 수 있고 세상의 인정에 대한 목마름도 있을 것입니다. 또 성공에 대한 목마름이나 사랑에 대한 목마름도 있을 것입니다. 실제로 이 여인은 사랑에 대한 목마름이 있었습니다. 이 여인은 이미 다섯 번 결혼했다가 실패하고 이제는 아예 결혼도 하지 않고 다른 여자의 남편과 눈이 맞아서 살고 있었습니다. 아마 이 여인은 자신은 다시 아름다운 결혼 생활이나 사랑하기에는 너무 늦어버렸다고 생각하고 있었을 것입니다. 그리고 지금 살고 있는 남자가 도망갈까 봐 굉장히 걱정하고 있었는지도 모릅니다.

그런데 예수님은 그 여인에게 하나님의 선물을 가지고 왔고, 나는 하나님이 보낸 사람이라고 말씀하셨습니다. 이 여인은 이 두 가지가 다 불가능하다고 대답했습니다. 즉 지금 이 주위에는 이 우물이 유일하게 물을 얻을 수 있는 곳인데 지금 물을 길을 수 있는 두레박을 누가 치워버린 상태였습니다. 아마 동네 사람들은 이 여인이 이 시간에 물 길으러 나온다는 것을 알고는 꼴 보기 싫어서 물 긷는 그릇을 치워버렸던 것입니다. 그래서 그 여인은 물을 구할 수 없었습니다. 더욱이 이 여자가 예수님을 보니까 도무지 부자같이 보이지 않았습니다.

사마리아 사람들은 자기 조상이 야곱이라고 자랑했지만 거짓말입니다. 그들은 이방인 자손입니다. 야곱은 부자였기 때문에 이 깊은 우물을 팔 수 있었지만 그 여인이 보기에 예수님은 그야말로 가난뱅이로 보였던 것입니다. 그래서 이 여인은 예수님에게 물었습니다. "당신이 야곱보다 더 큰 사람입니까?" 다른 말로 표현하면 '당신이 야곱보다 더 돈이 많은 부자입니까?' 라는 뜻이었습니다.

이때 예수님은 이 세상 어느 누구도 맛보지 못한 엄청난 물을 소개해주셨습니다.

4:13-14, "예수께서 대답하여 이르시되 이 물을 마시는 자마다 다시 목마르려니와 내가 주는 물을 마시는 자는 영원히 목마르지 아니하리니 내가 주는 물은 그 속에서 영생하도록 솟아나는 샘물이 되리라"

정말 예수님은 엄청난 말씀을 하셨습니다. 예수님은 땅을 파서 나오는 우물물이 아니라 배를 뚫어서 나오는 생수를 주시겠다는 것입니다. 배에서부터 생수가 솟아나면 어떻게 되는 것입니까? 배에 호스만 박고 있으면 저절로 입으로 시원한 물이 들어가게 되는 것입니까?

예수님은 이 여인에게 새로운 인생을 선물로 가지고 오셨습니다. 그런데 그 새 인생은 돈이나 인간의 사랑이 아니었습니다. 예수님은 하나님의 선물 즉 성령의 생수를 가지고 오신 것이었습니다.

물론 이 여인은 남자의 사랑이 여자의 인생에 매우 중요한 문제라는 것을 알고 무려 다섯 번이나 결혼했습니다. 그러나 그들은 모두 폭력꾼이든지 사기꾼이었습니다. 그런데 이 여인의 과거 속에는 하나님에 대한 갈망이 있었습니다. 이 여인은 예수님이 말씀하시는 것을 보고 "내가 보니 당신은 선지자인 것 같습니다"라고 고백했습니다.

그러나 예수님은 여인에게 남편을 데리고 오라고 하셨고, 여인이 자기는 남편이 없다고 대답했을 때 네 말이 맞다고 하면서 "네가 과거 남편 다섯이 있었지만 다 도망갔고 지금도 남의 남자와 살고 있으니까 남편이 없다는 말이 맞다"고 인정하셨습니다. 예수님은 그 여인을 부끄럽지 않게 하시면서도 그의 모든 것을 다 알고 계셨습니다. 그랬더니 이 여인은 "메시야가 오시면 모든 것을 우리에게 다 말해준다고 들었다"고 했습니다. 그랬더니 예수님은 "내가 바로 그 메시야"라고 말씀하셨습니다.

그런데 이 사마리아 여인은 어떻게 메시야가 온다는 것을 알았고 메시야가 오면 내 모든 인생을 다 말해준다는 것을 알았을까요? 아마도 이 여인은 타락한 생활을 하기 전에 요즘으로 치면 교회를 다녔던 것 같고 아마도 거기서 어떤 유대인 랍비로부터 하나님의 말씀과 메시야에 대하여 배웠을 것입니다. 그리고 이 여인은 하나님께 예배하는 것에 대해서도 관심이 많았습니다. 그러나 이 여인은 그 뒤에 남자들을 만나고 속고 험한 인생을 사느라고 하나님을 다 팔아먹고 말았던 것입니다. 그러나 그의 마음속 깊은 곳에는 선지자의 말씀과 하나님에 대한 갈증이 있었습니다. 그런데 메시야가 오셔서 그의 모든 과거를 다 말씀해주시고 하나님의 선물 즉 새로운 인생을 주셨던 것입니다.

3. 새 인생은 어떤 인생인가?

이 사마리아 여인이 예수님을 만나서 확인한 것은 예수님이 자신의 모든 과거를 다 아신다는 것이었습니다.

4:25-26, "여자가 이르되 메시야 곧 그리스도라 하는 이가 오실 줄을 내가 아노니 그가 오시면 모든 것을 우리에게 알려 주시리이다 예수께서 이르시되 네게 말하는 내가 그라 하시니라"

이 여인의 과거는 동네 사람들이야 알겠지만 처음 만난 유대인 아저씨가 절대로 알 수 없는 것이었습니다. 그런데 그가 자기의 모든 과거를 다 안다면 그는 하나님이 틀림없고 선물을 주실 것도 틀림없을 것입니다. 이 여인은 무조건 예수님을 믿었습니다. 이 여인이 예수님을 믿는 순간 어떤 일이 일어났을까요? 그의 모든 과거의 수치와 죄는 다 깨끗이 씻겨지고 하나님의 딸로 새로 태어나는 체험이 일어나게 되었습니다. 이 순간 이 여인은 하나님의 성령을 마시게 됩니다.

오늘 우리는 하나님의 말씀을 들으면서 두 가지 사실을 알게 됩니다. 하나는 오늘 말씀은 나에게 하시는 말씀이고 하나님은 나의 모든 것을 다 아신다는 것입니다. 그리고 예수님은 십자가 위에서 내 모든 죄를 다 가져가셨다는 사실입니다. 사실 십자가는 인간의 이론으로는 말도 되지 않습니다. 사람이 누구든지 죄를 지었으면 자기가 책임을 지든지 말든지 해야지 왜 다른 사람이 책임을 집니까? 그리고 내가 이 세상을 성실하게 살아왔는데 내가 지옥에 갈 정도로 무슨 그렇게 큰 죄인이라는 말입니까? 그래서 사람들은 예수를 비웃고 조롱하고 믿지 않습니다. 그러나 성령의 엑스레이로 우리 속을 비추어보면 우리 마음 안에는 시커먼 죄의 하수구가 있고 우리는 말기 암 환자와 같습니다. 우리는 껍데기만 멀쩡하지, 속은 전부 썩어 문드러져 있는 죄인입니다. 이때 예수님은 우리를 향해서 못이 박힌 두 손을 펴시면서 "형제여, 내가 네 죄를 위하여 십자가에 못 박혀 죽었노라"고 말씀하십니다. 이제 더 이상 고집부리지 말고, 네 머리나 네 도덕심으로 살려고 하지 말고 예수님의 십자가에 항복을 하라고 말씀하십니다.

우리가 예수님의 십자가를 믿을 때 십자가는 우리 죄를 다 빨아갑니다. 그리고 우리는 성령을 마시게 되면서 우리 안에 영원한 성령의 생수가 터지게 됩니다. 그러면 자신의 가치를 찾게 되고 하나님의 사랑을 찾게 되고 성령의 호르몬이 생기게 되는 것입니다.

사람은 좋은 대학을 나오는 것을 갈망합니다. 그러나 아무리 하버드나 옥스퍼드대학을 나와도 취직을 못 하면 소용이 없을 것입니다. 요즘은 부모가 갑부가 아니면 MIT나 하버드대를 나오려고 하면 빚투성이가 됩니다. 또 좋은 직장에 취직하면 더 좋은 직장에 가려고 합니다. 결국 아무리 좋은 직장을 가도 또 승진해야 하고 나중에는 허무감에 빠지게 됩니다. 그래서 인생의 정상에 오르는 것은 좋지 않습니다. 거기에는 허무가 있고 죽음이 기다리고 있는 것입니다.

4:28-30, "여자가 물동이를 버려 두고 동네로 들어가서 사람들에게 이르되 내가 행한 모든 일을 내게 말한 사람을 와서 보라 이는 그리스도가 아니냐 하니 그들이 동네에서 나와 예수께로 오더라"

예수님은 이 여인에게 어떤 인생을 주셨을까요? 적어도 이 여인은 과거로부터는 벗어났습니다. 이 여인은 동네에 가서 메시야를 만났다고 하면서 메시야가 자기 과거를 다 말했다고 증언했습니다. 이 여인은 과거의 올무에서 벗어났습니다. 이 여인에게 더 이상 남자가 필요하지 않았습니다. 물론 결혼을 했을 수도 있습니다. 그러나 이 여인은 예배의 기쁨을 가지게 되었습니다. 예수님은 이 여인에게 예배의 비밀을 최초로 가르쳐주셨는데 누구든지 영과 진리로 예배를 드리면 하나님을 만난다고 했습니다(23-24절). 영과 진리는 성령과 믿음을 말합니다.

이 여인에게는 부흥이 있었습니다. 부흥은 성령이 한꺼번에 부어지는 것을 말합니다. 인생은 이때가 가장 행복합니다. 그때 한순간 한순간을 잊을 수 없을 정도로 행복합니다. 왜냐하면 하나님의 사랑이 우리를 행복하게 하기 때문입니다. 우리는 부흥도 가지고 세상에 나가서 사람들도 만납니다. 이것은 이중적인 기쁨입니다. 우리는 속에 성령의 생수가 솟아나면서 세상 공부도 해보고 일도 하고 사람들도 만납니다. 우리는 어떤 일을 해도 천하지 않습니다. 왜냐하면 우리 안에 하나님이 계시기 때문입니다. 우리는 누구를 만나더라도 유치하지 않습니다. 우리 안에 하나님이 계시기 때문입니다. 속에 성령이 있는 사람은 무엇을 해도 재미가 있습니다. 마음속에 하나님의 사랑이 있기 때문입니다. 성도들은 예배와 세상을 구분하지 마시기 바랍니다. 예배에서 충만한 은혜를 받고 그것을 가지고 사람들도 만나고 세상일도 하시기 바랍니다.

지금 세상은 굉장히 건조합니다. 미세 먼지로도 많은 고통을 받고 있습니다. 그것은 전부 하나님의 사랑이 없어졌기 때문입니다. 우리가 기도하면 하나님의 사랑이 비같이 쏟아지게 됩니다. 이른 비와 늦은 비같이 쏟아지면서 사막이 꽃밭으로 변하게 될 것입니다. 이제 우리는 더 이상 목말라 하지 말고 행복을 찾으시기 바랍니다. 하나님의 호르몬으로 행복하시기 바랍니다. 그래서 다시 젊어지고 생의 의욕을 가지고 영원한 미래의 소망을 가지는 성도들이 다 되시기 바랍니다.

12

너희가 모르는 양식

요 4:31-42

언젠가

한 번 교회에서 나가는데 한 여학생이 화가 나서 핸드폰에 대놓고 소리를 크게 지르고 있었습니다. 제가 보니까 어렸을 때부터 우리 교회에 나왔던 아이였습니다. 부모님은 안 계시고 친척이 키우고 계셨는데 청소년기가 되면서 무엇인가 불만이 많아졌던 것 같습니다. 그런데 저는 그 아이를 마음으로 참 좋아하고 있었고, 그 아이는 늘 사촌 동생과 함께 수요일 예배도 참석해 왔던 아이였습니다. 일단 그날은 그 아이가 너무 화가 나 있어서 소리 지르는 것을 보고도 저는 그냥 집으로 돌아왔습니다. 그리고 하나님께 그 아이를 개인적으로 다시 만날 수 있도록 기도를 드렸습니다. 그런데 놀랍게도 그 여학생은 다음 수요일 예배에 나와서 앉아 있었습니다. 그런데 설교 말씀은 거의 듣지 않고 게임을 하는지 카톡을 하는지 설교 시간 내내 고개 숙이고 스마트폰을 만지고 있었습니다. 예배 마치고 난 후에 저는 그 아이를 만나서 우리는 모두 너를 좋아하고 있고 많은 관심을 가지고 있다고 하면서 그에게 도움이 될 만한 것을 주었습니다. 그 아이는 굉장히 기뻐하면서 얼굴 표정이 변했습니다. 만일 우리가 그런 학생을 만나는 것이 우리의 양식이라고 말한다면 사람들은 이상한 양식도 다 있다고 생각할 것입니다.

사람에게 먹는다는 것은 어쩌면 가장 중요한 문제라고 볼 수 있습니다. 먹을 것이 없어서 굶는 것보다 더 비참한 일은 없을 것입니다. 단 한 끼만 먹지 않아도 배가 고파서 온몸에 힘이 없어지고 또 화가 납니다. 그리고 계속 먹지 않으면 말라가다가 결국은 고통스럽게 죽게 됩니다. 사진에서 아프리카에서 어린아이들이 먹지 못해서 얼굴이 거의 해골같이 되어서 죽어가는 모습을 본 적이 있을 것입니다. 그래서 살기 위해서는 먹을 것을 마련해야 합니다. 사람에게 먹을 것이 많이 있으면 마음이 든든해지고 당장 굶어 죽지 않아도 된다는 마음의 여유를 가지게 될 것입니다.

이와는 반대로 요즘 우리나라 사람들은 먹지 않으려고 많은 애를 쓰고 있습니다. 살찌면 보기 좋지 않기 때문입니다. 그래서 우리나라 사람들은 할 수 있으면 안 먹으려고 노력을 합니다. 덜 먹어야 날씬해지기 때문입니다. 그래서 어떤 사람은 비만을 치료하기 위하여 위를 잘라내는 경우도 있습니다. 그동안 우리나라는 모두 굶어 죽지 않으려고 열심히 노력한 결과 굶어 죽지는 않을 수준은 되었습니다. 나름 성공한 사람에게 "요즘 형편이 어떻습니까?"라고 물어보면 "그저 굶어 죽지 않을 정도로는 삽니다"라고 대답하는 것을 볼 수 있습니다. 그런데 먹고살 만한데도 너무나도 많은 사람이 자살을 하고 있습니다. 그리고 우리나라 사람들에게 물어보면 모두 마음속에 불만이 가득한 것을 보게 됩니다. 먹을 것이나 입을 것은 다 있는데도 너무나도 행복하지 못한 것 같습니다. 그 이유는 인간의 문제는 먹고 사는 것만으로는 해결되지 않는 그 무엇이 있기 때문입니다.

1. 알지 못하는 양식

4:32, "이르시되 내게는 너희가 알지 못하는 먹을 양식이 있느니라"

　모든 사람이 먹고살기 위해서 양식을 마련하느라고 농사를 짓고 장사를 하고 공장을 경영하는데, 만약 어떤 사람이 다른 사람이 전혀 알지 못하는 양식을 먹고 산다면 어떤 생각이 들까요? 아마도 모두 그 사람은 이상한 사람이라고 생각할 것입니다. 즉 사람은 밥이라든지 빵이나 고기 같은 것을 먹어야 살 수 있는데 이상한 책 같은 것을 읽으면서 살고 있고 이상한 물 같은 것을 마시면서 살아가고 있다면 그 사람을 이상한 사람이라고 생각할 것입니다.

　예수님과 제자들이 사마리아에 있는 수가성에 왔을 때 먹을 것을 전혀 가지고 있지 못했습니다. 그래서 제자들은 예수님만 우물가에 두고 열두 명이 모두 가까이 있는 다른 곳으로 빵을 사러 갔습니다. 예수님은 제자들이 없는 동안 한 사마리아 여인을 만나셨는데, 그 여인은 살아 있지만 사실상 수십 년간 굶어 있던 여인이었습니다. 그 여인은 살아 있지만 산 것이 아니었습니다. 그 이유는 아무도 그녀를 사랑해주지 않았기 때문입니다. 이 여인은 사랑에 굶주린 사람이었습니다. 이 여인은 죄에 눌려서 숨도 제대로 쉴 수 없는 상태에서 수십 년을 살아오고 있었습니다. 이 여인은 결혼에 실패하고 남자로부터 버림받았다는 죄의식 때문에 모든 사람의 눈치를 보면서 살아왔습니다. 이 여인은 입으로는 음식을 먹었지만 사실 굶주려 있었습니다. 그것은 바로 사랑에 굶주림이었습니다. 사람이 음식을 먹지 못하면 배가 고프고 힘이 없지만, 사랑을 받지 못하면 마음이 병들게 됩니다.

　이때 예수님에게 가장 중요한 일은 이 여인에게 하나님의 사랑을 직접 먹이시는 것이었습니다. 하나님이 이 여인을 사랑하는 증거는 예수님이 이 여인의 모든 것을 다 알고 계시다는 것을 알게 하는 것이었습니다. 이 여인은 예수님이 자신의 모든 인생을 다 알고 계시는 것을 알고는 자기가 메시야를 만났다는 것을 알았습니다. 그리고 이 여인은 하나님을 믿었습니다. 그리고 이 여인은 처음으로 하나님의 사랑을 먹게 되었습니다. 그리고 이 여인은 숨을 쉴 수 있게 되었습니다. 이 여인이 메시야를 만나고 자신의 모든 과거까지 메시야에게 다 맡기고 처음으로 숨을 쉬게 되었을 때, 그 공기 맛이라는 것은 너무나도 감미롭고 너무나도 신선하고 마음을 기쁘고 행복하게 하는 것이었습니다.

바로 이 순간 제자들이 우르르 몰려오면서 "예수님! 저희가 드디어 양식을 구해왔습니다. 이제 식사를 좀 하시지요."라고 하면서 구운 빵을 예수님 앞에 내어놓았습니다. 그때 예수님은 빵을 먹지 않겠다고 하시면서 "나에게는 너희가 알지 못하는 양식이 있다"고 말씀하셨습니다. 사람이 너무 기쁘거나 흥분되면 내장이 긴장되어서 음식이 잘 들어가지 않고 배가 고픈 줄도 모르게 됩니다. 사람이 긴장되면 위에서 음식을 소화시키는 효소가 잘 나오지 않기 때문에 배가 고프지 않는 것입니다. 그런데 예수님의 양식은 기쁨의 양식이었습니다. 예수님은 수가성 여인에게 하나님의 사랑을 전했는데, 그 여인이 하나님의 사랑을 먹고 숨을 쉬는 것을 보고는 너무 기쁜 나머지 음식이 먹고 싶지 않으셨던 것입니다. 바로 기쁨의 식사를 하신 것이었습니다.

요즘 사람들은 직장이나 인간관계에서 스트레스를 많이 받습니다. 그러다가 어떤 쇼크를 받으면 내분비가 되지 않으면서 음식을 먹지 않아도 배가 고프지 않습니다. 본인은 음식을 먹지 않아도 배가 고프지 않으니까 거의 음식을 먹지 않고 정상적인 생활을 합니다. 그러나 그 상태로 얼마 가지 않아 무리하게 되면 자칫 잘못하면 큰 사고를 당하게 됩니다. 예수님은 다른 사람에게 하나님의 사랑을 전해주었는데도 너무나도 기쁘고 흥분이 되어서 음식이 소화되지 않았습니다. 예수님은 이것이 바로 나의 양식이라고 말씀하셨습니다.

2. 오직 한 여인

예수님은 먹을 것을 구해온 제자들에게 내게는 너희들이 알지 못하는 양식이 있다고 말씀하셨습니다. 이것은 벌써 음식을 잡수셨다는 뜻입니다. 이 말을 듣고 제자들은 "누가 예수님에게 잡수실 것을 갖다 드렸는가?"라고 물어보았습니다. 그때 예수님은 분명하게 말씀하셨습니다.

4:34, "예수께서 이르시되 나의 양식은 나를 보내신 이의 뜻을 행하며 그의 일을 온전히 이루는 이것이니라"

예수님의 양식은 참으로 오늘까지 다른 어느 누구에게 사랑받지 못하고 숨도 제대로 쉬지 못하고 악으로 버티면서 살아왔던 이 여인에게 하나님의 사랑을 직접 이야기하는 것이었습니다. 이것이 바로 하나님의 일이었습니다. 하나님의 일은 이 세상에서 거창한 계획을 세우고 많은 업적을 남기는 것이 아닙니다. 오직 한 여인, 그것도 오늘까지 형편없이 살아온 한 여인의 마음에 찾아오셔서 하나님의 사랑을 믿게 하는 것이었습니다. 이것이 예수님에게는 사는 목적이었고 양식이었습니다.

우리가 예수를 믿으면 양식이 달라지고 사는 목적이 달라지게 됩니다. 마태복음 4장에 보면, 예수님은 요한의 세례를 받으신 후에 사십일을 굶으셨습니다. 그때 마귀가 나타나서 예수님을 시험했습니다. "하나님의 아들이 이렇게 융통성이 없이 굶고 있으면 어떻게 하느냐?"고 하면서 "네가 하나님의 아들이면 이 돌들로 떡을 만들어 먹으라"고 했습니다. 돌로 떡을 만들어 먹는 것이 우리에게는 시험이 되지 않습니다. 우리에게는 그런 능력이 없기 때문입니다. 이것은 우리에게는 약 올리는 말밖에 되지 않는 것입니다. 그러나 예수님에게는 얼마든지 그 능력이 있었습니다. 그래서 예수님에게는 이것이 시험이었습니다. 그러나 예수님은 "사람이 떡으로만 살 것이 아니요 하나님의 입으로부터 나오는 모든 말씀으로 살 것이라"고 대답하셨습니다. 사실 이것이 우리가 이 세상을 살아가는 능력의 기초가 되는 말씀입니다. 사람은 양식을 먹어야 살 수 있습니다. 사람은 그래서 돈을 벌어야 하고 직장이 있어야 합니다. 지금 우리나라에 정기적인 수입이 있는 사람과 없는 사람의 사는 형편은 그야말로 엄청난 것입니다. 정기적인 수입이 없으면 당장 극빈자나 기초수급자가 될 수밖에 없습니다.

그런데 하나님의 백성에게는 그때가 바로 모험의 순간입니다. 우리에게 정기적인 수입이 없어도 우리가 굶어가면서 하나님의 말씀을 믿는 것입니다. 그때 우리에게 하나님의 말씀이 살아나게 됩니다. 모세는 무려 사백년 동안 잠들었던 하나님의 말씀을 깨운 자였습니다. 우리는 잠자는 사자를 깨우는 것이 위험하다고 합니다. 그러나 말씀을 깨우는 자가 진정으로 위대한 신자입니다. 이때 바다가 갈라지고 하늘이 열리며 하늘에게 양식이 쏟아지기도 하고 반석에서 생수가 터져 나오기도 합니다. 그래서 하나님의 백성들이 너무 세상적으로 안정되는 것은 진정한 양식을 잃어버리는 것이 되고 신앙의 목적을 잃어버리는 것이 됩니다.

예수님의 목적은 모든 사람이 싫어하던 한 사마리아 여인에게 하나님의 사랑을 먹이는 것이었습니다. 예수님은 이 여인에게 단순히 하나님이 너를 사랑한다는 말씀만 하시지 않았습니다. 이 여인에게 예수님은 그녀의 모든 인생을 다 알고 계신다는 것을 알게 하셨습니다. 그리고 예수님은 이 여인에게 하나님의 선물을 주셨습니다. 그것은 바로 성령의 생수였습니다. 이 여인이 예수님을 메시야로 믿는 순간 이 여인은 성령을 마셨습니다. 성령을 마실 때 우리는 시원하고 뜨겁게 됩니다. 시원한 것은 죄의 아픔이 치료되는 것이고 뜨거운 것은 하나님 사랑의 기쁨이 생기는 것입니다. 하나님의 일은 모든 사람이 싫어하던 한 여인에게 하나님의 사랑을 먹이고 숨 쉬게 하는 것이었습니다.

예수님이 만나셨던 여인 중에 막달라 마리아가 있습니다. 이 여인은 일곱 귀신이 들려서 많은 우울증과 정신발작과 불면증과 미움과 의심으로 말할 수 없는 정신적인 고통을 받았습니다. 예수님은 막달라 마리아에게 하나님의 사랑을 먹이셨습니다. 그것은 바로 그의 일곱 귀신을 내쫓아주시는 것이었습니다. 그러자 막달라 마리아는 숨을 쉴 수 있었습니다.

예수님은 제자들에게 무엇을 먹을까 무엇을 입을까 염려하지 말고 오직 그의 나라와 그의 의를 구하라고 말씀하셨습니다(마 6:33). 그의 나라와 그의 의를 구하는 것이 무엇일까요? 바로 하나님의 사랑이 필요한 사람을 찾아가서 하나님의 사랑을 먹여주는 것입니다. 이때 반드시 어떤 표적이 나타나게 되어 있습니다. 예수님은 이것을 온전히 이루는 것이라고 말씀하셨습니다. 이것은 이런 사람들이 아직도 많이 있고 예수님은 이 사랑을 위하여 하실 일이 더 있다는 뜻입니다. 그것은 바로 십자가 위에서 온전히 죽으시는 것이었습니다.

요즘 우리나라 사람들은 자기와 다른 사람들에 대해 적대감이 심한 것을 보게 됩니다. 우리나라는 부자나 대기업이나 많이 배운 사람이나 잘사는 사람들에 대한 적대감이 심한 편입니다. 그동안 우리 사회는 여성이 얼마나 무시당함을 참고 치욕을 참고 직장 생활을 하는지 잘 알지 못했습니다. 사실 우리나라 사람들은 모두 하나님의 사랑에 굶어 있습니다. 하나님의 사랑에 굶어서 자살하고 하나님의 사랑에 굶어서 정신병에 걸리고 동성애에 빠지는 것입니다. 하나님의 사랑에 굶어서 사나워지고 공격적이 되는 것입니다. 우리 예수 믿는 사람들은 남을 사랑하기 이전에 자기가 하나님의 사랑을 먹었는지 생각해 보아야 합니다. 그렇지 않으면 다른 사람의 눈에 있는 티만 보고 자기 눈에 있는 들보는 보지 못하게 될 것입니다. 우리가 먼저 하나님의 사랑을 먹어야 다른 사람에게도 하나님의 사랑을 먹일 수 있을 것입니다. 이것이 하나님의 일이고 우리의 양식입니다.

우리가 만일 이 세상에서 돈을 쌓고 또 명예를 쌓고 죽을 때까지 먹을 것만 잔뜩 가지고 있다면 하나님의 일을 한 것이 아닙니다. 그러면 우리는 아무것도 한 것이 없는 사람이 되는 것입니다. 우리 자신이 하나님의 사랑에 굶은 사람인 것입니다. 그러나 모든 사람이 싫어하는 단 한 명의 여인에게 하나님의 사랑을 먹이는 것이 하나님의 일이고 예수님의 양식이었습니다.

3. 영적인 농사

사람이 먹을 것을 만들려고 하면 농사를 지어야 합니다. 우리나라나 아시아에서는 벼농사가 중심이고 미국이나 중동은 밀 농사가 중심입니다. 예수님이 사마리아를 지나가실 때에는 아직 추수하기에는 아주 이른 시기였고 추수하려면 넉 달을 더 기다려야만 했습니다. 그러나 예수님은 그렇지 않다고 말씀하셨습니다. 예수님은 눈을 들어서 밭을 보라고 하시면서 벌써 밭이 희어져서 추수할 때가 되었다고 말씀하셨습니다.

> 4:35-36, "너희는 넉 달이 지나야 추수할 때가 이르겠다 하지 아니하느냐 그러나 나는 너희에게 이르노니 너희 눈을 들어 밭을 보라 희어져 추수하게 되었도다 거두는 자가 이미 삯도 받고 영생에 이르는 열매를 모으나니 이는 뿌리는 자와 거두는 자가 함께 즐거워하게 하려 함이라"

'씨'라는 것은 놀라운 특성이 있습니다. 처음 밭에 씨를 뿌릴 때

씨는 땅속에 그냥 파묻혀 있는 것 같은데, 비가 오고 온도가 올라가면 씨가 껍질을 깨고 싹이 땅 위로 올라오기 시작합니다. 그리고 기온이 높아지고 비가 자주 와서 물기가 많으면 엄청나게 빨리 자라서 알곡을 맺게 됩니다. 여기에 하나님의 능력이 임하게 되면 하루 만에도 쑥쑥 자라게 됩니다.

그 대표적인 케이스가 민수기 17장에 나오는 아론의 싹난 지팡이입니다. 유대인들이 "왜 아론만 제사장을 하느냐? 우리도 제사장을 돌아가면서 하자!"고 반발하니까, 모세는 제사장은 돌아가면서 하는 것이 아니라 하나님이 정하는 것이라고 하면서 확실한 구별방법을 제안합니다. 모든 지파 족장의 지팡이에 족장의 이름을 쓰게 하고 레위지파에는 아론의 이름을 쓰게 해서 하룻밤 동안 하나님의 언약궤 앞에 두었더니 다른 지팡이는 그대로 있는데 오직 아론의 지팡이만 싹이 나고 꽃이 피고 살구 열매까지 맺혀 있었던 것입니다.

이와 마찬가지로 예수님이 이 세상에 오심으로 온도나 습도도 엄청 올라가게 되어서 누구든지 말씀을 듣자마자 부흥이 일어나게 되었습니다. 그래서 예수님이 수가성 여인을 만난 것은 채 한 시간도 되지 않았지만, 그 여인의 마음속에는 이미 알곡이 맺혀 있었습니다. 그리고 예수님은 이 여인을 통하여 사마리아의 다른 사람도 자신을 믿을 것을 알고 계셨습니다. 조금 있으니까 사마리아 사람들이 떼거리로 몰려왔는데 이들은 모두 메시야를 만나기를 원하는 사람들이었고 하나님의 사랑에 굶주린 사람들이었습니다.

하나님의 나라는 한 시간이면 충분히 알곡이 될 수 있는 시간입니다. 그런데 십년, 이십년을 믿는다고 하면서도 변하지 않는 사람들은 어떻게 된 것일까요? 그들은 변하지 않기로 결심한 사람들이 틀림없습니다.

예수님은 천국의 추수꾼보다 더 재미있는 것은 없다고 말씀하셨습니다. 천국의 추수꾼들은 이미 임금을 선불로 다 받아놓았습니다.

그리고 그들은 영생에 이르는 열매를 추수하고 있는 것입니다. 열매를 추수할 때마다 기쁩니다. 왜냐하면 천국의 양식을 먹고 있기 때문입니다. 한 영혼이 은혜받는 것이 우리에게 얼마나 큰 기쁨이 되는지 우리는 더 이상 밥을 먹고 싶지 않습니다. 그 기뻐하고 있고 눈물 흘리고 있는 얼굴만 봐도 우리는 더 이상 세상의 다른 것이 필요하지 않은 것입니다.

그런데 우리가 선불로 이미 받은 것이 무엇입니까? 우리는 이미 죄 사함도 받았고 영생도 받았습니다. 그리고 하나님의 아들로 입양이 되었습니다. 그래서 우리는 걱정할 것이 아무것도 없습니다. 돈 걱정도, 죽는 걱정도 할 필요도 없고 미래는 더 걱정할 필요가 없습니다. 우리는 오직 하나님의 사랑에 굶은 자들에게 하나님의 사랑을 능력으로 먹여주면 되는 것입니다.

여기에 보면 "씨를 뿌리는 자와 거두는 자가 함께 기뻐하려 함이라"고 했는데 씨를 뿌리는 자는 누구일까요? 씨를 뿌리는 자는 하나님입니다. 하나님은 어떤 방법을 통해서도 우리에게 하나님의 말씀이 전달되게 하십니다. 그러나 씨앗으로 우리는 추수하지 못합니다. 부흥이 와야 합니다. 뜨거운 열기가 임하고 은혜의 단비가 쏟아져서 부흥이 일어날 때 우리는 모두가 다 함께 기뻐하게 되는 것입니다.

이 세상의 관심과 우리의 관심은 다르다는 것을 알 필요가 있습니다. 사람들은 한평생 먹을 것을 쌓아놓기 위해서 살고 이 세상에서 무엇인가 행복을 추구하기 위하여 삽니다. 그러나 우리는 하나님의 사랑에 굶주린 사람들에게 하나님의 사랑을 먹이는 것이 우리의 사는 목적이고 양식입니다. 하나님의 사랑이 말로만이 아니라 치유와 뜨거운 확신과 능력으로 우리에게 임하기를 바랍니다.

13

예수님의 말씀

요 4:43-54

이 세상에는

기적을 믿는 사람이 있는가 하면 기적 같은 것은 믿지 않는 사람들도 많이 있습니다. 어느 부인이 결혼하기 전에는 교회를 다녔지만 믿지 않는 남편과 결혼하고 제사를 아주 엄하게 지키는 집에 시집가는 바람에 교회를 다니지 못했습니다. 마음속에는 교회를 다녀야 한다는 생각은 있었지만, 시골에 교회도 없었고 또 남편이 교회를 싫어하기 때문에 다닐 수 없었습니다. 그러다가 도시로 이사를 나오게 되었는데 그만 병에 걸리게 되었습니다. 그런데 약이란 약은 다 써봤지만 병은 낫지 않고 죽는 날만 기다리고 있었습니다. 그러다가 어느 날 '내가 처녀 때는 교회 다녔었는데 하나님을 버리고 결혼을 했구나' 하는 생각이 들면서 베개가 눈물에 완전히 젖을 정도로 울면서 회개했습니다. 그리고 하나님께서 만일 내 병을 낫게 해주신다면 아무리 남편이 반대하고 시어머니가 반대해도 꼭 교회를 나가겠다고 서약을 했습니다. 그리고 그의 병이 낫기 시작했습니다. 어느 날 의사는 그녀에게 병이 기적적으로 완치되었다고 이야기를 했습니다. 그리고 병이 낫고 난 후에는 그렇게 남편이 핍박하고 시어머니가 반대해도 끝까지 물리치고 기도하며 교회를 나갔습니다. 그분이 바로 제 어머니입니다. 저는 어머니가 그때 새벽만 되면 기도하시는 모습을 똑똑히 기억합니다.

우리는 이 세상에서 수많은 말을 들으면서 살아가고 있습니다. 우리는 그 모든 말을 다 믿지 않습니다. 우리는 모두 다른 사람들이 말한 것을 본인이 판단해서 믿을 것은 믿고 버릴 것은 버립니다. 그러나 만일 어떤 절대적인 지식과 권위를 가진 분이 말한다면 우리는 무조건 그 말을 믿을 것입니다.

예수님은 사마리아에서 아주 귀한 한 여인을 만났습니다. 이 여인은 정말 비참하게 살아왔고 주위 모든 사람으로부터 미움과 왕따를 당하는 여인이었습니다. 그러나 하나님은 이 여인을 특별히 사랑하셨습니다. 그래서 하나님은 이 여인에게 새 인생이라는 놀라운 선물을 가지고 메시야를 보내셨습니다. 이 여인은 예수님이 숨겨진 자신의 과거를 다 아신다고 믿는 순간, 예수님이 메시야라는 것을 믿었고 메시야를 믿는 순간 그녀는 성령을 마셨습니다. 그리고 그녀는 완전히 새로운 사람이 되었습니다. 그는 이제 예배의 비밀을 알게 되었고 하나님의 자녀의 비밀을 알게 되었습니다. 우리가 하나님의 아들로 입양되기만 한다면 우리는 걱정할 것이 아무것도 없습니다. 하나님의 아들로 입양된 사람이 무엇을 걱정하겠습니까?

그런데 예수님은 사마리아에서 고향인 갈릴리로 오셨을 때, 사람들이 예수님을 환영하기는 하지만 예수님을 하나님의 아들로 믿지 않는다는 것을 아셨습니다. 아무리 하나님의 아들이 오셨지만 사람들이 믿지 않으면 아무 소용이 없었습니다. 그런데 오늘 본문에 보면, 자기 아들이 아픈 왕의 신하가 있었는데 이 사람이 예수님을 믿었습니다. 그리고 그 아픈 아들의 병이 나았습니다.

1. 고향에서는 선지자가 인정을 받지 못한다

사도 요한은 예수님을 태초부터 계신 말씀이라고 증언했습니다. 요한복음 1:1을 보면 "태초에 말씀이 계시니라 이 말씀이 하나님과 함께 계셨으니 이 말씀은 곧 하나님이시니라"고 했습니다. 우리 인간이 아무리 똑똑하고 유능하다 하더라도 하나님보다는 더 똑똑할 수 없습니다. 그래서 요한복음 1:3에 보면 "만물이 그로 말미암아 지은 바 되었으니 지은 것이 하나도 그가 없이는 된 것이 없느니라"고 했습니다.

바로 그 하나님이 메시야라는 이름으로 이 세상을 찾아오셨습니다. 하나님이 이 세상에 오셨다면 우리의 모든 것은 다 해결된 것입니다. 이것을 믿었던 사람이 바로 사마리아 여인이었습니다.

메시야는 내 개인의 모든 비밀을 다 알고 계신 분이십니다. 하나님의 아들이 이 세상에 직접 오셨다는 것은 내 모든 인생을 다 고쳐주시고 내 모든 미래를 다 고쳐주시겠다는 뜻입니다. 우리가 이것을 믿으면 됩니다. 우리는 메시야와 논쟁할 필요가 없고 메시야와 토론할 필요가 없습니다. 그런데 메시야가 우리에게 하나님의 말씀으로 찾아온 것이 매우 중요합니다. 예수님이 육신으로 이 세상에 계시는 동안에는 예수님의 말씀 자체가 능력이고 기적이었습니다. 예수님은 말씀으로 모든 병을 다 고치셨습니다. 예수님은 맹인의 눈을 고치셨고 장애인들의 다리를 고치셨고 한센 환자들의 병을 고치시고 심지어 죽은 나사로를 살리셨습니다. 그러나 예수님은 육신으로는 이 세상에 영원히 계실 수 없었습니다. 예수님은 십자가에 못 박혀 죽으시고 부활하신 후에는 하나님의 보좌 우편에 앉으셨습니다.

그러나 예수님은 말씀을 남기셨습니다. 이 복음의 말씀이 바로 예수님과 똑같습니다. 오늘 많은 크리스천은 예수님이 눈에 보이지 않기 때문에 병에 걸리거나 어려운 일을 당했을 때 많이 당황해합니다.

그래서 아무것이나 붙들려고 합니다. 예배당 건물을 붙들려고 하기도 하고 사람을 붙들려 하기도 하고 세상을 붙들려고 하기도 합니다. 그러나 예수님은 분명히 우리에게 성경 말씀을 남겨주셨습니다. 오늘 우리는 스스로에게 질문을 해보아야 합니다. 즉 '내가 성경 말씀을 예수님으로 생각하고 사랑하고 있는가?' 아니면 '하나의 장식품으로 생각하고 들고 다니는가?' 하는 것입니다. 지금은 분명히 예수님이 육신으로 계실 때와는 다릅니다. 예수님은 하나님의 보좌 우편에 계시고 우리에게는 그분이 보이지 않습니다. 그러나 성경책이 예수님과 똑같습니다. 아마 우리는 사랑하는 애인이 보낸 편지가 있다면 그 편지를 매일 가슴에 품고 읽을 것입니다.

하나님은 모세가 죽고 난 후에 여호수아에게 "너는 강하고 담대하라"고 하시면서 "내가 명한 이 율법을 다 지켜 행하고 우로나 죄로나 치우치지 마라 그러면 네 길이 평탄하게 될 것이며 네가 형통할 것이라"고 말씀하셨습니다(수 1:6-9). 그러면 여호수아가 율법책만 읽고 있으면 저절로 가나안 땅을 정복하게 될까요? 그렇지 않습니다. 사실 여호수아는 율법책을 읽기 어려울 만큼 전쟁하느라 바빴습니다. 그러나 여호수아가 하나님의 율법 말씀을 읽고 묵상하고 순종할 때 하나님의 천사가 먼저 가서서 모든 적을 다 물리쳐놓으셨던 것입니다. 오늘 예수님은 우리에게 직접 병을 낫게 하시거나 귀신을 물리치시지는 않았지만 하나님의 말씀을 복음으로 남겨놓으셨습니다. 이 복음이 예수님과 같습니다. 우리가 이 말씀을 예수님처럼 사랑해야 합니다. 이것이 신앙입니다. 신앙이 장식품처럼 책상 위나 탁자 위에 버려져 있는 것은 하나님의 말씀을 사랑하지 않고 세상을 사랑하는 것입니다.

우리가 성경 말씀을 사랑할 때 어떤 일이 일어나게 됩니까? 하나님이 믿어지고 예수님이 하나님의 아들인 것이 믿어집니다. 그리고 항상 성령의 역사가 내 마음에서 일어나는데 죄지을 시간이 없고 그런 생각도 사라지고 특히 하나님이 아주 가깝게 느껴지게 됩니다. 그런데 만일 우리 중에 하나님의 말씀이 선포되면 어떤 일이 일어나게 될까요? 부흥이 일어나게 됩니다.

신약 시대 성도들이 모여서 예배드리고 하나님의 말씀이 선포되면 하나님이 우리 가운데 마치 육신으로 오신 것처럼 성령으로 오시는데 우리 마음이 뜨거워지고 기도가 열리게 됩니다. 이때 하늘 문이 열리면서 하늘에서 복이란 복은 다 부어지게 됩니다.

갈릴리 사람들이 예수님을 영접하는데도 예수님은 좋아하지 않으셨습니다. 그리고 예수님은 고향 사람들에게 이 말씀을 하셨습니다.

> 4:44-45, "친히 증언하시기를 선지자가 고향에서는 높임을 받지 못한다 하시고 갈릴리에 이르시매 갈릴리인들이 그를 영접하니 이는 자기들도 명절에 갔다가 예수께서 명절중 예루살렘에서 하신 모든 일을 보았음이 더라"

왜 예수님은 고향 사람들이 영접하는데도 선지자는 고향에서는 높임을 받지 못한다고 말씀하셨을까요?

갈릴리 사람들은 예수님이 예루살렘에서 채찍을 만들고 성전에서 장사하는 사람들을 쫓아내고 병자들을 고치시는 것을 보았습니다. 그리고는 예수님이 갈릴리 출신으로 대단한 일을 하셨다고 생각해서 예수님을 고향에서 영접했습니다. 그런데 예수님은 그것을 좋아하지 않으셨습니다. 그 이유는 갈릴리 사람들은 예수님을 인간적으로 너무 잘 알았기에 꿈에도 예수님을 하나님의 아들로 믿지 않았기 때문입니다. 갈릴리 사람들은 예수님이 하나님의 아들이라고는 절대로 믿지 않았습니다. 왜냐하면 자기들이 예수님을 너무 잘 안다고 생각했기 때문입니다.

교회 오래 다닌 사람들은 교회가 친밀하게 느껴집니다. 그리고 자신이 교회를 너무 잘 알고 있다고 생각합니다. 그래서 하나님의 말씀을 잘 믿지 않습니다. 설교는 목사님이 개인적으로 성경을 연구하고 외국 서적 같은 것을 보고 우리에게 성경적으로 권면하는 것이라고 생각합니다. 대개 외국의 복음주의자들은 성경에는 하나님의 말씀도 있고 설교는 유익을 주는 말씀이라고 생각합니다. 이것이 바로 성경에 익숙한 것입니다. 그러나 성경을 풀어 해석할 때 방사능 같은 능력이 나타나게 됩니다. 성경을 선포할 때 부흥이 일어나게 됩니다. 이때 부흥이라는 것은 모든 사람에게 성령이 임하면서 마음이 뜨거워지고 마음이 열리는 것을 말합니다.

2. 표적을 보지 않으면 믿지 않는 신앙

사람이 어른이 되면 다른 사람이 그냥 말만 한 것으로는 잘 믿지 않습니다. 그래서 증표를 요구합니다. 예를 들어서 세무서에서는 어떤 지출에 대해서 돈을 어떻게 썼다는 것을 말로만 해서는 믿지 않습니다. 반드시 영수증이 첨부되어야 믿어줍니다. 그것도 요즘은 손으로 쓴 영수증은 인정되지 않고 반드시 전산 처리를 한 영수증이어야 합니다. 말로 한 것은 믿지 않고 도장을 찍어야 하고 어떤 때는 인감증명서까지 첨부해야 믿어줍니다. 왜냐하면 사람들이 말로만 한 것은 믿을 수 없기 때문입니다.

그래서 유대인들은 누구든지 말로만 하는 것은 믿지 않았습니다. 아무리 하나님의 말씀이라 하더라도 표적이 있어야만 했습니다. 그런데 그 표적은 예수님같이 병을 낫게 하거나 귀신을 쫓아내는 것으로는 안 되었습니다. 모세같이 하늘에서 양식을 내리게 하든지 엘리야같이 하늘에서 불이 떨어지게 하든지 아니면 세상에서 성공하든지 하는 것이어야 했습니다. 유대인들에게 핵심적인 것은 바로 여기에 있었습니다. 유대인들이 표적이라고 하면 그것은 바로 성공이었고 기적이었고 세상의 명예였던 것입니다.

그때 예수님은 갈릴리 가나라는 곳에 가셨는데 바로 예수님이 물로 포도주를 만드신 첫 번 표적을 보이신 곳이었습니다. 하필이면 거기에 왕의 한 신하가 있었는데 그의 아들이 가버나움이라는 곳에서 병이 들어서 죽어가고 있었습니다. 이 왕의 신하는 예수님이 유대에서 갈릴리로 오셨다는 소식을 듣고는 예수님에게 와서 내려오셔서 자기 아들의 병을 고쳐 달라고 요청했습니다.

이때 예수님께서 하신 말씀이 바로 이것입니다.

4:48, "예수께서 이르시되 너희는 표적과 기사를 보지 못하면 도무지 믿지 아니하리라"

이것이 바로 유대인들의 신앙의 치명적인 암 덩어리였습니다. 예수님은 살아있는 하나님의 말씀으로 이 세상에 오셨습니다. 유대인들은 이것을 그냥 믿으면 되는 것입니다. 그러나 유대인들은 말씀은 눈에 보이는 것도 아니고 어떤 행동을 하는 것도 아니기 때문에 아무것도 아니라고 생각했습니다. 이들은 어떤 행동을 해야 무엇을 한다고 생각했고, 그들이 표적이나 기사라고 생각한 것은 사실 돈이 생기고 세상 명예가 생기고 많은 사람이 모여서 큰 행사 하는 것을 의미했습니다. 유대인들은 최소한도로 예수님이 직접 가셔서 안수도 하시고 어떤 의식을 해야 한다고 생각했습니다.

이것은 오늘 우리도 아주 비슷합니다. 오늘 우리도 하나님의 말씀을 듣는 것은 아무것도 아니라고 생각합니다. 어떤 행사를 해야 하고 돈이 생겨야 하고 성공을 해야 하고 눈에 보이는 결과가 있어야 하나님의 축복이라고 믿는 것입니다. 그러나 하나님은 말씀으로 오셨고 아무것 없어도 하나님의 말씀을 믿으면 됩니다. 이미 하나님은 이 일을 맡으신 것입니다.

3. 왕의 신하의 믿음

왕의 신하도 유대인들과 같은 생각을 가지고 있었습니다. 왕의 신하도 예수님이 직접 가버나움에 내려가셔서 자기 아들의 머리에 손을 얹고 안수하시고 기도문을 외우시고 기름을 발라야 한다고 생각했던 것 같습니다.

그러나 하나님의 아들은 오직 말씀만 하셨습니다.

4:50, "예수께서 이르시되 가라 네 아들이 살아 있다 하시니 그 사람이 예수께서 하신 말씀을 믿고 가더니"

예수님은 왕의 신하의 모든 틀을 깨는 말씀을 하셨습니다. 예수님은 오직 말씀만 하셨습니다. 예수님은 "가라"고 하셨습니다. 예수님은 왕의 신하가 계속해서 부탁했지만 예수님은 아픈 아이가 있는 곳으로 내려가시지 않았습니다. 그리고 예수님은 오직 말씀만 하셨습니다. 이것은 예수님이 왕의 신하를 무시하는 것처럼 보였고 그의 요청을 거절하는 것처럼 보이기도 했습니다. 그러나 예수님은 말씀 가운데 희망을 주셨습니다. 즉 "네 아들이 살아 있다"고 말씀하신 것입니다.

이때 우리에게 드는 의심은 '만약' 입니다. '만약' 우리 아들이 죽어버리면 어떻게 하냐는 것입니다. 그때는 예수님에게 와서 다시 따지겠습니까? 아니면 지금이라도 예수님을 억지로 붙들고 같이 가도록 해야 하겠습니까? 그러나 이 신하에게는 말씀을 믿는 믿음이 있었습니다. 그는 예수님의 말씀을 믿었습니다. 즉 아들이 살아 있다면 살아 있는 것이라고 생각했습니다. 어떻게 해서 왕의 신하가 이런 믿음을 가지게 되었는지 잘 모르겠습니다. 그러나 그는 예수님의 말씀만으로 충분하다는 믿음을 가지고 있었습니다.

예수님께서 칭찬하셨던 또 한 사람은 이방인 백부장이었는데, 그는 자기 하인이 중풍병에 걸렸을 때 예수님에게 고쳐달라고 부탁했습니다. 그때는 예수님이 백부장의 집에 가시려고 했습니다. 그러나 그 백부장은 사람을 보내어서 예수님이 오시는 것을 자기는 감당할 수 없다고 하면서 오직 말씀만 하시면 병이 낫겠다고 했습니다. 그때 예수님은 이스라엘 전체에서 이만한 믿음은 만나보지 못하였다고 칭찬하셨습니다(마 8:5-13).

하나님은 오직 말씀으로 모든 일을 하십니다. 우리는 그것을 믿기만 하면 됩니다. 우리는 돈도 필요 없고 세상의 권세도 필요 없습니다. 복잡한 종교 의식이나 철학도 필요하지 않습니다. 하나님이 말씀하시면 그 자체가 능력입니다.

왕의 신하는 예수님의 말씀을 듣고 그야말로 빈손으로 집으로 내려갔습니다. 그러다가 중간에서 자기를 만나러 오는 종을 만나게 되었습니다. 그 종은 아이가 살아 있다고 전해주었습니다. 이 신하는 그 종에게 아이가 언제부터 낫기 시작했느냐고 물어보니까 어제 일곱 시부터 낫기 시작했다고 했는데, 그 시간은 바로 예수님이 "가라 네 아들이 살아 있다"고 말씀하신 그때였던 것입니다.

4:53, "그의 아버지가 예수께서 네 아들이 살아 있다 말씀하신 그 때인 줄 알고 자기와 그 온 집안이 다 믿으니라"

예수님이 말씀하신 바로 그 시간에 아이의 열은 떨어졌습니다. 오늘 예수님이 원하시는 신앙은 하나님의 말씀으로 충분한 것입니다. 우리에게 다른 것이 더 있을 필요가 없습니다. 하나님의 아들이 직접 오셔서 말씀하셨고 우리가 그것을 믿는 순간 하나님은 일하기 시작하시는 것입니다. 그러나 우리가 믿지 않으면 하나님도 일하시지 않습니다. 예수님은 갈릴리 사람들이 너무 믿지 않으니까 기적을 많이 행하지 못하셨다고 했습니다. 실제로 예수님은 갈릴리에서 엄청나게 기적을 많이 행하려고 하셨는데 그들은 예수님을 인간으로 보고 친구로 보고 동향 사람으로 생각했지 예수님을 믿으려고 하지 않았던 것입니다.

하나님의 말씀이면 충분합니다. 우리는 돈이 없어도 병이 있어도 많은 어려움이 있어도 하나님의 말씀이면 충분합니다. 우리는 더 이상 눈에 보이는 것이 중요하지 않습니다. 왜냐하면 하나님의 아들이 직접 오셔서 말씀하셨는데 무엇이 더 필요하겠습니까? 오늘 우리는 하나님이 나에게 있다는 것을 믿으시기 바랍니다. 나의 앞길에 하나님의 천사가 먼저 간다는 것을 믿으시기 바랍니다. 우리는 믿기만 하면 승리한다는 것을 믿으시기 바랍니다. 우리가 믿으면 하나님이 일하시는 것을 믿으시기 바랍니다.

14

희망은 있다

요 5:1-9

사람에게

희망이 있다는 것은 인생을 살아가는데 큰 용기를 줍니다. 예를 들어서 어떤 사람이 바다에서 표류하게 되었는데 매일 망망대해만 보는 것보다 어느 날 먼 곳이나마 육지가 보이게 된다면 '저기까지만 가면 살 수 있다'는 희망이 생길 것이고 얼마나 좋겠습니까.

그런데 얼마 전에 신문 칼럼을 보니까 지금 우리나라는 우울한 것이 당연시되는 사회가 되고 있다는 말을 서슴없이 하고 있었습니다. 사람은 할 수 있는 대로 희망을 가지고 즐겁게 살아가야 하는데 우리 사회는 희망이 보이지 않으니까 우울한 것이 정상시되고 있다는 것입니다. 그러면서 우울증이 암보다 더 무서운 질병이라고 강조하고 있습니다. 암에 걸리면 수술도 받고 항암치료도 받으면서 고통을 많이 받지만 그래도 주위 사람들이 관심이라도 가져준다고 했습니다. 그러나 우울증은 마음속이 아프기 때문에 다른 사람은 그가 아픈 줄도 모르고 오히려 친했던 사람들은 하나둘 다 떠나버리고 철저하게 혼자 남아서 언제 죽을지도 모르는 가운데 마음의 고통과 싸워야 하는 병이라는 것입니다. 그러면서 오늘 이 시대에 가장 힘든 것은 외로움이라고 거듭 강조했습니다. 사람들이 진정으로 대화를 나눌 수 있는 대상은 없어지고 돈만 가지고 살아야 하는 사회라고 진단하고 있는 것입니다.

이때 우리는 도대체 "사람이 살아있다는 것이 무엇인가?" 하는 질문을 하게 됩니다. 어린아이들이 엄마 손을 잡고 팔짝팔짝 뛰면서 어디론가 신나게 가는 것을 보면 미래가 있고 희망이 있는 것 같습니다. 그리고 젊은 여성이 잔뜩 멋을 부리고 가는 것을 보면 미래가 있는 것 같고, 남녀가 서로 손을 잡고 웃으면서 가는 것을 보면 살아있는 것 같습니다. 그러나 오늘 대부분의 청년은 풀이 죽어있고 나이 든 노인은 더 희망이 보이지 않습니다. 옛날 우리에게는 희망이 있었습니다. 공부를 열심히 하면 교수가 되든지 좋은 직장에 취직할 수 있었고 열심히 일하면 사업에 성공할 수 있었습니다. 그러나 지금은 그런 희망들이 사라지고 있는 시대에 살아가고 있습니다.

요즘 우리나라 기업가도, 공부하는 학생도, 크리스천도 그렇고, 젊은이에게도 희망이 없어지고 있습니다. 만일 우리나라가 그리스나 아르헨티나같이 된다면 더욱 더 젊은이에게 희망은 없어질 것입니다. 그런데 오늘 성경 말씀을 보면 예수님은 우리에게 희망이 있다고 말씀하고 있습니다. 그래서 오늘 우리는 더 이상 우울해 할 필요가 없습니다. 왜냐하면 예수님이 오늘 우리에게 기적적인 희망을 주시기 때문입니다. 오늘 본문을 통해 예수님이 주시는 희망을 배우시기 바랍니다.

1. 베데스다 못가의 환자들

유대인의 어느 명절이 되어서 예수님께서 예루살렘에 올라가셨는데, 양문(羊門, Sheep Gate)이라는 성문으로 들어가시게 되었습니다. 예수님은 그 양문 곁에 있는 베데스다라는 못가에서 기가 막힌 장면을 보시게 되었습니다. 그 베데스다 못가에는 행각 다섯이 있었는데, 그 행각 안에는 온갖 병자들이 몰려와서 들것 위에 누워있었던 것입니다.

> 5:1-3, "그 후에 유대인의 명절이 되어 예수께서 예루살렘에 올라가시니라 예루살렘에 있는 양문 곁에 히브리 말로 베데스다라 하는 못이 있는데 거기 행각 다섯이 있고 그 안에 많은 병자, 맹인, 다리 저는 사람, 혈기 마른 사람들이 누워 물의 움직임을 기다리니"

여기 양문은 예루살렘의 많은 문 중 하나의 이름인데, 가까운 곳에 양 시장이 있어서 사람들이 양을 데리고 많이 들락거렸기 때문에 붙여진 이름인 것 같습니다. 그 문 가까운 곳에 베데스다라는 못이 있었다고 하는데, 이 못은 19세기 말에 어떤 고고학자에 의해 발굴되어서 실제로 베데스다 못이 있다는 것을 확인할 수 있게 되었습니다. 이 베데스다 못은 한쪽 길이가 19미터가 되는 아주 큰 네모난 연못이었습니다. 그 부근에 사람들이 쉴 수 있도록 정자 같은 것이 다섯 개가 세워져 있었는데 그 정자에는 전부 환자들이 득실거렸습니다. 그 이유는 사람들의 잘못된 소문 때문이었습니다. 그것은 한 번씩 천사가 하늘에서 내려와서 물을 돌게 만드는데, 그때 가장 먼저 물에 들어간 사람은 무슨 병이든지 낫는다는 소문이었습니다.

여기서 못의 물이 움직인다는 것을 보고 어떤 학자들은 이 못이 공기의 힘으로 물이 올라오는 간헐천(間歇川)이었을 것이라고 주장하기도 합니다. 아마 미국의 옐로스톤 공원을 가보신 분들은 못이 가만히 있다가 일정한 시간이 되어서 공기가 차면 물이 갑자기 하늘로 치솟아 오르는 모습을 보셨을 것입니다. 이 간헐천은 못 안에 있는 땅속에 큰 공간이 있어서 거기에 물이 차오르다 보면 열 때문에 공기가 팽창하면서 물을 밖으로 밀어내는 것입니다. 그러나 이런 간헐천은 거의 화산지역에 있는 법이므로 베데스다 못이 그런 간헐천이라고 보기에는 어렵다고 생각됩니다. 태백에 있는 '황지'라는 못에 가보면 그 중심에서부터 보글거리면서 물이 올라오는 것을 볼 수 있습니다. 이것은 물이 솟아오르는 것이고 황지는 낙동강의 발원지 중의 하나입니다.

그런데 베데스다 못이 실제로 움직였는지 아니면 그런 소문만 돌았는지는 알 수 없습니다. 환자들은 단지 천사가 내려와서 이 못의 물을 돌게 하는데 그때 어떤 환자든지 가장 먼저 들어가는 사람은 무슨 병이든지 낫는다는 소문만 듣고 몰려와 있었던 것입니다. 그러나 사실은 이 못가에 있는 행각은 의사나 간호사가 한 명도 없는 엉터리 종합 병원에 불과했던 것입니다. 실제로 물이 움직였는지 병이 나은 사람이 단 한 명이라도 있었는지는 아무도 알 수 없습니다. 단지 말이라는 것은 한 사람 한 사람 거쳐 가면서 엄청나게 부풀려지게 되어 있습니다. 아마 이 베데스다 못가에는 병이 나은 사람도 없었고 천사가 내려온 적도 없었을 것입니다. 그러나 이 환자들은 다른 곳에 가봐야 아무 소용이 없으니까 비록 헛된 소문일지라도 사실로 믿고 기다리고 있는 중이었습니다. 이 환자들에게는 그 엉터리 같은 소문이 그래도 희망이었습니다. 왜냐하면 완전히 희망이 없는 것보다는 나았기 때문입니다.

> 5:4, "이는 천사가 가끔 못에 내려와 물을 움직이게 하는데 움직인 후에 먼저 들어가는 자는 어떤 병에 걸렸든지 낫게 됨이러라"

이것은 실제로 천사가 내려와서 병을 낫게 한다는 뜻이 아닙니다. 사람들은 그런 소문을 믿고 있었던 것입니다. 왜냐하면 그런 희망이라도 가지고 있는 쪽이 아예 희망이 없는 것보다는 나을 것이기 때문입니다.

옛날에 사법고시가 있을 때 고시에 붙지 않을 줄 알면서도 십년이 넘도록 고시촌에 있는 사람들이 꽤 많이 있었습니다. 왜냐하면 그들은 아무 희망이 없는 것보다는 혹시 될 줄 모른다는 희망을 가족에게 주는 것이 나았기 때문입니다. 그런데 실속 있는 사람들은 한두 해 해보다가 안 되면 빨리 포기하고 공무원 시험을 치든지 딴 길을 찾아갔습니다. 그런데 이 베데스다 못가에 있는 환자들은 이곳을 포기하고 집으로 돌아가기에는 용기가 나지 않았습니다. 이들은 비록 실현 가능성은 없는 헛된 희망이지만 없는 것보다는 낫기 때문에 베데스다 못가에 자리를 깔고 누워있었던 것입니다.

2. 예수님과의 만남

놀라운 것은 중환자들이 몰려 있는 그 행각을 예수님이 찾아가셨다는 사실입니다. 예수님이 그곳을 찾아가신 것은 아는 사람을 만나기 위해서도 아니고 누군가를 위문하시기 위해서도 아니었습니다. 예수님은 그곳에서 헛된 희망을 품고 누워있는 사람들을 찾아가신 것입니다.

그때 예수님의 눈에 띈 사람은 아마 그곳에 가장 오래 누워있었고 병도 가장 오래된 사람이었던 것 같습니다.

5:5, "거기 서른여덟 해 된 병자가 있더라"

그 행각에는 무려 38년 동안이나 병으로 누워있는 환자가 있었습니다. 물론 이 병자가 38년 내내 거기에 있었는지는 알 수 없지만 38년이란 세월은 아주 긴 세월입니다. 무려 40년에 가까운 세월을 아무 것도 하지 못하고 병으로 누워있었고 아주 오랜 시간 헛된 소문만 믿고 그곳에 있었던 것입니다. 38년 동안 그냥 누워있기만 할 수 있습니까? 가족은 그의 먹을 것을 챙겨주어야 했고 그의 간호를 했을 것입니다. 얼마나 고생이 많았겠습니까?

희망을 포기할 수 없고, 그렇다고 해서 죽을 수도 없어서 창문도 없고 방문도 없는 행각에 누워서 40년 가까운 세월을 버티고 있었습니다. 이것을 보면 사람에게는 실낱같은 희망이라도 없는 것보다는 있는 것이 얼마나 중요한지 알 수 있습니다. 그런데 놀라운 일이 벌어집니다. 예수님과 이 환자의 눈이 마주치게 된 것입니다.

예수님은 먼저 이 사람에게 물어보셨습니다. "네가 낫고자 하느냐?"

5:6-7, "예수께서 그 누운 것을 보시고 병이 벌써 오래된 줄 아시고 이르시되 네가 낫고자 하느냐 병자가 대답하되 주여 물이 움직일 때에 나를 못에 넣어 주는 사람이 없어 내가 가는 동안에 다른 사람이 먼저 내려가나이다"

물론 환자 중에 자기 병이 낫는 것을 원하지 않는 사람이 어디 있겠습니까? 모든 환자는 병이 낫기를 바라서 거기에 있었습니다. 그런데 예수님이 물어보신 뜻은 "너는 병이 나을 가능성이 있다고 생각해서 이렇게 오랫동안 이 못가에 있느냐?"는 것이었습니다. 그때 이 사람은 "그렇다"고 대답하지 못했습니다. 그는 단지 다른 사람 평계를 대었습니다. 이 사람은 절대로 자기 희망이 틀렸고 물이 움직인 적이 없다는 말도 하지 않았습니다. 그는 대단한 자존심을 가지고 있었습니다. 자기는 그동안도 얼마든지 병이 나을 수 있었는데 단지 자기를 물에 넣어 줄 사람이 없어서 다른 사람들이 먼저 들어갔다고 했습니다. 이것이 지금까지 그의 병이 낫지 않은 대답이었습니다. 그러나 지금까지 그를 물에 넣어 줄 사람이 없었다면 앞으로도 물에 넣어 줄 사람은 없을 것입니다.

그러나 이 사람은 자기 희망이 틀렸다는 말은 절대로 하지 않았습니다. 그리고 자기는 얼마든지 병이 나을 수 있다고 했습니다. 단지 자기를 물에 넣어 줄 사람이 없을 뿐이었습니다. 그러니까 이 사람은 이 엄청난 고집과 엉터리 희망으로 40년 가까이 그 자리에서 버티고 있었던 것입니다. 그에게는 다른 희망이 없었기 때문에 그 희망을 버릴 수 없었습니다. 그런데 그는 우연히도 예수님과 눈이 마주쳤고 예수님과 몇 마디 대화까지 나누게 되었습니다. 그러나 이것이 우연한 일이었을까요? 그것은 우연한 일이 아니었습니다. 예수님은 가장 희망이 없는 이 환자에게 새로운 인생을 주시기 위해서 찾아오셨던 것입니다.

3. 예수님의 말씀

대개 복음서에서 예수님이 사람들의 병을 고치신 것을 보면, 병자들이 예수님의 소문을 듣고 그에 대한 믿음을 가지고 찾아온 것을 볼 수 있습니다. 그래서 예수님은 병자에게 "네 믿음대로 될지어다"라는 말씀을 많이 하셨습니다. 그러나 이 38년 된 환자는 예수님을 알지도 못했고 예수님에 대한 믿음도 없었습니다. 예수님은 일방적으로 이 사람에게 말씀하셨습니다.

5:8, "예수께서 이르시되 일어나 네 자리를 들고 걸어가라 하시니"

예수님은 이 38년된 병자에게 "네 믿음대로 될지어다"라고 하시지 않고 일방적으로 명령을 하셨습니다. 그것은 "일어나 네 자리를 들고 걸어가라"는 명령이었습니다.

예수님은 이 사람의 손을 잡아당기거나 일으켜 세우지도 아니하셨습니다. 물론 예수님은 이 병자의 마비된 손과 발을 만져주지도 아니하셨습니다. 예수님께서 하신 것은 오직 말씀뿐이었습니다. 그 말씀은 "일어나라"는 것이었습니다. 아니, 이 사람은 일어날 수 없어서 38년이나 자리에 누워있는 사람이었습니다. 그런데 예수님은 일어나라고 말씀하셨습니다. 그리고 병에 나았으니까 더 이상 이 못가에 있을 필요가 없으므로 누워있던 자리를 들고 집에 가서 가족을 만나서 정상적으로 살라고 말씀하셨습니다. 예수님은 이 병자에게 더 이상 너는 이 못이나 자리가 필요하지 않다고 말씀하신 것입니다.

그런데 놀라운 것은 38년 동안 마비되었던 그의 팔과 다리에 힘이 생기면서 일어설 수 있게 되었다는 것입니다. 우리 상식으로 38년간 마비되어서 자리에 누워있었다면 팔이나 다리에 근육은 하나도 없다고 보아야 합니다. 그러나 예수님의 말씀에 이 사람은 자리에서 일어섰습니다. 그리고 자기 자리를 들고 집을 향해서 걸어갔습니다.

5:9, "그 사람이 곧 나아서 자리를 들고 걸어가니라"

아마 이때 그 주위에 있던 사람들은 '천사가 내려오지도 않았는데 어떻게 저 사람이 걸어갈 수 있을까?' 이상하게 생각했을 것입니다. 그것은 찾아오신 분이 천사가 아니라 하나님의 아들이었기 때문입니다. 하나님 아들의 말씀에는 능력이 있었습니다.

오늘 우리에게 희망이 있는 이유는 우리에게 하나님의 말씀이 있기 때문입니다. 우리는 그동안 경제에 희망을 걸고, 개인적인 성공에 희망을 품고 있었습니다. 그동안 인간에 대한 믿음에 기대를 걸었고 사회의 발전에 희망을 가지고 있었습니다. 우리 사회는 발전하고 있다고 생각하고 있습니까? 아니면 무너지고 있다고 생각하고 있습니까? 우리가 개인적으로 성공하면 얼마나 성공할 수 있을까요? 그러나 우리는 무엇이든지 엉터리이지만 희망을 가져보고 믿어보려고 하지 않습니까? 그리고 안 되면 딴 사람 때문이었다고 말할 것입니다.

그런데 하나님의 아들이 오셨습니다. 우리에게 희망이 없다는 것을 알고 오셨습니다. 예수님은 일방적으로 말씀하셨고 그 환자는 일어났습니다. 왜 예수님은 그 행각에 있는 모든 환자에게 다 일어서라고 말씀하지 아니하셨는지는 모르겠습니다. 우리 생각으로는 예수님이 "모든 환자야, 다 일어서라!"고 했으면 모두 좋아했을 것입니다. 그러면 그들은 예수님을 천사라고 하면서 소리를 질렀을 것입니다. 그러나 예수님은 그렇게 하시지 않았습니다. 왜냐하면 예루살렘은 너무나 위험한 곳이었기 때문입니다. 예수님이 그곳에 있는 환자들을 다 일으키셨다면 당장 예루살렘은 난리가 났을 것입니다. 예수님을 왕으로 모시려고 했을 것입니다. 예수님은 딱 한 사람을 말씀으로 일으켜 세우셨습니다. 이것이 바로 표적입니다. 즉 예수님의 말씀은 희망을 준다는 것입니다.

예수님은 무조건 일어나라고 하셨습니다. 우리도 일어나야 합니다. 우리가 일어나야 할 것은 무엇입니까? 지금까지 세상을 믿고 사람들을 바라보던 데서 벗어나서 하나님을 바라보는 것입니다. 이것은 오직 하나님의 말씀 하나를 믿는 것입니다. 그러면 일어나게 됩니다. 우리에게는 더 이상의 못이나 천사나 자리가 필요하지 않습니다. 하나님의 말씀만 있으면 일어날 수 있습니다.

나중에 성령이 오신 후에 베드로와 요한을 통해 이 일을 보게 됩니다(행 3:1-10). 그것은 성전 미문에서 구걸하던 장애인을 주목하여 "우리를 보라"고 한 뒤 "은과 금은 내게 없거니와 내게 있는 이것을 네게 주노니 나사렛 예수 그리스도의 이름으로 일어나 걸으라"고 했습니다. 그때 그 장애인은 그 자리에서 벌떡 일어났고, 수많은 사람이 몰려들어서 베드로의 설교를 듣고 하루에 3천 명이 회개하고 예수를 믿게 되었습니다.

기독교는 제도가 아닙니다. 기독교는 건물이 아닙니다. 기독교는 오직 하나님의 말씀을 붙들고 일어서는 것입니다. 오늘 우리에게 희망이 있습니다. 그것은 우리에게 예수님의 말씀이 있기 때문입니다. 오늘 우리는 자신에게 예수님의 말씀을 하시기 바랍니다. "일어나라" 그리고 "자리를 들고 걸어가라"고. 우리에게는 더 이상 미신이나 사람들의 소문이 희망이 되지 못합니다. 하나님의 아들이 우리에게 새 인생을 가지고 오셨습니다. 예수님은 우리에게 영원히 목마르지 않은 생수를 주시겠다고 약속하셨습니다. "나를 믿는 자는 성경에 이름과 같이 그 배에서 생수의 강이 흘러나오리라"(요 7:38)고 하셨습니다.

우리는 이제 예수님의 말씀을 붙들어야 합니다. 성경을 그냥 가지고 있는 것으로는 안 됩니다. 우리는 성경을 사랑해야 하고 읽어야 합니다. 그리고 설교를 빠짐없이 들어야 합니다. 학교에서 강의 들을 때 몇 개만 듣는다고 해서 졸업이 되지 않습니다. 우리가 성경을 읽고 설교를 사랑하고 말씀을 사랑할 때 우리 한 사람 한 사람은 예수님을 가지게 됩니다. 그때 가장 어려운 가운데도 기적은 일어나고 사람이 사는 맛이 나게 될 것입니다. 사람이 다시 믿어지고 하나님이 믿어지고 미래에 자신이 생길 때 우리는 다시 사는 것입니다. 하나님의 나라는 말에 있지 않고 능력에 있다고 했습니다(고전 4:20). 정치는 말에 있고 기업은 돈에 있습니다. 그러나 하나님의 나라는 능력에 있습니다. 온 성도들의 가슴에 능력이 터져 나오기를 바랍니다.

15

아버지께서 일하시니

요 5:10-18

사람이

이 세상을 살아가는 데 '희망'이 있는 것보다 더 중요한 것은 없을 것입니다. 병이 나을 수 있다는 희망, 좋은 대학에 합격할 수 있다는 희망, 지금보다 더 잘살 수 있다는 희망, 사업에 성공할 수 있다는 희망이 있기 때문에 그 어려움을 이기고 더 노력하게 됩니다.

제가 예전에 서울에서 개척교회를 할 때 우리 교회 청년들의 결혼 주례를 했습니다. 저는 주례 기도를 하면서 이들이 영적으로도 복을 받고 물질적으로도 복을 받도록 간구했습니다. 그런데 결혼식을 한 지 한 달 만에 회사가 부도나서 직장이 없어진 청년이 있었습니다. 그 형제는 저를 찾아와서 목사님이 축복 기도한 지 한 달 만에 회사가 없어지게 되었는데 어떻게 하면 좋으냐고 했습니다. 그때 저는 그 청년에게 그럴 리가 없다고 하면서 낙심하지 말라고 했습니다. 그리고 변화가 일어났습니다. 그 회사는 망했지만 직원들이 모두 힘을 합쳐서 그 회사를 도로 인수해서 살려놓았습니다. 물론 우리 청년은 새 회사에서 열심히 일을 해서 성공적인 인생을 살았습니다. 그 집 아들의 이름을 제가 지어주었는데 아기가 몸에 아토피가 심해서 고생을 많이 했습니다. 얼마 전에 제가 서울에 가서 보니까 그 아토피 어린이는 멋진 청년이 되어 있었습니다.

예루살렘의 양문 곁에 있는 베데스다 못가에 있는 행각에는 수많은 병자가 와서 자리를 깔고 누워있었는데 이들이 거기에 있었던 것은 거짓된 희망 때문이었습니다. 즉 천사가 내려와서 물을 돌게 만드는데 그때 가장 먼저 들어가면 무슨 병이든 낫는다는 소문 때문이었습니다. 정말 천사가 능력 있다면 물에 들어간 사람은 다 병이 낫게 되어야지, 가장 먼저 들어간 사람만 낫는다는 것은 웃기는 이야기입니다. 이것은 엉터리 소문이었고 요즘 유행하는 가짜 뉴스였습니다. 그래도 희망이 없는 것보다는 엉터리 소문이라도 믿는 것이 남들에게 할 말이 있기 때문에 그것을 믿고 거기에 누워있었습니다. 그중에 38년이나 된 병자도 있었습니다.

예수님은 나을 희망이 없는 병자들이 있는 곳에 찾아오셔서 희망을 주셨습니다. 그것은 38년이나 병으로 자리에 누워있는 환자에게 말씀 한마디로 병을 낫게 해서 일어서게 하신 것입니다. 예수님은 그에게 "일어나 자리를 들고 가라"고 하셨습니다. 그랬더니 그 병자는 벌떡 일어나서 자기 자리를 들고 걸어가기 시작했습니다.

예수님이 이 병자를 고친 것은 잔잔한 호수에 돌을 던진 것과 같은 것이었습니다. 잔잔한 호수에 돌을 던지면 파문을 일으키면서 계속 물결이 퍼져 나가게 됩니다. 예수님은 베데스다 못가에 있는 환자들에게 파문을 던졌습니다. 즉 누구든지 예수를 믿으면 새로운 인생을 살 수 있다는 것을 보여주신 것입니다. 그러나 아무리 호수에 파문이 일어나도 강한 역풍이 물면 그 파문은 없어지게 됩니다. 그 당시 유대 사회에는 희망을 가지지 못하게 만드는 강한 역풍이 있었습니다. 그것은 바로 유대 사회의 종교의 경직성이었습니다.

1. 유대 사회의 강한 역풍

예수님은 이 세상에 새로운 인생을 가지고 오셨습니다. 즉 사람들이 이 세상에서 성공해서 잘 사는 것을 보면 새 인생을 사는 것 같은데, 실제로는 헌 인생을 사는 것입니다.

요한복음 4장에 나오는 수가성 여인도 헌 인생을 살고 있었습니다. 그 여인이 만났던 남자들은 헌 남자들이었습니다. 남자도 새 남자와 헌 남자 사이에는 얼마나 엄청난 차이가 있는지 모릅니다. 그리고 이 여인이 살고 있던 사마리아 사람들 자체도 헌 인생을 살고 있었습니다. 그곳 사람들은 이 여인을 보고는 자기들보다 더 헌 인생을 살고 있다고 손가락질했습니다. 그런데 이 여인은 앞으로 메시야가 오시면 자기에게 새 인생을 주실 것이고, 메시야는 내 모든 비밀을 알고 계실 것이라는 믿음이 있었습니다. 이 여인은 예수님이 자신의 결혼 비밀을 말씀하실 때 처음에는 선지자인 것 같다고 했다가 혹시 메시야가 아니냐고 물어보았습니다. 그랬더니 예수님은 "맞다"고 대답하셨습니다. 이 여인이 예수님을 메시야로 믿는 순간 새 사람으로 변했습니다. 그의 뱃속에는 영생하도록 솟아나는 샘물이 터지면서 사막과 같던 그의 마음은 꽃밭으로 변했습니다. 성경은 이 여인이 그 후에 어떻게 살았는지 언급하지 않고 있습니다. 단지 자기 동네 모든 사람을 다 전도했다고 되어 있습니다. 아마 정말 과거와는 다른 아름답고 멋진 인생을 살았을 것입니다. 왜냐하면 이미 마음이 사막에서 꽃밭으로 변해버렸기 때문입니다.

예수님은 요한복음 5장에서 그런 사람을 또 만났습니다. 이번 사람은 오랜 병 때문에 사람에 대한 신뢰를 다 잃어버리고 마음이 아주 황폐하게 된 사람이었습니다. 이 사람에게 주위에 누워있는 환자들은 모두 인정머리가 없고 물이 움직일 때 자기를 제치고 먼저 물에 들어가려고 하는 경쟁자들로 보였던 것입니다. 이것은 이 사람의 잘못만

이 아니었습니다. 몸에 병이 나서 고통이 계속되면 기쁨이 없어지고 짜증과 화만 엄청나게 생기는 것입니다. 그래서 집에 환자가 한 명 있으면 그 집 전체를 얼마나 살얼음판처럼 만드는지 모릅니다. 38년 된 병자는 아마 무서워서 말을 걸어주는 사람조차도 없었을 것입니다. 그러나 예수님은 이 38년 된 병자에게 따뜻하게 말을 걸어주셨습니다. "병이 꽤 오래되었군요. 병이 나을 희망이 있나요?"

이 사람은 자기도 무슨 소리 하는지 잘 모르면서 다른 사람을 향해 불평하는 소리를 막 하고 있었습니다. 이것은 어쩔 수 없는 일이었습니다. 이 사람은 38년 동안 병으로 고통받았기 때문에 마음에 든 것이라고는 불만과 불평이고 분노였습니다. 그런데 그때 예수님이 말씀을 던지셨습니다. 예수님은 마치 황무지에 돌을 던지듯이 말씀을 던지셨습니다. "일어나 자리를 들고 가라."

그때 이 사람은 자기도 모르게 벌떡 일어나면서 자리를 들고 가게 되었습니다. 그러면 이 사람은 새 인생을 살게 되었을까요? 아니었습니다. 이 사람은 몸만 일어났지, 그에게는 더 복잡하고 골치 아픈 일들이 기다리고 있었던 것입니다.

> 5:10, "유대인들이 병 나은 사람에게 이르되 안식일인데 네가 자리를 들고 가는 것이 옳지 아니하니라"

그에게 일어난 문제는 유대 사회의 종교적 경직성 때문이었습니다. 무려 38년 동안이나 하반신 마비로 누워있던 사람이 일어나서 걸어가니까 얼마나 놀라운 일이며 박수받을 일이며 기쁜 일입니까? 그러나 유대 사회는 안식일에는 물건을 가지고 걸어가지 못하게 되어 있는데, 바로 그날이 안식일이었던 것입니다. 이 사람은 당장 유대인들에게 걸렸습니다. 그래서 유대인들은 이 사람을 붙잡아서 안식일인데 네가 자리를 들고 가는 것은 법을 어긴 것이라고 협박하면서 붙잡았습니다. 유대인들은 안식일을 어기면 회당에서 채찍으로 때리든지 벌금을 매기든지 아니면 출교를 시키는 경우까지 있었습니다. 이 사람은 예수님을 만나서 능력의 말씀을 듣는 바람에 새 인생을 사는 것이 아니라 죄인 취급을 받게 되었던 것입니다. 그래서 그는 어떤 사람이 나에게 일어나 자리를 들고 걸어가라고 해서 걸어가고 있다고 대답했습니다. 그랬더니 유대인들은 자리를 들고 가라고 한 사람이 누구냐고 물었습니다. 그런데 이 사람은 예수님을 몰랐기 때문에 모르는 사람이라고 대답했습니다.

5:13, "고침을 받은 사람은 그가 누구인지 알지 못하니 이는 거기 사람이 많으므로 예수께서 이미 피하셨음이라"

지금 유대인들에게 중요한 것은 이 사람이 38년을 하반신 마비로 있다가 하나님의 능력으로 병이 나은 것이 아니었습니다. 유대인들에게 중요한 것은 이 사람이 안식일에 자리를 들고 갔다는 사실이었습니다. 이 사람이 유대인들에게 붙들려서 공격당하는 것을 보고 다른 환자들은 우리가 오늘 병이 낫지 않은 것이 얼마나 다행인지 모른다고 생각했을지도 모릅니다.

유대인들은 모두 기가 죽어 있었고 남의 눈치를 보느라 아무것도 하지 못했습니다. 그들의 마음에는 자유가 없었습니다. 그들의 마음에 하나님의 진리가 없었기 때문입니다.

2. 왜 예수님은 안식일에 병을 고치셨는가?

안식일이라는 것은 하나님께서 6일 동안 천지를 창조하시고 7일째 쉬셨기 때문에 하나님이 이스라엘 백성들에게 쉬라고 주신 날입니다. 즉 하나님께서 7일째 쉬셨다는 것은 창조가 완전했다는 것을 의미하는 것입니다. 만일 하나님께서 천지를 창조하신 것이 미완성이었다면 7일째가 더 바쁘셨을 것입니다. 여기저기 공기가 빠져나가기도 하고 물이 새기도 하고 태양이 흔들리기라도 했으면 하나님은 여기저기 수리하시느라고 바쁘셨을 것입니다. 그러나 하나님이 7일째 날에 온종일 쉬셨다는 것은 하나님의 창조가 완전했다는 것을 의미합니다. 그런데 그 후에 문제가 생겼습니다. 그것은 인간이 하나님의 말씀에 불순종한 때부터 여기저기에 고장 나기 시작한 것입니다. 그런데 그 중에서도 가장 심하게 고장이 나서 아픈 것이 우리 사람이었습니다. 사람은 죄의 독을 마셨기 때문에 아프지 않을 때가 없었습니다.

예수님이 오시기 전에 하나님께서 유대인들에게 안식일을 지키라고 명하신 것은 '너희들은 못 고치니까 손대지 말고 있으라' 는 뜻이었습니다. 예를 들어서 어떤 사람이 아픈데 아무것도 모르는 사람이 고친다고 여기저기를 찌르고 아무 약이나 먹이면 그 사람은 더 아프게 될 것입니다. 예수님이 오실 때까지는 인간의 마음은 고칠 수 없었습니다. 그래서 하나님은 안식을 지키라고 하셨는데 완전해서 안식일이 아니라, 건드리지 말라는 안식일이었던 것입니다. 그런데 의사가 왔습니다. 이제는 전문가가 왔습니다. 그러면 이제 전부 아픈 사람들을 전문가 앞에 데리고 오면 되는 것입니다.

예수님은 자신이 안식일의 주인이라고 말씀하셨습니다. 병원에서는 의사가 모든 중요한 것을 다 결정할 것입니다. 담당 의사가 주인이나 마찬가지입니다. 그런데 요즘은 환자가 얼마나 똑똑한지 환자가 모든 것을 다 결정하려고 한답니다. 그런데 이런 환자들이 제일 잘 안 낫는다고 합니다. 예수님은 우리 모든 고통의 해결자로 오셨습니다. 우리가 자신의 행복을 찾고 자신의 가치를 찾는 것이 안식일을 지키는 것입니다.

안식일은 골프 치라고 있는 날이 아닙니다. 지방은 좀 덜한데 서

울에는 사람들이 골프 치기 위해서 1부 예배를 많이 드린다고 합니다. 사실 예배드리고 골프 치는 것만 해도 대단할 수 있습니다. 그러나 안식일은 우리의 부족한 것을 치료받는 날입니다. 우리는 창조가 되는 것이 아니라 재창조가 되는 것입니다. 하나님은 우리를 천사같이 만들려고 하시는 것입니다. 그런데 주일날 교회에서 회의하면서 싸우고 얼굴 붉히는 것은 굉장히 잘못 생각하고 있는 것입니다.

우리가 생각하기로는 이 38년 된 환자는 병이 나았으니까 완전히 새 인생을 살 것 같습니다. 그러나 그렇지 않았습니다.

5:14, "그 후에 예수께서 성전에서 그 사람을 만나 이르시되 보라 네가 나았으니 더 심한 것이 생기지 않게 다시는 죄를 범하지 말라 하시니"

예수님은 그 후에 이 사람을 한 번 더 만나셨습니다. 그리고 예수님은 이 남자의 과거도 다 알고 계셨습니다. 그는 아프기 전에 굉장히 방탕하고 문란하게 살았던 것 같습니다. 그는 병은 나았지만 예수님이 메시야인 것을 알지 못했습니다. 그래서 그는 병만 나았지 속에 들어있는 생각이나 모든 것은 옛날 그대로였습니다. 예수님은 그가 38년이 지났지만 옛날 생활로 돌아갈 수 있다는 것을 아셨습니다. 아마 그는 몸은 성전에 왔지만 마음속으로는 38년 동안 못했던 것을 다 해보려고 생각하고 있었는지도 모릅니다.

하나님이 우리를 축복하시는 것은 더 큰 축복으로 초대하시려는 것입니다. 하나님이 우리의 기도를 들어주시는 것은 더 하나님을 믿고 의지하라는 초청장입니다. 세상에서 성공했기 때문에 나는 덜 믿어도 된다고 생각하는 사람은 어리석은 사람입니다. 왜냐하면 그는 초청장만 받고 파티에는 가지 않았기 때문입니다. 우리는 아직 부족한 것이 많이 있습니다. 이것을 하나님 앞에서 고침받는 것이 천국이고 안식일입니다. 안식일은 노는 날도 아니고 돈을 더 버는 날도 아니고 우리가 하나님 앞에서 천사같이 완전해지는 날인 것입니다.

3. 두 갈래의 길

이 38년 된 병자에게는 두 갈래의 길이 생겼습니다. 그 하나는 유대인들에게 돌아가서 안식일에 자리를 들고 가라고 한 사람은 예수라는 것을 알려주는 것입니다. 그러면 이 사람은 유대인들로부터는 책임에서 벗어날 수 있을 것입니다. 그 대신 예수님과의 관계는 끊어지게 될 것입니다. 다른 하나는 이 사람이 예수님이 두 번씩이나 만나 말씀하신 대로 이제는 메시야를 만나서 새 인생을 사는 것입니다. 그러면 그는 안식일을 어겼다고 해서 유대인들에게 채찍을 맞거나 벌금을 내거나 출교당할 수 있을 것입니다. 그 당시 출교를 당하면 천주교에서 파문당하는 것처럼 사람들과 만날 수도 없고 회당에 나갈 수도 없고 물건도 살 수 없었습니다. 그런데 결국 이 사람은 병만 나은 것으로 만족하기로 했습니다. 즉 병은 낫고 유대 사회에서는 정상적인 생활을 하니까 얼마나 만족스럽습니까? 그래서 이 사람은 유대인들을 찾아가서 안식일을 어기게 한 이는 예수님이라고 신고를 했습니다.

5:15, "그 사람이 유대인들에게 가서 자기를 고친 이는 예수라 하니라"

이 사람은 예수님께서 자신의 병을 고쳐주신 것을 알았습니다. 그러나 그는 이기적인 사람이었습니다. 그는 예수를 믿는 것도, 새로운 인생을 사는 것도 원치 않았습니다. 그는 단지 병이 나았고 이제 집에 가서 옛날 같이 사는 것으로 만족했습니다. 이 38년 된 병자는 예수님을 신고했습니다.

예수님은 이 사람에게 더 무서운 것이 생기지 않게 다시는 죄를 범하지 말하고 하셨습니다. 예수님은 이 사람에게 회개하고 천국 생활할 것을 말씀하셨습니다. 그러나 이 사람에게는 예수님의 말씀보다는 유대 당국의 말이 더 중요했습니다. 이 사람이 예수님의 말씀을 믿지 않고 옛날식으로 이기적이고 자기만을 위해서 산다면 그것은 38년간 병자가 누워있은 기간은 하나님의 심판이었다는 뜻입니다. 그는 병이 낫는 것이 전부라고 생각했지만 그의 인생은 죄의 인생이었고 멸망의 인생이었습니다. 즉 언제든지 사탄이 덮칠 수 있는 길이었던 것입니다.

이 사람이 예수님을 신고하고 빠져버리니까 이제 유대인들은 예수님을 붙잡아서 심문하기 시작했습니다.

5:16-17, "그러므로 안식일에 이러한 일을 행하신다 하여 유대인들이 예수를 박해하게 된지라 예수께서 그들에게 이르시되 내 아버지께서 이제까지 일하시니 나도 일한다 하시매"

유대인들은 예수님을 붙잡아서 "당신은 무슨 자격으로 안식일에 사람에게 자리를 가지고 가게 했느냐?"고 심문했습니다. 그리고 "왜 안식일에 의료 행위를 했느냐?"고 따졌습니다. 아마 이 사람들은 예수님의 멱살도 잡고 험악한 얼굴로 소리도 질러대었을 것입니다.

그때 예수님은 한마디 말씀으로 대답하셨습니다. 그것은 "아버지께서 오늘도 일하시니까 나도 일을 한다"는 것이었습니다. 예수님은 하늘에서 아버지께서 일하시는 것을 유심히 살펴보았습니다. 그랬더니 안식일이 제일 바쁘신 날이었습니다. 왜냐하면 그날에 마음이 아픈 자를 위로하시고 병도 치료하시고 복도 주시느라고 눈코 뜰 새 없이 바쁘셨던 것입니다. 주일은 교회에 오는 날이 아니라 복 받는 날입니다. 우리의 모든 기도가 응답되는 날이고 우리의 부족한 것이 다 채

움받는 날인 것입니다. 많은 사람이 주일에 무거운 짐을 가지고 아픈 몸을 가지고 상한 마음을 가지고 예배에 옵니다. 하나님은 그 사람들을 고치시고 새 인생을 주시느라고 주일이 가장 바쁘셨던 것입니다. 하나님을 바쁘시게 하시기 바랍니다.

그러나 유대인들은 예수님을 죽이려고 했습니다.

> 5:18, "유대인들이 이로 말미암아 더욱 예수를 죽이고자 하니 이는 안식일을 범할 뿐만 아니라 하나님을 자기의 친 아버지라 하여 자기를 하나님과 동등으로 삼으심이러라"

종교인들이 남을 죽이려고 하는 것은 참 이상한 일입니다. 종교인은 남을 살릴 생각을 해야지, 자기와 생각이 다르다고 해서 죽이려고 하는 것은 그 종교가 이미 죽은 종교인 것을 보여줍니다. 예수님이 "아버지께서 일하시니"라고 하셨을 때 '메시야가 오셨구나!' 라고 믿으면 되는데, 유대인들은 너무 생각하는 것이 많았습니다. 38년 된 병자를 살린 분이 메시야가 아니면 누가 메시야이겠습니까? 이것을 믿으면 새 인생을 살게 되는데 너무 생각을 많이 하니까 오히려 예수님을 죽이려고 했던 것입니다. 이것이 시험에 든 것이었습니다.

우리는 병만 낫지 말고 돈으로 성공하는 것으로 끝나지 말고 하나님의 진짜 복을 받으시기 바랍니다. 메시야는 오셨고 천국문은 열렸습니다. 메시야를 믿으시고 그냥 이 말씀대로 따라가서서 모두 새 인생을 사시고 영생을 얻으시기 바랍니다.

16

죽은 자들이 음성 들을 때

요 5:19-29

오래전에

춘천의 어느 교회에서 부흥회를 한 적이 있습니다. 그때 한 교인이 자기 집에서 주무셨으면 좋겠다고 해서 그렇게 하자고 했습니다. 아침이 되니까 함께 테니스를 치러가지 않겠느냐고 해서 어떤 학교에 가서 같이 테니스를 쳤습니다. 테니스를 치고 난 후에 그분은 저에게 자신의 건강을 위해서 기도를 해 달라고 부탁했습니다. 그래서 건강하게 보이는데 왜 또 기도가 필요하냐 하니까 자기 이야기를 했습니다. 한창 대학가에서 데모가 심할 때 자기도 데모를 했는데 그때 경찰에게 붙들려서 머리를 곤봉으로 집중적으로 맞았다는 것입니다. 그래서 머리가 깨어지고 의식을 잃고 거의 식물인간이 되어서 한두 달을 병원에 입원해 있었는데, 교회에서 심방 와서 찬송을 부르는데 먼 데서 노랫소리가 들리면서 의식이 돌아오게 되었다고 합니다. 병원에서는 자기 머리에 철판을 넣었다고 하면서 시력이 눈앞에 있는 것만 보이지 옆에 있는 것은 보이지 않는다고 했습니다. 그래서 저는 정말 기도가 필요하구나 생각해서 기도를 해드렸습니다.

우리에게는 대단히 미안한 이야기이지만 하나님의 눈에 우리 인간은 모두 흙덩이에 불과했습니다. 하나님께서는 이 흙덩이로 도기 인형을 만드셨습니다. 하나님께서 하신 가장 위대한 일은 이 도기 인형에 하나님의 숨을 불어 넣으셔서 살아있는 사람이 되게 하신 것입니다. 우리 인간은 흙으로 만들어진 점토 인형이나 도기 인형이 아니라 실제로 말도 하고 생각도 하고 사랑도 하는 진짜 사람이 된 것입니다.

그런데 어느 순간 이 인형들이 작동을 하지 않게 되었습니다. 왜냐하면 죄가 인간을 부수었고 고장을 내어버렸기 때문입니다. 그래서 하나님과 아들은 인간을 어떻게 할 것인지, 이것을 그대로 버릴 것인지 아니면 더 훌륭하고 완벽하게 살릴 것인지 의논을 하셨습니다. 그리고 하나님은 이 고장 난 인간의 운명을 아들에게 다 맡기셨습니다. 이 엄청난 내용이 오늘 본문 성경에 나오고 있습니다.

1. 하나님이 주신 생명

미대의 조소과 입구에는 학생들이 만든 완성된 석고상들이 서 있는 모습을 볼 수 있습니다. 그러나 건물 뒤에 있는 쓰레기장에 가보면 학생들이 만들다가 실패해서 버린 석고상들이 많이 버려져 있는 것을 볼 수 있습니다. 학생들은 석고를 가지고 주로 아그리파의 두상이나 서 있는 여인의 전신상 같은 것을 만드는 것 같습니다. 아마 조각상 중에 가장 완벽한 조각이라고 하면 서 있는 다윗 상이 아닐까 생각이 듭니다. 나체로 돌팔매를 들고 서 있는 젊은 소년 다윗은 영원히 젊은 다윗의 모습을 오늘도 전해주고 있습니다. 그러나 그것은 어디까지나 대리석에 불과하지, 살아있는 다윗은 아닙니다.

하나님께서도 진흙으로 사람을 만드셨습니다. 그런데 하나님이 만드신 사람은 실패작이 아니었습니다. 너무나도 균형이 잡히고 완벽한 모습이었습니다. 그런데 하나님은 사람을 만드시는 모든 과정을 아들에게 다 보여주셨습니다. 특히 오늘 말씀은 예수님의 비유를 이해하지 못하면 절대로 이해할 수 없는 내용입니다. 왜냐하면 예수님은 비유의 천재이시기 때문입니다. 하나님의 천지 창조의 최고 절정은 인간 창조였습니다. 그중에서도 특히 여성은 더 특별히 아름답게 만드셨습니다. 하나님은 흙으로 인간을 만드시면서 인간의 뇌와 뼈대, 오장 육부와 외모를 만드는 것을 다 보여주시고 또 만들게 하셨습니다. 그래서 우리 인간은 하나님 아버지와 아들이 함께 온 신경을 다 써서 만든 존재였습니다.

5:20, "아버지께서 아들을 사랑하사 자기가 행하시는 것을 다 아들에게 보이시고 또 그보다 더 큰 일을 보이사 너희로 놀랍게 여기게 하시리라"

하나님은 우리 인간을 만드는 모든 과정을 아들에게 다 보여주시고 또 아들로 하여금 만들게 하셨습니다.

조각 작품을 만들 때 먼저 점토로 작은 모형을 만드는 것이 아주 중요하다고 합니다. 로댕이라든지 이런 유명한 조각가들이 엄청난 작품을 만들 때에도 점토로 작은 작품을 만들고, 그리고 이것을 대리석이나 청동으로 만들 때에는 석공이라든지 아니면 주물을 만드는 사람들에게 시켜서 큰 작품을 만들게 하는 것입니다. 그러나 아마 하나님은 그렇게 하시지는 않았을 것입니다. 하나님은 흙으로 인간을 완벽하게 만드셨습니다. 그런데 처음 인간은 숨을 쉬지 않는 죽은 인간이었습니다. 하나님은 하나밖에 없는 아들을 너무 사랑하셔서 하나님이 만드신 인간을 보여주시고 모든 비밀을 다 가르쳐주셨습니다. 하나님이 이번에 만드시는 인간은 천지 창조에서 최고로 놀라운 작품입니다. 이것은 스스로 움직이고 생각하고 사랑하고 창작할 수 있는 존재입니다.

그러나 하나님은 아들에게 이 인간에게 약점이 있다는 것을 가르쳐주셨습니다. 그것이 바로 아들에게 '더 큰 일을 하게 하시는 것'이었습니다. 하나님은 아들에게 하나님이 만드신 인간이 죄에 약하고 교만에 약한 약점이 있다는 것을 알려주셨습니다. 그래서 만일 이 인간이 교만하게 되어서 자기가 신이 되려고 하거나 하나님의 말씀을 대적할 때에는 죽게 된다는 것을 말씀하셨습니다. 즉 인간은 교만하게 되면서 중요한 부분이 고장이 나게 되는 것인데, 그것은 바로 하나님의 말씀을 듣지 않게 된다는 것입니다. 처음 하나님이 만드신 인간은 하나님을 너무 좋아하고 하나님이 부르시기만 하면 바로 뛰어와서 하나님께 찬송하고 영광돌리지만, 교만하게 되면 하나님의 말씀을 절대로 듣지 않고 자기 고집대로 행하게 되는 것입니다.

그리고 인간에게는 노화 프로그램이 작동되어서 늙어가기 시작합니다. 또 인간의 육체는 병이나 사고나 전쟁으로 깨어져 죽을 수 있습니다. 그리고 인간은 병이나 사고로 죽지 않아도 노화로 죽게 되고 인간은 다시 썩어서 흙으로 묻히게 됩니다. 하나님은 인간이 가지고 있는 이 약점을 아들에게 다 가르쳐준 후에 하나님은 인간의 코에 하나님의 숨을 불어 넣으셔서 인간이 살아나게 하셨습니다.

> 5:21, "아버지께서 죽은 자들을 일으켜 살리심 같이 아들도 자기가 원하는 자들을 살리느니라"

본문에서는 세 가지 종류의 죽은 자들이 나옵니다. 그중 하나는 하나님이 처음 흙으로 만들고 생명을 불어넣지 않아서 죽은 자가 있습니다. 이것은 흙덩어리에 불과합니다. 하나님은 이 죽은 자의 코에 생명을 불어넣으셔서 살게 하셨습니다. 두 번째 죽은 자는 지금 살아 있지만 하나님을 모르는 자입니다. 이들은 하나님의 아들의 음성을 들으면 다 살아나게 되어 있습니다. 그리고 세 번째 죽은 자는 최종 심판 때 심판받는 자들을 말합니다. 이들은 죽을 때의 썩은 상태로 살아나서 영원한 불구덩이에 들어가게 됩니다.

하나님이 만드신 최초의 인간은 숨을 쉬지 않는 죽은 흙덩이였습니다. 그런데 하나님은 이 흙덩이 인간에게 숨을 불어 넣으셔서 살아나게 하셨습니다. 하나님은 죽은 인형을 살리신 것입니다. 하나님이 살리신 인형은 눈부시게 아름다운 사람이었습니다. 그는 천재였습니다. 사람은 살아나자 마자 이 세상에 있는 모든 새와 물고기와 짐승의 이름을 다 지어주었습니다. 그리고 하나님이 만드신 여자는 눈부실 정도로 아름다운 인간이었습니다.

그런데 사탄은 뱀에게 말을 하게 해서 여자에게 교만한 마음을 불어 넣었습니다. 여자는 교만한 마음이 들어서 하나님이 금지하신 나무 열매를 따 먹고 남자에게도 먹게 했습니다. 그리고 인간에게는 죽음이 오게 되었습니다. 즉 하나님이 만드신 인간은 금이 가게 된 것입니다. 인간은 더 이상 하나님의 말씀을 듣지 않게 되었고 노화가 진행이 되고 죽음이 오게 되었습니다. 즉 하나님이 만드신 인간은 반신불수가 된 것입니다. 우리는 지금 다 건강하다고 말을 하지만 사실은 반신불수이고 부서진 인간입니다. 우리는 노화가 진행되고 있고 병이 생기고 죽음이 오게 됩니다. 인간은 살아있을 때는 대단한 것 같은데 죽으면 아무것도 아닙니다. 그러면 그 사람은 이 세상에서 없어지는 것입니다.

우리 인간은 실제로는 미대 건물 뒤에 버려진 실패한 조각들과 같고, 또 살면서 수도 없는 많은 죄를 짓기 때문에 죽어서도 무서운 하나님의 심판이 있습니다. 그 심판이 얼마나 처참한지는 아직 우리 인간은 다 알지 못합니다. 이것은 하나님이 우리를 진흙 구덩이에 진짜 쳐넣으시는 것입니다.

그런데 하나님이 너무나도 사랑하시는 아들이 아버지에게 말씀을 했습니다. "아버지, 인간을 이렇게 버리기에는 너무 아까워요." 그리고 아들은 아버지에게 이렇게 또 아뢰었습니다. "아버지, 이 부서진 인간을 다시 살리고 싶어요, 저에게 맡겨주실 수 없으세요?"

그래서 하나님은 이 부서진 인간의 운명을 아들에게 맡기셨습니다.

5:22, "아버지께서 아무도 심판하지 아니하시고 심판을 다 아들에게 맡기셨으니"

실패한 인간은 늙고 썩은 몸 그대로 영원한 불에 던지는 것이 하나님의 뜻입니다. 그러나 하나님은 당장 인간을 다 불에 던지지 아니하시고 아들에게 맡기셨습니다. 그래서 아들은 이 부서지고 깨어진 인간을 다시 살리는 일을 하신 것입니다.

21절을 다시 보면 "아버지께서 죽은 자들을 일으켜 살리심 같이 아들도 자기가 원하는 자들을 살리느니라"고 했습니다. 여기서 아버지가 살리신 것은 죽어있는 흙덩이 인간에게 숨을 불어 넣으셔서 살리신 것을 말합니다. 그런데 아들이 살리는 것은 이미 깨어져서 자기 멋대로 작동하고 있는 이 죄인 인간을 다시 살리는 것을 말합니다. 그래서 20절을 다시 보면 "아버지께서 아들을 사랑하사 자기가 행하시는 것을 다 아들에게 보이시고 또 그보다 더 큰 일을 보이사 너희로 놀랍게 여기게 하시리라"고 했습니다. 여기서 '더 큰 일'이라는 것은 죄로 인하여 비정상이 된 우리 인간을 고치셔서 다시 하나님을 믿게 하시고 그리고 영생을 얻게 하시는 것을 말합니다.

2. 아들이 주시는 생명

하나님의 아들의 사명은 교만과 죄로 영혼이 산산조각이 나 있는 인간을 살려서 다시 하나님을 믿게 하고 영원히 살게 하는 것입니다. 그러나 이미 우리 인간의 영혼은 죽었고 노화는 진행되고 있으며 마음은 황폐할 대로 황폐해져서 다시 살릴 수 없었습니다. 그런데 하나님의 아들이 엄청난 일을 저지르셨습니다. 그것은 하나님의 아들이 두 가지 비밀을 알고 계셨기 때문입니다. 그 하나는 만약 인간에게 죄가 전혀 없는 인간의 피가 공급된다면 미친 인간은 정신을 차리게 된다는 것이었습니다. 그러나 인간 중에는 죄 없는 인간이 없었습니다. 그리고 천사들은 피가 없었습니다. 그리고 또 하나의 사실은 죽음을 정복하는 길이 있는데, 그것은 죄가 전혀 없이 율법을 완전히 지킨 사람이 죽으면 죽음이 정복된다는 것이었습니다. 이것은 비밀 중의 비밀이었습니다. 그리고 피조물은 감히 상상도 할 수 없는 일이었습니다. 하나님의 아들은 성령의 도움으로 피를 가진 인간이 되셨습니다.

그것이 바로 27절입니다.

5:27, "또 인자됨으로 말미암아 심판하는 권한을 주셨느니라"

여기 '인자'는 하나님의 아들이 인간이 되신 것을 말합니다. 하나님의 아들은 인간이 되셔서 율법을 완전히 지키셨고 죄를 하나도 짓지 않으셨습니다. 그는 혈기를 부리지도 않으셨고 대신 욕하지도 않으셨고 채찍에 맞으면서도 잠잠하셨습니다. 그는 십자가에 죽으면서도 그 밑에서 조롱하는 사람들을 저주하지 않으셨습니다. 그리고 그는 죽으셨습니다. 하나님의 아들이 자기가 만든 인형에 의해서 죽임을 당한 것입니다. 그런데 놀라운 것은 예수님이 하나님의 말씀에 죽도록 순종하심으로 창세 이전부터 있던 비밀이 깨어지게 되었다는 것입니다. 그것은 바로 죽음이 깨어지기 시작한 것입니다. 하나님의 아들은 사망의 권세를 깨고 살아나셨습니다. 그리고 예수 믿는 자들에게 죄 없는 피를 공급해주셔서 모두 살게 하셨습니다.

그래서 무슨 일이 있어도 24절은 무조건 외우셔야 합니다.

5:24, "내가 진실로 진실로 너희에게 이르노니 내 말을 듣고 또 나 보내신 이를 믿는 자는 영생을 얻었고 심판에 이르지 아니하나니 사망에서 생명으로 옮겼느니라"

누구든지 예수님의 복음을 듣고 예수를 믿고 하나님을 믿는 자는 이미 영생을 얻었습니다. 우리는 심판받지 않습니다. 우리는 지옥 불에 던져지지 않고 죄로 인하여 심문당하거나 수치를 당하지 않습니다. 왜냐하면 사망에서 생명으로 이미 옮겨졌고, 살아있기 때문입니다. 우리는 미친 인간이나 고장 난 인형이 아니고 이미 영생 안에 있는 자들입니다. 물론 우리에게 노화도 오고 병이나 가난도 오고 육체의 고통도 옵니다. 심지어 죽음도 옵니다. 그러나 우리는 하나님의 생명 안에 있기 때문에 죽는 순간 허물을 벗어버리고 천국에 빨려 들어가듯이 들어가게 됩니다. 우리의 몸은 아프지만 우리의 영혼은 아프지 않습니다. 그래서 사도 바울은 우리의 육신은 낡아지지만 우리의 속사람은 날로 새롭도다고 했습니다(고후 4:16).

지금 놀라운 것이 바로 이것입니다. 모든 인간은 지금 죽어 있습니다. 그들은 살아있지만 죽어있는 식물인간입니다. 권력을 가지고 있고 돈이 많은 부자이지만 식물인간입니다. 그런데 누구든지 예수님의 말씀을 들으면 죽은 자들이 다 살아나게 됩니다.

5:25, "진실로 진실로 너희에게 이르노니 죽은 자들이 하나님의 아들의 음성을 들을 때가 오나니 곧 이 때라 듣는 자는 살아나리라"

나사로는 죽은 지 나흘이나 되어서 무덤 안에서 썩어가고 있었습니다. 그런데 하나님의 아들이 "나사로야 나오라"고 부르셨을 때 나사로는 "네!" 하면서 살아서 수의를 몸에 감고 무덤에서 나왔습니다. 지금 우리가 듣는 말씀은 하나님의 아들이 우리를 부르는 말씀입니다. 이 말씀을 들으면 죽은 자들이 다 눈을 뜨면서 살아나게 됩니다. 죽은 사람이 살아났는지 못 살아났는지 어떻게 알 수 있습니까? 그것은 살아난 사람은 예수님과 하나님을 이 세상보다 더 사랑한다는 것입니다.

5:23, "이는 모든 사람으로 아버지를 공경하는 것 같이 아들을 공경하게 하려 하심이라 아들을 공경하지 아니하는 자는 그를 보내신 아버지도 공경하지 아니하느니라"

이것이 바로 우리 인간이 사는 비결입니다. 바로 피조물을 사랑하는 것이 아니라 창조주 하나님을 사랑하는 것입니다. 우리 인간이 하나님을 전심으로 사랑하는 것이 가장 아름다운 것입니다. 그러나 인간이 죄에 빠진 후에는 피조물을 더 사랑하게 되었고 하나님을 사랑하는 것이 불가능하게 되었습니다. 우리 인간은 돈과 권력, 인기와 학벌을 좋아하게 되었습니다. 그런데 하나님의 아들이 우리와 똑같은 모습으로 이 세상에 오셔서 우리를 위해 죽으시고 하나님의 사랑을 알게 하셨을 때, 예수님을 사랑하게 되었습니다. 예수님을 사랑하는 자는 하나님도 사랑하게 되어 있습니다. 하나님은 우리에게 많은 것을 요구하시지 않습니다. 오직 예수님을 사랑하기만 하면 되는 것입니다. 오늘 교회는 너무 많은 일을 하려고 하기 때문에 예수님을 사랑하지 않습니다. 라오디게아 교회같이 예수님은 문밖에 서 계신 것입니다. 그러면 교회도 또 썩게 되어 있습니다. 우리가 하나님의 아들의 음성을 듣고 예수님을 공경하기만 하면 우리는 살게 되어 있습니다.

3. 마지막으로 죽은 자들

우리 인간에게는 유감스럽게도 이 세상의 삶으로 그 인생이 끝나지 않는다는 것입니다. 우리가 이 세상에 사는 것은 시험 치는 것과 같고 진짜 인생은 죽은 후에 있습니다. 그것은 바로 영생과 영원한 지옥입니다.

5:28-29, "이를 놀랍게 여기지 말라 무덤 속에 있는 자가 다 그의 음성을 들을 때가 오나니 선한 일을 행한 자는 생명의 부활로, 악한 일을 행한 자는 심판의 부활로 나오리라"

우리 인간은 모두 이 세상에 딱 한 번만 살고 영원히 없어지기에는 너무나도 아까운 존재입니다. 사람들의 젊은 시절을 생각해 보면 얼마나 싱싱하고 얼마나 아름다운 모습입니까? 어린이는 얼마나 귀여우며 노인은 얼마나 지혜롭고 경험이 많습니까? 그러나 인생이 무엇인지 좀 알려고 하면 이미 죽을 때가 다 되어 있는 것입니다. 그래서 모두 가까운 사람이 죽으면 그렇게 죽음을 아까워합니다. 그러나 하나님의 아들도 똑같은 생각을 하셨습니다. 즉 우리 인간이 한 번만 살다가 죽는 것은 너무 아깝다는 것입니다. 그래서 하나님의 아들이 인자가 되어서 죽었다가 살아나심으로 인간에게 영생이 주어지게 되었습니다.

그러나 모든 인간이 영생을 얻는 것은 아닙니다. 모든 인간이 무덤 속에 죽어있는데 이제는 복음의 소리가 아니고 심판의 음성이 들리게 되는 것입니다. 즉 "모든 죽은 자는 다 무덤에서 나와서 어린 양의 진노의 심판을 받으라"는 소리입니다. 그때 인간은 어린 양의 진노가 무서워서 산에 깔려 죽으려고 하고 바위에 눌려 죽으려고 하지만 이제는 죽는 것도 안 됩니다. 왜냐하면 하나님의 아들을 사랑하지 않는 사람은 아름다운 부활이 아니라 저주의 부활을 하기 때문입니다. 이것이 두 번째 사망입니다. 사람이 죽을 때 그 썩은 몸으로 부활하기 때문에 온몸에 구더기가 끼어 있습니다. 그리고 지옥 불에 던져지게 되는데 유황 때문에 숨을 쉴 수가 없고 뜨거워서 혀끝까지 뜨거워서 견딜 수가 없습니다. 그러나 하나님의 아들을 사랑하는 자는 가장 젊고 아름다운 모습으로 부활하기 때문에 다시 늙는 것이나 아픈 것이나 죽는 것이 없이 영원히 살게 됩니다.

그래서 모든 것은 마지막 나팔 소리로 끝나게 됩니다.

"보라 내가 너희에게 비밀을 말하노니 우리가 다 잠잘 것이 아니요 마지막 나팔에 순식간에 홀연히 다 변화되리니 나팔 소리가 나매 죽은 자들이 썩지 아니할 것으로 다시 살아나고 우리도 변화되리라 이 썩을 것이 반드시 썩지 아니할 것을 입겠고 이 죽을 것이 죽지 아니함을 입으리로다"(고전 15:51-53).

그리고 이때 사망이 삼키워지리라고 했습니다. 우리가 이 세상에 있는 피조물을 사랑하는 것은 속는 것입니다. 우리는 세상과 세상에 있는 것들을 그냥 누리고 사용해야지 이것을 삶의 목적으로 살면 죽은 것입니다. 사망에서 생명으로 옮겨진 성도는 이 세상 것으로 살지 않습니다. 그래서 우리는 모두 다 똑같습니다. 부자나 가난한 자, 노인이나 젊은이, 유명한 자나 유명하지 않은 자나 똑같습니다. 그것이 싫으면 지옥에 가는 수밖에 없습니다. 우리 모두 썩지 않는 아름다운 부활로 나타나는 성도들이 다 되시기 바랍니다.

17

부흥의 주인공

요 5:30-47

예수님은

38년 된 병자 한 사람을 치료해주셨습니다. 이것은 정말 놀라운 일이었습니다. 38년 된 병자라면 거의 40년을 병상에 누워서 아무것도 하지 못하고 살았다는 뜻입니다. 그런데 하필이면 예수님이 이 사람을 고치신 날이 안식일이었습니다. 그래서 유대인들은 예수님을 붙들고 "왜 당신은 안식일에 일을 하느냐?"고 하면서 공격을 해대었습니다. 그때 예수님의 대답은 엄청난 것이었습니다. 그것은 "아버지께서 안식일에 일하시기 때문에 아들인 나도 안식일에 일을 해야 한다"는 것이었습니다. 이것은 예수님 자신이 하나님의 아들이라는 말씀이었습니다. 하나님은 안식일이 더 바쁘셨고 주일에 더 바쁘셨습니다.

그리고 예수님은 세 가지 죽은 자들이 있다고 하셨습니다. 그중 하나는 하나님이 처음 사람을 만드실 때 흙으로 만들고 생명을 불어넣지 않아서 죽은 자가 있었습니다. 이것은 흙덩어리에 불과했습니다. 하나님은 이 죽은 자들의 코에 생명을 불어넣으셔서 살게 하셨습니다. 두 번째 죽은 자는 지금 살아 있지만 하나님을 모르는 자들입니다. 이들은 하나님의 아들의 음성을 들으면 다 살아나게 되어 있습니다. 복음은 죽은 영혼을 살리는 능력이 있습니다. 그리고 세 번째 죽은 자는 최종 심판 때 심판받는 자들을 말합니다. 이들은 죽을 때의 썩은 상태로 살아나서 영원한 불구덩이에 들어가게 됩니다. 지금은 어느 때입니까? 바로 두 번째 죽은 자들이 살아날 때입니다. 즉 하나님을 모르고 인생의 의미를 모르고 식물인간처럼 죽어서 살아가고 있는 자들이 하나님의 아들의 음성을 듣고 다 살아날 때인 것입니다.

그런데 유대인들은 이것을 믿을 수 없었습니다. 왜냐하면 이런 말씀을 하시는 분은 예수님 한 분 밖에 없었기 때문입니다. 그래서 유대인들은 예수님의 증거를 믿을 수 없다고 했습니다. 예수님 혼자만 이런 말씀을 하고 계셨기 때문입니다. 오늘 우리의 가장 큰 문제도 바로 여기에 있습니다.

그리고 정말 오늘 내가 듣는 이 말씀이 나를 살리는 말씀이고, 나와 내 식구들을 지켜주며 영원히 행복하게 해주는 말씀이라는 증거가 있을까 하는 것입니다. 우리는 이것을 확인할 필요가 있습니다. 그렇지 않으면 우리는 하나님의 말씀과 세상 사이를 왔다 갔다 하다가 어중간한 상태에 빠질 가능성이 많기 때문입니다. 어중간한 상태에 있으면 신앙의 열기가 식어지게 되고 부흥의 불이 꺼지게 됩니다. 그리고 부흥의 불이 꺼지면 축복의 문은 닫히고 세상을 이길 수 있는 능력은 사라지게 됩니다.

1. 예수님의 심판

예수님은 사람들이 예수님의 말씀을 듣는 것을 심판이라고 말씀하셨습니다. 왜냐하면 사람들의 운명은 죽고 난 후에 심판대 앞에 섰을 때 갈라지는 것이 아니라 바로 지금 이 세상에서 예수님의 말씀을 듣느냐 듣지 않느냐 하는 데 따라서 갈라지기 때문입니다.

5:30, "내가 아무 것도 스스로 할 수 없노라 듣는 대로 심판하노니 나는 나의 뜻대로 하려 하지 않고 나를 보내신 이의 뜻대로 하려 하므로 내 심판은 의로우니라"

여기서 예수님이 하신 말씀 중에 '심판'이라는 말에 '말씀'이라는 말을 집어넣으면 이해하기 쉬울 것입니다. 즉 예수님의 이 말씀을 듣고 안 듣는 데 따라서 심판이 달라지게 된다고 말씀하시는 것입니다. 예수님이 이 세상에서 하신 말씀은 예수님이 하고 싶은 말씀이 아니라 하나님이 하라고 하신 말씀을 그대로 전하시는 것이었습니다. 예수님은 듣는 대로 전하는 것이라고 하셨습니다. 하나님은 세상을 이처럼 사랑하사 독생자를 보내셨다고 말씀하셨습니다. 이는 그를 믿는 자마다 멸망하지 않고 영생을 얻게 하려 하심이라고 하셨는데 이 것은 하나님이 하라고 하신 말씀이었던 것입니다.

예수님은 요한복음 5:24에서 "내가 진실로 진실로 너희에게 이르노니 내 말을 듣고 또 나 보내신 이를 믿는 자는 영생을 얻었고 심판에 이르지 아니하나니 사망에서 생명으로 옮겼느니라"라고 하셨는데, 이 말씀도 하나님이 하라고 하신 말씀이었습니다. 또 요한복음 10:10에 "내가 온 것은 양으로 생명을 얻게 하고 더 풍성히 얻게 하려는 것이라"고 하신 말씀이나, 요한복음 11:25-26에 "나는 부활이요 생명이니 나를 믿는 자는 죽어도 살겠고 무릇 살아서 나를 믿는 자는 영원히 죽지 아니하리라"는 말씀이나, 요한복음 14:1에 "너희는 마음에 근심하지 말라 하나님을 믿으니 또 나를 믿으라"고 하신 말씀이나, 요한복음 16:33에 "이것을 너희에게 이르는 것은 너희로 내 안에서 평안을 누리게 하려 함이라 세상에서는 너희가 환난을 당하나 담대하라 내가 세상을 이기었노라"고 하신 말씀이나 모두 다 하나님께서 하라고 하신 말씀이었습니다.

5:37, "너희는 아무 때에도 그 음성을 듣지 못하였고 그 형상을 보지 못하였으며"

우리 인간은 아무도 하나님의 음성을 들은 적이 없고 하나님의 모습을 본 적이 없습니다. 그런데 하나님이 아들을 보내서서 우리가 알아들을 수 있는 언어로 육성으로 직접 말씀하셨습니다. 하나님의 말씀을 듣고 이것이 옳을까 틀릴까 생각하면 늦습니다. 우리는 하나님의 말씀을 들으면 그 즉시 바로 믿으면 됩니다. 이것이 '아멘'의 의미입니다.

저는 성경에서 그런 사람이 누가 있는가 생각해 보았습니다. 성경에는 그런 사람이 많았습니다. 그중에 날 때부터 못 보는 사람이 있었습니다. 이 사람은 예수님이 눈에 침으로 이긴 진흙을 바르고 실로암 못에 가서 씻으라고 했을 때 바로 가서 씻고 바른 눈으로 돌아왔습니다. 요한복음 4장에 보면 왕의 신하가 나오는데, 그의 아들이 고열로 죽어갈 때 예수님이 "네 아들이 나았느니라"고 하시는 주의 말씀만 듣고 믿고 돌아갔는데 하인은 그 시간에 그의 아들의 열이 떨어졌다고 했습니다. 어느 백부장은 자기 하인이 중풍에 걸려 죽어갈 때 예수님이 가시려고 하니까 오시지 말고 말씀만 하시라고 했는데, 말씀을 하시는 그 시간에 하인의 병이 나았습니다.

또 구약에 보면 한 여인이 나옵니다. 남편이 선지자 제자였는데 남편이 죽고 아이들은 빚 때문에 종으로 팔려가게 되었을 때 엘리사를 찾아와서 하소연했습니다. 그때 엘리사가 그 여인에게 이웃집에 가서 빈 그릇을 할 수 있는 대로 많이 빌리라고 했을 때 그대로 순종했더니, 병에서 기름이 계속 나와서 빈 그릇을 다 채울 수 있었습니다.

하나님은 한 가지 특성을 가지고 계시는데 거짓말을 절대로 하지 못하신다는 것입니다. 인간은 거짓말을 밥 먹듯이 하지만 하나님은 절대로 거짓말을 하지 못하십니다. 그 대신 하나님의 말씀은 듣는 즉시 무조건 믿어야 합니다. 하나님의 말씀을 믿지 못하는 것이 심판받는 것입니다. 그리고 하나님의 말씀에 자기 생각을 섞는 것이 물타기입니다.

세례 요한의 아버지 사가랴는 그가 아들을 낳을 것이라는 천사의 말을 믿지 않았다가 벙어리가 되었습니다. 여사사 드보라 때 드보라가 바락이라는 장군에게 철병거를 가지고 쳐들어오는 시스라와 싸우라고 했는데 바락은 드보라가 같이 가주면 싸우겠다고 조건을 달았습니다. 그때 드보라는 바락에게 "내가 같이 가겠지만 상은 다른 여인이 탈 것이라"고 했습니다. 그 전쟁에서 시스라를 죽인 사람은 이방인 헤벨의 부인 야엘이었습니다.

우리는 하나님의 말씀을 들으면 다른 것은 다 내려놓고 그 즉시 믿어야 합니다. 그때 기적이 일어나고 부흥이 일어나게 됩니다. 예수님에게 고마운 것은 인간은 절대로 들을 수 없는 하나님의 말씀을 한 톨의 가감 없이 그대로 우리에게 육성으로 전해주셨다는 것입니다. 이 말씀을 믿는 즉시 하나님은 능력을 나타내십니다.

> 5:31-32, "내가 만일 나를 위하여 증언하면 내 증언은 참되지 아니하되 나를 위하여 증언하시는 이가 따로 있으니 나를 위하여 증언하시는 그 증언이 참인 줄 아노라"

예수님은 자기 생각을 사람들에게 가르치기 위하여 이 세상에 오신 것이 아니었습니다. 예수님은 자기 생각은 옳지 않을 수도 있다고 말씀하셨습니다. 이것은 예수님의 겸손입니다. 그러나 예수님은 오직 하나님이 하라고 가르쳐 주신 말씀만 하시니까 능력이 나타나는 것입니다. 이것이 하나님의 증거입니다. 우리는 하나님의 말씀을 듣는 즉시 순종하는 훈련을 스스로 해야 합니다. 이것저것을 생각하면 능력이 사라지게 됩니다.

2. 사람에게 인정받는 것은 옳은 것인가?

이 세상에 살면서 다른 사람의 인정과 칭찬을 받는 것은 너무 기쁘고 살아갈 맛을 느끼게 합니다. 예를 들어서 운동선수에게 있어서 올림픽에서 금메달을 딴다는 것은 죽을 때까지 영광일 것입니다. 그리고 학자에게 있어서 노벨상을 받는다는 것도 죽을 때까지 영광일 것입니다. 또 기업하는 사람에게는 재계 몇 위에 있다는 말이 대단하게 느껴질 것입니다. 어떤 의미에서 우리는 다른 사람들의 인정을 받기 위해서 살아가고 있다고 말할 수 있을 것입니다. 방탄소년단은 미국의 빌보드차트 일위에 오르니까 훈장도 받고 영웅 대접도 받고 있습니다. 사람들은 이런 인정을 받으려고 죽으라고 노력하는 것이 사실입니다. 그런데 우리가 사람의 인정과 칭찬을 받기 위해서 이렇게 열심히 노력하는 것이 과연 가장 중요한 일일까요? 예수님은 그렇지 않다고 말씀하셨습니다. 예수님은 사람에게 영광을 받고 인정을 받는 것이 하나도 중요하지 않다고 말씀하셨습니다.

5:41-42, "나는 사람에게서 영광을 취하지 아니하노라 다만 하나님을 사랑하는 것이 너희 속에 없음을 알았노라"

예수님은 사람들의 인정을 받고 영광을 받으려고 노력하는 것이 별로 좋은 것이 아니라고 말씀하셨습니다. 오히려 예수님은 많은 사람의 인정을 받는 것보다는 하나님을 사랑하는 것이 더 중요하다고 말씀하셨습니다. 이것은 우리가 생각하는 것과는 정반대되는 현상입니다. 예수님은 사람에게 영광 받을 필요가 없고 오직 하나님을 사랑하는 것이 중요하다고 말씀하셨습니다.

5:44, "너희가 서로 영광을 취하고 유일하신 하나님께로부터 오는 영광은 구하지 아니하니 어찌 나를 믿을 수 있느냐"

여기서 예수님은 사람들끼리 서로 영광을 취하면서 하나님께로부터 오는 영광을 구하지 않는다고 말씀하고 있습니다. 이것은 예를 들면 아이들이 자기들끼리 서로 잘났다고 싸우면서 진짜 중요한 사람이 주는 축복은 모르는 것과 같은 것입니다.

왜 예수님은 사람들이 주는 영광이 대단한 것이 아니라고 말씀하시는 것일까요? 우선 중요한 것이 사람들의 평가는 정직하지 않기 때문입니다. 사람들은 사람의 외모만 보고 속사람은 전혀 모르는 상태에서 칭찬하기 때문입니다. 뿐만 아니라 사람들의 모든 발견이나 성공은 하나님이 주신 것을 먼저 차지한 것이고 표절한 것에 불과합니다. 사람이 새로운 것을 발견했다고 자랑을 하지만 실제로는 그전부터 있었던 것을 모르고 있었을 뿐입니다. 어떤 사람은 천재라고 칭찬을 하지만 사실은 하나님께서 그 사람을 불쌍히 여겨서 좋은 머리를 주신 것에 불과한 것입니다. 그래서 우리가 하나님을 모를 때에는 모든 것이 내 것이라고 생각하지만 사실 조금만 하나님을 안다면 전부 하나님의 것입니다. 우리 인간은 하나님의 것을 표절해서 자기 것으로 자랑하고 있는 것입니다. 사람들은 줄 세우기를 해서 최고를 뽑아서 영광을 주는 것입니다. 그런데 사실은 그 사람이 그 사람이고 결국은 다 늙어서 죽게 되어 있습니다.

그런데 우리 인간에게 일어날 수 있는 진짜 놀라운 일은 하나님을 사랑하는 마음이 생기는 것입니다. 우리가 눈에 보이지 않는 하나님을 믿는다는 것도 어려운데 사랑한다고 하는 것은 불가능한 일입니다. 우리가 눈에 보이지도 않는 하나님을 어떻게 사랑까지 할 수 있겠습니까? 그러나 그 아들을 만나면 아버지를 사랑할 수 있습니다. 왜냐하면 아들을 보내신 분이 아버지이시기 때문입니다. 하나님은 우리를 너무 사랑하셔서 아들을 주셨고 우리를 아들로 삼아주셨습니다. 그런데 만일 우리가 너무 이 세상의 인정이나 영광을 무시한다면 너무 세상에서 동떨어진 사람이 되지 않을까요? 그러나 사실 사람들이 가장 지금 그리워하고 찾는 사람은 때가 묻지 않은 순수한 사람입니다. 지금 사람들의 마음은 너무 썩어 문드러져 있기 때문에 썩지 않은 사람을 찾을 수 없는 것입니다. 세상의 영광은 마치 술에 취하는 것 같아서 기분은 너무 좋지만 정신을 차릴 수가 없습니다. 그리고 이 세상 모든 것은 수단에 불과하지 목적이 아니라는 것을 깨닫게 됩니다. 우리 인간에게 가장 필요한 것은 하나님의 입에서 나오는 말씀입니다. 그리고 우리에게 가장 필요한 것은 하나님의 아들이 오시는 것입니다. 하나님의 아들이 오셨으면 걱정할 필요가 없습니다. 우리는 그 뒤를 그냥 따라가기만 하면 됩니다.

3. 예수님은 성경의 주인공

이순신 장군이 쓴 《난중일기》를 보고 큰 감동을 받은 사람들이 있습니다. 그 사람 중에는 한평생 거북선을 연구하고 이순신 장군의 생애를 연구하는 사람들도 있습니다. 지난번 해군사관학교를 방문하니까 이순신 장군을 연구한 교수(해군대령)가 직접 안내를 하고 설명을 했습니다. 그런 사람들은 이순신 장군의 영정 같은 것도 어느 것이 진짜 얼굴이냐 하는 것을 연구한다고 합니다. 그런데 만일 이 사람이 이순신 장군을 진짜로 만나게 된다면 어떻게 될까요. 아마 너무 놀라서 주저앉을 것입니다.

예수님은 전 세계에서 가장 많이 만들어진 책인 성경의 주인공입니다.

> 5:39, "너희가 성경에서 영생을 얻는 줄 생각하고 성경을 연구하거니와 이 성경이 곧 내게 대하여 증언하는 것이니라"

유대인들은 성경을 읽으면 영생을 얻는 줄 알고 많이 읽었습니다. 그런데 성경의 주인공은 바로 예수님입니다. 또 이스라엘 자손들이 가장 존경했던 사람은 모세입니다. 그런데 사실 이스라엘 백성들만큼 모세를 애먹인 이들은 없었습니다. 그렇지만 그들은 모세를 가장 존경했습니다. 그런데 모세는 하나님 집의 사환이었고 주인은 예수님이었습니다(히 3:5-6). "모세를 믿었더라면 또 나를 믿었으리니 이는 그가 내게 대하여 기록하였음이라"(요 5:46). 모세의 모든 기적은 예수님의 기적이었습니다. 그리고 모세는 나 같은 선지자가 나올 것이라고 예언을 했습니다.

예수님 당시 유대인들은 잠시 세례 요한을 굉장히 의지했습니다. 그러나 세례 요한은 잠시 비추는 등불이지 진정한 햇빛은 되지 못했습니다. "요한은 켜서 비추이는 등불이라 너희가 한때 그 빛에 즐거이 있기를 원하였거니와"(요 5:35), "너희가 요한에게 사람을 보내매 요한이 진리에 대하여 증언하였느니라"(요 5:33).

예수님은 창세기 처음부터 성경 전체에 나오는 주인공입니다. 인류가 범죄했을 때 하나님은 아담을 찾아오셔서 여인의 후손과 뱀의 후손이 원수가 될 텐데 뱀의 후손은 여인의 후손의 발꿈치를 물 것이요 여인의 후손은 뱀의 머리를 깰 것이라고 말씀하셨습니다. 예수님은 바로 그 여인의 후손이었고 모세와 엘리야의 주님이셨고, 오늘 우리의 주인이요 왕이시며, 하나님이신 것입니다.

예수님은 우리에게 영생을 가지고 오셨습니다. 영생은 영원히 죽지 않는 것입니다. 영생은 그냥 죽지 않는 것이 아니라 아름답고 풍성하게 영원히 사는 것입니다.

5:40, "그러나 너희가 영생을 얻기 위하여 내게 오기를 원하지 아니하는도다"

예수님께 가기만 하면 영생을 얻는데 사람들은 예수님을 의심하면서 가까이 가지를 않았습니다. 그 이유는 그들은 이 세상 영광에 취했기 때문입니다. 사람들은 이 세상의 명예와 돈과 성공을 빼앗길까봐 예수님에게 가기를 주저합니다.
그러나 누구든지 예수님에게 가는 자는 하늘의 영광을 주십니다.

5:44, "너희가 서로 영광을 취하고 유일하신 하나님께로부터 오는 영광은 구하지 아니하니 어찌 나를 믿을 수 있느냐"

예수님은 하늘의 영광을 가지고 오셨습니다. 예수님은 하늘과 땅은 연결시켜 놓으셨습니다. 하나님의 말씀을 즉시 믿는 자에게 부흥의 불이 붙게 됩니다. 이때 우리에게 하나님의 영광이 임하게 됩니다. 우리는 하나님이 우리와 함께 계신 것을 느낄 수 있습니다. 이때 병이 낫고 기적이 일어나고 하나님의 불 말과 불 병거를 알게 됩니다. 이때 하늘의 문이 열리면서 복이 쏟아지게 됩니다. 우리 모든 성도는 하나님의 영광을 사모하시기 바랍니다. 하나님의 말씀을 의심하지 말고 즉시 믿어서 기적이 경험하는 성도들이 다 되시기 바랍니다.

18

말씀이 현실이 되다

요 6:1-14

저희 교회에는

선생님도 많이 계시고 대학교수들도 많이 계신데 강의실에서 학생에게 공부를 가르쳐보면 그들이 공부에 영 흥미를 가지지 못하고 억지로 따라오는 모습을 보게 된다고 합니다. 그 이유는 그들은 지금 자기가 하는 공부가 먹고사는 것과 무슨 관계가 있는지 모르기 때문입니다. 오로지 대학을 가기 위해서 무조건 공식을 외워야 하고 영어 단어를 외워야 하고 수학 문제를 풀어야 하니까 하기 싫은데 어쩔 수 없어서 억지로 공부를 하는 것입니다.

그러나 이것이 우리 신앙에도 똑같이 적용될 때가 많습니다. 우리가 듣는 말씀이 바로 오늘 내 생활과 연결된다면, 즉 말씀을 듣고 은혜를 받았을 때 암이 낫고 죽을병이 치료되고 먹는 문제가 해결되고 자식들의 어려움이 해결된다면 우리는 기를 쓰고 하나님의 말씀을 듣고 기도하려고 할 것입니다. 그러나 우리는 거의 많은 경우 신앙은 신앙이고 현실은 현실로 동떨어진 경우를 보게 됩니다. 우리가 설교 말씀을 듣고 은혜를 받았다고 해서 당장 부채가 청산되는 것도 아니고 자녀들이 대학에 척척 합격하는 것도 아닌 것입니다. 오히려 하나님의 말씀을 들으면 현실 문제에 더 갈등이 생길 때가 많이 있고 도저히 현실의 벽을 이길 수 없는 경우가 많이 있습니다. 이때 우리는 하나님의 말씀을 들어봐야 무슨 소용이 있는가 하는 의심이 생기게 됩니다.

그러나 이것은 우리의 문제만이 아니라 예수님의 제자들이나 예수님을 따라다니다가 병 고침을 받은 사람들에게도 똑같이 해당되는 문제였습니다. 그런데 오늘 우리가 말씀에서 보게 되는 것은 예수님의 말씀이 그대로 현실로 나타나는 현상이었습니다. 즉 예수님의 말씀이 단순히 말씀으로 그치는 것이 아니라 어마어마한 기적으로 나타난 것이었습니다.

1. 불가능한 현실

요즘은 우리나라가 잘살게 되어서 먹을 쌀이 없어서 굶어 죽는 경우는 별로 없는 것 같습니다. 오히려 밥을 잘 먹지 않아서 쌀이 남아도는 실정이 되었습니다. 하얀 쌀밥이 몸에 좋지 않다고 해서 커피만 마시거나 샌드위치 같은 것을 먹기 때문에 쌀이 남아도는 것 같습니다. 그런데 실제로는 쌀밥이 몸에 참 좋다던데 누가 그런 소문을 퍼트렸는지 모르겠습니다. 그런데 옛날에는 먹을 것이 없어서 모두 많이들 배고파했습니다. 배가 너무 고프면 수돗가에 가서 물을 실컷 마십니다. 그러면 배가 어느 정도 부르고 배가 출렁출렁합니다. 그러나 조금 있다가 화장실에 한번 갔다 오면 여전히 배가 고프게 됩니다.

예수님 당시에도 먹는 문제가 가장 심각한 문제였습니다. 또 사람들이 잘 먹지 못하니까 병에도 많이 걸렸습니다. 예수님 당시에는 사람들이 먹는 문제, 질병의 문제, 귀신들림 같은 정신병의 문제, 또 내

란의 문제 등으로 너무나도 많은 고통을 받고 있었습니다. 또 잘 먹지 못하니까 한센병도 많았고 간질이나 소아마비 같은 병의 환자들도 아주 많았습니다.

예수님은 많은 사람의 병을 고쳐주시고 귀신들린 정신병도 치료해주셨습니다. 그리고 예수님도 휴식이 필요하셨기 때문에 갈릴리 호수 건너편 아주 한적한 곳으로 제자들을 데리고 가셨습니다. 그런데 사람들은 병으로 몸이 아프니까 예수님을 찾아다니고 있었습니다. 그래서 예수님은 동네도 없고 사람들이 다니지 않는 아주 한적한 곳으로 피하셨지만 사람들은 그 사실을 알아내고는 몰려들기 시작했습니다.

6:1-2, "그 후에 예수께서 디베랴의 갈릴리 바다 건너편으로 가시매 큰 무리가 따르니 이는 병자들에게 행하시는 표적을 보았음이러라"

예수님이 먼 곳으로 피하셨으면 오실 때까지 기다리겠지만 병이 너무 고통스러운 병자들은 가만히 앉아서 기다릴 수 없었습니다. 왜냐하면 병이 심각한데 가만히 앉아서 기다린다는 것은 그야말로 미칠 것 같기 때문입니다. 이런 사람들은 아무리 멀어도 들것에 실리거나 등에 업혀서라도 가서 당장 병이 낫기를 바라기 때문입니다. 이미 많은 병자들 사이에 예수님은 병을 고치는 능력을 가진 선지자라는 소문이 쫙 퍼져서 이들은 예수님이 어디 있는지 적극적으로 알아보았습니다. 그리고는 예수님이 아주 먼 곳에 있다는 것을 알고도 그들은 예수님을 찾아 나섰습니다. 왜냐하면 그들은 자신의 병이 꼭 낫기를 바랐기 때문입니다.

6:5, "예수께서 눈을 들어 큰 무리가 자기에게로 오는 것을 보시고 빌립에게 이르시되 우리가 어디서 떡을 사서 이 사람들을 먹이겠느냐 하시니"

예수님은 먼 곳까지 예수님을 찾아온 사람들의 믿음을 귀하게 생각하시고 그들을 일일이 안수하셔서 한 사람씩 한 사람씩 다 고쳐주셨습니다. 이것은 정말 신기한 일이었습니다. 예수님께서 맹인의 눈을 만지시거나 침을 발라주시니까 맹인이 보게 되었습니다. 자리에서 일어서지 못하는 장애인들은 예수님께서 일어서라고 하시니까 일어났습니다. 배가 퉁퉁 부어있는 환자들은 배를 만져주시니까 부은 것이 가라앉고 아픈 배가 나았습니다. 말을 하지 못하는 자는 예수님이 혀를 만져주시니까 말을 하게 되었습니다.

　그러나 예수님은 병만 고치신 것이 아니라 하나님의 말씀을 전하기도 하셨습니다. 그러면서 하루가 지나고 이틀이 지나고 사흘이나 지났습니다. 사람들은 시간 가는 줄 모르고 예수님의 말씀을 듣고 예수님의 병 고치는 기적을 구경한다고 정신을 차리지 못했는데, 이제는 전부 배가 고프게 되었고 또 다시 밤이 찾아오고 있었습니다.

　예수님 주위에 있는 사람 중에는 아침부터 아무것도 먹지 못하고 있는 사람들도 많이 있었고 먹을 것이 없는 사람들이 대부분이었습니다. 이들은 이렇게 많은 사람이 모일 줄 몰랐고 또 자기들이 이렇게 오래 예수님과 함께 있게 될 줄 몰랐던 것입니다. 그런데 문제는 예수님께 몰려와 있는 사람들이 모두 가난한 사람들이었고 굶주린 사람이었다는 사실입니다. 그리고 예수님이 계신 곳은 너무 인가에서 멀리 떨어진 곳이었기 때문에 집으로 가는 도중에 기진해서 쓰러질 사람들이 많았다는 사실입니다.

　그러나 문제는 그들에게 먹을 양식이 없다는 것이었습니다. 이제 그들이 할 수 있는 최선의 방법은 조금이라도 더 늦기 전에 죽을힘을 다해서 집을 향해서 가는 것입니다. 돈이라도 있는 사람은 더 늦기 전에 동네가 있는 곳으로 가서 떡을 사 먹는 수밖에 없었습니다. 그러나 사람이 사는 동네는 너무나도 먼 곳에 있었습니다. 이때 예수님 주위에 모인 사람들은 성인 남자만 오천 명이었으니까 어린아이와 여성들을 합치면 만 명이 훨씬 넘는 숫자였습니다. 정말 이 사람들을 더 늦기 전에 빨리 보내는 것이 정답이었습니다.

그런데 예수님은 제자 중에 빌립에게 우리가 어디서 떡을 사서 이 사람들을 먹일 수 있을까라고 물어보셨습니다. 왜 하필이면 빌립에게 물어보셨는지 모르겠지만, 빌립이 그곳 지리를 잘 알 수도 있고 그런 계산에 빨랐을 수도 있습니다. 그러나 예수님의 이 질문은 말도 안 되는 불가능한 질문이었습니다. 왜냐하면 예수님에게는 만 명이 넘는 사람들을 먹일 수 있는 돈도 없었고 돈이 있다 하더라도 갑자기 그렇게 많은 사람을 먹일 수 있는 빵을 만들 곳도 없었기 때문입니다.

이때 빌립은 이렇게 대답을 했습니다.

6:7, "빌립이 대답하되 각 사람으로 조금씩 받게 할지라도 이백 데나리온의 떡이 부족하리이다"

빌립은 우선 여기에 모인 사람에게 헌금을 조금씩 내게 해서 **빵을** 주문한다고 해도 이백 데나리온 정도로는 어림도 없을 것 같다고 대답했습니다. 이백 데나리온은 지금의 우리 돈으로 대략 계산하면 이백만원이나 삼백만원 되는 돈인데 이 당시에는 엄청나게 큰돈이었습니다. 즉 이 배고픈 사람들을 먹이려고 하면 이백 데나리온이나 되는 돈이 필요한데 설사 돈이 있다 하더라도 그만한 떡을 만들어서 파는 사람이 없었던 것입니다.

다른 복음서에서는 이 일이 있기 전에 제자들이 예수님에게 더 늦기 전에 사람들을 빨리 보내자고 재촉하는 장면을 볼 수 있습니다. 이것이 바로 현실이었습니다. 아무리 예수님이 오셔서 능력으로 사람들의 병을 고치시고 은혜스러운 말씀을 하셨다고 하지만 현실은 만 명이 넘는 사람들이 배가 고파서 죽을 지경이고 할 수 있는 방법이라고는 이백 데나리온의 돈으로 빵을 사든지 아니면 더 늦기 전에 사람들을 집으로 보내어서 각자 자기가 알아서 먹도록 하는 것이었습니다.

그런데 어떤 때 하나님은 우리에게 불가능한 것을 하게 하실 때가 있습니다. 하나님이 우리에게 불가능한 일을 하게 하실 때 우리는 엄청나게 화가 나고 짜증이 나게 됩니다. 왜 하나님은 말도 안 되는 일을 하게 하시는 것일까 하는 생각이 드는 것입니다. 왜 하나님은 나에게 이렇게 죽도록 고생시키시는 것일까? 왜 하나님은 나를 이렇게 불편하게 하시고, 왜 하나님은 나를 이렇게 말도 안 되는 일을 시켜서 낭패를 겪게 하실까 하는 생각이 드는 것입니다.

다른 복음서를 보면 예수님이 제자들에게 "너희가 먹을 것을 주라"고 말씀을 하십니다(마 14:16, 막 6:37). 이때 제자들이 굉장히 화가 났던 것을 알 수 있습니다. 그러나 하나님이 우리에게 불가능한 일을 하라고 하실 때에는 반드시 거기에는 기적이 준비되어 있습니다. 왜냐하면 하나님은 절대로 우리를 살게 하시는 분이지 죽게 만드시는 분이 아니기 때문입니다. 그런데 이때 하나님이 우리에게 말도 안 되는 것을 시키신다고 화를 내고 하나님께 따지고 들면 광야에서 하나님께 대들었던 이스라엘 백성들처럼 시험에 불합격하게 됩니다. 사실 수능시험보다 훨씬 더 어려운 시험은 하나님이 우리에게 시험하시는 것입니다. 우리에게 불가능한 것을 하라고 하시는 것보다 더 신나는 것은 없습니다. 왜냐하면 바로 거기에 기적이 있고 상급이 있고 축복이 있기 때문입니다.

2. 기적의 불씨

우리가 사는 이 세상에서 신앙의 세계와 현실은 마치 평행선을 이루면서 가는 것처럼 절대로 합쳐지지 않을 것 같습니다. 기차 레일을 보면 두 개가 평행선을 이루면서 절대로 합쳐지지 않고 끝까지 가는 것을 보게 됩니다. 마찬가지로 우리가 신앙생활 하면서 우리의 신앙과 현실은 절대로 합쳐지지 않고 가는 것 같습니다.

우리는 이 세상에서 살아남기에는 너무 어리숙하고 순진한 사람들입니다. 그런데 놀라운 것은 절대로 합쳐질 수 없었던 것 같았던 믿음과 현실이 예수님 안에서 하나가 된다는 사실입니다. 그것도 기적으로 하나가 되는 것입니다. 그래서 예수님이 오신 이후로 우리는 불가능한 것을 가지고 화를 내거나 절망할 필요가 없습니다. 단지 우리가 그 방법을 모르는 것뿐입니다.

우리가 하나님의 말씀을 듣는 것은 그냥 말씀을 듣는 것으로 끝나는 것이 아니라 하나님으로부터 기름이 우리에게 흘러내리고 있는 것입니다. 우리가 하나님의 말씀을 듣고 은혜를 받았을 때 우리에게는 기적의 기름이 흥건히 젖어 있습니다. 여기에 불을 댕기기만 하면 불이 붙게 됩니다. 다시 말해서 성도들이 말씀에 은혜를 받는 것은 기름밭이 되는 것과 같습니다. 예수님은 이것을 알고 계셨습니다. 예수님은 굳이 세상 방법을 쓸 필요가 없으셨습니다. 왜냐하면 지금 하나님께서는 만 명이 넘는 사람들에게 은혜를 주셔서 하나님의 축복의 기름이 흥건한데 이백 데나리온의 돈을 거두어서 빵을 사거나 혹은 사람들을 집으로 보낼 필요가 없었던 것입니다. 지금 예수님이 계신 곳에는 축복의 기름이 흥건했습니다. 단지 불만 붙이면 되는 것이었습니다.

여기에 불을 붙인 사람은 한 아이였습니다. 그 많은 사람 중에 어떤 아이가 있었는데 그 아이가 얼마나 여문 아이였는지 그때까지 엄마가 싸준 도시락을 먹지 않고 가지고 있었습니다. 아니면 이 아이는 예수님이 병을 고치시고 말씀을 전하시는데 너무 신이 나서 손에 들고 있는 도시락을 먹는 것을 잊어먹었는지도 모릅니다.

옛날에도 교회에서 부흥회나 성경학교를 열면 가장 신나 하는 사람은 어린아이들이었습니다. 왜냐하면 일단 매일 교회 가는 것이 너무 신기하고 또 특별한 프로그램이 있고 많은 사람이 모이는 것이 너무 신기했기 때문입니다. 어린아이들에게는 온종일 교회에서 노는 것이 너무나도 좋고 신기한 일이어서 배가 고픈 것도 잊어버리는 것입니다. 이 아이의 도시락이 그 유명한 보리떡 다섯 개와 물고기 두 마리였습니다. 이 아이는 자기 도시락을 예수님께 바치고 싶었습니다. 이것은 성령님이 이 아이에게 주신 마음이었습니다. 이 아이는 제자 중 한 사람인 안드레를 찾아가서 이 도시락을 바쳤습니다. 이 아이에게는 너무나도 아까운 것이었습니다. 그러나 이 아이는 너무 신이 나고 재미가 있었기 때문에 예수님에게 이 도시락을 바치고 싶었습니다.

> 6:8-9, "제자 중 하나 곧 시몬 베드로의 형제 안드레가 예수께 여짜오되 여기 한 아이가 있어 보리떡 다섯 개와 물고기 두 마리를 가지고 있나이다 그러나 그것이 이 많은 사람에게 얼마나 되겠사옵나이까"

예수님은 여러 가지 방법으로 사람들을 먹이실 수 있었습니다. 그러나 예수님은 기다리셨습니다. 즉 그것은 누군가가 자기 것을 예수님에게 헌신하는 것이었습니다. 왜냐하면 공짜로 받는 것보다는 하나님께 바치는 것이 너무나도 아름다운 일이었기 때문입니다. 우리가 하나님께 바친다는 것은 모든 것을 하나님이 주셨다는 의미의 표현입니다. 나의 생명과 나의 인생과 나의 모든 머리와 아름다운 것들은 다 하나님이 주셨다는 고백입니다.

그런데 그렇게 바칠 수 있는 사람은 어린아이였습니다. 왜냐하면 어린아이는 미래를 생각하지 않기 때문입니다. 어른들은 미래를 생각하기 때문에 생각이 복잡합니다. 그러나 어린아이는 지금 현재밖에 모르기 때문에 걱정할 것이 아무것도 없습니다. 어린아이는 지금 당장이 재미있으면 행복한 것입니다. 예수님 앞에서 가장 부요한 사람은 어린아이였습니다. 예수님은 이 어린아이의 헌신에 아주 기뻐하셨습니다. 그러나 이것으로 모든 것이 다 된 것은 아니었습니다. 예수님은 사람들을 앉게 하시고 하나님을 향하여 감사 기도하셨습니다.

> 6:10-11, "예수께서 이르시되 이 사람들로 앉게 하라 하시니 그 곳에 잔디가 많은지라 사람들이 앉으니 수가 오천 명쯤 되더라 예수께서 떡을 가져 축사하신 후에"

하나님의 기적의 불씨는 어린아이의 감사하는 마음과 예수님의 기도였습니다. 예수님은 그 보잘것없는 떡과 물고기를 가지고 하나님께 감사 기도를 하셨습니다. 예수님에게는 모든 것이 감사한 것밖에 없었습니다. 우리가 살아있는 것도 감사하고 하나님이 함께하셔서 많은 사람의 병이 나은 것도 감사하고 사람들이 말씀을 듣고 은혜받고 부흥이 일어난 것도 감사했습니다. 예수님이 계신 그곳에 일어난 것은 부흥이었습니다. 그리고 한 어린아이가 자기의 먹을 떡과 물고기를 먹지 않고 하나님께 바친 것도 감사했습니다. 결국 작은 떡과 예수님의 기도가 기적을 일으키는 불씨가 되었던 것입니다.

우리가 하나님의 말씀을 듣고 은혜를 받을 때 우리에게는 하나님의 기름이 흐르게 됩니다. 이때 집안에서나 직장에서나 개인적으로 인색한 마음을 버리시기를 바랍니다. 아주 작은 것을 나누고 기도하시기 바랍니다. 그리고 예수님에게 이 우리의 작은 신앙을 축복해달라고 기도하시기 바랍니다.

3. 놀라운 기적의 결과

예수님은 배가 고파서 서성거리고 있는 사람들을 잔디에 오십 명씩, 백 명씩 앉게 했습니다. 사람들은 자리에 앉으면서 웅성거리지도 않고 조급해하지도 않고 예수님을 기대하게 되었습니다. 만약 사람들이 서 있는 자리에서 떡을 나누어주었다면 아마 난장판이 되었을 것입니다. 예수님은 기도하신 후에 열두 제자에게 떡을 떼어서 사람들에게 나누어주라고 말씀하셨습니다. 참으로 놀라운 것은 예수님의 떡은 아무리 떼어도 그대로 있었다는 것입니다. 오히려 떡은 떼면 뗄수록 더 많아졌던 것 같습니다. 왜냐하면 만 명이 넘는 사람에게 한꺼번에 떡을 나누어주려고 하면 떡 다섯 개로는 너무 오래 걸렸을 것입니다. 그러니 떡은 떼면 뗄수록 더 많아지고 물고기도 나누면 나눌수록 더 많아졌던 것 같습니다. 예수님께서는 제자들에게 사람들이 먹고 싶어 하는 대로 나누어주라고 말씀하셨습니다. 그러니까 사람들은 먹고 또 먹고 또 먹었던 것입니다.

6:11-12, "예수께서 떡을 가져 축사하신 후에 앉아 있는 자들에게 나눠 주시고 물고기도 그렇게 그들의 원대로 주시니라 그들이 배부른 후에 예수께서 제자들에게 이르시되 남은 조각을 거두고 버리는 것이 없게 하라 하시므로"

예수님은 굶주린 사람 전부를 배부르도록 실컷 먹게 하셨습니다. 사람들은 이해할 수 없었습니다. 조금 전까지만 해도 그들은 이대로 돌아가면 굶어 죽는다고만 생각했고, 많은 사람이 먹으려면 이백 데나리온 어치의 떡도 부족하다고 생각했습니다. 그런데 한순간에 예수님은 그들 전부를 다 배가 부르게 하시고 떡이 남게 하셨습니다. 그리고 예수님은 남은 떡을 버리지 못하도록 다 거두게 하셨습니다. 왜냐하면 보리떡은 밀로 만든 것에 비해서 고급이 아니기 때문에 배가 부른 후에는 버릴 가능성이 많았기 때문입니다. 그러나 예수님은 그 기적의 떡을 버리지 않고 다 거두게 하셨습니다. 그랬더니 무려 열두 바구니에 가득 찬 양이 되었습니다.

6:13, "이에 거두니 보리떡 다섯 개로 먹고 남은 조각이 열두 바구니에 찼더라"

예수님이 기왕 기적을 행하시려고 하면 보리떡을 맛있는 팥빵이나 카스테라로 바꾸어주셨으면 더 좋지 않았을까요? 예수님은 원래 보리떡 자체를 좋아하셨습니다. 예수님은 변하는 것을 좋아하시지 않았습니다. 그리고 왜 예수님은 남은 것을 버리고 또 새로 기적을 행하시지 않고 또 모으게 하셨을까요? 그것은 우리가 하나님의 은혜를 너무 잘 잊어버리기 때문에 잊지 않도록 하신 것입니다. 우리는 하나님의 은혜를 받으면 금방 버리고 또 새로운 문제를 끌어안고 고민을 하고 울고불고합니다. 그러나 보리떡 다섯 개와 물고기 두 마리와 열두 바구니는 우리 마음속에 영원히 남아 있어야 하는 것입니다.

하나님은 기적의 하나님이십니다. 우리가 하나님께 감사하고 작은 것을 내어놓을 때 기적이 일어납니다. 우리는 이 기적을 절대로 잊어서는 안 됩니다. 우리는 남은 보리떡을 시시한 보리떡이라고 버려서는 안 됩니다. 우리는 남은 떡을 우리 가슴의 바구니에 담아서 절대로 잊지 말아야 합니다. 그래야 우리는 먹는 것에 노예가 되지 않고 늘 하나님 말씀의 능력으로 살아갈 수 있습니다. 보리떡 다섯 개와 물고기 두 마리의 기적은 말씀의 기적이었습니다. 하나님의 말씀이 있고 감사가 있는 곳에는 기적이 일어나게 됩니다. 이 세상에서 서성거리지 말고 하나님 앞에서 부흥의 불을 붙이는 성도들이 다 되시기 바랍니다.

19

물 위를 걸으신 이유

요 6:15-27

얼마 전에

서울 강남의 땅값이 너무 올라서 정부에서 그 땅값을 잡느라고 난리가 났습니다. 강남의 대치동은 옛날에는 말죽거리라고 해서 정말 허허벌판이었고 비가 오기만 하면 진흙 구덩이가 되는 곳이었고 장화 없이는 못사는 곳이라고 했습니다. 그러나 이런 곳이 개발되니까 전국에서 가장 땅값이 비싼 곳이 되었습니다. 이런 것을 보면 사람이 시멘트를 사용하게 되었다는 것이 건축에는 큰 발견인 것 같습니다. 시멘트가 없던 옛날에는 돌이나 흙으로 집을 만들거나 다리를 만드니까 돌이 무거워서 더 높이 올려 만들 수 없었고 흙은 힘이 없었습니다. 그런데 시멘트를 사용하니까 댐도 만들고 높은 다리도 만들고 백층도 더 되는 건물도 만들어서 사용하고 있습니다. 이런 것들은 옛날에는 상상도 하지 못할 일이었습니다. 그러나 지금으로부터 삼천오백 년 전에 이미 하나님은 시멘트나 철근 하나 없이 말씀 하나로 댐도 만드시고 다리도 만드셨습니다. 이것은 정말 우리에게 놀라운 사실을 깨우쳐주고 계신 것입니다. 즉 하나님은 하나님의 말씀 속에 들어있는 비밀을 보기를 원하시는 것입니다.

사람들은 예수님께 병 고침을 받고 또 예수님의 설교를 듣기 위하여 동네에서 먼 곳까지 따라와서 사흘 정도 있으면서 정신없이 지냈습니다. 그러나 사흘이 지나니까 이제 사람들은 먹을 것이 없어서 더 이상 견딜 수 없게 되었습니다. 이제 집에 돌아가는 수밖에 없었습니다. 심지어 어떤 사람들은 너무 배가 고파서 돌아가다가 쓰러질 사람도 있었습니다. 그때 예수님은 그곳에 있던 사람들에게 돌아가지 못하게 하셨습니다. 그리고 예수님은 기다리셨습니다. 그때 한 소년이 자기가 가지고 있던 보리떡 다섯 개와 물고기 두 마리를 예수님께 바쳤습니다. 이 작은 것이 하나님의 축복을 일으키는 불씨가 되었습니다.

우리가 하나님의 말씀을 들으면 말씀만 듣고 끝나는 것이 아니라 천국의 기름이 내려와서 홍건하게 적시게 됩니다. 그때 누군가가 불씨를 던지면 축복이 일어나고 기적이 일어나게 되는 것입니다. 이것을 눈으로 직접 본 사람들은 예수님이야말로 모세가 예언했던 그 선지자이고 메시야인 것을 확신하게 됩니다. 그런데 그 후에 일이 복잡하게 꼬이게 됩니다. 기적을 본 사람들은 예수님을 억지로 왕으로 만들려고 했고, 예수님은 그 무리와 헤어져 산으로 올라가서 기도를 하셨습니다.

그리고 예수님은 제자들이 힘들게 노를 저으면서 호수를 건너가는 것을 보시고 밤에 물 위를 걸어서 제자들에게 가셨습니다. 제자들은 예수님이 물 위를 걸어오시는 것을 보고 유령이라고 하면서 소리를 질렀습니다. 이런 것을 보면 제자들이나 우리나 똑같은 것 같습니다. 우리도 캄캄한 밤에 물 위에 무엇인가 흐느적거리면서 걸어오면 유령이라고 생각했을 것입니다. 그런데 궁금한 것은 왜 꼭 예수님은 물 위를 걸어서 제자들에게 왔어야 했느냐는 것입니다.

1. 세상에 오실 그 선지자라

예수님께서 오천 명이 넘는 사람들에게 보리떡 다섯 개와 물고기 두 마리로 배부르게 먹이시고 열두 바구니나 남기신 것은 놀라운 기적이었습니다. 사람들은 그 보리떡을 먹으면서 서로 쳐다보고 기뻐서 웃었습니다. 왜냐하면 배가 너무 고플 때 먹는 보리떡은 그야말로 꿀맛이었을 뿐 아니라 보리떡 다섯 개로 오천 명을 먹이신 것은 누가 봐도 기적이었기 때문입니다. 이스라엘 사람들은 예수님이 병을 고치신 것이 그냥 신기한 능력이 있어서 고친 것이 아니라는 사실을 깨닫게 되었습니다. 이분이야말로 모세가 예언했던 바로 그 선지자였던 것입니다.

> 6:14, "그 사람들이 예수께서 행하신 이 표적을 보고 말하되 이는 참으로 세상에 오실 그 선지자라 하더라"

모세는 이스라엘 백성들에게 장차 자기와 같은 선지자가 일어날 것이라고 예언을 했습니다. "네 하나님 여호와께서 너희 가운데 … 나와 같은 선지자 하나를 일으키시리니 너희는 그의 말을 들을지니라"(신 18:15).

모세가 얼마나 능력이 있었습니까? 모세는 애굽의 바로를 열 가지 재앙으로 굴복시키고 이스라엘 백성들로 하여금 많은 전리품을 가지고 애굽을 떠나게 했고 홍해 앞에서는 바다를 가르는 기적을 행했습니다. 그리고 광야에서는 만나를 먹였고 반석을 쳐서 생수가 쏟아지게 했습니다.

유대인들은 그들이 그렇게 기다리고 고대하던 모세 같은 선지자가 드디어 나타난 것이라고 생각했습니다. 보리떡을 먹은 오천 명은 열광했고 제자들도 너무 좋아서 이리저리 뛰었고 예수님도 너무나도 기뻐하셨습니다. 왜냐하면 기적이 일어난 것은 하나님의 영광이었고 바로 영적인 부흥이었기 때문입니다. 그런데 그러고 난 후에 무리의 태도가 이상해지기 시작했습니다. 유대인들이 모세와 같은 선지자를 만났다면 그들이 해야 할 일은 그의 말씀을 듣는 것이었습니다. "너희는 그의 말을 들으라"고 했기 때문입니다. 그런데 이스라엘 백성들은 예수님을 앞서가기 시작했습니다.

6:15, "그러므로 예수께서 그들이 와서 자기를 억지로 붙들어 임금으로 삼으려는 줄 아시고 다시 혼자 산으로 떠나 가시니라"

유대인들은 자기들이 이렇게 가난하고 궁핍하게 사는 이유가 정치에 있다고 생각했습니다. 즉 그들은 로마의 지배를 받고 있고 로마에 세금을 내어야 하고 로마가 세운 사람들이 정치를 잘못하기 때문이라고 생각한 것입니다. 오병이어의 기적을 본 사람들은 이렇게 자기들을 사랑해주고 병을 고쳐주고 기적으로 떡을 먹여주는 사람이 왕이 된다면 훨씬 행복하게 살 수 있다고 생각했던 것입니다. 그래서 그들은 예수님을 억지로 왕으로 만들려고 했습니다. 유대인들은 그런 권한이 없었습니다. 그러나 그들이 예수님의 기적을 증언하고 예수님이 기적을 보여준다면 다른 유대인들도 동조할 것이라고 생각했던 것입니다.

예수님은 유대인들이 자신을 지지하고 기뻐하고 좋아하는 것은 좋은 일이지만, 자신을 지도자로 추대하고 왕으로 추대하는 것은 잘못된 일이라고 생각하셨습니다. 그것은 바로 사탄의 생각이었던 것입니다. 예수님은 낮아지셔야 하고 죽으셔야 하는데 사람들은 예수님을 높아지게 하고 유명하게 하려고 했던 것입니다. 예수님은 여기서 사람들의 마음속에 있는 욕심을 보았고 광기를 보았습니다. 그래서 즉시 그 무리를 떠나 산으로 도망치듯이 올라가서 혼자 기도를 하셨습니다.

아마 예수님의 기도는 이런 내용이었을 것입니다. "사람들은 오늘 아버지의 기적을 보고 좋아하고 있습니다. 그러나 그들은 저를 왕으로 만들려 하고 있습니다. 그것이 과연 아버지의 뜻인가요?" 예수님은 그것이 아버지의 뜻이 아니고 사탄의 광기라는 것을 아셨습니다. 기독교는 높아지는 종교가 아니라 낮아지는 종교입니다. 그래서 예수님은 이 무리와는 헤어지기로 결심하셨습니다. 이들은 세상의 욕심에 사로잡힌 무리였던 것입니다.

2. 물 위를 걸어오심

예수님은 제자들이 열광하자 즉시 제자들과 무리를 차단시키고 제자들에게 먼저 배를 타고 호수를 건너게 하셨습니다. 왜냐하면 예수님은 제자들이 무리의 그 열광주의에 오염되는 것을 원치 않으셨기 때문입니다. 예수님은 산 위에서 기도하시면서 자기를 죽게 해달라고 하나님께 매달리셨습니다. 예수님이 산에서 한참 기도하시는 동안에 제자들이 노를 저어 가고 있었고, 이미 호수는 어두워져 있었습니다. 그런데 호수에는 강한 바람이 불어서 제자들은 아주 힘들게 배를 노 저어 가고 있었고, 어쩌면 그 파도로 인해 배가 뒤집히려고 했는지도 모르겠습니다.

6:16-18, "저물매 제자들이 바다에 내려가서 배를 타고 바다를 건너 가버나움으로 가는데 이미 어두웠고 예수는 아직 그들에게 오시지 아니하셨더니 큰 바람이 불어 파도가 일어나더라"

그때 예수님이 물 위를 걸어서 제자들에게 가셨습니다. 예수님은 틀림없이 두려움에 떨고 있는 제자들을 너무 사랑하셔서 한시라도 빨리 그들과 같이 있고 싶어서 가신 것입니다. 그런데 왜 예수님은 물 위를 걸어서 제자들에게 가셨을까요? 이것은 저의 오랜 의문이었습니다. 왜 예수님은 아침에 다른 배가 올 때까지 기다리지 않으셨을까요? 왜 좀 돌아서 가더라도 육지로 걸어서 가지 않으셨을까요? 예수님이 물 위를 걸어서 가신 것은 중력의 법칙을 중단시키신 것일까요? 예수님은 공중 부양을 하신 것이었을까요? 그런 것이 아니라면 예수님은 인간이 아닙니다. 사람은 항상 몸무게가 있어야 사람이지, 어떤 때 몸무게를 제로로 만들 수 있다면 그것은 사람이 아닌 것입니다. 그러면 예수님은 십자가 위에서도 몸무게를 제로로 만드셨더라면 그렇게 살이 찢어지는 고통을 받지 않으셨을 것입니다. 그런데 예수님이 물 위로 걸으셨을 때 몸무게가 없어진 것은 아니었습니다. 그렇다면 이것이 의미하는 것이 무엇이겠습니까? 이것이야말로 예수님이 가지셨던 특별한 능력이었습니다. 그것은 바로 물을 시멘트같이 단단하게 세우는 능력이었습니다. 예수님은 물 위를 걸으심으로 출렁이는 갈릴리 호숫물을 단단한 다리로 만드셨던 것입니다.

출애굽 때 홍해의 바닷물을 양쪽의 댐같이 단단하게 세우셔서 이스라엘 백성들이 육지처럼 건너가게 하셨습니다. 홍해를 갈라지게 한 것은 모세가 아니었습니다. 이것은 바로 메시야의 능력이었습니다. 하나님은 이스라엘 백성들을 죽이려고 추격하는 애굽 군대를 바닷물이 합쳐지게 하심으로 모두 바다에 빠져 죽게 하셨습니다. 그때 이스라엘 백성들은 동이 틀 때까지 바다가 갈라져 있어서 바다를 마른 땅같이 걸어서 건넜습니다. 또 하나님은 여호수아 때 요단강을 댐같이 높게 세워지게 하셔서 이스라엘 백성들로 하여금 모두 걸어서 그 강을 건너게 하셨습니다. 그리고 백성들이 다 건넌 후에는 물 댐이 내려앉게 하셔서 정상적으로 물이 흐르게 하셨습니다.

아마 제자들은 갈릴리 호수의 바람 때문에 정신이 없어서 예수님이 물 위로 걸어오신 것이 무엇을 의미하는지 생각할 겨를이 없었을 것입니다. 오직 제자들은 누군가가 캄캄한 물 위를 걸어오는 것을 보고 유령이라고 소리를 질렀을 뿐입니다. 예수님은 물 위를 걸으신 것을 통해서 단지 자신이 초능력을 가지고 있음을 보여주시고자 한 것이 아니었습니다. 물 위를 걸으시는 이 능력을 통해서 예수님은 옛날에 모세가 홍해를 갈라서 이스라엘 백성들을 구원했던 그 능력으로 제자들을 찾아오신 것을 보여주시려고 한 것입니다.

이것을 이해할 수 있게 만드는 것이 하박국의 노래입니다. 하박국의 노래를 보면, 홍해가 갈라졌을 때 하나님이 이스라엘 백성들을 구원하고자 하는 마음이 너무 급하셔서 마치 바다에게 노하신 것 같고 강을 노여워하셔서 말을 타고 병거를 미친 듯이 몰아서 이스라엘 백성들에게 찾아오신 것으로 노래하고 있습니다(합 3:8). 예수님도 제자들이 큰 물결에 두려워하는 것을 보시고 그들을 돕고자 하는 마음이 너무 급해서 호수 위를 걸어서 급하게 마치 뛰듯이 제자들에게 달려오셨던 것입니다.

오늘 우리에게도 예수님은 예전과 변함없는 능력으로 찾아오시는 것을 보여주시려고 하는 것입니다. 예수님은 만일 너희가 겨자씨만 한 믿음만 있으면 산이 여기서 저기로 옮겨지라 해도 그대로 될 것이라고 말씀하셨습니다(마 17:20). 만일 이스라엘 백성들이 지나갈 수 있는 길을 바닷속에 만들려고 하면 시멘트와 철근을 사용한다고 해도 십 년이 걸려도 다 만들지 못했을 것입니다. 그러나 인간이 십 년이 걸려도 제대로 할 수 없는 일을 하나님은 한순간에 말씀으로 하셨습니다. 특히 요한은 우리가 보는 이 말씀과 예수님을 동일시하고 있습니다.

오늘도 예수님은 보좌 우편에서 우리가 홀로 이 세상에서 고전하고 있는 모습을 보시고 도우려고 하십니다. 예수님은 우리가 성경 읽기를 원하시고 기도하기를 원하십니다. 예수님은 우리에게 성경을 남겨 주셨고 기도를 하게 하셨습니다. 그러나 우리는 이 능력을 믿지 못해서 우리 힘으로 해결하려고 이렇게 노를 젓고 저렇게 노를 젓고 있습니다. 풍랑을 만난 우리의 기도는 간단해야 합니다. "예수님, 오셔서 우리의 어려움을 해결해주십시오"라고 하면 되는 것입니다. 그 선지자의 말을 들으라고 하셨습니다. 그를 왕으로 세우거나 정치적인 문제가 우리를 도와주지 못합니다.

6:20, "이르시되 내니 두려워하지 말라 하신대"

제자들이 예수님을 보고 유령이라고 소리를 질렀는데, 굉장히 무서웠던 것 같습니다. 이것은 우리와 비슷합니다. 저도 어렸을 때 혼자 새벽기도 가면서 소나무 숲을 지날 때는 유령이 나올까 봐 너무 무서웠습니다. 그때 예수님이 "내니 두려워하지 말라"고 하시니까 제자들이 안심했습니다. 그런데 보니까 이미 배는 목적지에 도달해 있었습니다.

어떤 불가항력적인 힘이 제자들의 배를 밀었던 것 같습니다. 오늘 우리도 우리 힘으로 목적지에 가려고 하면 고생은 고생대로 하고 진도도 안 나가지만, 예수님을 모신다면 어느 순간 목적지에 도달하게 될 것입니다.

3. 썩는 양식과 영생하는 양식

그다음 날 기적의 떡을 먹었던 사람들은 예수님을 찾아서 예수님이 계시던 곳을 찾아갔습니다. 그러나 거기에는 예수님이 없었습니다. 사람들은 제자들이 떠날 때 배가 한 척 밖에 없었고 예수님 혼자 남아 있었는데 예수님이 어디로 갔을까 굉장히 궁금해했습니다. 그들은 예수님이 계실만한 곳을 찾으려고 했습니다. 제자들이 있는 곳에는 예수님도 있을 것이기에, 어제 제자들이 가버나움으로 간다는 말을 그들은 들었던 것 같습니다. 그래서 모두 배를 타고 가버나움으로 가니까 역시 그곳에 예수님이 계셨습니다. 교인들도 남편을 찾는 방법은 간단합니다. 부인이 있는 곳을 찾으면 됩니다.

사람들은 예수님을 보고 너무 반가워서 "예수님! 언제 여기에 오셨습니까?"라고 하면서 반가워했습니다. 그러나 예수님의 태도는 이미 싸늘하게 식어 있었습니다. 왜냐하면 예수님은 산에게 기도하시는 가운데 이 사람들의 마음속에 들어있는 것이 무엇인지 아시고, 이들은 아무리 하나님의 말씀을 전해도 변하지 않을 것을 아셨기 때문입니다.

그래서 예수님이 이렇게 말씀하셨습니다.

6:26-27, "예수께서 대답하여 이르시되 내가 진실로 진실로 너희에게 이르노니 너희가 나를 찾는 것은 표적을 본 까닭이 아니요 떡을 먹고 배부른 까닭이로다 썩을 양식을 위하여 일하지 말고 영생하도록 있는 양식을 위하여 하라"

예수님은 호수 건너편까지 자신을 찾아온 무리를 보시고 너희들이 이렇게 간절하게 나를 찾는 것은 표적을 본 까닭이 아니라고 말씀하셨습니다. 즉 너희가 하나님의 말씀에 능력이 있다거나 혹은 예수님이 하나님께서 보내신 분이라는 것을 깨달았기 때문에 온 것이 아니라는 것입니다. 그들이 예수님을 찾아온 것은 오직 예수님의 능력만 필요해서 온 것이었습니다. 그들에게 중요한 것은 하나님의 말씀이 아니라, 오직 먹는 문제만 해결해주는 능력이 필요했던 것입니다. 그러면서 예수님은 아주 이해하기 어려운 말씀을 하셨습니다. 그것은 썩을 양식을 위하여 일하지 말고 썩지 않고 영생하도록 있는 양식을 위해서 일하라는 것입니다.

그러나 우리가 생각해보면 우리가 먹는 양식은 전부 썩는 양식입니다. 그렇기 때문에 우리 배에서도 소화되어서 그 영양분을 얻어서 살아가는 것입니다. 그러나 만일 썩지 않는 것이라면 소화도 되지 않기 때문에 먹을 수도 없고 그것을 먹고 살 수도 없습니다. 그러나 예수님은 역시 비유의 천재이셨습니다.

예수님께서는 이 세상에서 음식을 먹고 사는 것 외에 다른 삶이 있다고 말씀하셨습니다. 그것은 하나님의 말씀을 먹고 믿음으로 사는 것입니다. 우리가 하나님의 말씀을 듣는다고 해서 배가 부른 것도 아니고, 우리가 믿음으로 산다고 해서 세상에서 반드시 잘 되는 것도 아닙니다. 그러나 우리 안에 또 다른 생명이 있습니다. 그것은 바로 영원한 생명입니다. 우리 안에는 영원한 생명이 살아있는 것입니다.

사람들은 모두 이 세상에 먹고 살기 위해서 농사도 짓고 사업도 하고 공부도 하고 직장 생활도 합니다. 그러나 그것은 영생이 아닙니다. 결국 우리는 늙어지고 썩어질 것입니다. 그런데 우리가 하나님의 말씀을 먹고 믿음으로 살면 우리 안에 영생이 있기 때문에 죽음을 이기고 살아나게 됩니다.

우리는 이 세상에 사는 것으로 너무 많이 염려하고 있습니다. 그 염려를 호수 위를 걸어오시고 홍해를 가르신 하나님의 아들에게 맡기시기 바랍니다. 하나님을 믿으시기 바랍니다. 하나님을 의지하는 자는 영원히 수치를 당하지 않는다고 하셨습니다(욜 2:26-27). 우리는 앞으로의 일도 하나님을 믿으시기 바랍니다. 주님을 우리 가운데 모시고 모든 어려움을 다 맡기고 영생하는 성도들이 다 되시기 바랍니다.

20

생명의 선물

요 6:28-40

저희 교인

중에는 거의 죽음 일보 직전까지 갔다가 기적적으로 살아오신 분들이 계십니다. 그중에 어떤 분은 간경화로 간 이식 수술을 받고 살아나신 분도 있고, 어떤 분은 암이 재발되어서 수술받았지만 악화되어서 의식을 잃었다가 기적적으로 살아서 돌아오신 분도 있습니다. 제가 이 분들을 만나서 말씀을 들어보니까 제2의 인생을 살고 새로운 인생을 사는 기분이라고 했습니다. 그래서 이분들이 그때부터 가장 먼저 하신 일이 찬양대를 열심히 봉사하신 것이었습니다. 수술받은 지 얼마 되지도 않은 분이 그 힘든 〈메시야〉 전곡을 꼿꼿하게 서서 다 부르셨습니다. 제가 알기에도 그런 분이 세 분이나 계십니다. 이분들은 이 새로운 인생을 가치 있는 일에 사용하고 싶어 하셨습니다.

   구약 성경을 보면 하나님으로부터 새로운 생명을 선물로 받은 사람이 있습니다. 그는 바로 히스기야 왕입니다(사 38:1-8). 히스기야는 병에 걸려서 피골이 상접하고 일어날 수조차 없었는데, 이사야 선지가 그에게 찾아와서 이제 죽을 것이니까 집안일을 정리하라고 했습니다. 이때 히스기야는 하나님께 기도하면서 벽을 보고 통곡했습니다. 말씀을 전한 후 이사야는 집으로 돌아가는데 다시 하나님의 말씀이 임했습니다. 다시 돌아가서 히스기야에게 전하라고 하면서 "내가 너의 기도를 들었고 너의 눈물을 보았다"고 하시면서 "네 생명을 15년 연장시켜 주겠다"고 말씀하셨습니다. 그 증거로 하나님은 아하스의 해 시계를 뒤로 십도 물러가게 하셨습니다. 히스기야는 한번 통곡을 하고 15년의 생을 선물로 받은 것입니다.

우리가 예수 믿고 난 후의 인생은 영원히 죽을 인생을 치료받고 영생의 인생을 다시 사는 것입니다. 우리는 더 이상 먹고사는 문제에 매이지 않고 무엇인가 더 가치 있는 것을 위해서 살아야 할 것입니다. 하나님은 우리에게 영원한 새 젊음을 주시고 새 인생을 주시겠다고 약속하셨습니다. 그러나 사람들은 이것이 얼마나 좋은데 믿지 않고 있습니다. 왜냐하면 우리 주위에 늙었다가 젊어지거나 죽었다가 다시 젊은 모습으로 살아나는 사람이 아직 없기 때문입니다. 그러나 하나님이 우리를 한번 이 세상에 태어나게 하셨다면 또다시 새로운 인생을 주신다는 것을 믿지 못할 이유도 없습니다. 하나님이 우리에게 주실 최고의 선물은 아직 남아 있습니다. 그것은 우리 모두에게 예수 그리스도 안에서 완전히 새로운 인생을 살게 해주신다는 것입니다.

1. 하나님이 보내신 자를 믿는 것

유대인들은 예수님이 보리떡 다섯 개와 물고기 두 마리로 오천 명을 먹이시는 기적을 보고 놀랐습니다. 예수님은 한 소년이 자기가 먹을 도시락밖에 안 되는 떡을 가지고 무려 오천 명이 넘는 사람들을 배부르게 먹게 하고도 또 열두 바구니를 남기셨던 것입니다. 이것은 마술도, 눈속임도 아니었습니다. 예수님이 오천 명을 먹이신 곳은 빈 들판이었고 동네는 아주 먼 곳이어서 떡이라고는 생길 수 없는 곳이었습니다. 이때 유대인들은 예수님을 따라가기만 하면 먹는 문제는 완전히 해결될 수 있다고 믿었습니다. 물론 그들은 그 농사짓지 않고 남는 시간에 무엇을 해야 할지는 알 수 없었습니다. 그러나 유대인들은 지금 확신을 하고 있었습니다. 즉 예수님은 우리의 의식주 중에서 먹는 문제는 완전히 해결해주실 수 있는 분이라고 생각했던 것입니다. 이것은 오늘 우리에게도 마찬가지입니다.

만일 우리가 먹는 문제만 완전히 해결된다면 그 남는 시간에 무엇을 하시겠습니까? 어떤 분은 정년퇴직하고 난 후에 미국에 있는 대학에 다시 입학해서 열심히 공부해서 늦게 박사 학위를 받은 사람도 있습니다. 그는 미국에서는 사람의 나이를 묻지 않는다고 했습니다. 그는 자신의 돈으로 젊음을 샀던 것입니다. 저는 역시 똑똑한 사람은 다르다고 생각했습니다. 퇴직한 후 등산을 하기도 하고 여행을 하는 분도 있습니다. 일본에서는 노인들도 아르바이트를 많이 하는 것을 볼 수 있습니다. 그래서 고속도로 티켓을 파는 일은 전부 노인들이 하는 것을 볼 수 있습니다.

유대인들은 기특하게도 먹는 문제만 해결되면 하나님의 일을 하고 싶었던 모양입니다. 그래서 유대인들은 모두 영생을 얻고 싶어 했습니다. 그들은 예수님께 이렇게 물었습니다.

6:28, "그들이 묻되 우리가 어떻게 하여야 하나님의 일을 하오리이까"

유대인들은 먹고사는 문제만 해결된다면 하나님의 일을 하기를 원했습니다. 그래서 그들은 기도도 더 하고 율법도 더 많이 공부하고 선한 일도 더 많이 해서 영원한 천국에 들어가기를 원했던 것입니다. 그런데 유대인들은 '그놈의' 먹는 문제 때문에 기도도 부족하고 율법도 많이 배우지 못하고 선한 일도 많이 하지 못해서 천국에 들어가기 힘들다고 생각했던 것입니다. 그때 예수님은 놀라운 말씀을 하셨습니다.

6:29, "예수께서 대답하여 이르시되 하나님께서 보내신 이를 믿는 것이 하나님의 일이니라 하시니"

예수님은 유대인들이 선한 일을 많이 하고 공로를 많이 쌓아서 천국에 들어간다고 생각하고 있는데 그것이 아니라고 말씀하셨습니다. 예수님은 이미 이 세상에 천국을 가지고 오셨습니다. 지금 유대인들이나 모든 인간이 할 하나님의 일은 예수님이 하나님께서 보내신 분이라는 것을 믿는 것입니다. 예수님이 보리떡 다섯 개와 물고기 두 마리로 오천 명을 먹이신 기적을 행하신 것은 그들의 먹는 문제를 해결해주겠다는 뜻이 아니라, 예수님은 하나님께서 보내신 분이라는 증거였던 것입니다.

그러므로 우리 인간에게 가장 중요한 하나님의 일은, 예수님이 하나님께서 보내신 분이라는 것을 믿는 것입니다. 만일 예수님이 하나님께서 보내신 분이라면 그분은 무슨 선물을 가지고 오셨을 것입니다. 그래서 우리가 예수님의 말씀을 듣는 것이 하나님의 일인 것입니다.

하나님은 옛날 이스라엘 백성에게 하나님의 말씀을 주셨습니다. 그런데 그것은 모두 이 세상에 있는 사람들에게 하나님이 감동을 주셔서 하나님의 말씀을 하게 하신 것이었습니다. 다시 말해서 모세나 이사야 같은 선지자들은 다 이 세상 사람들이었고, 천국에 가 본 적이 없었습니다. 그러나 예수님은 직접 하늘에서 직접 내려오신 분이셨습니다. 예수님은 천국의 기억을 그대로 다 가지고 계셨고 하나님의 메시지를 그대로 가지고 오셨습니다.

만약 우리가 미국이나 일본에 대하여 알고 싶어 한다면 그 나라에서 온 사람의 말을 들어야 할 것입니다. 요즘은 세계 여행이라고 해서 그 나라에 직접 간 사람들이 모든 경치나 광경을 동영상으로 찍어 와서 보여줍니다. 저는 거기서 아프리카의 바오밥나무를 처음 보았습니다. 얼마나 그 나무가 큰지 그곳 사람들은 나무에 올라갈 수 있도록 사다리 같은 홈까지 파놓았습니다. 또 다른 나라를 갔다 온 분들은 지인들에게 그 나라의 특징이 되는 기념품을 선물로 줄 것입니다. 예수님은 하늘로부터 직접 오셔서 예수님을 믿는 사람들에게 선물을 주십니다. 그 선물은 바로 새로운 생명이고 새로운 인생입니다. 그래서 예수 믿는 사람들은 인생이 변하게 됩니다. 술을 마시던 사람이 술을 끊고, 우상숭배 하던 사람들이 우상을 버리고, 욕을 하던 사람들이 욕을 하지 않고 완전히 새 사람으로 변화되어 살아가게 됩니다.

2. 만나와 예수님의 차이

유대인들은 예수님이 하늘로부터 오셨다는 것을 믿기 어려웠습니다. 우리가 미국 사람이나 아프리카 사람들을 보면 생긴 모습이 우리와 다르고 말이 우리와 다르기 때문에 우리와 다르다는 것을 금방 알 수 있습니다. 한번은 텔레비전에서 분명히 흑인인데 외국어는 못하고 한국말만 너무 잘해서 제가 아내에게 물어보니까 그가 한국에서 자라서 그렇다는 것입니다. 그 사람은 모델인데 외국인의 외모를 가졌지만 영어를 못하고 한국말만 잘했습니다. 이것은 예수님도 마찬가지였습니다. 예수님은 이상하게 생기지 않으셨습니다. 예수님은 유대인들과 똑같이 생기셨고 유대인들이 쓰는 말을 하고 모든 것이 유대인이었습니다.

그래서 유대인들은 보리떡 다섯 개와 물고기 두 마리로 오천 명을 먹인 것으로는 당신이 하늘에서 온 것을 믿기 어렵다고 했습니다. 그러면서 그들은 예수님에게 하늘에서 직접 내려온 표적을 보여 달라고 했습니다. 즉 모세가 광야에서 만나를 내리게 한 것처럼 보리떡으로 기적을 행하지 말고 하늘에서 떡을 내리게 해 달라고 요구했습니다.

6:30-31, "그들이 묻되 그러면 우리가 보고 당신을 믿도록 행하시는 표적이 무엇이니이까, 하시는 일이 무엇이니이까 기록된 바 하늘에서 그들에게 떡을 주어 먹게 하였다 함과 같이 우리 조상들은 광야에서 만나를 먹었나이다"

유대인들은 오병이어의 기적보다 더 큰 기적을 요구했습니다. 즉 하늘에서부터 직접 떡이 내려서 우리로 하여금 먹게 해 달라는 것입니다. 그러면 예수님이 하늘에서 내려온 것을 믿겠다고 했습니다. 그러나 하나님께서 광야에 있는 이스라엘 백성에게 만나를 내려서 먹게 하신 것은 그들에게 이 세상 말고 다른 하나님 나라가 있다는 것을 믿게 하시기 위해서였습니다. 마치 우리나라에서 나지 않는 과일을 보면 다른 나라가 있다는 것을 알 수 있는 것처럼, 하나님은 이스라엘 백성에게 하나님 나라의 실존을 만나를 통해 보여주셨던 것입니다. 왜냐하면 만나는 이 세상에서는 없는 양식이었기 때문입니다. 그래서 성경 어느 곳에서는 만나를 천사들의 양식이라고 말하기도 했습니다. 즉 유대인들은 자기들에게 하늘 양식을 주어서 먹게 하면 예수님을 믿겠다고 했습니다.

그때 예수님은 하늘 떡을 인정하셨습니다.

6:33-34, "하나님의 떡은 하늘에서 내려 세상에 생명을 주는 것이니라 그들이 이르되 주여 이 떡을 항상 우리에게 주소서"

만약 하늘에서 직접 내려와서 그것을 먹고 늙지도 않고 죽지도 않는 양식이 있다면 얼마나 좋겠습니까? 생명나무의 열매처럼 먹기만 하면 늙지도 않고 죽지도 않고 영원히 살 수 있다면 얼마나 좋을까요? 그것은 절대로 좋은 것이 아니었습니다. 왜냐하면 사람이 악한 마음을 가지고 이백년, 삼백년 사는 것은 절대로 행복한 것이 아니고 괴물이 되는 것이기 때문입니다. 우리는 구십년, 백년을 사는 인생도 지겨워 죽을 것 같을 때가 있는데 이런 악하고 미운 마음을 가지고 천년, 이천년을 산다는 것은 그야말로 재앙입니다.

예수님은 대답하시기를 하나님의 떡은 이 세상에 내려서 사람에게 항상 살도록 생명을 주는 것이라고 말씀하셨습니다. 그랬더니 그들은 예수님에게 "주여, 이 떡을 항상 우리에게 주어서 죽지 않고 살게 해 주소서"라고 요구했습니다.

여기서 예수님의 말씀은 급격하게 변하게 됩니다. 그리고 예수님의 이 말씀에 모든 유대인들은 다 뒤집어지면서 예수님을 욕하면서 등을 돌리게 됩니다.

6:35, "예수께서 이르시되 나는 생명의 떡이니 내게 오는 자는 결코 주리지 아니할 터이요 나를 믿는 자는 영원히 목마르지 아니하리라"

예수님은 유대인들에게 생명의 떡은 이미 와 있다고 말씀하셨습니다. 그러나 떡으로 와 있는 것이 아니라 사람으로 와 있었던 것입니다. 예수님이 바로 하나님의 떡이었던 것입니다. 예수님은 유대인들에게 누구든지 자신에게 오기만 하면 주리지도 않고 목마르지도 않을 것이라고 말씀하셨습니다. 즉 예수님에게 오면 마시는 것까지 다 해결이 되는 것입니다. 그러나 유대인들이 보기에 예수님은 부자도 아니었고, 권력도 없는 분이었습니다. 가진 것이 아무것도 없는 분이 그런 말을 하니까 유대인들이 믿을 수 없었던 것입니다.

그러나 유대인들은 예수님의 겉모습만 보고 그를 과소평가했던 것입니다. 예수님의 겉모습은 틀림없이 가난한 분이었습니다. 그러나 그분 안에는 천국이 다 들어있었습니다. 예수님의 육신이 깨어지고 그의 살이 찢어지는 날 우리에게는 하나님 나라의 복이 쏟아지게 되는 것입니다.

예수님은 자신에게 오는 자는 결코 주리지 않을 것이라고 하셨습니다. 우리는 많이 배고파하고 있습니다. 그것은 단지 먹는 것만을 의미하지 않습니다. 우리는 배우는 것에 배고파하고 성공이나 사람들의 인정에 목말라하고 있습니다. 그들은 사랑과 진리에 목말라하고 영원한 생명에 목말라하고 있습니다. 유대인들은 예수님을 너무 유치하게 생각했습니다. 우리의 먹는 문제는 우리가 노력하고 하나님이 복을 주시면 얼마든지 해결될 수 있습니다. 그러나 우리에게 영원히 해결되지 않는 생명은 먹는 문제가 아닙니다. 그것은 사람들의 인정이고 사랑이고 영원한 생명입니다. 예수님은 이것을 선물로 싸가지고 오셨습니다. 예수님은 누구든지 믿는 자에게 영생을 선물로 주십니다.

오늘 우리가 예수 믿고 변화된 모습으로 산다는 것은 영원한 생명이 있다는 증거이고, 이것이 바로 만나입니다. 술 마시던 사람이 술을 끊고 욕하던 사람이 욕을 끊고 의심이 많던 사람이 의심하지 않고 사는 것이 영생의 증거입니다. 그는 더 이상 사랑에 배고프지 않을 것이고, 사람들의 인정에 목말라 하지 않을 것입니다. 왜냐하면 하나님이 이미 이 세상에서도 넘치도록 부어주시기 때문입니다. 사람들은 너무나도 자기 자신을 과소평가하고 있기 때문에 먹고사는 문제에 집착하고 있습니다. 그러나 이것은 자신의 인생을 유치하게 만드는 것입니다.

3. 보다 가치 있는 삶을 사는 사람들

우리가 만일 이 세상에서 죽어야 하는데 하나님의 도우심으로 십 년이나 이십 년을 더 살게 되었다면 우리는 이 시간을 어떻게 살아야 할까요? 우리는 더 이상 돈이나 자기 욕심을 위하여 사는 것은 너무 아깝다고 생각할 것입니다. 그래서 무엇인가 봉사하고 싶을 것이고 하나님을 위해서 살고 싶을 것입니다.

예수님은 여기서 세 가지를 말씀하셨습니다.

첫 번째, 아버지께서 내게 주시는 자는 다 내게로 올 것이라고 했습니다.

6:37, "아버지께서 내게 주시는 자는 다 내게로 올 것이요 내게 오는 자는 내가 결코 내쫓지 아니하리라"

우리는 내가 믿고 싶어서 믿는 것이 아니라 나도 모르게 하나님이 내 삶을 인도하셔서 예수님께 보내진 것입니다. 그래서 어떤 사람은 병이 들어서 예수를 믿기도 하고 집이 망해서 교회에 오기도 하고 친구의 인도를 받아서 예수를 믿기도 합니다. 왜 하나님은 모든 사람에게 예수님을 믿게 하시지 않을까요? 우리 인간은 마치 야생동물들과 같아서 하나님을 싫어하기 때문에 죽자 살자 하나님을 안 믿으려고 하기 때문입니다. 마치 다친 야생동물들을 치료하려면 수의사가 마취 총을 쏘아서 기절을 시켜야 하는 것처럼 하나님은 우리 한 사람 한 사람을 코너로 몰아와서 결정적인 순간에 예수를 믿게 하시는 것입니다. 그래서 우리 인생은 내가 원하는 대로 풀리지 않았던 것입니다. 그런데 예수님께 오는 자는 누구든지 한 사람도 내쫓지 않고 받아주신다고 말씀하셨습니다. 우리는 하나님께서 오늘까지 몰아오셔서 여기까지 온 것입니다. 우리는 예수님의 말씀을 믿기만 하면 됩니다. 그러면 하나님이 새 생명을 주십니다.

두 번째, 예수님은 한 명도 잃어버리지 않는다고 하셨습니다.

6:39, "나를 보내신 이의 뜻은 내게 주신 자 중에 내가 하나도 잃어버리지 아니하고"

예수님은 예수 믿는 우리를 한 사람도 잃어버리지 않고 다 지키신다고 말씀하셨습니다. 그래서 예수님이 가장 강조하신 것은 먹는 것을 위하여 염려하지 말라는 것입니다. 예수님의 제자들이 배를 타고 가는데 떡이 거의 없었습니다. 그때 예수님이 바리새인의 누룩을 조심하라고 하시니까 제자들은 우리가 떡이 없는 것을 가지고 말씀하시는가 보다 하면서 걱정했습니다. 그러자 예수님은 제자들에게 "왜 믿음이 없느냐?"고 하시면서 보리떡 다섯 개로 오천 명을 먹이고 몇 바구니가 남았으며 보리떡 일곱 개로 사천 명을 먹이고 몇 광주리가 남았느냐고 물었습니다. 그때 제자들은 열두 바구니이고 일곱 광주리라고 대답을 했습니다.

예수님은 하늘의 생명을 가진 자들을 절대로 굶어 죽게 하시지 않습니다. 자녀들도 굶어 죽거나 공부 못하게 하시지 않습니다. 오히려 하나님은 자녀가 너무 부자 되고 너무 성공해서 타락하는 것이 걱정입니다. 하나님은 솔로몬을 너무 축복하셨더니 타락하고 말았습니다. 우리에게는 가난한 것보다 부요한 것이 더 위험합니다. 그래서 절대로 먹고사는 것으로 염려하지 마시고 집 문제로 염려하지 마시고 하나님의 말씀을 듣고 사시면 됩니다.

세 번째, 한 명도 잃지 않고 마지막 날에 다 살릴 것이라고 하셨습니다.

> 6:40, "내 아버지의 뜻은 아들을 보고 믿는 자마다 영생을 얻는 이것이니 마지막 날에 내가 이를 다시 살리리라 하시니라"

우리는 이 세상에서 한번 사는 것으로 끝나지 않습니다. 우리가 지금 사는 것은 시험을 치는 것과 같습니다. 예수님은 우리에게 다시 한번 새 인생을 주십니다. 그때 우리는 전부 새 젊음과 새 인생을 얻게 될 것이고 모두 눈부시게 아름다운 모습으로 다시 살아날 것입니다. 우리는 십대 후반이나 이십대 초반의 가장 젊은 모습으로 다시 태어날 것입니다. 그러나 우리의 감정과 지성과 체력은 지금의 천 배 이상 뛰어날 것입니다. 그러나 끝까지 고집을 부리면서 예수를 믿지 않고 이 세상의 모든 부귀영화를 위해서 산 사람들은 죽었을 때 그 썩은 모습으로 일어나서 몸 안에 붙은 구더기를 떼어내면서 어슬렁어슬렁 지옥으로 갈 것입니다. 왜냐하면 지옥으로 가야 조금이라도 덜 창피하기 때문입니다.

우리는 우리를 너무 과소평가하고 있습니다. 그러나 우리는 천사보다 더 탁월하게 만들어진 존재입니다. 우리의 남은 인생을 어떻게 살 것인지는 고민할 가치가 있습니다. 먹고 사는 문제는 하나님이 주시는 대로 사시기 바랍니다. 그러나 성실하게 사시기 바랍니다. 공부도 하시고 사업도 하시고 직장 생활도 하시기 바랍니다. 그러나 남은 인생을 좀 더 가치 있는 것을 위해서 사시기 바랍니다.

21

하늘의 양식이 필요한가?

요 6:41-59

예수님

당시는 우리가 어렸을 때처럼 먹는 양식이 언제나 부족할 때였습니다. 이때 사람들은 먹는 것만 보면 정신없이 달려들어 허겁지겁 먹을 정도로 주려 있었습니다. 이스라엘 역사를 보면 전쟁이 일어나서 먹을 것이 없을 때는 자신의 아이들을 삶아서 먹는 경우도 있었습니다 (왕하 6:28-30).

예수님은 열심히 자신을 찾는 유대인들을 보시고 별로 반가워하지 않으셨습니다. 예수님은 유대인들에게 "너희가 나를 찾는 것은 표적을 본 까닭이 아니요 떡을 먹고 배부른 까닭이로다"고 하시면서 오히려 "썩을 양식을 위하여 일하지 말고 영생하도록 있는 양식을 위하여 하라"고 말씀하셨습니다. 이것은 도무지 이해가 안 되는 말씀입니다. 우리가 다 아는 바와 같이 우리가 먹는 양식은 다 썩는 양식입니다. 우리는 모두 소화가 되고 썩는 양식을 위해서 공부하고 돈 벌고 직장 다니고 있는데 예수님은 썩지 않는 양식을 위해서 일하라고 하시니 그러면 우리보고 굶어 죽으란 말일까요? 예수님의 말씀은 하루하루 살기 위해서 열심히 노력하는 우리에게 큰 혼란을 줄 수 있습니다. 그렇다면 예수님은 오늘 우리가 무엇을 먹어야 한다고 말씀하시는 것일까요?

1. 하늘의 생명

요즘 사람들은 한동안 뜸하다가 다시 우주에 관심을 갖게 되었습니다. 그래서 어느 돈 많은 기업가는 우주선을 타고 화성을 가고 싶다고 했습니다. 자기는 아마도 거기서 돌아오지 못하고 죽을 것 같은데 그래도 화성에 한번 가고 싶다고 했습니다. 얼마 전 신문을 보니까 요즘 사람들은 우주장을 치르고 싶어 해서 유골을 아주 작은 상자에 넣어서 우주선에 실어서 발사를 한다는 뉴스도 보았습니다. 그러면 그 우주선이 4년 동안 지구를 돌다가 타서 없어진다고 했습니다. 요즘 우주과학자들은 우주 정거장에서 6개월 정도 있다가 내려오기도 하는데 얼마나 대단한 일인지 모르겠습니다. 그러나 아무리 우주과학자라 하더라도 우리와 똑같은 인간이고 그들은 다른 생명체를 아직 만나보지 못했습니다. 그리고 지금도 미국 나사에서는 외계인이 있을 것이라고 생각해서 계속 전파를 보낸다고 합니다.

6:41-42, "자기가 하늘에서 내려온 떡이라 하시므로 유대인들이 예수에 대하여 수군거려 이르되 이는 요셉의 아들 예수가 아니냐 그 부모를 우리가 아는데 자기가 지금 어찌하여 하늘에서 내려왔다 하느냐"

예수님은 하늘에서 하나님이 보내서 왔다고 말씀하셨습니다. 그리고 예수님은 자신이 하늘의 양식을 가지고 왔다고 말씀하셨습니다.

그런데 그 하늘 양식은 먹는 양식이 아니라 예수님 자신이었던 것입니다. 즉 하늘에서 우리가 영원히 살 수 있는 떡이 내려왔는데 그 떡이 아니고 사람이었던 것입니다. 유대인들은 예수님의 이 말씀을 믿을 수 없었습니다. 만약 예수님이 하늘에서 내려오셨다면 생김새나 말이 자기들과는 달라야 할 텐데 오히려 똑같았기 때문입니다. 예수님은 하늘에서 내려왔다고 하는데 자기들과 다른 것이 아무것도 없었습니다.

그러니 유대인들은 예수님의 말씀을 믿을 수가 없었습니다. 왜냐하면 예수님은 자기들과 다른 것이 아무것도 없었고 더욱이 그들은 예수님의 아버지와 어머니, 동생들을 다 알고 있었기 때문입니다. 예수님이 "아브라함이 내 때가 올 것을 보고 기뻐하였다"고 말씀하시니까 유대인들이 깜짝 놀라면서 "네 나이가 아직 오십도 안 되었는데 아브라함을 보았느냐?"고 물었습니다. 그때 예수님이 "아브라함이 나기 전부터 내가 있었다"고 하니까 그들은 예수님이 미쳤다고 해서 돌로 쳐 죽이려고 했습니다(요 8:53-59).

유대인들은 예수님이 하늘에서 하나님께서 보내서 왔고 자신이 생명의 양식이며 하늘에 또 다른 생명이 있다는 말을 믿을 수 없었습니다. 이것은 아마 누구도 믿을 수 없는 이야기였습니다. 그들은 예수님이 과대망상증에 걸렸든지 아니면 미쳤든지 둘 중의 하나라고 생각했습니다. 우리도 예수님의 말씀을 다 받아들일 수 없습니다. 왜냐하면 우리는 여전히 이 세상에서 먹고 사는 것이 중요하고 하늘에 또 다른 생명이 있다는 것을 믿을 수 없기 때문입니다.

그런데 예수님의 말씀이 사실인 것이 드러나기 시작했습니다. 그것이 바로 예수님의 변화산에서 변화한 모습입니다(마 17:1-8). 예수님이 제자들을 데리고 높은 산에서 기도하실 때 갑자기 예수님의 얼굴과 모습이 변했습니다. 예수님의 얼굴은 태양같이 환한 얼굴이 되었고 예수님의 옷은 하얀 옷으로 변했습니다. 그때 예수님 옆에 이미 천

오백년 전에 느보산에서 죽었던 모세가 살아서 나타났습니다. 그리고 그 옆에는 팔백 년 전에 회오리바람을 타고 없어졌던 엘리야가 살아서 나타났습니다. 그리고 이 두 사람은 변화된 예수님과 함께 예수님께서 지구를 떠나시는 방법에 대하여 말씀을 나누고 있었습니다. 헬라어 원어로는 '엑소도스'로 되어 있는데 '떠나시는 것'입니다. 즉 예수님이 어떤 방식으로 세상을 떠나실 것인가 하는 것이었습니다. 예수님은 결코 과대망상증 환자나 결코 미친 것도 아니었습니다. 모세와 엘리야가 살아있는 또 다른 세계가 있었던 것입니다.

그런데 더 확실한 증거는 예수님이 십자가 위에서 못 박혀 죽은 후의 일입니다. 예수님은 사흘 만에 무덤 문을 열고 살아나셨습니다. 예수님은 완전히 죽으셨고 완전히 살아나셨습니다. 그런데 여인들이나 엠마오로 가던 제자들이나 물고기를 잡던 제자들이 처음에는 예수님을 잘 알아보지 못했습니다. 그 이유는 예수님이 부활하신 후 더 젊어지고 더 활기에 넘쳐 계시고 더 주름이 없어지고 더 능력이 넘치셨기 때문이었습니다. 예수님은 사흘 동안에 바로 그 세계에 갔다 오셨던 것입니다. 그때야 제자들도, 예수님의 동생들도, 예수 믿는 자들도 예수님이 확실히 하나님의 아들이시라는 것을 믿게 되었습니다. 그리고 더 확실한 것은 예수님이 제자들과 함께 이 땅 위에서 사십 일 동안 계시다가 그들이 보는 앞에서 이 몸을 가지고 하늘로 올라가신 것이었습니다. 구름이 가려서 보이지 않을 때까지 예수님은 하늘로 이 몸을 가지고 올라가셨습니다.

6:51, "나는 하늘에서 내려온 살아 있는 떡이니 사람이 이 떡을 먹으면 영생하리라 내가 줄 떡은 곧 세상의 생명을 위한 내 살이니라 하시니라"

이제 우리는 다시 성경으로 돌아와서 우리가 사는 이 생명 말고 또 다른 영생의 세계가 있다는 예수님의 말씀을 믿어야 합니다. 그리고 우리는 아무리 이 세상에서 돈이 중요하고 먹고 사는 것이 중요하다 하더라도 "썩는 양식을 위하여 일하지 말고 영생하도록 있는 양식을 위하여 일하라"고 하신 말씀을 믿어야 합니다. 우리는 딱 한 번 사는 이 세상의 삶이 너무 중요하기 때문에 행복하게 살기 위해서 돈을 벌고 유명해지기 위해 노력을 합니다. 그러나 예수님은 영원한 삶이 따로 있다고 말씀하셨습니다.

"썩을 양식을 위하여 일하지 말고 영생하도록 있는 양식을 위하여 하라 이 양식은 인자가 너희에게 주리니 인자는 아버지 하나님께서 인치신 자니라"(요 6:27).

이 말씀은 하나님께서 "이 사람(예수)은 진짜 내 아들이고 진짜 생명을 줄 사람이라"고 성령으로 도장을 찍은 사람이라는 뜻입니다. 우리의 인생은 너무 짧습니다. 저도 노년이 찾아올 줄은 몰랐습니다.

예수님은 왕의 잔치 비유를 말씀하시면서 왕의 아들이 결혼식 잔치를 하는데, 소도 잡고 양도 잡고 포도주도 준비해서 초청을 했지만 유대인들은 한 명도 오지 않았다고 말씀하셨습니다. 그 결혼식의 신부가 바로 우리인데 본인들은 그것도 모르고 있는 것입니다. 이 영원한 생명은 이 세상에서부터 시작됩니다. "예수께서 이르시되 나는 생명의 떡이니 내게 오는 자는 결코 주리지 아니할 터이요 나를 믿는 자는 영원히 목마르지 아니하리라"(요 6:35).

우리는 모두 굶주려 있습니다. 우리는 사랑에 굶주려 있고 사람들의 인정에 목말라하고 있습니다. 우리는 한때 배움에 목말라했고 우리는 한때 성공에 배고파했습니다. 그러나 결국 나이가 들면 영생에 목말라하게 되는 것입니다.

2. 예수님이 주시는 새 생명

예수님이 우리에게 하늘의 생명을 주시는 과정은 너무나도 끔찍했습니다. 이것은 차마 눈 뜨고 볼 수 없을 정도로 처참한 장면이었습니다. 예수님은 먼저 내가 생명의 떡이라고 말씀하신 후에 우리가 얼마나 처참한 방식으로 이 떡을 먹어야 하는지 말씀하셨습니다.

> 6:53-55, "예수께서 이르시되 내가 진실로 진실로 너희에게 이르노니 인자의 살을 먹지 아니하고 인자의 피를 마시지 아니하면 너희 속에 생명이 없느니라 내 살을 먹고 내 피를 마시는 자는 영생을 가졌고 마지막 날에 내가 그를 다시 살리리니 내 살은 참된 양식이요 내 피는 참된 음료로다"

여기서 "진실로 진실로"라는 말의 원어는 '아멘 아멘' 입니다. 예수님은 두 번에 걸쳐서 반복해서 말씀하고 계시는데, 우리가 하늘 양식을 먹는 비결은 단순히 보리떡 다섯 개와 물고기 두 마리나 만나를 먹는 정도가 아니라 예수님의 살을 뜯어 먹고 예수님의 피를 마시는 것이어야 한다고 말씀하셨습니다.

여기서 우리가 먼저 알아야 할 것은 하늘 양식을 먹는 것은 결코 예수님의 죽으심을 구경하는 것으로는 안 된다는 것입니다. 예수님이 죽으신 것을 멀리서 보고 그가 살이 찢기고 그의 피가 흐르는 것을 물끄러미 보고 있기만 해서는 생명이 없다는 것입니다. 예수님이 십자가에 못 박히시는 것을 본 사람들은 많이 있었습니다. 그의 살이 찢기고 그의 피가 몸을 타고 흐르는 것을 먼 데서 본 사람들은 많이 있었습니다. 그러나 구경한다고 해서 하늘 양식을 먹는 것이 아닙니다. 적어도 하늘 양식을 먹으려고 하면 예수님에게 가까이 가야 합니다. 어느 정도로 가까이 가야 할까요? 입을 내밀어서 예수님의 살을 뜯어 먹고 예수님의 피를 입을 그 몸에 대어서 마실 정도로 가까이 가야 하는 것입니다.

　우리는 얼마든지 기독교를 구경하듯이 믿을 수 있다는 것을 알아야 합니다. 사람들은 절대로 예수님에게 가까이 가지 않습니다. 왜냐하면 예수님에게 가까이 가서 그 살을 씹어 먹고 그 피를 마시면 온 입이나 몸에 피가 묻게 되고 그렇게 되면 미친 사람처럼 보이고 예수와 같은 인간이라는 것이 드러나기 때문입니다. 우리는 예수님을 구경만 하고, 그리고 이 세상에서 자기 하고 싶은 대로 다 하면서 사는 것이 잘 믿는 것이라고 생각합니다. 그러나 그것은 속고 있는 것입니다. 우리가 진정으로 하늘 양식을 먹으려고 하면 예수님과 같아져야 합니다. 즉 예수님처럼 비참해져야 하는 것입니다. 그래서 다른 사람들의 손가락질과 모욕을 당하면서 예수님에게 달려가서 그의 살을 뜯어 먹고 그의 피를 입으로 마심으로 온 얼굴과 입에 피가 묻어 있고 남들이 보기에 '저 사람은 정말 예수와 똑같은 인간이군, 예수처럼 미친 사람이야.' 라는 소리를 들어야 하는 것입니다.

　그런데 실제로 예수님의 제자들이나 예수님을 믿었던 막달라 마리아나 다른 여자들도 예수님을 먼 데서만 바라보았지, 예수님의 살을 뜯어 먹고 피를 마신 사람은 없었습니다. 그리고 그들은 예수님이 마지막 순간에 십자가의 못을 뽑고 내려오실 줄 알았지, 죽기를 바라는 사람은 아무도 없었던 것입니다. 그러나 예수님은 죽으셨고 아무도 예수님의 살을 먹지 못했고 그의 피를 마시지 못했습니다. 그러면 우리도 모두 영생을 얻지 못하고 죽고 마는 것이 아닐까요?

　여기에 예수님의 놀라운 비유가 있습니다. 예수님은 비유의 천재였습니다. 아마 예수님이 요즘 살아계셨더라면 피를 먹는 대신에 '백신' 이라는 말을 쓰셨을 것입니다. 오늘 인간은 백신을 만들어서 수천만의 인간을 살려내고 있습니다. 이 백신은 병원체를 말이나 소에 넣어서 얻은 그 항체를 인간에게 주사 놓는 것입니다. 예수님이 우리에게 살을 먹고 피를 마시라고 한 것은 예수님의 살을 뜯어 먹고 피를 마시라는 뜻이 아니었습니다. 하나님께서는 먼저 죄의 병원균을 예수님의 살에 넣으셨습니다. 죄는 예수님의 온 살을 찢어놓았고 그를 죽음의 고통과 지옥의 고통으로 몰아넣었습니다. 예수님은 죄 때문에 피를 흘리셨고 나중에 그의 피는 쏟아졌고 심장은 멈추게 되었습니다. 예수님의 몸은 지옥으로 끌려 내려갔습니다.

그러나 예수님의 몸 안에는 하나님의 말씀이 있었습니다. 하나님의 말씀은 하나님의 말씀을 완전히 지킨 자가 죽으면 사망이 죽는다는 것이었습니다. 그것은 '사망이 삼킨바 되리라' 는 말씀이었습니다. 마귀는 예수님을 죽여서 지옥으로 끌고 오기는 했지만 그는 죄가 없었습니다. 그는 지옥에 있어야 할 이유가 없었던 것입니다. 그동안 예수님은 자신의 피를 가지고 하나님의 보좌 하늘의 성전으로 올라가서 완전한 제사를 드리는데 성공했습니다. 그리고 예수님의 피는 죄와 사망에 대한 항체를 가지게 되었습니다.

예수님은 사흘 만에 그의 영혼이 다시 돌아오시면서 눈을 뜨시고 순간적으로 일어나셨습니다. 그리고 예수님은 이 세상과 영원한 세계를 자유자재로 갔다 오시는 몸이 되셨습니다. 천사들은 예수님을 막았던 무덤의 돌문을 밀어버렸습니다. 그리고 무덤을 지키는 로마 군인들은 사색이 되어서 벌벌 떨고 죽은 자처럼 되었습니다. 예수님은 제자들을 찾아오셔서 "너희에게 평강이 있을지어다"라고 하시면서 "내가 이겼다"라고 말씀하셨습니다.

그래서 우리가 예수님의 살을 먹고 피를 마시는 것은 입으로 먹는 것이 아니라 믿음으로 먹는 것입니다. 즉 내 심장이 예수님의 심장이 되고 내 피가 예수님의 피가 되고 내 뇌가 예수님의 뇌가 되는 것입니다.

6:56, "내 살을 먹고 내 피를 마시는 자는 내 안에 거하고 나도 그의 안

에 거하나니"

우리는 예수님을 믿는 순간 예수님과 하나가 되어버립니다. 예수님이 따로 있고 내가 따로 있는 것이 아닙니다. 우리는 하나인 것입니다.

3. 이 세상에 사는 하나님의 아들들

우리는 예수를 믿음으로 죄를 이기고 사망을 이기는 힘을 가지게 되었습니다. 저는 독감이 유행할 때마다 감기 예방주사를 맞습니다. 그러면 확실히 효과가 있습니다. 우리는 천연두 예방주사를 맞았기 때문에 천연두에 걸리지 않습니다. 그 옛날 아마존의 원시 부족들은 그런 면역성이 없었기 때문에 백인이 가져온 천연두와 독감 바이러스에 걸려서 전멸을 당하게 됩니다. 그들에게 대포보다 무서운 것이 병원균이었던 것입니다. 죄의 바이러스는 사람을 영원히 썩게 만듭니다. 그 병균은 너무 전염성이 강하기 때문에 땅에 파묻어도 안 되고 불에 태워야 합니다. 그것도 유황불에 영원히 태워야 합니다. 영혼은 살아있는데 온몸에서는 구더기가 나오는 상태에서 영원히 태워야 하니까 그 고통은 상상할 수 없습니다. 그 이유는 그가 인간의 위대함을 과소평가했기 때문입니다.

우리 인간은 먹기 위해서 태어난 것도 아니고 권력이나 인기나 높은 자리를 위해서 태어난 것도 아닙니다. 우리는 천사보다 더 높은 하나님의 아들이 되기 위해서 태어난 사람들입니다. 우리가 예수 믿는다고 하는 것은 이 세상에 사는 하나님의 아들이 되는 것입니다. 대통령의 아들만 되어도 어마어마한 인기를 누릴 텐데 우리가 진정 하나님의 아들이라면 우리는 아무것도 필요하지 않습니다. 오히려 하나님의 아들이 고생하면 고생할수록 더 위대한 것입니다.

저는 누가복음 15장에 나오는 탕자 비유를 읽으면서 큰 은혜를 받았습니다. 탕자가 돌아왔을 때 아버지는 새 옷을 입히고 살진 짐승을 잡아서 잔치를 합니다. 그때 큰 아들은 화가 나서 집에 들어가지 않으려고 하면서 "나는 아버지 옆에서 죽도록 일을 했는데 아버지는 염소 새끼 한 마리 주지 않더니 재산을 창녀와 같이 다 말아먹은 이 녀석이 오니까 송아지를 잡았다"고 불평했습니다. 그러니까 아버지는 "네 동생은 죽었다가 다시 태어났다"고 했습니다. 옛날 그 탕자는 죽었다고 한 것입니다. 그리고 큰아들에게는 "내 것은 다 네 것이라"고 했습니다. 우리는 쩨쩨하게 염소 새끼 가지고 화를 내면 안 됩니다. 하나님의 것은 다 우리의 것이기 때문입니다.

우리는 예수님의 피의 백신을 맞아도 하나님의 말씀을 듣고 성령의 감동을 계속 받아야 합니다. 그렇지 않으면 면역성이 떨어질 수 있기 때문입니다. 그래서 예수님의 살을 먹고 피를 마신 사람은 반드시 하나님의 말씀을 듣게 되어 있습니다. 예수 믿는 자들은 삶의 목적이 변합니다. 옛날에는 이 세상에서 좀 편하고 성공하고 잘 사는 것이 목적이었다면 이제는 오직 하나님의 영광만을 위하여 사는 것입니다.

6:58, "이것은 하늘에서 내려온 떡이니 조상들이 먹고도 죽은 그것과 같지 아니하여 이 떡을 먹는 자는 영원히 살리라"

예수 믿는 사람 중에는 예수 믿기만 하면 천국은 가니까 마음대로 즐기면서 살면 된다고 생각하는 사람이 많습니다. 그러나 우리는 백신을 맞았어도 매일 하늘 양식을 먹어야 합니다. 그리고 땅의 양식도 먹어야 합니다. 그러나 우리는 땅의 양식을 위하여 모든 정력과 시간을 다 쏟을 수는 없습니다. 왜냐하면 땅의 양식은 안 굶어 죽을 정도만 있으면 되기 때문입니다. 어차피 우리가 한번 살다가 죽을 것인데 어떤 음식을 먹고 살았느냐는 것은 별로 중요하지 않습니다. 어차피 이 육신은 죽을 것이기 때문입니다. 그리고 어떤 옷을 입고 살았느냐 하는 것도 별로 중요하지 않습니다. 또 자식들에게 얼마나 많은 돈을 물려주었느냐 하는 것도 하늘에서는 전혀 중요하지 않습니다.

6:63, "살리는 것은 영이니 육은 무익하니라"

우리가 이 세상에 사는 것은 고깃덩어리에 불과합니다. 고깃덩어리는 아무리 살지고 아무리 호강을 해도 아무 유익이 없습니다. 왜냐하면 죄의 바이러스에 감염이 되어 있기 때문입니다. 그래서 우리는 영으로 살아야 합니다. 우리는 말씀을 먹어야 하고 영으로 생각하고 영으로 사람을 만나고 영으로 일을 해야 합니다. 그때 우리는 이 세상에서 당당한 하나님의 자녀로 살게 되고, 이 세상에서 이미 영생을 살게 됩니다. 우리가 천국에 갔을 때는 거기서 모두 당당한 하나님의 아들들만 만나게 되지 시시하게 세상에 아부하고 아첨하면서 산 사람은 아무도 없다는 것을 알게 될 것입니다.

세상의 음식이나 이 세상에 있는 것은 우리에게 아무리 좋은 것이라도 큰 기쁨을 주지 못합니다. 우리는 하나님을 기쁘시게 하고 영혼을 살리는 일을 해야 기쁨을 누릴 수 있습니다. 오늘 하늘 양식을 먹고 영생을 누리는 성도들이 다 되시기 바랍니다.

22

기회를 놓친 사람들

요 6:60-71

얼마전에

어느 곳에서 새로 놓인 고속철도가 탈선하는 바람에 열차는 다 부서지고 많은 승객이 다치는 사건이 생겼습니다. 그 열차가 천천히 달렸기에 그 정도 부상으로 그쳤지, 만일 시속 3백 킬로 정도로 달렸더라면 훨씬 더 많은 승객이 죽었을 것입니다. 그런데 사고의 원인은 선로 전환기의 오작동 때문이었다고 합니다. 만일 내가 타고 있는 고속열차가 사고가 날 것을 미리 알았더라면 절대로 그 열차를 타지 않거나 그 앞 정거장에서 무조건 내릴 것입니다.

그리고 얼마 전에 기사를 보니까 서울의 어느 15층 건물이 겉으로는 멀쩡하지만 속으로는 거의 무너지기 일보 직전이었다고 합니다. 그래서 그것을 사람들이 미리 알아서 모두 다 대피시켰다고 합니다. 신문에 난 그 건물의 기둥을 보니까 기둥이 거의 다 무너져 내리고 있었습니다. 그것도 모르고 그 건물의 임대료가 싸다고 해서 계속 있다가는 건물에 깔려 죽게 되는 것입니다.

우리가 서커스를 하는 것을 보면 타이밍이 참 중요하다는 것을 알 수 있습니다. 공중그네 타는 사람을 보면 하늘 꼭대기 같은 곳에서 그네를 타다가 자기가 잡고 있던 사람의 손을 놓고 순간적으로 건너편 쪽에 있는 다른 그네를 붙잡고 올라가는 것을 보게 됩니다. 물론 보기에는 쉬운 것 같지만 그 높은 공중에서 붙들고 있던 사람의 손을 놓고 반대편 그네를 붙잡는다는 것이 얼마나 무섭고 위험한지 모릅니다. 만일 한 치의 실수라도 한다면 그 사람은 한순간에 바닥으로 떨어지게 되는 것입니다.

만일 우리가 사는 이 세상에 안전하다면 얼마든지 이 세상에서 모든 것을 다 가지고 살 수 있습니다. 그러나 만일 이 세상이 사고가 날 것이 분명하고 나의 영원한 생명을 보장해줄 수 없다면 우리는 붙들고 있던 것을 내려놓고 다른 손을 잡아야 합니다. 만일 서커스 하는 사람이 두 줄이 모두 다 아깝다고 해서 이 사람의 손도 잡고 저 그네도 잡는다면 중간에 대롱대롱 매달렸다가 결국 떨어지게 될 것입니다.

예수님은 이 세상은 이미 사고가 난 세상이고 앞으로도 사고가 날 곳이라고 말씀하셨습니다. 그 증거로 이 세상에는 끔찍한 전쟁도 수도 없이 있었고 재앙이 있었습니다. 현대에 와서만도 일 이차 세계대전이 있었습니다. 그때 수천만의 젊은이들이 죽었습니다. 우리나라에는 한국전쟁이 있었습니다. 그리고 지금 우리나라에는 수많은 사람이 자살하고 있고 북한에는 핵무기로 무장하고 있고 미세 먼지나 황사로 밖에 나가는 것도 안전하지 못하고 많은 사람이 암으로 죽어가고 있습니다. 우리나라나 세계는 고속열차로 치면 아무리 특실에 앉고 좋은 자리에 앉아 있어도 틀림없이 사고가 날 열차인 것입니다.

예수님은 유대인들에게 나는 하늘로부터 온 양식이라고 말씀하셨습니다. 그리고 누구든지 내 살을 먹고 내 피를 마시는 자는 영생할 것이라고 하셨습니다. 이것은 정말 비장한 말씀이었습니다.

우리가 예수님의 이 말씀을 이해하려고 하면 요한복음 처음에 나오는 예수님의 말씀을 다시 생각해 보아야 합니다. 예수님은 태초부터 계신 하나님이셨습니다. 그는 아버지 하나님과 함께 온 세상을 만드셨습니다. 그러나 이 세계에 사고가 생겼습니다. 그것은 비로 우리 인간이 일으킨 합선이었습니다. 인간이 하나님의 말씀에 불순종함으로 세상에 죄가 들어오고 죽음이 온 것입니다. 그리고 이 세상은 걷잡을 수 없이 멸망을 향하여 달려가는 고속열차가 되었습니다.

이 멸망을 멈추고 사람들을 살리려고 하면 하나님의 아들이 죄 속에 들어가서 죽어야 하는 것입니다. 하나님의 아들은 죄의 열차를 멈추기 위해서 이 세상에 오셨습니다. 그가 열차에 깔려서 살이 찢어지고 피가 흘러야 사람들은 살 수 있는 것입니다. 사람들이 살 수 있는 유일한 길은 열차를 갈아타는 것밖에 없습니다. 즉 이 세상의 열차에서 예수님의 말씀으로 갈아타야 하는 것입니다. 그러나 유대인들은 예수님이 참 이상한 사람이라고 생각해서, '이 사람은 정신병자이거나 아니면 과대망상증 환자' 라고 생각해서 많은 제자들이 예수님을 떠나게 되었습니다. 왜냐하면 그들이 기대하는 것과 예수님이 말씀하시는 것은 근본적으로 달랐기 때문입니다.

1. 많은 유대인들이 예수님을 떠남

처음 유대인들은 예수님이 행하시는 기적과 능력을 보고 세상의 희망을 발견했습니다. 예수님은 하나님의 말씀을 전하면서 많은 병자를 치료하셨습니다. 예수님은 맹인의 눈을 보게 하셨고 말하지 못하는 자를 말하게 하셨고 일어서지 못하는 장애인들을 일어서게 하셨습니다. 사람들은 무려 사흘 동안이나 예수님께서 모든 병자를 고치시는 것을 보았습니다. 귀신이 들렸던 많은 정신병자들이 치료되었고 정신적인 질병이 치료되면서 육체의 병까지 고침을 받았습니다.

그런데 유대인들을 열광하게 만들었던 것은 예수님께서 굶주린 그들을 배가 부르도록 먹이신 것이었습니다. 사람들은 사흘 동안이나 예수님의 말씀을 듣고 병을 고치시는 것을 보느라고 양식이 다 떨어져서 굶주리고 있었습니다. 그곳에 모인 사람들은 굶어가면서도 예수님의 말씀을 들었고 병 고치시는 것을 지켜보았습니다. 그런데 이제는 너무 허기가 져서 모두 더 있을 수 없게 되었습니다. 이제 사람들은 가든지 쓰러져 죽든지 할 수밖에 없었습니다. 그때 예수님은 무리를 앉게 하시더니 한 소년이 바친 보리 떡 다섯 개와 물고기 두 마리로 무려 오천 명이 넘는 사람들을 먹이시고 열두 바구니가 남게 하셨습니다. 그때 그곳에 있던 무리는 예수님이야말로 하나님이 보내신다고 하셨던 그 선지자구나라고 생각해서 열광을 하게 되었습니다.

그런데 예수님은 기도하시는 가운데 유대인들의 본심을 아셨습니다. 유대인들이 예수님을 보고 열광을 하는 것은 하나님이 자기들을 사랑하셔서 하나님의 아들을 보내셨고 하나님의 말씀을 들었고 그 말씀의 능력이 나타나서 열광하는 것이 아니었습니다. 유대인들이 예수님을 좋아했던 것은 오직 그의 병 고치는 능력과 빵을 만드는 능력을 보고 기뻐했던 것입니다. 즉 유대인들은 예수님을 빵 만드는 기계로 좋아했던 것입니다. 즉 우리가 이분과 같이 있으면 병원이 같이 있는 것이나 같고 무료 급식소와 같이 있는 것과 같이 보았던 것입니다.

그런데 유대인들에게 딱 걸렸던 말은 예수님이 하늘에서 오신 떡이라는 말이었습니다. 만일 예수님이 하늘에서 오셨다면 얼굴색이 달라야 하고 모습이 달라야 하고 언어가 달라야 하는데, 예수님은 자기들과 다른 것이 하나도 없었기 때문입니다. 그리고 유대인들은 자기들이 예수님의 살을 먹고 피를 마셔야 한다고 말씀하시는데, 너무 끔찍하다고 생각했습니다. 유대인들은 만약 예수님이 계속 병자들을 고치시고 계속 보리 떡이나 쌀떡이나 찹쌀떡 같은 것으로 사람들을 먹이셨다면 열광적으로 따랐을 것입니다.

그러나 유대인들은 예수님이 하늘에서 직접 내려온 사람이라는 말을 도저히 믿을 수가 없었습니다. 예수님이 하시는 기적을 보니까 거짓말쟁이는 아니고, 예수님이 미쳤거나 과대망상증 환자로 생각이 되었던 것입니다. 그래서 유대인들은 예수님의 말은 믿을 수 없다고 생각했습니다.

> 6:60-61, "제자 중 여럿이 듣고 말하되 이 말씀은 어렵도다 누가 들을 수 있느냐 한대 예수께서 스스로 제자들이 이 말씀에 대하여 수군거리는 줄 아시고 이르시되 이 말이 너희에게 걸림이 되느냐"

"이 말씀은 어렵도다"라는 말은 '예수님의 말씀은 자기들의 생각과 너무 다르다' 혹은 '너무 공허하고 비실제적인 말씀이다' 라는 뜻으로 생각할 수 있습니다. 오늘 우리가 이 세상을 살아간다는 것은 너무나도 어려운 문제입니다. 사업하는 사람은 사업하는 사람대로, 공부하는 학생은 학생대로, 주부들은 주부들 나름대로, 하루하루 살아가는 것이 너무나도 어렵습니다. 그래서 우리는 하나님 앞에 나와서 도움을 받으려고 하고 축복을 받으려고 하는 것입니다. 그때 교회에 나와서 병 고침을 받고 먹고 살 수 있는 길을 찾고 더 잘 살 수 있는 축복을 받으면 우리는 굉장히 좋아할 것이고 그런 교회는 사람들이 수만 명씩 모여들 것입니다.

그런데 이 세상과 아무 상관없는 하늘나라 이야기만 한다면 우리는 이것은 그때 가 봐야 하는 것이고 죽은 후의 일이지 지금 당장 중요한 것은 아니라고 말할 것입니다. 그만큼 우리가 이 세상을 살아가는 일은 절박하고 어려운 일인 것입니다. 우리는 지금 너무나도 하나님의 도움이 필요하고 축복이 필요합니다. 그런데 다른 세계의 이야기를 하면 좋은 이야기이기는 하지만 지금 받아들이기는 어려운 이야기인 것입니다. 그래서 예수님을 따르던 많은 유대인들이 여기서 예수님을 떠나게 됩니다.

2. 예수님의 계획

예수님은 유대인들이 자기 말을 믿지 않는 것을 아시면서도 계속 말씀하셨습니다. 그것은 자신이 이 세상에 온 것으로 끝나지 않고 다시 하늘로 올라간다는 것이었습니다. 여기서 엄청난 일이 일어나게 됩니다.

6:62, "그러면 너희는 인자가 이전에 있던 곳으로 올라가는 것을 본다면 어떻게 하겠느냐"

예수님은 하나님의 나라를 아주 생생하게 말씀하셨습니다. 그것은 "너희가 내가 하늘에 내려오는 것은 보지 못했지만 하늘에 올라가는 것은 볼 것이라"는 것이었습니다.

예수님은 이 세상에서 두 가지를 선택하실 수 있었습니다. 그 하나는 예수님이 그냥 내려오셨다가 그냥 올라가시는 것입니다. 그러면 모든 인간은 죄 가운데 죽을 수밖에 없습니다. 그러나 만일 예수님이 이 세상에서 살이 찢겨지고 피를 흘리게 된다면 예수 믿는 자들을 모두 다 데리고 올라가시게 됩니다. 그때 예수 믿는 사람들은 몸은 이 세상에 있지만 모두 양심의 죄가 깨끗하게 씻음 받고 하나님의 자녀로 입양이 되게 됩니다. 예수님은 이것을 결심하셨습니다. 즉 예수님은 우리에게 영생을 주시기 위해서 자신의 몸을 찢기고 피를 흘리는 결심을 하신 것입니다.

예수님은 또 이 말씀을 하셨습니다.

6:63, "살리는 것은 영이니 육은 무익하니라 내가 너희에게 이른 말은 영이요 생명이라"

예수님은 중요한 것은 영이지 육은 아무 소용이 없다고 말씀하셨습니다. 예를 들어서 어떤 사람이 병으로 병원에 입원했다고 합시다. 그때 그 사람에게 중요한 것은 병이지 그 사람이 세상에서 무엇을 하고 얼마나 잘 사느냐 하는 것은 전혀 도움이 되지 않습니다. 만일 병원에 입원한 환자가 아무리 유명하고 잘 사는 사람이라 하더라도 병을 이기지 못하면 결국 죽고 마는 것입니다. 그래서 병원에서도 중요하게 생각하는 것은 그 사람의 병을 나타내는 수치입니다.

마찬가지로 우리에게 중요한 것은 내가 예수님의 말씀을 믿고 내 영이 사느냐 하는 것이지, 세상적인 지위나 성공은 아무 도움이 되지 않는다는 것입니다. 그러나 누구든지 예수님의 말씀을 들으면 그 영은 살게 되고 그는 영생을 얻게 됩니다. 이것은 열차를 옮겨 타는 것과 같은 것입니다. 지금까지 내가 세상을 믿고 살았다면 이제부터는 하나님의 말씀을 믿고 사는 것입니다.

이때 중요한 것은 우리가 하나님의 말씀을 믿으면 이 세상에서 우리의 삶은 어떻게 되느냐 하는 것입니다. 우리는 세상에서 잘 사는 것이 아무 의미가 없는 것일까요? 예수님은 우리 안에 하나님의 생명만 들어온다면 우리는 어떻게 살아도 상관이 없다고 말씀하셨습니다. 왜냐하면 우리는 살아났기 때문입니다. 우리가 사고가 날 열차에서 구원을 받았다면 우리는 그냥 있는 것과는 비교할 수 없이 행복한 것입니다. 우리는 살아있으면 무엇이든지 할 수 있습니다. 죽은 자와 살아 있는 자의 차이는 어마어마하게 큰 것입니다. 그래서 전도서에서는 죽은 사자보다는 살아있는 개가 더 낫다고 했습니다. 우리는 다른 어떤 것보다 열차를 옮겨 타는 것이 중요합니다. 그리고 난 후에는 하나님의 말씀을 믿고 살아가면 틀림없이 영생을 살게 됩니다.

3. 남은 제자들의 선택

예수님은 많은 유대인들이 예수님의 말씀이 현실과 맞지 않다고 생각해서 예수님을 등지고 떠나는 것을 보시고 그들을 붙잡지 않으셨습니다. 그리고 남아 있는 제자들에게도 "너희도 가려느냐?"고 물어 보셨습니다.

> 6:66-68, "그 때부터 그의 제자 중에서 많은 사람이 떠나가고 다시 그와 함께 다니지 아니하더라 예수께서 열두 제자에게 이르시되 너희도 가려느냐 시몬 베드로가 대답하되 주여 영생의 말씀이 주께 있사오니 우리가 누구에게로 가오리이까"

예수님의 남은 제자들이 느끼는 것도 다른 유대인들이 느끼는 것과 똑같았습니다. 그들도 예수님이 하늘로부터 왔다는 것을 믿을 수 없었습니다. 그리고 그들도 이 세상에서 하루하루 사는 것이 너무나도 힘들었습니다. 이들도 예수님이 더 많은 병자를 고치시고 이 세상을 바로 잡아주시기를 바라는 마음이 간절했습니다. 제자들도 하나님 나라가 어떻게 생겼는지는 보지도 못했고 또 자신들이 예수님을 따라가면 어떻게 될지 알 수 없었습니다. 그럼에도 불구하고 제자들에게 부인할 수 없는 사실이 하나 있었습니다. 그것은 바로 그들이 예수님의 말씀을 듣고 변했다는 사실이었습니다. 베드로가 예수님의 말씀에 가장 먼저 대답을 했는데 아마 베드로 자신이 그것을 가장 절실하게 느꼈던 것 같습니다.

예수님은 처음 베드로를 만나셨을 때 "네가 요한의 아들 시몬이니 장차 게바라 하리라"고 말씀하셨습니다. 여기서 게바나 베드로는 '반석'이라는 뜻이었습니다. 아마 베드로는 예수님을 만나기 전까지 너무나도 많이 방황하면서 살았던 것 같습니다. 그는 자기 나름대로 진리를 찾아서 이리 뒹굴고 저리 뒹구는 작은 돌멩이였던 것입니다. 그러나 베드로가 예수님을 만난 후 적어도 그는 방황하지 않게 되었습니다. 그가 실수가 없었던 것도, 예수님의 말씀을 다 알아들었던 것도 아니었습니다. 나중에 베드로는 예수님을 세 번씩이나 부인을 하게 됩니다.

그러나 또 부인할 수 없는 사실은 베드로가 예수님을 만나고 변했다는 사실입니다. 그리고 그는 더 이상 방황하지 않게 되었습니다. 이것이 바로 그가 영생하는 말씀을 들은 증거였습니다. 베드로는 다른 것은 몰라도 이제 다시는 정신적으로 방황하고 싶지 않았습니다. 베드로는 이제 더 이상 또 다른 진리를 찾아서 돌아다니고 싶지 않았습니다. 베드로나 다른 제자들도 예수님의 말씀을 다 이해하는 것은 아니었습니다. 그리고 그들은 예수님을 따라가면 어떻게 되는지 알지 못했습니다. 그러나 분명한 것 하나는 예수님을 만나고 자기 자신을 찾았다는 사실입니다. 베드로는 변하여 새 사람이 되었습니다. 베드로는 또다시 예수님을 떠나서 방황하고 싶지 않았습니다.

우리도 지금 예수 믿는 것은 하나님의 모든 뜻을 다 알기 때문에 믿는 것이 아닙니다. 우리의 미래가 어떻게 되며 이 세상에서 우리는 어떻게 살아야 하는지 다 알지 못합니다. 그러나 우리는 예수님의 말씀을 듣고 변했습니다. 우리는 더 이상 방황하면서 살 수는 없습니다. 이것이 바로 영생의 말씀을 들은 증거이고 하나님이 우리를 택하신 증거입니다.

예수님은 이렇게 말씀하셨습니다.

6:65, "또 이르시되 그러므로 전에 너희에게 말하기를 내 아버지께서 오게 하여 주지 아니하시면 누구든지 내게 올 수 없다 하였노라 하시니라"

요즘 우리나라 대교회에서는 탈선하는 소리가 많이 나고 있습니다

다. 얼마나 그 탈선사고가 큰지 세상에서도 우려하고 비판을 하고 있습니다. 이것은 잘못된 열차를 타고 있다는 증거입니다. 앞으로 세상은 더 빨리 달리게 될 것입니다. 아마 앞으로는 시속 500km, 700km 이상 되는 고속열차가 등장하게 될 것입니다. 만약 그것이 탈선하면 아마 탄 사람은 거의 다 죽게 될 것입니다. 오늘 우리의 인생은 너무나도 빨리 변하고 있고 세상은 전속력으로 달리고 있습니다. 그러나 선들이 잘못 연결되어 있습니다. 우리는 하나님의 말씀으로 열차를 옮겨 타야 합니다. "살리는 것은 영이니 육은 무익하니라"고 말씀하셨습니다.

우리는 이 세상에서 육으로 살면 망하게 됩니다. 또 세상의 돈이나 권세나 안정된 직장으로 만족하고 그것을 위해서 살면 탈선해서 망하게 됩니다. 우리는 하나님의 말씀을 듣고 하나님을 믿어야 합니다. 그러면 하늘이 열리고 하늘의 축복이 이 세상으로 침략하게 됩니다. 하나님의 축복이 우리의 삶 속에 침투해 들어와서 잘못 이어진 선을 바로 잡고 우리로 하여금 가장 아름답고 행복한 삶을 살게 해줄 것입니다. 우리는 세상 걱정을 많이 하고 우리 육신의 일을 걱정을 많이 합니다. 그러나 살리는 것은 영이라고 했습니다. 우리의 영이 살면 육도 살게 되어 있습니다. 이제 세상을 걱정하지 마시고 영을 살리는 성도들이 다 되시기 바랍니다.

23

누구든지 목마르거든

요 7:37-39

오늘날

현대에서 소리 없는 살인자라는 악명을 가지고 있는 병이 있는데, 그것은 바로 당뇨병입니다. 당뇨병은 몸에서 인슐린이라는 호르몬이 정상적으로 작동을 하지 않아서 혈당치수가 올라가는 것인데, 이것을 잘 치료하지 않으면 발이 썩어 들어가고 신장이 망가지고 시력을 상실하게 되어 심하면 죽게 됩니다. 인슐린은 사람의 몸 안에서 만들어지는 호르몬 중의 하나입니다. 한번은 옛날 저희 집 가까운 의원 옆을 지나가는데 환자들이 길가에까지 줄을 서서 기다리고 있었습니다. 알아보니 전부 당뇨 환자라고 했습니다. 그 병원은 당뇨 환자만 전문적으로 보는 병원이었던 것입니다.

저희 교회에 아주 아름답게 생긴 자매가 있었는데, 신앙도 좋고 성격도 좋고 특히 음악을 전공해서 악기를 잘 연주했습니다. 그런데 이 자매에게는 당뇨병이 있어서 고생을 많이 하고 있었는데 자기가 자기 배에 주사를 놓는다고 했습니다. 이 인슐린 주사가 없으면 아무 활동도 할 수 없을 정도라고 합니다. 물론 지금도 주사를 맞아가면서 활동을 잘하고 있습니다.

요즘 많은 이들이 우울증으로 자살을 하고 있습니다. 그런데 사람들은 이 우울증이나 공황 장애라는 것이 단순히 화가 치미거나 가슴이 답답한 것으로 생각하고 참는 경우가 많습니다. 그런데 이런 병들도 결국은 몸 안에서 만들어지는 어떤 호르몬이 분비가 잘 안 되거나 작용을 제대로 하지 못하니까 장기에 이상이 생기기도 하고 분노가 치밀어 오르거나 가슴이 답답해서 숨을 제대로 쉬지 못하는 현상이 생긴다는 것입니다. 그런데 이것 자체로는 잘 죽지 않지만, 문제는 이것을 견디지 못해서 자살하는 것입니다. 그러나 이런 병들도 약을 잘 처방받아서 몸에 맞는 호르몬이 나오면 얼마든지 죽지 않고 살 수 있는 것입니다. 우리가 이런 것을 보면 몸 안에서 만들어지는 아주 소량의 액체가 얼마나 중요한 역할을 하는지 알 수 있습니다. 그래서 이런 호르몬 중에 어떤 것이 잘 만들어지지 않으면 갑자기 노화가 오기도 합니다. 여성들은 늙어지고 남자들도 힘이 없어지고 예민해지고 우울해지게 됩니다.

그런데 사람 몸 안에서 만들어지지 않는 것이 바로 물입니다. 사람들은 물을 사흘만 마시지 않으면 거의 죽을 정도로 갈증을 느낀다고 합니다. 그리고 일주일 물을 마시지 않으면 죽게 됩니다. 그래서 물이 없는 곳에 조난당한 사람들은 자신들의 소변을 받아서 마시기도 한다고 합니다.

오늘 우리들은 너무나도 좋은 환경에서 살아가고 있습니다. 물은 그래도 풍부한 편이고 몸 안에 병이 있어도 병원이나 의사들이 많아서 얼마든지 약을 먹고 살아갈 수 있습니다. 사실 우리나라는 너무 오래 사는 것이 문제라고 하는데 구십 세를 넘게 살아도 그중에 이십 년 정도는 병으로 산다고 말하고 있습니다.

예수님께서는 유대인의 명절인 초막절에 예루살렘 성전에 올라가

서서 아주 큰 소리로 이렇게 외치셨습니다. "누구든지 목이 마르거든 다 내게로 와서 마시세요. 나를 믿는 자는 성경에 약속한 것과 같이 그 배에서 생수가 솟아날 것입니다."라고 말씀을 하셨습니다. 그런데 예루살렘 성전에 모인 사람들은 당장 물이 없는 사람들이 아니었습니다. 이 사람들은 예수님이 도대체 무슨 말씀을 하시는가 이상하게 생각했습니다. 만약 우리나라에 금이나 석유가 무한정으로 쏟아진다든지, 당뇨나 우울증으로 아픈 사람들은 약을 먹지 않아도 호르몬이 잘 생성이 된다든지, 기업하는 이들에게 물건을 주문하는 서류들이 밀어 닥친다면 걱정할 것이 아무것도 없을 것입니다. 그렇다면 오늘 예수님께서 우리에게 마시라고 하신 물은 어떤 물을 말씀하시는 것일까요?

1. 유대인의 명절

유대인의 명절 중에서 초막절은 이스라엘 백성들이 광야에서 사십년 동안 지낸 것을 기념하는 절기입니다. 이스라엘 백성들이 출애굽한 후 그 뜨거운 광야를 지나면서 그들의 살고 죽는 것을 결정한 것은 양식과 물이었습니다. 이스라엘 백성들은 양식은 없어도 일주일 정도는 견딜 수 있었지만, 그 뜨거운 광야에서 물이 없이는 단 하루도 견딜 수 없었습니다. 그런데 이스라엘 백성들이 건너간 광야에는 물이 전혀 없었습니다. 이때 이스라엘 백성들은 화가 나서 모세를 원망했습니다.

그때 하나님은 모세로 하여금 반석 앞에 서라고 하신 후에 이스라엘 백성들이 보는 앞에서 그 반석을 치라고 하셨습니다. 모세가 하나님의 말씀에 순종해서 반석을 쳤을 때 반석이 깨어지면서 거기에서 엄청난 생수가 터져 나왔습니다. 그래서 단숨에 이백만이 넘는 이스라엘 백성들과 가축들이 물을 마시고 살 수 있었습니다. 이스라엘 백성들의 초막절은 바로 이것을 기념하는 절기였습니다. 우리 인간의 상황이나 머리로는 목이 말라서 죽을 수밖에 없지만 하나님의 말씀에 순종하니까 단숨에 기적의 능력으로 물을 마실 수 있다는 것이었습니다. 즉 하나님의 말씀을 가진 이스라엘 백성들은 기적의 백성들이었던 것입니다.

이스라엘 백성들은 이 경험을 또 한 적이 있었습니다. 이스라엘 백성들은 잘 살아보려고 우상을 섬기고 다른 나라를 따라갔는데, 그 결과 경제는 파탄 나고 나라는 망해서 백성은 바벨론으로 모두 포로로 끌려갔습니다. 이스라엘 백성들이 포로로 끌려간 곳에 에스겔이라는 선지자가 있었습니다. 이때 이스라엘 백성들은 둘로 나뉘어 있었는데 한 무리는 바벨론으로 잡혀간 사람들이고, 다른 한 무리는 예루살렘에 돈을 주고 남아 있는 사람들이었습니다. 포로로 붙들려 간 사람들은 죽으나 사나 본국으로 돌아갈 생각만 했고, 예루살렘에 남은 사람들은 자신들이 행운아라고 생각했습니다. 하나님께서는 곧 예루살렘이 망하고 거기에 남은 사람들은 거의 다 죽고 일부만 다시 포로로 끌려 올 것이라고 말씀하셨습니다.

그러면서 하나님은 환상을 보여주셨는데 그것은 바로 골짜기에 가득 찬 해골들이었습니다(겔 37장). 하나님은 에스겔에게 "이 해골들이 다 살 수 있겠느냐?"고 물으셨습니다. 그때 에스겔은 "저는 모르겠습니다. 하나님만이 아시겠지요."라고 대답하니까 하나님은 에스겔에게 "이 해골들에게 하나님의 말씀을 대언하라."고 하셨습니다. 그래서 에스겔은 해골들에게 하나님의 말씀을 전했습니다. "해골들아, 하나님의 말씀에 너희들이 살아나라고 하신다!"라고 소리를 질렀던 것입니다. 그랬더니 갑자기 해골과 뼈들이 덜거덕거리면서 움직이더니 자기 뼈를 찾아가서 맞추어졌습니다. 그리고 그 뼈 위에 근육이 생기고 피부까지 덮여졌습니다. 그러나 그들은 여전히 죽어있는 사람들이었습니다. 그때 하나님은 다시 에스겔에게 "생기에게 명령을 해서 이 모든 사람이 다 살아나라고 하라."고 말씀하셨습니다. 그래서 에스겔은 "모든 생기들아, 죽은 사람들 속에 들어가서 모두 살게 하라."고 했더니 혼들이 모두 돌아와서 이 죽은 사람들 속에 들어가서 죽은 사람들이 일어나기 시작했습니다. 그리고 그것들은 엄청나게 많은 군대가 되었습니다.

그러고 난 후 하나님은 에스겔에게 새로 지어질 성전의 환상을 보여주셨는데, 성전 문지방에서부터 생수가 새어 나오기 시작했습니다. 처음에는 생수가 조금씩 나오더니 조금 있으니까 많아지기 시작했습니다. 그래서 일천 척을 측량하고 들어가 보니까 발목까지 오고, 그다음에 일천 척을 측량하니까 무릎까지 오고, 그다음 일천 척을 측량하니까 허리까지 오고, 나중에는 헤엄쳐야 할 정도로 큰 강이 되었습니다. 그리고 이 생수의 강이 사해로 흘러 들어가서 사해를 살렸습니다.

예수님은 이렇게 말씀하셨습니다.

> 7:37-38, "명절 끝날 곧 큰 날에 예수께서 서서 외쳐 이르시되 누구든지 목마르거든 내게로 와서 마시라 나를 믿는 자는 성경에 이름과 같이 그 배에서 생수의 강이 흘러나오리라 하시니"

여기에 보면 "성경에 이름과 같이"라고 하였는데, 어느 성경을 말할까요? 가장 중요한 성경은 에스겔이 보았던 바로 그 생수의 환상이었던 것입니다. 에스겔이 이 생수의 환상을 보았을 때, 이스라엘의 형편은 그야말로 해골이었습니다. 나라는 망하고 중요한 사람들은 다 포로로 붙들려가서 바벨론의 운하 만드는 일에 강제로 동원되고 성전은 불타고 백성들은 비전을 잃어버렸습니다. 이때 하나님은 하나님의 말씀으로 해골 같은 사람들이 다 살아나고 생수가 같이 터져 나올 것을 말씀하셨던 것입니다. 그리고 얼마 있지 않아서 그 강한 나라 바벨론은 망하고 유다 백성들은 예루살렘으로 돌아와서 성전을 건축하게 됩니다. 그리고 나중에 에스라 같은 설교자가 와서 율법을 설교하게 되는데 백성들이 울고 기뻐하는 대부흥이 일어나게 됩니다.

그런데 이제는 성전에 하나님의 아들이 와서 서 계신 것입니다. 하나님의 아들에게 있어서 반석을 쳐서 생수가 쏟아지게 하는 것은 일도 아니었습니다. 그러나 그에게도 가장 어려운 것은 우리 안에 아스팔트보다 더 끈질기게 붙어있는 죄를 씻는 것이었습니다. 이것은 그분의 피만으로 닦을 수 있고 뗄 수 있고 씻을 수 있는 것이었습니다.

2. 우리는 과연 무엇에 목말라 하고 있습니까?

오늘 우리에게 가장 갈급해 하는 것이 무엇일까요? 아마도 우리나라 사람들이 개인적으로 가장 갈급해 하는 것은 성공인 것 같습니다. 좋은 학교에 합격하고 사업에 성공해서 큰 공장을 짓고 좋은 직장에서 성공해서 높은 자리까지 오르면 그보다 더 시원한 것은 없을 것입니다. 그리고 우리나라 사람들은 기쁜 소식에 목말라 하는 것 같습니다. 우리나라 선수들이 어떤 큰 경기에서 우승을 했다든지 혹은 우리나라 감독이 다른 나라에서 좋은 성적을 거두게 했다든지, 혹은 남북 관계가 잘 되고 있다든지 하는 소식에 목말라하고 있는 것 같습니다. 그런데 오늘 우리는 좋은 소식을 거의 들을 수 없습니다. 왜냐하면 사회 전체가 썩어서 좋은 소식이 나올 수 없기 때문입니다.

옛날에는 우리나라 사람들은 배움에 아주 목말라 했습니다. 그래서 주경야독을 해서 성공한 이들도 있었습니다. 그리고 옛날에는 성공에 목말라 해서 기계 한두 개를 가지고도 죽어라 일을 하고 수출을 했습니다. 학생들은 밤을 새워서 공부했고, 또 민주화에 목말라 해서 투쟁 가운데 봄만 되면 최루탄이 자욱한 가운데 도망 다녀야 했습니다. 그래서 우리는 성공했습니다. 그런데 성공을 하고 나니까 사회가 병들어 있고 사람들의 정신이 썩어 있는 것입니다. 그 이유는 사회적인 성공이나 민주화나 경제적인 성공이 제대로 된 생수가 아니었기 때문입니다.

오늘 우리는 진정한 목마름을 느끼지 못하고 있습니다. 왜냐하면 진정한 목마름은 몸 안에 있는 호르몬이 막힌 것이기 때문입니다. 우리가 옛날에 목마름이 있을 때는 정말 열심히 살았습니다. 그러나 그것이 해답이 아니었던 것입니다. 그 결과 사람들은 겉으로는 잘 살게 되었지만 속으로는 불안해하고 행복하지 못한 해골바가지가 되어 가고 있는 것입니다. 오늘 사람들에게 행복하냐고 물으면 대부분이 행복하지 못하다고 대답을 할 것입니다. 그 이유가 무엇이냐고 물으면 정치 때문이라고 하고 경제 때문이라고 하고 건강 때문이라고 할 것입니다. 그러나 그것은 우리가 이미 해 본 것입니다. 그것은 진정한 답이 아닙니다. 사람들은 점점 해골로 변해가고 있습니다.

오늘 하나님은 우리에게 묻고 계십니다. "인자야, 너는 이 뼈들이 능히 살 것이라고 믿느냐?" 그것은 "우리 사회가 다시 살고 다시 행복해지고 사람들의 정신이 아름답게 될 수 있다고 믿느냐?" 하는 것입니다. 그러나 우리는 그렇다고 대답하지 못할 것입니다. 왜냐하면 그것을 원하기는 하지만 우리 사회는 너무 썩어 있고 너무 이상하게 되어버렸기 때문입니다.

그때 예수님은 자신의 상태와 우리 사회에 대하여 고민하는 자는 목말라 하는 자라고 말씀하고 있습니다. 그리고 예수님은 그들을 초청하고 계십니다. 예수님은 "누구든지 목마르거든 네게로 와서 마시라"고 말씀하셨습니다. 우선 예수님은 목말라 하는 사람은 예수님에게 오라고 말씀하고 있습니다. 성공이 모든 것이 아니고, 돈이 모든 것이 아니고, 민주화가 모든 것이 아니고, 잘 사는 것이 모든 것이 아니라, 사람들이 점점 해골같이 되고 있고 사랑이 없어지고 있는 것으로 고민하는 사람은 예수님에게 오라는 것입니다.

그리고 "마시라"고 하셨습니다. 예수님에게 와서 무엇을 마셔야 합니까? 이 당시 예수님은 물통을 가지고 있지 않으셨습니다. 우리는 예수님에게 가서 무엇을 마셔야 합니까? 우리는 예수님의 피를 마셔야 하는 것입니다. 우리는 예수님의 피를 마시기 위하여 예수님에게 가까이 가야 하고 그의 죽음에 입을 맞추어야 합니다. 그리고 그의 죽으신 몸에서 흐르는 피를 빨아들여야 합니다. 즉 우리는 예수님과 함께 죽어야 합니다. 우리가 이 세상에서 잘 살려고 하면 절대로 이 생수를 마실 수 없습니다. 우리가 이 세상에 목을 매달고 있는 이상은 절대로 완전히 시원해질 수 없습니다.

우리는 예수님과 함께 죽을 각오를 해야 합니다. 우리나라에서도 죽을 각오를 하고 설치는 사람들은 성공을 합니다. 그러나 그들은 더 악해질 것입니다. 우리는 살려고 몸을 도사리니까 비겁해지고 이것도 저것도 아닌 어중간한 상태에서 망하는 것입니다. 그러나 죽을 각오를 하면 모든 것이 쉬워지게 됩니다. 우리는 골치 아파할 것이 아무것도 없습니다. 죽는 데는 돈도, 명예도 필요 없고 오직 하나님밖에 없습니다.

3. 그 배에서 생수의 강이 흘러나리라

예수님은 우리가 이 세상에서 시원한 생수를 마시는 비결은 예수님을 믿는 것이라고 말씀하셨습니다.

7:38, "나를 믿는 자는 성경에 이름과 같이 그 배에서 생수의 강이 흘러나오리라"

예수님은 우리가 생수를 실컷 마시려고 하면 큰 바가지나 물동이를 가져야 한다고 말씀하시지 않았습니다. 사실 예수님 옆에는 전혀 물통이 없었습니다. 우리가 상식적으로 생각해보면 예수님이 큰 물통에 물을 가득 담고서 사람들에게 "통만 가지고 오세요. 그리고 마음껏 물을 가져가세요." 하셔야 말이 맞습니다. 그러나 예수님은 아무 것도 없는 맨몸으로 와서 마시라고 말씀하셨습니다. 왜냐하면 예수님 자신이 바로 물통이었기 때문입니다.

이스라엘 백성들이 광야에 있을 때 모세가 지팡이로 때렸던 반석이 바로 예수님이었던 것입니다. 모세는 화가 나서 그 반석을 두 번 내리쳤는데 하나님은 그 불신앙 때문에 모세에게 가나안 땅에 들어가지 못한다고 말씀하셨습니다. 나중에 모세가 하나님께 사정사정을 했습니다. 모세는 "하나님은 모든 것을 다 하실 수 있으니 제발 제가 약속의 땅에 들어갈 수 있게 해 주십시오."라고 기도했지만, 하나님은 이제 그 기도를 하지 말라고 하셨습니다. 왜냐하면 바위를 두 번 친다는 것은 예수님을 두 번 십자가에 못을 박는 셈인데 이것은 용서가 안 되기 때문입니다.

지금 성전에 서 계신 예수님은 우리를 완전히 시원하게 하실 수 있는 생수를 가득 담고 있는 반석이요 물통이었습니다. 우리는 감히 예수님을 때릴 수 없습니다. 그것은 로마 군인들이 할 것입니다. 우리가 할 것은 예수님을 믿기만 하면 되는 것입니다. 우리는 믿음으로 예수님의 피를 마십니다.

예수님을 믿는다는 것이 무엇입니까? 살든지 죽든지 주님께 내 인생을 맡기는 것입니다. 우리 앞에 어떤 일이 있어도 예수님과 예수님의 말씀만 믿어야 합니다. 그러면 에스겔서에 나오고, 광야 이스라엘 백성들에게 터졌던 생수가 강처럼 흐르게 되는 것입니다.

저는 아프기 전까지만 해도 배에서 생수의 강이 흐른다는 것을 이해하지 못했습니다. 그런데 아프면서 의사에게 물어보니까 호르몬은

췌장이나 대장과 소장에서 만들어진다고 했습니다. 이것이 온몸에 포도당이나 에너지나 양분을 전달시키는데 이것이 막히면 병이 생기게 된다는 것입니다.

예수님의 피와 예수님의 말씀은 우리 배 안에서 호르몬을 만들어 냅니다. 그것은 바로 기쁨의 호르몬이나 영생의 호르몬이고 성령의 호르몬입니다. 이것이 처음에는 우리 뱃속에서 아주 적게 흐르지만 이것이 배 밖으로 나오면서 강이 되어서 흐르는데, 죽은 해골들을 살리고 죽은 사해를 살리고 나무들을 살리게 되는 것입니다.

7:39, "이는 그를 믿는 자들이 받을 성령을 가리켜 말씀하신 것이라"

이제 목마름의 정체가 드러나게 되었습니다. 우리 인간을 해골로 만들고 불안하게 해서 자살하게 만들고 이기적으로 만들어서 죄짓게 만들고 죽이게 만드는 것은 성령이 없기 때문입니다. 성령이 우리에게 오시면 우리 속에서부터 시원해지게 됩니다. 우리는 모든 삶에서 만족하게 되고 우리의 삶 전체가 시원하게 될 것입니다.

이 시간 우리에게 필요한 것은 믿음입니다. 우리는 믿으시기 바랍니다. 우리에게 예수님이 오셨으므로 예수님을 붙들고 같이 죽으면 절대로 죽지 않을 것입니다. 해골이 살아나고 축복이 큰 강이 되어서 흐르게 될 것입니다.

24

용서받지 못할 죄인은 없다

요 8:1-11

옛날

저희들이 어렸을 때 〈용서받지 못한 자〉라는 영화가 있었습니다. 그 영화에서 한 악당이 주인공의 집에 쳐들어와서 식구들을 다 죽이는데, 그 집에서 혼자 살아남은 소년은 나중에 이 용서할 수 없는 악당을 찾아서 복수한다는 내용입니다. 우리는 이 세상에서 결코 용서해서는 안 되는 악인들을 만날 때가 있습니다. 어떤 여성이 어렸을 때 선생이나 어른으로부터 성추행을 당하고 한평생을 불행하게 살았다면 그 여성은 그들이 용서가 되지 않을 것입니다. 또 어떤 사람이 덩치 큰 사람에게 몽둥이로 맞아서 평생 장애를 입게 되었다면 그는 자기에게 장애를 입게 한 사람이 용서가 안 될 것입니다.

그런데 요즘 우리나라에서는 인생의 마지막을 너무 비참하게 끝을 내는 사람들이 너무 많습니다. 그들은 자신의 죄나 다른 사람의 미움을 받는 것을 견디다 못해서 자살로 인생을 마치는 것입니다. 얼마 전에는 별 세 개를 달았던 장군이 무슨 조사를 받고 난 후에 투신자살로 인생을 마쳤습니다. 그리고 그전에는 뇌물 혐의로 조사를 받던 어떤 정치인이, 그리고 자신이 가르치는 학생을 성추행한 혐의를 받던 한 연극영화과 교수가 스스로 목숨을 끊는 일이 있었습니다. 또 어떤 유치원 교사와 원장이 자살했다는 기사가 있었고, 한 중학생은 친구들에게 매를 맞다가 견디지 못해 건물에서 뛰어내려서 자살했다고 합니다.

우리는 이 수많은 자살하는 사람들을 보면서 우리나라 사람들이 과연 무엇이 문제인지, 그리고 과연 이런 식으로 인생을 마치는 사람들이 많은 것이 정신적으로 정상인지 생각해볼 필요가 있습니다.

요한복음 8장에 나오는 본문은 원문에서 논쟁이 많은 사건입니다. 그것은 유대 지도자들이 현장에서 간음하던 여자를 붙잡아 와서 예수님에게 어떻게 해야 하느냐고 시험하는 내용인데, 예수님은 이 간음하던 여자를 용서해주시는 내용이기 때문입니다. 그래서 아마 오래된 사본들 중에서는 간음한 여자를 이렇게 쉽게 용서하면 기독교가 오해받는다고 생각했는지, 이 내용이 빠져 있는 사본들이 있습니다. 사실 사람의 죄 중에서는 결코 용서해서는 안 되는 죄들이 있습니다. 어떤 질이 나쁜 사람의 죄를 너무 쉽게 용서하면 그 사람은 더 많은 사람을 고통스럽게 할 것입니다. 그러나 예수님은 죄인인 여자를 용서하셨습니다. 그리고 그 여인에게 다시는 죄짓지 말라고 말씀하셨습니다. 사람들은 이런 간음죄를 지은 여인을 예수님이 이렇게 쉽게 용서하셔도 되는가 하는 생각을 할 것입니다.

1. 간음하다가 잡혀온 여자

예수님께서는 초막절이라는 절기 때 예루살렘에 올라가셔서 사람들에게 "누누구든지 목마르거든 내게로 와서 마시라 나를 믿는 자는 성경에 이름과 같이 그 배에서 생수의 강이 흘러나오리라"고 말씀하셨습니다. 사람들의 가슴 속에는 채워도, 채워도 도무지 만족이 안 되는 갈급함이 있습니다. 그것이 돈일 수도 있고 명예일 수도 있고 세상의 지위일 수도 있습니다. 그러나 예수를 믿는 자는 그 배에서 이 원하는 것이 강같이 흐르기 때문에 영원히 목마르지 않는다고 약속하셨습니다. 돈이 배에서 강같이 쏟아져 나오고 원하는 명예나 지위를 얼마든지 실컷 얻게 된다면 우리는 만족할 수 있을까요?

그런데 성경은 그것이 돈이나 명예가 아니라 예수를 믿는 자들이 받을 성령이라고 말씀하셨습니다. 성령이 도대체 무엇이기에 그렇게 돈에 갈증을 느끼고 명예에 목을 매다는 인간의 속을 다 시원하게 할 수 있을까요? 이것은 성령을 받아보든지 아니면 죽음을 눈앞에 두게 되었을 때 이해가 될 것입니다. 그렇지 않고는 도무지 이해가 되지 않을 것입니다. 우리는 여전히 이 세상에서 눈에 보이는 성공이나 사람들의 인정에 목말라 하고 있습니다.

> 8:2-6, "아침에 다시 성전으로 들어오시니 백성이 다 나아오는지라 앉으사 그들을 가르치시더니 서기관들과 바리새인들이 음행중에 잡힌 여자를 끌고 와서 가운데 세우고 예수께 말하되 선생이여 이 여자가 간음하다가 현장에서 잡혔나이다 모세는 율법에 이러한 여자를 돌로 치라 명하였거니와 선생은 어떻게 말하겠나이까 그들이 이렇게 말함은 고발할 조건을 얻고자 하여 예수를 시험함이러라"

예수님은 이른 아침에 성전에 나가셔서 사람들에게 하나님의 말씀을 가르치셨습니다. 사람들은 예수님의 말씀을 듣기 위해서 성전에 모였습니다. 그때 갑자기 유대인의 지도자에 해당되는 바리새인과 서기관들이 간음하던 중에 붙들린 한 여인을 끌고 예수님에게로 왔습니다. 그러면서 이들은 예수님에게 말하기를 "예수님, 이 여자는 간음하던 중에 현장에서 붙들렸습니다. 모세의 율법에는 이런 여자를 돌로 쳐 죽이라고 했는데 선생님은 뭐라고 판결을 내리시겠습니까?"라고 질문을 했습니다. 이들이 예수님께 이 여자를 끌고 와서 이 질문을 하는 것은 정말 몰라서 예수님께 물어보는 것이 아니었습니다. 그들은 예수님을 고소할 핑곗거리를 잡으려고 이렇게 한 것이었습니다.

모세의 율법에는 간음하다가 붙들린 남녀는 모두 돌로 쳐서 죽이도록 되어 있었습니다. 그러나 실제로 이 율법이 엄격하게 지켜진 것 같지는 않습니다. 거기에 비해 로마는 유대인들이 직접 사람들을 처형하는 것을 금지하고 있었습니다. 유대인들이 자체적으로 벌금을 내리거나 채찍질하는 것은 용납했지만 돌로 쳐 죽이는 것은 금지했습니다. 예수님이 모세의 율법대로 돌로 쳐 죽이라고 하면 그것은 로마법에 걸리게 되고, 또 그냥 넘어가자고 하면 모세의 율법을 무시하는 자가 되는 것입니다.

그런데 여기서 궁금한 것은 간음하다가 현장에서 붙들려온 여자가 과연 어떤 여자였을까 하는 것입니다. 아무리 생각을 해보아도 이 사람은 직업적인 윤락여성이었을 가능성이 높습니다. 그래서 유대 지도자들은 예루살렘 어디로 가면 이런 여성들이 있는지 잘 알았고 그곳을 급습해서 이 여자를 잡아 왔을 가능성이 높습니다. 반면에 이 여자와 상대하던 남자는 잽싸게 창문을 넘어서 도망을 쳤든지, 사람들에게 사정을 해서 그 자리를 빠져나갔을 가능성이 높습니다. 예수님께서 자주 말씀하시기를 "세리와 창기가 먼저 천국에 들어가리라"고 하셨는데 그것을 보면 유다 사회에 직업적인 창기가 많이 있었던 것 같습니다. 이 사람들은 음란한 것을 원해서 창기가 되었다기보다는 빚을 갚지 못해서 창기가 되었을 가능성이 많습니다. 그럼에도 불구하고 이들이 음란한 짓을 하는 사람임에는 틀림이 없었고 죄인임에도 틀림이 없었습니다.

이 여자는 몸을 팔아서 빚도 갚고 먹고 살던 여자였는데 그날 재수 없게 단속에 걸려서 끌려나가는 바람에 돌에 맞아 죽게 되었습니다. 보통 때는 단속도 잘 하지 않았고 또 단속을 한다고 해도 걸리면 돈을 주고 빠져나왔는데 이번에는 붙들려서 성전까지 끌려가게 되었고 잘못하면 돌에 맞아 죽게 되었습니다. 유대인들은 이 음란한 여성을 예수님에게 끌고 와서 이 여자를 어떻게 해야 하는지 말씀하시라고 재촉을 했습니다.

> 8:6-8, "예수께서 몸을 굽히사 손가락으로 땅에 쓰시니 그들이 묻기를 마지 아니하는지라 이에 일어나 이르시되 너희 중에 죄 없는 자가 먼저 돌로 치라 하시고 다시 몸을 굽혀 손가락으로 땅에 쓰시니"

그때 예수님은 그 유대인들이나 여자를 보지 아니하시고 몸을 굽히서 땅에 자꾸 무슨 글씨를 쓰시기만 하셨습니다. 그러면 예수님은 맨땅에다 무슨 글을 쓰고 계셨을까요? "너희들은 죄가 없는 줄 아느냐? 이 꼴 보기 싫은 놈들!"이라고 쓰셨을까요? 아니면 "이 여자를 살려야 하나, 죽게 해야 하나?"라고 쓰셨을까요? 아니면 햄릿같이 "사느냐, 죽느냐 이것이 문제로다."라고 쓰셨을까요? 예수님이 무슨 글을 쓰셨는지는 아무도 모릅니다. 그러나 우리는 어떤 때 글을 쓰는 것이 마음에 여유를 찾게 할 때가 많이 있습니다. 그렇다고 해서 대화를 하는 중에 엎드려서 글을 쓰시는 것은 예수님이 보통 배짱을 가지신 분이 아니신 것을 보여줍니다. 우리는 다른 사람이 무엇인가 따지고 물으면 당황해서라도 무슨 대답을 해야 할 것 같은데 예수님은 완전히 딴 일을 하고 계셨습니다.

요즘 정치하는 사람들이 기자로부터 골치 아픈 예민한 질문을 받으면 자기와는 아무 상관없는 일인 것처럼 엉뚱한 대답을 합니다. 그렇게 하는 것을 '유체이탈'이라고 하는데 자기는 없어져버리고 다른 사람의 일인 것처럼 대답하는 것입니다. 예수님은 유대인들이 의기양

양하게 여인을 끌고 와서 예수님을 몰아붙일 때 몸을 굽혀 글을 쓰심으로 모두에게 생각할 시간을 주시려고 한 것 같습니다. 그리고 그 시간이 바로 성령이 역사하실 시간이었던 것입니다. 예수님은 어려운 문제가 닥쳤을 때마다 자기 힘으로 다른 사람들을 다 이기려고 하시지 않았습니다. 예수님은 하나님을 의지했고 성령님이 역사하실 시간을 가지시려고 하셨습니다.

2. 예수님의 애매한 답변(마샬)

예수님께서 유대인들의 질문에 바로 답하지 아니하시고 땅을 보시면서 글을 쓰시니까 유대 지도자들은 계속 예수님에게 이 여자를 어떻게 처리해야 옳은지 대답을 재촉했습니다. 그때 예수님은 유대인들에게 아주 알쏭달쏭한 말씀으로 대답하셨습니다. 그것은 "이 여자를 돌로 치라"는 것이었습니다. 그러나 그냥 아무나 돌로 치는 것이 아니라 그들 중에서 죄 없는 자가 가장 먼저 돌로 이 여자를 치라는 것이었습니다. 그리고 예수님은 다시 고개를 숙이시고 손가락으로 땅에 무슨 글을 쓰고 계셨습니다. 예수님은 이번에는 무엇이라고 땅에 글을 쓰셨을까요? 그것은 '나는 너희 죄를 다 알고 있다'고 쓰셨던지, '너희 중에 죄 없는 자는 아무도 없다'고 쓰셨는지 우리는 알 수 없습니다.

그런데 이때 놀라운 일이 일어났습니다. 그것은 예수님이 엎드려서 글을 쓰시는 동안에 거기에 몰려들었던 사람들이 전부 양심에 찔려서 어른부터 시작해서 젊은이까지 전부 들고 있던 돌을 땅에 내려놓고 성전에서 다 나가고 여자만 남아 있었던 것입니다. 이것이 바로 성령이 역사하시는 시간이었습니다. 성령께서는 각자의 마음속에 있는 양심을 공격하셔서 그들이 지금까지 지었던 음란했던 일들을 기억나게 하셨습니다. 놀랍게도 여자와 예수님을 심판하기 위하여 성전에 몰려들었던 사람 중에서 예전에 음란한 짓을 하지 않았던 사람이 한 명도 없었던 것입니다. 예수님 시대 사람들은 모두 이중적인 생활을 하고 있었습니다. 그들은 한편으로는 아주 율법을 잘 지키는 깃 같고 도덕적인 생활을 하는 것 같았지만 다른 한편으로는 포르노를 즐기고 매춘하는 곳에 들락거리는 위선자들이었던 것입니다.

그런데 거기서 양심에 찔렸던 사람 중에서 왜 예수님 앞에서 '예수님, 저도 사실은 죄인입니다. 이 돌에 맞아 죽을 사람은 저 여자가 아니고 바로 저입니다' 라고 말하는 자가 단 한 명도 없었을까요? 왜냐하면 이 사람들은 다른 사람들이 생각하는 자신의 명성을 중요하게 생각했고 세상의 문제에 대해서는 비상한 관심을 가졌지만, 예수님이 능히 죄를 사하실 수 있는 하나님의 아들이라는 것을 믿지 않았기 때문입니다. 만약 이 여자를 끌고 온 사람 중에 양심이 찔렸을 때 예수님 앞에 무릎을 꿇고 자기도 죄인이라고 고백한 사람이 단 한 명만 있었더라도 예수님은 그 사람에게 "작은 자야, 네 믿음이 너를 구원하였느니라"고 하시면서 "네 믿음이 크도다"라고 칭찬하셨을 것입니다. 그러나 이 사람들은 모두 양심에 찔림까지는 받았지만 예수님 앞에 자신을 내놓을 용기가 없었습니다. 그들은 예수님의 말씀대로 사람의 눈을 하나님의 눈보다 더 두려워했던 것입니다.

이 세상에서 죄가 없는 사람은 단 한 명도 없습니다. 단지 차이가 있다면 자신의 죄가 드러난 사람과 아직 드러나지 않고 감추어져 있는 사람이 있을 뿐입니다. 병으로 치면 병원에 가서 의사로부터 진단 결과를 통보받은 사람과 병은 있지만 아직 병원에 가지 않고 버티고 있는 사람의 차이와 같습니다. 예수님은 우리의 죄를 해결해주시기 위해 이 세상에 오셨습니다. 그런데 사람들은 죄 문제보다는 자기 체면이나 사회적인 비난, 먹고 사는 문제를 훨씬 더 중요하게 생각하기 때문에 예수님 앞에 나와서 무릎을 꿇지 못하고 고백을 하지 못하는 것입니다.

한때 우리 사회에서도 '미투' 문제로 온 세상이 들끓었던 적이 있었습니다. 이것은 미국에서부터 시작되었는데 미국 체조 국가대표팀 닥터가 많은 어린 여자 선수들을 성추행했다는 사실이 드러났기 때문입니다. 어렸을 때 수치스러운 일을 당했던 어린 선수들은 누구에게도 말하지 못하고 있다가 어른이 되고 난 후에 자기 말고도 그런 일을 당한 선수들이 많다는 것을 알고 용기를 내어서 이 닥터를 경찰에 고발했습니다. 그리고 모두 법정에서 증언한 후에 서로 끌어안고 울었습니다. 이 닥터는 고발당하고 처벌당하는 것이 마땅한 사람이었습니다.

그 후에 우리나라에서도 '미투'가 막 일어났는데 우리나라에서 유명한 많은 사람이 그 대상으로 언론에 올랐고 어떤 사람은 법정에 서고 어떤 사람은 자살까지 했습니다. 아마 그때 남자들이 전부 벌벌 떨었을 것입니다. 왜냐하면 이와 비슷한 죄가 없는 사람은 거의 없기 때문입니다. 특히 똑똑하고 잘난 사람 중에서 이런 죄를 짓지 않은 사람이 아무도 없기 때문입니다. 그런데 예수님 앞에 온 사람 중에서 자기도 죄인이라고 무릎 꿇은 사람이 한 명도 없었다는 사실은 참으로 유대 사회가 썩을 대로 썩은 사회라는 것을 보여줍니다.

한번은 어느 대학생 수련회에서 설교했는데 그때 강한 성령의 역사가 있었습니다. 그때 청년들은 전부 한 명씩 제 방에 오기 시작했습니다. 그리고 그들은 너무나도 말하기 어려운 힘든 자신들의 이야기를 저에게 고백했습니다. 어떤 학생은 사창가를 간 적이 있고, 어떤 여성은 파혼을 당한 후에 거식증에 걸렸고, 또 어떤 학생은 무엇을 했고, 이야기를 한 뒤 그리고 그들은 기도하기 시작했습니다. 그리고 엄청난 성령의 역사가 나타났고, 그다음 날 전부 새사람이 된 것을 알 수 있었습니다. 그들은 모두 기뻐했고 새마음으로 새 출발을 할 수 있었습니다.

3. 나도 너를 정죄하지 아니하노니

아마 예수님께서 몸을 굽혀서 글을 쓰셨기에 망정이지 예수님이 그 불꽃 같은 눈으로 한 사람 한 사람의 눈을 쳐다보셨다면 그들은 고개를 들 수도 없었을 것입니다. 그러나 그들은 모두 자신의 양심을 감추고 돌을 내려놓고 하나씩 둘씩 성전을 떠나기 시작했습니다. 그리고 마지막에는 여자와 예수님만 남아 있었습니다. 그때 예수님은 고개를 들고 일어나서서 여자만 남은 것을 보셨습니다. 그리고 여자에게 물어보셨습니다.

8:10, "여자여 너를 고발하던 그들이 어디 있느냐 너를 정죄한 자가 없느냐"

여자는 벌벌 떨면서 '주여 없나이다'라고 대답을 했습니다. 이제 이 여자의 운명은 예수님 한 분의 손에 달렸습니다. 예수님께서 돌을 들어서 던지시면 여자는 죽거나 다치는 것이고, 돌을 던지지 않으면 사는 것입니다. 예수님은 유대인들에게 분명히 "너희 중에 죄 없는 자가 먼저 돌로 치라"고 하셨습니다. 그러나 예수님은 돌을 들어 이 여자를 치지 않으셨습니다. 예수님은 "나도 너를 정죄하지 아니하노니 가서 다시는 죄를 범하지 말라"(11절)고 하셨습니다. 예수님은 이 여자의 죄를 용서해주셨고 새로운 인생을 시작하라고 말씀해주셨습니다.

여기서 우리에게 이해가 되지 않는 것은 음란한 짓을 행한 여자를 이렇게 쉽게 용서해주면 세상은 어떻게 되느냐는 것입니다. 사람들은 모두 죄짓는 것을 우습게 생각해서 또다시 너나 할 것 없이 쉽게 죄를 짓는 세상이 되지 않겠습니까? 그리고 이 여자에게 가서 다시는 죄를 범하지 말라고 하셨지만 그것이 마음대로 됩니까? 이 여자는 이미 사람들로부터 음란한 여자라는 낙인이 찍힌 여자입니다. 그리고 이 여자는 돌에 맞으려고 성전까지 끌려갔던 사람이고, 또 직업여성이라면 앞으로 무엇을 해서 먹고 살겠습니까? 그리고 이 여자는 이미 음란한 생각과 습관이 인이 박여 있는 사람인데 어떻게 예수님이 죄를 범하지 말라고 하신다고 해서 죄를 범하지 않을 수 있겠습니까?

사람들이 다른 사람을 쉽게 용서해주지 못하는 것은 자기가 자신이 없기 때문입니다.

예수님 앞에 붙잡혀 온 이 여성은 예수님 앞에 끌려와서 고발당하면서 이미 옛사람은 죽었습니다. 예수님에게는 바로 그 능력이 있습니다. 이 여자는 예수님 앞에 강제로 끌려왔지만 그 여자는 죽었습니다. 그리고 그가 아무리 다른 사람의 유혹을 받고 옛 생활로 돌아가려고 해도 예수님의 말씀만 기억한다면 다시 돌아갈 수 없습니다. 왜냐하면 예수님의 말씀이 이 여인에게 새 힘을 주기 때문입니다. '그래, 예수님은 나를 정죄하지 않는다고 하셨어.' '예수님은 나에게 새사람이 되어서 살라고 말씀하셨어.' 여인이 이것을 생각하면 이상하게 죄가 달아나게 되고 얼마든지 죄짓지 않고 살 수 있는 길이 생기게 되는 것입니다.

우리나라에 자살하는 사람이 많다는 것은 우리 사회가 패역하고 음란한 사회인 증거입니다. 우리가 이 세상에 산다는 것은 참으로 귀한 하나님의 선물입니다. 우리는 너무 쉽게 죽어서는 안 됩니다. 우리는 어떻게 해서든지 끝까지 살아야 합니다. 그렇게 하기 위해서 그 힘을 주시기 위해서 예수님이 이 세상에 오셨습니다.

우리는 오늘 이 시간 예수님 앞에서 자신의 모든 죄를 다 고백하는 시간이 되어야 합니다. 내 마음의 미움과 음란한 행동이나 생각들이나 죄지었던 모든 과거를 다 고백하시기 바랍니다. 왜냐하면 예수님은 우리가 고백만 하면 다 용서해주시고 죄를 이길 수 있는 새 마음을 주시기 때문입니다. 우리는 죄를 싫어하게 되고 또 예수님은 우리가 얼마든지 죄짓지 않고 아름답게 살 수 있게 해주십니다. 이런 새 마음으로 시작하는 사람들의 미래를 하나님은 지켜주십니다. 소돔과 고모라와 같은 이 세상에서 의인이면 얼마나 의인이고 니느웨와 같은 세상에서 정의로우면 얼마나 정의로울 수 있겠습니까? 오직 예수님 앞에 무릎 꿇고 자신의 허물과 죄를 인정하는 자만이 살아날 수 있습니다. 그러나 다른 사람의 핑계를 대고 변명만 늘어놓고 계속 그렇게 위선적으로 살고자 하는 자는 희망이 없습니다. 예수님은 "수고하고 무거운 짐 진 자들아 다 내게로 오라"(마 11:28)고 말씀하셨습니다. 우리가 인간으로 산다는 것은 위대한 것입니다. 하나님 앞에 용서받지 못한 죄인은 한 사람도 없습니다.

우리가 예수님 앞에 자신의 부족한 것과 허물을 자백하면 예수님은 우리를 깨끗하게 해주실 뿐 아니라 새로운 인생을 주십니다. 우리가 그때 하나님의 말씀을 생각하면 얼마든지 살길이 생기게 됩니다. 이때 우리는 어린아이로 다시 태어나면 됩니다. 우리 교회 어린아이들을 보면 걱정할 것이 아무것도 없습니다. 그들은 오늘 먹을 것만 있으면 되고 엄마가 있어주기만 하면 됩니다. 어린아이들은 엄마만 있으면 너무나도 행복한 것입니다. 우리가 어른들처럼 모든 것을 다 해결하려고 하고 모든 것을 다 생각하면 행복하지 못할 것입니다. 우리는 모두 어린아이로 새로 태어나시기 바랍니다. 그래서 우리에게 오늘 먹을 양식만 있고 하나님만 있으면 우리는 얼마든지 행복하게 살 수 있습니다.

오늘 남들이 뭐라고 하든지 간에 나의 모든 오늘 과거의 모든 짐을 다 내려놓으시기 바랍니다. 그리고 모두 어린아이가 되어서 깨끗한 새마음으로 새로운 인생을 시작하는 성도들이 다 되시기 바랍니다.

25

생명의 빛

요 8:12-20

수술할 때에는

수술대에 환한 빛이 비춰게 됩니다. 수술하는 의사는 그 환한 불빛 아래서 환자의 뱃속을 들여다보면서 수술하게 됩니다. 물론 그때 환자는 빛이 있지만 마취가 되어 있어서 빛이 있는 줄 알지 못합니다. 그러나 수술이 다 끝나고 마취가 풀려서 환자의 의식이 돌아오게 되면 가장 먼저 눈을 뜨게 되고 환자의 눈에 빛이 들어오게 됩니다. 그러면서 거기에 있는 가족을 보게 되고 자기가 누워 있는 곳이 병실이라는 것을 알게 됩니다. 저도 수술받아봤는데 잠깐 시간이 지난 것 같은데 의사와 간호사가 "환자분, 눈을 뜨세요!"라고 해서 눈을 뜨니까 수술이 이미 끝이 나 있고 벌써 몇 시간이 지나 있었습니다.

그런데 더 중요한 빛이 있습니다. 그것은 사람이 밤에 절벽에서 추락했거나 혹은 배가 파선되어서 캄캄한 바다에 빠져서 허우적거리다가 보게 되는 빛입니다. 예를 들어서 어떤 여객선이 한밤중에 운항하다가 암초나 다른 배에 부딪혀서 침몰하게 되었다면 아무것도 보이지 않을 것입니다. 구명조끼를 입고 있거나 수영을 할 수 있다고 해도 밤중에는 아무것도 보이지 않고 오직 시커먼 바다밖에 보이지 않기 때문에 어디로 가야 살 수 있을지 알 수 없는 것입니다. 그때 만약 구조 연락을 받고 구조대에서 헬기나 긴급 구조선을 보내서 서치라이트를 비추면서 '저기 사람이 있다' 라고 소리를 지른다면 틀림없이 살아나게 될 것입니다. 구조대원들은 헬기나 구조보트를 보내어서 나를 물에서 건져낼 것입니다. 그때 바로 나를 찾은 그 서치라이트가 생명의 빛인 것입니다. 구조를 받은 사람은 환한 빛 가운데로 와서 이제는 빛 가운데서 살아가게 됩니다. 그러나 구조되지 못한 사람은 캄캄한 바다에서 헤매다가 나중에는 죽게 됩니다.

유대인들은 초막절 기간 동안 이른 새벽에 예수님께서 성전에 올라가셔서 사람들에게 하나님의 말씀을 가르치실 때 현장에서 간음하던 한 여자를 붙들어 와서 이 여자를 어떻게 해야 하느냐고 예수님께 물었습니다. 그때 예수님은 "너희 중에 죄 없는 자가 먼저 돌로 치라"고 말씀하셨습니다. 그러나 그때 성령께서 거기에 있는 사람들의 마음을 찔러서 모두 양심의 가책을 받고는 돌을 두고 그곳을 떠나갔습니다. 현장에서 간음하던 여자도 돌에 맞아 죽을 뻔했지만 예수님을 만나는 바람에 죽지 않고 살 수 있었습니다. 우리가 어떻게 생각하면 이 여자가 예수님이 계신 곳으로 붙들려온 것 같지만 사실은 예수님이 이 여자가 붙들려올 것을 아시고 이 여자를 구조하는 빛으로 성전에 찾아오셨던 것입니다.

우리는 지금 세상에 빛이 있습니다. 그리고 우리는 전기를 사용해서 밤을 낮처럼 환하게 밝혀 놓고 생활하고 있습니다. 사실 지금은 빛이 넘쳐나는 사회라고 말할 수 있습니다. 그래서 어떤 사람들은 차라리 전등의 수를 줄이고 빛을 줄여야 수면을 충분히 취할 수 있다고 말하고 있습니다. 그런데 예수님은 오늘 본문에서 "나는 이 세상의 빛이니"라고 말씀하셨습니다. 그리고 누구든지 자신을 따르는 자는 생명의 빛을 얻으리라고 말씀하셨습니다.

1. 예수님의 빛

8:12, "예수께서 또 말씀하여 이르시되 나는 세상의 빛이니 나를 따르는 자는 어둠에 다니지 아니하고 생명의 빛을 얻으리라"

우리는 이 세상에서 빛이 없이는 살 수 없을 것입니다. 만약 빛이 없이 주위가 캄캄하다면 아직 죽지는 않고 살아있어도 그는 아무것도 보지 못하고 아무 일도 할 수 없을 것입니다. 그래서 교도소에 있는 죄수에게도 가장 무서운 벌은 캄캄한 독방에 혼자 있도록 집어넣는 것이라고 합니다. 그러면 그 죄수는 시간이 얼마나 지나간 줄도 모르고 지금이 밤인지 낮인지도 모르고 오직 캄캄한 한밤중에 벽에 기대든지 바닥에 눕든지 가만히 앉아서 있을 수밖에 없는 것입니다. 이 때 사람은 자신의 존재감을 잃어버리게 됩니다. 즉 자기가 있는지 없는지 자기가 죽었는지 살았는지 아무것도 알 수 없는 것입니다. 이렇게 빛이라는 것은 모든 것을 환하게 비추어서 무엇이 있는지 다 드러내고 모든 것을 다 볼 수 있게 해줍니다. 그런데 빛이라고 하는 것은 그냥 생기는 것이 아니고 무엇인가가 타면서 빛을 내게 됩니다. 옛날에는 나무나 기름 같은 것을 태우면서 빛을 내었고 요즘도 전기가 어떤 물체를 통과하면서 전기는 없어지고 빛을 내게 됩니다.

예수님은 간음하다가 붙들려온 여자를 살려내신 후에 "나는 세상의 빛이라"고 말씀하셨습니다. 예수님은 이 세상에서 자기 자신은 불타 없어지고 온 세상을 환하게 밝혀주는 빛이라고 말씀하고 있는 것입니다. 즉 예수님은 이 세상에서 태워서 없어질 존재로 오셨고, 그 대신에 우리 인간은 예수님을 통해서 생명을 얻게 되는 것입니다.

예수님은 이어서 "나를 따르는 자는 어둠에 다니지 아니하고 생명의 빛을 얻으리라"고 말씀하셨습니다. 예수님 당시 유대인들은 먼 곳에 가야 할 때가 많았는데 낮에는 너무 더웠기 때문에 밤에 이동할 때가 많았습니다. 그러나 밤에 여행하는 것은 아주 위험했습니다. 왜냐하면 밤에는 아무것도 보이지 않기 때문입니다. 길을 잘못 들어서면 길을 잃기도 쉬웠고 잘 보이지 않으니까 발을 자칫 잘못 디디면 낭떠러지로 떨어져 죽을 수도 있었습니다. 그리고 밤에 광야에는 사자나 살쾡이, 독사들이 있었기 때문에 잘못 가다가는 물려서 죽을 수도 있었습니다. 그래서 유대인들이 밤에 이동할 때에는 맨 앞에 가는 사람이 반드시 통에 불을 넣어서 뒤에서 볼 수 있게 하고 길을 갔는데, 그 불을 잃어버리면 어두운 데서 방황하다가 절벽에 떨어지든지 아니면 엉뚱한 곳에서 굶어 죽을 수도 있는 것입니다. 그러나 예수님은 자신이 세상의 빛이십니다. 예수님이 아주 조심스럽게 한 사람 한 사람의 길을 비추면서 앞서 걸어가시기 때문에 예수님을 따르는 자는 한 사람도 길을 잃거나 절벽에서 떨어지거나 독사에 물려 죽지 않고 안전하게 생명을 지킬 수 있을 것이라고 말씀하셨습니다.

요즘 우리나라는 우파와 좌파로 갈라져서 서로 비난하고 사람을 잡아 가두기도 하고 나라의 모든 정책을 뒤집고 있는데 앞으로 우리나라가 어떻게 될지 아무도 모릅니다. 특히 대통령이 북한에 가서 평화협정 비슷한 것을 맺고 오는 바람에 우리나라를 지킬 수 있는 군사 행동에도 굉장한 제약을 받게 되었습니다. 또 모든 국민이 잘살아야 한다고 해서 대기업을 쥐고 짜고 최저 임금을 올리는 바람에 자영업자들이 폐업을 많이 한다고 합니다.

그런데 예수님 당시 유대는 이것이 더 심했습니다. 당시 유대 사회는 크게 네다섯 개의 파벌로 나뉘어 있었습니다. 수는 적지만 율법대로 살아야 한다는 바리새파가 있었고, 성전제사 중심의 사두개파가 있었고, 헤롯을 추종하는 헤롯 당파가 있었고, 아예 친 로마적인 사람을 암살하는 열심당원이 있었습니다. 그리고 현실에서 도피해서 광야에서 흙이나 돌로 집을 짓고 금욕적인 생활을 하는 에센파가 있었습니다. 사해 절벽 끝에 있는 동굴에서 발견된 두루마리 책들은 바로 이 에센파의 서고였던 것으로 밝혀지고 있습니다. 그런데 유대 사회는 이 네 파벌의 갈등이 심해서 사람들을 서로 죽이기도 했고 결국은 예수님을 십자가에 못 박아 죽이는 일까지 했던 것입니다. 예수님 당시 유대 사회는 캄캄함 사막이나 바다에 빠져서 아무것도 보이지 않는 가운데 죽음의 길을 가고 있었습니다.

이때 예수님은 유대 사회의 환한 빛으로 등장하셨습니다. 예수님은 "나는 세상의 빛이라"고 말씀하셨습니다. 예수님은 깊은 바다에 빠졌고 넓은 사막에서 길을 잃고 헤매고 있는 사람들 한 명 한 명을 구조하기 위하여 하나님의 서치라이트를 가지고 찾아오신 빛이신 것입니다. 예수님은 "나를 따르는 자는 어둠에 다니지 아니하고 생명의 빛을 얻으리라"고 말씀하셨습니다. 즉 누구든지 예수님의 빛에 발견되기만 하면, 즉 예수님의 말씀을 듣고 예수님을 향하여 손을 들고 살려달라고 소리를 지르기만 하면 그 누구도 어둠에 파묻히거나 파도에 휩쓸지 않고 반드시 생명의 빛을 얻는다고 말씀하셨습니다. 그는 이제 구조가 되어서 환한 빛 가운데 나와서 아름답고 축복된 삶을 살 수 있게 되는 것입니다. 우리는 예수님의 말씀만 따라가면 반드시 생명을 얻고 빛 가운데서 살아갈 수 있습니다. 성경 말씀이 우리의 빛입니다. 우리가 이 말씀만 따라가면 한 사람도 죽지 않고 다 행복하고 안전한 삶을 살아갈 수 있습니다.

2. 유대인들의 의심

유대인들은 예수님의 이 말씀을 믿을 수 없었습니다. 왜냐하면 예수님이 이 세상의 빛이 되려고 하면 사람들이 모두 물에 빠져 있어야 하고 사망 가운데 방황하거나 절벽에 떨어져 있어야 하는데, 그들은 자신이 멀쩡하다고 생각하고 있었기 때문입니다. 오히려 그들은 간음하다가 붙들린 여자야말로 지금 물에 빠진 사람과 같지, 자기들은 환한 빛 가운데 살고 있다고 생각했습니다. 그리고 그들에게 예수님이야말로 이상한 사람이었습니다. 왜냐하면 예수님은 지금 횃불을 들고 있는 것도 아니고 구조대나 군대가 있는 것도 아니고, 또 배를 타고 서치라이트로 물에 빠진 사람들을 구조하는 것도 아니었기 때문입니다. 예수님은 빛도 없으면서 자신을 세상의 빛이라고 말씀하셨습니다. 그래서 유대인 중에서 가장 강경한 바리새파 사람들이 예수님의 이 말씀에 항의했습니다. 그것은 예수님의 말씀에 모순이 있다는 것입니다. 아니, 빛도 없는 사람이 자기가 세상의 빛이라고 하니까 얼마나 웃기는 이야기입니까?

> 8:13, "바리새인들이 이르되 네가 너를 위하여 증언하니 네 증언은 참되지 아니하도다"

옛날이나 지금이나 어떤 사람의 주장이 설득력을 가지려고 하면 본인만 그런 주장을 해서는 안 되고 다른 사람들에 의해서 그 주장이 검증되어야 하고 다른 사람들이 인정을 해주어야 합니다. 예를 들어서 어떤 학자가 새로운 이론을 제시했을 때 다른 학자들이 그 사람들의 이론대로 실험했을 때 그런 결과가 나와야 하고 또 그것이 학계에서 인정이 되어야 하는 것입니다. 그런데 아무도 그것을 동의해주지 않는데 자기 혼자만 떠들어대는 주장은 인정받을 수 없는 것입니다. 그래서 바리새인들은 예수님에게 당신의 주장은 혼자서만 떠들지 다른 사람들은 아무도 인정을 해주지 않고 검증도 안 되니까 옳지 않다고 반박했습니다.

그것에 대해서 예수님은 나 혼자 주장해도 내 주장은 옳다고 말씀하셨습니다.

8:14, "예수께서 대답하여 이르시되 내가 나를 위하여 증언하여도 내 증언이 참되니 나는 내가 어디서 오며 어디로 가는 것을 알거니와 너희는 내가 어디서 오며 어디로 가는 것을 알지 못하느니라"

이 세상에 사는 사람들끼리는 실험도 해보아야 하고 검증도 해보아야 옳은지 틀린지 알 수 있지만, 예수님은 거기에 해당되지 않는다고 말씀하셨습니다. 그 이유는 예수님은 하나님이 보내신 하나님의 아들이시고 자신이 하나님이시기 때문입니다. 말라기 선지가 분명히 말하기를 두 명의 사자가 오는데, 한 명은 하나님이라고 분명히 말씀하셨습니다. 예수님은 하나님의 말씀은 더 이상 실험이나 증명이 필요하지 않다고 말씀하셨습니다. 왜냐하면 그는 심판하시든지 구원하시든지 둘 중의 하나만 하시면 되기 때문입니다. 그러나 예수님이 즉각적으로 심판하시지 않는 이유는 어떻게 해서든지 우리를 구원해서 살리려고 하시기 때문입니다.

8:15, "너희는 육체를 따라 판단하나 나는 아무도 판단하지 아니하노라"

바리새인들이 예수님을 부정하는 중요한 이유가 예수님의 출신이 보잘것없고 학벌이 없고 또 가난한 것 때문이었습니다. 이것이 유대인들에게는 무서운 함정이었습니다. 왜냐하면 예수님을 알아볼 수 있는 길은 그의 외모가 아니라 그분의 말씀과 능력밖에 없었기 때문입니다. 예수님의 외모를 보고 따지기 시작하면 전부 다 걸림돌에 걸리고 마는 것입니다. 그래서 우리가 어떤 음악을 들을 때 눈을 감고 들는 것이 더 잘 들릴 때가 있고 녹음한 것을 들으면 더 선명할 때가 있습니다. 왜냐하면 눈으로 보면 연주자의 외모를 보게 되기 때문입니다. 그런데 예수님은 아예 우리 인간을 판단하지 않는다고 말씀하셨습니다. 왜냐하면 모두 다 물에 빠진 사들이고 모두 길을 잃고 방황하고 있기 때문입니다. 우리는 모두 예수님을 만난 후 방황하지 않고 길을 찾은 사람들입니다.

예수님은 오직 자신만이 길을 아신다고 말씀하셨습니다. 예수님은 "나는 내가 어디서 오며 어디로 가는 것을 안다"고 했습니다. 예수님은 하나님으로부터 오셨고 우리를 하나님께로 인도하시려고 하는 것입니다. 그러나 인간은 모두 그 길을 모릅니다. 우리는 어디서 왔는지도 모르고 어디로 가야 하는지도 모르는 채 우왕좌왕하고 있는 것입니다. 결국 유대인들은 강경파가 득세하는 바람에 쓸데없이 로마와 전쟁해서 공식적으로 110만 명이 예루살렘에서 죽습니다. 단 하나의 시에서 이렇게 많은 사람이 죽은 적은 없습니다. 사람은 누구도 미래 일을 알지 못합니다. 그러나 예수님은 우리 미래에 당할 일을 위하여 자신이 죽으셨습니다. 그래서 예수님은 사망을 이기고 배고픔도 이기고 마귀도 이기고 죄도 이기고 우리를 참된 생명으로 인도하시는 것입니다.

예수님은 제자들에게 성전을 믿지 말라고 하시면서 돌 하나도 돌위에 놓이지 않고 다 무너질 것이라고 하셨습니다(마 24장). 예루살렘에 들에 있는 사람은 집으로 피하지 말고 산으로 피하고 지붕 위에 있는 자는 물건을 가지러 집 안에 내려가지 말라고 말씀하셨습니다. 대개 이런 경우는 큰 지진이 일어날 때 대피하는 방법입니다. 예수님은 이미 영적인 대지진이 일어나고 있다고 말씀하셨습니다. 우리는 외모만 보고 강대국을 부러워할 필요가 없습니다. 예수님은 우리 모두 하나님으로부터 왔고 하나님께로 가야 한다는 것을 알고 계셨습니다. 아무리 이 세상에서 많은 것을 가지고 있어도 가야 할 길을 모르는 자는 길을 잃은 자이고 죽을 자인 것입니다.

3. 예수님이 가지신 것

유대 지도자들은 일단 유대 사회에서 지지자들이 많이 있었고 돈과 권력이 있었습니다. 그들은 마음만 먹으면 누구든지 잡아 가둘 수 있었고 채찍질하거나 죽일 수도 있었습니다. 그러나 예수님에게는 이런 것이 아무것도 없었습니다. 예수님을 지지했던 세례 요한은 이미 헤롯에 의해서 감옥에 갇혔다가 목이 베여서 죽었습니다. 예수님의 제자 중에서도 많은 사람이 예수님이 너무 현실을 모른다고 해서 버리고 떠난 뒤였습니다. 예수님은 이 세상에 줄 수 있는 것이 아무것도 없는 것 같았습니다. 그러나 예수님에게는 가지고 계신 것이 하나 있었습니다. 이것 때문에 예수님은 온 세상의 빛이 되시고 모든 사람에게 생명을 주실 수 있었습니다. 그것은 바로 하나님이셨습니다. 예수님은 하나님을 가지고 계셨고 그를 따르는 자들에게 모두 하나님을 주실 수 있었습니다.

> 8:16, "만일 내가 판단하여도 내 판단이 참되니 이는 내가 혼자 있는 것이 아니요 나를 보내신 이가 나와 함께 계심이라"

예수님은 자기 자신이 혼자 있는 것이 아니라고 말씀하셨습니다. 예수님이 이렇게 혼자 있게 된 것은 그가 사람들의 생각을 따라가지 않고 하나님의 말씀을 붙잡았기 때문이었습니다. 그런데 예수님이 하나님의 말씀만 붙잡으니까 하나님이 예수님을 혼자 두시지 않고 항상 함께 계셨습니다. 더욱이 예수님이 하나님의 말씀에 순종하여 십자가에 죽으신 후에는 우리에게 생명을 나누어주시고 하나님의 능력을 나누어주실 수 있게 되었습니다.

우리가 예수님을 따르는 이유가 어디에 있습니까? 우리가 이 혼란스러운 세상에서 두려워하지 않는 이유가 어디에 있습니까? 그것은 예수님이 우리에게 하나님을 주시기 때문입니다. 우리에게 하나님이 함께 계십니다. 우리가 과거에 집착할 필요가 없는 이유는 하나님이 새로운 미래를 자꾸 창조하시기 때문입니다. 또 우리가 사람들의 주장이나 정치인들의 말을 두려워하지 않는 이유는 우리에게 하나님이 계시기 때문입니다. 하나님은 우리를 이 세상에서도 아름답게 살게 하실 뿐 아니라 우리에게 또 영원한 생명을 만들어주십니다. 베드로는 "영생의 말씀이 주께 있사오니 우리가 누구에게로 가오리이까"(요 6:68)라고 고백했습니다.

이 세상 모든 사람은 광야에서 길을 잃고 방황하고 있습니다. 백층 빌딩을 짓고 대재벌이 되어도 사람들은 여전히 방황하고 있고 영원한 생명이 없습니다. 아무리 이 세상에서 대권을 움켜쥐고 나라 전체를 마음대로 쥐었다 폈다 해도 그도 역시 방황하고 있습니다. 그들은 모두 물에 빠져 있어서 자신은 물론이고 남을 건져줄 수도 없습니다. 사람이 바다에 빠지면 정신없이 서로 붙잡기 때문에 결국 같이 빠져 죽게 됩니다. 그래서 물에 빠진 사람을 건져주려면 자기가 먼저 물에서 나와야 하고 그런 후에 밧줄을 던져주든지 해야 합니다.

그러나 예수님은 팔 힘이 아주 세시기 때문에 그 오른손으로 얼마든지 물에 빠진 자를 건져내실 수 있습니다. 예수님은 물 위를 걸어오시다가 베드로가 물에 빠졌을 때 그를 손으로 잡아 건져내셨습니다. 예수님은 목수 일을 하셨기 때문에 손에 힘이 아주 세셨습니다. 더욱이 하나님의 오른손은 얼마나 강한지 한 번 때리면 바다가 갈라졌습니다. 산이 녹아내리고 땅이 부서졌습니다. 하나님은 우리 안에 생명의 빛을 주십니다. 그래서 예수를 믿는 우리 안에는 썩은 피가 도는 것이 아니라 생명의 피가 돌고 있습니다. 생명의 피가 도는 우리에게는 빛이 나오게 됩니다. 그래서 우리를 따라오는 사람들도 모두 생명을 얻게 됩니다.

8:18, "내가 나를 위하여 증언하는 자가 되고 나를 보내신 아버지도 나를 위하여 증언하시느니라"

예수님은 말씀의 능력이 하나님이 우리와 함께하시는 증거라고 말씀하셨습니다. 하나님의 나라는 말에 있지 않고 능력에 있다고 했습니다(고전 4:20). 하나님이 우리와 함께하시는데 우리는 아무것도 걱정할 것이 없습니다. 하나님은 금도 내 것이요 은도 내 것이라고 말씀하셨습니다. 이 세상 모든 나라가 물통의 물 한 방울에 불과하다고 말씀하셨습니다.

우리에게 중요한 것은 하나님을 믿는 것입니다. 하나님이 우리와 함께 계시면 우리 인생을 날마다 새롭게 만들어주십니다. 하나님이 우리를 지지하시는데 무엇을 두려워하겠습니까? 전쟁이나 위험이나 적신이나 칼이나 어떤 피조물도 우리를 하나님의 사랑에서 끊을 수가 없다고 했습니다(롬 8:35). 하나님은 우리에게 "구하라 주실 것이요, 찾으라 찾을 것이요, 문을 두드리면 열릴 것이니라"고 하셨습니다(마 7:7). 하나님이 함께하시면 아무것도 겁낼 것이 없습니다. 우리는 이미 구원을 얻었습니다. 우리는 생명을 가지고 있고 빛을 가지고 있습니다. 아무것도 두려워하지 말고 하나님을 믿는 믿음으로 한 해를 최고로 멋있게 사시는 성도들이 다 되시기 바랍니다.

26

진리가 자유롭게 하리라

요 8:31-36

우리나라

쇼트트랙 선수 중에서 우리가 참 자랑스럽게 생각하는 여자 선수가 있습니다. 그 선수는 키도 크고 믿음직스러운 선수였습니다. 그 선수는 동계 올림픽 경기 때 중국, 미국과 캐나다 선수들을 모두 따돌리고 코너를 도는데, 정말 벼락같은 속도로 다른 선수들을 다 제쳤고 결국 일등으로 들어왔습니다. 그리고 가슴에 금메달을 달았습니다. 우리는 그 선수가 부러웠습니다. 저 어린 나이에 모든 선수가 소망하는 금메달을 목에 걸었으니 얼마나 행복할까 하는 생각을 했습니다. 그러나 얼마 전 신문에 그 선수가 코치로부터 어렸을 때부터 상습적으로 구타와 폭행은 물론 성폭행까지 당했다는 것을 알게 되었습니다. 그 선수는 겉으로 보기에는 자랑스럽고 행복한 것 같았지만 행복하지 못했고 폭력과 치욕에 갇혀 있었던 것입니다. 어느 신문 칼럼에는 다른 사람의 글을 인용해서 이렇게 쓰고 있었는데 "그 어린 영혼이 출구가 없는 곳에 갇혀 있었다"라고 했습니다.

사람들은 마치 넓은 사막에 나와 있는 것과 같습니다. 끝없이 넓은 사막은 자유로운 것 같습니다. 사람은 자기가 마음먹은 대로 어디로든지 갈 수 있습니다. 그러나 그 사막에서는 물과 양식이 없어서 결국 하루나 이틀 혹은 일주일이 지나면 탈진하여 쓰러져 죽고 말 것입니다. 결국 그 사람이 살려고 하면 그 사막에서 누군가 사람을 만나서 사람이 사는 곳으로 갈 수 있는 유일한 길을 가르쳐달라고 해야 합니다. 그래서 그 사람의 설명을 듣고 끝까지 그 길을 가면 결국 사막을 빠져나오게 되고 살아 돌아올 수 있게 됩니다.

그러나 사람들에게는 눈에 보이지 않는 감옥들이 있습니다. 만약 어떤 사람이 우울증에 걸리면 자기 자신이 스스로에게 감옥이 됩니다. 그래서 사람을 만날 수도 없고 다른 사람과 대화를 나눌 수도 없고 수시로 속에서 분노가 치밀어 오르고 숨이 막힙니다. 그리고 이 세상을 정말 살아가야 할 이유를 알 수 없습니다. 그러다가 분노가 치밀어 오르면 옥상에서 뛰어내려 죽어버리는 것입니다. 자살하는 사람은 죽음이 자신을 자유케 하는 방법이라고 생각하지만, 사실은 그것은 자유가 아니라 멸망의 길입니다. 우울증이 아니라 하더라도 우리나라에서 한 해에 돌연사 하는 사람이 1만 8천 명이라고 합니다. 돌연사라는 것은 갑자기 심장이 정지되어서 죽는 것인데 교통사고로 죽는 사람보다 3배나 많은 숫자라고 합니다. 돌연사의 주된 원인은 마음의 상처이고 스트레스라고 합니다.

우리가 이런 예를 보면 세계 최고의 스케이트 선수나 전직 대통령, 미모의 여성이나 음악가나 사업가, 직장인이나 고등학생들이나 모두 자기라는 감옥에 갇힌 사람이라는 것을 알게 됩니다. 여기서 우리가 알아야 하는 것은 인간이 이 세상에 태어나서 살고 또 나이가 들어가고 죽는 것이 보통 어려운 문제가 아니라는 사실입니다. 우리는 어디서 왔으며 어디로 가야 하는가 하는 질문을 스스로에게 해야 합니다.

구약성경에 보면 아브라함의 부인 사라의 여종 하갈이 여주인을 무시했다가 야단을 맞고는 임신을 한 채로 가출을 해버립니다. 그러나 그녀는 얼마 가지 않아서 목이 말라서 쓰러져 죽게 되었는데 그때 천사가 그녀를 만나서 "사래의 여종 하갈아 네가 어디서 왔으며 어디로 가느냐?"(창 16:8)라고 물었습니다. 이것은 하나님께서 우리 모든 인생에게 묻고 있는 질문입니다. "누구누구야, 너는 어디서 왔으며 어디로 가고 있느냐?" 하는 것을 묻고 계신 것입니다.

1. 진리가 너희를 자유롭게 하리라

예수님 시대에도 예수님의 말씀을 듣고 그의 말씀을 받아들이고 그의 제자로 행세를 하는 사람들이 많이 있었습니다. 다른 사람들이 만일 그 사람들에게 "당신은 요즘 누구의 가르침을 받고 있소?"라고 물으면 그들을 서슴지 않고, "아, 나는 예수님의 가르침을 받고 있소. 나는 예수님의 제자요"라고 대답을 했을 것입니다. 그러나 그들은 예수님이 자신들의 마음을 꿰뚫어 보고 있다는 것을 알지 못했습니다. 이 사람들은 지금 예수님으로부터 어떤 새로운 가르침을 받고 신선한 도전을 받는 것으로 만족하고 있지, 계속해서 가난한 예수님을 따라갈 생각이 없었습니다. 그들은 적당하게 예수님의 교훈을 배운 후에는 또 다른 사람에게 가서 배우든지 세상에서 성공할 생각이었습니다. 그래서 예수님은 예수님을 믿고 따르는 유대인들에게 이렇게 말씀하셨습니다.

> 8:31-32, "그러므로 예수께서 자기를 믿은 유대인들에게 이르시되 너희가 내 말에 거하면 참으로 내 제자가 되고 진리를 알지니 진리가 너희를 자유롭게 하리라"

예수님은 예수님을 따르는 자들에게 "너희가 내 말에 거하면"이라고 강조하셨습니다. 여기서 "거한다"는 것은 '그 말씀 속에 들어와서 사는 것'을 말하고 '그 말씀을 계속 따라가는 것'을 말하는 것입니다. "그러면 진리를 알게 되고 진리가 너희를 자유롭게 하리라"고 말씀하셨습니다. 여기서 "자유롭게 한다"는 말씀을 통해서 예수님은 모든 사람이 지금 길을 잃고 방황하고 있으며 어떤 동굴 같은 데 갇혀 있는 것을 전제하고 있습니다. 사람이 광야에서 길을 잃어버렸다면 그는 점점 방황하다가 나중에는 낭떠러지나 수렁에 빠져서 죽든지 독사에게 물리든지 할 것입니다. 그리고 동굴에 갇혔다면 캄캄한 데서 이쪽으로 가고 저쪽으로 가고 하다가 나중에는 지쳐서 쓰러져 죽고 말 것입니다. 예수님은 누구든지 참 생명을 얻으려고 하면 자신의 말씀 속에 계속 있어야 한다는 것을 강조하셨습니다. 즉 끝까지 예수님의 말씀을 따라가야 결국 진정한 생명을 얻게 되는 것입니다.

세례 요한은 자신을 소개할 때 "나는 광야에서 외치는 자의 소리"라고 했습니다. 사람들이 모두 광야에서 길을 잃고 방황하고 있는데 세례 요한은 그들이 살 수 있는 길을 가르쳐주는 사람이었습니다. 그런데 세례 요한이 가르쳐준 길이 어디였습니까? 세례 요한은 사람들에게 북쪽으로 쭉 가면 산이 있는데 그곳을 둘러서 가면 길이 나온다고 했습니까? 아닙니다. 세례 요한이 가르쳐준 길은 예수님이었습니다. 그는 예수님을 보고 "보라 세상 죄를 지고 가는 하나님의 어린 양이로다"(요 1:29)고 했습니다. 즉 예수님 자신이 생명으로 가는 길이었던 것입니다.

"진리를 알지니 진리가 너희를 자유롭게 하리라"

사람들은 여러 가지 사실에 '진리'라는 단어를 쓰고 있습니다. 공부하는 사람들은 학문적인 진리라는 말을 합니다. 신학을 공부하는 사람들은 신학적 진리라는 말을 합니다. 그런데 이런 진리들은 너무나도 어려워서 도대체 무슨 말인지 알 수 없습니다.

사람들이 원하는 것은 수치스러운 과거가 완전히 없어지고 새사람이 되는 것입니다. 예수님이 우리에게 주시려는 것은 과거가 완전히 없어지고 새사람이 되는 것입니다. 진리라는 것은 무엇이 옳고 무엇이 틀리다고 하는 옳고 그른 것을 따지는 것이 아니라, 과거는 없애고 우리에게 새로운 인생을 주는 것을 말합니다. 예수님의 말씀에는 천국의 진액이 들어있습니다. 그래서 우리는 이 세상과 예수님 사이에서 두 다리를 걸치고 있으면 안 됩니다. 과거가 지워지지 않으면 미래가 새로 만들어지지 않습니다. 우리는 완전히 세상에서 보따리는 싸서 예수님에게 와서 예수님의 말씀을 죽도록 따라가야 합니다. 그러면 천국의 진액이 내 안에 쭉쭉 밀고 들어와서 과거는 다 지워버리고 나를 새 인생으로 만들어주는 것입니다. 이것이 바로 자유를 얻는 것입니다.

2. 인간은 죄의 종이다

예수님은 유대인 제자들에게 말씀하시기를 누구든지 죄를 범하는 자는 죄의 종이라고 하셨습니다.

> 8:34, "예수께서 대답하시되 진실로 진실로 너희에게 이르노니 죄를 범하는 자마다 죄의 종이라"

사람이 죄를 지으면 그 죄가 그 사람에게 붙어서 절대로 그 사람에게서 떨어지지 않습니다. 예를 들어서 어떤 사람이 살인을 저지르면 그는 살인자가 되어서 죄명에도 '살인'이라고 쓰고, 그는 감옥에서도 살인자로 통하게 됩니다. 또 어떤 사람이 사기를 치면 그때부터 그는 사기범이 되게 되고 감옥에서도 '사기범'이라고 불리게 됩니다. 경찰은 이런 죄수들이 도망가지 못하도록 철장 안에 집어넣고 이동을 할 때도 철저하게 수갑을 채워서 옮깁니다. 그런데 사람들은 사람에게 죄가 얼마나 접착제같이 달라붙는 성질이 있는지 모를 때가 많습니다.

좋은 대학을 졸업한 어떤 사람이 있었습니다. 그는 회사를 차려서 게임 프로그램을 만들어서 엄청난 돈을 벌었습니다. 그는 그야말로 떼부자가 된 것입니다. 그는 강연에서 말하기를 게임이야말로 미래의 산업이며 청소년들에게 뇌를 쓰게 하는 창의적인 프로그램이라고 소개했습니다. 그는 전혀 죄의식을 느끼지 못했습니다. 그러다가 어느 날 그는 자기 자신이 게임에 빠지기 시작했습니다. 그는 완전히 게임 중독이 되어서 모든 것을 다 팽개치고 게임에만 몰두하게 되었고 거의 폐인이 되다시피 했습니다. 그리고 그는 비로소 깨달았습니다. 자기가 개발한 게임이 얼마나 많은 청소년과 청년의 인생을 망쳤는가 하는 것을 알게 되었습니다. 그리고 그는 공식적으로 말하기를 게임은 중독이며 자신은 어떤 일이 있어도 게임 프로그램을 만들지 않겠다고 했습니다.

예수님은 "음욕을 품고 여자를 보는 자마다 마음에 이미 간음하였느니라"(마 5:28)고 말씀하셨습니다. 사람들은 처음 그 말씀을 듣고 예수님이 너무 심한 비약을 하신다고 생각했을 것입니다. 그러나 사람이 한번 음란한 동영상이나 영화나 만화를 보면 또 보고 싶어지게 됩니다. 그 충동이 얼마나 강한지 모릅니다. 그래서 결국은 또 보게 되고 결국 중독이 되게 되는 것입니다. 사람들의 마음이 하나님을 떠났을 때 겉으로는 동정심도 있고 상식과 예의도 있는 것 같아 보이지만 그 속에 또 다른 자아가 있습니다. 그것은 사람을 죽이고 강간하고 때리고 자기 멋대로 하고 싶어 하는 자아가 있는 것입니다. 사람들은 모두 길을 잃어버렸습니다. 그 근거는 자기가 누구인지 진정한 자신을 알지 못한다는 것입니다. 그리고 계속 목말라 합니다. 학문에 목말라 하고 사랑에 목말라 하고 출세나 돈에 목말라 하고 나중에는 죽지 않으려고 몸부림을 치다가 결국 다 죽는 것입니다. 그리고 영원히 빛이라고는 없는 동굴 같은 지옥에서 끝없이 방황하게 됩니다.

예수님은 "진리가 너희를 자유롭게 하리라"고 말씀하셨을 때 그것은 모든 사람은 다 종이라는 의미를 가지고 있습니다. 즉 모든 사람이 죄수이고 인질이고 노예라는 뜻입니다. 그래서 유대인들은 예수님의 말씀에 반발했습니다.

8:33, "그들이 대답하되 우리가 아브라함의 자손이라 남의 종이 된 적이 없거늘 어찌하여 우리가 자유롭게 되리라 하느냐"

유대인들은 자신들이 아브라함의 자손이라는 것에 엄청난 자부심을 가지고 있었습니다. 그래서 자신들은 아브라함의 자손이기 때문에 종이 된 적이 없다고 했습니다. 그러나 이것은 사실이 아니었습니다. 아브라함의 아들 중에서도 이스마엘은 종의 아들이었고 들나귀 같은 인생을 살았습니다. 이스라엘 백성들은 애굽에서 종이 되었고 바벨론에서도 종이 되었습니다. 물론 유대인들의 자존심만큼은 꺾인 적이 없었습니다. 우리 한국 사람들도 한국 사람의 자존심은 꺾인 적이 없습니다. 일본 강점기에 대해서도 일본은 자발적인 합병이었다고 하고, 한국은 강제적인 합병이었다고 주장합니다. 그래서 3.1 운동이 중요합니다. 그러나 자존심이 밥 먹여 줍니까?

우리는 모두 죄의 종이고 이 세상에 살면서 부끄럽지 않은 과거를 산 사람은 한 명도 없습니다. 오직 예수님만이 나는 죄를 짓지 않았다고 말씀하실 수 있습니다. 저도 어렸을 때부터 지금까지 산 것을 생각하면 죄를 많이 지었습니다. 우리는 모두 다 미친 인간입니다. 그래서 우리는 예수님이 주시는 생수가 필요합니다. 우리는 모두 예수님이 주시는 천국의 진액이 필요한 것입니다. 우리가 예수님의 가르침을 죽을 각오를 하고 따라가면 살게 됩니다. 우리에게 기적이 일어나고 하나님의 축복이 일어나고 부흥이 일어나며 결국 죽음도 이기게 될 것입니다.

3. 하나님의 아들의 해방

옛날 어느 집에 노예가 있는데, 그 집에 어른이 된 아들이 있다고 합시다. 그 아들이 아버지와 의논을 한 후에 자기가 늘 데리고 다니던 사랑하는 노예에게 "오늘부터 너는 자유인이다. 내가 너를 해방한다"라고 한다면 그 노예는 즉시 자유인이 되게 됩니다. 왜냐하면 아들이 그 집의 실권을 가지고 있기 때문입니다. 그런데 아들이 그 노예를 해방만 시킨 것이 아니라 그를 다시 자기 집 식구로 받아들인다면 얼마든지 그는 다시 그의 가족이 될 수 있습니다.

사람들은 예수님을 알아보지 못하고 있었지만 예수님은 하나님의 집의 아들이요, 실권자였습니다. 예수님은 우리를 해방시킬 권한을 가지고 있었습니다.

> 8:35-36, "종은 영원히 집에 거하지 못하되 아들은 영원히 거하나니 그러므로 아들이 너희를 자유롭게 하면 너희가 참으로 자유로우리라"

종은 영원히 자기가 있는 집에 있을 수 없습니다. 왜냐하면 대개 노예가 늙으면 주인이 팔아버리기 때문입니다. 노예는 요즘 우리가 타는 차라고 생각하면 될 것입니다. 자기가 타는 차가 아무리 마음에 든다고 해도 영원히 타려고 하는 사람은 없을 것입니다. 왜냐하면 차는 새 차일 때 그 기분으로 타는 것이지, 낡아서 고장이 나게 되면 그 차를 팔아버리고 다른 새 차를 사기 때문입니다. 그래서 헌 차를 팔면서 우는 사람은 거의 없습니다. 오히려 헌 차를 팔고 새 차를 사는 것을 자랑으로 생각할 것입니다. 그리고 헌 차는 폐차장으로 가서 우겨져서 고철로 녹여지게 됩니다.

마찬가지로 옛날 사람들이 노예를 살 때는 죽을 때까지 데리고 있으려고 사는 사람은 없었습니다. 노예는 젊었을 때 실컷 부려먹다가 나이가 좀 들면 훨씬 더 못한 데 팔아버렸습니다. 그러나 아들은 아무도 파는 사람이 없습니다. 왜냐하면 아들은 소중한 상속자이고 내 몸의 한 부분이기 때문입니다.

요즘은 개를 아주 소중하게 키우는 사람들이 많이 있습니다. 그러나 개는 수명이 짧기 때문에 주인보다 먼저 죽게 되어 있습니다. 그런데 주인 중에는 개가 죽으면 너무 충격을 받아서 병원에 입원하는 사람까지 있다고 합니다. 제 어머니는 저에게 개를 키우지 말라고 하시면서 개가 죽었을 때 너무 슬프다고 말씀하셨습니다. 사람들은 개를 방 안까지 데리고 오고 침대에까지 오게 해서 재우게 하는 데 성공했습니다. 그러나 우리는 개와 함께 영원히 살 수는 없습니다. 왜냐하면 개는 개이기 때문입니다.

우리 인간은 이 세상에 영원히 살 수 없습니다. 왜냐하면 우리의 몸에는 노화 프로그램이 심겨 있기 때문입니다. 그 노화 프로그램의 핵심은 죄요 율법입니다. 예수님은 자신이 인간으로 이 세상에 오셔서 죄와 율법의 프로그램을 중지시키셨습니다. 물론 우리는 늙습니다. 그러나 우리는 죽지 않습니다. 성경에서는 "잠시 잠잔다"고 했습니다. 우리가 잠시 한번 자고 나면 하나님과 영원히 살게 됩니다. 그때 우리는 더 이상 죄의 노예가 아니라, 천사보다 더 높은 하나님의 아들이 됩니다. 하나님의 아들이 우리를 자유롭게 했습니다. 더욱이 자신의 죽음으로 하나님의 아들은 우리에게 자유를 주셨습니다. 그리고 우리를 다시 하나님의 아들로 받아들였습니다. 이것은 하나님께서 다 허락하시고 합의하신 것입니다.

  우리는 이 세상에서부터 하나님의 아들입니다. 우리는 이미 하나님의 아들로 입양이 되었습니다. 우리는 자유합니다. 우리의 과거는 다 지워져 버렸습니다. 우리의 기억하기 싫고 수치스러운 과거는 다 없어졌습니다. 그런 일들은 안 일어난 것과 똑같이 되었습니다. 그리고 우리는 하나님의 아들이 되었습니다. 사람이 과거의 죄를 벗으려면 과거의 죄가 일어나지 않은 것이 되어야 하고 새로운 지위를 인정받아야 합니다. 우리의 과거는 없어졌고 우리는 최고로 귀중한 하나님의 아들이 되었습니다. 우리는 돈으로부터도 자유롭고, 명예로부터도 자유롭고, 과거로부터도 자유롭게 되었습니다. 우리는 자기 양심이 옳다고 하는 길로 살아가면 됩니다.

  그러나 우리가 자유롭다고 해서 그것이 자기 멋대로 사는 것을 말하지 않습니다. 그것은 자유로운 것이 아니라 미친 것입니다. 우리는 죽음의 공포로부터도, 병으로부터도 자유롭습니다. 가난으로부터, 부로부터도 자유롭습니다. 이 세상에 살지만 날마다 천국의 축복으로 행복하게 사시는 성도들이 다 되시기 바랍니다.

27

영원히 죽지 아니하리라

요 8:51-59

만일 누군가가

우리에게 임진왜란이나 병자호란 이야기를 하면 우리는 그런 것은 책에서나 나오고 영화에서나 나오는 이야기라고 생각할 것입니다. 그러나 우리가 영화를 볼 때 거기에는 두 가지 현실이 있습니다. 하나는 영화 속의 현실이고, 다른 하나는 영화를 보고 있는 사람의 현실입니다. 영화 속 시대는 임진왜란일 수 있습니다. 영화 속에서는 왜적들이 배를 타고 새카맣게 몰려와서 불을 지르고 사람들을 죽일 수 있습니다. 그때 이순신 장군이 거북선을 몰고 와서 일본 배들을 다 침몰시킬 수 있습니다. 어떤 영화는 그 고대로 올라가서 당나라 태종과 안시성의 양만춘이 싸우는 영화가 있습니다. 양만춘이 쏜 화살이 당 태종의 눈을 맞추어서 꽂히게 되는 것입니다.

그런데 참 신기한 것은 영화에서는 몇십 년이 지나고 심지어는 몇백 년이 지났는데 영화를 보고 있는 사람에게는 아직 한 시간만 지났고 겨우 두 시간이 지난 것입니다. 바로 이것이 영화 안의 세계와 현실 세계 사이의 차이입니다. 그런데 만일 누군가가 우리에게 자기가 임진왜란을 보았다고 하면서 임진왜란 때 자기가 있었다고 이야기한다면 사람들은 그 사람이 미친 사람이라고 할 것입니다. 왜냐하면 임진왜란은 오백년 전 일이고, 절대로 그때 사람이 지금 살아 있을 수 없기 때문입니다.

본문은 예수님과 유대인들 사이에서 격렬한 대논쟁을 가져온 말씀입니다. 예수님은 유대인들에게 "사람이 내 말을 지키면 영원히 죽음을 보지 아니하리라"고 말씀하셨습니다. 그러나 유대인들이 보기에는 사람들은 계속 죽어가고 있었습니다. 이 세상에서 죽음을 맛보지 않고 영원히 사는 사람은 단 한 사람도 없는 것입니다. 그래서 유대인들은 예수님에게 미쳤다고 하면서 "아브라함도 죽었고 선지자들도 죽었는데 무슨 소리를 하는 거냐?"라고 따졌습니다. 그랬더니 예수님이 더 폭발적인 말씀을 하셨습니다. 그것은 예수님이 아브라함 때에 계셨다는 것입니다.

예수님은 아직 젊은데 3천 년 전에 살았다고 하니까 유대인들은 예수님에게 "네가 나이가 오십도 안 되었는데 아브라함 때에 살았다고 하느냐?"고 따지니까 예수님은 천연덕스럽게 "아브라함이 나기 전에도 나는 살았다"고 대답하셨습니다. 그러자 유대인들은 예수님이 완전히 미쳐서 정신이 나간 사람이라고 해서 돌로 쳐 죽이려고 하니까, 그 사람들 틈에 숨어서 피하셨습니다.

여기서 우리는 두 가지 중의 하나를 결정해야 합니다. 그것은 예수님이 정말 미쳐서 이런 말씀을 하셨는가, 아니면 진짜 영원히 죽지 않는 또 다른 인생이 있는가 하는 것입니다. 만일 예수님이 미쳤다면 우리는 예수를 믿으면 안 됩니다. 왜냐하면 미친 사람의 말을 듣고 따라가면 같이 망하기 때문입니다. 그런데 혹시 예수님의 말씀이 진짜 사실이라면 우리는 우리가 보는 현실과 또 다른 현실이 있다는 것을 생각해야 합니다. 거기에는 죽음도 없고 늙는 것도 없는 것입니다.

1. 영원히 사는 인생

그들에게 가장 논쟁을 일으킨 예수님의 말씀은 51절입니다.

8:51, "진실로 진실로 너희에게 이르노니 사람이 내 말을 지키면 영원히 죽음을 보지 아니하리라"

여기 "영원히 죽음을 보지 않는다"는 것은 '영원히 안 죽는다'는 유대인들의 표현입니다. 또 "진실로 진실로 너희에게 이르노니"(아멘 아멘 레고휘민)라고 하여 '아멘 아멘'을 두 번이나 하신 것은, 이것이 농담이나 그냥 우스갯소리로 하는 말이 아니라는 의미입니다. "사람이 내 말을 지키면"이라는 것은 예수님의 말씀을 믿고 따라오는 것을 뜻합니다. 즉 예수님의 말씀을 자기 삶의 안내자로 삼아서 끝까지 따라오면 영원히 죽지 않는다고 말씀하신 것입니다.

그러나 아무도 예수님의 이 말씀을 믿을 수 없었습니다. 왜냐하면 이 세상에서 안 죽는 사람은 아무도 없기 때문입니다. 사람은 모두 병으로, 사고로, 전쟁으로, 차에 치여서 죽고, 늙어서 노환으로 죽고 한 사람도 빼놓지 않고 다 죽는데, 예수님은 자기 말을 믿고 따라오면 영원히 안 죽는다는 것입니다. 그래서 유대인들의 반응은 어이가 없다는 표정이었습니다.

8:52, "유대인들이 이르되 지금 네가 귀신 들린 줄을 아노라 아브라함과 선지자들도 죽었거늘 네 말은 사람이 내 말을 지키면 영원히 죽음을 맛보지 아니하리라 하니"

믿음의 조상 아브라함도 죽었고, 위대한 선지자 모세도, 사사 사무엘도 죽었는데 어떻게 예수님의 말을 믿고 따라가면 영원히 죽지 않을 수 있을까요? 그래서 유대인들은 예수님이 미쳤든지 귀신 들렸든지 정신 나간 사람이라고 생각했던 것입니다.

만일 사람이 죽지 않을 수만 있다면 얼마나 좋겠습니까? 사람이 영원히 죽지 않을 수만 있다면 수십 년, 수백 년 후까지 계획을 세울 수도 있을 것이고 무엇이든지 무한 도전할 수 있을 것입니다. 그러나 사람이 나이가 들면 아프게 되고 결국 아무것도 하지 못하다가 죽게 됩니다. 사람이 죽으면 결국 없어지게 되는 것입니다. 무덤 안에서 시신은 썩어가고 찾아오는 사람도 없고 결국 새나 한 번씩 지나갈 뿐인 것입니다. 그런데 어떻게 영원히 죽지 않을 수 있을까요?

여기서 우리는 두 가지 현실을 생각해야 합니다. 그것은 결국 영화를 보는 것과 같은 것입니다. 우리가 멋진 영화를 볼 때 거기에는 두 가지 현실이 있습니다. 하나는 영화 속의 현실입니다. 영화 속에서는 옛날 역사적인 사건 속에서 주인공들이 진지하게 사랑을 하고 전쟁을 하고 고난을 헤치고 나아갑니다. 물론 그들은 배우일 수도 있고 실제 인물일 수도 있습니다. 그들에게는 그들의 인생이 있는 것입니다. 그러나 또 다른 현실이 있습니다. 그것은 그 영화를 보고 있는 사람들의 현실입니다. 이 사람들은 잠시 그 영화를 보면서 영화의 세계 속으로 빠져들어 갑니다. 그러나 그들에게는 또 다른 삶이 있는 것입니다. 영화는 끝이 나도 그들의 인생은 끝나지 않습니다. 영화가 끝나고 영화관에 불이 들어오면 그들은 자신의 삶을 살기 위하여 또 현실로 가야 합니다. 그런데 영화 속에서는 몇십 년도 걸리고 몇백 년도 걸렸던 인생이 영화 밖에서는 고작 한 시간 반이고 두 시간밖에 지나지 않은 것입니다. 영화 안에 있는 사람들은 다 죽었지만 영화를 보는 사람들은 아직 아무도 죽지 않고 살아 있는 것입니다.

마찬가지로 예수님은 이 세상에 두 가지의 현실이 있는 것을 말씀하고 있습니다. 그 하나는 우리가 살아가고 있는 바로 이 현실입니다. 우리는 이 현실 속에서 하루하루를 살아가고 있습니다. 우리는 이 현실 속에서 장사도 하고 공부도 하고 사람들도 만나고 사랑도 하면서 늙어가고 있습니다. 이 현실에서 우리는 결국 모두 다 죽게 됩니다. 모든 사람의 종결점은 죽음입니다. 그러나 이 현실의 막 뒤에는 또 다른 삶이 있습니다. 그것은 영원히 죽지 않는 새로운 인생입니다. 그러나 예수님이 오시기 전까지 두 개의 삶은 절대로 합쳐질 수 없는 별개의 인생으로 진행이 되었습니다.

그런데 예수님은 하나님의 아들이셨습니다. 하나님의 아들은 인생의 막을 찢고 하늘의 현실에서 이 세상의 현실로 찾아오셨습니다. 하나님의 아들은 그것을 위해서 하나님의 아들로서의 모든 특권을 다 포기하고 한 인간이 되어서 오셨습니다. 그런데 그분은 오직 하나 하나님의 말씀을 가지고 오셨습니다. 천국의 현실은 이 세상의 현실과는 완전히 다릅니다. 천국의 현실은 죽음이 없고 모든 것이 현재진행형입니다. 우리가 예수님이 가지고 오신 하나님의 말씀을 믿고 그대로 따라가면 어떻게 됩니까? 우리는 이 인생의 막을 찢고 천국의 현실 속으로 들어가게 됩니다. 물론 우리가 이 세상의 막을 찢을 때 죽는 것으로 보입니다. 사실 우리는 죽습니다. 또 죽음의 고통을 겪기도 합니다. 그러나 예수님은 절대로 죽는 것이 아니라고 말씀하셨습니다. 왜냐하면 그것은 이 세상의 막을 찢는 것이고 즉시 천국의 현실로 들어가게 되기 때문입니다.

그런데 우리에게 궁금한 것은 천국의 현실은 과연 어떤가 하는 것입니다. 그것은 우리가 예수님이 말씀하신 이상은 알 수 없습니다. 왜냐하면 천국에 들어가지도 않으면서 호기심만 잔뜩 채우려고 하고 말만 자꾸 만들 가능성이 많기 때문입니다. 아마 인간은 틀림없이 '천국의 현실'이라고 해서 하나의 과목을 만들고 신학 책을 쓸 것입니다. 그러나 우리가 예수님을 만난 후에는 모든 곳에서 하나님의 지혜를 믿어야 합니다. 하나님은 우리보다 훨씬 머리가 좋으신 분입니다. 하나님은 완전하신 분입니다. 우리가 하나님을 믿는다는 것은 예수님의 말씀을 믿는 것입니다. 우리가 이 말씀을 믿고 따라갈 때 우리는 이 세상 사람들과 다른 차원에서 살아가게 됩니다. 이 세상 사람들의 삶이 일차원적인 삶이라면 예수님의 말씀을 믿는 사람은 3차원적인 삶 즉 3D의 인생을 살게 됩니다. 즉 모든 것이 벽에서 튀어나와서 입체적으로 살아 있는 인생을 살게 되는 것입니다.

우리가 천국의 현실이 과연 어떤 인생인지는 알지 못하지만, 적어도 우리가 이 세상에 사는 것보다는 지성이나 감정이 신체적으로 수백 배, 수천 배 뛰어난 것은 사실입니다. 그것을 위해서 우리는 이 세상에서 거의 주연 배우 같이 연기를 해야 합니다. 우리가 이 세상에서 엑스트라같이 세상의 옷만 입고 시간만 어영부영 때우는 식으로 사는 것으로는 저 천국의 삶을 살 수 없습니다. 우리는 이 세상에서 고난도 받아야 하고 양심도 지켜야 하고 물도 통과하고 불도 통과하면서 위기를 믿음으로 이겨내야 합니다. 그래서 우리는 이 세상의 삶도 3D로 살아야 합니다. 즉 우리는 돈이나 받고 내 자리나 지키는 것으로는 천국의 벽을 뚫을 수 없습니다. 우리의 인생은 종이에서 튀어나와서 입체적으로 살아 움직여야 하는 것입니다.

2. 아브라함이나 선지자와 다른 예수님

유대인들은 예수님의 말씀을 듣고 기가 막혔습니다. 왜냐하면 유대인들은 세계에서 가장 위대한 말씀의 종들을 조상으로 가지고 있기 때문입니다. 그들에게는 아브라함이 있었고, 모세나 사무엘 같은 선지자가 있었습니다. 그런데 문제는 이 사람들도 결국 늙어서는 다 죽었다는 사실입니다.

이 세상에 모든 위대한 하나님의 종들은 다 죽었습니다. 그런데 예수님은 자기 말을 지키는 자는 영원히 죽음을 보지 않는다고 하니까 유대인들이 기가 막혔던 것입니다. 그래서 유대인들은 예수님에게 이렇게 물었습니다.

> 8:52-53, "유대인들이 이르되 지금 네가 귀신 들린 줄을 아노라 아브라함과 선지자들도 죽었거늘 네 말은 사람이 내 말을 지키면 영원히 죽음을 맛보지 아니하리라 하니 너는 이미 죽은 우리 조상 아브라함보다 크냐 또 선지자들도 죽었거늘 너는 너를 누구라 하느냐"

믿음의 조상 아브라함도 죽었고 모세도 죽었고 사무엘이나 다윗도 죽었는데, 왜 예수는 자기 말을 지키는 자는 영원히 죽음을 보지 않는다고 말하느냐는 것입니다. 그래서 유대인들은 예수님에게 "네가 아브라함보다 더 크냐?"고 물었습니다. 그것은 "네가 아브라함보다 더 위대하냐? 모세보다 더 위대하고 다윗보다 더 위대하냐?"고 묻는 것이었습니다. 이때 예수님은 분명히 말씀하셨습니다. "하나님이 바로 내 아버지"라고.

> 8:54, "예수께서 대답하시되 내가 내게 영광을 돌리면 내 영광이 아무것도 아니거니와 내게 영광을 돌리시는 이는 내 아버지시니 곧 너희가 너희 하나님이라 칭하는 그이시라"

예수님의 모든 말씀을 이루시는 분은 그의 아버지이신데, 그분은 바로 하나님이셨던 것입니다. 예수님은 온 세상을 창조하시고 우리에게 호흡을 주시고 육체를 주시고 이 세상에 살게 하시고 생명을 주신 그 하나님이신 것입니다. 예수님과 그의 아버지는 무에서 유를 만드시고 죽은 자도 얼마든지 살리시는 하나님이신 것입니다.

얼마 전에 벤츠사의 한국 사장이 이제 한국에 전기 자동차를 선보이겠다고 발표를 했습니다. 벤츠는 우리나라에 아주 비싼 고급차만 팔았는데 저가 벤츠를 팔아서 대히트를 쳤습니다. 요즘 거리에 수많은 벤츠가 굴러다니는 것을 볼 수 있습니다. 그런데 이제는 전기차도 가져오고 하이브리드차도 가져오겠다고 했습니다. 그런데 알고 보니까 벤츠 중에서 우리가 생전 보지도 못한 모델이 수도 없이 많이 있었습니다. 아주 특이하게 생긴 스포츠카도 있고 정말 이상하게 생긴 멋진 차도 있는데, 우리나라에는 팔지 않았던 것입니다. 이것은 하나님에게도 마찬가지입니다.

우리는 이 세상에서 공부 일등 하고 재벌들이나 장관이나 국회의원이나 대통령이나 수석비서나 보고 최고로 성공했다고 생각하는데 하나님에게는 아직 우리에게 소개되지 않은 별의별 축복이 다 있는 것입니다. 하나님은 이것을 돈 받고 팔지 않으십니다. 하나님은 오직 믿음으로 우리에게 그 희한한 것들을 그냥 주실 것입니다. 그 대신 우리도 이 세상에서 하나님의 말씀을 믿어야 하고 하나님을 믿어야 합니다. 그래서 가장 부러운 사람이 믿음의 사람들입니다.

아브라함은 하나님의 말씀만 믿고 고향 친척 아버지의 집을 버리고 떠돌이 생활을 했습니다. 모세는 하나님의 말씀만 믿고 바로의 공주의 아들이라는 지위를 포기하고 광야에서 사십 년을 돌아다녔습니다. 요셉은 하나님의 말씀을 믿고 애굽의 종이 되었고 죄수가 되었습니다. 다니엘은 하나님의 말씀을 믿고 사자굴에 들어갔습니다. 사드락 메삭 아벳느고는 하나님을 믿고 느부갓네살의 우상에게 절하지 않다가 풀무불에 들어갔지만 살아서 나왔습니다.

오늘 우리가 이 세상에서 보고 있는 것은 모두 구모델들입니다. 마치 벤츠가 올드 모델은 못 사는 나라에 파는 것과 같습니다. 하나님에게는 아직 어느 누구에게도 선보이지 않은 뉴모델이 있습니다. 그것을 예수님이 보여주셨습니다. 부활하신 예수님 바로 이분이 우리의 신모델인 것입니다. 우리는 구모델도 성실하게 사용할 필요가 있습니다. 그러나 이것이 전부라고 생각해서는 안 됩니다. 단지 우리는 성실해야 하고 욕심과 죄를 버려야 하고 모든 것에 있어서 하나님을 믿어야 합니다. 예수님의 말씀을 따라가야 인생의 벽을 뚫고 영생으로 들어갈 수 있습니다.

3. 영원하신 하나님

아브라함은 예수님 당시 이미 3천 년 전의 사람이었습니다. 이스라엘 자손들은 자신들이 아브라함의 자손인 것에 대해 엄청난 자부심을 가지고 있었습니다. 이것은 마치 우리나라 사람들이 한국 사람인 것에 엄청난 자부심을 가지는 것과 비교할 수 있습니다. 그런데 예수님은 3천 년 전에 자신이 아브라함을 만났다고 말씀하셨습니다.

8:56, "너희 조상 아브라함은 나의 때 볼 것을 즐거워하다가 보고 기뻐하였느니라"

아브라함도 만나기를 원하는 분이 한 사람 있었습니다. 그분은 바로 하나님의 아들이었습니다. 그는 언젠가 하나님의 아들이 이 세상에 오셔서 우리 모두를 새로운 삶으로 영생의 삶으로 인도하실 것을 기대하고 있었습니다. 그러다가 드디어 아브라함은 하나님의 아들을 만나게 되었습니다. 창세기 18장에 나오는 내용입니다. 어느 날 하나님의 아들이 아브라함의 천막을 두 천사와 함께 방문을 하셨던 것입니다. 처음에는 아브라함도 그분이 하나님이신 줄 몰랐습니다. 단지 그냥 이 더운 날에 지나가는 분인 줄 알고 대접하려고 했는데 그분은 엄청 존귀하시고 고상하셨으며 아브라함의 모든 사정을 다 알고 계셨습니다. 그런데 알고 보니 그분이 하나님이셨습니다. 그때 아브라함의 기쁨은 말로 표현할 수 없었습니다. 하나님은 아브라함의 부인 사라에게 이삭을 가지게 될 것을 말씀하시면서 "하나님의 모든 말씀에는 능치 못함이 없느니라"고 말씀하셨습니다. 하나님의 말씀은 지금도 능치 못함이 없습니다. 우리가 할 것은 하나님이 우리에게 이 말씀을 주셨고 우리는 이 말씀을 믿는 것입니다. 세상이 무슨 소리를 해도 믿어서는 안 됩니다. 우리는 소돔과 고모라를 믿어서는 안 되고 거기에 미련을 두어서도 안 됩니다.

우리는 오직 주어진 처지에서 하나님을 믿으면 됩니다. 그리고 거기에서 최선을 다하는 것입니다. 우리가 하나님의 나라에 갈 때는 맨손으로 가게 된다는 사실을 잊어서는 안 됩니다. 우리는 이 세상에 있는 것은 모두 다 두고 가야 합니다. 심지어는 육신까지 다 두고 가야 합니다. 그래서 너무 많이 가져봐야 아무 소용이 없습니다. 오히려 많이 가지면 이 세상의 벽을 뚫지 못하고 튕겨 나오게 됩니다. 그래서 할 수 있으면 믿음과 예수님 말씀만 가지고 슬슬 줄여가는 것이 좋습니다. 그러면 다른 사람과 싸울 이유도 없고 혈기를 부릴 필요도 없습니다. 다 죽을 건데 이겨서 뭐하며 내 뜻대로 해봐야 무슨 소용이 있겠습니까?

예수님이 아브라함을 만났다고 하니까 유대인들은 화가 머리끝까지 났습니다. 그래서 이렇게 말을 했습니다.

8:57, "유대인들이 이르되 네가 아직 오십 세도 못되었는데 아브라함을 보았느냐"

"네가 아직 오십 세도 못되었다"는 말을 가지고 사람들이 예수님은 늙어 보이셨다고 하기도 하고, 어떤 사람은 실제로 오십 세쯤 되었을 것이라고 주장하기도 합니다. 그러나 이것은 '네가 아무리 나이를 많이 잡아도 오십 세가 안 되었다'는 뜻입니다. 예수님은 아무리 나이를 많이 잡아도 오십 세가 안 되는 분이셨는데 아브라함을 만났다고 하니까 기가 막힌 것입니다. 도대체 이분은 누구십니까? 둘 중의 하나입니다. 그분은 영원하신 하나님이시든지, 아니면 미친 사람입니다.

예수님은 이렇게 말씀하셨습니다.

8:58, "예수께서 이르시되 진실로 진실로 너희에게 이르노니 아브라함이 나기 전부터 내가 있느니라"

예수님은 아브라함이 태어나기도 전부터, 온 세상이 만들어지기도 전부터 계셨던 분입니다. 그 하나님의 아들이 현실의 벽을 깨고 이 세상에 인간으로 오셔서 그 귀한 하나님의 말씀을 우리에게 전해주셨습니다. 그리고 우리가 이 말씀만 믿고 하나님만 믿으면 또 현실의 벽을 깨고 영생의 세계로 오게 하겠다고 하셨습니다. 우리는 이 세상에서 하나님이 살아라 하는 만큼 살아야 합니다. 그러나 이 세상 모든 것은 구모델입니다. 현실은 현실이지만 구닥다리 현실입니다. 고구려 시대와 같고 임진왜란 때와 같습니다. 우리는 이 세상에서도 입체적으로 살아야 합니다. 즉 남들이 한다고 해서 따라 하면 안 되는 것입니다. 나만의 독특한 믿음을 만들어야 합니다. 그리고 다니엘과 같고, 사드락 메삭 아벳느고와 같이, 아브라함과 모세 같이 끝까지 하나님의 말씀을 따라가는 성도들이 다 되시기 바랍니다.

28

실로암 못에 가서 씻으라

요 9:1-12

얼마 전

신문에는 헤어진 지 육십여 년이 지난 후에 연락이 된 두 사람의 이야기가 실려 있었습니다. 6.25 전쟁 때 한 미군 수병이 항공모함에 배치되어서 우리나라에 와서는 외출을 나오게 되었습니다. 그는 거리를 지나가다가 쓰레기통에서 희미한 소리가 나는 것을 듣고 쓰레기통 안을 보니까 누군가가 갓난아기를 버려놓았던 것입니다. 이 아기는 혼혈 아기였는데 제대로 먹지 못해서 말라 있었고 제대로 울지도 못했습니다. 그래서 이 미군은 이 아기를 배에 데리고 와서 키웠습니다. 아기는 맛있는 우유와 음식을 먹고는 건강도 회복이 되고 잘 자라게 되었습니다. 이 아기는 배에서 인기 스타가 되어서 수많은 미군이 이 아기를 안아보기 위해서 찾아오곤 했다고 합니다. 어떤 때는 이 아기를 안은 미군이 하루에 천 명이 넘었다고 합니다. 그래서 배에서는 규정을 만들어서 하루에 백 명 이상은 이 아기를 안지 못하게 했다고 합니다. 항공모함은 배에 귀한 손님이 타면 깃발을 올리는데, 이 배에는 아기가 있다고 해서 미군기 밑에 기저귀를 달아서 올렸다고 합니다. 미군 수병들은 가족이 보고 싶으니까 이 아기를 보면서 향수를 달랬다고 합니다. 그리고 후에 이 아기는 어떤 군의관에게 입양되면서 그를 키웠던 수병과는 헤어지게 되었습니다.

이 수병은 이제 노인이 되어서 옛날 그 아기가 보고 싶고 그리워서 견딜 수 없었습니다. 그래서 자기 자녀들의 도움을 받아서 옛날 아기가 보고 싶다는 글을 인터넷에 올렸다고 합니다. 그랬더니 얼마 안 되어서 '아기가 답장을 드립니다'라고 하면서 답이 왔습니다. 그 아기는 지금 어른이 되어서 자녀도 있고 어떤 곳에 편집인으로 있다가 은퇴를 했다고 했습니다. 이 아기는 우리나라 전쟁 통에 태어나서 혼혈이라고 해서 쓰레기통에 버려져서 죽을 수밖에 없었는데 한 미군의 동정으로 아름다운 삶을 살 수 있게 되었습니다. 그런데 사실 이 아이의 운명은 바꾼 분은 미군 수병을 사용하신 하나님이었습니다.

우리 인간의 마음속에는 자기는 남들에 대하여 부족한 것이 하나도 없이 할 수 있으면 최고로 완전한 자리까지 올라가고 싶은 본능을 가지고 있습니다. 인간의 마음속에는 완전한 것을 지향하는 마음이 있기 때문입니다. 우리는 내 인생의 모든 것이 완전해져야 만족이 되고 최고가 되어야 만족이 되는 것입니다. 그런데 인간에게는 고칠 수 없는 병도 있고, 또 한 번 망쳐버린 인생은 회복시킬 수 없습니다. 왜냐하면 시간을 돌이킬 수 없기 때문입니다.

예수님은 이 세상에 오셔서 많은 병자를 고쳐주셨습니다. 그런데 예수님은 단순히 사람들의 육체의 병만 고치신 것이 아니라 그들의 인생 자체를 고쳐주셨습니다. 이것이 바로 장애를 치료해주신 것이고, 귀신들린 것을 고쳐주신 것입니다.

저희 교회에는 시각장애인인데도 수요일이나 금요일 예배나 모든 예배에 열심히 나오시는 분들이 계십니다. 신체에 장애가 있어도 전혀 장애가 있다고 생각하지 않고 휠체어를 타거나 차를 운전해서 기쁨으로 예배에 오시는 것을 볼 수 있습니다. 이것을 보면 우리가 겉으로 보는 세계 외에 다른 세계가 분명히 있다는 것을 알게 됩니다.

오늘날 우리나라에 이렇게 자살률이 높고 우울증이 많고 마음에 기쁨 없이 살아가는 것은 분명히 마음에 만족할 수 없는 병이 있기 때문입니다. 오늘 본문에서 예수님은 이것을 치료받을 방법을 가르쳐주셨습니다.

1. 누구의 죄 때문인가?

예수님의 제자들은 예수님을 삼 년씩 따라다니면서 하나님의 말씀을 배우고 사람들의 병을 고치는 것을 옆에서 보고 또 도운 사람들이었습니다. 그들은 예수님의 제자요 조수들이었습니다. 그래서 예수님의 제자들이야말로 세상의 고정 관념에서 가장 먼저 벗어나서 하나님의 생각을 가져야 하는 사람들이었습니다. 그럼에도 불구하고 제자들은 어떤 선천적인 장애인을 보았을 때 사람들이 일반적으로 가지고 있는 그 생각에서 벗어나지 못했습니다.

예수님과 제자들의 일행은 길을 가다가 구걸하고 있는 나면서 보지 못하는 맹인을 보게 되었습니다. 그때 제자들은 예수님에게 "예수님, 이 사람은 날 때부터 본 적이 없는 맹인입니다. 예수님 이 사람의 눈을 좀 고쳐주십시오"라고 할 수도 있었을 것입니다. 그러나 제자들은 그런 말을 하지 않았습니다.

제자들이 그때 그를 앞에 두고 한 말은 "예수님, 이 사람은 날 때부터 맹인이 된 사람입니다. 이 사람이 불행하게 맹인으로 태어난 것은 부모의 죄일까요? 아니면 자기 자신의 죄 때문일까요?"라고 묻는 질문이었습니다.

우리는 대개 어떤 사람이 선천적인 장애를 가지고 태어난 사람을 보면 속으로 '참 안됐다'라고 생각하든지 아니면 '불행하게 태어났구나'라고 생각합니다. 그러나 유대인들은 여기서 한 걸음 더 나아가서 모든 불행은 죄 때문이라고 생각했습니다. 그래서 어떤 사람들은 자녀가 장애를 가지고 태어나면 '부모가 죄를 많이 지어서 그렇다'라고 말을 하기도 했고, 또 어떤 사람은 '이 사람은 죄인의 운명을 가지고 태어나서 그렇다'는 식으로 이야기를 했던 것입니다. 제자들은 길을 가다가 선천적인 장애를 가진 맹인을 보았을 때 예수님께 이 문제를 확실히 알고 싶은 생각이 들었던 것 같습니다.

그래서 제자들은 예수님께 이 사람처럼 선천적인 장애를 가지고 태어나는 사람은 "부모가 죄를 많이 지어서 그런 것이냐?" 아니면 "이 사람 자신이 죄인의 운명을 가지고 태어나서 그런 것이냐?" 하는 것을 물었습니다. 이것은 일종의 운명론이었습니다. 즉 사람은 선천적으로 어떤 운명이나 죄를 가지고 태어난다는 것입니다. 그래서 우리나라에서는 어떤 일이 잘못되게 되었을 때 다 모든 것이 내 '업(業)'이라는 말을 하는 것을 듣게 됩니다.

그때 예수님의 입에서는 놀라운 대답이 나왔습니다.

9:3, "이 사람이나 그 부모의 죄로 인한 것이 아니라 그에게서 하나님이 하시는 일을 나타내고자 하심이라"

예수님께서는 이 사람이 맹인으로 태어난 것은 부모의 죄 때문에 하나님의 미움을 받아서 그런 것도 아니고, 이 사람 자신이 죄인의 운명을 타고 태어났기 때문도 아니라고 대답하셨습니다. 예수님은 그를 통해 얼마든지 하나님의 일을 나타내는 기회가 될 수 있다고 말씀하셨습니다. 이것은 이 사람의 부모나 이 사람 본인이 전혀 죄를 짓지 않았다는 뜻이 아닙니다. 아마 그의 부모나 본인도 인간이기 때문에 죄를 지었을 것입니다. 그러나 사람들은 이런 일이 생기면 다른 사람의 핑계를 댑니다. 즉 부모 때문에라든지 아니면 자신의 운명 때문이라든지 아니면 누구 다른 사람의 핑계를 댑니다. 사람들은 그럴 수밖에 없습니다. 그러나 예수님은 우리가 어떤 일을 두고 '누구 때문에'라고 하면서 핑계를 대고 원망을 해봐야 아무것도 달라지지 않는다는 것입니다.

우리가 가난한 집에서 태어난 것을 원망하고 시대를 원망하고 담임선생을 원망하고 부모를 원망해봐야 달라질 것은 아무것도 없는 것입니다. 오히려 더욱더 마음만 비뚤어지고 악해지게 됩니다. 그러나 우리가 우리의 어떤 결함이나 어려움도 예수님 앞에 가지고 나오면 하나님이 놀라운 부품을 사용하시고 기술을 사용하셔서 새로운 인생을 만들어주셔서 하나님의 살아계심을 보여주시는 것입니다.

저는 초등학교를 졸업하고 정상적으로 중학교를 다니지 못하고 양계장에 있으면서 정말 미래의 소망이 보이지 않았습니다. 그래도 낙심을 한 번도 해 본 적이 없었습니다. 그 이유는 죽으라고 하나님을 찾았기 때문입니다. 저는 교회를 죽자 살자 다녔습니다. 한 시간씩 걸어서 새벽기도 다니는 것도 저에게는 문제가 되지 않았고, 아버지가 교회 가지 말라고 하는 것도 문제가 되지 않았습니다. 저는 제 인생의 문제가 무엇인지도 몰랐고 미래에 대한 생각도 할 수 없었습니다. 그러나 저는 하나님을 찾고 있었고 예수님을 찾고 있었던 것입니다.

예수님은 우리 인생을 고쳐주시기 위해서 하나님이 보내신 분입니다. 자동차 정비소에 가면 자동차가 고장 난 것이 아무 문제가 되지 않듯이 예수님에게는 우리 인생의 병든 것이 아무 문제가 되지 않습니다. 예수님은 하늘의 무한한 부품과 능력으로 우리 인생 자체를 고쳐주십니다.

예수님은 이렇게 말씀하셨습니다.

9:4-5, "때가 아직 낮이매 나를 보내신 이의 일을 우리가 하여야 하리라

밤이 오리니 그 때는 아무도 일할 수 없느니라 내가 세상에 있는 동안에는 세상의 빛이로라"

옛날에는 그야말로 밤이 되면 아무것도 할 수 없었습니다. 밭을 갈 수도 없고 양을 칠 수도 없었습니다. 주로 밤에 일하는 사람들은 도박꾼 아니면 도둑들이었습니다. 마찬가지로 또 다른 밤과 낮이 있습니다. 그것은 예수님이 계신 것입니다. 그리고 예수님의 말씀이 있는 동안에는 낮입니다. 이때 우리는 하나님을 찾아야 하고 내 인생을 치료받아야 합니다. 내 속 사람이 깨끗해져서 하나님을 볼 수 있도록 고침을 받아야 합니다. 그래서 복음이 있는 동안에는 낮이 계속될 수 있습니다. 오늘 우리는 그냥 가야 할 것이 아니라 내 인생을 치료받고 가야 합니다.

2. 예수님의 치료 방법

예수님은 말씀만으로도 얼마든지 맹인을 치료해주실 수 있습니다. 또 예수님은 그렇게 많이 하셨습니다. 예수님은 우리 인간의 육체와 정신과 영혼을 만드신 분이기 때문에 우리 육체나 마음의 어떤 병도 예수님은 고치실 수 있습니다. 어떤 여인은 예수님의 옷자락만 만졌는데도 12년 동안 고쳐지지 않던 혈루병이 단번에 나아버렸습니다. 예수님은 사람들에게 말씀하시고 그들이 말씀을 믿고 돌아갈 때 믿음이 가장 좋다고 칭찬하셨습니다. 그러나 예수님은 이 세상에 오래 계실 수 없었습니다. 예수님은 지상에서 삼년 동안만 하나님의 일을 하시고 죽으시고 하늘에 올라가셔야 했습니다. 그러면 예수님이 안 계신 동안 인생의 문제는 어디서 누가 고칠 수 있습니까? 예수님은 지금 우리처럼 예수님을 직접 만날 수 없을 때 우리 인생을 고칠 수 있는 방법을 가르쳐주셨습니다.

예수님은 우선 이 맹인의 눈에 침으로 만든 진흙을 잔뜩 발라주셨습니다.

9:6, "이 말씀을 하시고 땅에 침을 뱉어 진흙을 이겨 그의 눈에 바르시고"

예수님은 땅에 침을 뱉어서 진흙을 이겨서 이 맹인의 눈에 발라주셨습니다. 팔레스타인 땅은 우리와 달리 아주 더운 곳이기 때문에 땅이 아주 말라 있습니다. 거기서 두 눈에 바를 만한 진흙 덩이를 만들려고 하면 침을 얼마나 많이 뱉어야 하는지 모릅니다. 사람의 침도 그렇게 깨끗하지 않은데 사람들이 밟고 다니는 흙은 더 깨끗하지 않을 것입니다. 예수님은 침으로 이긴 흙을 이 사람의 눈에 잔뜩 발라주셨습니다. 이 사람은 그렇지 않아도 앞을 보지 못하는데 진흙 때문에 더 눈이 보기 싫게 되었습니다.

예수님은 이 사람의 눈에 문제가 있다는 것을 더 많은 사람이 보게 하셨습니다. 이것은 이 사람에게는 참담한 일이었습니다. 그리고 예수님은 이 맹인에게 말씀하셨습니다.

9:7, "실로암 못에 가서 씻으라"

아마도 이 사람은 얼른 집에 가서 이 진흙을 씻어버리고 싶었을 것입니다. 그렇지 않으면 그 자리에서 당장 손으로 그 진흙을 떼어버리고 싶었을 것입니다. 아마 다른 사람 같으면 진흙을 닦아 내면서 예수님에게 욕을 했을지도 모릅니다.

몸이 아파서 병원에 가면 의사는 환부를 보자고 합니다. 만약 그것이 몸 안에 있어서 보이지 않으면 엑스레이나 MRI나 CT 사진을 찍어서 환부를 자꾸 드러내려고 합니다. 왜냐하면 아픈 곳을 드러내지 않으면 그 병이 무엇인지 알 수도 없고 치료를 할 수 없기 때문입니다.

사실 우리는 우리 자신이 근본적으로 어디가 아픈지 잘 알지 못합니다. 그러나 우리는 하나님 앞에 와서 아픈 데를 이야기해야 합니다. 그리고 내 인생의 불만스러운 데를 하나님께 자꾸 이야기해야 합니다. '하나님 저는 마음이 아파요' 라든지, '저는 키가 작아요' 라든지, '저는 상처를 잘 받아요' 라든지, '저는 살아가야 할 이유를 모르겠어요' 라든지 하나님께 자꾸 이야기해야 합니다.

유능한 의사들은 환자들이 자기의 아픈 데를 자꾸 이야기를 해주면 그것을 가지고 더 근본적인 병의 원인을 찾게 됩니다. 우리는 하나님께 내가 아픈 데를 자꾸 말하면서 근본적인 병으로 가까이 가게 됩니다.

그래서 교회는 신사적이고 멋진 곳이 아닙니다. 사람이 자기 아픈 곳에 진흙을 바르는 곳이고, 자기 인생의 진흙을 아픈 곳에 자꾸 발라서 표시를 하는 곳입니다. 우리 중에서 정상적인 사람은 한 명도 없습니다. 우리는 태어나면서부터 아픈 데를 다 가지고 태어났습니다. 단지 그 병이 너무 깊은 데 있어서 우리는 어디가 아픈지를 모르고 있을 뿐입니다. 우리 인간은 전부 나이가 들면서 미쳐가는 병에 걸려 있습니다. 어떻게 보면 정상적인 것 같고 아름다운 것 같은데 화가 나거나 발작하게 되면 광기가 나타나게 됩니다. 그래서 욕도 하고 화도 내고 엄청나게 발작하는 병인 것입니다. 그러다가 나중에는 다 죽습니다.

흔히 사람들은 청소년 시기를 질풍노도의 시기라고 하는데 그것은 오히려 청소년 시기가 자기감정에 정직해서 그런 것 같습니다. 특히 외국 어린이들을 보면 그렇게 착할 수 없습니다. 엄마, 아빠 말도 잘 듣고 시킨 대로 잘합니다. 그러다가 청소년만 되면 무시무시한 괴물로 변합니다. 부모에게 대들기도 하고 소리도 지르기도 하고 방에도 이상한 사진을 잔뜩 붙이고 마약을 하기도 하고 친구들과 못된 짓도 하게 됩니다. 이때 부모나 어른이 아무리 '너 틀렸다'고 해 봐야 소용이 없습니다. 오히려 더 반항하고 더 관계만 나빠지게 됩니다. 예수님은 그것을 인정해주라는 것입니다.

3. 실로암 못에 가서 씻으라

예루살렘은 난공불락의 아주 튼튼한 성이었습니다. 그래서 적들이 쳐들어와도 예루살렘을 포위하기만 했지, 쉽게 무너뜨리지는 못할 정도로 튼튼한 성이었습니다. 그러나 예루살렘의 치명적인 약점은 그곳에서 물이 나오지 않는다는 것이었습니다. 그래서 이스라엘 백성들은 구약 히스기야 왕 때 바위를 뚫어서 물을 성안으로 끌어들였습니다. 지금도 예루살렘에 가면 히스기야 때 바위 속을 판 수로를 구경할 수 있습니다. 그렇게 바위를 뚫어서 외부에서 물을 끌어들여서 물이 떨어져 모인 못이 있는데, 그 못이 바로 실로암 못이었습니다. 그런데 실로암은 보냄을 받았다는 뜻을 가지고 있었습니다.

9:7, "이르시되 실로암 못에 가서 씻으라 하시니 (실로암은 번역하면 보냄을 받았다는 뜻이라) 이에 가서 씻고 밝은 눈으로 왔더라"

이스라엘 백성들은 물이 전혀 나오지 않는 광야를 걸으면서 놀라운 경험을 했습니다. 그것은 바로 모세가 어떤 단단한 바위 앞에 서서 그 바위를 지팡이로 쳤을 때 바위가 터지면서 물이 터져 나온 것이었습니다. 이스라엘 백성들과 모든 가축은 그 바위에서 나온 물을 먹고 다 살았습니다. 하나님께서 물이 나오지 않는 예루살렘을 이스라엘에게 수도로 주신 이유가 있습니다. 그것은 그들에게 물은 없지만 생수의 근원되시는 그리스도가 계시기 때문입니다. 그래서 모세가 쳤던 반석이나 히스기야가 수로를 팠던 바위나 모두 우리 예수님을 상징합니다. 예수님은 그냥 인간처럼 보였지만 그의 몸에 못이 뚫리고 창이 찔렸을 때 거기에서 물과 피가 쏟아져 나왔습니다. 이것이 바로 우리 인생을 치료하고 죄를 치료하는 성령의 생수인 것입니다.

이 맹인에게 귀한 믿음은 예수님이 그의 눈에 진흙을 발라주셨지만 화를 내거나 집에 가서 눈을 씻거나 옷으로 진흙을 닦아내거나 하지 않고 예수님의 말씀에 순종해서 실로암 못까지 가서 그 눈을 씻었다는 사실입니다. 그가 실로암 못에 가서 눈을 씻었을 때 그의 눈은 보이게 되었습니다. 이것이 예수님께서 보여주시려고 하는 치료 방법입니다.

오늘 우리는 예수님을 볼 수 없습니다. 또 예수님의 옷자락을 잡을 수도 없습니다. 그러나 예수님이 우리를 보내는 곳이 있습니다. 거기가 바로 하나님의 말씀이 있는 곳입니다. 하나님의 말씀이 선포되는 곳 그 단단한 바위에서 성령의 생수가 쏟아져 나오는데 그것이 우리 병을 치료하고 우리 인생을 치료하고 영생을 얻게 하는 것입니다. 하나님의 성령이 흘러나오는 곳은 하버드나 옥스퍼드 같은 유명한 대학이 아닙니다. 오직 하나님의 말씀을 듣기 위하여 하나님의 백성이 모인 곳입니다. 그것은 단단한 반석처럼 보이고 아무것도 나올 것이 없을 것 같습니다. 그러나 거기서 나온 성령의 생수가 우리의 인생을 치료합니다.

9:8-9, "이웃 사람들과 전에 그가 걸인인 것을 보았던 사람들이 이르되 이는 앉아서 구걸하던 자가 아니냐 어떤 사람은 그 사람이라 하며 어떤 사람은 아니라 그와 비슷하다 하거늘 자기 말은 내가 그라 하니"

이 선천적인 맹인이 눈을 떠서 오니까 사람들은 놀랐습니다. 그리고 그가 그 맹인이 맞는지 다른 사람인지 논쟁을 벌였습니다. 그러나

이 사람은 눈만 떠가지고 온 것이 아니었습니다. 이 맹인은 사람 자체가 변해서 왔습니다. 그는 당당했고 자신감에 넘쳐 있었습니다. 그리고 이 사람의 마음에는 하나님에 대한 깊은 신뢰와 감사가 넘쳐났습니다.

이 사람은 병이 낫는 과정을 통해서 두 가지를 깨달았습니다. 그 하나는 예수님의 말씀에는 능력이 있다는 것이었습니다. 예수님이 자기를 아무리 부끄럽게 하셨다 하더라도 예수님의 말씀을 믿고 실로암 못에 가서 씻었더니 눈이 뜨이게 되었습니다. 그리고 그는 하나님이 자기를 사랑하신다는 것을 믿게 되었습니다. 지금까지 이 사람은 하나님은 자기를 사랑하지 않는다고 생각했습니다. 왜냐하면 하나님이 자기를 사랑하신다면 이렇게 자신을 맹인이 되게 하셔서 구걸하게 하실 리가 없었기 때문입니다. 그러나 그는 자기 눈이 낫는 과정을 통해서 하나님이 다른 사람이 아닌 자기를 사랑한다는 것을 확신하게 되었습니다.

우리는 하나님이 나를 사랑하신다는 것을 구체적인 일을 통해서 체험해야 합니다. 그래도 우리는 또 의심하고 하나님이 나를 사랑하지 않는다고 생각할 때가 많이 있습니다. 하나님의 사랑이 내 인생을 바꿉니다. 하나님의 말씀을 믿고 하나님의 사랑이 믿어질 때 우리 인생은 아름답게 변하게 됩니다. 오늘 모두 아름다운 사람으로 변하시기 바랍니다.

29

목자가 필요하다

요 10:1-12

예수님은

설교하시면서 우리가 사느냐 죽느냐 하는 중요한 문제를, 양과 목자의 비유로 말씀하셨습니다. 그러나 우리는 양을 키우는 문화가 아니기 때문에 예수님의 이 중요한 비유를 잘 이해하지 못합니다. 마치 천재 과학자 아인슈타인이 죽으면서 유언을 독일어로 하는 바람에 미국인 간호사가 한 마디도 알아듣지 못한 것과 비슷합니다.

우리가 예수님의 이 목자와 양의 비유를 이해하려면 다음 세 가지를 꼭 기억해야 합니다.

그 첫 번째는 우리가 보통 양이라고 하면 좀 미련하고 순하고 풀이나 뜯어 먹는 털 많은 짐승으로 생각하지만, 양은 놀랍게도 주인의 목소리를 너무 잘 알아듣는다는 사실입니다. 그래서 이스라엘의 양은 우리나라 개 수준이라고 생각하면 좋을 것입니다. 시골에서 키우는 개들은 주인의 발걸음 소리나 주인이 부르는 소리를 다 알아듣는 것처럼 팔레스타인의 양들은 주인의 소리를 잘 알아듣습니다. 양은 맹수처럼 발톱도 날카롭지 못하고 이빨도 강하지 못하고 행동도 느린 편이지만 목자의 음성을 알아듣고 목자를 따라가기 때문에 안전할 수 있는 것입니다.

그리고 두 번째는 우리나라는 자주 비가 오는 편이지만 팔레스타인은 일 년에 건기와 우기가 정확해서, 양 주인이 우기에는 가까운 곳에서 양들에게 풀을 먹일 수 있지만 건기에는 멀리까지 가야 했습니다. 그러면 주인은 하루 만에 집에 돌아오지 못하기 때문에 들판에 있는 양 우리를 빌려서 거기에 양을 재워야만 했습니다. 그러나 들판에는 이리나 늑대, 양 도둑들이 우글거렸습니다. 그래서 주인은 저녁이 되면 양들을 모두 우리 안에 넣고 자기는 가까운 텐트에서 잠을 자고 문지기가 문을 지켰습니다. 그리고 아침이 되면 주인은 우리로 가서 문을 열어 놓고 양문 앞에 앉아서 양의 이름을 부릅니다. 그러면 뛰어나와서 주인의 지팡이를 뛰어넘어서 밖으로 나가는데 주인은 양들이 다 나올 때까지 기다립니다.

세 번째는 목자가 양을 몇백 마리씩 치다 보면 혼자 힘으로 다 감당할 수 없기 때문에 아르바이트생을 쓰게 됩니다. 이들이 삯군 목자인데 겉으로 보기에는 삯군과 주인은 구별이 잘되지 않습니다. 그런데 이리가 오거나 강도떼가 오거나 하면 아르바이트생은 자기 양이 아니기 때문에 자기가 살기 위해서 양을 버리고 도망을 쳐버립니다. 그러면 이리나 늑대나 도둑들이 양을 실컷 잡아먹거나 도둑질해갑니다. 그러나 주인은 이리나 늑대나 강도떼가 오면 자기 양이기 때문에 도망을 치지 않고 지팡이를 가지고 싸워서 쫓아냅니다. 그래서 진짜 목자인지 아르바이트생인지 구별하려면 웃통을 벗어봐야 알 수 있다고 합니다. 진짜 목자는 이리나 늑대나 강도와 싸우느라고 입은 상처가 온몸에 있지만 아르바이트생은 도망을 치기 때문에 몸에 상처가 하나도 없습니다. 예수님은 참 목자이시기 때문에 두 손과 두 발에 못자국이 있었고 옆구리에는 창자국이 있었던 것입니다.

이 불안정한 때에 목자의 음성만 따라가면 우리에게 무조건 살길이 생기는 것입니다. 그것도 그냥 사는 것이 아니고 풍성하게 사는 길이 열리게 됩니다.

1. 마음의 열쇠

우리 인간에게는 뛰어난 능력이 있어서 별 희한한 물건들을 다 만들어서 사용하고 있습니다. 고층 아파트나 수많은 자동차, 비행기, 배, 고속 열차, 컴퓨터, 스마트폰 같은 하나같이 다 놀라운 문명의 이기들을 만들어서 행복하게 살아가고 있습니다. 그래서 오늘 현대 인간은 너무 좋은 여건에서 너무 풍족한 삶을 살아가고 있습니다. 오늘 우리같이 행복하고 풍족한 삶을 사는 사람들이 어디에 있겠습니까?

그러나 이 행복한 인간의 치명적인 단점은 미래에 대하여 전혀 알 수 없다는 것입니다. 우리는 우리의 미래가 어떻게 될지 아무도 알지 못합니다. 그리고 우리 인간에게 가장 무서운 적은 같은 인간입니다. 한 걸음 더 나아가서 자기 자신이 가장 무서운 적이 되어 있습니다. 즉 자기가 자기를 죽이는 것입니다. 같은 인간인 남자가 여자를 폭행하고 인간 스스로 분노 조절이 안 되면 괴물로 변해버리는 것입니다. 그래서 우리 모든 인간에게는 목자가 필요합니다. 이 목자는 현재 우리의 하루하루의 생활을 지켜줄 뿐 아니라 우리의 영원한 미래를 지켜줄 분입니다. 우리는 마치 양과 같아서 스스로의 힘으로는 살아갈 수 없습니다. 우리는 누군가를 의지해야 행복하게 살아갈 수 있는데 하나님은 우리가 의지할 수 있는 목자를 보내어주신 것입니다.

10:1-2, "내가 진실로 진실로 너희에게 이르노니 문을 통하여 양의 우리에 들어가지 아니하고 다른 데로 넘어가는 자는 절도며 강도요 문으로

들어가는 이는 양의 목자라"

이것은 너무나도 상식적인 이야기입니다. 목자는 당연히 우리의 문 열쇠를 가지고 있으니까 문으로 들어가서 문을 열어 놓고 양들을 부를 것입니다. 그런데 도둑이나 강도는 우리의 열쇠가 없으니까 담을 넘어 들어가서 양들을 훔쳐 가려고 할 것입니다. 그런데 문제는 담을 넘어서 들어간 자가 너무 목소리가 좋다든지 혹은 달콤한 좋은 약속을 많이 해 준다든지 아니면 예수님이 말씀하신 것처럼 양가죽을 쓴 이리라면 양이 속을 수 있는 것입니다. 그리고 만일 도둑이나 이리가 양가죽을 쓰고 양 우리에 들어온다면 겉으로 보기에는 양처럼 보이기 때문에 양들이 안심하고 있다가 물려 죽든지 팔려가든지 할 것입니다.

그래서 여기서 중요한 것은 내 인생을 책임지고 내 미래를 책임질 목자는 반드시 문으로 들어와야 하는데 여기서 문이 무엇일까 하는 것입니다. 여기 이 '문'의 핵심은 열쇠에 있습니다. 즉 열쇠를 가진 분만이 문을 열 수 있습니다.

예수님은 도둑이 오는 것과 목자가 오는 것은 목적이 완전히 다르다고 말씀하셨습니다.

10:10, "도둑이 오는 것은 도둑질하고 죽이고 멸망시키려는 것뿐이요 내가 온 것은 양으로 생명을 얻게 하고 더 풍성히 얻게 하려는 것이라"

도둑이 우리에 들어와서 아무리 좋은 소리를 한다고 해도 그 목적은 양을 잡아서 팔아먹거나 죽이고 멸망시키는 것입니다. 그래서 양들은 아무리 담을 넘어온 사람이 좋은 소리를 하면서 자기를 잡으려고 해도 절대로 그들에게 잡히면 안 되고, 그들로부터 도망을 쳐야 하고 소리를 질러서 목자를 불러야 합니다. 그러나 목자가 오는 것은 양으로 생명을 얻게 하고 그것도 풍성한 생명을 얻게 하려는 것이라고 했습니다. 목자는 하나밖에 없는 우리의 인생을 지켜주고 우리의 생명을 지켜주며 아름답게 살게 해주는 것이 목적입니다.

그런데 예수님은 본문 8절에서 무엇이라고 말씀하셨습니까? "나보다 먼저 온 자는 다 절도요 강도니 양들이 듣지 아니하였느니라"고 하셨습니다. 예수님보다 먼저 온 자는 다 절도며 강도라고 했습니다. 왜냐하면 이들은 모두 열쇠를 가지지 않아서 담을 넘어간 자들이었기 때문입니다. 그러면 양 우리의 문을 열 수 있는 열쇠는 무엇입니까? 여기서 우리는 '양 우리'가 우리 마음인 것을 알 수 있습니다. 우리 인간의 마음은 마치 이중삼중으로 단단하게 잠긴 문과 같아서 열릴 수 없습니다.

우리 인간의 마음을 열 수 있는 열쇠는 이중삼중으로 되어 있습니다. 그중에서 가장 중요한 것이 구약성경의 증거입니다. 구약성경에서 메시야는 맹인의 눈을 뜨게 하며 말 못하는 자를 말하게 하며 걷지 못하는 자의 다리를 사슴처럼 뛰게 할 것이라고 했습니다. 열쇠를 가진 분은 오직 하나님의 말씀을 하십니다. 성경말씀 그대로 말하는 것이 열쇠입니다. 그리고 또 다른 열쇠인 성령을 우리에게 주십니다. 즉 성령님이 우리의 마음을 여는 열쇠인 것입니다. 그래서 우리가 하나님의 말씀을 들으면 마음이 뜨거워지고 마음 문이 열리면서 하나님에 대한 믿음이 생기게 됩니다.

그리고 열쇠를 가진 분의 말씀은 내 마음을 너무 정확하게 잘 아신다는 것입니다. 사람들이 예수님을 믿었던 이유는 예수님이 그들의 속을 너무 잘 아셨기 때문입니다. 그래서 하나님의 말씀도 하지 않고 성령도 임하지 않고 내 마음도 모르고 세상의 웃기는 이야기만 하는 사람은 도둑이고 강도입니다. 물론 그 사람이 내 돈이나 물건을 빼앗지는 않겠지만 그 사람의 말을 따라가면 인생을 도둑질당하게 됩니다. 그리고 그 마지막은 멸망입니다.

목자는 욕심을 가질 필요가 없습니다. 왜냐하면 목자는 자기 양들이 행복한 것이 목적이기 때문입니다. 목자는 하늘 문을 열어서 양으로 하여금 하나님의 풍성한 은혜를 먹게 합니다. 그러면 우리는 세상 양식은 얼마든지 먹을 수 있습니다. 하늘 양식을 먹은 자가 왜 세상 양식을 먹지 못하겠습니까? 우리는 지금 모든 성공의 기준이 세상의 성공에 맞추어진 시대에 살고 있습니다. 이것은 우리가 얼마나 세상에 깊이 발을 들여놓은 것인지 알게 합니다. 성공의 기준은 하늘 문을 여는 데 있고 그 나라와 그 의를 구하는 데 있습니다.

2. 목자의 음성

들판에는 이 집 양이나 저 집 양이 섞여 있기 때문에 자칫 잘못하면 양들이 다른 집의 양들을 따라갈 수 있습니다. 그러면 목자는 자기 양이 아닌 양을 쫓아내게 되고 이 양은 길을 잃어버리게 됩니다. 양은 사자같이 빠를 필요도 없고 표범처럼 사나울 필요도 없습니다. 그러나 양이 사느냐 죽느냐를 결정하는 것은 주인의 목소리를 알아듣고 그 목소리를 따라가는 것입니다. 그러면 절대로 안전하고 다른 사나운 짐승들이 절대로 해치지 못합니다. 그래서 다윗은 이렇게 노래를 했습니다.

"여호와는 나의 목자시니 내게 부족함이 없으리로다"(시 23:1).

목자는 처음부터 자기 양을 알고 그 이름을 다 부릅니다. 그래서 양들은 우리에서 나올 때도 우르르 몰려나오는 것이 아니라 자기 이름을 부르면 뛰어나가서 목자의 지팡이를 뛰어넘어서 나갑니다. 이것이 바로 양의 숫자를 확인하는 방법입니다.

10:3-5, "문지기는 그를 위하여 문을 열고 양은 그의 음성을 듣나니 그가 자기 양의 이름을 각각 불러 인도하여 내느니라 자기 양을 다 내놓은 후에 앞서 가면 양들이 그의 음성을 아는 고로 따라오되 타인의 음성은 알지 못하는 고로 타인을 따르지 아니하고 도리어 도망하느니라"

목자는 양이 오십 마리든, 백 마리든 이름을 다 알고 있습니다. 그래서 양 우리의 문을 열고 난 후에 문 앞에 걸터앉아서 지팡이를 걸쳐놓고 양의 이름을 하나씩 다 부릅니다. 예를 들어서 '점박이', '개똥이', '루비', '라떼', '룻시', 이런 식으로 부르면 양들이 자기 이름인 줄 알고 나와서 주인의 지팡이를 뛰어넘어 밖으로 나갑니다. 주인이 이름을 불러도 양이 나오지 않으면 그때부터는 양을 찾으러 나갑니다. 그리고 그 양을 절대로 포기하지 않습니다. 만일 그 양이 사나운 짐승들에게 물려 죽었으면 그 시체라도 찾아서 이것이 과연 내 양의 시체인지 아닌지 확인을 합니다. 귀 조각이나 남은 다리라든지 발톱 같은 것을 보고 확인한 후에 그 남은 것을 가지고 돌아옵니다. 왜냐하면 목자는 양을 자식같이 사랑하기 때문입니다. 그래서 목자가 양을 키우는 이유는 절대로 잡아먹기 위해서가 아닙니다. 오직 털을 깎기 위해서입니다.

양들은 목자의 음성을 기가 막히게 알아듣습니다. 그래서 주인의 목소리가 들리면 양들은 '음매' 하면서 좋아하고 기뻐합니다. 양들은 어디에 풀이 있는지, 어디에 깨끗한 물이 있는지 알지 못합니다. 또 양들은 어디에 이리나 늑대가 있고 독사가 있는지 알지 못합니다. 그러나 목자는 길을 알기 때문에 양들은 목자의 음성만 알아듣고 따라가면 되는 것입니다.

그런데 우리의 풍성한 삶을 약속하는 목자의 음성은 무엇일까요? 그것은 성경말씀이 바로 해석되는 것입니다. 교인들이 가장 기쁠 때도 성경말씀이 바로 해석될 때입니다. 그런데 성경을 읽은 후에 세상

이야기만 잔뜩 하면 교인들은 헷갈리기 시작합니다. 왜냐하면 어떤 부분은 맞고 어떤 부분은 안 맞기 때문입니다. 아무리 도둑이고 강도라 하더라도 백 퍼센트 틀린 이야기를 하는 사람은 없습니다. 그런데 인간적인 이야기를 하면 이해가 되는 부분도 있고 안 되는 부분도 있고, 맞는 것도 있고 안 맞는 것도 있습니다. 그러면 그것은 목자의 음성이 아닌 것입니다.

목자는 양을 인도할 때 앞장서서 걸어갑니다. 그러나 염소장수는 염소를 모두 목에 줄을 매어서 억지로 끌고 가야 염소들이 따라가는 것입니다. 결국 양들은 하나님의 말씀을 들어야 살기 때문에 오게 되어 있습니다. 그런데 자꾸 안 들으려고 하고 피하려고 하는 것은 그 목자의 양이 아니기 때문입니다. 양들은 자기 목자가 아니면 소리가 헷갈리기 때문에 따라가지 않고 도망을 간다고 했습니다.

사람들은 대개 정에 얽매여서 교회 생활을 할 때가 많습니다. 그러나 자기 영혼을 정에 얽어매는 것보다 더 어리석은 사람은 없습니다. 하나님의 말씀은 내 속을 시원하게 하고 모호하던 것을 분명하게 하고 모든 염려 걱정을 내려놓게 합니다. 우리는 아무것도 고민할 필요가 없습니다. 왜냐하면 목자가 있기 때문입니다. 그러나 목자를 찾을 때까지는 고민을 많이 해야 합니다. 말씀을 들어보면 그가 목자인지 아닌지 금방 알 수 있습니다.

3. 위험을 해결하셨다

예수님은 목자의 관심은 자기 멋을 부리는 데 있는 것도 아니고 자기가 유명해지는 것도 아니고 오직 양들이 풍성한 삶을 사는 것이라고 말씀하셨습니다.

"내가 온 것은 양으로 생명을 얻게 하고 더 풍성히 얻게 하려는 것이라"

그러나 풍성한 삶의 비결은 이 세상 것을 많이 가지는 데 있지 않습니다. 우리가 하늘의 은혜를 받지 못하면 세상의 돈이나 명예를 아무리 많이 가진다 하더라도 굶주림을 면하지 못할 것입니다. 오늘 모든 사람은 사랑에 굶주려 있습니다. 이것이 굶주린 증거입니다. 오늘 사람들은 아무리 돈이 있고 집이 있어도 행복하지 않습니다. 그들이 행복하지 않은 이유는 그 영혼이 굶주려 있기 때문입니다. 사람들은 미래에 대하여 불안해합니다. 사람들은 살아갈 의욕을 잃어버렸습니다. 왜냐하면 똑같은 생활을 반복하고 있기 때문입니다. 그것은 돈 때문이 아닙니다. 돈이 없어도 얼마든지 행복할 수 있습니다. 우리의 목자는 하늘 문을 열어서 우리로 하여금 마음껏 하나님의 축복을 먹게 할 것입니다. 그런데 예수님은 이 천국 열쇠를 베드로에게 주신다고 하면서 음부의 권세가 이기지 못할 것이라고 했습니다. 이것은 바로 하나님의 말씀을 듣는 것이 천국의 열쇠인 것을 말해주는 것입니다.

그런데 예수님은 목자에도 두 종류가 있다고 말씀하셨습니다. 그것은 바로 선한 목자와 삯군 목자입니다.

10:11-12, "나는 선한 목자라 선한 목자는 양들을 위하여 목숨을 버리거니와 삯꾼은 목자가 아니요 양도 제 양이 아니라 이리가 오는 것을 보면 양을 버리고 달아나나니 이리가 양을 물어 가고 또 헤치느니라"

여기서 '선한 목자'는 양의 주인을 말합니다. 양 주인은 양을 사랑합니다. 양 하나하나를 자기 자식과 같이 사랑합니다. 그런데 양 주인은 양 앞에 있는 위험을 잘 압니다. 만일 양들이 있는 앞에 사자나 이리 같은 맹수가 있으면 목자는 팔을 걷어붙이고 맹수와 싸울 것입니다. 어떤 때는 목자가 양을 대신해서 맹수나 강도와 싸우다가 죽을 때도 있습니다. 그러나 '삯군'은 아르바이트생이기 때문에 그 앞에 있는 양이 자기 양이 아닙니다. 그는 양들을 위하여 다치거나 죽어야 할 이유가 없습니다. 삯군은 오직 시간만 때우고 돈만 받으면 자기 할 일을 다 했기 때문입니다. 그래서 삯군은 이리가 오거나 강도떼를 만나면 양떼를 버리고 도망을 쳐버립니다. 그래서 양들은 수도 없이 죽고 강도질을 당하게 되는 것입니다.

예수님은 우리 앞에 놓여 있는 위험을 아셨습니다. 그것은 하나님의 무서운 진노의 심판이 있는 것이고, 또 우리 인생에도 수많은 함정과 올무와 낭떠러지가 있는 것이었습니다. 예수님은 선한 목자이기 때문에 우리를 위해서 죄와 싸우고 마귀와 싸우고 죽음의 세력과 싸우셨습니다. 예수님은 양손과 양발에 큰 상처를 입으셨고 옆구리에 창으로 찔리셨으며 무려 여섯 시간 십자가에 달려서 죽음의 고통을 받으셨고 음부까지 내려가셨습니다. 그러나 우리의 선한 목자는 이기고 돌아오셨습니다. 예수님은 우리에게 내가 세상을 이기었노라고 말씀하셨습니다. 예수님은 이기셨습니다.

이제 예수님은 우리의 인생길을 완전한 길로 인도하실 수 있게 되었습니다. 때로는 우리가 예수님을 따라가는데 길도 없는 돌짝밭이나 가시덤불이나 사망의 음침한 골짜기 옆을 지나갈 때도 있습니다. 그러나 우리가 예수님의 말씀을 믿고 따라가다 보면 거기가 바로 지름길인 것을 알게 됩니다. 예수님은 우리를 하나님의 보물 창고로 데리고 가시는 것입니다. 마귀가 우는 사자처럼 돌아다니는 이 살벌한 때에 한 성도도 길을 잃지 않고 모두 선한 목자의 음성을 듣고 풍성하고 아름다운 삶을 사시기 바랍니다.

30

예수 선한 목자

요 10:13-39

요즘

텔레비전을 보면 동물 다큐멘터리 프로그램이 많은 것 같습니다. 어느 동물 다큐멘터리 프로를 보니까 아프리카의 무를 찍었습니다. 무는 들소와 노루 중간 정도로 생겼는데, 무리를 지어 이동하고 있었습니다. 그런데 워낙 무리가 많다 보니까 새끼 한 마리가 그만 어미를 잃어버렸습니다. 이 새끼 무가 배가 고프니까 다른 어미 무에게 가서 젖을 먹으려고 하니까 다른 어미는 자기 새끼가 아닌 것을 알고는 뿔로 받아서 쫓아내 버렸습니다. 다른 어미도 마찬가지였습니다. 어미 무는 자기 새끼가 아닌 무에게는 절대로 젖을 주지 않았습니다. 이 새끼 무는 아예 무리에서 쫓겨나서 곧 표범이나 사자에 물려 죽을 처지였습니다. 해설하는 사람도 이 새끼 무의 처지가 아주 위험하게 되었다고 했습니다. 그런데 그때 갑자기 이 무의 어미가 나타났습니다. 어미는 새끼의 음성을 알아듣는다고 했습니다. 어미는 새끼가 우는 소리를 듣고 나타났는데 새끼는 어미를 본 순간 너무 좋아서 껑충껑충

뛰고 어미도 좋아서 새끼를 혀로 핥아주면서 새끼에게 젖을 주었습니다. 그때 아마 새끼는 이렇게 결심을 하는 것 같았습니다. '절대로 엄마를 멀리 떠나서는 안 돼.'

우리는 단 하나밖에 없는 인생을 살아가고 있습니다. 우리는 우리 인생이 아름답고 행복하기를 바랍니다. 우리 인간은 뛰어난 문명을 만들어서 생활하고 있고 너무나도 풍족한 삶을 살아가고 있습니다. 더 이상 아무것도 부족한 것이 없이 풍족한 것 같습니다. 어린이들은 모두 씽씽카를 타고 달립니다. 청소년들은 모두 롱패딩을 입어서 애벌레같이 하고 다니고 있습니다. 어른들은 모두 좋은 자가용을 타고 다니고 있습니다. 노인들의 평균 수명은 거의 구십 세입니다. 무엇인가 먹고 싶을 때 전화만 하면 배달하는 오토바이가 쏜살같이 달려와서 전달해줍니다. 이렇게 이 세상은 무엇 하나 부족한 것이 없는 것 같습니다.

그런데 병원에 가면 환자들도 넘쳐나고 있습니다. 청소년들은 자살 충동을 느끼고 있습니다. 그리고 암은 감기같이 한 집 건너 환자가 있습니다. 우울증과 공황장애가 모든 사람에게 생기고 있고, 돌연사로 갑자기 돌아가는 이들이 많아지고 있습니다. 결국 사람은 늙게 되어 있고 죽게 되어 있습니다. 그리고 이 세상에서 그 사람은 없어지고 잊히게 됩니다. 그리고 사람들은 모두 행복하지 않다고 말을 합니다. 모든 것이 풍족하지만 마음에는 기쁨이 없고 미래가 불안하다고 합니다. 만약 인간이 아프지 않고, 늙지 않고 죽지 않을 수 있다면 사람들은 행복할 수 있을 것입니다.

그런데 우리가 인간인 이상 어떻게 아프지 않고 늙지 않고 죽지 않을 수 있겠습니까? 우리가 가지고 있는 모든 염려와 근심을 다 벗어버리고 병이나 죽는 것이나 늙는 것을 걱정하지 않고 안심하고 살 수는 없을까요? 예수님은 있다고 말씀하고 있습니다. 우리는 바로 이것 때문에 오늘 여기에 나온 것입니다. 우리가 병들고 늙고 죽는 염려를 다 벗어버리고 살길이 있습니다.

1. 예수님의 부르심

옛날 어느 집에서 잔치를 하게 되면 그릇이 모자라기 때문에 이 집 저 집에서 그릇들을 빌려오게 됩니다. 그리고 잔치가 끝나고 나면 그릇들을 다 돌려주게 됩니다. 그런데 어떤 그릇이 잘못해서 다른 집으로 가게 될 때가 있습니다. 그러면 부인들은 자기 집 그릇이 아닌 것이 온 것을 정확하게 알아보기 때문에 잘못 온 그릇을 가지고 그 잔치 한 집에 찾아가서 자기 그릇을 찾아옵니다.

우리가 인간인 이상 병들지 않을 수 없고 늙지 않을 수 없고 죽지 않을 수 없습니다. 그리고 우리는 이 세상을 살아가면서 수많은 사람과 복잡한 인간관계를 맺으면서 살아가야 하고 경쟁적인 사회에서 성공하기도 하고 실패하기도 하면서 살아가고 있습니다. 젊은이들은 인생에서 실패하는 것을 두려워합니다. 어른들은 수입이 없으면 가난해지는 것을 두려워하게 됩니다. 노인들은 병들어 죽는 것이 두렵습니다. 요즘 젊은이들은 취직이 안 되니까 밖에 나가지 않고 집안에서만 있는 경우가 많다고 합니다. 일본처럼 우리나라에서도 혼자서 밥을 먹는 '혼밥' 족들이 많다고 합니다. 다른 사람 만나서 이런저런 이야기를 주고받는 것이 귀찮은 것입니다.

우리 인간은 이 세상에서 성공하고 영화나 명예를 누리고는 늙어서 썩어 없어지는 존재인가요? 예수님은 그런 인생도 분명히 있다고 말씀하셨습니다. 그러나 그것은 인생 자체가 병들어서 그런 것이지 치료만 받으면 얼마든지 아름답고 행복하게 살 수 있다고 말씀하셨습니다. 예수님이 이 세상에 오신 것은 바로 이것 때문입니다. 예수님은 우리의 고장 난 인생을 고쳐주어서 새 인생이 되도록 하기 위해서 오신 것입니다.

우리가 새 인생을 살기 위해서는 반드시 예수님이 불러주셔야 합니다.

10:14-15, "나는 선한 목자라 나는 내 양을 알고 양도 나를 아는 것이 아버지께서 나를 아시고 내가 아버지를 아는 것 같으니 나는 양을 위하여 목숨을 버리노라"

여기서 예수님이 자신을 "선한 목자"라고 하신 것은 '내 인생을 영원히 책임지는 분'이라는 뜻입니다. 우리가 단체로 외국에 여행을 떠나게 되면 그 현지에는 가이드가 있습니다. 가이드는 미리 우리가 여행할 곳에 대한 상세한 정보를 가지고 있고, 또 여러 차례 그곳을 여행해보았기 때문에 우리가 가는 곳을 잘 알고 있고, 그 나라 언어도 할 수 있습니다. 그리고 미리 우리가 숙박할 호텔, 이동할 버스나 비행기를 다 예약을 해 놓기 때문에 우리는 몸만 가지고 가면 되는 것입니다. 그러나 우리가 본국으로 돌아오면 각자 자기 길로 가야 합니다. 왜냐하면 우리 인생은 우리가 살아야 하기 때문입니다.

가끔 부모님 중에서 자녀들의 인생을 대신 살아주려고 하는 분들이 있습니다. 그러나 수능시험은 학생인 자신이 봐야 하고 아기도 딸이 낳아야 하고 군대도 자식이 가야 하는 것입니다. 우리 인생의 문제는 우리 자신이 살아야 합니다. 물론 우리가 다른 사람의 도움을 받을 수는 있지만 다른 사람이 내 인생을 살아줄 수는 없습니다. 군대에 간 자식들이 훈련을 받으면서 밤에 펑펑 우는 것은 엄마가 보고 싶어서 우는 것입니다.

그러나 예수님은 우리를 만드신 창조자입니다. 예수님은 우리가 고장 난 인생이라는 것을 아셨습니다. 아무리 잘 생기고 아무리 재능이 있고 아무리 좋은 학교를 다닌다고 해도 그의 인생은 고장 난 인생인 것입니다. 이 인생 이대로는 행복할 수 없고 죽음을 피할 수 없습니다.

옛날에 '록 허드슨'이라는 영화배우가 있었습니다. 아마 남자배우 중에 이 사람만큼 잘생긴 배우는 없을 것입니다. 그러나 그는 어느 날 자기가 동성애자이며 에이즈에 걸렸다는 사실을 고백했습니다. 그리고 몇 달 뒤에 그는 피골이 상접한 모습으로 죽었습니다. 그때 신문에 나온 그의 죽기 전 사진을 보면 도저히 예전의 록 허드슨이라고 볼 수 없었습니다.

예수님은 우리의 선한 목자가 되시기 위하여 드디어 이 세상에 오셨습니다. 예수님은 모든 고장 난 인생을 고쳐주기를 원하셨습니다. 그러나 예수님은 모든 사람을 강제적으로 리콜하는 것을 원하지 않으셨습니다. 왜냐하면 교만한 자는 고쳐봐야 또 고장이 나기 때문입니다. 예수님은 불특정 다수 사람의 이름을 부르셨습니다. 이것이 바로 복음을 듣게 하시는 것입니다. 복음을 듣고 믿는 자는 예수님이 그를 아시고 그도 예수님을 알게 됩니다. 즉 예수님이 하나님의 아들이시라는 것을 알고 그의 모든 인생을 맡기게 됩니다. 예수님도 그 사람을 알고 그의 일거수일투족을 다 지켜주십니다. 이것은 하나님이 예수님을 아시고 예수님이 하나님을 아는 것과 같다고 말씀하셨습니다. 즉 서로가 완전히 아는 것입니다. 여기에 다른 사람은 끼어들 수 없습니다. 어머니와 아이 사이에 다른 사람은 끼어들 수 없습니다.

우리는 예수를 믿으면서 내 모든 미래를 다 맡겨야 합니다. 그리고 다른 소리를 따라가면 안 됩니다. 그리고 정말 예수님이 내 일거수일투족을 지켜주시는지 시험을 해보시기 바랍니다. 그러면 믿어야 합니다. 이제는 행복해지셔야 하고 모든 미래의 짐에서 벗어나야 합니다. 이제는 하나님을 바라보면서 살아야 합니다.

2. 알 수 없는 신비

여기서 우리에게 궁금한 것이 있는데, 과연 예수님이 누구시기에 나의 선한 목자가 될 수 있는가 하는 것입니다.

여기서 예수님은 두 가지 말씀을 하셨습니다. 그 하나는 예수님이 나를 대신하여 죽어야 한다는 것입니다.

15절 하반절에 "나는 양을 위하여 목숨을 버리노라"고 했습니다.

우리가 궁금한 것은 선한 목자가 양을 사랑한다고 하지만 왜 죽어야 하느냐 하는 것입니다. 목자가 양을 키우는 것은 털을 얻기 위해서입니다. 그래서 목자가 털 깎을 때는 인정사정없이 양을 눕혀 놓고 털을 깎습니다. 혹시 목자가 양을 데리고 가다가 맹수나 강도를 만날 수도 있지만 이때는 대개 상처를 입지 죽지는 않습니다. 그러나 예수님은 분명히 말씀하셨습니다. "나는 양을 위하여 목숨을 버리노라"

목자가 양을 위해서 죽어야 하는 이유가 무엇일까요? 그것은 모든 양이 병들었기 때문입니다. 목자는 자기가 아무리 잘해주어도 모든 양이 다 죽어야 한다는 것을 알고 있었습니다. 이 양들을 다 살릴 수 있는 방법은 단 하나, 목자의 피로 만든 백신을 주사 놓는 것이었습니다. 그러나 그것도 생피를 뽑아서 준다고 해서 되는 것이 아니었습니다. 목자가 양을 위하여 죽고 다시 살아난 피에 죄를 이기고 죽음을 이기는 백신이 있는 것입니다. 그래서 목자는 양들을 살리기 위해서 자신의 죽음을 결심했습니다. 왜냐하면 이 방법 외에는 우리가 진정으로 행복해질 수 있는 방법이 없기 때문입니다.

그런데 여기에 놀라운 신비가 있습니다. 그것은 예수님은 죽을 수 없는 하나님의 아들이라는 사실입니다. 하나님의 아들은 죽을 수 없었습니다.

10:17-18, "내가 내 목숨을 버리는 것은 그것을 내가 다시 얻기 위함이

니 이로 말미암아 아버지께서 나를 사랑하시느니라 이를 내게서 빼앗는 자가 있는 것이 아니라 내가 스스로 버리노라 나는 버릴 권세도 있고 다시 얻을 권세도 있으니 이 계명은 내 아버지에게서 받았노라 하시니라"

예수님이 우리에게 영원한 행복과 영원한 생명을 주실 수 있는 이유는 그가 죽을 수 없는 하나님의 아들이시기 때문입니다. 하나님의 아들은 죽을 수 없습니다. 이 세상 그 누구도 하나님의 아들을 죽게 할 수는 없습니다. 그러나 단 하나, 하나님의 아들이 스스로 생명을 버릴 수는 있었습니다. 이것은 우리의 머리로는 이해할 수 없습니다. 그래서 예수님이 죽으시는 것은 그냥 죽으시는 것이 아니라 스스로 목숨을 버리시는 것이었습니다.

그런데 하나님은 아들에게 계명을 하나 주셨습니다. 이것은 아버지의 약속을 말합니다. 하나님 아버지는 아들이 인간을 사랑해서 스스로 죽었을 때, 그가 완전히 하나님의 말씀에 순종해서 죽었을 때 다시 살 수 있게 하셨습니다. 그런데 그가 다시 살게 되었을 때는 우리의 모든 인생의 병을 치료할 수 있는 백신을 가지게 됩니다. 그래서 아무리 하나님의 아들이라 해도 죽지 않으시면 우리를 살리실 수 없는 것입니다. 그런데 예수님이 죽으시면 다시 사실 수 있고 다시 살아나시면 모든 원하는 자에게 자신의 피를 백신으로 주셔서 다 살리실 수 있습니다. 왜냐하면 이것이 바로 창조주 하나님의 약속이기 때문입니다.

예수님이 이 원리의 말씀을 하시니까 유대인들 사이에 난리가 났습니다. 그 대부분 유대인들은 "네가 스스로 죽는다고? 이거 완전히 미쳤구먼!"이라고 하면서 예수가 미쳤다고 하고 귀신들렸다고 했습니다. 거기에 비해서 어떻게 미친 사람이 날 때부터 맹인되었던 사람의 눈을 뜨게 할 수 있느냐고 하면서 예수는 미친 것이 아니라고 하는 사람도 있었습니다(19-21절).

옛날에도 폐렴에 걸리면 거의 다 죽는 줄 알았습니다. 그러나 백신이 개발된 후로는 그냥 감기같이 나아버리게 되었습니다. 그 외에도 수많은 병이 백신이 개발되면서 너무 쉽게 낫게 되었습니다. 만약 암도 백신이 개발되면 쉽게 나을 수 있을 것입니다. 그런데 예수님은 죽음의 병의 백신을 개발하셨습니다. 그것은 예수님이 스스로 죽으시고 다시 사셨기 때문입니다.

3. 예수님이 주시는 생명

예수님이 성전 안에 있는 솔로몬의 행각에 계실 때에 유대인들은 와서 예수님에게 따졌습니다. 그들은 "당신은 언제까지 우리를 헷갈리게 하십니까? 메시야면 메시야라고 하고 아니면 아니라고 하시오"라고 했습니다. 그때 예수님은 그들에게 "너희가 내 양이 아니기 때문에 내 말을 듣지 않는다"고 하셨습니다. 이들은 이상하게도 예수님의 말씀이 믿어지지 않았던 것입니다.

이때 예수님은 아주 중요한 말씀을 하셨습니다.

> 10:27-28, "내 양은 내 음성을 들으며 나는 그들을 알며 그들은 나를 따르느니라 내가 그들에게 영생을 주노니 영원히 멸망하지 아니할 것이요 또 그들을 내 손에서 빼앗을 자가 없느니라"

예수님은 자신이 스스로 목숨을 버린 후 다시 사셔서 자신을 믿는 모든 자에게 영생을 주실 것이라고 말씀하셨습니다. 그들은 아무도 멸망하지 않을 것이며 그들을 내 손에서 빼앗을 자가 없다고 말씀하셨습니다.

그러나 우리는 예수 믿은 후에도 다른 사람들과 별다를 것 없이 살아가고 있습니다. 우리도 이 세상에서 경쟁해서 대학에 들어가고 또 치열한 경쟁을 뚫고 취직해야 하고 결혼도 해야 합니다. 그리고 예수 믿는 사람들도 병에 걸리고 늙어가고 죽습니다. 과연 예수 믿는 것은 믿지 않는 것과 다른 것이 무엇이 있을까요?

여기서 우리는 예수님이 주시는 영생을 두 단계로 생각을 해야 합니다. 하나는 우리 육신은 다른 사람들과 똑같이 병들기도 하고 늙기도 하고 죽기도 합니다. 그러나 우리의 영혼이 살아납니다. 우리의 영혼이 살아난 증거는 하나님의 말씀을 들을 수 있다는 것입니다. 만약 개미나 야생동물들이 인간의 말을 알아들을 수 있다면 대단하다고 생각할 것입니다. 우리는 하나님의 말씀을 알아들을 수 있습니다. 그리고 우리는 이 세상을 목적으로 해서 살지 않습니다. 우리는 이 세상에 있는 것들을 많이 가지거나 높은 자리에 올라가는 것이 목표가 아닙니다.

우리는 먼저 예수님이 나의 모든 것을 다 아신다는 것을 압니다. 그래서 우리는 예수님을 믿습니다. 그리고 우리는 예수님을 따라갑니다. 예수님을 따라가다 보면 가시덤불을 헤치고 가기도 하고, 돌짝밭을 가기도 하고, 진흙 구덩이를 통과할 때도 있습니다. 우리는 예수 믿고 난 후 훨씬 예전보다 못해졌다고 생각해서 후회를 하기도 합니다. 그러나 나중에 보면 거기가 지름길이라는 것을 알게 됩니다. 주님은 우리를 하나님의 보물창고로 데리고 가시는 것입니다. 우리는 거기서 하늘의 풍성한 은혜를 누립니다. 하나님의 말씀이 풍성하고 찬송이 풍성하고 사랑이 풍성하고 기쁨이 넘칩니다. 그리고 하나님은 세상의 좋은 것들도 많이 주십니다. 왜냐하면 그것도 하나님의 사랑의 표시이기 때문입니다.

그러나 우리가 세상 것에 너무 욕심내면 미치게 됩니다. 돈의 노예가 되고 공부의 노예가 되고 권력의 노예가 되어서 굉장히 보기 싫은 하나님의 백성이 됩니다. 우리는 주신 것으로 만족해야 하고 더 높은 것을 추구해야 하고 세상 것은 그냥 성실하게 해도 좋은 결과가 나옵니다. 우리가 세상 것을 완전히 버리면 세상 사람들은 우리를 향해 미쳤다고 할 것입니다. 우리는 미쳤지만 미치지 않은 것처럼 행동해야 합니다.

그리고 딱 한 가지 육체가 병들고 늙고 죽습니다. 예수님은 이것을 마지막에 고치십니다. 이것을 육체의 구속이라고 합니다. 우리가 죽으면 육체는 잠들고 영혼은 하나님께 갑니다. 아주 잠깐입니다. 하나님은 우리의 육체를 변화시켜주셔서 천사장의 나팔 소리가 날 때 완전히 새로운 모습으로 다시 살게 하십니다. 모든 성도가 다 멋지게 젊은 모습으로 사는데 세상을 사랑한 사람은 죽었을 때 썩은 모습으로 지옥으로 가게 됩니다. 이것이 비밀입니다. 그래서 지금 잘 살고 치워버리느냐 아니면 지금 조금 참고 영생을 누리느냐 하는 것은 자신이 결정해야 합니다.

10:29, "그들을 주신 내 아버지는 만물보다 크시매 아무도 아버지 손에서 빼앗을 수 없느니라"

하나님은 우주보다 크시다고 했습니다. 하나님은 온 우주보다 크시기 때문에 예수 믿고 끝까지 따르는 자는 어떤 마귀도 빼앗아갈 수 없습니다.

지금 예수님이 내 모든 것을 알고 계십니다. 그리고 우리는 주님의 음성을 듣고 따라가기만 하면 됩니다. 사람이 하는 소리를 들을 필요가 없습니다. 핵무기나 강대국, 경기나 무역, 취업이나 결혼도 하나님보다 클 수 없습니다. 질병도 죽음도 전쟁도 미래도 두려워하지 마시기 바랍니다. 미래는 하나님의 손에 있습니다. 무조건 믿고 따라가셔서 영생을 모두 얻으시기 바랍니다.

31

진짜 죽은 자를 살리심

요 11:1-44

얼마 전에

교회에 열심히 나오시는 나이 드신 명예 권사님과 엘리베이터를 같이 타게 되었습니다. 그 명예 권사님은 예배를 보다가 심장이 정지되어 쓰러지셨는데 병원 응급실로 실려 가서 시술을 받아서 다시 살게 되었다고 하셨습니다. 그 권사님은 자신은 교회에서 쓰러졌기 때문에 살 수 있었다고 하면서 좋아하셨습니다. 그리고 아무리 추운 날씨에도 모든 예배를 빠지지 않고 열심히 나오십니다.

우리는 이 세상을 살아가면서 풀어야 하는 많은 숙제가 있습니다. 숙제는 학생들이 학교에서 공부하기 위해서 하기 싫어도 꼭 해야 하는 과제를 말합니다. 마찬가지로 우리는 이 세상 살면서 하기 싫어도 꼭 풀어야 하는 숙제가 있습니다.

그런데 우리 인간이 이제껏 풀지 못한 숙제가 하나 있는데 그것은 바로 죽음의 문제입니다. 만일 가족 중의 누가 돌아가지 않을 수만 있으면 얼마나 좋을까요? 누군가가 갑자기 돌아가시면 가족이 가장 큰 충격을 받게 됩니다. 그리고 만일 우리 자신이 죽지 않을 수 있으면 얼마나 좋을까요? 아무리 암에 걸려도 약을 먹으면 나을 수 있고, 심근경색이 와도 죽지 않고 다시 살고, 높은 데서 떨어져도 뼈만 부러지고 살 수만 있다면 얼마나 좋겠습니까? 그러나 노인 인구가 늘어나면서 갑자기 돌아가시는 것이 우리의 현실로 다가오고 있습니다.

그런데 인간은 잠을 자는 것으로는 슬퍼하지 않습니다. 왜냐하면 잠을 자는 것은 죽는 것이 아니기 때문입니다. 사람이 잠을 잘 때 눈을 감고 아무 활동도 하지 않고 아무 생각도 없이 죽은 것처럼 누워 있지만 그때도 심장은 뛰고 있고 내장은 활동하고 있기 때문에 죽은 것이 아닙니다. 오히려 사람들은 잠을 자야 살 수 있습니다. 어린아이들은 잠을 많이 자는 것이 좋습니다. 우리는 매일 잠을 잡니다. 그렇지만 아침이 되면 모두 잠에서 깨어나 아침 식사를 하고 활동을 합니다. 우리는 어린아이나 자녀들이나 어른들이나 잠을 자는 것으로 슬퍼하지 않습니다. 오직 죽는 것이 문제입니다. 우리는 예수님이 이 세상에 오심으로 우리의 근본적인 문제가 얼마나 달라지게 되었는지 생각해 볼 필요가 있습니다. 예수님이 이 세상에 오심으로 우리의 인생은 엄청나게 달라지게 되었습니다.

1. 멀리 떨어져 계신 예수님

예수님이 이 세상에 계실 때 모든 사람을 다 사랑하셨지만 그중에서도 특별히 사랑하신 사람들이 있었습니다. 그들은 나사로라는 사람의 식구들이었습니다. 그 집에는 나사로라는 남자가 있었고 누이가 두 명 있었는데, 하나는 마르다고 다른 하나는 마리아였습니다. 마리아는 예수님의 발에 향유를 부었던 여자였습니다. 예수님은 이 집 식구들과는 허물없이 대하시고 식사도 함께하시고 주무시기도 하셨습니다. 그런데 그 세 식구 중에서 나사로가 그만 갑작스러운 병에 걸리게 되었습니다.

그때 예수님은 그들이 사는 집에서 멀리 떨어진 곳에 계셨습니다. 왜냐하면 예수님께서 날 때부터 맹인으로 태어난 사람을 실로암 못에 가서 씻으라고 하시면서 고치셨는데 그 문제로 유대인들과의 관계가 험악해지게 되었기 때문입니다. 그것은 예수님이 안식일에 병자들을 고치실 뿐 아니라 자신이 양들의 선한 목자라고 하시면서 하나님을 내 아버지라고 말씀하셨기 때문이었습니다. 유대인들은 예수님을 그냥 믿으면 되는데 그들은 예수님의 외모나 자신들의 사상까지 맞아야 한다고 생각했기 때문에 예수님이 하나님의 아들을 사칭한다고 하면서 오히려 예수님을 돌로 쳐서 죽이려고 했습니다.

우리도 하나님의 사랑을 믿으면 되는데 많은 가정을 세웁니다. '만일 이것이 안 되고 저것이 안 되면 어떡하나?' 그래서 하나님이 우리를 축복하시고 인도하시는 데도 맨날 걱정하고 죽는 소리를 내고 있는 것입니다. 그냥 믿어버리고 그냥 살아가면 되는데 우리는 미래까지 확실하게 해놓으려고 하니까 믿음이 안 생기는 것입니다.

그런데 정말 응급 환자가 생기게 되었습니다. 그 응급 환자는 나사로였는데, 당시는 병원도 없었고 예수님은 먼 곳에 계셨습니다. 마리아와 마르다의 신앙이 얼마나 좋았는가 하면 예수님이 가까이 계시기만 하면 무슨 병이든지 예수님이 다 고쳐주실 것을 믿었습니다. 그러나 문제는 예수님이 유대인들 때문에 먼 곳에 계신다는 것이었습니다. 그래도 마리아와 마르다는 나사로가 죽기 전에 예수님이 오실 줄 알고 사람을 급히 보내어서 나사로가 죽게 되었는데 빨리 와 달라고 연락을 했습니다. 그런데 예수님은 오시지 않았습니다. 그 대신 예수님은 말씀만 하셨습니다.

11:4, "예수께서 들으시고 이르시되 이 병은 죽을 병이 아니라 하나님의

영광을 위함이요 하나님의 아들이 이로 말미암아 영광을 받게 하려 함이라 하시더라"

마리아와 마르다는 예수님에 대하여 확고한 믿음을 가지고 있었습니다. 그들은 예수님은 메시야이시기 때문에 무슨 병이든지 다 고치신다는 것을 믿었습니다. 그래서 예수님이 가까이 계신 한, 무슨 병이든지 걱정하지 않았습니다.

그런데 문제는 예수님이 가까이에 안 계신다는 것이었습니다. 그리고 마리아와 마르다가 예수님께 연락을 했지만 예수님이 빨리 안 오시는 것도 문제였습니다. 만일 예수님이 '아, 내가 사랑하는 가정에 응급 환자가 생겼구나. 빨리 가야 되겠다'라고 하시면서 거의 뛰다시피 해서 나사로의 집에 가면 충분히 살릴 수도 있었습니다. 그러나 예수님은 연락을 받고서도 가시지 않고 말씀만 하셨습니다. 그동안에 나사로는 병으로 죽어버렸습니다.

이것이 오늘 우리들이 겪고 있는 문제와도 비슷합니다. 우리는 예수님께서는 무엇이든지 하실 수 있다는 것을 믿습니다. 그러나 문제는 예수님이 여기에 안 계신다는 것입니다. 그래서 우리는 병을 고칠 수 없고 먹는 문제를 걱정해야 하며 전쟁을 걱정하고 지도자들의 결정을 염려해야 하는 것입니다. 그러므로 우리는 예수님이 부활하셔서 하나님 보좌 우편에 계신 것이 우리에게는 더 손해라고 생각하게 되는 것입니다.

예수님은 이 병은 죽을병이 아니라 하나님의 영광을 위한 병이고 하나님의 아들을 나타내는 기회가 되는 병이라고 말씀하셨지만, 나사로는 죽어버린 것입니다. 사람이 죽으려고 하는데 이런 하나님의 말씀이 무슨 위로가 되며 무슨 소용이 있을까요? 우리도 병이나 여러 가지 인생의 문제를 가지고 하나님 앞에 나오면 하나님은 말씀만 하십니다. 그동안에 우리는 아프기도 하고 고통을 받기도 하는 것입니다.

예수님은 일부러 이틀을 더 계신 후에 제자들에게 나사로에게 가자고 말씀하셨습니다. 그때 제자들은 예수님이 나사로에게 안 가신 것은 유대인들이 죽이려고 했기 때문인 것을 알고 "예수님, 유대인들이 얼마 전까지만 해도 예수님을 죽이려고 했는데 또 거기에 가시려고 하십니까?" 하고 만류했습니다.

11:9-10, "예수께서 대답하시되 낮이 열두 시간이 아니냐 사람이 낮에 다니면 이 세상의 빛을 보므로 실족하지 아니하고 밤에 다니면 빛이 그 사람 안에 없는 고로 실족하느니라"

예수님은 "낮에는 열두 시간이 있지 않느냐? 낮에 다니면 넘어지지 않는다"고 하시면서 "밤에 다니면 그 사람에 빛이 없기 때문에 넘어진다"고 말씀하셨습니다. '낮'은 하나님이 우리에게 주신 시간이고 하나님의 말씀이 살아있는 시간입니다. '낮'에는 전쟁도, 망하는 것도 걱정할 필요가 없습니다. 미래도 걱정할 필요가 없습니다. 왜냐하면 빛이 사탄의 세력을 다 물리치기 때문입니다. 그래서 우리는 낮을 계속 연장할 수 있습니다. 하나님의 말씀이 계속 살아 있으면 낮만 계속되는 것입니다. 그러나 하나님의 말씀이 중단되면 그때부터 밤이 오게 됩니다. 이때부터 우리는 사탄에게 집중적인 공격을 당하게 되고 인생을 사기당하게 되고 멸망을 걱정해야 하는 것입니다. 예수님은 마리아와 마르다에게 바로 달려가지 않으시고 빛이신 말씀을 주셨습니다. 그러나 이 말씀이 마리아나 마르다에게는 별로 도움이 되지 않는 것 같았습니다. 나사로는 죽어버렸고 마리아와 마르다는 슬퍼하면서 장례를 치러야 했습니다.

팔레스타인은 날씨가 덥기 때문에 사람이 죽으면 바로 시체가 부패하기 시작합니다. 그래서 바로 장례를 치러야 했습니다. 그리고 문상을 받았던 것입니다. 마리아와 마르다는 예수님을 믿었지만 예수님이 오시지 않았기 때문에 사랑하는 가족 나사로는 죽었고 그들에게는 아무 도움도 되지 않는 말씀만 받았습니다. 이것이 예수 믿는 우리의 현실이기도 합니다. 우리는 예수님이 보좌 우편에 계신 것이 아무 도움이 되지 않는 것 같습니다. 하나님의 말씀만 주시는데 아픈 사람은 계속 아프고 돌아가시는 분도 있고 어려움은 해결이 되지 않고 있어서 믿는 것이나 믿지 않는 것이 아무 차이가 없는 것 같이 보이는 것입니다.

2. 나는 부활이요 생명이니

예수님께서 죽은 나사로가 살던 베다니라는 동네에 와보니까 나사로는 이미 죽은 지 나흘이나 되어서 장례를 치른 후였습니다. 예수님은 동네에는 오셨지만 마리아의 집에는 바로 가지 않으시고 동네 입구에 서서 마리아와 마르다에게 자기가 온 것을 알리셨습니다. 예수님께서 마리아와 마르다의 집에 바로 가시지 않은 것은 그 집에 손님이 많이 와 있었기 때문이었던 것 같습니다. 그리고 예수님은 마리아와 마르다에게 따로 하실 중요한 말씀이 있었기 때문이었습니다.

이때 예수님을 영접하러 간 사람은 마르다였습니다. 그리고 마리아는 손님이 많이 와 있었기 때문에 집에 남아 있었습니다. 보통 때 같으면 마리아가 총알같이 먼저 뛰어갔을 텐데 나사로가 죽고 난 후에 마리아는 예수님에 대한 신뢰가 좀 흔들렸는지도 모르겠습니다. 마리아는 예수님을 이해할 수 없었습니다. 마리아는 누구보다 예수님을 믿었습니다. 그리고 사랑했습니다. 마리아는 자신의 모든 미래를 이미 예수님에게 다 맡겼습니다. 예수님이 빨리 오셨더라면 그리고 이런 일이 일어날 줄 다 아시는 예수님께서 유대인들이 뭐라고 해도 안 가시고 여기 계셨더라면 우리 식구가 죽지 않았을 텐데, 왜 예수님은 멀리 가 계시고 사람을 보내도 오시지 않고 나사로는 죽게 하셨을까 하는 것이 이해가 되지 않았습니다.

마르다는 예수님을 영접하러 나가서 "너무나도 아쉬웠다"고 말을 했습니다. 그것은 예수님은 모든 병을 다 고치실 수 있는 분인데 하필이면 나사로가 아플 때 예수님이 안 계시는 바람에 나사로가 죽어버렸다는 아쉬움의 말입니다. 이 얼마나 안타까운 일입니까? 마르다는 예수님이 여기 계시기만 했더라면 "오라버니가 죽지 않았을 것입니다"라고 했습니다. 이것은 너무나도 애석한 일이었던 것입니다. 이때 예수님은 너무나도 중요한 말씀을 마르다에게 하셨습니다.

11:25-26, "예수께서 이르시되 나는 부활이요 생명이니 나를 믿는 자는 죽어도 살겠고 무릇 살아서 나를 믿는 자는 영원히 죽지 아니하리니 이것을 네가 믿느냐"

예수님은 자기 자신이 바로 부활이요 생명이라고 말씀하셨습니다. 예수님이 이 세상에 오신 것만으로도 예수님은 죽은 자를 살리실 수 있고 죽지 않은 자는 계속 안 죽게 하실 수 있다는 뜻입니다. 예수님은 우리 죽음의 문제를 해결하기 위해서 이 세상에 오신 하나님의 아들이십니다. 예수님은 말씀하시기만 하면 얼마든지 죽은 자를 살리실 수 있고 살아 있는 사람은 안 죽게 하실 수 있다고 하셨습니다.

예수님은 모든 인류에게 가장 중요한 발표를 기자들 앞도 아니고 가족이 죽은 한 여성 앞에서 하셨습니다. 예수님은 예배에 대해서도 가장 중요한 발표를 몇 번씩 이혼당한 수가성 여자 앞에서 하셨습니다. "하나님은 영이시니 예배하는 자가 영과 진리로 예배할지니라"(요 4:24). 그래서 제자들은 예수님이 어려움을 당한 여성과 이야기를 하실 때마다 한 가지 중요한 발표를 하신다는 것을 생각해야 했던 것입니다.

예수님은 부활이요 생명이셨습니다. 예수님이 계시기만 하면 어떤 죽은 자도 다 살릴 수 있고 산 사람은 죽지 않게 하실 수 있는 것입니다. 예수님에게는 죽음이 얼마든지 해결될 수 있는 문제인 것입니다.

그래서 예수님은 베다니로 오실 때에도 "우리 친구 나사로가 잠들었도다"고 말씀하셨습니다. 그랬더니 제자들은 진짜 잠을 자는 줄 알고 "자고 있으면 깨지 않겠습니까?"라고 물었습니다. 그러자 예수님은 "나사로가 죽었다"고 말씀하셨습니다. 예수님에게는 나사로가 잠든 것이지만 제자들에게는 나사로가 죽은 것이었습니다.

사람에게 잠자는 것은 아무 문제가 되지 않습니다. 오히려 잠을 자지 않는 것이 문제입니다. 사람이 불면증으로 고통받는 것보다 더 고통스러운 것은 없을 것입니다. 그러나 요즘은 약이 좋아서 잘 맞으면 몇 년씩 약을 먹으면서 잠을 잘 수 있습니다. 잠을 자는 분은 다 자고 나면 저절로 깨어납니다. 그렇지 않으면 깨우면 되는 것입니다. 이것은 아픈 것도 아니고 휴식을 하는 것입니다. 그래서 어떤 사람은 "잠이 보약이다"라고 말하기도 합니다. 예수님에게 믿는 자들은 죽는 것이 보약을 한 사발씩 먹는 것과 같은 것입니다.

예수님이 마르다에게 "나는 부활이요 생명이니"라고 말씀하시니까 마르다는 그 말을 아주 신학적으로 해석했습니다. 즉 마지막 날에 모든 사람이 다 살아날 때 그때 나사로도 살아난다는 것으로 해석했던 것입니다. 그것은 한편으로는 맞는 말이기도 하지만 다른 한편으로는 예수님의 말씀을 잘못 해석한 것이었습니다. 오늘 우리는 예수 믿는 사람들이 죽으면 마지막 날에 다시 살 것이라고 믿습니다. 그것은 맞기도 하고 안 맞기도 합니다. 왜냐하면 우리 믿는 자는 죽어도 즉시 살아서 천국에 들어가기 때문입니다. 그러나 마지막 날에 육신을 가지고 또 살아나게 됩니다.

예수님이 마르다에게 "나는 부활이요 생명이니 나를 믿는 자는 죽어도 살겠고 무릇 살아서 나를 믿는 자는 영원히 죽지 아니하리니"라고 말씀하셨지만 마르다는 이 사실을 아무에게도 알리지 않았습니다. 심지어는 자기 동생인 마리아에게도 이 말을 하지 않고 단지 주님이 너를 부르신다고만 했습니다.

그러니까 마리아도 예수님에게 와서 똑같은 소리를 하면서 울었습니다. 마리아는 "주님이 여기 계셨더라면 오라비가 죽지 않았을 텐데요" 하면서 우는 것입니다. 예수님이 아무리 부활과 생명에 대한 말씀을 하셔도 사람들은 그것을 믿을 수 없었습니다. 마리아가 집에서 급히 나가니까 마리아가 무덤에 가는 줄 알고 같이 울어주려고 많은 사람이 따라 나왔습니다. 그런데 마리아는 예수님께 달려가서 그 발 앞에 엎드려 울었던 것입니다. 그때 예수님도 우셨습니다.

11:33, 35, "예수께서 그가 우는 것과 또 함께 온 유대인들이 우는 것을 보시고 심령에 비통히 여기시고 불쌍히 여기사 이르시되 그를 어디 두었느냐 이르되 주여 와서 보옵소서 하니 예수께서 눈물을 흘리시더라"

인간은 누구나 다 죽을 수밖에 없고 또 죽으면서 너무나도 고통을 받고 또 살아남은 가족도 너무나도 고통스러워하는 것을 보시고 예수님도 우셨습니다. 예수님은 인간의 연약함과 무기력함에 마음이 슬프고 아프서서 우셨습니다.

예수님이 우시는 것을 보고 사람 중에는 맹인도 고친 사람이 나사로를 죽지 않게 할 수는 없었느냐고 비판하는 사람도 있었습니다.

3. 나사로야 나오너라

이제부터 예수님은 이상한 행동을 하기 시작하셨습니다. 예수님은 유족들에게 "그를 어디에 두었느냐?"고 물어보셨습니다. 유족들은 예수님이 고인의 무덤 앞에 가서서 기도를 해주시려는 줄 알고 예수님을 나사로의 무덤으로 모시고 갔습니다. 그때 예수님은 유족에게 무덤의 돌문을 옮기라고 말씀하셨습니다. 이때 마르다는 너무나도 놀랐습니다. 왜냐하면 예수님이 죽은 자를 사랑해서 마지막으로 얼굴이나 보려고 하시는지 모르겠지만 이미 나사로는 죽은 지 나흘이 지나서 시체가 심히 부패하고 있었기 때문입니다. 팔레스타인은 더운 곳이기 때문에 사람이 죽으면 바로 시신이 부패해서 엄청난 악취가 나기 시작했습니다. 그리고 죽은 지 나흘 정도 지나면 시체 썩은 물이 흐르고 구더기가 들끓고 썩는 냄새가 그야말로 진동을 했던 것입니다. 그래서 마르다는 예수님에게 제발 참으시라고 했습니다. 그때 예수님은 "네가 믿으면 하나님의 영광을 보리라고 하지 아니하였느냐?"고 말씀하셨습니다. 무조건 어떻게 되든지 믿고 예수님에게 맡기면 하나님의 영광이 나타난다는 뜻입니다. 그래서 마르다는 어쩔 수 없어서 무덤의 돌문을 옮겨 놓았습니다.

예수님은 무덤 앞에 서서 하늘을 우러러 기도하셨습니다.

11:41-44, "아버지여 내 말을 들으신 것을 감사하나이다 항상 내 말을 들으시는 줄을 내가 알았나이다 그러나 이 말씀 하옵는 것은 둘러선 무리를 위함이니 곧 아버지께서 나를 보내신 것을 그들로 믿게 하려 함이니이다 이 말씀을 하시고 큰 소리로 나사로야 나오라 부르시니 죽은 자가 수족을 베로 동인 채로 나오는데 그 얼굴은 수건에 싸였더라 예수께서 이르시되 풀어 놓아 다니게 하라 하시니라"

예수님은 하나님께 "아버지여 내 말을 들으신 것을 감사하나이다 항상 내 말을 들으시는 줄을 내가 알았나이다"라고 기도하셨습니다. 그리고 무덤 안을 향해서 "나사로야 나오라!"고 큰소리로 외치셨습니다. 그때 나사로가 죽은 사람을 염할 때 해 놓은 상태로 수의를 입고 손발을 동인 채로 무덤에서 쿵쿵 뛰어나왔습니다. 예수님은 나사로가 살아나도록 심폐소생술을 하신 것도 아니고 주사를 놓은 것도 아니었습니다. 예수님은 오직 나사로의 이름을 부르시고 나오라고 하셨습니다. 그런데 죽은 지 나흘이나 되어서 썩고 있던 사람이 말짱하게 살아서 나왔습니다. 예수님은 나사로를 죽기 전의 상태로 살아나게 하셨던 것입니다. 예수님이 우리의 이름을 부르고 내 남편과 내 아내와 내 자식의 이름을 부르기만 하면 다 살아나는 것입니다.

그러나 예수님이 아직 해결하지 못하신 것이 있었습니다. 예수님은 얼마든지 죽기 전의 상태로는 살리실 수 있지만 죄를 없애고 영생할 수 있는 상태로는 아직 하실 수 없었습니다. 그 이유는 예수님이 죽지 않으면 완전한 죄 용서가 없기 때문입니다. 그리고 완전한 영생을 얻을 수 없었기 때문입니다. 그 후에 얼마 안 되어 예수님은 십자가 위에서 죽으시고 사흘 만에 다시 살아나셔서 하늘에 올라가셔서 하나님의 보좌에 앉으셨습니다.

우리는 마치 예수님이 먼 곳에 계시고 안 계신 것처럼 하루하루 살기 위해서 싸워나가고 있습니다. 그러나 이미 예수님은 모든 숙제를 다 마치셨습니다. 우리가 예수님을 믿으면 하나님의 영광을 보게 될 것입니다. 우리 믿는 사람들에게는 죽는 것이 잠자는 휴식인 동시에 다시 살아나는 것입니다. 우리는 이 세상에서 휴식 없이 달려왔습니다. 우리는 좀 쉬어야 하고 잠을 좀 자야 합니다. 그리고 우리는 새날을 맞이하게 되는 것입니다. 오늘 우리에게 필요한 것은 주님을 이해하는 것이 아니라 믿는 것입니다. 예수님은 우리의 미래를 책임지십니다. 주님에게 실망하지 마시기 바랍니다. 무슨 일이 있어도 주님을 믿으시고 사시는 날까지 충성하는 성도들이 다 되시기 바랍니다.

32

믿으면 하나님의 영광을 보리라

요 11:17-57

저희 집

아이는 미국의 어느 애니메이션 회사에 다니고 있습니다. 그런데 최근에 그 회사에서 〈드래곤 길들이기 3편〉을 영화로 만들었습니다. 최근에 저희 집 아이가 생일이었는데 갑자기 교회 한 청년이 저희 집 아이에게 같이 영화관에 가자고 하더라는 것입니다. 그래서 영화관에 갔는데 극장 안에서 또 아는 다른 교회 청년 한 명을 만나게 되었답니다. 그래서 '오늘 우리 교회 청년을 영화관에서 두 명이나 보게 되네'라고 생각을 했답니다. 그런데 잠시 후에 보니까 그 영화관 안에 교회 청년들이 꽉 차 있었다고 합니다. 이 청년들은 모두 제 아이 생일을 축하해주기 위해서 거기에 몰래 와 있었던 것입니다.

영화가 끝나고 자막이 나오는데 거기에 제 아이 이름도 올라왔는데 그때 모든 교회 청년들이 일어나서 박수를 쳐주고 또 모두 손가락으로 자기를 가리키면서 함께 사진도 찍었다는 것입니다. 어떤 여자 청년은 그 장면이 너무 감격스러워서 자기 생일도 아닌데 눈물을 펑펑 흘리면서 울더라는 것입니다. 이것은 교회 청년 중에서 가까운 사람이 저희 집 아이의 생일도 알고, 그 회사가 〈드래곤 길들이기 3편〉을 만들었다는 것도 알고, 영화가 끝난 후에 자막에 한참 뒤지만 제 아이 이름이 나온다는 것을 알고, 이때 축하해주는 것이 우리 아이에게 가장 행복하다는 것을 알고 별나게 축하해주었던 것입니다.

오늘 우리에게는 행복한 일이 좀 필요합니다. 오늘 우리는 기쁨의 순간을 느낄 필요가 있습니다. 그러나 최근 우리 주위에는 별로 기뻐할 일들이 없는 것 같고, 모든 것이 예전과 똑같이 아니면 더 나빠지고 있는 것을 볼 수 있습니다. 경제도 무너지는 것 같고 우리나라의 안보도 무너지는 것 같고 더욱이 우리의 미래는 언제 무너질지 모르는 집처럼 불안하게 보일 때가 많습니다. 우리는 지금 모두 불안이라는 병에 걸려 있는 환자와 같습니다.

이때 지금 우리가 행복할 수 있는 방법이 없을까요? 우리의 미래가 모래성처럼 무너지지 않고 안전하게 남아 있고 더 행복한 순간을 맞이할 수는 없을까요? 그 방법이 있습니다. 예수님은 그 방법을 오늘 우리에게 가르쳐주셨습니다. 그것은 바로 우리가 하나님을 믿는 것입니다.

예수님은 이렇게 말씀하셨습니다.

11:40, "내 말이 네가 믿으면 하나님의 영광을 보리라 하지 아니하였느냐"

우리가 사람의 말을 믿고 지금 우리가 가지고 있는 것을 믿고 세상을 믿으면 우리는 미래를 장담할 수 없습니다. 우리 주위는 온통 다 썩어가서 나중에는 쓰레기통으로 변하고 말 것입니다. 그러나 하나님의 약속을 믿고 예수님의 말씀을 믿으면 찬란한 하나님의 영광을 실제로 우리 눈으로 보게 될 것입니다.

1. 비현실적인 예수님의 말씀

예수님이 사랑하시는 가정 나사로의 집에서 나사로가 병들어 죽게 되었다는 소식을 들었을 때 이 말씀을 하셨습니다. "이 병은 죽을 병이 아니라 하나님의 영광을 위함이요 하나님의 아들이 이로 말미암아 영광을 받게 하려 함이라"(요 11:4).

만일 나에게 가장 친한 친구가 병들어서 죽어가고 있거나 혹은 가족 중 한 명이 중병에 들어서 수술을 받으려고 한다면 무슨 일이 있어도 빨리 병원에 달려가서 보려고 할 것입니다. 그러면 찾아간 사람도 안심이 되고 기분이 좋지만 환자도 친한 친구나 가족이 찾아와주어서 기쁘고 더 힘이 날 것입니다. 사람이 죽을병에 걸려서 죽어 가는데 아무도 찾아오지 않고 관심을 가져주지 않는 것보다 더 슬픈 일은 없을 것입니다.

그런데 예수님은 가장 사랑하는 사람이 갑자기 병이 들어서 죽어가는데 가시지 않았습니다. 예수님은 그 대신 말씀을 주셨습니다. 지금 병들어서 죽어가는 사람이나 가족에게 필요한 것은 말씀이 아니라 예수님이 직접 찾아가셔서 관심을 보여주고 할 수 있으면 병을 고쳐주시는 것이었습니다. 그러나 예수님은 바로 가시지 않았습니다. 그리고 그동안에 나사로는 그 병을 이기지 못하고 죽고 말았습니다.

예수님이 아무리 "이 병은 죽을 병이 아니라"고 말씀하셨지만 나사로는 병을 이기지 못하고 죽고 말았습니다. 이것을 보면 얼마나 예수님의 말씀이 이 세상에 비현실적인지 알 수 있습니다. 나사로는 죽어버렸고 하나님의 영광은 아무것도 나타난 것이 없었습니다. 예수님이 그곳을 찾아오셨을 때에는 이미 나사로의 장례는 끝났고 시신은 무덤 안에서 썩어가고 있었습니다. 예수님은 병들어 죽어가는 사람의 집에는 아무 소용도 없는 말씀을 하신 것 같았습니다.

예수님이 하신 말씀은 아무 소용이 없게 되었고 이미 환자는 죽어서 썩어가고 있는데, 무엇을 믿으라는 것이며 이때 나타날 하나님의 영광은 무엇이라는 말씀일까요?

믿음이라고 하면 우리는 먼저 아브라함을 생각할 수 있습니다. 하나님께서는 늙은 나이에 아직 자식이 없는 아브라함에게 "네 자손을 밤하늘의 별처럼 많게 하시겠다"고 약속하셨습니다. 아브라함은 아무것도 없는 데서 있게 하시고 죽은 자도 살리시는 하나님이시라는 것을 믿었습니다. 아브라함은 하나님의 그 말씀을 믿었습니다. 그 결과 아브라함은 백 살에 남자 아이 이삭을 낳았습니다. 아브라함의 부인 사라는 구십 세에 아이를 낳고는 실컷 웃었습니다. 왜냐하면 하나님이 웃게 하셨기 때문이라고 했습니다. 그래서 그 아이의 이름이 '웃음'이라는 뜻의 '이삭'이었습니다. 아브라함과 사라는 하나님의 약속을 믿은 결과 생각할 수 없는 기쁨을 얻었습니다. 그것이 하나님의 영광이었습니다. 그러나 나중에 더 큰 영광이 나타나게 됩니다. 이삭처럼 사람들을 웃게 하시는 하나님의 아들이 직접 이 세상에 사람으로 태어나시게 되는 것이었습니다. 하나님의 아들은 웃음이요 기쁨이요 기적이었습니다.

우리 인간에게 하나님의 아들이 인간으로 이 세상에 오시는 것보다 더 큰 기쁨은 없습니다. 그런데 아브라함이 믿었던 그 하나님의 아들이 우리 인간을 구원하기 위하여 직접 이 세상에 오신 것입니다. 이것이 아브라함의 믿음의 결과였습니다. 예수님은 오늘 우리에게도 사람의 말이나 자신의 판단이나 세상의 영광을 믿지 말고 하나님의 약속을 믿기를 바라시는 것입니다.

2. 왜 하나님은 오래 기다리게 하시는가?

마르다와 마리아는 예수님의 말씀을 이해할 수 없었습니다. 예수님은 마르다와 마리아에게 "너희가 믿으면 하나님의 영광을 보리라"고 말씀하셨지만 도대체 무엇을 믿어야 하며 그들이 볼 하나님의 영광은 무엇인지 알 수 없었습니다. 예수님은 나사로가 병들었을 때 "이 병은 죽을 병이 아니라"고 말씀하셨습니다. 그러나 나사로는 죽었고 그의 시체는 썩어가고 있었습니다.

이미 예수님의 말씀은 맞지 않았습니다. 예수님은 너희가 믿으면 하나님의 영광을 보리라고 말씀하셨지만, 도대체 어떤 하나님의 영광을 보게 되겠습니까? 무덤 문을 열어 놓는다고 해서 썩어서 냄새나는 사람이 살아날 리는 없고, 이 무덤이 찬란한 집으로 변할 리도 없는데, 빛나는 옷을 입은 천사가 나타난다는 뜻일까요? 아마 나사로의 무덤에 빛나는 천사가 나타난다면 유족들은 굉장히 안심하게 될 것입니다.

때로는 하나님께서는 우리를 오래 기다리게 하실 때가 많습니다. 그 이유는 너무 빨리 하나님이 말씀하신 것이 이루어지면 우리는 이것이 하나님이 하시는 것인지 운이 좋아서 된 것인지 제대로 알지 못하기 때문입니다. 하나님은 하나님이 하시는 일을 사람이 하는 일과 뒤섞이는 것을 원치 않으십니다. 그래서 하나님은 인간의 힘이 다 끝났을 때 인간의 힘으로는 도저히 해결할 수 없을 때 일하시기를 기뻐하십니다. 즉 우리가 죽을 지경이 되고 더 이상 가능성이 없을 때 하나님은 일을 하기 시작하십니다. 그래서 우리는 하나님의 일에도 발동 걸리는 시간이 필요하다는 것을 인정해야 합니다.

마리아와 마르다는 예수님이 최악의 상태에 나타나서 도대체 무슨 일을 하려고 하시는지 알 수 없었습니다. 그러나 예수님이 여기서 하시려고 하는 일은 정말 하나님의 놀라운 영광의 시작이었습니다. 예수님은 이미 죽은 지 나흘이 되어서 썩어가는 그 나사로를 살리려고 하시는 것입니다. 사람들은 예수님이 하늘과 이 세상의 문을 열 수 있는 분이신 것을 알지 못했습니다. 예수님은 아무리 죽은 지 오래되는 사람들도 그 이름을 불러서 살려낼 수 있는 분이셨습니다. 그뿐만 아니라 예수님은 우리에게 하늘의 무진장한 능력과 축복을 가져와서 나누어주실 수 있는 분이십니다.

예수님은 하나님의 아들로서 죽은 자를 얼마든지 죽기 전의 상태로 불러내실 수 있는 능력을 가지신 분입니다. 그런데 예수님의 가장 어려운 숙제는 인간의 죄가 하나님 앞에서 다 씻겨지고 영생을 얻게 하는 것이었습니다. 그렇게 되려고 하면 예수님이 그 피를 흘려서 우리 죄를 씻어주셔야 합니다. 예수님은 이미 그렇게 하기로 결심하셨습니다. 그래서 나사로의 무덤은 그 하나님의 영광을 보는 것의 시작인 것입니다.

우선 예수님은 먼저 기도하셨습니다. 그리고 예수님은 큰 소리로 나사로의 이름을 부르셨습니다. "나사로야 나오라!"고 하셨을 때 무덤 안에서 죽어 있던 나사로가 "예!" 하면서 대답을 하고 수의를 입고 손과 발이 묶은 채로 껑충껑충 뛰어서 무덤 밖으로 나왔습니다. 예수님께서 마르다와 마리아에게 "너희가 보리라"고 말씀하신 하나님의 영광은 그들이 절대로 불가능하다고 생각하던 바로 그 일이었습니다. 예수님은 나사로를 죽기 전의 건강한 상태로 살려내셨습니다. 이것이 마리아와 마르다가 볼 하나님의 영광이었습니다.

예수님은 부패를 살려내는 것에 전문가이십니다. 그래서 우리는 사람이 아무리 썩었고 사회가 아무리 썩고 지구가 썩어도 너무 절망해서는 안 됩니다. 왜냐하면 예수님의 말씀 한마디로 썩은 것들이 다시 살아날 수 있기 때문입니다. 예수님은 죽은 자의 이름을 부르기만 하면 모두 다 살리실 수 있습니다. 그러나 그들은 모두 죽기 전의 상태로 살아나는 것이기 때문에 또 죽어야 합니다.

예수님이 나사로를 살리신 것은 더 큰 것을 결심하셨기 때문입니다. 그것은 바로 예수님이 우리 죄를 대신해서 죽으실 결심을 하신 것입니다. 예수님은 이미 이 결심을 하셨지만 나사로가 죽고 사람들이 우는 것을 보시고 더 결심을 굳히셨습니다. 예수님은 얼마 후 사람들에게 붙들려 가셔서 침 뱉음을 당하시고 채찍에 맞으시고 가시관을 쓰시고 십자가에 못 박혀 죽으십니다. 그리고 무덤에 장사지낸바 되어서 그곳에서 사흘을 계십니다. 그리고 난 후 하나님의 약속대로 사망의 권세를 깨트리고 죽음에서 살아나셔서 제자들과 믿는 사람들 앞에 나타나셨습니다. 이때 예수님은 단지 죽기 전의 상태로만 다시 살아나신 것이 아니라 우리 모든 믿는 자들을 다 살리실 수 있는 능력을 가지고 살아나시게 됩니다. 그리고 예수님이 우리의 이름을 부르시고 우리를 다시 살리실 때는 우리도 예수님처럼 젊은 모습으로 그리고 영원히 죽지도 않고 늙지도 않는 모습으로 다시 살아나게 됩니다. 그래서 예수님이 내 이름을 부르기만 하면 우리는 어떤 상태에서도 다시 살아날 수 있습니다.

오늘 우리는 예수님의 말씀이 너무 비현실적으로 생각되는 세상에 살고 있습니다. 우리가 살고 있는 이 세상에는 모든 것이 썩고 있습니다. 사람들도 죽으면 썩어서 결국 뼈만 남기고 없어지게 됩니다. 우리의 미래는 어떻게 될지 모릅니다. 그러나 예수님은 너희가 믿으면 하나님의 영광을 보리라고 말씀하셨습니다. 여기서 하나님의 영광은 우리의 생각과 능력을 훨씬 뛰어넘는 하나님의 능력을 말합니다. 때때로 우리는 어려운 일을 만날 때가 있습니다. 그리고 그 일이 점점 더 악화되어서 회복이 불가능할 때가 있습니다. 그러나 우리가 끝까지 하나님을 믿고 참고 기다리면 하나님의 살아계심과 능력을 보는 기적이 일어나게 될 것입니다.

11:43-44, "이 말씀을 하시고 큰 소리로 나사로야 나오라 부르시니 죽은 자가 수족을 베로 동인 채로 나오는데 그 얼굴은 수건에 싸였더라 예수께서 이르시되 풀어 놓아 다니게 하라 하시니라"

예수님이 나사로의 이름을 부르면서 나오라고 하시니까 나사로가 죽기 전의 상태로 살아서 무덤에서 나왔습니다. 이것이 바로 메시야의 능력입니다. 예수님은 불과 며칠 후에 자신이 죽었다가 살아나시게 됩니다. 그때는 만왕의 왕으로 만주의 주로 영원히 죽지 않고 온 세상을 다스리는 왕으로 다시 살아나시게 됩니다. 그리고 예수님은 나중에 우리 모든 믿는 사람을 전부 다 살리실 것입니다.

우리는 인생이 길다고 느껴지지만 사실은 길지 않습니다. 하나님에게는 천년이 하루와 같다고 말씀하셨습니다. 이 세상은 너무 빨리 지나간다는 것입니다. 우리는 이 쏜살같이 빨리 지나가는 이 세상에서 하나님을 붙잡아야 합니다. 우리가 예수님을 믿고 하나님의 말씀을 믿으면 영생을 얻게 되고 이 눈으로 하나님의 영광을 보게 될 것입니다.

3. 예수님을 의심한 사람들

오늘 우리는 모든 것이 흔들리는 세상에서 살아가고 있습니다. 세상은 다시 강대국 중심으로 모든 질서가 깨어지고 있습니다. 우리나라도 옛날의 기존 가치관으로는 도저히 살 수 없을 정도로 모든 가치관이 급격하게 변하고 있습니다.

우리는 옛날에는 남자나 여자나 무조건 나이가 되면 결혼을 해야 한다고 생각했는데 이제는 결혼할 필요가 없다고 하고 동성애도 좋다고 주장하고 있습니다. 옛날에는 교회가 가난한 자에게 복음을 증거한다고 했는데, 이제는 그런 것은 필요 없고 교회가 웅장하고 기분을 좋게 해주면 목사의 도덕성이나 진리 같은 것은 중요하지 않게 되었습니다. 지금 우리가 사는 이 세상은 진리나 믿음의 기준이 없어져 버렸습니다. 그러나 이것은 스스로의 욕심에 빠져서 믿음을 저버렸기 때문입니다.

나사로가 죽었다가 살아나는 것을 본 사람 중에 많은 사람이 예수를 믿었습니다.

11:45, "마리아에게 와서 예수께서 하신 일을 본 많은 유대인이 그를 믿었으나"

많은 사람은 예수님이 죽은 자를 살려내시는 것을 보고 하나님의 아들이 이 세상에 오셨다는 것을 믿었습니다. 하나님의 아들이 믿음의 기준입니다. 우리가 하나님의 아들을 믿는 이상 절대로 흔들리지 않습니다. 하나님의 아들은 죽은 자만 살려내는 것이 아니라 이 세상에 하나님의 많은 축복이 오게 할 수 있습니다. 하나님의 축복은 개인의 기도와 함께 오기도 하지만 부흥과 함께 오게 됩니다. 그래서 하나님의 말씀이 능력 있게 증거되고 사람들이 뜨겁게 기도할 때 하나님의 축복이 쏟아지게 됩니다.

그런데 예수님의 이 능력을 이상하게 생각하는 사람들이 있었습니다. 그 사람들은 놀랍게도 유대의 지도자들이었습니다. 이 사람들은 예수님이 죽은 자를 살리는 것을 보고 많은 사람이 예수를 믿게 될 텐데, 그러면 로마가 쳐들어오게 되고 전쟁이 터지게 된다고 하며 두려워했습니다.

11:47-48, "이에 대제사장들과 바리새인들이 공회를 모으고 이르되 이 사람이 많은 표적을 행하니 우리가 어떻게 하겠느냐 만일 그를 이대로 두면 모든 사람이 그를 믿을 것이요 그리고 로마인들이 와서 우리 땅과 민족을 빼앗아 가리라 하니"

이때 유대인들도 오늘 우리나라 사람들처럼 전쟁이 일어나는 것을 굉장히 두려워했습니다. 이들은 지금 자기들은 로마와 잘 지내고 있는데 예수님은 반골들이 많이 나온 갈릴리 출신이니까 로마가 반역한다고 해서 군대를 끌고 와서 땅을 다 빼앗고 사람들을 다 죽이고 붙들어갈 것이라고 걱정을 했습니다. 그래서 대제사장은 예수님이 나사로를 살리신 것을 보고 예수를 죽여야 예수 믿는 사람들이 없어지고 로마와 전쟁을 막을 수 있다는 심한 말을 했습니다. 즉 한 사람을 죽여서 전쟁을 막아야 한다는 것이었습니다.

그러나 예수님이야말로 전쟁을 막는 분이셨습니다. 예수님은 전쟁에 능하신 분이시지만 전쟁을 막고 평화를 유지하는 분이십니다. 그러나 이들은 예수님이 굉장한 능력을 가지고 있는 것은 알았지만 하나님의 아들로는 믿지 않았습니다. 그래서 그들은 예수님을 죽이는 것이 이스라엘의 평화를 위하는 길이라고 생각했던 것입니다. 그래서 결국 이들은 예수님을 붙잡아서 십자가에 못 박아 죽였습니다. 그리고 약 35년 뒤 로마와 전쟁이 일어나서 백십만 명이 예루살렘에서 죽습니다. 그 이유는 정말 평화의 왕으로 오신 하나님의 아들을 믿지 않고 로마에 잘 보이려는 생각으로 평화의 왕을 죽였기 때문입니다. 결국 이 세상에서는 믿지 않는 자들만 망하고 마귀만 망하는 것입니다.

우리가 예수님을 믿고 하나님의 약속을 믿으면 하나님의 영광을 보게 될 것입니다. 우리는 우리의 생각을 몇천 배 뛰어넘는 하나님의 능력을 보게 될 것입니다. 하나님의 말씀은 공허한 것 같지만 기쁨을 주셨고 죽은 자를 살리셨고 홍해를 갈라지게 하셨습니다. 하나님의 말씀은 오늘도 기적이 일어나게 하고 평화를 유지하며 우리에게 기쁨 가운데 살아가게 합니다. 그러므로 어떤 일이 있더라도 자기 생각이나 세상 이야기를 믿지 말고 하나님을 믿으시기 바랍니다. 그래서 오늘도 살아 계시고 우리를 어려움에서 기적으로 건지시는 하나님을 보는 성도들이 다 되시기 바랍니다.

33

부활을 믿는다면

요 12:1-8

우리는

우리의 미래에 어떤 일이 일어날지 모릅니다. 그래서 사람들은 미래에 일어날 수도 있는 일에 대비해서 돈을 모아놓습니다. 우리는 병에 걸릴 수도 있고 전쟁이 날 수도 있고 집이 무너질 수도 있고 직장에서 나올 수도 있습니다. 그런데 우리가 아무 준비도 하지 않고 있으면 굶어 죽든지 얼어 죽을 수 있는데, 그런 식으로 비참하게 죽을 수는 없으니까 살기 위해서 대비해 놓아야 하는 것입니다.

　박경리씨가 쓴 《토지》라는 소설을 보면 최참판댁 부자 할머니가 나중에 나라를 잃고 집과 땅을 다 빼앗길 것에 대비해서 허름한 궤짝 밑에 마치 벽돌을 넣어두는 것처럼 금괴를 감추어둡니다. 그래서 나중에 최참판댁이 망해서 집도, 땅도 뺏겨서 손녀 혼자 만주로 도망치게 되었을 때 그 궤짝을 가져가라고 유언을 합니다. 결국 이 손녀 서희는 궤짝 밑에 있는 금을 찾아내어서 만주에서 다시 사업을 해서 재기하게 됩니다.

어떤 부모는 나중에 큰일이 있을 때를 대비해서 제대로 먹지도 않고 쓰지도 않고 돈을 모아서 저축해 놓고 있다가 나중에 자녀가 큰 어려움에 처했을 때 큰 목돈을 주면서 용기를 잃지 말라고 한다면 자녀들은 감격하게 되면서 다시 일어서게 되는 것입니다. 부모가 그 돈을 쓰지 않고 모아서 자식에게 주는 이유는 나이 드신 부모는 어차피 죽어야 하고 쓸 데도 없으니까 젊은 자식이나 행복하게 살라고 돈을 모아서 주시는 것입니다.

제가 대학을 다닐 때 한 할머니가 계셨습니다. 이 할머니는 기업체를 가진 부자였습니다. 그는 우리나라가 잘되려고 하면 공업이 발전해야 하는데 그러기 위해서는 공대생들이 복음화가 되어야 한다고 생각하셨습니다. 그래서 이분은 자신의 전 재산을 털어서 서울공대 옆에 있는 땅을 사서 아주 멋진 2층 건물과 함께 학교에 기증했습니다. 학생들이 그 건물을 얼마나 잘 썼는지 모릅니다. 거기서 예배도 드리고 성경공부도 하고 기도도 하고 집회도 했습니다. 그런데 나중에 한번 가보니까 학교가 관악산으로 이전하면서 그 학생회관은 없어지고 거기에 아파트가 들어서 있었습니다. 저는 굉장히 마음이 안타까웠습니다. 그 할머니의 위대한 뜻이 이루어져야 하는데 그 건물이 없어져 버린 것입니다. 만약 우리가 미래를 대비해서 많은 돈을 몰래 저축해 놓고 있었는데 그 돈을 쓸 일이 없어져 버렸다면 어떻게 하겠습니까?

그런데 만일 어떤 젊은 사람이 죽을병에 걸렸는데 다른 사람의 도움으로 좋은 의사를 만나서 병도 낫고 사업에도 성공해서 어마어마하게 부자가 되었다면 그는 자기 인생을 자기의 것이라고 생각하지 않을 것입니다. 그는 자기가 번 돈으로 어떻게 해서든지 다른 사람을 살리거나 가난한 학생들을 공부시키거나 하면서 남을 위해서 자신이 가진 돈을 다 써도 아깝지 않을 것입니다. 왜냐하면 자기가 죽지 않고 살아난 것은 바로 이런 일을 하라고 하나님이 자기를 살려주셨다고 생각하기 때문입니다.

1. 마리아의 체험

막달라 마리아는 옛날에 일곱 귀신이 들려서 지독한 정신병으로 엄청나게 고생도 하고 비참하게 살았던 사람이었습니다. 여자의 가슴에 귀신이 하나만 들어와도 불면증과 의심과 발작으로 고통을 받을 텐데, 무려 일곱 귀신이 들어왔으니까 막달라 마리아는 정신병이라는 정신병은 다 걸려서 고생했습니다. 막달라 마리아는 불면증과 우울증, 공황장애, 대인 기피증, 히스테리성 발작, 정신분열증이나 환청 같은 모든 정신적인 질환은 다 걸려 있었고, 도저히 사람이라고 볼 수 없는 인생을 살고 있었던 것입니다. 막달라 마리아는 죄도 많이 지었던 것 같습니다. 그래서 동네 사람 중에서 막달라 마리아를 가까이하거나 사람으로 취급하는 사람은 아무도 없었습니다.

그러나 막달라 마리아의 인생은 예수님을 만남으로 완전히 달라졌습니다. 그녀는 예수님의 설교를 듣고 발작이 줄어들기 시작했고 아마 예수님이 그녀를 위해서 기도를 해주셨던 것 같습니다. 그리고 난 후 막달라 마리아에게서는 일곱 귀신이 완전히 떠나고 완전히 사람이 달라지게 되었습니다. 그 이후 발작도, 욕도 하지 않고 몸단장도 깨끗하게 하면서 아주 아름답고 매력적인 여성이 되었습니다. 막달라 마리아는 예수님을 만나고 새 인생으로 태어나게 되었습니다.

막달라 마리아는 누가 봐도 새로운 사람 새 피조물로 다시 태어났습니다. 막달라 마리아는 자신이 새 인생으로 태어난 것이 너무나도 기뻤고 감사했습니다. 그리고 막달라 마리아는 자기가 얻은 이 새 인생을 절대로 쓸데없는 일에 허비하지 않고 가치 있는 일에 쓰기로 결심했습니다. 그래서 막달라 마리아는 우선 자기가 새 인생으로 태어난 것을 예수님에게 감사해야 한다고 생각했습니다.

막달라 마리아는 정신병으로 고생했지만 물질적으로 여유 있는 집이었던 것 같습니다. 옛날에는 집에 돈을 가지고 있으면 도둑맞기가 쉬웠기 때문에 한 번씩 상인들이 오면 비싼 나드 향유를 사서 집에 두었다고 합니다. 그러면 변하지도 않고 오래오래 보관할 수 있었기 때문입니다. 막달라 마리아는 자신이 새 사람이 되고 난 후에 보니까 자신의 가치가 나드 향유와는 비교할 수 없을 정도로 수십만 배, 수백만 배 가치가 있다는 것을 깨닫게 되었습니다. 그 가치는 돈으로 환산할 수 없었습니다. 그래서 이 향유를 예수님께 바쳐야 되겠다고 생각해서 기회를 노리고 있었는데, 어느 날 예수님이 한 바리새인의 집에서 식사하신다는 소문을 듣게 되었습니다.

막달라 마리아는 그 바리새인이 얼마나 자기를 죄악시하고 싫어한다는 것을 잘 알면서도 예수님이 거기에 계셨기 때문에 거기에 가서 예수님이 식사하는 중에 예수님의 발에 그 비싼 향유를 다 부어버렸습니다. 예수님에게 그 향유를 그냥 드리면 가난한 사람들을 위해서 쓰실 것이 분명하기 때문에 막달라 마리아는 '이 귀한 향유를 예수님께만 바칩니다'는 뜻으로 예수님에게 부어버렸던 것입니다.

그때 바리새인은 예수님을 판단했습니다. '이 사람은 자기에게 기름을 붓는 여자가 얼마나 미쳤고 얼마나 욕쟁이이며 얼마나 못된 여자인 줄 모르고 있구먼. 나는 엉터리 선지자에게 떡을 주었어. 예수와 함께 한 이 시간은 완전히 시간낭비야'라고 생각했던 것입니다. 그러나 예수님은 이 여자가 이렇게 하는 것은 자신의 죄가 다 씻음받고 새 사람이 되어서 감사의 표현으로 하는 것이라고 여기면서 죄 용서받은 일이 많은 사람은 감사도 많이 한다고 말씀하셨습니다.

막달라 마리아는 자신이 정말 미친 여자였고 정신병자였다가 온전하게 된 것은 하나님이 자기에게 가치 있는 인생을 살라고 새로 주신 인생이라고 생각했던 것입니다. 그래서 그 후로 막달라 마리아는 예수님을 따라다니면서 음식도 준비하고 심부름도 하면서 자신의 남은 생애를 보내려고 결심하게 되었습니다.

예수님은 그 자신이 부활이요 생명이셨습니다. 예수님이 오셔서 이름을 부르기만 하면 누구든지 죽은 자리에서 살아날 수 있었습니다. 사람이 시체가 썩었든, 화장을 해서 뼈를 산에 뿌렸든, 너무 오래 전에 죽어서 뼈까지 다 삭아버렸든지 예수님의 이름만 부르기만 하면 마치 잠자던 사람이 깨어나는 것처럼 살아나는 것을 막달라 마리아는 본 것이었습니다.

2. 보물 중에 보물이신 예수님

막달라 마리아는 예수님을 만난 후 두 가지 체험을 했습니다. 하나는 일곱 귀신이 들려서 정신병자였고 미친 사람이었고 히스테리 발작 환자였고 조현증 환자였던 자기가 온전한 새사람이 된 것이었습니다. 이것은 너무나도 가치 있는 새 인생이었습니다. 막달라 마리아의 인생은 이런 병에 걸리지 않았던 사람과 달랐습니다. 막달라 마리아는 예수님을 체험했고 새 인생을 받았던 것입니다. 막달라 마리아는 예수님으로부터 받은 자신의 새 인생이 비싼 향유와는 비교할 수 없는 엄청나게 가치 있는 인생인 것을 알았습니다. 예수 믿는 우리의 인생은 아파트 한 채나 자가용 한 대나 높은 관직과 비교할 수 없는 어마어마한 가치 있는 인생인 것입니다. 이것은 우리에게 돈이 필요 없다는 뜻이 아닙니다. 우리도 인간인 이상 먹어야 하고 입어야 하고 집이 있어야 합니다. 그러나 예수님이 우리에게 주신 인생은 이런 돈으로 환산할 수 없는 보물 인생인 것입니다. 그래서 우리의 새 인생에 비하면 돈은 무가치합니다.

요즘 미국 대통령은 모든 국제관계를 돈으로 따진다고 합니다. 그러나 많은 미국 사람들은 트럼프가 미국이라는 나라의 품격을 완전히 떨어뜨렸다고 말하고 있습니다. 왜냐하면 미국은 옛날에 하나님 앞에서 돈으로 환산할 수 없는 가치를 가진 나라였기 때문입니다. 그러나 이제 미국은 돈으로 환산할 수 있는 나라가 되고 말았습니다.

우리 예수 믿는 사람들도 모든 종류의 직업을 가지고 일을 하고 있습니다. 우리 중에는 수입이 많은 분도 있고 적은 분도 있을 것입니다. 그러나 우리의 가치는 돈으로 환산할 수 없는 보물 인생입니다. 우리가 돈을 가지고 다른 사람과 싸운다든지 모든 것을 돈으로 따지는 사람이 되었다면 우리의 인생은 더 이상 보물이 아닙니다. 돈으로 환산할 수 있는 인생은 보물이 아닙니다.

그런데 드디어 막달라 마리아는 죽은 지 나흘이 되어서 틀림없이 썩어가고 있는 나사로가 예수님의 말씀 한마디로 살아서 무덤에서 걸어 나오는 것을 보았습니다. 이것은 예수님 앞에서 그 무서운 절대적인 힘을 가진 죽음이 정복되는 순간이었습니다. 예수님이 '나사로야 나오라!' 고 하셨을 때 죽음은 나사로를 붙들고 있지 못했습니다. 이때 막달라 마리아는 생각을 해보았습니다. 예수님은 자신의 귀신들린 인생을 고쳐주셔서 새 인생을 살게 하셨습니다. 또 죽어서 썩어가는 나사로를 살려서 새 인생을 주셨습니다. 그렇다면 예수님은 도대체 누구시란 말입니까? 예수님이 누구신지는 둘째로 하고 이분의 가치는 도대체 얼마나 되시는 것인가요? 그때 막달라 마리아는 예수님이야말로 이 세상의 어떤 보물과도 비교할 수 없는 보물 중의 보물이라는 것을 인정하게 되었습니다.

막달라 마리아는 집에 비싼 나드 향유가 한 병 있었던 것 같습니다. 이 향유는 그녀가 자신의 인생에 어떤 어려움이 생겼을 때를 대비해서 저축해놓은 것이었습니다. 그러나 막달라 마리아는 예수님의 가치를 확실히 깨달았습니다.

'예수님은 이 세상의 어떤 보물과도 비교할 수 없는 보물 중의 보물이구나. 예수님은 아무리 비싼 다이아몬드나 아무리 비싼 황금, 어떤 권력이나 지식과 비교할 수 없는 보물 중의 보물이구나!'

막달라 마리아는 예수님을 가까이 알면서 자기가 또 미래를 생각해서 비싼 향유를 숨겨 놓고 있는 것이 부끄러웠습니다. 그녀는 예수님 같은 보물을 나의 영원한 보물로 가지고 싶었습니다. 그때 마침 마리아의 집에서는 나사로가 죽었다가 다시 살아났으니까 잔치를 하고 있었습니다. 세상에 아마 이런 잔치는 없을 것입니다. 죽은 사람이 살아났기 때문에 기뻐서 잔치하는 경우는 없습니다. 그러나 나사로의 집에서는 죽은 사람이 살아났기 때문에 가까운 사람들을 불러서 잔치를 했습니다.

이때 막달라 마리아는 자신의 미래에 좋지 않은 일이 일어날 것에 대비해서 준비해 두었던 비싼 향유를 꺼내었습니다. 그리고 그 비싼 향유를 전부 예수님의 발에 붓고 여자에게는 가장 소중한 머리털로 예수님의 발을 닦았습니다.

12:3, "마리아는 지극히 비싼 향유 곧 순전한 나드 한 근을 가져다가 예수의 발에 붓고 자기 머리털로 그의 발을 닦으니 향유 냄새가 집에 가득하더라"

이 향유는 그 당시 가격으로도 수백만 원이나 하는 아주 비싼 향유였습니다. 마리아는 예수님이 정말 우리 인생에게는 보물 중의 보물인 것을 알았습니다. 그래서 아무리 비싼 향유를 예수님의 몸에 부어도 아깝지 않았습니다. 왜냐하면 예수님은 우리에게 새 인생을 주시고 새 생명을 주시는 분이시고, 예수님의 가치는 향유보다 수억만 배 되는 보물이었기 때문입니다.

사람에게 가장 두려운 것은 죽음입니다. 죽음은 완전한 소외입니다. 사람은 죽으면서 이 세상에서 자기가 가지고 있던 것, 알고 있던 사람들, 자기가 사랑했던 모든 것, 산과 하늘과 공기와 영원히 차단을 당하게 됩니다. 죽은 자는 숨을 쉴 수 없고 말을 할 수 없으며 사랑하는 사람을 만날 수 없고 그의 살은 죽은 즉시 썩어가기 시작합니다. 그래서 죽을 때 숨을 쉴 수 없어서 답답하고 고통스러우며 사랑하는 모든 것을 다 잃어버리고 자기 인생이 없어지기 때문에 두려워합니다. 그러나 예수님이 내 이름을 부르기만 하시면 우리는 즉시 살아나게 됩니다. '예' 하면서 죽기 전의 상태로 살아나는 것입니다.

예수님이 십자가에 죽으신 후로는 우리 이름을 부르기만 하면 죽기 전의 상태가 아니라 완전한 젊음과 죽지 않는 상태로 다시 살게 됩니다. 그때는 사망이나 슬픈 것이나 배고픈 것이나 전쟁이 다시 없습니다.

3. 그래도 인간은 돈이 필요하다

우리는 예수를 믿으면서 배고픈 것을 걱정하고, 병들어서 죽는 것을 걱정하고, 자신이나 자녀들의 미래를 두고서 걱정을 많이 하고 있습니다. 이것은 예수님의 제자들도 마찬가지였습니다. 예수님의 제자 중 한 명이었던 가룟 유다는 마리아가 이 비싼 향유를 예수님의 발에 부어서 허비하는 것을 보고 화가 났습니다. 그래서 가룟 유다는 그녀의 허영심과 낭비벽을 보고 책망했습니다.

> 12:4-5, "제자 중 하나로서 예수를 잡아 줄 가룟 유다가 말하되 이 향유를 어찌하여 삼백 데나리온에 팔아 가난한 자들에게 주지 아니하였느냐 하니"

이 당시 삼백 데나리온이라는 금액은 아주 큰 돈이었습니다. 요즘 우리 돈으로 환산하면 천만 원이 훨씬 넘을 것입니다. 만일 어떤 여자가 세수를 하는데 비싼 우유로 하고 그 우유를 그냥 버린다면 다른 사람들은 전부 그 여자를 미쳤다고 욕할 것입니다. 그런데 가룟 유다가 보기에는 지금 돈이 없어서 굶는 사람들이 얼마나 많은데 이 여자는 그 비싼 향유를 한꺼번에 예수님의 발에 부어서 허비를 해버리니 기가 막힐 노릇이 아니겠습니까?

예수님이 이 세상에 오셨지만 여전히 사람들은 굶주리고 학대받고 미래에 대하여 불안해하고 있었습니다. 특히 식사를 제대로 하지 못한 채 굶주린 배를 안고 살아가는 사람들이 많았습니다. 그런데 가룟 유다가 보니까 막달라 마리아가 천만 원 이상 되는 향유를 팔아서 이런 가난한 사람을 도우면 참 좋을 텐데 그것을 그대로 예수님의 발에 부어서 허비를 해버리니 화가 났던 것입니다.

막달라 마리아는 예수님의 가치를 알았던 것입니다. 예수님은 보물 중의 보물이었고 예수님 앞에서는 어떤 황금이나 유향도 빛을 낼 수 없었습니다. 태양도 빛을 낼 수 없고 아무것도 소용이 없었습니다. 그러나 가룟 유다는 우리에게는 현실도 중요하고 우리는 그것을 위해서 돈을 가지고 있어야 한다고 생각했던 것입니다.

이 예를 잘 보여주는 사건이 있습니다. 예수님이 보리떡 다섯 개와 물고기 두 마리로 오천 명을 먹이신 후에 배로 갈릴리 호수를 건너갈 때였습니다. 그때 제자들에게는 떡이 하나도 없었습니다. 예수님은 제자들에게 바리새인과 사두개인의 누룩을 조심하라고 말씀하셨습니다. 그때 제자들은 당장 우리에게 먹을 것이 없는 것을 예수님이 지적하시는구나 생각했습니다. 그러나 예수님은 제자들의 생각을 아니고 "너희들이 왜 떡을 위하여 염려하느냐?"고 하시면서 "보리떡 다섯 개와 물고기 두 마리로 오천 명을 먹이고 몇 바구니를 남겼느냐?"고 물어보셨습니다. 그때 제자들은 "열두 바구니입니다"라고 대답했습니다. 그리고 예수님은 또 "보리떡 일곱 개와 물고기 몇 마리로 사천 명을 먹이고 몇 광주리를 남겼느냐?"고 물어보셨습니다. 제자들은 "일곱 광주리입니다"라고 대답했습니다. 그때 예수님은 "왜 먹는 것을 가지고 염려하느냐?"고 말씀하셨습니다. 그것은 바로 이 세상적인 교훈을 조심하라는 뜻이었습니다. 왜냐하면 우리 믿는 자들에게는 하나님의 기적이 있기 때문입니다. 즉 오병이어 같은 기적의 능력이 우리에게 있기 때문에 우리는 더 이상 먹는 것으로 염려하거나 시간을 허비해서는 안 되는 것입니다.

우리가 인간인 이상 이 세상 살면서 미래에 대비하고 먹고 살기 위해서 돈이 필요한 것은 당연합니다. 또 돈을 쓸데없는 데 허비하지 않고 가난한 자의 먹을 것을 돕는 것은 필요한 것입니다. 예수님도 가룟 유다의 생각이 틀렸다고 말씀하신 것은 아니었습니다. 그러나 우리가 예수 믿는 것은 새 인생을 사는 것이고 이것은 돈으로 환산할 수 없는 가치를 가지고 있는 것입니다. 그리고 예수님은 우리의 이름을 불러서 다시 살리실 것입니다. 그때 우리는 늙지도 않고 죽지도 않는 젊은 모습으로 다시 살게 될 것입니다. 그 가치는 수천억 원이나 수십조 원을 두고서도 바꿀 수 없는 것입니다.

예수님의 가치는 보물 중의 보물입니다. 예수님 앞에서는 그 어떤 보물도 가치가 없습니다. 이제는 우리 인생이 그런 보물이 되었습니다. 우리는 또 다른 보물이 필요하지 않습니다. 우리에게는 죽음도 큰 문제가 아닙니다. 왜냐하면 잠시 수술받기 위하여 마취상태에 있는 것이기 때문입니다. 예수님이 우리 이름을 부르기만 하면 우리는 다 잠에서 깨어나게 될 것입니다.

사랑하는 성도 여러분, 우리의 미래는 예수님입니다. 우리가 예수님을 믿으면 이미 보물이 된 것입니다. 우리의 남은 생애를 쓸데없는 썩어질 것에 허비하지 말고 예수님을 나의 보물로 만드시고 참으로 가치 있는 일에 쓰셔서 후회 없는 인생을 다 사시기 바랍니다.

34
한 알의 밀알
요 12:20-31

요즘
스포츠 매니지먼트라고 해서 유명한 선수들을 스카우트하는 직업이 인기를 끌고 있습니다. 이들은 좀 가능성이 있는 선수라고 하면 그의 모든 것을 철저하게 조사하고 연구해서 외국의 유명한 팀에 소개하는 일을 합니다. 그래서 야구나 축구, 배구 등의 시합이 있을 때면 이런 사람이 경기장에 나타나서 선수의 성적이나 평소의 행동 등을 열심히 조사해서 보고서를 만듭니다. 이런 사람들의 눈에 띄고 좋은 성적을 받으면 최고의 팀에 엄청난 돈을 받고 입단할 수 있습니다. 그런데 만일 이런 사람이 선수의 음주운전 습관이나 도박이라든지 선수의 어깨가 이미 고장이 났다든지 하는 자료를 놓치게 되면 그의 추천으로 비싼 돈을 들여서 선수를 받아들인 팀은 망하게 되는 것입니다. 운동선수들은 어떤 의미에서 죽어야 하는 직업이라고 볼 수 있습니다. 오직 죽었다고 생각하고 죽으라고 연습에 골몰하는 선수는 나중에 아주 유명한 대선수로 성장하게 되는 것입니다.

여성들은 남성에 비하여 사회생활을 하는데 불리한 점이 많습니다. 아기를 임신해야 하고 또 육아를 해야 하기 때문입니다. 여성은 아기를 임신한 동안 배가 불러오고 몸매도 망가지고 행동도 불편해지게 됩니다. 또 아기를 낳고 난 후에도 일은 일대로 하면서 또 집안일이나 아기를 돌보는 일도 해야 합니다. 그래서 가끔 너무 힘들어서 포기하는 여성이 생기는 것을 볼 수 있습니다. 그러나 여성들이 아기를 가지지 않으면 사람이 생길 수 없습니다.

우리나라 인구 성장이 제로 대까지 가게 되었습니다. 어느 지방에서는 태어나는 아기 수보다 죽는 노인의 수가 세 배 정도 많다고 하면서 얼마 지나지 않으면 그 도시는 없어질 것이라고 했습니다. 그래서 요즘은 가장 존경스러운 사람이 아기 임신한 배가 부른 여성들입니다. 그리고 옛날에는 전업주부를 아무것도 하지 않는 노는 사람이라고 말을 했는데 지금 보니까 그들이 가장 중요한 사람이라는 것을 알게 되었습니다. 왜냐하면 남편이나 자녀들이 밖에서 엄청난 스트레스를 받아가지고 집에 들어올 때 그들의 이야기를 들어주기도 하고 위로해줄 사람은 집에 있는 엄마들이기 때문입니다.

예수님이 많은 기적을 행하시고 죽은 나사로까지 살리셨을 때 예수님의 이 놀라운 소문은 헬라인들의 귀에까지 들어가게 되었습니다. 헬라인이라고 하면 그 당시 최고의 지식인들이었습니다. 이들은 예수님의 가르침을 받기 위하여 예수님을 찾아왔습니다. 그런데 역시 지식인들은 행동하는 것도 달랐습니다. 이들은 무조건 예수님께 찾아와서 만나달라고 떼를 쓴 것이 아니라 먼저 벳새다 사람 빌립을 만나서 이야기를 하고 빌립은 안드레에게 이야기해서 안드레가 예수님께 그 이야기를 전했습니다. 그것은 그리스 사람들이 예루살렘에 예배하러 왔다가 예수님을 꼭 만나 뵙고 싶어 한다는 내용이었습니다.

그 말을 듣고 예수님은 "인자가 영광을 얻을 때가 왔도다"라고 말씀하셨습니다. 이것은 어떻게 생각하면 드디어 예수님께서 그리스 사람들에게도 인기를 얻어서 세계적으로 유명하게 될 때가 되었다는 느낌이 듭니다. 실제로 만일 예수님께서 이 그리스 사람들에게 인정을 받게 되면 마치 미국의 메이저 리그에서 좋은 점수를 얻어서 언론에서 최고의 칭찬을 받은 선수처럼 유명하게 될 수 있었습니다. 그리스 사람들은 이 당시 세계적인 매스컴 역할을 했다고 볼 수 있습니다. 그러나 예수님의 말씀은 그런 뜻이 아니었습니다. 예수님은 이제 드디어 자신이 십자가에 죽을 때가 되었다는 뜻으로 말씀을 하신 것이었습니다. 헬라인들이 예수님을 만나자고 한 것을 보면 이제 하나님에 대한 갈급함이 모든 사람에게 가득 찬 것을 보여주고 이때야말로 예수님이 꼭 죽어야 할 때라고 생각하신 것입니다.

1. 한 알의 밀알이 썩지 아니하면

이때 예수님의 인기는 하늘을 찌를 듯이 올라가고 있었습니다. 예수님은 맹인의 눈을 뜨게 하시고 오병이어의 기적을 행하시고 귀신들려서 정신이 이상한 사람들을 다 고쳐주셨습니다. 그리고 죽은 지 나흘이 되어서 썩어가고 있는 나사로까지 살리셨습니다. 이제 예수님은 유대인들만 대상으로 하기에는 너무나도 무대가 좁았습니다. 예수님의 소문은 이제 유대인들을 벗어나서 헬라인들에게까지 퍼지게 되었습니다.

유세비우스라는 사람이 쓴 책에 의하면 에뎃사라는 곳에 있는 이방인들이 예수님에게 편지를 보낸 내용이 나옵니다. 거기에 보면 에뎃사 사람들이 예수님의 말씀을 듣고 제자가 되고 싶다고 말을 하니까 예수님이 답장하시기를 지금은 내가 갈 수 없는데 나중에 내 제자를 보내겠다는 말씀을 했다고 되어 있습니다. 유세비우스도 다른 사람들로부터 자료를 입수한 것이기 때문에 얼마나 정확한지 알 수는 없지만 이 당시 예수님의 인기는 엄청났던 것을 알 수 있습니다. 그런데 예수님은 너무 당연한 예를 들어서 설명을 하셨습니다. 그것은 바로 농부가 땅에 밀알을 심는 내용이었습니다.

12:24, "내가 진실로 진실로 너희에게 이르노니 한 알의 밀이 땅에 떨어져 죽지 아니하면 한 알 그대로 있고 죽으면 많은 열매를 맺느니라"

이것은 너무나도 당연한 말씀입니다. 농부가 농사를 지을 때는 아무리 밀알이 아깝고 그것으로 빵을 만들어 먹고 싶어도 참고 밀알을 땅에 뿌려야 합니다. 그러면 밀알은 땅에 떨어져서 썩어버리기 때문에 먹을 수 없고 없어지는 것 같습니다. 그러나 잠시 후 비가 오고 온도가 올라가면 그 씨에서 싹이 트게 되면서 줄기가 자라게 되고 나중에는 그 줄기에 몇십 배, 몇 백 배의 밀이 열려서 다시 그 밀알을 먹을 수 있게 됩니다. 감자나 옥수수도 마찬가지입니다. 어른들은 종자로 쓸 것은 아이들이 아무리 졸라도 절대로 먹지 못하게 합니다. 그러다가 봄이 되면 어른들은 그동안 아껴두었던 옥수수를 몇 알씩 땅에 심고 씨감자는 눈이 있는 곳을 중심으로 잘라서 땅에 심으면 나중에 비가 오고 온도가 올라가면서 싹이 나오게 되고 여름이 되면 벌써 감자를 마음대로 먹을 수 있게 되고 옥수수도 마음대로 따 먹을 수 있게 되는 것입니다.

헬라인이나 유대인들은 그 당시 전 세계에서 가장 똑똑한 사람들이었습니다. 더욱이 헬라인들은 소크라테스, 플라톤 하면서 엄청나게 지식을 사랑하는 지적인 자부심이 높은 사람들이었고, 경제적으로도 잘사는 사람들이었습니다. 그리고 유대인들도 유일신을 믿는 하나님의 종교에다가 경제적으로도 잘사는 족속이었습니다. 예수님은 유대인들의 실상이 이렇게 비참하고 헬라인들이 철학으로 만족하지 못해서 예수님의 말씀을 들으려고 하는 것을 보고 인간에게 하나님에 대한 갈급함이 가득 차게 되었다는 것을 아셨습니다.

이때 예수님은 무조건 사람들을 만나서 하나님의 말씀을 가르치고 병을 낫게 한다고 해서 그들이 사는 것이 아니라는 것을 아셨습니다. 왜냐하면 모든 인간은 메르스에 걸린 환자와 같고 에볼라바이러스나 에이즈에 걸린 환자와 같았기 때문입니다. 메르스 독감에 걸린 환자를 아무리 만나고 좋은 말씀 전해주어도 아무 소용이 없습니다. 그들에게 필요한 것은 그 병을 고칠 수 있는 백신이기 때문입니다. 이 세상에 모든 인간은 미쳐가는 병에 걸린 급성전염병 환자와 같았습니다. 예수님은 우리 모든 인간에게 필요한 것은 더 많은 지식과 더 많은 돈과 더 많은 자유가 아니라는 것을 아셨습니다.

인간에게 지금 가장 필요한 것은 죄라는 병을 고칠 수 있는 백신이었습니다. 이 백신을 만들 수 있는 사람은 오직 하나님의 아들로서 인간이 되신 예수님 밖에 없었습니다. 물론 예수님이 맹인들의 눈을 뜨게 하시고 귀신들린 자들의 정신병을 고치고 굶주린 자들을 먹이시고 더욱이 죽은 자를 살리시는 것은 참으로 가치 있는 일이었습니다. 그러나 근본적으로 죄를 고치지 않으면 인간은 모두 두 번, 세 번 죽는 것 밖에 되지 않았습니다. 그래서 예수님은 이 세상에 그 가치 있고 보람된 모든 일을 다 포기하시고 죄의 백신을 만들어야 한다고 생각하셨습니다. 죄의 백신이 만들어지려고 하면 죄가 전혀 없는 하나님의 아들이 육신을 가지고 죽어야 했고 또 다시 살아나야 했습니다.

그래서 예수님은 자신을 한 알의 밀알로 비유하셨습니다. 배고픈 사람에게는 밀알 자체를 갈아서 빵을 만들어 먹는 것이 너무나도 중요합니다. 그러나 농사를 짓는 계절에는 종자로 쓸 밀알은 먹고 싶은 것을 참고 땅에 뿌려서 죽게 해야 거기서 싹이 나서 나중에 밀을 실컷 먹게 되는 것입니다.

예수님은 이것은 사람에게도 마찬가지라고 말씀하셨습니다.

12:25, "자기의 생명을 사랑하는 자는 잃어버릴 것이요 이 세상에서 자기의 생명을 미워하는 자는 영생하도록 보전하리라"

사람들은 웬만해서는 큰 수술을 받으려고 하지 않습니다. 왜냐하면 수술 받는 것은 아프고 고통스럽기 때문입니다. 그러나 아무리 수술받는 것이 싫고 고통스러워도 아픈 것을 참고 마취 주사를 맞고 수술을 받은 사람은 그 후에 오래오래 살게 됩니다. 마찬가지로 우리가 이 세상에 있는 것들을 사랑해서 하나도 놓치지 않고 모든 것을 다 붙들고 사는 것은 이 세상 삶이 아깝기 때문입니다. 그러나 이런 사람들은 얼마 가지 않아서 죽습니다. 그리고는 영생을 얻지 못합니다. 그러나 우리가 예수를 믿으려고 하면 이 세상에서 많은 욕심을 포기해야 하고 세상에 적응도 되지 않고 사람들과의 관계도 불편할 수 있습니다. 왜냐하면 우리가 예수를 믿는 것은 전신마취 이식수술을 받는 것과 같기 때문입니다.

우리는 예수님의 보혈로 이식수술을 받아야 합니다. 그러면 부작용도 많아서 세상에 적응을 할 수 없습니다. 그러나 잠시 후 그는 영원한 생명을 얻게 됩니다. 그래서 예수님은 헬라인들을 만나지 아니하시고 세상적으로 유명해지는 길을 가지 아니하셨습니다.

12:26, "사람이 나를 섬기려면 나를 따르라 나 있는 곳에 나를 섬기는 자도 거기 있으리니 사람이 나를 섬기면 내 아버지께서 그를 귀히 여기시리라"

진정으로 예수님의 제자가 되려고 하면 말없이 예수님을 따라오라고 하셨습니다. 예수님이 가시는 곳은 바로 골고다 십자가가 있는 곳이었습니다. 우리의 모든 것은 바로 거기서 시작이 되게 됩니다. 하나님은 그런 사람을 귀하게 여기신다고 말씀하셨습니다. 우리가 참으로 존귀한 자가 되려고 하면 묵묵히 자기 십자가를 지고 예수님의 뒤를 따라가야 합니다. 예수님의 십자가가 있는 곳에서 나 자신도 죽으면 영원히 살게 되는 것입니다.

사람이 죽지 않을 수만 있다면 돈이나 차나 옷이나 무엇이든지 아끼지 않을 것입니다. 만약 돈 많은 엄청난 부자가 어떤 사람의 피를 수혈받으면 아주 오래 살 수 있다면 주저하지 않고 돈이 아무리 많이 들어도 그 사람의 피를 수혈받으려고 할 것입니다. 예수님의 피가 바로 그 피입니다. 그리고 돈은 전혀 필요가 없습니다. 단지 세상 욕심을 버리고 하나님을 믿기만 하면 됩니다.

우리는 지금 하나님을 믿습니까? 지금 믿을 대상이 하나도 없는 것에 대하여 감사를 드립니다. 옛날에는 미국을 믿었고 대통령을 믿었고 회사를 믿었는데 이제는 믿을 수 있는 것이 아무것도 없게 되었습니다. 이제는 미치든지 아니면 하나님을 믿든지 둘 중의 하나입니다.

2. 예수님의 영광

예수님은 헬라인들이 찾아왔을 때 "이제 인자가 영광을 얻을 때가 왔도다"라고 말씀하셨습니다. 사실 사람 중에 유명해지는 것을 원치 않는 사람은 아무도 없을 것입니다. 우리나라에서도 가수나 연예인으로 방송 인기를 타고 유명해지기만 하면 돈도 많이 벌게 됩니다. 우리는 모두 이 세상에서 높아지기를 원하고 유명해지기를 원합니다. 그러고 난 후에는 땅에 내려오는 법을 알지 못하는 것입니다. 이것은 마치 높은 산에 올라가기를 올라갔지만 내려가는 길을 몰라서 떨어지거나 얼어 죽는 것과 같습니다.

그러나 예수님께서 영광을 얻는다는 것은 세상에서 높아지고 유명해지는 것과 정반대되는 것이었습니다. 그것은 예수님이 이 세상에서 사람들에게 배신을 당하시고 욕을 무지무지하게 얻어먹고 침 뱉음을 당하시고 머리털과 수염이 뽑히시고 채찍질 당하시고 가장 고통스러운 십자가에 못이 박혀서 죽는 것을 의미했습니다. 세상에, 이런 식으로 죽는 것을 원하는 사람들이 누가 있겠습니까? 그러나 예수님은 하나님을 믿었습니다. 즉 하나님의 말씀에 순종해서 비참해지고 낮아지면 하나님의 영광이 나타나고 많은 사람이 영생을 얻으며 예수님 자신도 다시 살게 된다는 것을 믿었습니다. 우리는 모든 결과를 다 알고 믿으니까 이것이 쉬운 것 같지만 예수님에게는 쉬운 것이 결코 아니었습니다.

그러나 예수님은 죽으려고 환장한 사람이 아니었습니다. 예수님도 이런 식으로 망하고 죽는 것을 굉장히 두려워하셨습니다.

12:27, "지금 내 마음이 괴로우니 무슨 말을 하리요 아버지여 나를 구원하여 이 때를 면하게 하여 주옵소서 그러나 내가 이를 위하여 이 때에 왔나이다"

옛날 번역에는 "내 마음이 민망하니 무슨 말을 하리요"라고 되어 있습니다. 여기서 "민망하다"는 것은 극도로 불안하다는 뜻입니다. 사람이 너무나도 스트레스를 받아서 극단적으로 불안하게 되면 숨을 쉴 수 없게 됩니다. 요즘 사람 중에는 공황장애라고 해서 숨을 제대로 쉬지 못하는 이들이 많이 있습니다. 이들은 숨이 막힐 때 거의 미칠 것 같은 감정을 느끼게 된다고 합니다. 그것을 견디지 못하면 자살을 해버리는 것입니다.

예수님도 인간이기 때문에 자기가 이제부터 당할 일을 생각하니까 너무 답답해서 미칠 것 같았습니다. 그래서 하나님께 "아버지여, 나를 구원하여 제발 이 답답함과 고통을 면하게 해 달라"고 기도를 했습니다. 예수님의 이성은 내가 이를 위하여 왔고 이때를 위해서 왔다는 것입니다. 그러나 예수님의 감정은 답답해서 숨을 쉴 수 없었고 미쳐서 죽을 것 같았습니다. 이때 예수님의 입에서 나온 말은 "아버지여, 아버지의 이름을 영광스럽게 하옵소서"라는 것이었습니다. 예수님은 "나는 어떻게 되어도 좋으니 아버지의 이름만 영광스럽게 되면 된다"는 것이었습니다. 이것은 전적으로 하나님을 믿는 것이었습니다. 우리는 하나님을 믿어야 합니다. 우리 앞에 어떤 일이 일어나더라도 하나님에게는 뜻이 있고 하나님의 영광이 나타난다는 것을 믿으면 성공입니다.

이때 하나님께서 하늘에서 육성으로 응답하셨습니다.

12:28, "이에 하늘에서 소리가 나서 이르되 내가 이미 영광스럽게 하였고 또다시 영광스럽게 하리라"

지금까지 예수님께서 걸어오신 길은 영광스러운 길이었습니다. 예수님은 갈릴리 촌구석에서 사람들이 알아주지도 않는 사역을 하셨고 유대인들의 많은 반대와 핍박을 받았습니다. 그러나 하나님은 이것이 영광스럽게 하신 것이라고 말씀하셨습니다. 왜냐하면 예수님은 순수한 길을 걸으셨고 전혀 오염되지 않으신 일을 하셨으며 쓸데없는 일에 시간을 허비하지 않으셨기 때문입니다.

가끔 유명한 이들 중에 죽으면서 자신의 인생은 쓸데없는 인생이었다고 후회하는 이들이 많은 것을 보게 됩니다. 예수님은 사람들의 인정을 받지 못했지만 하나님 앞에서는 일체 허비가 없는 인생이었습니다. 그리고 하나님은 다시 영광스럽게 하겠다고 말씀하셨습니다. 이것은 드디어 예수님이 죽음을 이기시고 죄를 치료하는 피를 만드는데 성공하시고 하나님의 보좌 우편에 앉으시는 것을 말합니다. 하나님의 아들은 더 높아지셨고 더 강해지셨습니다. 하나님은 우리 모든 믿는 자를 구원하시는 데 성공하신 것입니다.

3. 내가 높이 들리면

예수님은 자신이 십자가에 못 박혀 죽을 것을 아셨습니다. 그것은 바로 저주받은 죽음을 의미했습니다. 유대인들은 누구든지 나무에 달려 죽은 자는 저주받은 자로 생각했습니다.

나무에 높이 달리는 것은 모세 때 나온 것이었습니다. 모세 때 이스라엘 백성들은 광야에서 사십 년을 돌아다니니까 너무 뜨겁고 고통스러워서 하나님을 원망했습니다. 이때 이스라엘 백성들은 하나님의 백성이 얼마나 위대한 줄 몰랐습니다. 우리가 하나님을 찬송하고 하나님의 말씀을 듣고 기도하면 하나님이 모든 사탄의 세력을 막아주십니다. 즉 하나님의 불말과 불병거가 지켜주는 것입니다. 그런데 하나님의 백성들이 하나님을 원망하고 욕하고 불평하면 그 막이 없어지면서 사탄이 공격하게 됩니다.

이때 이스라엘 백성들에게는 불뱀이 공격을 했습니다. 이 뱀은 너무 빨라서 날아다녔고 한번 물리면 온몸이 불타는 것처럼 뜨겁게 되면서 사람이 죽게 되는 무시무시한 뱀이었습니다. 그리고 독이 전파되는 것이 굉장히 빨랐습니다. 이스라엘 백성들은 이 독사떼의 공격과 자신들의 불신앙을 연결시킬 수 있었습니다. 그래서 모세에게 살려달라고 부탁하니까 하나님은 독사 대신에 놋으로 독사 모양을 만들어서 장대에 높이 달라고 했습니다. 그리고 이스라엘 백성들 누구든지 그 장대에 달린 뱀을 보면 낫는다고 하셨습니다. 그리고 실제로 이스라엘 백성들은 그 장대에 달린 뱀을 보고 살아났습니다.

모든 이스라엘 백성들이 저주받아야 하는데 장대에 달린 뱀이 저주를 대신 받았습니다. 예수님은 모든 인간이 저주를 받아서 영원히 타는 지옥 불에 던져져야 하는데 예수님 자신이 십자가에 죽을 각오를 하셨습니다.

예수님이 십자가에 달리면 누구든지 예수님을 보기만 하면 열이 떨어지고 죄가 씻기게 됩니다. 왜냐하면 예수님이 독사를 찔러 죽이셨기 때문입니다.

12:31, "이제 이 세상에 대한 심판이 이르렀으니 이 세상의 임금이 쫓겨나리라

이 세상 임금이 쫓겨난다는 것은 로마 황제가 쫓겨난다거나 로마가 망한다는 뜻이 아닙니다. 이것은 예수님이 지옥까지 끌려가서서 지옥에서 마귀를 찌르시고 사망을 찌르시고 죄를 찔러서 이기시는 것입니다. 그래서 예수님은 이 세상에 다시 살아서 돌아오시게 됩니다. 그때 마귀는 이미 힘을 다 잃어버렸습니다. 이 세상에서 아직도 마귀는 세력을 부리고 있고 모든 악한 짓을 다하고 있지만 실제로는 이빨이 다 뽑힌 호랑이와 같습니다. 우리가 하나님의 말씀으로 나가면 꼼짝도 하지 못합니다.

예수님은 살아나셨고 우리의 죄는 다 씻겨졌으며 하나님은 영광을 받으셨습니다. 우리는 오직 하나님을 믿는 믿음으로 살기만 하면 영생을 얻게 됩니다. 세상일들은 전부 재미있게 하시기 바랍니다. 우리는 오직 영혼을 살리는 열정으로 일하시고 죽을 고민은 하지 마시기 바랍니다. 교회가 하나님의 말씀을 지키면 하나님의 영광은 나타납니다. 우리가 하나님의 말씀대로 걸어가면 이미 영광을 얻었고 앞으로도 영광을 얻게 될 것입니다. 죽음도 두려워하지 마시고 병도 겁내지 말고 핵무기나 전쟁도 두려워하지 말고 하나님의 영광만 나타내는 성도들이 다 되시기 바랍니다.

35

빛을 믿으라

요 12:30-50

플라톤은

《국가론》이라는 책에서 사람들은 모두 동굴에 갇혀서 사물의 실체는 보지 못하고 그림자만 보는 존재라고 했습니다. 가끔 사람들이 동굴을 탐사하다가 아주 거대한 석회암 동굴을 발견할 때가 있습니다. 그 동굴의 입구는 땅에 묻혀 있거나 아주 작은 평범한 동굴에 불과하지만 그 안에 들어가 보면 수천 년에 걸려서 만들어진 다양한 모양의 종류석이 있고, 또 종류 고드름이 있으며, 그 안에 광장도 있고 호수도 있는 것을 보게 됩니다.

옛날에 사람들은 빛이라고 하면 오랫동안 태양 빛만 생각했습니다. 물론 사람들은 횃불을 사용하기도 하고 동물성 기름으로 등불이나 촛불로 사용했습니다. 그러다가 석유가 사용되면서 인간의 활동은 엄청 활발해지게 되었고, 이제는 전기를 사용해서 거의 이 세상을 천국처럼 만들어 사용하고 있습니다. 전기는 온 세상을 다 밝혀주고, 음악을 연주하게 하고, 마이크 음향으로 많은 사람에게 이야기하게 하고, 엘리베이터, 에어컨, 자동차나 의료장비 등 모든 부분에서 인간을 편리하게 만들고 있습니다.

그런데 문제는 인간의 생명이 전기로 해결할 수 없다는 것입니다. 물론 전기를 사용해서 몸 안을 사진 찍고 또 수술할 때도 복강경이나 로봇으로 수술을 할 수 있지만 인간이 노쇠해가고 죽는 것은 그 무엇으로도 막을 수 없다는 것입니다.

처음 이 우주에는 빛이 있었습니다. 그 빛은 아주 큰 빛이었고 그 빛 안에는 생명도 있었고 말씀도 있었고 능력도 있었습니다. 이 빛은 바로 하나님이셨습니다. 하나님은 말씀으로 온 우주를 만드시고 천사도 만드시고 지구도 만드시고 모든 생명체도 만드셨습니다. 그리고 하나님은 온 우주에서 천사들과 같이 하나님을 가장 닮은 인간을 만드셨습니다. 하나님은 인간에게 엄청난 상상력과 창조력과 모든 것을 마음대로 할 수 있는 자유를 주셨습니다. 하나님은 인간에게는 천사에게 주시지 않은 아름다운 육체도 주시고, 남녀가 서로 사랑하게 하셨습니다. 그러나 인간은 교만해서 하나님을 배반해서 타락하고 말았습니다. 인간은 그 타락한 상태에서도 엄청난 머리를 사용해서 백층이 넘는 빌딩을 짓고 비행기 타고 하늘을 날고 달과 화성에도 가고 수많은 인공위성을 띄워서 모든 정보를 다 알고, 심지어는 핵무기까지 만들어서 인간을 다 죽일 수 있는 단계까지 오게 되었습니다.

그런데 인간이 할 수 없는 것 하나는 생명에 관한 것입니다. 인간은 그 좋은 머리를 가지고 그 아름다운 육체를 가지고 오래오래 살 수 없습니다. 왜냐하면 하나님이 인간을 저주하셔서 어느 정도 나이가 되면 늙게 되고 그리고 그 후에는 죽도록 해 놓으셨기 때문입니다. 그것이 아니라 하더라도 병이나 전쟁, 자살이나 사고로 인간은 마치 도살당하는 짐승처럼 언제든지 죽을 수 있게 해 놓으셨습니다. 지금의 인간은 죽음과 노화의 문제 말고는 거의 다 해결했다고 볼 수 있습니다. 그러나 죽음의 문제와 노화의 문제가 해결되지 않으면 인간은 결국 똑같다고 보아야 할 것입니다. 왜냐하면 결국 늙어서 병들게 되고 죽게 되기 때문입니다.

그런데 하나님의 빛 중에서 한 부분이 떨어져 나왔습니다. 그분이 바로 말씀이고 생명이었습니다. 그 빛은 인간의 몸을 입고 우리 인간 속으로 찾아오셨습니다. 그분은 우리를 동굴에서 나가서 신선한 새 생명을 얻게 하는 빛이었습니다.

1. 그리스도는 영원히 계신다 했는데

예수님은 자신을 한 알의 밀알로 비유하셨습니다. 집에 얼마 되지 않는 밀알이 있을 때 그것을 빻아서 빵을 쪄 먹으면 한 끼는 배부를 수 있겠지만 그 뒤에는 굶어야 합니다. 그러나 먹고 싶은 것을 참고 있다가 봄이 되어서 그 밀알을 밭에 뿌리면 많은 밀이 열리기 때문에 원 없이 빵을 먹을 수 있습니다. 마찬가지로 예수님 혼자 하늘에 계시면 예수님은 얼마든지 행복하게 사실 수 있습니다. 그러나 인간은 지금 이 세상에 있는 것들을 다 털어 먹어버리고 시간이 흘러가 버리면 결국 모두 다 늙어서 죽어야 하고 영원한 저주를 받아서 지옥에서 썩어야 합니다. 예수님은 죽기 위한 밀알로 이 세상에 오셨습니다. 예수님은 찢기시고 매를 맞으시고 십자가에 못 박혀 죽지만 그는 죽으심으로 우리 모두를 새로운 밀로 살아나게 하셨습니다.

그리고 예수님은 두 가지 말씀을 하셨습니다. 그 하나는 "내가 땅에서 들리면 온 세상을 내게로 이끌겠다"고 하신 것입니다. 그리고 또 하나는 그렇게 하심으로 "세상을 심판해서 세상 임금이 쫓겨나게 하겠다"고 하셨습니다.

12:31-32, "이제 이 세상에 대한 심판이 이르렀으니 이 세상의 임금이

쫓겨나리라 내가 땅에서 들리면 모든 사람을 내게로 이끌겠노라 하시니"

예수님은 하나님의 빛 일부가 떨어져 나온 것이었습니다. 이 빛은 태양 빛도 아니고 별빛도 아니고 하나님의 빛이었습니다. 그 하나님의 빛은 하나님과 모든 것이 똑같았습니다. 단지 아버지와 구별하기 위하여 아들이라고 부르셨습니다. 인간은 태양 빛 외에도 전기 빛을 만들었습니다. 그러나 전기 빛이 생기기도 전에 다른 빛이 있었습니다. 동방의 박사들은 이상한 빛을 보고 아기 예수님을 찾아왔습니다. 예수님의 세 제자 베드로, 야고보, 요한은 높은 산에 올라갔다가 예수님의 변화된 모습을 보았는데, 태양보다 더 밝은 빛이었습니다. 청년 바울은 예수를 믿기 전에는 예수 믿는 사람들은 다 미쳤다고 해서 감옥에 가두고 예수님을 부인하도록 고문하던 사람이었는데, 예수님을 만나고는 거꾸러졌습니다. 그때 예수님은 태양보다 더 밝은 빛으로 그에게 나타나셨고 청년 바울은 눈이 멀어버렸습니다.

본문은 그 옛날에 이사야 선지가 성전에서 예수님을 본 모습을 설명하고 있습니다.

12:41, "이사야가 이렇게 말한 것은 주의 영광을 보고 주를 가리켜 말한 것이라"

이사야는 구약에서 가장 탁월한 선지자였습니다. 그런데 그 이사야가 웃시야 왕이 죽던 해가 성전에 들어갔다가 하늘에 보좌가 있고 그 위에 하나님의 아들이 앉아 있는 모습을 보았습니다(사 6장). 그리고 그 옆에 천사들이 여섯 날개를 달고 하늘을 날고 있는데, 이사야는 그때 자기가 죄인이라는 것을 깨달았습니다. 그래서 이사야는 "화로다 나여 나는 입술이 부정한 자로다"라고 고백했습니다. 이때 천사는 성전 제단에 있는 불이 붙어있는 나무를 가지고 와서 이사야의 입술을 지지면서 네 모든 죄가 씻겨졌다는 말씀을 하게 됩니다.

이때 유대인들은 예수님께 물었습니다.

12:34, "이에 무리가 대답하되 우리는 율법에서 그리스도가 영원히 계신다 함을 들었거늘 너는 어찌하여 인자가 들려야 하리라 하느냐 이 인자는 누구냐"

여기에서 "인자"라는 것은 인간이 되신 하나님의 빛을 말합니다. 그는 한 알의 밀알로 썩어지기 위하여 우리에게 오셨던 것입니다. 그러나 그는 죽으면서 끝나는 것이 아니라 온 세상의 심판이 시작되는데, 마귀는 망하게 되고 사망의 권세가 깨지고 망할 자와 구원받을 자가 갈라지게 되는 것입니다.

또 "율법"이라는 것은 구약 성경을 말합니다. 구약 성경에는 메시야는 영원히 다윗의 왕위에 앉아서 다스리실 것이라고 했습니다. 그런데 왜 인자는 죽는다고 하느냐고 물었습니다. 그리고 이 인자는 누구냐고 물었습니다.

이 인자는 우리를 위하여 죽으려 오신 메시야입니다. 그는 잠시 죽습니다. 우리를 위하여 죽습니다. 이것을 이사야는 고난의 종이라고 했습니다. 그는 우리를 위하여 채찍에 맞을 것이고 죽임을 당할 것입니다. 그러나 그 후에 그는 영원히 하나님의 우편에서 다스리실 것입니다. 이때 우리는 어떻게 됩니까? 예수님 안에 있는 빛을 보게 됩니다. 예수님은 하나님의 말씀을 통해서 우리에게 빛을 비추어주십니다. 그리고 예수님은 우리에게 하늘의 공기를 뿜어주십니다. 그것이 바로 성령의 새 공기입니다. 예수님은 부활하신 후에 제자들에게 숨을 내쉬면서 성령을 받으라고 하셨습니다. 성령은 하늘의 새 공기입니다.

예수님은 이 말씀을 하셨습니다.

12:36, "너희에게 아직 빛이 있을 동안에 빛을 믿으라 그리하면 빛의 아들이 되리라"

이 세상에 예수님이 계시고 우리가 하나님의 말씀을 들을 동안 우리는 이 빛을 믿고 따라가면 됩니다. 그러면 우리는 아주 좁은 구멍을 통해서 이 세상에서 빠져나가게 되고 신선한 하늘의 새 공기를 마시게 되고 새로운 인생을 살게 됩니다. 예수님은 우리가 빛의 아들이 되리라고 말씀하셨습니다. 빛의 아들이 된다고 하는 것은 우리에게도 빛이 나게 된다는 뜻입니다. 우리는 모두 하나님의 아들이 되고 영생의 사람들이 되게 됩니다.

예수님은 "아직 잠시 동안 빛이 너희 중에 있으니 빛이 있을 동안에 다녀 어둠에 붙잡히지 않게 하라 어둠에 다니는 자는 그 가는 곳을 알지 못하느니라"(35절)고 말씀하셨습니다.

우리가 이 빛을 놓치면 어둠에 잡히게 됩니다. 그래서 어디가 밖으로 나가는 길인지 모르고 이상한 길로만 끝까지 가다가 굶어 죽든지 미쳐서 죽든지 죽게 되는 것입니다. 지금 어둠은 사람을 잡고 있습니다. 우리가 사는 길은 말씀에서 나오는 작은 빛을 믿는 것입니다. 이것 외에는 죽음의 동굴에서 나올 수 있는 길이 없습니다.

2. 이스라엘의 불신

예수님은 유대인들에게 자신이 생명의 빛이라고 말씀하신 후에 숨어버리셨습니다. 왜 예수님은 숨으셨을까요? 예수님은 지금 유대인들의 자존심이 너무 세어서 예수님이 무슨 말씀을 하시고 무슨 기적을 행하셔도 안 믿는다는 것을 잘 아셨기 때문입니다.

12:36-37, "예수께서 이 말씀을 하시고 그들을 떠나가서 숨으시니라 이렇게 많은 표적을 그들 앞에서 행하셨으나 그를 믿지 아니하니"

구약의 이사야 선지는 장차 메시야가 오시면 맹인의 눈을 뜨게 할 것이라고 예언했습니다. 예수님은 태어날 때부터 맹인되었던 사람의 눈을 뜨게 하셨습니다. 이것은 이 당시 아주 큰 사회 문제가 되기도 했습니다. 사람들이 무조건 믿으면 되는데 유대인들은 믿지 않았습니다. 왜냐하면 그들은 너무나도 따지는 것이 많았기 때문입니다. 예수가 메시야인데 왜 안식일을 안 지키는거야? 예수가 메시야라면 왜 저렇게 보잘것없는 거야? 예수는 왜 죄인들과 친구가 되는 거야? 그냥 믿어버리면 빛을 보게 되고 빛의 아들이 될 수 있는데, 그들은 절대로 믿지 않았습니다. 심지어 예수님은 죽은 지 나흘이 되어서 썩어 냄새 나는 나사로를 살리셨습니다. 죽은 사람을 살릴 수 있는 분은 하나님 밖에 없습니다. 무조건 믿으면 되는데 그들은 이상하다고 하면서 믿지 않았습니다. 그러니까 예수님은 숨어버리셨습니다. 왜냐하면 이들은 너무 자존심이 강해서 자기 생각과 맞지 않는 이상 절대로 믿을 사람들이 아니었기 때문입니다.

12:38, "이는 선지자 이사야의 말씀을 이루려 하심이라 이르되 주여 우리에게서 들은 바를 누가 믿었으며 주의 팔이 누구에게 나타났나이까 하였더라"

선지자가 주님께 말씀드렸던 것은 아무리 이야기를 해도 이스라엘 백성들은 절대로 안 믿더라는 것입니다. 왜냐하면 그들은 프라이드가 너무 세었기 때문입니다. 결국 주님의 팔은 누구에게 나타나게 됩니까? 하나님의 백성이 아니었던 우리 같은 이방인들에게 나타나게 되는 것입니다. 그래서 우리는 절대로 고집부리면 안 되고 잘난 체해도 안 됩니다. 왜냐하면 하나님은 겸손한 자를 원하시고 감사하는 자를 원하시기 때문입니다. 정의니 뭐니 하면서 잘난 체하는 자들은 하나님이 원하지 않으시는 것입니다.

> 12:40, "그들의 눈을 멀게 하시고 그들의 마음을 완고하게 하셨으니 이는 그들로 하여금 눈으로 보고 마음으로 깨닫고 돌이켜 내게 고침을 받지 못하게 하려 함이라 하였음이더라"

하나님은 이렇게 고집이 세고 자존심이 강한 자들에게 질려 버리셨습니다. 그리고 이 사람들은 절대로 하나님의 빛을 보면 안 되고 말씀을 듣지 못하게 해서 고침 받지 못하게 해야 한다고 말씀하셨습니다. 왜냐하면 이런 사람들이 고침받고 돌아오면 또 많은 다른 사람을 괴롭히고 시험 들게 하기 때문입니다. 그래서 하나님은 아예 고침 받지 못하도록 그들의 귀를 막아 버리고 눈을 멀게 해버렸다고 말씀하셨습니다. 그래서 하나님을 잘 믿는다고 생각하던 자들은 다 눈과 귀가 멀어버리고 엉뚱하게 우리 같은 사람들에게 복음이 오게 되었습니다. 이때 우리는 무조건 예수님을 믿고 하나님의 말씀을 믿고 살든지 죽든지 빛을 따라가면 삽니다.

우리는 잘난 것이 아무것도 없습니다. 우리는 주류가 아니었습니다. 우리는 괄호 밖의 인생이었습니다. 배우로 치면 우리는 엑스트라요 구경꾼이었습니다. 그런데 주연이 너무 까다로운 바람에 감독이 우리에게 주연을 시킨 것입니다. 이때 우리는 무조건 믿어야 합니다. 우리는 자기가 똑똑하고 잘났다고 생각하면 빛을 잃어버리게 됩니다. 우리는 무조건 성경만 믿고 나가야 합니다.

"그런즉 너희는 먼저 그의 나라와 그의 의를 구하라 그리하면 이 모든 것을 너희에게 더하시리라"(마 6:33).

"은과 금은 내게 없거니와 내게 있는 이것을 네게 주노니 나사렛 예수 그리스도의 이름으로 일어나 걸으라"(행 3:6).

우리는 무조건 예수님을 믿어야 하고 하나님의 말씀을 믿어야 합니다. 그러면 하나님의 빛이 우리에게 나타나고 성령의 새 공기를 마실 수 있습니다.

3. 하나님의 명령

예수님은 자신이 이 세상에 빛으로 오셨다고 말씀하셨습니다.

12:46, "나는 빛으로 세상에 왔나니 무릇 나를 믿는 자로 어둠에 거하지 않게 하려 함이로라"

이 세상에 비치는 태양 빛이 얼마나 아름답고 찬란합니까? 만약에 이 세상에 태양이 없어진다면 지구는 꽁꽁 얼어서 모든 생명체는 죽을 것입니다. 지구는 얼음별이 될 것입니다. 그런데 놀라운 것은 마음에 예수님이 계시지 않는 이들의 마음이 그렇게 차가울 수 없다는 것입니다. 마음이 완전히 냉방입니다. 그리고 다른 사람을 사랑할 줄 모릅니다. 마음에 하나님이 없는 사람은 다른 사람을 사랑할 줄 모릅니다. 그들은 다른 사람을 사랑한다고 해도 동물적인 사랑 즉 본능적인 사랑밖에 하지 못하는 것입니다.

그런데 예수님은 이 세상에 하나님의 빛을 가지고 오셨습니다. 그 빛은 사랑입니다. 하나님은 우리에게 사랑을 가르쳐주셨습니다. 하나님은 맨 먼저 우리가 가치 있는 사람이라는 것을 가르쳐주셨습니다. 우리는 모두 사랑받을 자격이 있는 사람입니다. 자기를 사랑하는 사람이 다른 사람도 사랑할 수 있습니다. 그런 사람이 일도 공부도 아름답게 할 수 있습니다. 우리는 이 세상에서 새로운 공기로 숨을 쉬게 됩니다. 그것은 바로 성령의 새 공기입니다.

예수님이 우리에게 새 생명을 주신 것은 하나님의 명령입니다.

12:49, "내가 내 자의로 말한 것이 아니요 나를 보내신 아버지께서 내가 말할 것과 이를 것을 친히 명령하여 주셨으니"

예수님이 말씀하시는 것은 예수님이 생각나는 대로 마음대로 하시는 것이 아니었습니다. 하나님께서는 예수님에게 하실 말씀을 다 가르쳐주셨습니다. 이것이 하나님의 명령인 이유는 하나님이 책임을 지시기 때문입니다. 예수님이 하신 모든 말씀은 하나님이 책임지시는 말씀입니다.

12:50, "나는 그의 명령이 영생인 줄 아노라 그러므로 내가 이르는 것은 내 아버지께서 내게 말씀하신 그대로니라 하시니라"

우리는 하나님의 말씀을 그대로 듣고 있는 것입니다. 이 하나님의 말씀은 영생입니다. 우리는 반드시 이 세상의 동굴에서 나갈 것이며, 새로운 공기를 마시고 새로운 인생을 살 것이며 영원히 죽지 않을 것입니다. 이 세상에 사는 동안에 동굴 안에서 너무 욕심을 많이 내지 마시기 바랍니다.

동굴 안에서 소망을 가지고 희망을 가지고 자신과 다른 사람들을 사랑하시기 바랍니다. 그리고 하나님을 믿고 빛을 따라 가시기 바랍니다. 그러면 결국 최고로 아름다운 축복으로 살아가시게 될 것입니다.

36

유다는 왜 주님을 배반했을까?

요 13:1-3

우리가

얼마 전에 우리나라의 한 대학생이 미국의 그랜드캐니언을 구경하다가 절벽에서 떨어지는 바람에 심한 부상을 입었는데 치료를 받는데 수억 원이 들었고, 한국으로 데려 오는데 또 많은 돈이 든다고 했습니다. 그 청년은 자기가 서 있는 절벽이 안전하다고 생각했고 자기가 몸의 균형을 잡을 수 있다고 생각했는데 균형을 잘 잡지 못해서 떨어지고 말았다고 합니다. 우리는 이 세상에서 자기와 가장 가까운 사람이 자기를 지켜줄 것이라고 믿고 거액의 돈을 벌려주거나 자기 비밀을 다 이야기하거나 혹은 부채의 담보를 섰다가 배신하는 바람에 망하는 사람들을 종종 볼 수 있습니다.

그래서 우리는 서 있는 곳이 과연 안전한 곳인지 나의 발은 나를 지켜줄 수 있는 튼튼한 발인지 생각을 해보아야 합니다. 노인이 되어서 가장 위험한 것은 넘어지면서 대퇴부를 다치는 것입니다. 예수님도 자신과 가장 가까웠던 제자 중 한 사람이 배신하는 바람에 붙들려가게 되고 십자가에 못 박혀 죽게 됩니다. 그만큼 가까운 사람의 배신은 무서운 것입니다.

우리 모든 기독교인이 가장 싫어하고 가장 미워하는 사람이 한 사람 있습니다. 그는 바로 가롯 유다라는 예수님의 제자입니다. 가롯 유다는 예수님의 열두 제자 중의 하나였지만 스승인 예수님을 은 삼십에 팔고는 예수님을 십자가에 못 박혀 죽게 넘겨주고 자신도 망한 사람입니다. 그래서 레오나르도 다빈치가 그린 〈최후의 만찬〉이라는 명화를 보면 가롯 유다를 금방 찾을 수 있습니다. 얼굴은 시커멓고 탐욕스럽게 생겼고 손에는 돈주머니를 쥐고 있는 사람이 가롯 유다입니다.

그래서 성경을 보면 열두 제자를 소개하면서 가롯 유다는 꼭 "예수를 팔 자"라고 말하고 있습니다. 심지어 요한복음에서는 "그는 도둑이라"고 했습니다. 우리가 오늘 생각하게 되는 것은 과연 가롯 유다가 꼭 나쁜 사람이어서 예수님을 배신했을까 하는 것입니다. 결국 가롯 유다는 예수님을 팔고 난 후 예수님이 붙들려가서 유죄 판결을 받는 것을 보고는 대제사장을 찾아가서 돈을 돌려주며 내가 의로운 자를 잘못 배신했다고 하면서 예수님을 풀어달라고 요구했고, 그것이 안 되니까 목을 매어서 자살까지 했습니다. 이것을 보면 가롯 유다는 무엇인가를 오해를 했던 것 같고 양심은 있는 사람이었습니다.

그런데 그는 왜 예수님을 배반했고 왜 그의 인생은 망한 인생이 되고 말았습니까?

1. 예수님의 오심과 가심

우리는 삶에서 예수님을 만난다고 하는 것이 얼마나 중요한 일인지 알 필요가 있습니다. 우리가 이 세상을 살면서 예수님이 이 세상에 오셨다는 소식을 듣는 것은 단순히 예수라는 분이 이 세상에 사셨다는 것을 믿는 것을 말하지 않습니다. 또 예수님이 이 세상을 떠나셨다는 것은 단순히 예수님이 죽었다가 살아나셔서 하늘로 가신 것을 의미하지 않습니다.

13:1, "유월절 전에 예수께서 자기가 세상을 떠나 아버지께로 돌아가실 때가 이른 줄 아시고 세상에 있는 자기 사람들을 사랑하시되 끝까지 사랑하시니라"

예수님은 자기가 세상을 떠나야 할 때가 되신 줄 아셨습니다.

13:3, "저녁 먹는 중 예수는 아버지께서 모든 것을 자기 손에 맡기신 것과 또 자기가 하나님께로부터 오셨다가 하나님께로 돌아가실 것을 아시고"

예수님이 이 세상에 오셨다는 것은 단순히 예수님이 이 세상에 사셨다는 사실을 말하지 않습니다. 예수님은 자신이 말씀하신 대로 하나님의 아들이셨습니다. 하나님의 아들이 이 세상에 오셨다는 것은 엄청난 일입니다. 하나님의 아들이 누구입니까? 하나님의 아들은 하나님 아버지와 함께 온 우주를 만드시고 지구를 만드시고 모든 생명체를 만드시고 인간을 만드신 장본인이십니다.

그런 하나님의 하늘이 하필이면 이 지구에 그것도 인간과 똑같은 모습으로 태어나신 이유가 무엇일까요? 그는 우리에게 하나님의 새로운 선물을 주시기 위해서 오신 것입니다. 하나님의 아들이 이 세상에 오신 것은 우리 모두에게 새로운 선물을 주시기 위함이었습니다. 예수님은 수가성 여인에게만 하나님의 선물을 주시러 오신 것이 아니라, 또 밤중에 찾아온 니고데모에게만 새로운 선물을 주시기 위해서 오신 것이 아니라, 우리 모두에게 새로운 선물을 주시기 위해서 이 세상에 오셨습니다. 예수님이 우리에게 주실 선물은 바로 새로운 인생입니다. 하나님은 우리가 모두 새로운 인생을 사시기를 원하셨습니다.

여기서 중요한 것은 3절에 "예수는 아버지께서 모든 것을 자기 손에 맡기신 것을 아셨다"고 하는 것입니다. 예수님이 이 세상에 오신 것은 우리에게 새로운 인생을 주시기 위해서입니다. 그래서 우리는 모두 새로운 인생을 살아야 합니다. 그런데 이 모든 완전한 새 인생은 예수님의 손에 달려있는 것입니다. 즉 우리의 손에 달린 것이 아니라 예수님의 손에 달린 것입니다.

예수님은 인간을 만드신 분이시고 기술자였습니다. 그는 우리를 고치시고 새 인생을 주시려고 오셨습니다. 그런데 우리에게 아주 고치기 어려운 문제가 있었습니다. 그것은 바로 우리를 하나님과 연결시키는 것이었습니다. 우리 인간을 하나님과 연결시켜야 인간은 완전히 새 인생을 살 수 있는데 그것이 불가능한 것입니다. 그 이유는 우리 인간 속에는 계속 죄가 만들어지고 있고 하나님은 불이시므로 극에서 극이기 때문입니다. 그래서 예수님은 자신이 죽으심으로 우리를 모두 예수님 안에 품으시고 하나님과 연결시키시는 일을 하시는 것입니다. 이것이 바로 예수님이 십자가에 죽으시는 것이고 죽음에서 살아나시는 것이었습니다. 그러면 우리는 완전한 새 인생을 살 수 있게 됩니다. 우리 죄는 다 씻겨지고 우리는 하나님의 생명으로 살아가게 됩니다.

2. 가롯 유다의 생각

가롯 유다는 어쩌면 우리가 생각하는 것처럼 그렇게 돈만 밝히고

의리를 배신하는 그런 나쁜 사람이 아닐지도 모릅니다. 그런데 가룟 유다에게는 두 가지 사실이 분명했습니다. 그 하나는 예수님이 가룟 유다를 사랑하셨다는 사실입니다. 예수님은 유다를 사랑하셨기 때문에 그를 열두 제자의 한 사람으로 뽑으셨습니다. 그것도 예수님은 밤새도록 기도하시고 뽑으신 것입니다. 그리고 또 다른 하나는 가룟 유다는 예수님의 말씀을 직접 들었고 배웠으며 전도하러 다니면서 사람의 병도 낫게 하고 심지어는 귀신을 쫓아내는 능력을 행하기도 했다는 사실입니다.

그럼에도 불구하고 가룟 유다는 다른 제자와 다른 점이 있었습니다. 그것은 바로 가룟 유다는 자의식이 너무 강해서 예수님에게 자신의 모든 삶을 다 맡기지 못했다는 점입니다. 즉 그는 예수님을 어디까지나 훌륭한 선생님, 즉 랍비로 생각했지, 하나님의 아들로 믿지 못했다는 것입니다. 그리고 그는 자기 안에 죄의 시궁창이 있다는 사실도 믿지 않았습니다. 그렇다 보니까 가룟 유다가 예수님을 따라다니면서 생각하는 것은 어디까지나 유대 사회의 독립과 사회의 발전뿐이었습니다. 가룟 유다는 예수님의 그 병 고치는 능력과 귀신을 쫓아내는 능력과 오병이어의 기적의 능력으로 이스라엘을 독립시키고 사회를 더 발전시키는 것을 원했던 것입니다. 이것은 나쁜 것이 아니었습니다. 또 다른 제자들도 이것은 다 생각하고 있었습니다. 그래서 심지어는 예수님이 부활하신 후에도 제자들은 예수님께 이스라엘을 독립시키는 것이 지금인지 물었을 정도입니다. 그때 예수님께서는 "때와 시기는 아버지께서 자기의 권한에 두셨으니 너희가 알 바 아니요 오직 성령이 너희에게 임하시면 너희가 권능을 받고 예루살렘과 온 유대와 사마리아와 땅 끝까지 이르러 내 증인이 되리라"(행 1:7-8)고 말씀하셨습니다.

그런데 가룟 유다에게 이해가 안 되는 것은 예수님은 그 뛰어난 말씀과 능력을 가지고 왜 이 세상을 변화시키지 않으실까 하는 것이었습니다. 심지어 예수님은 죽은 사람을 살리는 능력도 가지고 계셨습니다.

여기에 예수님과 가룟 유다 사이에는 중요한 생각의 차이가 있었습니다. 한번은 예수님이 제자들을 보내셨는데 병든 자가 낫고 귀신들린 자들에게서 귀신이 떠나가는 일이 많이 일어나서 세상에 난리가 났습니다. 그때 제자들은 신이 나서 돌아와서 예수님께 보고하기를 "우리가 말하니까 귀신도 복종하고 도망갔습니다"라고 했습니다. 그때 예수님은 "나도 하늘에서 사탄이 떨어지는 것을 보았다"고 말씀하셨습니다. 그러면서 예수님은 제자들에게 "그러나 귀신들이 너희에게 항복하는 것으로 기뻐하지 말고 너희 이름이 하늘에 기록된 것으로 기뻐하라"(눅 10:20)고 권면하셨습니다.

예수를 믿는다는 것은 완전히 내 모든 생각과 내가 믿던 것을 버리고 예수님에게 두 손 두 발 다 들고 항복하는 것을 말합니다. 즉 우리의 인생은 미친 인생이었고 술에 취해서 이리저리 들이박으면서 살아온 인생이었습니다. 우리는 내 인생 전부를 예수님 앞에 항복해야 내 이름이 하늘에 기록되는 것입니다.

미국의 유명한 목회자는 만 명이 넘는 교회를 목회하고 그의 방송설교를 수많은 사람이 듣고 우리나라에도 여러 번 왔던 분이었습니다. 그러나 그는 수년간에 걸쳐서 몇 명의 여성을 성폭행한 죄가 드러나서 몰락하고 말았습니다. 베스트셀러였던 그의 책은 일단 판매 금지가 되었습니다. 그는 주님과 많은 교인과 자신의 사명을 배신한 것입니다.

가룟 유다는 예수님 앞에서 두 손 두 발을 다 들고 전 인격적으로 항복한 적이 없었습니다. 그에게 그저 예수님은 좋은 선생님이었고 예수님의 가르침은 그저 좋은 종교였던 것입니다. 가룟 유다의 이름은 하늘에 기록되지 않았던 것입니다. 그러면 예수님은 왜 가룟 유다를 열두 제자 중의 한 사람으로 택하셨을까요? 예수님이 가룟 유다를 택하지 않으셨더라면 예수님도 배반을 당하지 않으셨을 것이고, 가룟 유다도 배신하지 않았을 것 아닙니까? 예수님은 가룟 유다가 그 당시에는 비록 완전한 회심을 하지 않았더라도 그에게 기회를 주셨던 것입니다. 그러나 가룟 유다는 끝까지 자기 신념을 버리지 않았습니다.

우리가 여기서 생각해봐야 할 것은 그러면 유다 사회가 독립하고 사회가 발전하는 것은 나쁜 것이냐 하는 것입니다. 예를 들어서 우리 기독교가 더 부흥되어서 남북이 통일되고 경제가 발전하고 북핵이 없어지고 동성애나 자살이나 우울증이 없어지는 것이 좋지 않은 일일까요? 결코 그렇지 않습니다. 그런 것은 정말 필요하고 중요한 일입니다. 그러나 우선순위가 우리와 하나님이 다른 것입니다.

우리는 사람의 마음속에 있는 죄를 보지 못하기 때문에 눈에 보이는 사회 죄악을 해결하려고 합니다. 이것은 마치 사람이 속에 암이 있는데 열만 떨어뜨리려고 하는 것과 같은 것입니다.

예수님은 중풍이 걸려서 들 것에 들려온 사람에게 "네 죄 사함을 받았느니라"고 말씀하셨습니다(마 9:2). 그때 사람들이 웅성거리면서 자기가 뭔데 사람의 죄를 사하느냐고 하면서 불만을 이야기했습니다. 이때 예수님은 유대인들에게 물으셨습니다. "네 죄 사함을 받았느니라 하는 말과 일어나 네 자리를 들고 걸어가라 하는 말이 어느 것이 더 쉽느냐?" 그때 사람들이 대답하지 않으니까 예수님은 중풍병자에게 "네 자리를 들고 걸어가라"고 하셨습니다. 그랬더니 그 중풍병자는 벌떡 일어나서 자리를 들고 집으로 갔습니다. 예수님은 사람의 마음속에 있는 죄가 용서를 받으면 눈에 보이는 병이나 사회적인 병폐는 쉽게 해결될 수 있다고 말씀하셨던 것입니다. 그러나 가룟 유다는 자기가 죄인이라는 것을 믿지 않았습니다. 그래서 거듭날 수 없었습니다.

3. 가롯 유다의 불안

　가롯 유다는 어쩌면 우리가 생각하는 것만큼은 나쁜 사람이 아니었을 수 있습니다. 어쩌면 그는 정말 민족의 장래를 생각하는 애국자였을 수 있습니다. 그러나 가롯 유다는 예수님에 대한 완전한 믿음이 없었습니다. 그는 예수님을 하나님의 아들로 믿지 않았습니다.
　예수님이 하나님께로 가신다는 것은 무엇을 의미합니까? 그것은 바로 인간의 죄를 해결하는데 가장 중요한 피를 흘리시는 것을 말합니다. 예수님이 십자가에 달려서 죽으시고 피를 흘려야 인간의 죄는 완전히 씻겨지게 됩니다. 왜냐하면 우리가 그 피를 통하여 예수님 안에 들어가고 예수님과 하나가 되어 하나님과 연결되기 때문입니다.
　그런데 가롯 유다에게 예수님은 자꾸 불안하게 하는 말씀을 하셨습니다. 그것은 바로 예수님이 예루살렘에 가면 십자가에 못 박혀 죽으신다는 것이었습니다. 이때 가롯 유다는 예수님을 끝까지 붙드는 믿음이 없었습니다. 만일 가롯 유다가 예수님을 끝까지 믿었더라면 예수님이 죽으실 리가 없고 죽더라도 하나님이 어떻게 하실 것이라고 생각했을 것입니다. 그러나 가롯 유다는 예수님을 절대적으로 믿는 믿음이 없었으니까 자꾸 미래 일을 생각하게 되었습니다.
　'예수님은 미래를 내다보는 능력이 있는데, 진짜 예수님이 예루살렘에서 붙들려서 십자가에 매달리게 되면 예수님만 매달릴 리가 없고 제자들이 모두 다 붙들려서 십자가에 매달리게 될 것이다. 그러면 십자가는 한 개가 아니라 열세 개가 세워지게 된다. 십자가는 손과 발에 못이 박혀서 죽을 때까지 고통받는 것인데 나는 절대로 그 고통을 참지 못한다. 그럴 바에야 죽을 사람들은 죽고 살 사람은 사는 것이 좋다. 예수님이나 바보 같은 제자들은 십자가에 죽더라도 나는 살아야겠다'고 생각했던 것입니다. 가롯 유다가 십자가에 못 박혀 죽지 않는 방법이 무엇이겠습니까? 그것은 '나는 예수의 제자가 아니라'는 증거를 가지고 있는 것입니다. 그것이 바로 예수님을 판 돈 은 삼십이었던 것입니다.

가룟 유다는 믿음이 없었기 때문에 미래 일을 두고 생각하고 또 생각했습니다. 그러다가 결국은 거의 미칠 지경이 되었고 나중에는 자포자기하는 심정이 되고 말았습니다.

그때 성경은 이렇게 말씀하고 있습니다.

13:2, "마귀가 벌써 시몬의 아들 가룟 유다의 마음에 예수를 팔려는 생각을 넣었더라"

이때 마귀는 가룟 유다의 마음을 너무 복잡하게 해서 이미 걷잡을 수 없게 만들었으며 통제 불능의 상태에 빠지게 했던 것입니다. 자동차나 비행기도 통제 불능의 상태에 빠지면 충돌하든지 추락하게 되어 있습니다. 사람의 마음도 통제 불능의 상태에 빠지면 그와 똑같습니다. 결국은 추락하고 마는 것입니다. 이제 더 이상 가룟 유다의 마음은 가룟 유다의 마음이 아니었습니다. 그는 미칠 것 같았고 불안이 극도에 달하게 되었던 것입니다. 결국 그는 대제사장을 찾아가서 예수를 팔겠다고 말하고 그 대가로 은 삼십을 받았습니다.

우리는 이것을 가룟 유다만의 이야기라고 생각해서는 안 됩니다. 오늘 우리 앞에 놓여있는 상황은 모든 것이 불안정합니다. 이때 우리는 생각을 하게 됩니다. '만일 우리 아이가 결혼하지 못한다면, 내가 취직을 끝까지 못한다면, 우리나라에 핵전쟁이 벌어진다면, 우리나라가 공산화된다면…' 이때 우리는 도망칠 곳도 없고 어떻게 먹고 살아야 할지 알 수 없습니다. 결국 생각하고 또 생각하다가 나중에는 미치게 되고 통제 불능의 상태에 빠지고 마는 것입니다.

예수님은 "자기 목숨을 얻는 자는 잃을 것이요 나를 위하여 자기 목숨을 잃는 자는 얻으리라"고 말씀하셨습니다. 즉 죽을 각오를 하고 믿으면 살게 되는 것입니다. 또 예수님은 방법까지 가르쳐 주셨습니다. "내가 목자를 치리니 양들이 흩어지리라"고 하셨는데 예수님이 붙들리면 도망치면 되는 것입니다. 이것이 하나님의 뜻이었습니다. 예수님은 갈릴리에서 만나자고 하셨습니다.

예수님이 아버지께로 가신다는 것은 우리의 구원하는 데 성공하신 것입니다. 우리가 이 말씀을 본다는 것은 이미 예수님은 우리 구원에 성공하셨고 우리의 미래를 완전히 지켜주시는 데 성공하신 것을 말하는 것입니다. 이 세상에 어떤 일이 일어나더라도 예수님은 우리를 완전히 지켜주실 것입니다. 우리에게 가장 위험한 것은 믿음은 제쳐두고 너무 생각을 많이 하는 것입니다. 생각하고 또 생각하고 또 생각하다 보면 통제 불능에 빠져서 사탄의 시험에 넘어가게 되는 것입니다. 우리는 그냥 이대로 주님을 의지하고 살아가면 우리가 다 살 수 있게 하십니다. 그래서 이제는 쓸데없이 미래 걱정을 너무 하지 마시고 오늘 우리가 살아 있는 것으로 감사하시기 바랍니다. 우리 안에서 믿음이 뜨거워지면 오히려 세상을 고치는 것은 성령의 바람으로 쉬울 수 있습니다. 모든 생각을 내려놓고 "하나님은 우리를 끝까지 지키신다"는 것을 믿으셔야 합니다.

어거스틴의 어머니는 아들이 갈 데까지 갔을 때 "눈물의 기도의 아들은 망하지 않습니다"라는 목사님의 말씀을 믿었습니다. 우리가 눈물로 기도하는 자식은 망하지 않고 눈물로 기도하는 민족은 망하지 않는다는 것을 믿으시기 바랍니다.

37

끝까지 사랑하심

요 13:1-20

누구든지

사랑받는 것은 참 좋은 것 같습니다. 누구든지 사랑을 받으면 아름다워지고 부드러워지고 멋이 있게 됩니다. 예전에 제가 알고 있던 어떤 한 여자 교인은 참 아름다웠는데, 한 번도 웃는 것을 본 적이 없었습니다. 언제나 얼음같이 차가웠습니다. 그래서 참 이상하게 생각했습니다. 하나님의 말씀은 열심히 들으시는데, 그분에게 아무도 말을 붙이지 못합니다. 그러던 어느 날 그분에게 아마도 사랑하는 사람이 생기게 된 것 같았습니다. 그때부터 완전히 다른 분으로 변했는데 잘 웃고 늘 미소를 띠면서 밝게 보였습니다.

사랑이라는 것은 사람을 참 멋있게 변화시키는 것 같습니다. 그러나 어느 누구에게도 사랑받지 못하고 매나 맞는 사람은 자신을 참 비참하게 생각하고 자존감을 가지지 못하는 것을 보게 됩니다. 그러다가 어려움이 오거나 유혹이 오면 자존감이 없는 사람은 금방 넘어지거나 자포자기를 하고 맙니다. 그러나 사랑받는 사람은 절대로 그런

싸구려 유혹에 넘어가지도 않고 자포자기도 하지 않습니다. 그러나 우리가 사랑하고 싶어도 참 사랑하기 어려운 사람이 있습니다. 그런 사람은 너무 병이 깊어서 몸을 가누지 못하거나 대화를 할 수 없는 사람일 것입니다. 혹은 아주 반항적인 자세를 가진 자녀나 죄수들일 것입니다.

얼마 전에 어떤 고래가 그물에 걸려서 죽었습니다. 그 고래의 배를 갈라보니까 그 배에서 나온 것은 전부 쓰레기더미였습니다. 그리고 그 고래 배에는 새끼도 있었는데 새끼도 쓰레기더미 안에서 죽어 있었습니다. 그 고래는 먹을 것 대신에 사람들이 버린 폐기물만 잔뜩 먹고 죽었던 것입니다.

그런데 오늘 사람들의 마음이나 육신 속을 보면 먹어야 할 것은 제대로 먹지 못하고 쓰레기만 잔뜩 먹어서 죽어가고 있는 형편입니다. 그래서인지 오늘 사람들은 다른 사람을 사랑하지 않습니다. 그 대신에 너무 많은 분노와 미움을 품고 있기 때문에 공기는 미세 먼지로 숨을 쉴 수 없고, 마음속은 우울증이나 화병에 걸려 있고, 몸 속에는 암덩이가 자라고 있는 것입니다. 우리 인간은 돈으로 사는 것이 아니라 사랑과 존경을 먹고 살아갑니다.

그런데 우리가 가장 먹어야 할 것은 바로 하나님의 사랑입니다. 나는 이 세상에서 사랑받기 위하여 태어났으며, 하나님의 아들이 나를 대신해서 죽어줄 정도로 나를 사랑하신다는 것입니다. 그러나 우리는 너무 마음이 병들어서 하나님의 사랑을 받을 수도 없고 알 수도 없습니다. 그래서 오늘 본문을 보면, 예수님은 제자 한 사람 한 사람을 사랑한다는 표시를 하셨습니다. 그것은 예수님이 제자 한 사람 한 사람의 발을 씻어주신 것이었습니다. 그런데 이것은 단순히 발을 씻는 이상의 엄청난 의미가 들어 있었습니다.

1. 예수님이 사랑하신 사람들

엄마는 아기를 너무 사랑하기 때문에 아기가 어렸을 때는 매일 목욕을 시켜줍니다. 아기가 더러우면 보기도 싫을 뿐 아니라 피부병도 생기고 냄새도 나고 잘못하면 더 큰 병이 생길 수 있기 때문입니다. 엄마는 목욕통 안에서 아기의 발가락도 하나씩 잘 씻겨줍니다. 그러면 아기는 기분이 좋아서 까르르 하면서 웃습니다. 아기들도 목욕하면 기분이 굉장히 좋아지는 모양입니다.

제가 가끔 가는 사우나에는 자기도 나이 들었으면서 자기보다 더 많이 늙고 잘 걷지도 못하는 노인을 꼭 데리고 와서 등도 밀어드리고 손도 잡고 뜨거운 탕에도 같이 들어가는 사람이 있었습니다. 그런데 어느 날부터인가 그분은 그 노인을 데리고 오지 않고 자기 혼자 와서 힘없이 사우나에 앉아 있었습니다. 그래서 옆에 있는 다른 사람이 "같이 오던 할아버지 어디 가셨느냐?"고 물으니까 "그분은 제 아버지셨는데 지난주에 돌아가셨다"고 대답하더랍니다. 그러면서 "아버지 없이 사우나에 오니까 섭섭해서 죽겠다"고 하면서 너무 안타까워하는 모습을 보았습니다.

예수님은 자신과 우리의 미래를 다 알고 계셨습니다. 예수님은 자신이 왜 이 세상에 오셨는지 잘 알고 계셨습니다. 그것은 바로 우리 한 사람 한 사람을 자신의 생명같이 사랑하시기 위해서였습니다. 예수님은 지금까지 제자들과 함께 있으면서 말씀을 주시고 하나님 나라의 능력을 보여주심으로 그들을 사랑하셨습니다. 그러나 이제 예수님은 제자들을 떠나야 할 때가 다 되었다는 것을 아셨습니다. 그리고 예수님은 이 세상에 계시면서 제자들에게 그들을 위해서 무엇을 하셨는지 알려주기를 바라셨습니다. 예수님은 자신이 가지고 오신 하나님의 사랑을 제자들의 발을 일일이 씻어주시는 것으로 표현하셨습니다.

13:1, "유월절 전에 예수께서 자기가 세상을 떠나 아버지께로 돌아가실 때가 이른 줄 아시고 세상에 있는 자기 사람들을 사랑하시되 끝까지 사랑하시니라"

예수님은 무한정 이 세상에 계실 수 없었습니다. 예수님은 이번 유월절에는 어떻게 되시든 하나님께로 돌아가야만 했습니다. 그 방법은 두 가지였습니다. 하나는 죽지 않고 그냥 하늘로 올라가시는 것입니다. 그러면 제자들이나 모든 사람의 죄는 그냥 그대로 남아 있게 됩니다. 즉 몸 안에 온갖 폐기물과 분노와 암 덩어리가 그대로 다 남아 있게 되는 것입니다. 그러나 다른 한 방법은 예수님이 십자가에 못 박혀 죽으신 후 죽음을 이기고 하늘에 올라가시는 것입니다. 그렇게 되면 우리 안에 있는 모든 폐기물이라든지 분노나 암 덩이나 죄 덩어리들이 다 씻겨나가게 됩니다.

그때 예수님은 우리를 사랑하시되 끝까지 사랑하셨다고 말씀하셨습니다. 예수님이 사랑하신 사람은 모든 사람이었습니다.

13:3, "저녁 먹는 중 예수는 아버지께서 모든 것을 자기 손에 맡기신 것과 또 자기가 하나님께로부터 오셨다가 하나님께로 돌아가실 것을 아시고"

예수님은 모든 인간의 운명이 예수님의 손에 맡겨져 있다는 것을 아셨습니다. 예수님은 인간을 버릴 수도 있었고, 살릴 수도 있었습니다. 이제 예수님은 어떻게 하시든지 결단을 내려야만 하셨습니다. 그때 예수님께서는 자리에서 벌떡 일어나시더니 겉옷을 벗으시고 수건을 허리에 두르신 후에 제자들의 발을 씻으시고 수건으로 닦기 시작하셨습니다.

13:4-5, "저녁 잡수시던 자리에서 일어나 겉옷을 벗고 수건을 가져다가

> 허리에 두르시고 이에 대야에 물을 떠서 제자들의 발을 씻으시고 그 두르신 수건으로 닦기를 시작하여"

 예수님은 갑자기 아무 설명도 없이 대야에 물을 떠 가지고 와서 제자들의 발을 한 명 한 명씩 일일이 씻어주시기 시작하셨습니다. 우리나라 사람들은 목욕을 갈 때 등 밀어주는 것을 중요하게 생각합니다. 왜냐하면 등은 손이 닿지 않기 때문입니다. 아버지와 아들 혹은 형제끼리 목욕탕에 가면 서로 등을 밀어줍니다. 이것은 일종의 애정의 표현입니다.
 팔레스타인은 먼지가 많이 나는 곳이고 더운 곳이기 때문에 발을 씻는 것이 매우 중요하다고 합니다. 왜냐하면 하루 종일 길을 걸으면 땀과 흙먼지가 묻어서 발이 아주 더러워지기 때문입니다. 그러면 대개 가장 낮은 종이 신발의 끈을 풀어주면 자기가 발을 씻을 것입니다. 그러나 나이가 많아서 거동이 불편하다든지 혹은 몸이 불편해서 스스로 씻을 수 없는 사람이 있으면 종이나 부인이 발을 씻어줄 것입니다.
 그런데 예수님은 이 세상의 모든 사람의 죄를 씻어주기 위해서 오셨습니다. 예수님은 제자들 한 사람 한 사람을 자신의 목숨을 걸고 사랑할 정도로 소중한 사람이라는 표시로 그들의 발을 일일이 씻겨주셨습니다. 예수님은 도마의 발도 씻겨주시고 가룟 유다의 발도 씻겨주시고 다른 모든 제자의 발을 다 씻겨주셨습니다. 우리는 이 세상에서 내가 좋아하지 않는 사람이나 죄를 지은 사람은 미워하고 욕을 해주고 자리에서 쫓아내야 속이 시원하다고 생각할 것입니다. 그러나 예수님은 이 세상의 모든 사람은 전부 하나님의 사랑을 받을 자격이 있고 하나님이 사랑하고 계신다는 뜻으로 발을 씻겨주셨던 것입니다. 지금 우리가 공기를 마시면서 숨을 쉬고 있고 우리가 생각할 수 있다는 것이 하나님이 우리를 사랑하시는 증거인 것입니다.
 그런데 예수님은 하나님이 우리를 피상적으로 사랑하시는 것이 아니라 한 사람 한 사람 안아주시고 볼을 맞대어 주시고 발을 씻겨주실 정도로 사랑하신다는 것을 표현하기를 원하셨습니다. 우리는 때때로 하나님이 멀리 계신다고 생각하고 나에게 무관심하다고 생각할 때가 많습니다. 그러나 예수님이 이 세상에 오셨다는 것은 절대로 무관심하신 것이 아닙니다. 이 세상에 사람은 누구든지 하나님이 사랑하십니다.

그런데 우리 인간은 모두 중병에 걸려서 자기 스스로는 발을 씻을 수 없습니다. 우리 안에는 모든 쓰레기와 분노와 암 덩이와 우울증과 죄 덩어리가 있어서 우리 스스로는 씻을 수 없습니다. 그래서 예수님이 제자들의 발을 씻겨주신 것입니다. 예를 들어서 우리 몸 안에서 암 덩이가 있으면 우리가 없앨 수 없습니다. 의사가 칼로 암 덩이가 있는 부분을 도려내야 하는 것입니다. 의사는 암 덩이를 도려내기 전에 환부에 소독약을 바를 것입니다.

예수님은 제자들의 발을 씻어주심으로 그들의 모든 쓰레기와 분노와 암 덩이를 가져가실 것을 보여주셨습니다. 제자들이 할 것은 예수님께 발만 내어놓으면 되는 것입니다. 이것은 예수님을 믿는다는 표시입니다. 우리가 예수님을 믿기만 하면 예수님은 우리의 모든 암 덩이를 다 가져가시고 새 인생을 주십니다.

2. 베드로와의 대화

이제 예수님의 발 씻는 순서가 베드로까지 오게 되었습니다. 베드로는 예수님이 제자들의 발을 씻어주시는 것을 아주 못마땅하게 생각했습니다. 왜냐하면 자기 발은 자기가 씻으면 되는 것이고 아니면 가장 낮은 사람이 위의 사람의 발을 씻어주면 될 것입니다. 베드로는 발 씻는 것을 서열의 문제로 생각했습니다. 즉 누구든지 자기 발은 자기가 씻으면 되는 것이고 굳이 발을 씻겨주려면 서열 낮은 순으로 높은 자를 씻겨야 한다고 생각했던 것입니다.

그래서 베드로는 예수님에게 이렇게 말을 했습니다.

13:6, "시몬 베드로에게 이르시니 베드로가 이르되 주여 주께서 내 발을 씻으시나이까"

지금 베드로는 아주 못마땅한 것을 알 수 있습니다. 베드로는 예수님에게 "예수님이 지금 제 발까지 씻기려고 하시는 것입니까?"라고 묻습니다. 이것은 "다른 제자들의 발을 씻기는 것도 겨우 참고 있었는데 이제는 저까지 아주 바보로 취급하려고 하십니까?"라는 뜻이었습니다.

그리고 베드로는 예수님에게 아주 단정적으로 말을 했습니다.

13:8, "베드로가 이르되 내 발을 절대로 씻지 못하시리이다"

베드로는 예수님에게 자기 발은 씻기시지 못한다고 했습니다. 자기가 예수님의 발을 씻겨드리면 몰라도, 아니면 다른 제자가 자기 발을 씻겨주면 몰라도 예수님은 자기 발을 절대로 씻기지 못한다고 단정적으로 말을 했습니다.

그때 예수님은 베드로에게 자신이 발을 씻겨주는 것은 발을 씻는 이상의 의미가 있다고 말씀하셨습니다.

13:7-8, "예수께서 대답하여 이르시되 내가 하는 것을 네가 지금은 알지 못하나 이 후에는 알리라 예수께서 대답하시되 내가 너를 씻어 주지 아니하면 네가 나와 상관이 없느니라"

예수님은 베드로에게 지금은 모르지만 이후에는 알 것이라고 했습니다. 그래서 우리는 예수님이 발을 씻기신 이유를 알아야 하는 것입니다. 예수님은 베드로에게 "내가 네 발을 씻어주지 않으면 너와 상관이 없다"고 하셨습니다. 즉 너는 내 제자도 아니고 예수 믿는 것도 아니라고 말씀하시는 것입니다. 여기서 알 수 있는 것은 예수님에게 발을 내어드리는 것은 예수님께 자신을 맡기는 태도였던 것입니다. 즉 '예수님, 내 인생을 주님께 맡깁니다' 라는 뜻으로 발을 내어드리는 것입니다. 그런데 베드로는 누구입니까? 예수님으로부터 은혜 받고 싶은 욕심은 누구보다 강한 사람이었습니다. 베드로는 이 말을 듣자 말자 당장 예수님께 "주여 내 발뿐 아니라 손과 머리도 씻어 주옵소서"라고 요청을 했습니다. 베드로는 무조건 예수님이 많이 씻어 주시면 좋은 줄로 생각했던 것입니다. 그때 예수님은 아주 중요한 말씀을 하셨습니다. 그것은 "이미 목욕을 한 자는 발밖에 씻을 필요가 없다"(10절)고 하신 것입니다.

　아직 예수님은 십자가에 죽지 않으셨습니다. 그러나 지금까지 예수님을 따라다니면서 말씀으로 샤워를 받은 자, 즉 예수님의 말씀으로 목욕한 자는 이미 그 안에 있는 모든 쓰레기와 노폐물과 암 덩이와 분노와 우울증과 사탄의 덩어리들이 다 씻겨진 것입니다. 그래서 또 목욕하고 또 목욕할 필요가 없다는 것입니다. 그냥 발만 씻으면 온몸이 깨끗하다고 말씀하셨습니다. 이것은 우리 예수 믿는 사람들은 근본적인 암 덩이리와 죄 덩어리가 씻겨졌지만 인간이기 때문에 말이나 행동을 통해서 발은 더러워질 수 있는 것입니다. 즉 우리 양심이 썩은 것은 아니지만 떼가 낄 수는 있는 것입니다. 그것은 우리가 하나님의 말씀을 듣고 회개하면 온몸이 깨끗하게 되는 것입니다. 우리는 근본 병의 뿌리가 다 뽑힌 사람들입니다. 그러나 우리는 더러워질 수는 있습니다. 우리는 그때그때 입으로 회개하고 씻음 받으면 되는 것입니다.

　우리가 하나님의 말씀에 불순종해서 나쁜 말과 나쁜 생각을 하고 나쁜 일에 빠지면 양심에 때가 끼게 됩니다. 그때 우리는 생각나는 죄를 부끄러워하지 말고 예수님께 말씀드리면 온 양심이 다 깨끗해지게 되고 우리의 온 영혼이 하나님의 은혜로 회복되게 되는 것입니다. 그래서 우리는 발 씻는 것을 주저해서는 안 됩니다. 그 대신 내가 생각나는 죄만 자백하면 하나님께서 내 온몸과 영혼을 깨끗하게 해주시는 것입니다.

그런데 우리가 발을 너무 안 씻으면 목욕을 하지 않은 사람보다 더 냄새가 날 수 있습니다. 그래서 어떤 때는 믿는 사람들이 세상 사람들보다 더 부도덕하게 보일 때가 있습니다. 그것은 자존심이 너무 강해서 발을 씻지 않아서 그런 것입니다. 우리는 이 세상에 살면서 날마다 죄에 노출되고 발이 더러워지고 양심이 더러워집니다. 이것을 그냥 두지 말고 예수님께 씻어달라고 해서 온 영혼이 은혜로 충만한 상태를 유지해야 합니다. 그래서 우리는 항상 기뻐하면서도 모든 것에 기도를 해야 합니다.

3. 하나님의 사랑을 거부하는 사람들

예수님은 결국 열두 제자 모두의 발을 씻어주셨습니다. 예수님은 제자들의 발을 다 씻겨주신 후에 너희 모두가 다 깨끗하지만 다는 아니라고 말씀하셨습니다.

> 13:10-11, "너희가 깨끗하나 다는 아니니라 하시니 이는 자기를 팔 자가 누구인지 아심이라 그러므로 다는 깨끗하지 아니하다 하시니라"

예수님은 가룟 유다의 발도 똑같이 씻어주셨습니다. 그러나 가룟 유다가 예수님께 발을 내어드린 것은 정말 예수님을 믿었기 때문이 아니었습니다. 가룟 유다는 실제로 예수님께 자기의 발을 내어드리고 싶지 않았지만 다른 사람들의 눈치가 보이니까 마지못해서 내어드린 것이었습니다. 가룟 유다는 예수님을 믿지 않고 있었습니다. 그래서 언제나 예수님이 말씀하실 때도 가룟 유다는 마음을 닫고 있어서 하나님의 말씀으로 목욕을 하지 못했습니다. 그는 목욕하지 않고 예수님의 말씀에 발만 담갔던 것입니다. 그러나 예수님은 가룟 유다를 책망하거나 드러내놓고 비난하지 아니하셨습니다. 왜냐하면 예수님은 가룟 유다도 사랑하셨기 때문입니다. 단지 가룟 유다는 예수님의 사랑을 믿지 않고 자기 스스로 마음 문을 닫고 멸망의 길을 갔던 것입니다.

예수님은 기독교가 섬김의 종교인 것을 보여주셨습니다. 모든 사람이 주님 앞에 나오는 것은 자기 손으로 발을 씻을 수 없기 때문입니다. 그러나 발만 씻지 못하는 것이 아니라 그 속에는 모든 쓰레기와 암 덩어리가 다 들어 있습니다. 예수님은 그것을 꺼내어주셔서 온몸을 깨끗하게 하십니다. 교회는 돈 많은 사람이 오거나 지식이 많은 사람이 와서 더 높아지거나 유명해지는 곳이 아닙니다. 모두 병이 들어서 오는 것입니다. 우리는 예수님의 말씀을 듣고 발만 내어놓으면 온몸이 깨끗해질 수 있습니다. 내 마음의 고통과 육신의 고통과 부끄러운 죄를 자백하면 됩니다. 기독교는 사랑의 종교입니다. 예수님이 제자들의 발을 씻기신 것은 바로 하나님의 사랑으로 그들을 사랑하신 것입니다. 남의 발을 씻기는 사람은 상대방을 공격하지 않습니다. 발을 씻어주다가 화가 난다고 갑자기 일어나서 대야로 머리를 때린다면 큰일이 날 것입니다.

예수님은 제자들에게 이렇게 말씀하셨습니다.

13:20, "내가 진실로 진실로 너희에게 이르노니 내가 보낸 자를 영접하는 자는 나를 영접하는 것이요 나를 영접하는 자는 나를 보내신 이를 영

접하는 것이니라"

　우리의 것은 아무것도 없습니다. 모든 것은 하나님의 것입니다. 우리가 다른 사람을 사랑하는 것은 하나님의 사랑으로 사랑하는 것입니다. 사람이 하는 말도 하나님의 말씀이요 사람이 주는 물건도 하나님의 사랑인 것입니다. 우리가 이것을 믿고 받아들이면 내 마음에 하나님의 사랑이 들어오게 됩니다. 그것이 바로 하나님이 오시는 것입니다. 우리는 마음 문을 닫지 말아야 합니다. 기독교는 사람의 모든 더러운 것을 하나님 말씀의 샤워로 씻는 것입니다. 그때 뱃속의 쓰레기가 다 빠지게 되고 우울증과 미세 먼지도 없어지고 암도 없어지고 과거의 수치도 사라지게 됩니다.

　어떤 외국 뉴스에 보니까 고래들이 정신 이상이 생겨서 수십 마리가 육지로 올라와서 죽어가고 있었습니다. 그랬더니 마을의 모든 사람이 다 출동해서 고래에 물을 뿌리고 고래를 밀어서 바다로 돌려보내었습니다. 그중에서 몇 마리는 죽고 몇 마리는 다시 정신을 차려서 바다로 돌아갔습니다. 우리는 마치 육지에 올라와 있는 고래와 같습니다. 우리는 이 고래들을 잡아먹을 생각을 하면 안 됩니다. 고래에게 물을 뿌려주고 밀어서 바다로 보내야 하는 것입니다. 하나님의 말씀으로 샤워를 하고 양심을 씻으셔서 은혜의 바다에서 헤엄을 치시기 바랍니다.

38

영광의 서곡

요 13:16-38

모든 일에는

시작과 끝이 있습니다. 운동 경기나 연주회를 한다든지 전쟁을 한다든지 큰 수술을 할 때도 시작이 있고 끝이 있습니다. 오케스트라 큰 음악에도 서곡(序曲)이 있습니다. 서곡 중에서 유명한 서곡은 차이코프스키의 1812년 서곡일 것입니다. 1812년은 나폴레옹과 러시아가 벌인 전투의 해입니다. 처음에는 러시아가 모스크바도 내어주고 후퇴하지만 나중에는 추위를 이기지 못하고 후퇴하는 프랑스군을 따라가서 박살을 내고 승리합니다. 〈메시야〉도 서곡 오케스트라가 처음에는 없었는데 헨델이 반대를 무릅쓰고 넣었다고 합니다.

가끔 교인 가족이 뇌수술이나 심장 수술 같은 큰 수술을 받으러 갈 때가 있습니다. 전에 제가 수술실까지 따라간 환자는 어린 아기였습니다. 엄마는 아기를 잘 달래서 이동식 침대에 눕히고 간호사들은 아기 침대를 밀고 수술실이라고 적힌 방으로 들어가는데 그때부터 엄마는 울기 시작했습니다. 그러나 수술실에는 더 이상 가족들이 들어

올 수 없습니다. 그리고 수술이 잘 되면 다시 만날 수 있지만 만일 수술이 잘못되면 살아있는 모습을 더 이상 보지 못하게 됩니다.

그래서 어떤 의미에서 수술도 큰 전투라고 할 수 있습니다. 즉 환자의 암 덩이나 몸 안에 있는 종양과 싸워서 그것들을 떼 내버리고 환자를 살려야 하는 전투인 것입니다. 그 수술의 서곡은 아무래도 마취의사가 환자를 마취시키는 데서부터 시작할 것입니다. 저도 마취를 받고 수술을 받아본 적이 있는데 마취의사가 '조금 따끔합니다' 하더니 저는 곧 정신을 잃어버렸습니다. 그리고 무엇인가 칼인지 가위인지 주사기인지 '달그락 달그락' 하는 소리가 한참 들리는 것 같더니 누군가가 "환자분 눈뜨세요!"라고 하는 소리에 눈을 떠보니 이미 회복실에 옮겨져서 여러 시간이 지난 후였습니다.

요즘 우리나라에 가장 필요한 문제가 무엇일까요? 많은 사람은 북핵이 해체가 되고 전쟁이 나지 않는 것이라고 말할 것입니다. 이것이 가장 중요한 것은 틀림없습니다. 또 어떤 사람은 경제가 살아나서 많은 일자리가 만들어져서 사람들이 굶어죽지 않는 것이라고 말할 것입니다. 이것이 중요한 것은 틀림없습니다.

그런데 사실 이런 것보다 더 중요한 것이 있습니다. 그것은 바로 우리 인간과 하나님과의 관계입니다. 우리 인간은 죄를 짓고 교만함으로 하나님의 의로우심에 엄청난 상처를 입히고 자기 자신도 멸망하는 길을 택했습니다. 만약 누군가가 하나님의 손상된 의로우심을 완전히 보상해서 그 진노를 축복으로 바꿀 수만 있다면 인간은 영원한 삶을 살 수 있을 것입니다. 하나님은 이것을 위해서 거대한 계획을 세우셨습니다. 그것은 바로 오래전에 예언하셨던 하나님의 아들이 이 세상에 오셔서 우리 인간을 대신해서 벌을 받고 심판을 받는 것이었습니다.

그 구원의 서곡은 예수님의 열두 제자 중 하나가 예수님을 배반하는 데서부터 시작됩니다. 예수님은 이것을 영광의 시작이라고 말씀하셨습니다. 이것은 인간이 완전히 사는 길이었습니다.

1. 예수님의 제자의 배신

우리는 이 세상에서 믿었던 사람에게 완전히 배신을 당하는 경우가 종종 있습니다. 믿었던 사람에게 배신을 당하면 모든 비밀을 다 떠들어버리기 때문에 망하게 됩니다. 예수님도 믿었던 제자 중에서 한 사람이 배신함으로 어려움을 당하시게 됩니다.

13:18, "내가 너희 모두를 가리켜 말하는 것이 아니니라 나는 내가 택한 자들이 누구인지 앎이라 그러나 내 떡을 먹는 자가 내게 발꿈치를 들었다 한 성경을 응하게 하려는 것이니라"

예수님은 제자 한 사람 한 사람 모두를 사랑하신다는 뜻으로 그들의 발을 다 씻어주셨습니다. 오늘도 예수님은 우리의 발을 일일이 다 씻어주십니다. 왜냐하면 우리는 모두 사랑받을 가치가 있는 사람들이고 예수님은 실제로 우리를 그렇게 사랑하시기 때문입니다. 그런데 예수님은 제자 모두는 아니라고 말씀하셨습니다. 왜냐하면 제자 중에 딱 한 사람 가룟 유다는 예수님의 사랑과 하나님을 믿지 않고 예수님을 배신하기로 했기 때문입니다. 그런데 이미 성경에는 예수님께서 가장 가까운 사람에게 배신당할 것을 예언하고 있었습니다.

"내가 신뢰하여 내 떡을 나눠 먹던 나의 가까운 친구도 나를 대적하여 그의 발꿈치를 들었나이다" (시 41:9).

같이 떡을 나누어 먹는 사람은 가장 가까운 사이의 사람입니다. 사람들은 가까운 사람에게는 자기 모든 비밀을 다 이야기합니다. 그런데 발꿈치를 들었다는 것은 그가 몰래 신호를 주고받았다는 뜻입니다.

요즘 우리나라는 다른 사람의 비리를 귀신같이 알아내는 사람들이 수두룩해서 장관이나 높은 자리에 오르려고 하면 청문회를 통해 그동안 별 것 아닌 줄 알았던 모든 것이 엄청난 죄가 되어서 온 세상을 다 덮게 됩니다. 그래서 둘 중의 하나를 택해야 합니다. 그냥 돈만 가지고 높은 사람이 되지 않든지 아니면 돈이 하나도 없이 거지같이 살다가 감투를 쓰든지, 둘 중의 하나인 것입니다.

예수님의 제자 중에서도 가룟 유다라는 한 사람이 예수님을 믿지 못했습니다. 그는 예수님 때문에 자기도 십자가에 못 박혀 죽을 것이 자꾸 두려웠습니다. 그래서 예수님은 그에게 능력도 보여주시고 그의 발도 씻겨주셨지만 그는 대제사장을 찾아가서 자기가 예수님을 넘겨줄 테니까 얼마를 주겠느냐고 해서 은 삼십을 받았던 것입니다. 그 원인은 두려움에 있었습니다.

예수님은 구약 시편 말씀을 읽고 가룟 유다가 자신을 배신할 것임을 아셨습니다. 그뿐만 아니라 예수님은 성경 자체를 이루어가고 계셨습니다. 여기서 우리가 알아야 할 것은 이 세상 역사의 모든 드라마의 각본은 성경이라는 사실입니다. 예수님은 성경을 이루시는 본인이십니다.

그러나 예수님은 결코 가룟 유다를 적대시하거나 미워하지 아니하셨습니다. 단지 예수님은 자신이 팔리고 십자가에 죽게 될 텐데 다른 제자들은 예수님은 자기 코밑에 있는 제자가 배신하는 것도 모르고 무엇을 하셨을까 하는 의심이 들지 않게 하기 위하여 이 말씀을 하신 것입니다.

13:19, "지금부터 일이 일어나기 전에 미리 너희에게 일러 둠은 일이 일어날 때에 내가 그인 줄 너희가 믿게 하려 함이로라"

예수님은 결코 몰라서 가룟 유다에게 배신당하신 것이 아니었습니다. 가룟 유다의 배신은 예수님의 위대한 구원의 서곡이었던 것입니다. 그러나 예수님은 가룟 유다가 멸망의 길을 가는 것이 너무 가슴 아프셨습니다.

그래서 다시 이렇게 말씀하셨습니다.

13:21, "예수께서 이 말씀을 하시고 심령이 괴로워 증언하여 이르시되 내가 진실로 진실로 너희에게 이르노니 너희 중 하나가 나를 팔리라 하시니"

그때 제자 중에서 가장 나이가 어렸던 요한은 어린아이처럼 예수님의 품에 안겨서 떡을 먹고 있었습니다. 그때 베드로는 턱으로 요한에게 예수님을 팔려는 자가 누구인지 물어보라고 했습니다. 그러니까 요한은 예수님의 턱 아래서 예수님에게 귀엽게 "예수님을 팔 자가 누구입니까?"라고 물었습니다. 그랬더니 예수님은 떡 한 조각을 집어서 소스에 찍어서 가룟 유다에게 주셨습니다. 그때가 가룟 유다가 살 수 있는 마지막 기회였습니다. 만약 그 때 가룟 유다가 자기 머리를 상에 찧으면서 "접니다. 제가 배신했습니다!"라고 고백했더라면 얼마든지 살 기회가 있었을 것입니다. 그러나 가룟 유다는 밖으로 나가버렸습니다. 이것이 예수님의 구원의 위대한 서곡이었습니다.

2. 예수님의 확신

예수님은 가룟 유다에게 회개할 수 있는 마지막 떡을 주셨지만 가룟 유다는 거절하면서 밖으로 나가버렸습니다. 예수님은 이제 전쟁의 나팔은 울렸고 치열한 영적인 전쟁이 시작된 것을 아셨습니다. 그리고 예수님은 이 전쟁에서 승리하실 것을 확신하셨습니다. 그리고 예수님은 하나님께서 이 전쟁에서 영광을 얻으실 줄 확신했습니다.

> 13:31, "그가 나간 후에 예수께서 이르시되 지금 인자가 영광을 받았고 하나님도 인자로 말미암아 영광을 받으셨도다"

어떻게 예수님께서 그렇게 믿으셨던 제자에게 배신을 당하시고 붙들려 가서서 침 뱉음을 당하시고 채찍에 맞으시고 십자가에 못이 박혀서 죽는 것이 영광이 될 수 있습니까? 이것은 치욕 중의 치욕이고, 비참한 것 중에 최고로 비참한 죽음이 될 것입니다. 그러나 예수님은 살 생각을 하지 않으셨습니다. 만일 예수님께서 살 생각을 하셨더라면 얼마든지 사실 수 있었습니다. 예수님이 겟세마네 동산에 가지 않아도 붙잡히지 않으셨을 것입니다. 예수님이 대제사장과 서기관들에게 재판을 받을 때도 자기가 하나님의 아들 메시야라고 말씀하지 아니하셨더라면 안 죽었을 것입니다. 예수님이 빌라도의 재판정에서도 "내가 붙들려온 것은 사람들의 오해 때문이다"라고 주장하셨더라면 얼마든지 십자가에 못 박혀 죽지 않으실 수 있었습니다. 그리고 예수님이 하늘의 천사를 부르기만 했어도 얼마든지 십자가에 죽지 않으실 수 있었습니다.

그러나 예수님이 안 죽으셨다면 그 순간 우리는 성경을 쓰레기통에 넣어버려야 합니다. 왜냐하면 예수님은 더 이상 성경의 주인공이 아니시기 때문입니다. 그러나 예수님은 어떤 고통이 오더라도 이번에 꼭 죽으려고 결심하셨습니다. 예수님은 죽을 자신이 있었습니다. 예수님이 죽으심으로 하나님의 모든 상처 입은 의는 다 보상이 되고 하나님은 만족하실 수 있었습니다. 하나님은 얼마나 의로우신 분입니까? 단 하나밖에 없는 아들 하나님이 인간이 되어서 죽을 정도로 의로운 분이셨습니다. 이 이상 다른 것은 아무 필요가 없었습니다. 우리가 금식하거나 돈을 기부하거나 몸을 불사르게 내주는 것은 아무 소용이 없습니다. 하나님은 완전히 만족하시고 누구든지 예수 이름을 부르는 자는 다 용서하십니다.

예를 들어서 어느 나라 신하들과 백성들이 왕에게 반역을 꾀했습니다. 그들은 모두 붙잡혀서 죽어야 할 것입니다. 그런데 하나밖에 없는 왕자가 왕에게 자기가 대신 죽을 테니까 이들을 용서해달라고 하면서 반역자들에게 붙들려서 죽었다면 왕은 이 반역자들을 죽이고 또 죽여도 시원치 않을 것입니다. 그러나 왕은 아들의 죽음을 헛되게 하고 싶지 않아서 누구든지 항복하는 자는 아들의 이름으로 보고 다 용서했습니다. 이것은 그야말로 눈물에 찬 용서인 것입니다. 왕과 모든 백성이 다 우는 용서인 것입니다.

예수님은 자신의 죽음이 끝이 아니라고 말씀하셨습니다.

13:32, "만일 하나님이 그로 말미암아 영광을 받으셨으면 하나님도 자기로 말미암아 그에게 영광을 주시리니 곧 주시리라"

하나님은 아들의 사랑과 순종에 완전히 만족하셨습니다. 하나님은 원래 영광스러운 분이지만 아들의 죽음으로 더 의로운 분으로 인정받게 되었습니다. 이때 놀라운 일은 아들의 죽음으로 사망의 세력이 무너지면서 아들은 새로운 몸으로 다시 살게 되었다는 것입니다. 그리고 아들은 최고로 높으신 하나님의 보좌 우편에 앉아 온 세상을 다스리시게 됩니다. 이것이 하나님이 아들을 영광스럽게 하시는 것입니다.

그래서 예수님은 자기의 십자가 죽음을 산모가 아기를 낳는 것에 비유하셨습니다. 산모가 아기를 낳을 때 배가 아파서 죽을 것 같습니다. 그러나 아기를 낳고 난 후에는 새 생명이 태어났기 때문에 좋아서 웁니다. 엄마는 아기를 볼에 비비면서 아기야 이 세상에 태어나서 너무 행복하다 사랑한다고 말할 것입니다. 우리는 모두 예수님 때문에 이 세상에 새로 태어난 하나님의 사람들입니다. 우리가 예수 믿는 것을 보고 천사들은 박수 치고 하나님은 볼을 비비시고 예수님은 눈물을 흘리시면서 기뻐하십니다.

3. 서로 사랑하라

예수님은 제자들을 "작은 자들"이라고 부르셨습니다. 이것은 새로 태어난 아주 작은 아기를 말합니다.

13:33, "작은 자들아 내가 아직 잠시 너희와 함께 있겠노라 너희가 나를 찾을 것이나 일찍이 내가 유대인들에게 너희는 내가 가는 곳에 올 수 없다고 말한 것과 같이 지금 너희에게도 이르노라"

예수님은 이제 배신을 당해서 붙들려가서 재판받고 채찍질 당하시고 십자가에 못 박히십니다. 이것이 예수님이 받으실 수술이었습니다. 예수님은 십자가에 못 박히시기 전에 제자들의 발을 깨끗하게 씻어주셨습니다. 예수님이 십자가에 못 박혀 죽는 것도 고통이지만, 죽으신 후 지옥에 가서 사망과 싸워서 사망을 때려 부수어야 합니다. 그리고 하늘의 지성소에 올라가셔서 자신의 피로 영원한 대속죄의 제사를 드리실 것입니다. 그것은 어느 인간도 따라갈 수 없는 곳이었습니다.

제자들은 영원히 예수님을 따라가려고 집이나 배나 그물도 버리고 예수님을 따라왔습니다. 그러나 이 작은 아이들이 마지막까지 갈 수 있는 곳은 십자가가 있는 그곳까지만이었습니다. 유대인들이 예수님을 조롱할 수 있는 곳도 십자가까지가 마지막이었습니다. 그 뒤는 인간이면 아무도 갈 수 없는 곳이었습니다.

예수님은 남아 있는 제자들에게 오직 한 가지만 부탁하셨습니다. 그것은 바로 너희가 서로 사랑하라는 것이었습니다.

13:34-35, "새 계명을 너희에게 주노니 서로 사랑하라 내가 너희를 사랑한 것 같이 너희도 서로 사랑하라 너희가 서로 사랑하면 이로써 모든 사람이 너희가 내 제자인 줄 알리라"

예수님은 우리가 해야 할 것은 사랑하는 것이라고 말씀하셨습니다. 예수님이 우리에게 하라고 부탁하신 것은 하나님이 우리를 사랑하신 것같이 서로 사랑하고 모든 사람을 사랑하는 것입니다. 왜냐하면 그들은 모두 인간이기 때문입니다. 물론 우리는 다른 사람들을 사랑할 수 없습니다. 더욱이 우리는 악한 사람들은 사랑할 수 없습니다. 그러나 우리가 아무리 악한 자라 하더라도 이해하려고 노력하면 미움의 감정은 적어질 것입니다. 사람들은 모두 사랑에 병들어 있습니다. 사람들은 사랑에 모두 목말라 있습니다. 이때 우리가 다른 사람을 적어도 이해하려고 노력한다면 미움은 적어집니다. 우리가 다른 사람을 이해하려고 노력할 때 사람들은 우리가 예수님의 제자인 줄 알 것입니다.

그런데 우리가 모든 악한 짓을 한 사람들을 다 용서한다면 이 세상의 정의는 없어지지 않겠습니까? 그렇게 자기 이익을 위해서 숨어서 못된 짓을 한 사람들이 다 용서받고 권력까지 차지한다면 얼마나 이 세상이 불의한 사회가 되겠습니까? 그러나 그들도 약한 자들이기 때문에 돈을 많이 가지려고 한 것이고 약하기 때문에 거짓말을 하는 것입니다. 우리가 다른 사람을 이해하려고 하면 속겠지만 하나님은 우리에게 더 큰 축복을 주십니다.

이때 베드로는 예수님에게 "주여 어디로 가십니까?"라고 물었습니다. 이 말이 라틴어로 그 유명한 '쿼바디스 도미네' 입니다. 〈쿼바디스〉 영화를 보면 순교를 피하여 로마에서 도망치는 베드로에게 십자가를 지고 가는 예수님의 환상이 보였다고 합니다. 그때 베드로가 "주여 어디로 가십니까?" 하고 물으니까 "네가 지기 싫어서 도망치는 로마에 십자가에 못 박히러 간다"고 대답하셨다고 합니다. 그러나 이것은 어디까지나 전설이고 근거 없는 말입니다. 그러나 베드로가 여기서 '쿼바디스 도미네'라고 물은 것은 사실입니다.

그리고 베드로는 "사랑 같은 것을 필요 없고 저는 죽어도 주님을 따라가겠습니다"라고 말했습니다. 그때 예수님은 "네가 닭 울기 전에 세 번 나를 모른다고 부인할 것이라"고 말씀하셨습니다.

우리가 열정으로는 주를 위하여 죽고 싶고 목숨 걸고 나라를 지키고 싶지만 우리가 할 수 있는 것은 아무것도 없습니다. 모든 것은 왕이신 예수님이 하실 것입니다. 우리는 다른 사람을 사랑하지는 못하더라도 그도 약해서 저렇게 한다고 이해하시기 바랍니다. 그러면 우리는 예수님의 계명을 지킨 것이고 우리는 승리한 것입니다.

어떤 성도는 다른 사람의 신원보증을 섰다가 이십억 원의 부채를 지게 되었습니다. 그는 아무것도 가진 것이 없게 되었습니다. 그는 믿었던 자에게 배신을 당한 것입니다. 그러나 그는 저의 설교집을 접하고는 말씀을 더 사랑했습니다. 결국 그들은 승리했습니다.

우리는 배신을 당해도 이해하고 우리 사회에 해를 끼친 사람도 이해해주고 나를 힘들게 한 사람도 이해해줄 때, 미워할 사람이 없을 것입니다. 그리고 우리는 천사 같은 모습으로 나타날 것입니다. 미움이 가득 차 있는 이 세상에 모두 다 약해서 그렇게 하는 것입니다. 우리는 혈기나 열정으로 이길 수 없습니다. 우리가 남을 이해할 때 하나님이 우리를 가치 있게 생각하셔서 우리나라를 최고의 나라로 축복하실 것입니다.

39

너희는 근심하지 말라

요 14:1-6

어떤 사람이

부산의 어느 동네에 대하여 쓴 글을 읽어본 적이 있습니다. 그 동네는 제가 어렸을 때 살았던 곳인데 부자들이 살던 동네였습니다. 그러나 지금은 가난한 동네로 바뀌었고 그 학교에는 러시아 계통의 아이들이 많이 다닌다고 했습니다. 그곳에는 러시아 상인들이 많이 들어오면서 혼혈아들이 생긴 것입니다. 이 아이들은 한국말을 하고 한국인 학교에 다니는데 외모는 외국인이라는 것입니다. 가끔 텔레비전에서 나오는데 아주 키가 큰 흑인 모델인데 영어는 전혀 못하고 한국말만 하는 사람이 있습니다. 그런 사람은 성공한 케이스입니다. 그러나 옛날 6·25전쟁 후에는 혼혈아들은 우리나라 사람들이나 아이들에게 엄청난 멸시와 천대를 받았습니다.

예수님은 제자들에게 잠깐 어디 갔다 오겠다고 말씀하셨습니다. 제자들은 예수님 한 분만 믿고 집이나 배, 직장을 다 버리고 예수님을 따랐습니다. 제자들은 예수님을 따르면서 모든 것을 예수님에게 의존

하는 사람들이 되어버렸습니다. 그들은 이제 잠시라도 예수님 없이는 살 수 없는 사람들이 되고 말았습니다. 그런데 예수님이 제자들만 두고 어디를 가신다고 하니까 제자들은 너무나 걱정이 되었습니다. 제자들은 드디어 예수님께서 자기들에게 하나님 나라의 맛만 보여주고 이제 자기들을 버리고 훌쩍 떠나버리시는 것으로 생각이 되었습니다. 제자들은 지금까지 가난하고 고생스러웠지만 예수님이 계셨고 예수님의 능력이 있었기 때문에 아무 걱정이 없이 하루하루를 살 수 있었습니다. 이제 드디어 예수님은 제자들을 버리시고 하늘나라로 돌아가시는 것 같은 생각이 들었습니다.

그런데 제자들이 아예 처음부터 예수님을 만나지 않았더라면 자기들이 살아오던 대로 살아가면 되는데 그들은 예수님을 만나고 난 후 변하여 새사람이 되어버렸습니다. 그들은 예수님 없이는 한순간도 살 수 없는 약한 사람들이 되고 만 것입니다. 그때 예수님은 정말 제자들이 알아들을 수 없는 말로 위로를 하셨습니다. 그것은 "너희는 마음에 근심하지 말라"고 하시면서 "내 아버지 집에 거할 곳이 많다"고 말씀하시는 것이었습니다. 마치 예수님은 제자들이 지금 살 집이 없어서 어디 큰 집을 알아보는 것처럼 말씀하셨습니다. 그러니까 머리가 좋은 도마는 당장 우리는 예수님이 가시는 곳도 모르는데 거기에 찾아가는 길을 어떻게 알겠느냐고 물었습니다. 즉 예수님이 가시는 곳의 주소도 모르는데 어떻게 그 길을 알고 찾아가겠느냐는 뜻이었습니다. 이때 예수님은 제자들에게 "내가 곧 길이요 진리요 생명이라"고 말씀하셨습니다.

저는 하나님께서 예수님 안에서 살길을 예비한 것을 알게 되었습니다. 우리가 살길은 반드시 있습니다. 우리가 망하지 않고 죽지 않고 행복하게 살길이 반드시 있습니다. 예수님은 그 길을 예비하러 간다고 말씀하셨습니다.

1. 하나님을 믿는 믿음

제자들은 예수님을 믿기 전에 직업이 있었습니다. 베드로는 어부였고 야고보와 요한도 자기 배를 가진 어부였습니다. 마태는 세리였습니다. 다른 제자들은 분명하지 않지만 나름대로는 농사를 짓든지 장사를 하든지 모두 직업이 있는 사람들이었습니다. 그러나 예수님은 그들을 만나서 내가 너희를 사람을 낚는 어부가 되게 하겠다는 말씀을 하시니까 무조건 배와 그물과 가족을 버려두고 예수님을 따랐습니다. 이제 제자들은 예수님을 따른 지 삼년이 다 되어 가는데, 아직 그들은 하나님 나라의 비법을 하나도 알지 못했습니다. 그들은 어떤 때는 사람들의 병도 고치고 귀신도 물리쳤지만 어떤 때는 어린아이 속에 들어 있는 귀신을 쫓아내지 못해서 쩔쩔매기도 했습니다. 그리고 그들을 늘 따라다닌 것은 배고픔이었고 먹는 걱정이었습니다.

그런데 예수님은 아주 공개적으로 자신이 예루살렘에 가면 핍박을 받고 십자가에 못 박혀 죽고 삼일만에 살아날 것이라고 말씀하셨습니다. 그리고 예수님은 제자들에게 잠깐 동안 너희들을 떠나야 한다는 것이었습니다. 제자들은 예수님이 잠깐 동안 그들을 떠난다는 것은 완전히 예수님을 잃어버리는 것이 아닌가 걱정이 되었습니다. 왜냐하면 사람들은 그런 식으로 말을 많이 하기 때문입니다. 즉 실제로는 완전히 떠나는데 달래느라고 잠시 어디 갔다 오겠다고 말하는 경우가 많기 때문입니다.

그러면 제자들은 오직 예수님 한 분만 믿고 배나 그물이나 집이나 가족들을 다 버리고 예수님을 따랐는데 만일 예수님이 제자들을 버리고 영영 떠나신다면 제자들은 완전히 헛다리만 짚은 것이 아닐까요? 제자들은 삼년을 허비했고 오히려 예수님을 믿었기 때문에 더 이 세상에 적응하기 어려운 바보가 되어버린 것이 아닐까요? 제자들은 예수님이 떠난 후에 자기들은 이 세상을 살아갈 수 없었습니다. 왜냐하면 예수님은 그들을 늑대 가운데 양으로 만들어버리셨기 때문입니다. 양이 무슨 재주로 늑대들을 이기면서 살아갈 수 있겠습니까? 그러니까 제자들은 전부 얼굴에 수심이 가득했습니다. 아마 어떤 제자는 땅만 쳐다보고 어떤 제자는 한숨만 쉬었는지 모릅니다.

그때 예수님은 제자들에게 아주 강한 어조로 말씀하셨습니다.

14:1, "너희는 마음에 근심하지 말라 하나님을 믿으니 또 나를 믿으라"

예수님은 제자들에게 내가 너희들과 같이 있든지 아니면 내가 없든지 너희들은 걱정할 것이 아무것도 없다고 말씀하셨습니다. 그 이유는 예수님이 안 계신 동안에도 모든 것을 하나님께 다 부탁을 해 놓으셨기 때문입니다. "너희는 마음에 근심하지 말라"고 하신 것은 이제 아무것도 너희들이 걱정할 것은 없다는 뜻입니다. 왜냐하면 예수님께서 안 계실 동안 모든 것을 다 대비해두셨기 때문입니다.

예수님께서 제자들이 마음에 근심하지 말아야 할 이유를 말씀하셨습니다. 그것은 "하나님을 믿으니 또 나를 믿으라"고 하신 것입니다. 우리가 이 말씀을 통해서 알 수 있는 것은 제자들은 예수님에게서 나타나는 능력은 모두 하나님의 능력이라는 것을 알았습니다. 그래서 제자들은 예수님의 능력을 통해서 하나님을 더욱 더 믿게 되었습니다. 제자들은 하나님은 멀리 계시는 분이 아니라 예수님을 통해서 오늘 바로 이곳에서도 능력으로 행하시는 분인 줄 믿었던 것입니다. 그러나 제자들은 예수님은 하나님의 아들이시라고 믿었지만 무엇인가 부족하지 않을까 생각도 한 것 같습니다. 왜냐하면 예수님은 영락없는 인간의 모습이셨고, 피곤하면 졸기도 하셨고, 무기도 없고 돈도 없는 분이셨기 때문입니다.

그러나 예수님은 제자들에게 "하나님을 믿으니 또 나를 믿으라"고 말씀하셨습니다. 제자들은 이제 확고하게 하나님을 믿게 되었습니다. 하나님의 살아계심과 하나님의 능력을 믿게 되었습니다. 그렇다면 이제 제자들은 적어도 예수님이 하신 말씀은 믿어야 하는 것입니다. 왜냐하면 예수님의 말씀 없이는 아무 일도 일어날 수 없기 때문입니다. 예수님은 하나님의 능력을 행하실 뿐 아니라 하나님의 말씀을 하나씩 이루어가고 계셨기 때문입니다. 그래서 예수님은 예루살렘에 입성하실 때에도 어린 나귀를 타고 입성하셨고, 어느 곳에서 유월절을 지내실지도 알고 계셨고, 제자 중에서 한 사람이 배신할 것도 알고 말씀하셨던 것입니다. 그래서 우리가 예수님의 말씀을 꽉 붙들고 있는 이상 우리는 절대로 망할 수 없는 것입니다.

예수님은 여기서 하나님과 자신을 동일하게 말씀하고 있습니다. 즉 너희는 하나님을 믿으니 또 나를 믿으라고 하셨습니다. 이것은 하나님을 믿는 것이 예수님을 믿는 것이고 예수님을 믿는 것이 하나님을 믿는 것임을 말하는 것입니다. 우리가 알 수 없는 미래를 살아가면서 필요한 것은 하나님에 대한 믿음입니다. 즉 하나님은 내 길을 예비하고 계신다는 것입니다. 우리가 가장 어려울 때도 하나님은 나의 길을 예비하고 계시며 나에 대한 계획을 가지고 계신다는 것을 믿어야 하는 것입니다.

우리에게 있어서 믿음은 배의 앵커와 같습니다. 우리가 믿음이 없으면 이 세상의 물살이 흘러가는 대로 흘러갈 수밖에 없습니다. 그러나 믿음은 밧줄과 같아서 우리가 물살에 따라 떠내려가지 않도록 단단하게 붙들어 줍니다. 설사 우리가 절벽에 대롱대롱 매달려 있을 때도 밧줄에 매달려 있으면 떨어지지 않고 얼마든지 다시 기어 올라갈 수 있는 것입니다.

예수님은 얼마 있지 않아서 제자들이 보는 눈앞에서 정말 끔찍한 일이 일어날 것을 아셨습니다. 예수님은 체포되고 유죄 선고를 받고 채찍질당하시고 십자가에 못 박혀 죽게 됩니다. 어떻게 하나님이 이렇게 하실 수 있으며 어떻게 하나님의 아들이 이렇게 비참하게 죽을 수 있습니까? 그러나 제자들은 하나님을 믿어야 하고 예수님의 말씀을 믿어야 합니다. 그것은 바로 내가 삼일에 다시 살아나리라는 말씀입니다. 이것이 바로 잠시인 것입니다.

2. 내 아버지 집에 거할 곳이 많도다

예수님은 잠시 제자들을 떠나실 것이라고 하면서 "내 아버지 집에 너희들이 거할 수 있는 곳이 아주 많이 있다"고 말씀하셨습니다.

14:2, "내 아버지 집에 거할 곳이 많도다 그렇지 않으면 너희에게 일렀으리라 내가 너희를 위하여 거처를 예비하러 가노니"

예수님은 "내 아버지 집에 거할 곳이 많다"고 하셨습니다. 어떤 영어 성경에는 'many mansions'라고 번역하고 있습니다. 하나님의 집에는 많은 맨션이 있다는 뜻입니다. 일본과 우리나라는 아파트와 맨션의 의미가 다른데, 일본에서 아파트는 그냥 서민들이 사는 평범한 아파트이지만, '만숀'은 아주 좋은 아파트를 말합니다. 요즘 우리나라의 오십 평, 육십 평 하는 최고급 아파트들은 모두 만숀에 해당되는 것입니다. 일본은 땅이 좁아서 그런지 차도도 좁고 아파트도 좁습니다. 더욱이 대마도 호텔에 가보면 화장실이 얼마나 좁은지 그야말로 사람이 꽉 끼어야 변기에 앉을 수 있는 수준입니다.

예수님은 내 아버지 집에는 너희가 거할 곳이 많다고 말씀하셨습니다. 예수님은 마치 지금 천국에 롯데월드 타워 같은 백층 건물을 지으러 가는 것처럼 말씀하시는 것입니다. 왜 예수님은 제자들이나 우리를 위하여 아버지 집에 거할 곳을 예비하러 가셔야 할까요? 혹시 청소가 되어 있지 않은가요? 아니면 아직 집이 덜 만들어졌을까요? 아니면 이불이나 음식이 준비되지 않은 것일까요?

여기서 예수님이 말씀하시는 것은 천국이 준비가 덜 되었다는 뜻이 아닙니다. 오히려 천국은 다 준비되어 있습니다. 그런데 문제는 우리가 준비가 덜 된 것입니다. 즉 우리가 천국이 갈 수 있는 길이 아직 만들어지지 않은 것입니다. 아직 우리의 죄가 완전히 해결되지 않았기 때문에 우리는 아버지 집에 갈 수도 없고 갈 자격도 없는 것입니다.

그러나 예수님은 우리가 궁극적으로 가야 할 곳은 아버지 집에 있는 바로 그 거처라는 것을 말씀하고 있습니다. 그렇지 않았다면 예수님은 말씀하셨을 것이라고 했습니다. 즉 우리가 천국에 소망이 없으면 우리는 각자 이 세상에서 집을 마련해서 살라고 말씀을 하셨다는 뜻입니다. 그러나 우리가 아버지 집에 갈 것이 너무나도 확실하기 때문에 예수님은 이 세상에서 집을 가지지 아니하셨고 제자들에게도 집을 가지라고 말씀하시지 않았습니다.

물론 우리는 이 세상에서 살 집이 필요합니다. 우리에게 집이 필요한 가장 중요한 이유는 가족이 있고 아이들이 있기 때문입니다. 우리가 만일 독신으로 산다면 집은 필요가 없을 것입니다. 왜냐하면 아무 데서나 살 수 있기 때문입니다. 그러나 우리는 가족이 있기 때문에 살 집이 필요하고 또 자기 집이 아니면 자꾸 이사 다녀야 하고 전세나 월세가 오르고 생활이 불안정하기 때문에 할 수 있는 한 집을 가지려고 합니다. 그러나 이 세상은 우리가 영원히 살 곳이 아닙니다. 우리는 잠시 이 세상에 있다가 하나님이 오라고 하시면 다 떠나야 할 사람들입니다.

물론 우리는 이 세상이 완전한 세상은 아니지만 할 수 있는 한 정의롭고 행복하고 아름다운 세상이 되도록 노력을 해야 합니다. 우리는 할 수 있는 한 모든 사람을 구원하려고 노력해야 하지만 우리는 이 세상에 하나님의 복이 임하도록 노력해야 합니다. 그렇지만 우리는 이 세상이 우리가 영원히 있는 곳이 아니라는 것을 알아야 합니다. 솔로몬은 "헛되고 헛되며 헛되고 헛되니 모든 것이 헛되도다"(전 1:2)라고 말했습니다. 사람들은 태어났다가 죽고 또 다시 태어납니다. 그러나 산은 그대로 있고 바다도 그대로 있습니다. 권력의 자리에 많은 사람이 앉았다가 밀려나고 또 다른 사람들이 그 자리에 앉아서 큰소리를 칩니다. 결국 이 세상은 무대이고 우리는 지금 연기를 하고 있는 것입니다. 뛰어난 피아니스트는 무대도 중요하지만 더 중요한 것은 자기 자신을 연마해서 뛰어난 연주를 하는 것입니다.

글렌 굴드라는 캐나다 사람은 바흐의 피아노 연주로 유명한 사람입니다. 그 사람은 피아노 의자 대신에 보통 책상용 의자를 사용했고 코를 거의 건반에 대다시피 자세를 낮추어서 피아노를 연주했습니다. 자기가 가는 곳에는 언제든지 자기 피아노를 실어갔습니다. 왜냐하면 피아노마다 음색이 다르기 때문입니다. 그는 언제나 장갑을 끼고 있었고, 수영을 할 때도 고무장갑을 끼고 했습니다. 왜냐하면 손가락을 보호해야 했기 때문입니다.

우리는 하나님의 말씀을 가지고 인생을 연주하는 사람들입니다. 우리의 쓸데없는 말이나 행동도 모두 연주에 해당되는 것입니다. 우리는 오직 연주만 신경을 쓰면 됩니다. 즉 하나님의 말씀을 믿는 것이 예수님을 믿는 것입니다. 그리고 하나님의 말씀을 가지고 도저히 말씀대로 살 수 없는 이 세상에서 말씀을 연주하는 것입니다. 그리고 우리의 양심을 더럽히지 않는 것입니다. 양심은 거짓말로 더럽혀지게 됩니다. 사람들은 예사로 거짓말을 합니다. 왜냐하면 사실대로 이야기하면 이 세상에서 불이익을 당하기 때문입니다. 그것이 바로 욕심입니다. "욕심이 잉태한즉 죄를 낳고 죄가 장성한즉 사망을 낳느니라"(약 1:15)고 했습니다. 우리는 거짓말까지 해가면서 성공할 필요가 없습니다. 왜냐하면 우리는 어차피 이 세상에 있는 것을 영원히 가질 것이 아니기 때문입니다.

예수님은 자신이 한번 아버지께 갔다 와야 한다고 하셨습니다.

14:3, "가서 너희를 위하여 거처를 예비하면 내가 다시 와서 너희를 내게로 영접하여 나 있는 곳에 너희도 있게 하리라"

예수님이 하나님께 가야 하는 이유는 자신의 피를 번제물로 바쳐야 하기 때문입니다. 예수님은 하나님의 오케이만 떨어지면 얼마든지 너희를 나 있는 곳에 영접하겠다고 하셨습니다. "가서" 이것이 바로 엄청난 말씀입니다. 예수님은 이미 하나님의 오케이를 받으셨습니다. 우리는 아버지 집에 놀러 갈 수도 있고 구경 갈 수도 있고 예수님을 만나러 갈 수도 있고 영원히 살러 갈 수도 있습니다. 얼마 전 한 성도님은 목욕하시다가 가셨습니다. 거기로 살러 가셨습니다. 그러나 우리 차례는 아직 멀었습니다. 우리는 아직 연주해야 할 곡들이 남아 있는 것입니다. 그래서 이 세상 사는 동안 근심하지 마시고 멋지게 사시기 바랍니다. 절대로 미래의 일이나 자식의 일이나 죽는 것을 염려하지 마시고 멋지게 사시기 바랍니다. 선교사를 만나는 것도 좋은 것이고 선교 여행도 좋은 것이고 기도 모임도 좋은 것입니다.

우리가 예배드리는 것은 예수님을 만나고 오는 것입니다. 모세가 하나님을 만나고 얼굴에서 빛이 났듯이 우리의 얼굴에도 빛이 나야 합니다. 이 말씀을 알아들으면 빛이 나게 되어 있습니다. 우리는 아직 시간도 있고 건강도 있고 돈도 있고 말씀도 있습니다. 우리는 걱정할 것이 아무것도 없습니다. 예수님은 이미 지금 우리를 영접하고 계신 것입니다. 예수님은 우리에게 한번 놀고 가라고 말씀하십니다. 쉬었다 가라고 하시고 능력 받아가라고 말씀하십니다.

3. 내가 곧 길이다

예수님은 제자들에게 너희는 이미 아버지에게 가는 길을 알고 있다고 말씀하셨습니다.

14:4, "내가 어디로 가는지 그 길을 너희가 아느니라"

제자들은 지금 예수님의 말씀을 듣고 거의 미칠 지경이었습니다. 왜냐하면 예수님은 예루살렘으로 가신다고 말씀하셨기 때문입니다. 제자들은 모두 예루살렘으로 가는 길을 다 알고 있었습니다. 그런데 제자들은 그 뒤에 예수님이 어디로 가시는지 알지 못하는 것입니다. 예수님은 예루살렘에 가시면 십자가에 못 박혀 죽으실 것이라고 하셨는데 그러면 모든 것이 끝장나는 것이 아니겠습니까? 거기에 무슨 길이 있으며 거기에 무슨 살 곳이 있겠습니까? 살 곳이라고 해봐야 공동묘지밖에 더 있겠습니까?

그래서 도마는 기가 막혀서 예수님에게 물어보았습니다.

14:5, "도마가 이르되 주여 주께서 어디로 가시는지 우리가 알지 못하거늘 그 길을 어찌 알겠사옵나이까"

도마는 예수님이 예루살렘에서 죽는다는 것을 믿지 않았습니다. 예수님이 죽을 분이신데 제자들을 여기까지 데리고 오셨다면 그들을 속인 것이 됩니다. 그런데 예수님은 지금 자기만 어디로 간다고 하시는데 거기가 어딘지 말씀을 하시지 않는 것입니다. 시리아면 시리아, 로마면 로마라고 말씀하셔야 하는데 도대체 말씀을 안 하시는 것입니다. 목적지를 모르는데 길을 어떻게 알겠습니까? 이것을 보면 도마가 굉장히 똑똑하고 합리적이라는 것을 알 수 있습니다.

아이들도 엄마가 "어디 갔다 올게" 하면 "엄마, 어디가?"라고 물어봐야 하고 주소나 연락처를 적어 놓아야 엄마를 놓치지 않는 것입니다.

이때 예수님은 엄청난 말씀을 하셨습니다.

14:6, "예수께서 이르시되 내가 곧 길이요 진리요 생명이니 나로 말미암지 않고는 아버지께로 올 자가 없느니라"

예수님이 가시는 곳은 아버지가 있는 곳 즉 하나님이 계신 곳이었습니다. 우리가 사는 이 세상은 어디를 가더라도 안전하지 못합니다. 우리는 하나님이 계신 곳까지 가야 하는 것입니다. 우리는 모두 이 세상에서 행복하게 살 수 있는 길을 찾고 있습니다. 그것이 교수입니까? 의사입니까? 정치인입니까? 목회자입니까? 그러나 이 세상에는 안전한 곳이 없습니다.

그런데 우리는 길은 알고 있습니다. 우리가 행복한 인생을 사는 길은 오직 예수님을 믿는 것입니다. 즉 예수님이 길입니다. 사람들은 넓은 사막에서 길을 찾지 못해서 돌고 또 돌고 있습니다. 사람들이 성공했다고 하는 것은 사막에 있는 오아시스에서 장사해서 성공한 것뿐입니다. 그러나 거기는 여전히 사막입니다. 이스라엘 백성들은 광야를 벗어나기 위해서 사십년 동안 산도 넘고 강과 바다도 건너고 들판도 건너야 했습니다. 그런데 예수님을 만났을 때, 예수님에게 인격적으로 항복했을 때 우리는 길을 찾은 것입니다. 왜냐하면 우리는 예수님 안으로 들어갔기 때문입니다.

예수님은 진리입니다. 이 세상의 가르침은 모두 반쪽짜리 처세술에 불과합니다. 그러나 예수님의 말씀은 미신과 죄를 물리칩니다. 사람들이 죄에 빠지는 것은 죄가 너무 멋있어 보이기 때문입니다. 그러나 하나님의 말씀은 죄의 결과를 보여줍니다. 죄의 열매는 사망입니다. 거짓과 불륜의 결과는 사망입니다. 너무나도 비참해지게 되고 모든 인생을 다 잃어버립니다. 그리고 예수님의 진리는 하나님의 능력을 불러오게 됩니다. 우리에게는 하나님의 항공모함이 있습니다. 우리에게는 천사들의 부대가 있습니다. 그래서 진리가 무기인 것입니다.

그리고 예수님은 생명입니다. 사람들은 이 세상에서 높은 자리에 올라가지만 내려오는 길을 몰라서 얼어 죽든지 떨어져 죽습니다. 그러나 예수님은 우리를 안전한 곳까지 올라가게 하시고 하늘을 나는 법을 배우게 하십니다. 우리는 너무 높은 자리에 올라가는 것을 좋아하지 않습니다. 왜냐하면 높아질수록 겸손할 수 없기 때문입니다. 교만하면 떨어지게 됩니다. 그리고 우리는 하나님이 우리 이름을 부르면 즉시 하나님의 맨션에 들어가게 됩니다. 우리는 영원히 젊게 살게 됩니다. 우리는 이 세상에서도 망하지 않습니다. 우리는 이 세상에서도 비참해지지 않습니다. 왜냐하면 예수님이 생명이 되시기 때문입니다.

하나님은 이미 우리가 하나님을 알기도 전부터 우리 길을 예비해 놓으셨습니다. 우리는 욕심에 사로잡히지 말고 세상을 너무 좋아하면 안 됩니다. 하나님을 믿고 예수님의 말씀을 믿고 아무 근심하지 말고 하나님이 준비하신 것을 믿고 행복하게 사시는 성도들이 되시기 바랍니다.

40

아버지를 보여주소서

요 14:7-14

얼마 전에

우리 교회에 어떤 아기가 태어났는데 너무 일찍 태어나는 바람에 인큐베이터에서 한 달을 키워야만 했습니다. 아기들이 조산했을 때 가장 조심해야 하는 것은 몸의 기관들이 덜 만들어졌기 때문에 고장이 나기 쉽다는 것입니다. 가장 조심해야 하는 것 중의 하나가 눈이라고 합니다. 조산한 아기들은 눈이 덜 만들어졌기 때문에 빛이 들어가면 실명을 해버리게 됩니다. 저도 병원의 의사가 우리 교회 아기의 시신경이 깨끗하지 못하다는 말을 듣고 걱정을 많이 했습니다. 그런데 얼마 전에 이 아기가 퇴원했는데 눈도 완전히 치료가 되었고 엄마 젖도 잘 빨고 완전하게 되었다는 말을 듣고는 저절로 '할렐루야!' 소리를 지르게 되었습니다.

　우리는 가끔 이 눈으로 자기가 가장 좋아하는 사람을 보고 싶어 합니다. 오랫동안 가족을 만나지 못한 사람은 하루라도 빨리 집에 가서 아내나 아이들의 얼굴을 보고 싶어 할 것입니다. 우리는 지금 이 눈으로 어떤 사람을 가장 보고 싶어 할까요? 아마도 아들이 장가를 가지 않았다면 며느리가 될 사람을 가장 보고 싶어 할 것입니다. 또 자기를 너무 행복하게 해주는 노래를 부르는 가수가 있다면 그 가수를 보고 싶어 할 것입니다. 어떤 사람은 우주에 나가서 지구의 모습을 보고 싶어 하는 사람도 있을 것입니다. 어떤 사람은 아주 희귀한 책을 보고 싶어 하는 사람도 있을 것이고, 그림을 보고 싶어 하는 사람도 있을 것이며, 악보를 보고 싶어 하는 사람도 있을 것이고, 세계에서 가장 큰 다이아몬드를 보고 싶어 하는 사람도 있을 것입니다.

그러나 우리는 친구 아버지는 별로 보고 싶어 하지 않을 것입니다. 왜냐하면 대개 친구 아버지는 무섭기도 하고 해서 그분 앞에서는 얼어버리기 때문입니다. 그러나 만일 가장 친한 친구의 아버지가 참모총장이거나 대통령이거나 경찰총장이라면 한번 만나고 싶어 할 것입니다. 왜냐하면 평생 이런 분은 만날 기회가 별로 없기 때문입니다.

우리는 이 세상에서 어려운 일을 당하면 걱정하고 근심하게 됩니다. 왜냐하면 내 힘으로 모든 어려움을 다 이겨낼 수 없기 때문입니다. 그런데 예수님은 제자들에게 "너희는 근심하지 말라"고 하시면서 "내 아버지 집에 거할 곳이 많다"고 말씀하셨습니다. 만약 예수님이 우리에게 "너희는 근심하지 말라. 내가 모든 어려움을 이기게 해주겠다"고 말씀하셨으면 덜 걱정이 될지도 모르겠는데, "내 아버지 집에 거할 곳이 많다"고 하니까 더 걱정이 됩니다. 그러나 예수님의 이 말씀의 의미는 우리가 이 세상에서 모든 어려움을 다 이겨낼 것이지만 우리의 궁극적인 목표는 이 세상에서 오래오래 잘 사는 것이 아니라 아버지 집에 가서 엄청난 복을 받는 것이라고 말씀하시는 것입니다. 우리는 이 세상에서도 이기지만 궁극적으로는 아버지 집을 상속하게 되는 것입니다.

1. 하나님을 보게 해주소서

여기서 예수님은 아주 어려운 말씀을 하십니다. 그것은 바로 7절입니다.

14:7, "너희가 나를 알았더라면 내 아버지도 알았으리로다 이제부터는 너희가 그를 알았고 또 보았느니라"

예수님의 제자들은 예수님을 이미 알았습니다. 예수님이 어디서 오셨고, 예수님은 어떤 능력을 가지셨고, 예수님의 성품은 어떻다는 것을 다 알았습니다. 그런데 예수님은 가정법을 사용해서 말씀하셨습니다. "너희가 나를 알았더라면 내 아버지도 알았으리로다." 이것은 제자들이 아직 예수님에 대하여 모르는 부분이 많이 있다는 것을 의미하는 것입니다.

제자들이 예수님에 대하여 모르고 있는 것이 무엇일까요? 제자들은 예수님을 아버지와의 관계에서 아직 모르는 것이 많았던 것입니다. 즉 제자들은 예수님이 하나님께 얼마나 많이 사랑받는 아들이고 예수님이 얼마나 많이 하나님을 닮았는지를 모른다는 것입니다. 예수님은 하나님 아버지에게 있어서 온 우주보다 더 귀하고 모든 천사보다 더 사랑하는 아들이고 아버지를 그대로 쏙 빼어 닮은 아들이었던 것입니다.

가끔 교회에서 학생들이나 청년들을 보면 아버지나 어머니를 많이 닮은 아이들을 보게 됩니다. 그러나 아무리 많이 닮았다 하더라도 아이들이 부모와 완전히 똑같지는 않습니다. 저는 외모는 아버지를 닮지 않았습니다. 그러나 체격은 아버지를 닮았고 성격은 아버지와 비슷한 편입니다. 제 아내는 제가 나이가 들면서 머리가 올라가니까 아버지 모습이 보인다고 했습니다. 그래서 저는 기분이 좋았습니다.

아버지는 잘 생기셨기 때문에 아버지의 모습이 보인다는 것은 잘생겨 보인다는 것을 의미하기 때문입니다. 그래서 어느 날 옛날 아버지 사진을 앞에 펴 놓고 거울을 두고 한참 제 얼굴과 아버지 얼굴을 비교해 보았습니다. 그리고 내린 결론은 나는 아버지와 다르다는 것이었습니다. 제 위에 있는 형은 아버지 얼굴 그대로였습니다. 그러나 저는 아니었습니다.

예수님은 제자들에게 너희가 나에 대해 아직 모르고 있는 부분이 많은데 만일 나를 제대로 알기만 하면 "내가 아버지와 똑같다"는 것을 알 것이라고 말씀하셨습니다. 이것은 닮은 정도가 아니었습니다. 예수님과 하나님 아버지는 모든 것이 완전히 똑같다는 것이었습니다. 그래서 예수님은 이렇게 말씀하셨습니다. "너희가 나를 알았더라면 내 아버지도 알았으리로다 이제부터는 너희가 그를 알았고 또 보았느니라"고 하셨습니다. 즉 그냥 예수님을 보는 것이 아니라 하나님과 예수님을 비교해서 본다면 예수님과 하나님은 완전히 똑같다는 것이었습니다. 그래서 제자들은 하나님을 보지 못했지만 예수님을 보면 하나님을 본 것이고 하나님을 안 것이었습니다.

이때 예수님의 제자 중 하나인 빌립이 간이 큰 소리를 했습니다. 그것은 아버지를 보여 달라는 것이었습니다.

14:8, "빌립이 이르되 주여 아버지를 우리에게 보여 주옵소서 그리하면 족하겠나이다"

여기서 중요한 것은 빌립이 왜 예수님께 갑자기 아버지를 보여 달라고 했을까 하는 것입니다. 사실 빌립이 아버지를 보게 해 달라고 말한 것은 말도 되지도 않는 이야기입니다. 왜냐하면 우리는 이 땅에 있고 하나님은 하늘에 계시는데, 우리가 하나님을 보려고 하면 하나님이 이 땅에 내려오시든지 우리가 하늘로 올라가야 할 것이기 때문입니다. 더욱이 우리 눈은 미숙아의 눈과 같아서 하나님의 영광을 보면 그 자리에서 시력을 잃고 죽을 것입니다. 왜냐하면 하나님의 영광은 태양보다 수억만 배 강하기 때문입니다.

사도 바울은 다메섹으로 가다가 예수님의 모습을 보고 엎드려졌는데 그 자리에서 눈이 멀어버렸습니다. 다행히 사도 바울은 예수님을 보면서 눈에 비늘 같은 것이 덮이면서 시신경이 완전히 죽는 것은 막았던 것 같습니다. 그래서 청년 사울은 사흘 뒤에 아나니아가 안수했을 때 다시 눈을 뜨게 됩니다. 우리가 핵무기가 터지는 것을 보면 우리는 눈멀게 되고 충분히 먼 곳이 아니면 얼굴이나 몸이 타버리게 됩니다. 그래서 우리가 하나님을 본다는 것은 불가능합니다.

그럼에도 불구하고 빌립이 예수님께 하나님을 보여 달라고 한 이유는 두 가지로 생각해 볼 수 있습니다. 하나는 진짜 예수님과 하나님이 얼마나 똑같은지 비교해 보고 싶었던 것입니다. 지금 예수님은 아무리 봐도 하나님을 안 닮은 것 같은데 똑같다고 하니까 비교해보고 싶은 호기심이 생겼던 것 같습니다. 그리고 또 하나는 빌립은 하나님께 물어보고 싶었던 것 같습니다. 즉 예수님이 죽으신다고 하는데 왜 그렇게 되어야 하고, 우리의 미래는 어떻게 되는지 그 하나님의 맨션은 얼마나 어마어마한지 물어보고 싶었던 것입니다. 그러나 우리가 이 육신을 가지고 하나님을 보는 것은 불가능합니다. 왜냐하면 우리의 시신경이 너무 약하기 때문입니다.

그러나 중요한 사실 하나는 예수님과 하나님은 똑같을 뿐 아니라 신경이 연결되어 있어서 사실 하나님은 예수님의 눈으로 세상을 보시고 하나님은 예수님의 입으로 말씀하고 계신 것이었습니다. 그리고 우리도 예수님을 통해서 하나님을 보고 있고 예수님의 말을 통해서 하나님의 말씀을 듣고 있는 것입니다.

그래서 예수님께서는 이렇게 말씀하셨습니다.

14:9, "예수께서 이르시되 빌립아 내가 이렇게 오래 너희와 함께 있으되 네가 나를 알지 못하느냐 나를 본 자는 아버지를 보았거늘 어찌하여 아버지를 보이라 하느냐"

하나님은 이 작은 지구에 오실 수 없습니다. 그래서 예수님은 하나님의 아들을 세상에 보내신 것입니다. 하나님의 아들은 인간 아들과 달리 아버지와 완전히 똑같았고 하나였습니다. 그래서 예수님은 안경과 같습니다. 우리는 예수님을 봄으로 하나님을 보고 예수님의 말씀을 들음으로 하나님을 보는 것입니다. 우리는 무엇만 알면 됩니까? 예수님이 사랑이듯이 하나님도 사랑이십니다. 예수님도 우리를 버리지 아니하듯이 하나님도 절대로 우리를 버리지 아니하십니다. 우리는 결국 아버지를 볼 것입니다. 물론 사람들이 직접 아버지를 보려고 하면 가까이 갈 수 없습니다. 동네 아이들이 그냥 대통령이나 참모총장을 만나려고 하면 만나지 못할 것입니다. 그러나 그 집 아들과 친구이면 그 친구 집에 가서 놀다가 식사 시간이나 아버지가 퇴근하는 시간이 되면 나가서 만나서 인사하면서 그 얼굴을 보게 되는 것입니다. 우리는 모두 예수님과 함께 하나님을 만날 수 있지, 그냥은 만나지 못합니다.

2. 나보다 더 큰 일을 하리라

예수님은 이제 제자들을 떠나시면서 그들에게 남겨주신 것이 있었습니다. 그것은 바로 하나님의 능력이었습니다.

14:10, "내가 아버지 안에 거하고 아버지는 내 안에 계신 것을 네가 믿지 아니하느냐 내가 너희에게 이르는 말은 스스로 하는 것이 아니라 아버

지께서 내 안에 계셔서 그의 일을 하시는 것이라"

예수님은 자신이 아버지와 똑같을 뿐 아니라 지금 모든 것이 아버지와 연결이 되어 있어서 아버지께서 내 안에서 일하고 계신 것을 왜 믿지 못하느냐고 말씀하셨습니다.

부모와 자식은 정신적으로 연결되어 있을 때가 많습니다. 그래서 아이의 기분이 좋지 못하면 부모도 좋지 못하고 부모가 상태가 좋지 못하면 아이도 상태가 좋지 못할 때가 있습니다. 저도 우리 집 아이가 미국에서 무슨 수술을 받는데 그 시간 그 자리를 마치 칼로 찌르는 것 같이 아팠습니다. 그래서 나중에 물어보니까 딱 그 자리를 수술했던 것입니다. 그러나 이런 것은 다 정신적으로 그렇다는 것뿐입니다.

그런데 하나님과 아들은 시신경이 연결되어 있어서 하나님은 아들의 눈으로 제자들을 보고 계셨고 하나님은 아들의 입으로 말씀하고 계셨던 것입니다. 예수님이 귀로 듣는 것은 하나님도 다 듣고 계셨던 것입니다. 그래서 지금 제자들은 하나님을 보고 있는 것이고 하나님의 음성을 듣고 있는 것이었습니다. 그러나 나중에 우리가 하나님을 직접 보게 될 때는 이 몸으로는 그 즉시 타 죽어버립니다. 우리가 하나님을 볼 때는 우리 온몸이 마치 카바이드 타 듯이 전신이 빛 덩어리가 되면서 우리도 핵폭발하는 것 같은 하나님을 보게 되는 것입니다. 그래서 빛에서 빛을 보게 되고 영광에서 영광을 볼 수 있는 것입니다.

예수님에게 지금은 그 하나님의 빛을 주시는 대신에 하나님의 능력을 주시고 떠나셨습니다.

14:12, "내가 진실로 진실로 너희에게 이르노니 나를 믿는 자는 내가 하는 일을 그도 할 것이요 또한 그보다 큰 일도 하리니 이는 내가 아버지께로 감이라"

예수님은 우리에게 하나님의 신경과 하나님의 능력을 남겨주셨습니다. 그래서 우리가 듣는 것은 하나님이 들으시고 우리가 보는 것도 하나님이 보십니다. 더욱이 우리는 예수님이 하셨던 일을 계속할 것이고 그보다 더 큰 일을 할 수 있을 것입니다.

예수님께서 하신 일은 하나님의 말씀을 가르치고 병자를 고치고 귀신들린 자를 고치는 것입니다. 우리는 그것을 할 수 있을 것입니다. 나중에 제자들은 말씀 전하고 기도하는 것이 너무 중요하니까, 그것을 분리해서 재정은 집사들이 하고 사도들은 기도하는 것과 말씀 전하는 일에 전무하게 됩니다. 최근에는 병자를 고치는 일은 병원에서 주로 하게 됩니다. 귀신들린 것도 이제는 우울증이나 정신분열증이 많아서 병원이나 국가에서 하게 됩니다. 이제 우리는 기도하는 것과 말씀 전하는 일에 전념해서 예수님이 부활하신 후에 사도들이 깨달은 진리를 낱낱이 다 전해야 하는 것입니다.

그런데 예수님은 너희 믿음이 겨자씨만 한 믿음만 있으면 산이 옮겨져 바다에 빠질 것이라고 하셨습니다. 산이 옮겨져 바다에 빠지려고 하면 진도 7 정도의 강한 지진이 있어야 합니다. 일본에서는 산이 무너져 바다를 메우는 바람에 섬이 육지가 된 곳이 있습니다. 중국 스찬성에서는 산이 무너져서 강을 메우는 바람에 엄청난 호수가 생겼습니다. 산이 옮겨져 바다를 메우려고 하면 수천 개 이상의 다이너마이트를 써야 할 것입니다.

우리에게는 그런 폭발력이 있습니다. 그것이 바로 부흥의 폭발력이고 말씀의 폭발력이고 기도의 폭발력입니다. 우리는 지금 이 무기를 준비해야 합니다. 그래야 핵무기 때문에 선량한 사람들이나 아이들이 죽지 않게 할 수 있습니다. 하늘의 불말과 불 병거를 불러야 합니다. 정치인들의 광기를 막아야 합니다. 기업가들이 불안해하지 않게 해야 하고 청년들이 좌절하지 않게 해야 합니다.

3. 내 이름으로 구하면

요즘은 신용 시대가 되어서 물건을 사거나 호텔에 들어갈 때나 거의 대부분의 거래를 현금으로 하지 않고 신용 카드로 결제합니다. 만일 카드 안에 들어있는 돈이 많다면 카드 한 장으로 얼마든지 물건을 사고 해외여행도 할 수 있을 것입니다. 지금 우리나라에서 가장 강한 힘을 가진 이름은 역시 대통령의 이름일 것입니다. 대통령의 이름으로 지시하면 모든 부서에서 따라갈 수밖에 없습니다. 회사에서는 물론 회장의 이름이 가장 영향력이 있을 것입니다. 회장은 신상품을 만드는 것을 지시할 수 있고 회사의 나아갈 방향도 정할 수 있습니다.

예수님은 하늘로 올라가시면서 우리에게 위대한 것을 하나 맡기고 가셨습니다. 그것은 바로 예수님의 이름을 무한정으로 쓸 수 있는 권한을 주신 것입니다. 즉 예수님의 카드로 무엇이든지 살 수 있는 권한을 주신 것입니다.

14:13-14, "너희가 내 이름으로 무엇을 구하든지 내가 행하리니 이는 아버지로 하여금 아들로 말미암아 영광을 받으시게 하려 함이라 내 이름으로 무엇이든지 내게 구하면 내가 행하리라"

예수님의 이름은 천국의 문을 열 수 있는 비밀번호입니다. 우리가 어떤 비밀계좌를 열려고 하면 비밀 숫자라든지 이름을 넣어야 하는데, 예수님의 이름은 천국의 비밀을 열 수 있는 비밀번호입니다. 예수님의 이름은 전 우주에서 가장 큰 이름입니다. 특히 귀신의 세계에서는 예수님의 이름만 들어도 벌벌 떱니다. 우리는 예수님의 이름으로 하늘을 열어야 합니다. 일단 하늘을 열어야 복도 내리고 불말과 불 병거도 오게 할 수 있고 비도 내리게 하고 태풍이나 지진이나 전쟁도 막을 수 있습니다. 그런데 우리는 예수님의 이름을 가지고 돈이 많이 생기거나 세상에서 성공하거나 기적 행하는 것을 먼저 생각합니다. 그러나 우리에게 가장 중요한 것은 하나님의 말씀을 여는 것입니다. 하나님의 말씀을 열면 능력과 축복을 따라오게 되어 있습니다. 기도도 저절로 되고 찬양도 뜨거워집니다. 사랑도 생기게 되어 있습니다. 병도 나을 뿐 아니라 병이 안 걸리게 되어 있습니다.

여기서 중요한 것은 이것을 통해서 아버지께서 영광을 받으시게 하는 것입니다. 우리의 영광을 위하여 이 이름을 쓰면 안 됩니다. 우리가 어떤 일을 해서 내 이름을 내고 내가 높아지고 내가 유명해지는 데 예수님의 이름을 쓰는 것은 실패한 것입니다. 나중에 심판을 받게 됩니다. 오직 하나님이 살아계신 것을 나타내어야 합니다.

우리에게 예수님의 이름이 있습니다. 즉 예수님은 우리에게 직접 명령을 내리셨습니다. 우리가 예수님의 이름으로 구하면 무엇이든지 다 들으시겠다고 하셨습니다. 여기서 내 이름은 중요하지 않습니다. 인간의 자격도 중요하지 않습니다. 오직 우리는 가장 겸손한 마음으로 이 이름을 사용해야 합니다. 그리고 무엇이든지 우리에게 필요하고 어려운 것은 다 이야기하시기 바랍니다. 그러면 주님께서 별 희한한 것까지 우리가 미처 생각하지 못한 것까지 다 들어주셔서 우리의 기쁨이 충만하게 될 것입니다.

41

고아와 같이 버려두지 아니하고

요 14:15-24

만일

어떤 나무가 뽑혀서 길에 버려져 거의 다 말라 죽어가고 있는 것을 누군가가 정성껏 땅에 심고 물을 매일 준다면 나중에 싱싱하게 자랄 수 있을 것입니다. 저는 이것을 강가에서 보았습니다. 강가에 보니까 어디서 벚나무를 가져다가 쭉 심었는데 매일 물차가 와서 물을 듬뿍 듬뿍 주었습니다. 그중에서는 드물게 죽는 것도 있었습니다. 그러나 거의 대개가 살아서 봄이 되면 엄청나게 많은 벚꽃을 피우게 되었습니다.

옛날에 어떤 한 달 된 어린 여자아이가 길에 버려졌습니다. 이 아이는 제대로 먹지 못하고 포대기에 싸여 있는데 그대로 두면 죽을 수밖에 없었습니다. 어떤 사람이 이 여자아이를 보육원에 데리고 가서 키웠습니다. 그리고 얼마 되지 않아서 이 아이는 프랑스의 어느 집에 입양되었습니다. 그 아이는 공부를 잘해서 프랑스 명문학교를 졸업하고 장관도 되고 프랑스 사람과 결혼도 했습니다. 그리고 아이도 낳았습니다. 기자가 이 프랑스 장관을 만나서 물었습니다. 기자가 그분에게 한국을 어떻게 생각하는지, 또 한국을 아는지 물어보았는데, 그분은 자기는 프랑스 사람이라고 대답했습니다. 그리고 자신은 단지 한국 사람들이 좋아하니까 자기도 좋아한다고 했습니다. 그런데 그분의 아이들은 벌써 한국을 엄청 좋아해서 한국어를 배우려고 하고 한국 노래를 따라 하고 한국에 여행하는 것을 좋아한다고 했습니다.

아마도 이 세상에서 가장 불쌍한 사람은 아무도 돌보아주지 않는 고아일 것입니다. 우리는 이 세상에서 고아와 같았습니다. 일제 강점기를 지내고 육이오 전쟁을 겪으면서 우리는 부모가 계시지만 거의 먹을 것이 없었고 미래가 없었던 사람들이었습니다. 몸에는 이가 득실거렸고 학교에서 단체로 주는 빵을 먹어야 했습니다. 그런데 우리는 어느 순간부터 잘살게 되었습니다. 그 경계선은 아마 1980년대일 것입니다. 우리는 엄청나게 잘사는 사람들이 되었습니다. 도대체 어떻게 된 일일까요? 거기에는 비밀이 있습니다. 바로 벚나무의 비밀이 있는 것입니다. 우리는 땅에서 뽑혀서 버려져 말라가는 벚나무였습니다. 그런데 하나님께서 우리를 찾아서 땅에 심고 물을 듬뿍 주셨습니다. 하나님은 매일 우리에게 물을 주셨습니다. 그 물이 보통 물이 아니라 성령의 생수를 주셨던 것입니다. 성령을 받은 우리는 세계적으로 아름다운 나라로 꽃을 피우는 데 성공했습니다. 지금도 우리는 얼마든지 다시 성공할 수 있습니다.

예수님 당시 세례 요한은 유대인들을 향해서 이렇게 외쳤습니다. "이미 도끼가 나무 뿌리에 놓였으니 좋은 열매를 맺지 아니하는 나무마다 찍혀 불에 던져지리라"(마 3:10). 유대인들은 다른 것은 몰라도 돈은 많이 있었습니다. 그러나 그들은 하나님의 물을 마시지 못해서 뿌리가 말라 있었고 하나님 나라 꽃을 피우지 못하고 있었습니다. 세례 요한은 도끼로 나무 뿌리부터 찍어서 나무통째로 불에 던져버릴 것이라고 했습니다. 그런데 실제로 그런 일이 일어났습니다. 유대는 망해서 나무뿌리째 통째로 불에 던져지고 말았던 것입니다. 모든 사람이 다 죽었고 살아남은 사람들은 노예로 끌려갔습니다. 우리나라는 지금 다시 꽃을 피우느냐 아니면 망하느냐 갈림길에 서 있습니다.

예수님은 십자가에 죽으시기 전에 제자들에게 놀라운 말씀을 하셨습니다. 내가 잠깐 너희만 두고 떠나겠다고 말씀하셨습니다. 그때 베드로가 그 유명한 말 "쿠오바디스 도미네"(주여 어디로 가시나이까?)라는 질문을 합니다. 그러나 주님은 "너희는 내가 한 일을 할 것이고 그보다 더 큰 일도 하리라"고 말씀하셨습니다. 그리고 "너희가 내 이름으로 무엇이든지 구하면 내가 시행하리라"고 말씀하셨습니다.

오늘 우리는 이 세상에서 분명히 해야 할 일이 있습니다. 그것은 나의 돈을 지키고 죽을 때까지 평안한 것일까요? 촛불과 태극기가 싸워서 자기 쪽이 이기고 정권을 잡는 것일까요? 북한이 핵전쟁을 하지 못하게 막는 것일까요? 절대로 그런 것이 아닙니다. 그것보다 엄청 중요한 것입니다.

1. 우리는 고아와 같다

나이 드신 분들은 아마 자신들이 자랄 때를 생생하게 기억하실 것입니다. 그때 얼마나 우리가 못살았고 먹을 것이 없었는지 우리는 다 기억하고 있습니다. 그때 우리는 모두 고아와 같았습니다. 그러나 실제로 미군의 폭격을 받거나 부모가 총탄에 맞아 죽은 사람 중에는 고아들이 많았습니다. 피난 가다가 부모를 놓쳐버린다든지 부모가 비행기에서 쏘는 총에 맞아 죽으면 그 자녀들은 고아가 되었습니다. 이것은 서양도 마찬가지였습니다. 영국도 고아들이 많아서 스펄전 목사나 조지 뮬러 같은 사람도 고아원을 운영해야 했습니다. 〈금지된 사랑〉이라는 오래된 흑백 영화를 보면 여자 어린아이가 부모를 따라서 피난 가다가 부모는 기관총에 맞아서 죽고 혼자 남은 것을 고아원에 데려다 놓았는데 어떤 오빠를 따라간다고 정처 없이 아무 데나 간다는 내용입니다. 이 세상에서 나이는 어린데 아무도 돌보아주는 사람 없고 사랑해주는 사람이 없는 어린아이들은 고아입니다. 고아들은 먹을 것이 없어서 배가 고프고 덩치가 큰 아이들에게 맞기도 하고 옷을 제대로 입지 못해서 다 떨어진 옷을 입고 다니게 됩니다.

    예수님의 제자들은 다 고아와 같고 거지들과 같은 처지였습니다. 제자들은 예수님의 말씀을 듣고 새사람이 되었습니다. 그들은 모두 영적으로 거듭난 사람들이 되었습니다. 그러나 그들은 이 세상에서 아무것도 가진 것이 없었고 사랑해주는 사람도 없었고 자기 힘으로 살 수도 없게 되었습니다. 이것이 우리 모든 예수 믿는 사람의 정체성인 것입니다. 우리가 모두 하나님의 말씀을 듣고 은혜를 받았을 때 우리는 모두 고아로 새로 태어나게 됩니다. 왜냐하면 아직 이 세상에서는 무엇을 할 힘도 없고 부모님과는 신앙이 달라서 대화도 잘 통하지 않고 아직 무엇을 위해서 살아야 할지 모르는 사람들이 되었기 때문입니다.

    교회에서도 부모가 예수도 잘 믿고 자기도 똑똑하면 배우자도 잘 만나서 결혼도 잘하지만 늦게 예수 믿는 청년들은 자기가 모든 것을 다 알아서 해야 하기 때문에 직장도 구하기 어렵고 배우자도 구하기 어렵고 무엇을 해야 할지 몰라서 고아와 같은 처지에서 살아갈 때가 많습니다. 우리는 힘도 없습니다. 그렇다고 해서 나라가 큰 나라도 아닙니다. 우리는 부모님으로부터 많은 유산을 받을 것도 없습니다. 그렇다고 해서 정치를 할 수 있는 것도 아닙니다. 우리는 당장 학문적으로 성공할 수도 없습니다. 우리는 미래를 생각할 수가 없습니다. 우리는 마치 고아와 같은 것입니다. 마치 뿌리가 뽑혀서 땅에 던져져 말라가고 있는 아주 작은 나무와 같은 것입니다. 이것을 예수님은 너무나도 잘 아셨습니다.

이때 예수님은 제자들에게 아주 중요한 약속을 하나 하셨습니다. 그것은 바로 내가 너희를 고아와 같이 버려두지 아니하고 다시 너희에게 오시겠다는 것입니다.

14:18, "내가 너희를 고아와 같이 버려두지 아니하고 너희에게로 오리라"

예수를 믿지 않는 사람들은 고아가 아닙니다. 왜냐하면 그들은 이 세상 사람들이므로 세상이 그들의 아버지이고 그들은 이 세상에서 살아남을 것이기 때문입니다. 그들은 세상 사람들이 하는 방법대로 살 것입니다. 거짓말도 하고 별의별 방법을 다 쓰면서 살아남으려고 할 것입니다. 그러나 예수 믿는 사람들은 새로 태어났지만 아버지는 저 멀리 하늘에 계시고 아름다운 벚나무이지만 땅에서 뽑혀 있기 때문에 말라 죽어 가고 있는 벚나무입니다. 그래서 이 세상에서 가장 불안해 하고 미래에 대하여 대책이 없는 사람들이 예수 믿는 사람들입니다.

그러나 예수 믿는 사람들은 하나님을 믿기 때문에 하나님을 기다립니다. 그런데 하나님이 오시지 않으시니까 가난할 수밖에 없고 힘이 없을 수밖에 없고 아무것도 할 수 없는 것입니다. 그러나 예수님은 우리를 그냥 죽도록 내버려두시지 아니하시고 다시 우리에게 오겠다고 말씀하셨습니다. 그리고 실제로 예수님은 다시 돌아오셨습니다. 그러나 예수님은 예전보다 엄청 더 강해지셨고 하늘과 땅의 모든 권세를 다 가진 분으로 아주 높아지셔서 제자들을 찾아오셨습니다.

14:19, "조금 있으면 세상은 다시 나를 보지 못할 것이로되 너희는 나를 보리니 이는 내가 살아 있고 너희도 살아 있겠음이라"

"조금 있으면" 이것이 엄청나게 중요한 것입니다. '잠시 후면' 이라는 뜻입니다. 불과 몇 시간 후면 예수님은 엄청난 영적인 전쟁을 치르시게 됩니다. 처음 예수님은 너무 불리하게 당하기만 하십니다. 체포되고 채찍에 맞으시고 십자가에 못 박혀 죽으면서 그의 영혼은 지옥으로 끌려갑니다. 그러나 그는 지옥에서 사망과 사탄과 죄를 박살내시고 하나님 앞에 영원한 제사를 드리시고 죽음에서 부활하셔서 제자들을 찾아오십니다. 그때 예수님은 제자들에게 가장 귀한 보물 중의 보물을 마음껏 주실 수 있게 되시는 것입니다. 제자들이나 우리나 잠시 동안 고아처럼 춥고 배고프고 두려운 마음으로 지내게 됩니다. 그러나 잠시 후에는 예수님은 우리가 더 이상 고아가 되지 않게 하시는 것입니다. 우리는 이 세상에서 부자 중의 부자요 복 받은 자 중의 복 받은 자가 되게 하시는 것입니다.

2. 하나님의 보물을 주심

얼마 전 일본에서 천황의 즉위식이 있었습니다. 일본의 천황이 되려고 하면 세 가지 보물이 있어야 하는데, 하나는 칼이고 다른 하나는 거울이고 세 번째는 굽은 옥이라고 합니다. 그런데 칼은 칼집에 넣어서 줍니다. 일설에 의하면 칼은 옛날에 바다에 빠져서 없어졌다는 말이 있습니다. 옛날 일본 드라마 〈요스치네〉라는 것을 보면 일본 사람끼리 싸우다가 이 보물을 주기 싫으니까 어린 천황과 엄마가 이 보물들을 안고 바다에 뛰어내려서 죽는 장면이 나옵니다. 일본 천황이 되려고 하면 이 세 가지 보물이 있어야 한다는 것입니다. 그러나 이 세 가지 보물은 그냥 상징이지 실제적으로 무슨 힘이나 능력이 있는 것은 아닙니다. 실제로 일본 천황은 일본에서도 무슨 힘을 가지고 있지는 않습니다. 그저 정신적인 상징에 불과합니다.

아마 오늘날은 줄기 세포가 성공을 거두어서 모든 난치병을 고칠 수 있다면 그 약이 보물일 것입니다. 그리고 암을 치료할 수 있는 약이 개발된다면 그 약이 보물일 것입니다. 우리 인간은 불행하게도 하나님 앞에서는 모두 병자이고 불치의 병을 앓고 있는 사람들입니다. 인간은 모두 죽음의 병에 걸려 있고 죄의 병에 걸려 있습니다. 그런데 예수님은 하나님의 말씀을 붙들고 죽음과 씨름하셔서 죽으심으로 자신의 피로 우리의 죄를 다 씻는 데 성공하셨습니다. 그리고 하나님과 우리 사이를 가로막고 있는 담을 부수어서 하나님의 보물을 우리에게 주시는 데 성공하신 것입니다. 그 보물이 바로 보혜사 성령입니다.

하나님께서 우리를 이 세상에서 고아처럼 만드시는 이유도 바로 여기에 있습니다. 하나님께서 우리를 예수 믿고 이 세상 땅에서 뽑으셔서 길에 버려진 작은 나무가 되게 하시는 이유는 무엇입니까? 그렇게 해야 다시 하늘에 심겨져 하늘의 보물로 다시 자랄 수 있기 때문입니다.

14:16, "내가 아버지께 구하겠으니 그가 또 다른 보혜사를 너희에게 주사 영원토록 너희와 함께 있게 하리니"

우리는 성령님에 대하여 모든 것을 다 알 수 없습니다. 아니 우리는 거의 잘 알지 못합니다. 그러나 보혜사 성령님은 성부 성자와 같은 하나님이십니다. 그런데 성령님은 우리 안에 계실 수 있는 하나님이십니다. 만일 우리 안에 하나님이 계신다면 얼마나 대단한 일입니까?

그런데 성령님은 하나님의 영이십니다. 성령님은 천지를 창조하실 때 지구에 계셨습니다. 지구가 그렇게 아름답고 물이 많고 공기가 있을 수 있는 것은 성령님이 계셨기 때문입니다. 인간이나 짐승이 미치지 않고 모성애나 생존 본능을 가지고 열심히 살 수 있는 것은 성령님이 도와주시기 때문입니다. 예술 즉 음악이나 문학이나 미술이 아름답게 만들어질 수 있는 것은 성령님이 도와주시기 때문입니다. 이 세상에 있는 모든 아름다운 것은 성령님의 작품입니다. 이런 성령님이 우리 안에 들어오셔서 우리의 보혜사(26절)가 되어주십니다.

보혜사라는 말은 우리가 사용하지 않는 용어인데, 원어로는 '파라클레토스'라고 해서 '옆에서 돕는 분'을 말합니다. 어린아이 같은 경우에는 보모가 될 수 있습니다. 노인 같으면 보육사가 될 수 있습니다. 재판을 받는 이 같으면 변호사가 될 수 있습니다. 미국의 어떤 엄마는 어린 아기를 베이비시터에게 맡겨놓고 출근했는데 어린아이가 깜짝깜짝 놀라고 자꾸 울고 보채는 것을 보고 집에 몰래카메라를 설치해서 보았더니, 베이비시터가 자기가 없는 동안 아기를 때리고 화장실에 가두고 괴롭히는 것을 보게 되었습니다. 그 베이비시터는 아동학대죄로 구속되었습니다.

성령님은 우리가 자라는 데 따라서 다르게 우리를 도와주십니다. 우리가 어릴 때는 보모의 역할을 하시지만 우리가 자라면 코치의 역할을 하십니다. 우리가 성령과 똑같이 움직일 수 있다면 절정의 능력을 나타낼 것입니다. 성령님은 우리 안에 있는 나쁜 본성을 다 빼내셔서 아름다운 성품의 열매를 맺게 하십니다. 성령님은 우리의 기도를 도우시고 우리의 예배를 도우셔서 하나님과 성도들이 다 서로 하나 되게 하십니다. 성령님은 지혜의 영이기 때문에 우리에게 순간 순간적으로 지혜를 주셔서 행동하게 하십니다. 나쁜 것을 분별하게 하시고 어떤 생각이 떠오르게 하시고 우리의 병을 치료하게 하시고 나중에는 우리의 육체를 살리셔서 다시 살게 하십니다. 그런데 우리는 가장 아름다운 몸으로 다시 살아나게 되는데 그때는 장애도 없고 늙지도 않고 병도 없고 죽음도 없는 모습으로 다시 살아나게 될 것입니다.

3. 성령을 충만히 받을 때

성령님은 하나님이시기 때문에 우리를 천재로 만드실 수도 있고 뛰어난 예술가로 만드실 수도 있습니다. 그러나 우리가 이런 것을 다 해버리면 세상 사람들이 할 일이 없기 때문에 세상 사람들도 도와주십니다. 이것을 '일반 은총'이라고 합니다. 이것은 이 세상에서 무엇인가를 잘하는 것입니다. 세종대왕은 한글을 만들었고, 이순신 장군은 나라를 지켰고, 차이콥스키나 베토벤 같은 음악가는 훌륭한 음악을 만들었습니다. 마가렛 미첼은 《바람과 함께 사라지다》 같은 대작 소설을 만들었습니다. 그러나 우리 예수 믿는 사람들에게는 그런 것보다 하나님의 진리를 깨닫게 하시고 더 많은 성령을 임하는 일을 하게 하십니다.

성령은 하나님이시지만 물로도 비유되고 불로도 비유가 되며, 양적으로도 충만하다 부족하게 임하신다는 말을 하기도 합니다. 그런데 가장 중요한 것은 이 세상에 성령이 마치 물 붓듯이 부어진다는 것입니다. 미국과 캐나다의 경계선에 있는 나이아가라 폭포는 굉음을 일으키면서 거대한 물줄기들이 쏟아지는데 그것은 보기만 해도 장관이 아닐 수 없습니다. 그 엄청난 물이 사막으로 쏟아져 들어가게 된다면 그 메마른 땅이 옥토가 되고 꽃밭이 될 것입니다. 그런데 우리는 그렇게 할 수 있는 능력이 있습니다. 그 이유는 성령님이 바로 진리의 영이시기 때문입니다.

> 14:17, "그는 진리의 영이라 세상은 능히 그를 받지 못하나니 이는 그를 보지도 못하고 알지도 못함이라 그러나 너희는 그를 아나니 그는 너희와 함께 거하심이요 또 너희 속에 계시겠음이라"

성령님은 진리의 영이시기 때문에 하나님의 말씀과 함께 역사하십니다. 가끔 하나님의 말씀 없이 성령의 역사가 먼저 나타날 때도 있습니다. 그러나 그런 능력만 자꾸 추구하다 보면 타락하게 됩니다. 외국의 어떤 목사님은《안녕하세요 성령님》이라는 책을 써서 베스트셀러가 되었는데, 설교를 별로 하지 않고 병만 고치고 찬양만 하는 집회를 했습니다. 그 앞에는 팬들이 보낸 카드가 수북하게 쌓여 있었습니다. 그러나 그는 몰락했습니다. 왜냐하면 헌금이 너무 많이 들어오니까 잘못 사용하였기 때문입니다. 그래서 가장 안전한 것이 하나님의 말씀을 죽으라고 설교하고 말씀을 읽고 공부하는 것입니다. 그러면 처음에는 아주 약한 구멍에서 물이 똑똑 떨어지는 것 같은데 나중에는 나아아가라 폭포 같은 성령이 터지게 되는 것입니다. 그때 이 세상도 복을 받게 됩니다.

우리나라에 전쟁이 일어나지 않을 것입니다. 왜냐하면 성령의 불이 핵무기보다 더 강하기 때문입니다. 사람들이 미치지 않을 것이며 자살하지 않을 것이며 동성애하지 않을 것이며 여성들을 학대하지 않을 것이며 우리가 만드는 것은 전부 세계 최고가 될 것입니다. 미술도 음악도 문학도 최고가 될 것입니다. 우리는 얼마든지 우리나라를 지킬 수 있고 아름답게 할 수 있습니다. 우리 어른부터 자녀들에게 최고의 선물을 주십니다. 그것은 바로 하나님의 말씀을 주고 성령이 오시게 하는 것입니다. 그래서 모든 황무지가 옥토로 변하기를 바랍니다.

42

예수님의 평안

요 14:25-31

우리는

잘 아는 다른 사람을 만나면 "평안하십니까?" 혹은 "안녕하십니까?"라는 인사를 합니다. 한자 공부를 한 사람은 유식하게 "그동안 무탈하셨습니까?"라고 묻습니다. 외국 사람들도 아는 사람을 만나면 "어떻게 지냈느냐?"고 꼭 묻습니다. 그러면 "나는 잘 지내고 있다"는 식으로 대답을 합니다. 그러나 좀 걱정거리가 있다든지 집 안에 좋지 못한 일이 있으면 "사실은 평안하지 못하다"든가 "집안에 걱정거리가 있다"는 식으로 말할 것입니다.

일본 사람들은 다른 사람의 집을 방문할 때에도 격식이 다 있습니다. 미리 연락해서 방문할 시간을 약속하고, 방문했을 때 인사한 후에 현관에서 '오미야게'라는 작은 선물을 줍니다. 그리고 마루에 오른쪽에는 신발을 정리하고 방안에 들어가서 이야기를 합니다. 그리고 음식을 먹을 때에는 '맛있다'(오이시)라는 말을 여러 번 하게 되어 있습니다. 그리고 국을 마실 때 '후루룩' 소리를 내는 것은 실례가 아니라 좋은 미덕으로 되어 있습니다.

우리는 다른 사람에게 선물을 받으면 기분이 아주 좋습니다. 그런데 아마 '평안'이라는 선물을 받아보신 적은 없을 것입니다. 왜냐하면 '평안'을 선물로 주려고 하면 상대방의 모든 어려움을 다 해결해 주어야 하기 때문입니다. 그런데 예수님은 제자들에게 이렇게 말씀하셨습니다.

14:27, "평안을 너희에게 끼치노니 곧 나의 평안을 너희에게 주노라 내가 너희에게 주는 것은 세상이 주는 것과 같지 아니하니라 너희는 마음에 근심하지도 말고 두려워하지도 말라"

예수님은 오늘 우리에게 선물을 주시는데 예수님의 '평안'을 선물로 주신다고 말씀하셨습니다. 예수님이 우리에게 주시는 선물은 화과자나 초콜릿, 케이크나 홍삼 같은 것이 아니라 자신의 평안을 우리에게 선물로 주신다고 말씀하셨습니다. 어떻게 예수님이 자신의 평안을 우리에게 선물로 주실 수 있을까요?

예를 들어서 우리 몸에 많은 부분이 있는데 그중에 어느 하나만 아파도 우리는 평안하지 못합니다. 어떤 교인은 허리가 아파서 수술하시고 무려 일 년 동안이나 교회에 오지 못하셨다고 말씀하셨습니다. 한 번은 엘리베이터에 그 여집사님이 저와 함께 탔습니다. 제가 그 여집사님께 "평안하셨습니까?"라고 인사하니까 "평안이 다 무슨 말입니까? 허리가 아파서 수술도 하고 일 년 동안 교회 나오지 못하다가 오늘 처음 나왔습니다."라고 말씀하신 것을 들었습니다. 또 가족들 여러 명 중에서 단 한 명이 아프거나 직장에 어려움이 있어도 가족은 평안하지 못합니다. 또 지금 당장은 아니지만 미래에 어려움이 찾아오게 되어 있으면 모두 불안해하고 두려워해서 평안하지 못합니다. 수술을 앞두고 있고 수능을 앞두고 있고 집을 이사해야 한다면 평안하지 못합니다.

그래서 "평안을 선물로 준다"는 것은 개인이나 식구나 미래나 생길 수 있는 모든 일의 어려움을 다 해결해주어야 평안을 선물로 줄 수 있는 것입니다. 우리는 다른 사람에게 나의 건강을 선물로 줄 수 있을까요?

제 아버님이 살아계실 때 신장이 좋지 못하셨습니다. 그리고 이뇨제를 쓰지 않으면 소변을 보시기가 어려우셨습니다. 그때 제가 아버님께 "제 콩팥을 하나 드릴게요"라고 말씀을 드렸는데 아버님이 굉장히 좋아하시는 것을 보았습니다. 그러나 불행하게도 제 콩팥을 드리기 전에 아버님은 주무시다가 돌아가셨습니다. 만약 우리가 다른 사람에게 '저의 심장을 드릴게요'라든지 혹은 '제 간을 드릴게요'라고 한다면 그것은 자신이 죽고 당신을 건강하게 살게 해주겠다는 의미가 있는 것입니다. 전에 어떤 분은 자기 아들의 심장을 다른 분에게 이식했습니다. 그리고 그분에게 당신의 심장 소리를 듣게 해 달라고 부탁했습니다. 그 어머니는 그분의 가슴에 귀를 대고 심장 뛰는 소리를 한참 듣더니 내 아들의 심장 뛰는 소리를 들으니 참 행복하다고 하면서 눈물을 흘리셨습니다.

오늘 우리는 많은 어려움을 가지고 하나님 앞에 나아왔습니다. 암을 가지고 오신 분도 있을 것이고, 가족의 어려움을 가지고 오신 분도 있을 것이고, 아픈 가슴을 가지고 오신 분도 있을 것입니다. 예수님은 오늘 우리에게 나의 심장을 주시고 내장을 주시고 간을 주시고 위를 주시고 나의 평안을 너희에게 주신다고 말씀하셨습니다. 그래서 너희는 근심하지도 말고 두려워하지도 말라고 말씀하셨습니다.

1. 오늘 근심하면서 살아가고 있는 우리

오늘 우리는 개인의 건강이나 사업이나 집안일로 근심하면서 살아가고 있습니다. 저희 중에서 아무 근심 없는 사람들은 아무것도 모르는 어린아이들밖에 없을 것입니다. 왜 우리는 매일 근심하면서 살아가고 있을까요? 우리가 아직 완전하지 못하기 때문입니다. 그러나 우리가 모든 것에 완전할 수는 없습니다. 즉 사람마다 다 약한 부분이 있기 때문입니다. 사실 우리는 어려움이 생겼을 때 해결할 수 있는 길을 잘 모릅니다. 어려움이 있는데 그것을 해결할 수 있는 길을 모른다면 걱정하고 근심할 것입니다.

지금 예수님의 제자들은 평안하지 못합니다. 왜냐하면 제자들은 지금까지 예수님이라는 길을 찾았습니다. 베드로는 많은 사람이 예수님을 등지고 떠나는 것을 보고 예수님이 너희들도 가라고 말씀하셨을 때 "주여 영생의 말씀이 주께 있사오니 우리가 누구에게로 가오리이까"(요 6:68)라고 대답했습니다. 예수님의 제자들은 길을 찾았습니다. 병든 사람들을 예수님께 데리고 오기만 하면 예수님은 다 고쳐주셨고 먹을 것이 없을 때도 오병이어의 기적으로 먹을 것을 주셨습니다. 갈릴리 호수에서 폭풍이 불어서 배가 뒤집히려고 했을 때도 예수님은 "바람과 파도야 잔잔하라"고 하니까 잔잔해졌습니다.

그런데 이제 예수님이 제자들만 두고 어디에 가셔야 한다고 하셨습니다. 제자들은 지금 스스로 자립해서 살 수 있는 형편이 되지 못했습니다. 제자들은 지금 모든 환자를 고칠 수 있는 능력을 받은 것도 아니고 오병이어의 기적을 행할 수도 없었습니다. 그런데 예수님은 제자들만 버려두고 어디엔가 가시는데 거기는 제자들이 따라올 수 없는 곳이라고 말씀하셨습니다. 제자들에게는 당장 먹고 살 돈이 없었습니다. 그들에게는 가족을 먹여 살릴 수 있는 양식이 없었습니다. 제자들은 예수님의 말씀만 믿고 배도 버리고 그물도 버리고 집도 버리고 직업도 버리고 예수님을 따라왔습니다. 그러나 예수님은 제자들만 버려두고 떠난다고 말씀하십니다.

거기에다가 예수님의 말씀은 아주 불길했습니다. 예수님은 예루살렘에 올라가시면 잡혀서 죽는다고 말씀하셨습니다. 제자들이 듣기에는 예수님의 운동은 실패한다는 것입니다. 예수님은 쿠데타를 일으키기도 전에 붙잡혀서 십자가에 처형이 된다는 것입니다. 지금 예수님의 제자들은 집권 여당과 사이가 굉장히 좋지 못한 사이였습니다. 요즘으로 치면 집권당과 사이가 좋아야 일이 잘 풀리지 적폐세력으로 찍혀 있으면 무슨 끄나풀이 잡혀서 붙들려가서 조사를 받고 스트레스를 받아서 망신만 당하고 자살을 하거나 스트레스로 죽을지도 모릅니다. 지금 제자들의 마음은 굉장히 불안했고 근심하고 있었습니다. 예수님이 안 계시면 제자들은 앞으로 무엇을 해 먹으면서 살아야 할까요?

그때 예수님은 "나의 평안을 너희에게 끼치노니"라고 하셨습니다. 이것은 예수님은 가시지만 예수님이 가지신 하나님 아들의 평안을 그들에게 남겨주시고 가신다는 뜻이었습니다. 어떤 남편은 죽으면서 집을 남겨 놓고 가는 분도 있습니다. 어떤 남편은 죽으면서 직장을 남겨놓고 가는 분도 있습니다. 그러면 가족이 당장은 살던 집에서 쫓겨나지 않고 계속 살 수 있을 것입니다. 또 사업체를 남겨두고 가면 남은 가족들이 계속해서 그 사업을 계속할 수 있을 것입니다.

그런데 예수님에게는 아직 사용하시지 않은 하나님의 아들의 엄청난 능력이 있었습니다. 이것은 아무도 건드릴 수 없는 평안입니다. 즉 남은 제자들이나 그들의 가족이나 그들의 생명을 어느 누구도 해칠 수 없는 평안을 남겨주시고 가시는 것입니다. 그런데 예수님은 그것을 그냥 잠깐 주시는 것이 아니라 아예 너희에게 선물로 준다고 말씀하셨습니다. 예수님이 떠나심으로 제자들은 예수님의 능력을 선물로 받게 되는 것입니다. 그러면서 예수님은 너희는 근심하지도 말고 두려워하지도 말라고 말씀하셨습니다.

2. 예수님에게 찾아오는 고통의 시간

예수님은 제자들에게 너희는 근심하지도 말고 두려워하지도 말라고 말씀하셨습니다. 이것은 잠시 후에 제자들이 엄청나게 근심하고 두려워할 수밖에 없는 일이 일어난다는 것을 말씀하시는 것입니다. 잠시 후에 예수님은 겟세마네 동산에서 기도하시다가 유대 지도자들과 군병들에게 붙들려 갑니다. 제자들은 우리 예수님은 죄지은 것이 없으니까 별일 없겠지 하면서도 근심하게 됩니다. 그러나 결과는 그들의 근심과는 정반대였습니다. 예수님은 사형 판결을 받으시고 로마 군병들에게 넘겨져서 채찍에 맞으시고 십자가에 못 박혀 십자가에 달리시게 되었습니다. 제자들은 예수님은 하나님의 아들이시니까 마지막 순간에 못을 뽑고 내려오셔서 악한 자들을 모두 심판하실 줄 알았습니다. 그러나 예수님은 보통 사람들과 똑같이 숨이 지시고 무덤에 장사지낸 바 되셨습니다.

그러면 제자들이 그 동안 예수님을 하나님의 아들로 믿고 따라온 것은 어떻게 되는 것입니까? 그들이 예수님을 메시야라고 믿었고 전했던 것은 거짓말이 되는 것입니까? 그들이 그동안 예수님을 따라다녔던 것은 시간 낭비입니까? 그러나 그것은 전혀 거짓도 아니고 시간 낭비도 아니었습니다. 이 모든 것은 하나님의 구원을 완성하는 과정이었습니다. 즉 예수님이 우리의 모든 연약함을 책임지시는 과정이었던 것입니다.

예수님은 우리를 대신해서 모든 수치를 다 당하셨습니다. 예수님은 우리의 맞을 것을 다 맞으셨습니다. 예수님은 우리를 대신해서 죽으셨습니다. 예수님의 영혼은 지옥까지 끌려 가셨습니다. 그러나 거기서 예수님은 싸우기 시작하셨습니다. 예수님은 죄의 세력을 쓰러트리고 사망의 권세를 쓰러트리고 사탄의 머리를 깨시고 자기 피를 가지고 하늘에 가셔서 하나님께 영단번의 의로운 제사를 드리고 예수님과 예수 믿는 모든 사람의 죄 없음의 판결을 받으셨습니다. 우리는 하나님의 자녀가 되는 권세를 받았고 영생의 선물을 받으셨습니다. 그리고 다시 살아나셨습니다. 예수님은 하늘문을 활짝 여셨습니다. 예수님은 예수 믿는 우리에게 하늘 문을 여셨습니다. 우리의 모든 죄는 다 용서되었고 우리는 하나님의 자녀의 자격을 얻었으며 영생을 얻었습니다.

우리는 누가 뭐라고 해도 아무 죄가 없었습니다. 우리는 죄가 없습니다. 우리는 하나님의 아들들입니다. 무지무지한 나라와 재산을 상속받을 아들들입니다. 그래서 이 세상에서 굳이 많은 것을 가지려고 할 필요가 없습니다. 우리는 죽음이 무섭지 않습니다. 왜냐하면 죽는 것이 영생에 들어가는 길이기 때문입니다. 죽는 것이 우리에게는 좋은 것입니다. 물론 살아서 교인들과 함께 예배드리는 것도 좋은 일입니다.

3. 힘을 잃어버린 세상 임금

예수님은 잠시 후에는 세상 임금이 예수님을 잡으러 올 것이라고 말씀하셨습니다. 그러나 그 세상 임금은 예수님과는 상대가 되지 않는다고 말씀하셨습니다.

14:30, "이 후에는 내가 너희와 말을 많이 하지 아니하리니 이 세상의 임금이 오겠음이라 그러나 그는 내게 관계할 것이 없으니"

예수님은 잠시 후에는 세상 임금이 군병들을 거느리고 예수님을 잡으러 올 것이라고 말씀하셨습니다. 이것은 마귀가 대제사장과 서기관들과 배속된 군병들을 이끌고 배신자인 가롯 유다를 앞세워 예수님을 잡으러온다는 것입니다. 물론 예수님은 순순히 체포당하십니다. 또 베드로가 대제사장의 하인의 귀를 베었을 때에도 검을 쓰는 자는 검으로 망한다고 하시면서 그 하인의 잘라진 귀를 도로 붙여주셨습니다. 예수님은 아주 뛰어난 외과의사이셨습니다.

그런데 예수님은 그 세상 임금은 나와는 아무 관계가 없다고 말씀하셨습니다. 이것은 이 세상 임금 마귀나 예수님을 잡으러 온 자는 예수님과는 상대가 안 된다는 뜻입니다. 예수님이 한번 내리치시면 마귀의 머리는 두 동강이 나고 말 것이고 예수님이 찬란한 빛을 비추시면 그 잡으러 온 자들은 모두 눈이 멀어버리고 말 것입니다. 그러나 예수님은 하나님의 의를 나타내기 위해서 이 모든 것을 참으셨습니다. 예수님은 우리 인간의 죄가 얼마나 엄청난지 지금 우리가 겪고 있는 고통이나 걱정하고 있는 것은 아무것도 아니고 그 엄청난 하나님의 아들이 가장 고통스러운 방법으로 죽어야 하나님의 진노가 풀린다는 것을 보여주셨던 것입니다.

그래서 우리 예수 믿는 자들에게는 마귀나 마귀의 세력은 상대가 되지 않습니다. 왜냐하면 예수님이 마귀를 거의 반쯤 다 죽여놓았기 때문입니다. 예수님은 싸우는 데 명수이셨습니다. 그래서 〈메시야〉에 보면 "영광의 왕이 누구뇨?"라고 묻습니다. "Who is king of glory?" 그러니까 "He is strong and mighty in battle"이라고 대답합니다. "그는 강하고 전쟁에서 아주 능하신 왕이라"고 말씀하고 있습니다. 우리는 세상 임금을 겁낼 필요가 없습니다. 그렇다고 너무 기대할 필요도 없습니다. 우리는 마귀를 이겨야 합니다. 우리의 적은 북한도 아니고 김정은도 아니고 우리나라 정치인도 아니고 마귀인 것입니다.

우리는 어떻게 하면 예수님의 평안을 내 것으로 받을 수 있겠습니까? 우리가 어떻게 하면 예수님의 그 능력을 내 것으로 만들 수 있겠습니까? 어떻게 하면 우리가 예수님이 주시는 평안의 선물을 받을 수 있겠습니까?

예수님은 우리가 너무 약하다는 것을 아셨습니다. 아무리 좋은 선물이라 하더라도 어린아이에게는 소용없을 때가 많이 있습니다. 아무리 좋은 컴퓨터나 자동차도 어린아이에게는 아무 소용이 없습니다. 어린아이에게 람보르기니나 포르쉐 같은 것을 주어도 아무 소용이 없을 것입니다. 우리가 예수님의 평안을 가지기 위해서는 무엇보다 성령이 내 마음에 오셔야 합니다. 성령이 오셔야 우리 마음의 상처가 치유되고 하나님의 말씀을 알아들을 수 있고 근심을 믿음으로 이길 수 있습니다.

14:26, "보혜사 곧 아버지께서 내 이름으로 보내실 성령 그가 너희에게 모든 것을 가르치고 내가 너희에게 말한 모든 것을 생각나게 하리라"

성령이 우리 마음이 오시면 우선 우리 마음이 황무지와 같다가 옥토로 변하게 됩니다. 이것은 사막에 비가 계속 오면 아주 좋은 밭으로 변하게 되는 것과 같습니다. 어떤 곳에는 갑자기 땅값이 오르는 바람에 노인들이 목돈을 쥐니까 영감과 할머니가 돈 때문에 이혼하고 막걸리 대신 양주를 마시고 경운기 대신 벤츠를 몰다가 못에 빠져 죽는다는 것입니다.

어떤 분은 제주도의 토박이인데 땅값이 올라서 전부 외제차를 타고 전부 놀러만 다닌다는 것입니다. 결국 제주도나 일본 홋카이도는 중국인의 것으로 변하고 있다고 합니다. 성령님이 오시면 우리가 예수님의 말씀과 성령을 이해하게 되는데 그 말씀의 세계가 바로 보물산입니다. 양주를 마실 필요도 없고 도박할 필요도 없습니다. 말씀의 세계 안에서 우리 자신이 보물로 변하게 됩니다. 우리 자신이 보물이기 때문에 세상이 어떻게 변하든 우리가 아프든 우리가 살 집이 없어지든 염려하지 않습니다. 왜냐하면 진짜 우리 집이 따로 있기 때문입니다.

14:28, "내가 갔다가 너희에게로 온다 하는 말을 너희가 들었나니 나를 사랑하였더라면 내가 아버지께로 감을 기뻐하였으리라 아버지는 나보다 크심이라"

예수님은 제자들이 예수님을 사랑하였더라면 예수님이 아버지께로 가는 것을 기뻐했을 것이라고 말씀하셨습니다. 제자들은 모두 예수님을 사랑하였습니다. 그러나 이 사랑은 믿음을 말합니다. 우리가 예수님을 믿으면 세상에서 어떤 일이 일어나도 놀라지 않을 것입니다. 왜냐하면 예수님도 크시지만 하나님 아버지는 더 크시기 때문입니다.

예수님은 우리에게 보혜사 성령을 보내셨습니다. 이제 진짜 보물을 찾으시기 바랍니다. 그것은 성경 안에 있고 사람의 영혼을 건지는 것입니다. 우리가 성령님이 내 안에 계신 것을 믿고 근심을 물리치기만 한다면 하나님이 모든 어려움을 해결해주실 것입니다. 우리는 가만히 있어도 크신 하나님께서 모든 어려움을 해결해주실 것입니다.

43

참 포도나무

요 15:1-8

대개

포도나무라고 하면 나무 자체로서는 아무 가치가 없는 나무입니다. 포도나무는 잣나무같이 힘이 있어서 똑바로 서 있지도 못하고 꾸불꾸불하기 때문에 건축 자재로 쓸 수도 없습니다. 포도나무는 혼자 서 있을 수도 없어서 쇠틀 같은 것을 박아서 줄로 매어주어야 하고, 또 나무 자체도 비틀어지고 힘이 없어서 아무 쓸모가 없는 나무입니다. 아마 포도나무가 열매를 맺지 않는다면 그런 나무는 아무도 좋아하지 않을 것이고 불쏘시개 밖에 되지 못할 것입니다. 그런데 그 나무에서 맺히는 포도 열매 하나만큼은 기가 막히게 달고 상큼하고 맛이 있기 때문에 유럽 사람들에게는 최고로 인기 있는 열매입니다.

팔레스타인 같은 지역이나 유럽에도 사과나 배나 무화과가 있지만 우리나라 같이 맛이 있지 못합니다. 그러나 그중에서도 가장 맛있는 열매는 포도였던 것입니다. 그래서 이스라엘 사람들은 이 포도주를 가지고 잔치를 했습니다. 자녀들을 결혼시킬 때도 포도주가 있어야 했습니다. 포도주가 없는 결혼식은 결혼식이 아니었습니다. 이스라엘 백성들은 식사 때에도 포도주를 마셨습니다. 심지어 하나님께 제사 드릴 때 포도주를 그 위에 부었습니다. 그것을 전제라고 하는데 최고의 헌신을 의미했습니다. 즉 우리의 생명을 바치는 것과 같은 의미였습니다.

그러나 모든 포도가 다 맛있는 것은 아니었습니다. 포도 중에도 아주 품질이 좋지 못한 포도가 있었습니다. 이스라엘에서는 그런 포도를 '들 포도'라고 했습니다. 그런 들 포도는 써서 먹을 수 없었고 포도주를 만들어도 역시 써서 마실 수 없었습니다. 전부 다 뱉어내어야만 했습니다.

예수님은 "너희는 이 세상의 소금이라"고 말씀하셨습니다. 소금은 음식을 썩지 않게 하고 맛있게 합니다. 썩은 음식은 맛이 변해서 먹을 수 없고 먹으면 식중독에 걸리게 됩니다. 음식에 소금이 들어가면 맛이 있게 됩니다. 예수님이 처음 하신 기적은 밍밍한 손 씻는 물을 최고로 맛있는 포도주로 만드신 것이었습니다.

그동안 우리나라는 참 맛있는 나라였습니다. 우리나라 사람들은 부지런하고 경제는 엄청나게 발전했습니다. 우리나라 십대는 노래나 춤도 잘했습니다. 세상 사람들은 우리나라의 맛을 좋아하게 되었습니다. 그러다가 우리나라는 맛이 나빠지게 되었습니다. 이상한 조류가 들어오면서 반항적이 되고 동성애도 생기고 노조도 아주 억지와 폭력을 행사하고 정부까지도 경제를 망하게 하는 짓을 계속하고 있습니다. 우리나라는 아주 고약한 맛을 내는 열매나 썩은 음식이 되고 만 것입니다.

하나님은 우리 예수 믿는 사람들이 맛있는 포도 열매를 맺을 수 있다고 말씀하셨습니다. 우리는 세상의 소금이 될 수 있는 것입니다. 우리는 다시 맛있는 음식이 되고 맛있는 포도가 되어서 세상에서 가장 인기 있는 나라 인기 있는 사람들이 되시기를 바랍니다.

1. 하나님의 역할 분담

맛이 달고 상큼한 포도 열매를 맺으려고 하면 역시 포도의 품종이 좋아야 합니다. 제가 어렸을 때 교회 가는 길옆은 전부 포도밭이었습니다. 그 포도는 품질이 좋은 포도여서 알도 크고 색깔도 아주 검은 보랏빛이고 아주 좋은 향기를 뿜어내었습니다. 그러나 어렸을 때는 그 비싼 포도를 사 먹는다는 것은 상상할 수도 없었습니다. 나중에 집안 형편이 좀 나아져서 포도를 사 먹었는데 너무나도 맛이 있었고 또 아버지가 포도주를 담그셨는데 그 맛은 말로 표현하기 어렵습니다.

하나님은 이스라엘 백성을 포도에 비유하셨습니다. 그 이유는 이스라엘 백성들의 외모가 다른 나라 사람들에 비하여 우수하거나 뛰어난 것은 아니었기 때문입니다. 오히려 이스라엘 백성들의 외모는 다른 나무에 비하면 보잘것없을 정도로 초라했습니다. 그러나 이스라엘 백성이 하나님의 말씀을 듣고 만들어내는 삶의 열매는 엄청나게 맛있는 것이었습니다. 그래서 하나님은 이사야 선지를 통해서 이스라엘 백성들은 극상품 포도였다고 말씀하고 있습니다(사 5:2).

여기서 '극상품 포도'라는 말은 무슨 뜻입니까? 그것은 이스라엘 백성들이 하나님의 말씀을 듣고 변화되어서 그 말씀대로 살 때 나타나는 아름다운 삶은 이 세상 어느 누구도 흉내 낼 수 없다는 것입니다. 그것은 바로 사랑의 삶이었습니다. 즉 이스라엘 백성들이 하나님의 말씀을 듣고 은혜를 받았을 때 그들은 어느 누구에게나 친절했고 기쁨이 충만했으며 절대로 거짓말하지 않고 남을 해치지 않고 남에게 무례하거나 억지를 부리지 않았던 것입니다. 그것이 바로 이스라엘 백성들의 열매였습니다.

이스라엘은 부자도 아니었고 지식이 뛰어난 것도 아니었고 무역을 많이 하는 나라도 아니었습니다. 그러나 그들이 오직 하나님의 말씀을 들었을 때 그리고 그 말씀대로 살았을 때 그들은 극상품으로 맛있는 포도의 맛을 내었던 것입니다. 그래서 다른 나라 사람들은 이스라엘 백성들을 포도나무같이 좋아했습니다. 왜냐하면 이스라엘 사람들을 만나기만 하면 언제나 상큼한 말을 들을 수 있었고 친절하고 따뜻한 사랑을 받을 수 있었기 때문이었습니다.

그러나 이스라엘 백성들은 자기들이 언제나 남에게 친절해야 하는 것이 불만이었습니다. 그래서 어느 순간부터 다른 물이 들기 시작했습니다. 그것은 바로 세상의 들 포도 물이었습니다. 이 물은 아주 공격적이고 이기적이며 제멋대로 하는 삶이었습니다. 이스라엘 백성들은 그렇게 하니까 신이 났습니다. 모든 것을 두들겨 부수고 자기 뜻대로 안 되면 떼를 쓰고 모든 것을 내 마음대로 해버리니까 너무나도 신이 났습니다. 그런데 이 세상에 맛있는 포도는 없어지고 급속도로 나쁜 포도가 퍼지게 되었습니다.

하나님의 진액이 아니라 세상의 진액이 들어오니까 아주 맛이 떫고 사람들의 배를 아프게 하고 피부를 가렵게 하는 독 포도가 전 이스라엘을 다 덮어버렸던 것입니다. 그래서 하나님은 바벨론 군대를 보내고 또 다른 나라 군대를 보내어서 온 팔레스타인을 다 불태워버렸습니다. 이스라엘 땅은 맛있는 포도가 없는 황폐한 땅이 되어 있었습니다.

이때 예수님은 놀라운 말씀을 하셨습니다. 그것은 다시 아주 맛있는 포도 종자를 예수님이 가지고 오셨다는 것입니다. 이것을 심고 열매 맺기만 하면 이스라엘은 다시 전 세계에서 최고로 맛있는 포도를 맺는 포도원이 될 것입니다.

15:1-2, "나는 참 포도나무요 내 아버지는 농부라 무릇 내게 붙어 있어 열매를 맺지 아니하는 가지는 아버지께서 그것을 제거해 버리시고 무릇 열매를 맺는 가지는 더 열매를 맺게 하려 하여 그것을 깨끗하게 하시느니라 너희는 내가 일러준 말로 이미 깨끗하여졌으니"

여기에 "나는 참 포도나무"라는 말은 엄청나게 중요한 말씀입니다. 그것은 지금 이스라엘 땅에는 아직까지 아주 고약한 맛을 내는 맛이 떫고 배를 아프게 하고 설사를 일으키는 나쁜 독 포도나무가 가득하지만, 진짜 맛이 있고 가슴을 시원하게 해주고 기쁘게 해주는 포도 종자를 가지고 오게 되었다는 것입니다. 그것은 바로 예수님 자신이었습니다.

예수님 당시에도 하나님을 믿는 종교가 있었습니다. 그러나 그것은 모두 독 포도였습니다. 바리새파나 사두개파, 헤롯파나 모두 독 포도였습니다. 그 포도들은 하나님을 믿는다고 하면서 사람들을 더 고통스럽게 하였으며 모든 기쁨과 행복을 다 빼앗아가는 포도였던 것입니다. 그러나 예수님은 새로운 포도 종자를 가지고 오셨습니다. 바로 예수님이 순수한 하나님의 말씀을 가지고 온 것이었습니다. 누구든지 예수님의 말씀의 진액을 먹으면 힘이 없던 사람들도 눈이 번쩍 뜨이게 되고 삶의 의욕이 생기며 그렇게 맛이 있고 달콤한 삶을 살 수 있었던 것입니다.

우리는 이 세상에 살면서 너무나도 많은 것을 생각하면서 살아가야 합니다. 회사일도 생각해야 하고 자녀들의 일도 생각해야 하고 자신의 건강도 생각해야 합니다. 그리고 사회가 돌아가는 꼬락서니를 보니까 망할 것 같은 걱정이 드는 것입니다. 또 이 사람 저 사람 만나야 할 사람들도 아주 많고 해야 할 일도 아주 많이 있습니다. 그런데 어느 순간부터 우리나라는 아주 맛이 고약해지게 되었습니다. 이것은 정치권만 그런 것이 아닙니다. 우리나라 전체가 아주 맛이 떫고 머리를 아프게 하고 배를 아프게 하는 나쁜 열매가 된 것입니다. 노조는 회사를 거의 망하게 하다시피 합니다. 정치도 서민들의 경제를 망하게 하고 안보도 망치고 있습니다. 학교도 학생들에게 비전을 주지 못합니다. 우리나라에 좋은 교회들이 많이 있지만 성공과 돈이나 명예를 강조해서 아주 맛이 고약한 독 포도가 되고 만 것입니다.

그런데 예수님께서 전 세계에서 구할 수 없는 극상품의 새 포도 종자를 가지고 오셨습니다. 바로 예수님 자신이고 예수님의 말씀이었습니다. 누구든지 예수님을 믿고 예수님의 말씀을 듣기만 하면 최고로 맛있는 큰 포도를 맺을 수 있는 것입니다.

그런데 여기서 예수님은 우리의 역할을 분명히 구별해놓으셨습니다. 예수님은 이 극상품의 포도나무입니다. 그리고 하나님은 농부입니다. 하나님은 포도원 전체를 지키시는 농부이십니다. 하나님은 멧돼지나 고라니가 들어와서 포도를 따 먹지 못하게 지키시는 분입니다. 하나님은 우리가 좋은 포도를 맺을 가능성만 있으면 이 포도원을 누군가가 해치지 못하도록 지키십니다. 그리고 예수님은 참 포도나무이십니다. 그리고 우리는 가지입니다. 우리는 포도원을 지키지 못합니다. 우리는 포도 종자를 가져오지 못합니다. 단지 우리는 나뭇가지에 불과한 것입니다.

2. 하나님의 농사법

농사를 짓는 사람에게 가장 중요한 것은 욕심을 버리는 것입니다. 특히 포도나무에 달린 작은 열매들을 전부 다 열매 맺게 하려고 하면 결국 포도알이 작게 되어서 상품화가 되지 못합니다. 그래서 포도농사 짓는 사람은 아무리 아까워도 포도 꽃 중에서도 열매 맺는 몇 개를 제외하고는 다 따버려야 합니다. 그리고 작은 열매들이 많이 맺혀 있지만 큰 열매가 될 몇 개를 제외하고는 전부 다 따서 버려야 합니다. 그것이 바로 가지를 깨끗하게 하는 것입니다.

한 번은 감 농사를 하시는 우리 교회 집사님이 가족이 아프셔서 간호하시느라고 감이 많이 열린 것을 솎아주시지 못했다고 합니다. 그랬더니 나중에 감들이 모두 작은 것들이 되어서 상품화되지 못했다는 것입니다. 심지어는 상추나 배추, 무 같은 것들도 전부 다 키우겠다고 생각해서는 안 됩니다. 크게 될 것을 제외하고는 전부 뽑아서 버려야 남은 것이 크게 될 수 있는 것입니다. 방송에서 어떤 새는 딱 한 마리만 키우는 것을 보았습니다. 심지어 알에서 두 마리를 까게 되니까 약한 것 한 마리를 발로 차서 밀어내어 죽게 했습니다. 너무나도 비정한 새 어미였습니다. 그런데 포도에서 아주 중요한 것은 모든 꽃이나 작은 포도를 다 열매로 키우지 않는다는 것입니다. 큰 열매가 될 것 한두 개를 제외하고는 모두 잘라서 버려야 크고 맛있는 열매가 맺히게 되는 것입니다.

15:2, "무릇 내게 붙어 있어 열매를 맺지 아니하는 가지는 아버지께서 그것을 제거해 버리시고 무릇 열매를 맺는 가지는 더 열매를 맺게 하려 하여 그것을 깨끗하게 하시느니라"

여기서 깨끗하게 한다는 것은 가지치기를 한다는 뜻입니다. 우선 우리가 알아야 할 것은 포도 가지는 창을 만들거나 활을 만드는 나무가 아니라는 것입니다. 포도나무는 경쟁하는 것이 중요한 것이 아니라 열매를 맺는 것이 중요하다는 사실입니다. 포도 가지가 열매 맺는 데 가장 중요한 것은 나무에 붙어 있는 것입니다. 가지는 예수님의 나무에 붙어서 진액을 빨아올리고 햇빛으로부터 광합성을 해서 당분을 만들어내어야 합니다.

그런데 농부가 보니까 어떤 가지는 참 포도나무에 붙어 있지 않고 독 포도나 들 포도나무 가지에 붙어 있는 것이 있었습니다. 즉 그 가지는 뿌리를 하나님의 말씀에 내리지 않고 세상에 내리고 있는 것입니다. 하나님은 그런 가지는 열매를 맺을 수 없기 때문에 전부 잘라버린다고 했습니다. 잘린 가지는 굉장히 기분이 좋을 것입니다. 왜냐하면 나무에 붙어 있지 않아도 되고 마음대로 돌아다닐 수 있고 완전한 자유를 누리게 될 것이기 때문입니다. 그러나 그 가지는 점점 마르게 됩니다. 왜냐하면 나무에 붙어 있지 않으므로 진액이 올라오지 않기 때문입니다. 나중에는 이 마른 가지를 전부 다 모아서 불쏘시개로 태워버릴 것입니다.

그러나 참 포도나무에 붙어 있는 가지는 하나님이 가지 차기를 하십니다. 꽃도 아깝지만 따버리고 작은 포도송이도 따버립니다. 왜냐하면 그렇게 여러 가지 일을 하면 열매가 제대로 맺히지 않기 때문입니다. 그러나 이 포도 가지는 이해가 되지 않을 것입니다. 왜 하나님은 나에게 많은 일을 하지 못하게 꽃도, 그 아까운 새끼 포도송이도 따버리시는지 이해되지 않을 것입니다. 왜 하나님은 나에게 아무것도 하지 못하게 하시는지 이해되지 않을 것입니다. 그러나 아주 좋은 포도송이를 맺게 하려고 하면 어쩔 수 없는 일입니다.

그래서 우리는 많은 만남도 잘라야 하고 많은 활동도 잘라야 하고 많은 돈 버는 것이나 유명해지는 것도 잘라야 하고 오직 하나님의 말씀을 듣고 그것을 내 것으로 만드는 일에만 집중해야 하는 것입니다.

예수님은 예수님의 말씀을 듣는 가지들에게 다시 주의를 주시고 강조하셨습니다.

> 15:5-6, "나는 포도나무요 너희는 가지라 그가 내 안에, 내가 그 안에 거하면 사람이 열매를 많이 맺나니 나를 떠나서는 너희가 아무것도 할 수 없음이라 사람이 내 안에 거하지 아니하면 가지처럼 밖에 버려져 마르나니 사람들이 그것을 모아다가 불에 던져 사르느니라"

우리는 가지이기 때문에 다른 것은 아무 신경을 쓰지 않아도 됩니다. 왜냐하면 그것은 모두 농부가 해야 할 걱정이기 때문입니다. '비가 오지 않을까? 비료를 주지 않으면 어떻게 하나? 멧돼지가 들어오면 어떻게 하나? 도둑이 들어오면 어떡하나? 포도 값이 폭락하면 어

43. 참 포도나무

떡하나?' 하는 것은 전부 농부이신 하나님이 걱정하실 일입니다. 우리가 할 일은 세상에 붙어 있지 말고 그리스도에게 붙어 있어야 하는 것입니다. 그러면 저절로 우리는 많은 가지치기를 당하게 됩니다.

예수님은 제자들에게 3절에서 "너희는 내가 일러준 말로 이미 깨끗하여졌다"고 말씀하셨습니다. 제자들은 예수님을 따라다니면서 말씀을 듣다가 보니까 저절로 세상은 멀어지게 되었습니다. 세상 친구들은 저절로 떨어져 나가고 세상일은 할 수 없었습니다. 왜냐하면 그들은 두 주인을 섬길 수 없었기 때문입니다.

우리가 최고의 열매를 맺기만 하면 하나님은 모든 것을 다 지켜주십니다. 왜냐하면 하나님의 허락 없이는 참새 한 마리도 땅에 떨어지지 않기 때문입니다. 참 포도나무에 붙은 가지는 걱정할 필요가 없습니다. 그러나 너무 많은 일을 벌이고 너무 많은 사람을 만나고 하나님의 말씀을 적게 들으면 빈약한 포도가 되어서 상품이 되지 못할 것입니다. 그래서 예수 믿는 사람들이 살아남으려고 하면 삶이 단순해야 합니다. 교회, 집, 말씀, 이렇게 단순해야 좋은 열매를 맺을 수 있습니다.

3. 하나님의 약속

우리가 가지라면 많은 곳에 돌아다니고 싶을 것입니다. 아이들이 가지들을 들고 다니면서 다른 아이들을 때리기도 하고 문을 받치기도 하고 등산할 때 작대기로 쓰기도 하면 좋을 것입니다. 그러나 그 가지들은 죽은 가지들이고 열매가 맺히지 않습니다. 열매 맺는 가지는 죽으나 사나 나무에 붙어 있어야 합니다.

15:4, "내 안에 거하라 나도 너희 안에 거하리라 가지가 포도나무에 붙어 있지 아니하면 스스로 열매를 맺을 수 없음 같이 너희도 내 안에 있

지 아니하면 그러하리라"

　우리가 예수님이라는 참 포도나무에 붙는 것은 우리 마음대로 되는 것이 아닙니다. 왜냐하면 우리는 예수님이 하나님의 포도나무라는 것도 모르고 우리 자신도 하나님을 좋아하지 않았기 때문입니다. 인간은 모두 다 야생동물들이 사람을 피하듯이 기를 쓰고 하나님에게 붙잡히지 않으려고 도망치는 인생을 살아왔습니다. 그런데 하나님은 오래전부터 우리를 예수님에게 접붙임 되게 하시려고 우리의 인생을 몰아오셨습니다. 그래서 어떤 사람은 자기가 원하던 공부를 하지 못하기도 하고, 어떤 사람은 자기가 원하던 학교에 가지 못하기도 하고, 어떤 사람은 결혼이 뜻대로 되지 않기도 하는 것입니다. 어떤 사람은 몸에 병을 얻기도 하고 어떤 분은 사업이 망하기도 했습니다.

　그러면서 우리는 서서히 하나님의 그물에 빨려갔습니다. 그러다가 어느 날 예수님을 통해서 하나님이 나를 사랑하신다는 이야기를 듣고 우리는 예수님을 믿게 된 것입니다. 이것이 바로 우리의 인생이 예수님에게 붙은 것이고 예수님 안에 들어가게 된 것입니다. 예수님과 우리는 하나님의 말씀과 성령의 진액으로 통하게 되었습니다. 즉 우리 안에는 예수님을 통하여 하나님의 진액이 들어오게 된 것입니다. 그래서 우리의 인생을 살펴보면 우리의 뜻대로 된 것이 아무것도 없을 것입니다. 우리의 인생은 왜 이렇게 되었을까요? 그것은 하나님께서 우리를 그렇게 만드신 것입니다.

　예수님은 우리에게 경고의 말씀을 주셨습니다. 그것은 바로 예수 믿는 자는 반드시 예수 안에 있어야 한다는 것입니다. 우리가 반드시 하나님의 진액을 받아야지 세상의 진액으로 살려고 해서는 안 된다는 뜻입니다. 우리는 하나님 말씀의 진액으로 살아야지 세상의 방법으로 살려고 해서는 안 됩니다. 왜냐하면 가지가 자기 혼자 힘으로는 열매를 맺을 수 없기 때문입니다. 예수님은 아예 너희가 아무것도 할 수 없을 것이라고 하셨습니다. 즉 예수님을 떠나서 자기 힘으로 무엇을 한다고 해봤자 결국 아무것도 남지 않는다는 뜻입니다. 즉 쓸데없이 인생만 허비하고 만다는 것입니다.

그런데 주님은 우리에게 중요한 약속을 하나 주셨습니다. 그것은 우리가 주님의 말씀만 붙들고 있으면 무엇이든지 기도하는 대로 다 이루어주시겠다는 약속입니다.

15:7, "너희가 내 안에 거하고 내 말이 너희 안에 거하면 무엇이든지 원하는 대로 구하라 그리하면 이루리라"

우리가 예수님에게 붙어 있으면 이 세상에서 할 수 없는 것이 너무나도 많을 것입니다. 우리는 마음대로 돌아다닐 수도 없고 하고 싶은 일을 많이 할 수도 없을 것입니다. 그런데 우리가 예수님에게 붙어 있으면 무엇을 기도하든지 기도하는 대로 다 이루어주시겠다고 말씀하셨습니다. 즉 우리는 움직이지 못하지만 하나님이 움직이면서 다 해 주시는 것입니다.

여기서 예수님은 우리가 주님 안에 거하는 것이 무엇인지 설명해 주셨습니다. 그것은 주님의 말씀이 우리 안에 있는 것입니다. 우리가 하나님의 말씀만 붙들고 있으면 산이 여기서 옮겨져서 바다에 빠지라 해도 그대로 되리라고 말씀하셨습니다(마 17:20). 오늘 우리나라가 황폐하게 된 것은 포도가 맛을 잃어버렸기 때문입니다. 지금이라도 하나님의 진액을 빨아들이면 농부이신 하나님이 우리를 지켜주시고 우리의 모든 기도를 들어주실 것입니다.

44

과일의 비밀

요 15:9-17

예수님은

비유의 천재이셨습니다. 예수님은 "나는 참 포도나무요 너희는 가지라"고 말씀하셨습니다. 예수님 주위에는 많은 포도나무가 있었고 열매도 있었습니다. 그러나 예수님은 그것들은 모두 참 포도가 아니요 들 포도이고 독 포도라고 말씀하셨습니다. 사람이 먹으면 알레르기를 일으키고 복통과 설사를 일으키는 나쁜 포도라는 뜻입니다.

여기서 우리는 예수님이 포도라고 할 때 이스라엘 종교를 의미한다는 것을 알 수 있습니다. 종교나 신앙이라고 하는 것은 사람을 상쾌하게 하고 새 힘을 내게 하고 병든 것을 고쳐주는 역할을 해야지, 사람을 가렵게 하거나 배가 아프게 하거나 숨을 쉬지 못하게 해서는 안 되는 것입니다. 예수님 당시에도 많은 종교가 있었습니다. 유대교가 있었는데 그 안에 바리새파도 있고 사두개파도 있었습니다. 그러나 그것들은 모두 나쁜 포도였습니다. 즉 헌금을 강요하고 사람을 괴롭게 하는 종교였던 것입니다. 만일 어떤 곳에 참 포도가 있어서 그것을 먹기만 하면 기분이 상쾌해지고 병이 낫고 죽을 사람이 살게 되는 열매가 있다면 누구든지 그것을 먹으려고 줄을 설 것입니다.

예수님은 예수님의 포도야말로 전 세계에서 유일하게 맛있고 사람들을 행복하게 하고 가치 있게 하고 영생하게 하는 열매라고 말씀하셨습니다. 예수님의 포도는 줄 서서 사 먹을 가치가 있을 뿐 아니라 내가 가진 모든 것을 다 팔아서라도 사 먹을 가치가 있는 것입니다. 만일 우리가 진짜 영생할 수만 있다면 차가 문제이겠습니까? 돈이 문제이겠습니까? 학벌이 문제가 되겠습니까?

예수님은 제자들에게 너희는 가지니까 나무에 붙어 있기만 하면 열매를 많이 맺는다고 말씀하셨습니다. 이것은 우리가 세상에 붙어 있지 않고 예수님에게 붙어 있기만 하면 그 열매로 많은 사람을 행복하게 하고 살릴 수 있다는 뜻입니다.

그런데 예수님은 제자들에게 아주 중요한 계명을 주셨습니다. 만일 우리가 예수님이라면 이 세상에서 가장 중요한 열매를 맺는 제자들에게 어떤 계명을 주겠습니까? 그 열매나 씨를 도둑맞지 않도록 하라든지 아니면 어느 정도 이상의 열매를 맺어서 수입을 많이 올리라든지, 혹은 포도주를 많이 만들 수 있게 하라는 계명을 주실 것 같습니다.

옛날에 우리나라 사람들이 중국에 갔을 때 중국 사람들은 조선 사람들이 절대로 의학서를 가져가지 못하게 했습니다. 그것은 비밀 중의 비밀이었습니다. 그래서 허준은 의학서를 가져오지 못하고 우리나라 실정에 맞게《동의보감》을 집필을 하게 됩니다. 그것도 귀양을 가서 집필하게 됩니다. 또 중국 사람들은 우리나라 사람들이 절대로 목화씨를 가져가지 못하게 했습니다. 그 당시 우리나라 사람들은 겨울에 따뜻한 솜옷을 입지 못해서 너무 춥게 지내야 했습니다. 그래서 문익점은 붓 뚜껑 안에 목화씨를 몰래 넣어 와서 우리나라 재배에 성공합니다. 또 중국 사람들은 서양 사람들에게 절대로 화약을 가져가지 못하게 했습니다. 그런데 서양 사람들은 많은 희생을 치르고 화약을 가져가서 개발하는 데 성공하게 됩니다.

그러나 예수님은 제자들에게 절대로 이 씨를 도둑맞아서는 안 된다고 말씀하시거나 혹은 포도주를 많이 만들어서 이익을 남기라고 말씀하시지 않았습니다. 예수님은 제자들에게 오직 딱 하나 '나의 사랑 안에 거하라' 는 것을 계명으로 주셨습니다.

> 15:9, "아버지께서 나를 사랑하신 것 같이 나도 너희를 사랑하였으니 나의 사랑 안에 거하라"

우리는 지금 걱정되는 것이 많이 있습니다. 청년들은 취직의 문제로, 어른들은 정부 문제나 북한과 미국 문제로 걱정을 많이 하고 있습니다. 사업하는 사람들은 임금이나 노조 문제로 걱정을 많이 하고 있습니다. 주부들은 남편이나 아이들이 직장이나 학교에서 일어나는 일 때문에 걱정을 많이 합니다. 그러나 예수님은 그런 말씀은 하나도 하지 아니하시고 오직 "나의 사랑 안에 거하라"고 말씀하셨습니다. 하나님의 사랑 안에 거하는 것은 도대체 어떤 것입니까? 그리고 하나님의 사랑 안에 거하면 어떻게 됩니까?

> 15:11, "내가 이것을 너희에게 이름은 내 기쁨이 너희 안에 있어 너희 기쁨을 충만하게 하려 함이라"

우리가 하나님의 사랑 안에 있으면 기쁨이 충만하게 된다고 말씀하셨습니다.

1. 아버지께서 나를 사랑하신 것 같이

요즘은 부자의 순위가 점점 달라져서 '아마존' 회장이 최고 부자가 되었습니다. 그런데 몇 년 전까지만 해도 '마이크로소프트'의 빌 게이츠가 최고 부자였습니다. 빌 게이츠는 기자 회견을 하면서 자기는 자녀에게 돈을 많이 물려주지 않겠다고 했습니다. 아주 조금밖에 물려주지 않을 텐데 우리나라 돈으로 백억 원씩밖에 물려주지 않겠다고 했습니다. 아마 이 소리를 들은 사람들은 모두 열불이 터졌을 것입니다. 백억 원이 얼마 되지 않는 돈이라니, 그것도 초등학생과 중학생 되는 아이에게 그것을 주다니 도대체 말이 되는 것입니까? 그러나 그 부모는 너무 돈이 많았기 때문에 그에게 백억 원은 정말 작은 돈이었던 것입니다.

어떤 부모에게 무남독녀 딸이 하나 있었습니다. 아버지는 어마어마한 부자였습니다. 아버지는 이 딸을 위해서 인형도 많이 사주고 개도 여러 마리 사주고 말도 사주고 책도 사주고 딸이 원하는 것은 전부 다 사주었습니다. 그러나 얼마 후 딸이 큰 화상을 입어서 오랫동안 집을 떠나 병원에 가 있어야만 했습니다. 아버지에게는 딸이 없는 개나 말, 딸이 없는 인형이나 책, 딸이 없는 옷, 딸이 없는 모든 것은 의미가 없었습니다. 왜냐하면 그 모든 것은 딸을 위해서 사준 것이었기 때문입니다. 딸이 없는 말이나 개나 책과 구두는 모두 아버지에게는 슬픈 것이었습니다. 그러다가 많이 치료가 되어서 드디어 집에 돌아오게 되었습니다. 딸이 집으로 돌아오니까 딸의 모든 것들이 활기를 띠기 시작했습니다. 강아지들도 반갑다고 소리를 지르고 말들도 뛰어다니고 인형들도 웃는 것 같고 책들도 읽어줄 주인이 있으니까 너무나도 좋아하는 것 같았고 딸의 방이 빛이 나는 것 같았습니다. 아버지는 오직 딸의 기쁨을 위하여 이 모든 것을 사주었던 것입니다.

하나님은 아들을 사랑하셨습니다. 그런데 그냥 사랑한 것이 아니고 아들을 위해서 이 세상 모든 것을 다 만드셨습니다. 아버지는 아들이 만들어달라는 것은 다 만들어주셨습니다.

> 15:9, "아버지께서 나를 사랑하신 것 같이 나도 너희를 사랑하였으니 나의 사랑 안에 거하라"

아버지는 아들을 위하여 우주도 만드시고 천사들도 만드시고 지구도 만드시고 인간도 만드시고 말도 만드시고 새도 만드시고 물고기도 만드시고 풍뎅이도 만드시고 보석도 만드시고 모든 것을 다 만드셨습니다. 그런데 하나님이 만드신 것 중에서 아들이 가장 좋아했던 것은 인간이었습니다. 자기가 알아서 생각하고 활동하는 로봇의 천 배 이상 되는 지능과 아름다움을 가진 인간. 하나님의 최고의 피조물이었습니다. 요즘 인공지능, 인공지능 하지만 계산만 잘 하는 것이지 인간만 한 피조물은 없습니다. 이 세상에 있는 모든 것은 하나님께서 아들을 위하여 만드신 것이었습니다.

그런데 어느 날 아들이 너무나도 아끼고 좋아하던 인간이 고장 나게 되어서 아들이 아버지에게 이야기를 했습니다. "아버지 사람들이 좀 이상해요." 인간의 눈빛도 이상하게 되었고 얼굴이나 몸도 이상하게 변했고 자꾸 하나님을 피하여 숨었습니다. 알고 보니까 인간이 뱀의 독을 먹었던 것입니다. 그것을 먹으면 인간의 모든 생각과 감정과 육체가 영원히 썩어서 버리게 되는데 바로 그 마귀의 독을 먹었던 것입니다. 하나님은 인간을 멸종시킬까 하는 생각까지 했습니다.

그런데 아들은 인간을 다시 살려내어야 한다고 주장했습니다. 아들은 아버지에게 내가 인간의 독을 도로 빨아내고 죽을 테니까 아버지께서 나를 살려달라고 부탁했습니다. 그리고 아들은 진짜 인간이 되어서 이 세상에서 그 마귀의 독을 도로 빨아 먹고 죽은 것입니다. 이것이 아들이 우리를 사랑하는 것이었습니다. 아들은 우리를 위해서 죽을 뿐 아니라 하나님의 진액을 가지고 오셔서 우리를 진짜 포도 열매를 맺는 가지로 바꾸셨습니다.

예수님은 우리만 사랑하셨습니다. 그래서 예수님에게는 이 세상에 있는 모든 것이 우리가 예수님을 믿기 때문에 존재하는 것입니다. 그래서 우리는 이 세상 살면서 다른 것은 아무것도 걱정하지 않아도 됩니다. 우리는 오직 예수님의 사랑을 믿기만 하면 되는 것입니다. 우리는 잘사는 것이나 못사는 것이나 멋있게 생긴 것이나 못생긴 것이나 장래 일이나 현재 일이나 죽음이나 어떤 권세도 걱정할 필요가 없습니다. 우리는 오직 딱 한 가지 예수님이 죽을 정도로 나를 사랑하셨다는 것만 믿으면 되는 것입니다.

2. 나의 사랑 안에 거하라

예수님은 우리에게 아주 중요한 계명을 주셨는데 그것은 예수님의 사랑 안에 거하라는 것입니다. 그런데 도대체 우리가 예수님의 사랑 밖에 나가는 것은 무엇이며 그 사랑 안에 거하는 것은 무엇을 말하는 것일까요? 우리가 예수님의 사랑 밖으로 나간다는 것은 예수님의 사랑만으로 만족하지 못해서 다른 행복을 찾아 떠나는 것을 말합니다. 어떤 부인이 있는데 남편 사랑만으로 만족이 안 되어서 밤거리를 나가서 돌아다닌다면 그것은 남편의 사랑 밖으로 나가는 것입니다. 부인이 남편의 사랑으로 만족해서 집에서 남편을 기다리고 남편을 자신의 모든 것으로 알고 의지해서 산다면 남편 안에 거하는 것입니다. 그러면 남편의 사랑에 반대되는 것은 야망이고 정욕일 것입니다.

만일 어떤 사람이 산에 올라갔다가 절벽에서 떨어져서 거의 다 죽어가고 있었는데, 구조대가 와서 그 사람을 절벽에서 끌어내어 살렸다면 지금 내가 살아 있다는 것보다 더 중요한 것은 없을 것입니다.

이 사람 생애에 있어서 가장 중요한 것은 절벽에서 떨어져서 거의 죽었다는 것과 구조대가 목숨을 걸고 그를 건져내어 주어서 병원에서 뼈가 부러진 것 치료받고 지금 살아 있다는 것입니다. 이제는 더 이상 돈 벌 것도 없고 공부할 것도 없고 그냥 살아 있기만 하면 되는 것입니다. 그러나 이 사람 본인은 그렇지 못할 것입니다. 무엇인가 자꾸 해야 한다고 생각할 것입니다. 그러나 그는 예수님의 사랑을 믿고 살아 있기만 하면 되는 것입니다.

따라서 우리가 예수님의 사랑 안에 거한다는 것은 우리가 무슨 일을 하는 동기가 반드시 예수님의 사랑이어야 한다는 것을 말합니다. 만약 우리가 어떤 일을 하는데 다른 사람을 사랑하지 않고 내 이름을 내고 내 야망을 위해서 한다면 그것은 예수님의 사랑 밖으로 나가는 것입니다.

제가 전도사로 있을 때 어느 교회 부흥회에 강사로 초대를 받았습니다. 그래서 저는 아무도 모르는 어려운 본문을 멋있게 해석해서 설교하리라고 생각하고 준비했습니다. 그때 제 양심에 그것은 사랑이 아니라 나를 나타내고자 하는 것밖에 안 된다는 생각이 들었습니다. 그래서 저는 그 설교를 하지 않고 누구나 알 수 있는 쉬운 것을 가지고 설교했습니다. 사람들이 들으면 유치할 정도로 잘 아는 본문을 가지고 설교했습니다. 그런데 그 결과는 전 교인들이 은혜를 충만히 받았던 것입니다. 그래서 그 교인들의 반응은 이제 우리는 신학교수나 박사들의 설교를 듣지 않고 이 전도사의 설교를 듣겠다는 것이었습니다.

예수님은 우리가 어떤 일을 할 때 자기를 나타내고 공명을 세우려는 동기로 하지 않고 진정으로 다른 사람의 입장에서 그들을 위해서 일을 한다면 기쁨이 충만할 것이라고 하셨습니다.

15:11, "내가 이것을 너희에게 이름은 내 기쁨이 너희 안에 있어 너희 기

기쁨을 충만하게 하려 함이라"

우리가 자기를 나타내려고 하지 않고 진정으로 사랑의 동기로 행할 때 우리 안에는 예수님의 기쁨이 충만하게 됩니다. 예수님의 그 기쁨은 마귀를 이기고 죄를 이기고 사망을 이기고 악을 이긴 기쁨입니다. 즉 사랑의 동기로 행할 때 하나님의 능력이 나타나게 됩니다. 그리고 우리가 사탄을 모두 쫓아내고 승리하기 때문에 기쁨이 충만하게 되는 것입니다.

3. 너희를 친구라 하였노니

아이들을 키우다 보면 아주 어렸을 때는 자꾸 먹을 것을 달라고 합니다. 그리고 먹을 것만 주면 만족합니다. 잠언에는 거머리에게는 두 딸이 있는데 자꾸 달라 달라 한다고 했습니다(잠 30:15). 거머리는 피를 빨아먹기만 하면 되기 때문입니다.

예수님의 제자들은 예수님의 종이었습니다. 예수님은 하나님의 아들이시고 예수님은 자신의 피로 제자들을 사셨으니까 제자들은 예수님의 종이었습니다. 종은 자기 생각이라고 하는 것이 있으면 안 됩니다. 종은 주인이 하라고 하는 대로 기계적으로 하기만 하면 되는 것입니다.

자동차나 기계 같은 것도 마찬가지입니다. 운전하는 기술자가 조작하는 대로 가기도 하고 서기도 하면 되는 것입니다. 그런데 만일 기계를 움직이는 사람이 있는데 기계가 생각해서 가기도 서기도 한다면 이것은 보통 문제가 아닐 것입니다. 그러나 요즘 자동차나 비행기는 인공지능을 이용하여 그렇게 하고 있습니다. 자동차는 운전자가 있지만 차가 스스로 판단해서 어떤 때는 경고음을 내기도 하고 속도를 줄

이기도 합니다. 그래서 그때는 기계가 사람보다 더 똑똑하다는 생각이 들기도 합니다.

이 세상 모든 피조물은 하나님의 종으로 만들어졌습니다. 물론 인공지능보다는 훨씬 더 뛰어나게 만들어졌지만 하나님의 말씀에 순종하도록 만들어졌습니다. 그러나 인간이 하나님의 말씀을 거역한 순간부터 인간은 미치게 되었습니다. 지금 인간은 제대로 된 상태가 아닙니다. 그래서 인간은 살인을 하고 동성애를 하고 성폭행을 하고 병으로 죽기도 합니다.

그러나 예수님은 우리에게서 사탄의 독을 빨아내셨습니다. 그리고 예수님은 죽으셨습니다. 이제 우리는 예수님의 사랑의 동기로 살면 됩니다. 그러면 하나님의 능력이 나타나게 됩니다. 우리는 다른 사람을 망하게 하거나 나를 나타낼 동기로 어떤 말이나 행동을 하면 안 됩니다. 우리가 다른 사람을 사랑하지는 못할지언정 이해하려고 노력하면 다 이해가 됩니다. 그때 우리는 종의 위치에서 하나님의 친구의 자리로 올라가게 됩니다.

15:15, "이제부터는 너희를 종이라 하지 아니하리니 종은 주인이 하는 것을 알지 못함이라 너희를 친구라 하였노니 내가 내 아버지께 들은 것을 다 너희에게 알게 하였음이라"

종은 주인에게 왜 이것을 하라고 하는지 물어서는 안 됩니다. 왜냐하면 종은 기계에 불과하기 때문입니다. 그러나 예수님을 통해서 하나님의 말씀을 들은 제자들은 예수님의 종이 아니라 친구라고 했습니다. 왜냐하면 그들은 엄청난 말씀을 들었고 스스로 판단해서 말할 수 있게 되었기 때문입니다. 대개 몸으로 때우는 사람들은 낮은 직급의 사람들이고, 높은 사람일수록 고급 정보를 가지고 있습니다. 하나님의 말씀은 최고급 정보입니다. 우리는 하나님의 친구이기 때문에 하나님에게 조언할 수 있습니다.

아브라함은 하나님과 협상을 했습니다. 하나님은 소돔과 고모라를 멸망시키려고 하는데 아브라함은 하나님에게 안 된다고 하면서 "의인이 오십 명이 있으면 멸망시키겠습니까?"로 시작해서 나중에 열 명까지 낮추어 놓습니다. 우리는 신앙이 어릴 때는 거머리같이 자꾸 하나님에게 달라고 기도를 합니다. 그러나 신앙이 자라고 나면 우리나라에 대하여 하나님께 협상하게 됩니다. "하나님 우리나라에 대한 전도 계획이 있는데 멸망시키시겠습니까?" "그 계획은 몇 년이 걸리겠느냐?" "오 년은 주셔야 하겠습니다." "알겠다. 한번 해봐라. 그동안 내가 도와줄 테니까 한번 열심히 해 봐라."고 하시는 것입니다. 만일 우리에게 부족한 것이 있어도 우리 책임이 아니고 하나님의 책임이라고 하셨습니다. 왜냐하면 우리가 주님을 택한 것이 아니고 주님이 우리를 택하셨기 때문입니다.

15:16, "너희가 나를 택한 것이 아니요 내가 너희를 택하여 세웠나니"

우리는 책임질 것이 아무것도 없습니다. 지금 우리가 이런 모양으로 있는 것은 우리 책임이 아닙니다. 왜냐하면 그것은 하나님이 우리를 그렇게 만드셨기 때문입니다. 우리가 그것을 인정하고 받아들이기만 하면 얼마든지 많은 열매를 맺을 수 있습니다. 주님은 무엇이든지 우리가 구하기만 하면 다 받을 것이라고 말씀하셨습니다. 우리는 기도만 하면 되는 것입니다. 아무것도 염려하지 말고 기도하시고 남을 미워하지 마시고 사랑으로 행하시기 바랍니다.

45

세상이 나를 미워할 때

요 15:18-27

우리는

어떤 사람이 풍기는 냄새 때문에 그 사람을 가까이하고 싶지 않을 때가 간혹 있습니다. 예를 들면 오랫동안 몸을 씻지 않은 사람은 몸에서 고약한 냄새를 풍기게 되는데 그래서 그 사람을 싫어하기도 하고, 또 자신에게 아주 많이 거슬리는 향수를 사용하거나 스킨을 쓰기 때문에 가까이하고 싶지 않은 사람도 있을 것입니다. 본인은 느끼지 못하지만 사람이 먹는 음식이나 술이나 피우는 담배 때문에 특유의 냄새를 풍기게 됩니다. 옛날 한국인들은 마늘 냄새나 김치 냄새 때문에 일본 사람들이 특히 싫어했다고 합니다. 또 우리도 흑인이나 아라비아 사람들을 만나면 특유의 냄새가 나는 것을 느낄 수 있습니다. 더욱이 사람이 야생동물들과 가까이하기 어려운 것은 야생동물들이 가지는 특유한 냄새 때문입니다.

멧돼지는 멧돼지 특유의 냄새를 가지고 있습니다. 하마는 자기 영역이 침범당하는 것을 아주 싫어해서 배설물로 영역을 표시하는데 영역을 침범당하면 누구든지 공격을 합니다. 코끼리나 하마나 얼룩말이나 노루나 모두 특유의 야생동물 냄새가 있는데 동물들은 그 냄새를 맡아야 기분이 좋다고 합니다.

그런데 텔레비전을 보다가 집안에서 돼지를 키우는 사람을 보았습니다. 그 돼지도 작은 돼지가 아니라 아주 큰 돼지였습니다. 알고 보니까 그 사람에게는 사연이 있었습니다. 그 사람은 오래전에 몸 안에 병이 있어서 돼지의 장기를 이식을 받아서 목숨을 구하게 되었습니다. 그래서 그는 늘 돼지에게 고마운 마음을 가지고 있어서 돼지를 키워야겠다고 생각하고 있다가 돼지 새끼를 한 마리 사서 집 안에서 키웠는데 이제는 그 돼지가 엄청 커지게 되었던 것입니다.

예수님은 제자들에게 나는 참 포도나무요 너희는 가지라고 말씀하셨습니다. 예수님의 포도나무에서 맺히는 포도는 너무나도 맛있고 영양가가 좋아서 한번 먹기만 하면 눈이 번쩍 뜨이고 사람들의 기분이 상쾌해지며 미래의 소망이 생기는 최고의 포도였습니다. 반대로 다른 포도들은 사람들의 배를 아프게 하고 머리에 두통이 생기게 하고 몸에 부스럼이 생기는 독 포도였습니다. 우리는 여기서 포도라는 것이 종교이고 사상이라는 것을 알 수 있습니다. 종교는 사람의 마음의 병을 치료하고 죄를 씻음 받게 하고 기분을 상쾌하게 하고 미래의 소망을 주는 것이어야 하는 것입니다. 반대로 헌금을 강요하고 사람의 마음을 아프게 하고 도덕적으로 타락한 종교는 독 포도입니다.

예수님의 제자들은 예수님에게 붙어 있기만 하면 사람의 마음을 상쾌하게 하고 병을 낫게 하고 세상에 희망을 주는 포도를 무한정 맺을 수 있는 것입니다. 그런데 예수님은 제자들에게 한 가지 주의를 주셨습니다. 그것은 예수를 믿지 않는 사람들은 예수 믿는 사람들을 미워하고 박해할 것이라는 사실입니다. 예수 믿는 사람들이 기가 막히게 맛있는 포도를 많이 맺으면 세상 사람들이 좋아해서 줄을 서서 그 포도를 먹으려고 할 텐데, 왜 세상 사람들은 예수 믿는 사람들을 그렇게 싫어할까요? 그것은 바로 냄새가 다르기 때문입니다.

1. 세상이 너희를 미워하면

예수님은 제자들에게 이 세상 사람들은 너희를 미워할 것이라고 말씀하셨습니다. 그 이유는 예수 믿는 사람들에게는 세상 사람들과 다른 냄새가 나기 때문입니다.

> 15:18-19, "세상이 너희를 미워하면 너희보다 먼저 나를 미워한 줄을 알라 너희가 세상에 속하였으면 세상이 자기의 것을 사랑할 것이나 너희는 세상에 속한 자가 아니요 도리어 내가 너희를 세상에서 택하였기 때문에 세상이 너희를 미워하느니라"

사람들은 누구나 자기 몸에서 냄새가 나는 것을 잘 알지 못합니다. 언제나 자기 냄새를 맡으면 그 냄새를 잘 느끼지 못하기 때문입니다. 그러나 우리가 아기를 안아보면 아기에게서는 젖비린내가 납니다. 또 사람은 먹는 음식이나 술이나 담배 때문에 몸에서 땀구멍으로 노폐물이 나와서 냄새가 납니다. 또 담배를 피우면 얼마나 니코틴 진액이 독한지 몸의 땀구멍을 통해서 냄새가 난다고 합니다. 또 사람이 오래 아프면 몸에서 아픈 냄새가 나기도 합니다. 또 노인이 되면 노폐물이 땀구멍을 통해서 나오기 때문에 더 자주 씻어야 노인 냄새가 나지 않는다고 합니다.

우리는 평소에 이 세상 사람들과 똑같은 냄새를 피우면서 살아갑니다. 그래서 세상 사람들은 우리가 자기들과 똑같은 사람이라고 생각합니다. 그러나 어느 날부터 우리가 예수님의 포도나무에 접붙임을 당하고 하나님의 진액을 먹는 순간 우리 몸에서는 다른 냄새가 나기 시작합니다. 그것은 바로 하나님의 냄새인 것입니다.

그래서 사도 바울은 말하기를 "우리는 구원 받는 자들에게나 망하는 자들에게나 하나님 앞에서 그리스도의 향기니 이 사람에게는 사망으로부터 사망에 이르는 냄새요 저 사람에게는 생명으로부터 생명에 이르는 냄새라 누가 이 일을 감당하리요"(고후 2:15-16)라고 했습니다. 우리 예수 믿는 사람들에게는 하나님의 냄새가 나는데 세상 사람들은 그 냄새를 맡으면 기분이 나쁘고 죽을 것 같은 기분이 드는 것입니다. 반대로 예수 믿는 사람들은 그 냄새를 맡으면 새로운 기운이 솟아오르는데 살 것 같은 것입니다. 그런데 사람이 풍겨내는 냄새야말로 아무도 막을 수 없는 것입니다.

제가 개척교회를 할 때 예배드리는 데 가장 방해되는 것이 있었는데 그것은 바로 밑에 있는 집에서 나는 된장 냄새였습니다. 교인들은 그 냄새만 맡으면 설교에 집중하지 못했습니다. 제 아내는 임신했을 때 찬양대를 했는데 찬양대 창문 밑이 바로 중국집이었습니다. 아내는 임신 중에 그 중국집 짜장면 냄새만 맡으면 입덧을 심하게 했습니다. 어느 날은 그 냄새 때문에 찬양대에서 기절을 해버렸습니다. 냄새가 사람을 기절하게 만들었던 것입니다.

예수를 믿는 사람들은 어디를 가든지 예수 믿는 냄새가 나게 되어 있습니다. 그런데 세상 사람들은 어느새 그 냄새를 눈치채고 이 사람은 자기들과 다르다는 것을 알게 되는 것입니다. 그래서 그 사람을 미워하든지 아니면 자기 고민을 털어놓든지 하게 되는 것입니다.

한번은 어느 장로님과 함께 여행을 하는데 일행이 우리를 이상하게 생각했습니다. 그들에게는 술도 안 마시고 농담도 하지 않고 가만히 있는 것이 이상하게 보였던 모양입니다. 그러다가 식사를 하게 되었는데 기도하는 것을 보고 우리가 크리스천이라는 것을 알게 되었습니다. 그 이후 어떤 사람은 우리를 멀리하고 말을 하지 않았지만, 어떤 사람은 자기 딸이 교회 다닌다고 하면서 고민을 털어놓기도 했습니다.

　우리가 예수 믿는 순간 우리 속에 있는 진액이 달라지고 우리에게는 그리스도의 향기, 즉 하나님의 냄새가 나게 됩니다. 이스라엘 백성들이 하나님께 제사 드릴 때도 결국 하나님은 그 제사의 냄새를 맡으셨습니다. 이스라엘 백성들이 하나님의 말씀대로 제사 드리면 그들의 냄새가 달라졌던 것입니다. 즉 세상 냄새를 내면서 살던 사람에게서 하나님이 좋아하시는 냄새가 나게 되는 것입니다. 어린아이들은 엄마의 품에 안겨 있으면 엄마 냄새가 좋다는 것을 압니다. 그래서 자기는 엄마 냄새가 세상에서 제일 좋다고 말합니다.

　우리가 예수를 믿으면 말하는 것이 달라지고 표정이 달라지고 화도 잘 내지 않고 잘 웃기도 하는데, 그것이 바로 하나님의 냄새입니다. 그런데 세상 사람들은 그 하나님의 냄새를 싫어합니다. 왜냐하면 자기 냄새와 다르기 때문입니다. 그래서 어떤 사람은 너는 왜 화를 내지 않느냐고 시비를 걸기도 하고 너는 왜 웃기만 하느냐고 야단을 치기도 합니다.

　더욱이 돈 버는 세계에 가면 사람들이 살벌해지게 됩니다. 즉 이 세상은 강한 사람이 약한 사람을 잡아먹는 세상입니다. 그래서 이 세상은 약한 자를 보면 인정사정없이 잡아먹으려고 덤벼듭니다. 그때 세상 사람들은 자기가 살기 위해서 반격을 합니다. 즉 서로 물고 뜯고 싸우게 되는 것입니다. 그러나 하나님의 백성들은 싸울 줄 모릅니다. 세상의 수단과 방법은 다 잊어버렸습니다. 그래서 우리는 이 세상에서 물려 죽는 수밖에는 다른 대책이 없습니다. 그때 우리는 늑대로 변하거나 사자로 변하면 안 됩니다. 우리는 양처럼 우는 소리를 내야 합니다. 즉 양이 늑대에 에워싸여서 울고 있으면 주인이 달려와서 우리를 구해줍니다. 이것이 바로 우리가 사는 길입니다. 우리는 위험하면 울어야 합니다.

2. 예수를 먼저 미워했다

예수님은 제자들에게 세상이 너희를 미워할 때는 세상이 나를 먼저 미워한 줄을 알라고 말씀하셨습니다.

15:18, "세상이 너희를 미워하면 너희보다 먼저 나를 미워한 줄을 알라"

우리는 직장에서나 교회에서나 친구들 사이에서 누군가가 나를 미워하면 아무래도 내 인격이 부족하기 때문에 다른 사람의 미움을 받는구나라고 생각해서 더 기가 죽고 열등감에 빠지기 쉽습니다. 그러나 그것은 잘못 생각하고 있는 것입니다. 왜냐하면 사람들이 예수 믿는 사람을 미워하는 것은 사실 예수를 미워하기 때문입니다. 즉 우리를 미워하는 것은 자기도 모르는 사이에 하나님이 밉기 때문입니다. 모든 세상 사람은 야성의 본성을 가지고 있기 때문에 전부 하나님을 아주 싫어합니다. 왜냐하면 하나님이 자기를 붙잡아서 아무것도 못하게 한다고 생각하기 때문입니다.

예를 들어서 어떤 야생동물이 덫에 걸려서 꼼짝달싹 못 하고 있을 때 그냥 그대로 두면 죽을 수밖에 없습니다. 아마 밀렵꾼이 그 동물을 죽여서 가죽을 벗기든지 해서 팔아먹을 것입니다. 그때 동물을 관리하는 관리인이 보고 가까이 가면 그 야생동물은 도망가려고 미친 듯이 날뛰거나 이빨을 드러내고 물려고 할 것입니다. 그러나 관리인이 보호 장비를 가지고 덫을 풀어주고 다친 데를 치료해주어서 놓아주면 고맙다고 하지 않고 죽으라고 도망을 치게 됩니다. 마찬가지로 세상 사람들은 우리가 하나님을 믿으면 술도 못 마시고 재미있게 살지도 못하고 교회에서 죽으라고 찬송만 부르고 기도하고 설교만 들어야 한다고 생각해서 죽으라고 도망을 칩니다.

그러나 이 세상에 예수님이 오셨다는 사실은 엄청나게 중요한 것입니다. 이 세상에 창조주가 오셨다는 것은 우리의 모든 올무를 다 풀어주고 다친 곳을 다 치료해주며 모두 정상적으로 만들어서 하나님 앞에 새 피조물로 만들려고 오신 것입니다. 그래서 이사야 선지는 메시야가 오시면 사자와 어린 양이 함께 뛰놀고 어린아이가 독사굴에 손을 넣어도 물리지 않는다고 예언했습니다(사 11:8).

지금 사람들은 서로 죽이지 못해서 난리이고, 나라마다 핵무기를 만들어서 전쟁을 하지 못해서 난리입니다. 이슬람 무장 단체는 청소년들을 꼬여서 몸에 폭탄을 감고 사람들과 함께 죽게 만들고, 게임하는 아이들은 총을 들고 학교에 들어가서 학생을 쏘아 죽이고 자기도 죽습니다. 미국과 중국은 서로 패권 다툼을 하느라고 무역 전쟁을 하고 있습니다.

예수님이 이 세상에 오셨다는 것은 우리가 하나님 앞에 갈 수 있는 유일한 길이 열린 것입니다. 이것은 바로 하나님께 갈 수 있는 '비밀의 문'이 열린 것을 의미합니다. 즉 이것은 모든 비밀이 풀릴 수 있는 유일한 문을 말하는 것입니다. 예수님은 우리가 하나님께 갈 수 있는 유일한 문이고, 나 자신을 찾을 수 있는 유일한 문이며, 영생을 얻을 수 있는 유일한 문이고, 인생의 답을 찾을 수 있는 유일한 문입니다.

이스라엘 백성들은 모세에게서 그 문을 찾았습니다. 이스라엘 백성들은 애굽에서 노예 생활하면서 자신들을 찾지 못했습니다. 그런데 모세는 하나님의 말씀으로 찾아와서 애굽에 열 가지 재앙이 내리게 했습니다. 모세의 기적 앞에서 애굽 왕 바로는 두 손 두 발을 다 들었습니다. 이때 모세는 이스라엘 백성들을 애굽에서 나오게 했습니다. 그런데 그들이 홍해에 왔을 때 애굽 군대는 다시 병거를 가지고 쳐들어왔습니다. 이제 이스라엘 백성들은 모두 바다에 빠져 죽을 수밖에 없었습니다. 그때 그들에게 비밀의 문이 열렸습니다. 그것은 바로 바다가 갈라지는 것이었습니다. 이스라엘 백성들은 갈라진 바다를 걸어서 건넜습니다. 그런데 애굽 군대에게는 비밀의 문이 닫혔습니다. 갑자기 애굽 군대는 홍해가 합쳐지면서 모두 바다에 빠져 죽었습니다. 그다음부터 이스라엘 백성들은 무조건 믿음으로 가기만 하면 되었습니다. 그러면 반석에서 생수가 터지고 길이 없는 곳에 길이 열리게 되어 있었습니다. 그러나 이스라엘 백성들은 이 비밀의 문을 믿지 못했습니다.

유대인들은 예수님의 말씀에서 비밀의 문을 찾았습니다. 예수님이 말씀하실 때 그들의 마음이 뜨거워졌고 병들이 나았으며 귀신들이 떠나갔습니다. 심지어 죽었던 사람까지 살아나는 일이 있었습니다. 그러면 유대인들은 비밀의 문을 찾은 것이었습니다. 이제부터는 무조건 믿음으로 걸어가면 되는 것입니다.

> 15:22-24, "내가 와서 그들에게 말하지 아니하였더라면 죄가 없었으려니와 지금은 그 죄를 핑계할 수 없느니라 나를 미워하는 자는 또 내 아버지를 미워하느니라 내가 아무도 못한 일을 그들 중에서 하지 아니하였더라면 그들에게 죄가 없었으려니와 지금은 그들이 나와 내 아버지를 보았고 또 미워하였도다"

사람들이 예수님의 말씀을 듣지 않았고 예수님의 능력을 보지 않았더라면 짐승같이 살아도 상관이 없습니다. 그러나 이제 그들은 드디어 예수님의 말씀을 들었고 예수님의 능력을 보았습니다. 비밀의 문이 열린 것입니다. 이것은 우리가 하나님께 가는 문이고 수천 년, 수만 년 만에 처음 열린 것입니다. 우리는 그냥 믿고 가기만 하면 됩니다. 우리가 하나님의 말씀으로 은혜를 받았고 기도의 응답을 받았다면 나에게도 비밀의 문이 열린 것입니다. 우리는 오직 믿음으로 걸어가면 하나님께로 가게 됩니다.

3. 보혜사 성령이 오심

그러면 우리에게 가장 궁금한 것이 있습니다. 우리도 야생동물이고 세상의 냄새가 나던 자들이었는데, 어떻게 하나님의 말씀을 믿고 하나님을 믿게 되었을까요? 그것은 두 가지 비밀 때문입니다. 하나는 예수님이 우리를 몰아서 잡았기 때문입니다. 19절 중간에 "너희는 세상에 속한 자가 아니요 도리어 내가 너희를 세상에서 택하였기 때문에 세상이 너희를 미워하느니라"고 했습니다. 여기서 예수님이 "우리를 택하였다"는 것은 우리를 오래전부터 보시고 계획적으로 붙잡았다는 뜻입니다. 즉 예수님은 아주 오래전부터 우리를 구원하시기로 생각하셨고 우리의 인생을 이렇게 몰아오신 것입니다. 왜냐하면 그렇게 하지 않으면 단 한 사람도 예수 믿을 사람이 없기 때문입니다. 그래서 이 세상에 예수 안 믿는 사람이 이렇게 많은 것은 당연한 것입니다. 왜냐하면 모든 사람은 하나님에게 잡히지 않으려고 기를 쓰고 도망치기 때문입니다. 그런데 이미 예수님은 우리를 코너로 몰고 가셔서 더 이상 도망치지 못할 막다른 골목에 갇히게 하시고 그물을 던지시거나 마취 총을 쏘아서 우리를 잡으신 것입니다.

그리고 예수님은 우리에게 십자가에 못 박히신 두 손과 두 발을 보이시면서 나를 믿어야 네가 살 수 있다고 말씀하십니다. 그때 우리는 두 손 두 발 다 들고 예수님을 내 주인으로 영접합니다. 그때 우리는 성령을 마십니다. 보혜사 성령께서 내 속에 오셔서 죄로 인하여 홀랑 다 타버린 내 마음을 치료해주시고 새사람이 되게 하십니다. 이제 우리는 온 세상에서 하나님의 냄새를 맡을 수 있습니다. 그리고 보혜사 성령께서 우리의 몸에서 썩은 시체 냄새를 없애주시고 영생의 냄새가 나게 하십니다.

15:26, "내가 아버지께로부터 너희에게 보낼 보혜사 곧 아버지께로부터

나오시는 진리의 성령이 오실 때에 그가 나를 증언하실 것이요"

이 세상이 미쳐서 날뛰는 것은 성령이 오시지 않았기 때문입니다. 그래서 야생동물도 미쳤고 사람들도 미쳤고 자연도 미쳤습니다. 그런데 하나님에게서 나오시는 진리의 보혜사가 오시면 우리를 하나님 앞에서 가장 아름다운 사람으로 만들어주십니다. 보혜사는 이 세상의 어떤 주사보다 좋은 주사입니다. 폐렴에 걸리면 페니실린 주사를 맞고 또 독감에 걸려도 주사를 맞습니다. 음식을 며칠씩 먹지 못한 환자는 링거 주사를 맞고 정신을 차립니다. 그러나 성령은 하나님의 수액이고 살아계신 하나님의 영입니다. 그는 우리의 암을 치료하시고 광기를 치료하시고 미친 모든 것을 다 치료하십니다.

그럼에도 불구하고 우리는 이 세상의 미친 것이 두려울 때가 많습니다. 지진이나 쓰나미나 태풍은 지구가 미친 것입니다. 전쟁은 나라가 미친 것입니다. 우리는 미친 사람들이 겁날 때가 있습니다. 가끔 어떤 사람은 길을 가다가 정신이 이상한 사람이 차로 돌진하든지 칼을 휘두르든지 해서 죽기도 합니다. 그러나 일단은 우리가 제정신을 차려야 합니다. 그리고 하나님의 천사가 너무 과격한 사람들을 붙들어서 사람들을 해치지 못하게 해야 합니다.

지금 이 세상은 이백만이 넘는 귀신들이 나와서 온갖 거짓말과 폭력과 전쟁의 위험과 힘으로 우리의 미래를 불행하게 하려고 합니다. 그러나 우리는 비밀의 문이 열린 것을 보았습니다. 믿음으로 그 길을 걸어가시기 바랍니다. 그래서 이 세상에서 상처받지 않고 불행해지지 말고 하나님 계신 곳까지 걸어가는 성도들이 다 되시기 바랍니다.

46

보혜사 성령

요 16:1-7

옛날

어머니 중에서는 글자를 읽을 줄 모르는 분이 많으셨습니다. 그래서 군에 간 아들이 편지를 보내면 그 편지를 읽지 못해서 동네에서 공부한 사람을 찾아가서 편지를 읽어달라고 했습니다. 주로 목사님이라든지 이웃집에서 대학을 나온 이들을 찾아가서 편지를 읽어달라고 했습니다. 그들이 편지를 읽어주면 어머니는 사랑하는 자식의 소식을 들을 수 있었습니다. 그런데 만일 그런 이들이 없으면 아무리 자식이 편지를 보내도 어머니는 자식의 소식을 알 수 없어서 발을 동동 구르게 됩니다. 만약 옆집에 사는 건달이 편지를 엉터리로 읽어주면 어머니는 아들이 잘 있는데도 불구하고 부상당했거나 아픈 줄 알고 태산같이 걱정하게 됩니다.

음악을 할 때도 가장 중요한 것은 악보를 읽을 줄 아는 것입니다. 그런데 음악을 하는 이들 중에서도 악보를 읽을 줄 모르는 이들이 있습니다. 이런 사람들은 남이 하는 것을 보고 흉내 내서 연주할 수는 있겠지만 새로운 곡을 자기 혼자 힘으로 연주할 수는 없을 것입니다. 왜냐하면 악보를 읽을 줄 모르기 때문입니다. 이와 같이 자기 스스로의 힘으로 무엇을 할 수 있으면 얼마든지 새로운 것을 해낼 수 있지만 언제나 다른 사람의 도움을 받아야 하는 사람은 새로운 것을 절대로 해낼 수 없습니다.

얼마 전에 신문을 보니까 어떤 남자분이 70세가 넘었는데 대학 관광영어과에 입학해서 공부를 하는데 얼마나 열심히 공부했는지 전과목에서 A+를 받았다고 합니다. 이 사람은 고등학교 때까지 공부를 못했는데 자기 힘으로 공부를 해보자고 결심해서 열심히 공부한 결과 일등을 하게 된 것입니다. 우리가 여기서 알 수 있는 것은 우리가 눈으로 보기는 보지만 실제로는 보지 못하는 것이 너무 많고 귀로 듣기는 들어도 깨닫지 못하는 것이 너무 많고 생각은 수도 없이 하지만, 새로운 것은 아무것도 할 수 없는 상태에 있는 것입니다.

우리는 지금 우리의 상태를 정확하게 알 수 없고 미래에 대해서는 전혀 아무것도 알지 못합니다. 예수님의 제자들은 예수님과 함께 있을 때는 아무것도 걱정할 것이 없었습니다. 예수님은 모든 현재를 다 알고 계셨고 모든 사람을 다 알고 계셨으며 모든 미래를 다 알고 계셨기 때문입니다. 예수님은 모든 성경을 다 알고 계셨고 병든 자들을 다 고치셨고 귀신들린 자들을 다 고치셨으며 지금 되고 있거나 앞으로 이루어질 일들을 다 알고 계셨습니다.

그런데 예수님은 제자들을 떠나신다고 말씀하셨습니다. 예수님은 제자들이 한평생 붙들 수 있는 기둥이었습니다. 예수님이 떠나시는 것은 기둥뿌리가 뽑히는 것과 같았습니다. 만일 우리도 예수님과 함께 있으면 아무것도 걱정하지 않을 것입니다. 예수님의 옷자락만 붙잡으면 모든 병이 다 나을 것이며 병에 걸리지도 않을 것이며 모든 문제를 해결해주실 것이기 때문입니다. 그러나 우리는 예수님이 안 계시기 때문에 언제나 걱정하고 있습니다. 그러니까 어떻게 해서든지 살아남아야 하는 것입니다.

그런데 예수님은 이렇게 말씀하셨습니다. 내가 가는 것이 너희에게 유익이라는 것입니다. 그 이유는 하나님의 비밀 무기 중의 비밀 무기인 '보혜사'가 우리 안에 오셔서 우리 안에 새 기둥이 생기기 때문입니다. 우리는 지금 예수님이 안 계셔도 계실 때 이상으로 유익하다는 것을 믿으시기 바랍니다.

1. 인간의 완전한 무지

인간의 가장 궁극적인 목표나 소원은 신의 경지까지 올라가든지 아니면 신과 만나는 자리까지 가는 것입니다. 왜냐하면 이 세상은 너무나도 불안전하고 유치한 것이 많기 때문입니다. 그래서 사람들은 절대적인 위치에 오르기 위해서 온갖 노력을 다합니다.

사람들이 정치해서 권력을 가지려고 하는 이유는 권력을 손에 쥐기만 하면 모든 것을 자기 마음대로 다할 수 있기 때문입니다. 즉 마음에 들지 않는 사람은 무슨 죄명이라도 걸어서 감옥에 집어 넣어버리고 대기업 회장도 조사를 해서 감옥에 집어넣어서 고생을 시키고 높은 자리 사람들도 자기 마음에 드는 사람들로 임명하고 엄청난 세금을 거두어서 마음대로 쓸 수 있기 때문입니다.

요즘 우리나라에 뛰어난 운동선수들이 한 명씩 있는데 축구 천재가 되니까 일 년에 몇백억 씩 벌고 야구선수도 세계적으로 유명해지고 있습니다. 우리나라 그룹 가수인 BTS는 세계적인 인기를 끌고 있습니다. 지금 당장 이 사람들은 아무것도 부족한 것이 없고 세계 최고의 행복과 인기를 누리고 있습니다. 그러나 운동선수들의 생명은 아주 짧습니다. 조금만 더 나이 들면 더 이상 뛸 수 없고 가수들은 조금만 더 나이 들면 사람들에게서 멀어지게 됩니다. 그리고 권력자들은 아무리 권력을 오래 붙들고 싶어도 곧 다른 권력자들이 권력을 쥐게 되고 그때는 가택 연금되든지 감옥에 가든지 비참한 인생을 살아야 하는 것입니다. 그리고 부자도 인생의 최고로 행복할 때 이들은 이미 늙어서 치매가 오고 중풍이 와서 행복을 누릴 수가 없는 것입니다. 결국 이들은 일하는 재미로 살았던 것입니다.

그래서 어떤 사람들은 일찌감치 종교에 귀의하는데 종교도 권력이고 돈이고 인기인 것입니다. 어떤 사람은 귀농하면 조용한 환경에서 행복하게 살 수 있을까 생각하지만 원래 거기에 사는 사람들과의 관계가 좋아지지 않으면 완전히 따돌리게 되는 것입니다. 귀농하면 현지에 사는 사람들과의 관계가 아주 중요한 것입니다. 어떤 노인은 그것을 하지 못해서 따돌림당하다가 자기 밭에 올 물을 막았다고 해서 이웃을 총으로 쏘아서 살인을 저질렀습니다. 사람은 누구나 자신을 아는 것이나 현재 우리의 처지를 바로 아는 것이 너무 어렵습니다. 더욱이 우리는 우리의 미래에 대하여 전혀 아무것도 알지 못합니다.

예수님은 제자들에게 이렇게 말씀하셨습니다.

16:1, "내가 이것을 너희에게 이름은 너희로 실족하지 않게 하려 함이니"

여기서 "실족한다"는 것은 '실망한다' 혹은 '넘어진다'는 뜻을 가지고 있습니다. 예수님의 제자들은 이 세상에서 무식한 자들이었습니다. 그들은 종교적인 타이틀이나 세상적인 감투가 전혀 없는 사람들이었습니다. 그들은 모두 갈릴리의 가난한 출신이었고 어부였고 농부였고 세리였고 장사하는 사람들이었습니다. 예수님의 제자들은 세상에 돌아가는 것에 대하여 말할 처지가 되지 못했고, 권력 있고 유능한 사람들이 이렇게 가야 한다고 하면 가야 하는 줄 아는 사람들이었습니다.

그런데 이제 제자들은 변하게 됩니다. 그들은 예수님의 가르침을 받고 성령을 받고 난 후에는 모든 것을 다 알고 모든 것을 다 보게 됩니다. 그런데 사람들은 길이 아닌 길을 꾸역꾸역 가고 있고 말도 안 되는 소리를 끝까지 우기고 있고 불법을 마음대로 저지르고 있는 것을 보고서 놀라게 되는 것입니다. 우리처럼 무식하고 배우지 못한 사람들도 이렇게 해서는 안 된다고 하는 것을 아는데 어떻게 이런 지식인들이 말도 안 되는 것을 믿으며 그런 길로 꾸역꾸역 가는지 이해가 되지 않는 것입니다. 그 이유는 제자들이 이제는 더 이상 무식하지 않기 때문입니다. 왜냐하면 그들은 이제 눈으로 보게 되었고 귀로 듣게 되었고 정신으로 깨닫게 되었기 때문에 가장 유식한 사람들이 되어 있었던 것입니다.

가끔 텔레비전에서 정치인들이나 지식인들이 나와서 대담하는 것을 보면 서로가 너무 말도 안 되는 소리를 하는 것을 보게 됩니다. 그러면서 서로 상식이 없다고 합니다. 서로 하는 말이 상식이 통하는 사회가 되었으면 좋겠다고 합니다. 그 이유는 그들이 눈이 있어서 보기는 보아도 깨닫지 못하고 귀가 있어서 들어도 듣지 못하고 머리가 있어서 생각은 하지만 아무 생각이 없기 때문입니다.

예수님은 이렇게 말씀하셨습니다.

16:2, "사람들이 너희를 출교할 뿐 아니라 때가 이르면 무릇 너희를 죽이는 자가 생각하기를 이것이 하나님을 섬기는 일이라 하리라"

다행스럽게도 유대 사회는 하나님을 믿는 사회였습니다. 제자들은 자기들은 유대 사회와는 적어도 말이 통할 줄 알았습니다. 그러나 가장 말이 안 통하는 사람들이 종교적인 사람들이었습니다. 왜냐하면 그들의 머리에는 죽은 의식과 교리와 사상이 가득 차 있었기 때문입니다. 우리는 보통 종교라고 하면 의식을 생각하고 교리를 생각하고 행사나 사업을 생각합니다. 그러나 하나님의 종교는 이런 것이 아닙니다. 하나님의 종교는 사랑입니다. 그러나 이들은 자기 교리와 조금만 맞지 않으면 쫓아냈습니다. 그래서 예수님의 제자들은 유대교에서 다 쫓겨났습니다. 그들은 자신들의 의식과 맞지 않으면 채찍질하고 때리고 죽였습니다. 그래서 예수 믿는 사람들은 유대교에 의해서 채찍질 당했고 돌에 맞아 죽었고 온갖 박해를 다 당했습니다. 그 이유는 그들의 무지 때문입니다.

인간은 하나님께로 가야 그 무지에서 벗어날 수 있습니다. 그러나 하나님은 불이시기 때문에 아무도 하나님께 갈 수 없습니다. 그런데 하나님께 들어갈 수 있는 길이 딱 하나 있습니다. 그것은 바로 하나님의 아들의 친구가 되는 것입니다.

16:3, "그들이 이런 일을 할 것은 아버지와 나를 알지 못함이라"

하나님을 알고 하나님께 가는 길은 오직 아들을 아는 수밖에 없습니다. 우리가 아들을 믿으면 아들을 통해서 하나님 집 안에 들어갈 수 있습니다. 그런데 사람들은 하나님의 아들을 믿지 않습니다. 왜냐하면 하나님에게 아들이 있다는 사상이 유치하기 때문입니다. 또 하나님의 아들은 하나님의 아들 같게 생기지도 않았고 거기에는 무슨 대단한 학식이나 업적이 필요하지 않기 때문입니다. 그래서 사람들은 아들을 무시해서 죽였습니다. 그 대신 많은 지식을 쌓았고 권력을 모았으며 돈을 가졌습니다. 그런데 눈이 보이지 않고 귀가 들리지 않고 아무 생각이 나지 않는 것입니다. 그 이유는 하나님께 갈 수 있는 길이 막혀있었기 때문입니다.

2. 제자들의 이유기

요즘은 어린아이들을 키울 때 어려서부터 이유식을 먹이기 때문에 어린이들이 자연스럽게 젖을 뗄 수 있습니다. 그러나 옛날에는 어린이들이 먹을 수 있는 것은 오직 엄마 젖밖에 없었습니다. 그래서 아이들에게 엄마 젖을 떼는 것은 엄청난 충격이었고 아주 어려운 일이었습니다. 저도 여러 번 보았는데 아기 젖을 떼려고 하면 젖꼭지에 고추장을 바르고 아기들이 싫어하는 것을 발라서 떼게 하려고 하는데, 아기들의 입장에서는 양식이 빼앗기는 것이니까 울면서 그것을 닦아 내고 끝까지 엄마 젖을 먹는 아이들도 보았습니다. 아이들이 엄마 젖을 뗄 때 큰 충격을 받습니다. 그러나 아이가 자라기 위해서는 이제 더 이상 젖을 먹으면 안 되고 밥을 먹고 다른 음식을 먹어야 튼튼해질 수 있습니다.

또 자녀들이 자라서 군대에 입대하거나 대학을 졸업하고 직장을 다니게 되면 또 충격을 받게 됩니다. 자녀들이 집에 있을 때는 자기 하고 싶은 대로 다 하면서 살았습니다. 머리도 기르고 컴퓨터도 마음대로 하고 먹고 싶은 것을 다 먹었습니다. 그러나 군대에 입대하게 되면 머리도 짧게 자르고 군대에서 주는 밥을 먹어야 하며 훈련을 받아야 합니다. 그리고 군대 밖에는 나갈 수 없습니다. 그때 교관이 얼마나 무섭고 장교가 얼마나 무서운 줄 알게 됩니다. 그리고 밤새도록 잠도 못 자고 이리 뒹굴고 저리 뒹굴고 쥐어 터지고 하면 집이 생각나서 자연히 울게 됩니다.

또 청년들이 대학을 다닐 때는 대학이라는 울타리가 있어서 보호가 됩니다. 교수들도 학생들에게 함부로 대하지 못합니다. 그러나 직장에 가면 일체 봐주는 것이 없습니다. 윗사람은 일을 잘 못 한다고 사정없이 야단치고 거래처에 가면 사람을 잡아먹으려고 으르렁거립니다. 이런 일을 몇 번 당하고 나면 내가 왜 살아야 하는지 회의에 빠지게 됩니다.

예수님의 제자들은 지금까지는 예수님과 함께 지내면서 온갖 사랑을 다 받았고 온갖 좋은 가르침을 다 배웠습니다. 아무리 유대 지도자들이 공격을 해도 예수님이 다 방어를 해 주셨습니다. 그러나 이제 예수님의 제자들은 젖을 뗄 때가 되었습니다. 예수님은 이제 제자들을 떠나 하나님께로 가시는 것입니다. 그러면 제자들만 이 세상에 남게 되는데, 이것에 대하여 예수님이 미리 말씀을 하셨습니다. 내가 너희를 세상에 보내는 것은 양을 이리떼 가운데로 보내는 것과 같다고 하셨습니다.

이제 예수님이 제자들만 두고 떠나시면 제자들은 어떻게 이 세상을 살 수 있을까요? 양들이 어떻게 이리떼 가운데서 살아남을 수 있을까요? 그래서 제자들의 마음속에는 근심이 가득했습니다. 즉 제자들은 '이제 우리는 다 죽었다'는 생각이 들었던 것입니다. 이제 우리는 다 망했고 이제 우리는 다 죽었다, 우리는 예수님 없이 어떻게 살아갈 수 있을까, 자신이 도무지 없었던 것입니다.

16:5-6, "지금 내가 나를 보내신 이에게로 가는데 너희 중에서 나더러 어디로 가는지 묻는 자가 없고 도리어 내가 이 말을 하므로 너희 마음에 근심이 가득하였도다"

제자들은 아는 것이 없었습니다. 거기에다가 돈도 없고 권력도 없었습니다. 다른 사람들은 그나마 세상적인 타이틀을 가지고 있었기 때문에 살아갈 수 있었지만 제자들은 정말 아무것도 가진 것이 없는 사람들이었습니다. 이 사람들이 예수님 없이 어떻게 살아갈 수 있을까요? 모든 제자들의 마음에는 근심이 가득했습니다.

이 모습은 요즘 우리의 모습과 비슷할 것입니다. 우리나라는 미국이나 중국 같은 강대국이 아닙니다. 우리나라는 핵무기도 없습니다.

거기에다가 국제적으로 왕따를 당하고 있습니다. 우리나라는 이렇게까지 어려워질 이유는 없었는데 정치하는 사람들이 모든 것을 다 어렵게 만들어 버렸습니다.

우리는 예수 믿는 것으로 이 모든 것을 다 이기고 감당할 것이라는 자신이 없습니다. 그 가장 중요한 이유는 예수님을 몰라서 그렇습니다. 예수님은 전쟁의 왕입니다. 예수님은 싸우는 데 있어서는 아무도 당할 자가 없습니다. 예수님은 모략의 왕이고 전략의 왕이십니다. 예수님은 우리를 돕는데 조금도 부족한 것이 없으십니다. 그런데 예수님은 드디어 이 말씀을 하셨습니다.

16:7, "그러나 내가 너희에게 실상을 말하노니 내가 떠나가는 것이 너희에게 유익이라 내가 떠나가지 아니하면 보혜사가 너희에게로 오시지 아니할 것이요 가면 내가 그를 너희에게로 보내리니"

이것은 엄청난 말씀입니다. 예수님이 제자들을 두고 떠나시는 것은 제자들을 버리시는 것이 아니라 엄청난 유익이라는 것입니다. 왜냐하면 예수님이 가심으로 엄청난 분이 우리 모두 안에 오시게 되기 때문입니다.

예수님이 가시면 하나님의 비밀 무기 중의 비밀 무기인 보혜사 성령을 우리에게 보내실 것이라고 약속하셨습니다.

3. 보혜사 성령이 오심

성령님은 여러 가지 비유로 우리에게 소개되고 있습니다. 비둘기나 물로도 비유되고 불로도 비유되고 기름으로도 비유됩니다. 성령님은 생수로도 비유되고 지혜로도 나타나고 능력으로도 나타나고 생명으로도 나타납니다. 성령님에게 분명한 것은 삼위 하나님 중의 한 분이신데, 굉장히 특이하신 분입니다. 즉 성령님은 우리 안에 오실 수 있는 하나님이십니다. 성부는 우리 안에 오실 수 없고 우리가 볼 수도 없습니다. 성자는 이 세상에 사람으로 오셔서 하나님의 말씀을 육성으로 전하셨고 십자가 위에서 죽으셨습니다. 그러나 성자는 우리 안에 들어오실 수는 없습니다. 그래서 혈루증 여인은 예수님의 옷자락을 붙잡고 병이 나았습니다. 그러나 성령 하나님은 내 안에 오실 수 있는 하나님이십니다. 그런데 그냥 못 오십니다. 예수님이 우리 죄를 대신해서 죽으셔야 하고 우리가 의인으로 인정을 받아야 합니다. 그 순간 우리는 성령을 물로 마시듯이 마시게 됩니다.

성령이 비둘기로 비유된 것은 하나님으로부터 곧장 우리에게 오셔서 하나님의 말씀을 전해주시기 때문입니다. 옛날에는 무전기가 없었기 때문에 전쟁을 하면서 소식을 전하려면 비둘기를 보냈습니다. 비둘기는 정확하게 자기 부대에 가서 소식을 전했습니다. 우리는 하나님으로부터 오는 소식을 정확하게 받을 수 있습니다.

성령은 불이시기 때문에 불순한 것을 다 태워서 녹여 없애버립니다. 그래서 이 세상의 마귀의 불을 꺼버리는 일을 하십니다. 성령은 물이시기 때문에 우리의 모든 더러운 것을 씻으십니다. 성령은 생수이시기 때문에 우리의 목마른 가슴을 시원하게 하실 수 있습니다. 전쟁의 불, 음란의 불, 자살의 불, 동성애의 불, 성추행의 불을 끄는 일을 합니다. 성령은 지혜의 신입니다. 그래서 우리 스스로 성경을 읽고 하나님의 뜻을 깨달을 수 있습니다. 옛날에 구교는 성경을 라틴어로 기록해서 사제가 아니면 읽을 수 없게 했습니다. 그러나 이제는 성경이 번역되어서 누구든지 하나님이 보내신 편지를 읽을 수 있습니다.

성령은 능력입니다. 그래서 우리 안에 면역성을 주어서 암이나 병을 이기게 만듭니다. 암은 결국 면역성이 부족해서 생기는 것입니다. 그런데 면역성이 생기면 암을 억제해서 없어지게 합니다. 성령은 우리의 눈을 열어서 우리 자신을 보게 합니다. 그래서 우리는 처음 나 자신의 모습을 보게 됩니다. 그리고 성령은 우리 눈을 열어서 시대를 보게 합니다.

지금 우리가 겪고 있는 것은 우리가 다 겪어야 하는 것들입니다. 그러나 망하면 안 됩니다. 우리는 이런 것들을 통해서 지금 배우고 있는 것입니다. 우리는 민주주의를 배우고 있고 자유를 배우고 있고 법치주의를 배우고 있는 것입니다. 교회도 배우고 있습니다. 대형 교회가 무너지고 있고 비난받는 것을 통해서 우리의 잘못된 생각을 고쳐야 합니다.

성령님은 우리의 귀를 열어서 하나님의 말씀을 듣게 하십니다. 하나님의 말씀만 들으면 우리는 사는 것입니다. 이것은 방공호에 대피하고 있는 사람들이 방송만 들으면 사는 것과 같습니다. 우리는 생각을 합니다. 그런데 우리는 쓸데없는 공상만 하는 것이 아니라 생각을 정리해서 버릴 것은 버리고 앞으로 나갈 수 있는 생각을 하게 됩니다. 즉 우리는 새로운 미래를 사는 생각을 하는 것입니다. 성령이 우리 안에 오심으로 우리는 죄와 유혹을 이길 수 있게 되었습니다. 성령이 우리 안에 오심으로 우리는 불안과 두려움을 이길 수 있게 되었습니다.

우리가 기도할 때 전쟁의 왕이신 그리스도께서 우리를 도우실 것입니다. 가장 강하신 왕께서 우리의 미래를 인도해주실 것입니다. 우리는 주님께 사탄이 마음껏 날뛰지 못하게 해 달라고 기도를 해야 합니다. 우리는 눈먼 맹인이 아닙니다. 우리는 듣지 못하는 자가 아닙니다. 우리는 아무 생각이 없는 사람들이 아닙니다. 우리는 아름답게 살아갈 수 있습니다. 우리는 주님과 언제나 통화하거나 문자 연락을 할 수 있습니다. 우리는 이제 과거보다 엄청 성숙한 사람이 되었습니다. 멋있게 살아가시는 성도들이 다 되시기 바랍니다.

47

정의의 기준

요 16:7-15

우리는

보통 누군가가 "정의란 무엇입니까?"라고 물으면 그런 것은 검사나 판사나 대학교수들이 생각할 문제이고 우리는 그냥 평범하게 자기 일이나 하고 자기 살림이나 하면 된다고 생각할 것입니다. 몇 년 전에 하버드 대학의 한 교수가 《정의란 무엇인가》라는 책을 써서 베스트셀러가 된 적이 있습니다. 그러나 그 책은 아주 고전적이고 사실 정의의 문제는 훨씬 우리의 하루하루 생활에 가까이 다가와 있는 것을 볼 수 있습니다.

몇 년 전 어느 지방에서는 아버지가 술만 마시면 집에 돌아와서 엄마와 아이들을 때리는 집이 있었습니다. 그날도 아버지는 술에 취해서 집에 돌아와서 엄마를 때리고 아이들을 때리고 욕을 했습니다. 그런데 그날 고등학생 아들이 이것을 참지 못해서 욱하는 심정에 부엌에 달려가서 칼로 아버지를 죽이는 일이 발생했습니다. 결국 이 아들은 아버지의 주벽 때문에 살인자가 되고 만 것입니다. 과연 이 아들에게 정의로운 행동은 무엇이었을까요? 아버지가 술을 마시고 아무리 엄마를 때리고 자기와 동생을 때려도 아버지가 죽을 때까지 참는 것일까요? 아니면 한번 죄인이 되더라도 아버지를 죽여서 이 고통을 끝내는 것일까요?

2017년 미국 라스베이거스에서는 60대의 정상적인 남자가 호텔 건너편에서 밤에 음악에 맞추어 춤을 추는 사람들을 조준사격 해서 59명의 사람이 죽고 400명이 넘는 사람들에게 부상을 입히고 자신은 자살을 하는 사건이 발생했습니다. 이 사람은 테러단도 아니고 가난한 불만계층 사람도 아니었습니다. 그는 수십억의 재산이 있는 사람이었고 평소에는 총을 가지고 있는 것을 사람들이 본 적도 없다고 합니다. 단지 그는 종교가 없는 사람이었고 좀 차가운 사람이었는데 무슨 생각으로 이렇게 많은 사람을 죽였는지 그의 가족은 이해가 되지 않는다고 했습니다.

얼마 전 우리나라 어느 국회의원이 미국에서 발표하면서 북한에게 핵무기를 없애라고 강요할 것이 아니라 북한이 약한 나라인데 핵무기를 가질 수밖에 없는 것을 이해해야 하고 보호하고 자극하지 말아야 한다고 해서 참석했던 사람들이 모두 놀랐던 적이 있었습니다. 부자는 악한 것인가? 대기업은 나쁜 것인가? 자사고는 없애야 하는가? 또 나의 주장을 관철시키기 위해서 거짓말을 좀 하는 것은 괜찮은 것인가? 우리는 수많은 정의의 문제를 현실의 문제로 부딪치고 있고 이것은 자녀 교육이나 나의 직장 생활이나 우리나라의 생존에 아주 중요한 문제가 되고 있습니다.

1. 세상의 무지

사람들은 우리 인간 특히 보통 성인들이 지극히 정상적인 상태에 있다고 생각합니다. 특히 지식인들은 자신들이 모든 것을 이성적으로 바르게 판단할 수 있다고 믿고 있습니다. 그러나 인간은 정상적인 상태에 있지 않습니다. 인간은 과거 한순간 크게 사고를 당한 적이 있었습니다. 즉 인간은 머리를 다치고 감정을 다치고 거의 한번 죽다시피 하다가 살아난 적이 있었던 것입니다. 그것이 바로 인간의 타락입니다. 인간은 그때 이후로 원래 자신의 모습을 잃어버렸습니다. 그리고 자신들을 만드신 하나님에 대한 모든 기억을 다 잊어버렸습니다. 그리고 모두 무서운 병에 걸리게 되었는데 그것은 광우병보다 훨씬 더 무서운 병이었습니다. 그것은 모든 인간이 미쳐가는 병입니다. 그래서 인간은 청소년 시기가 되면 미친 듯이 발작하다가 어른이 되면 점잖게 미칩니다. 즉 위선적으로 미치는 것입니다. 그래서 인간은 바른 정의를 생각할 능력을 잃어버렸습니다.

옛날 플라톤이나 공자가 가진 정치에 대한 생각은 도덕을 실천하는 것으로 생각했습니다. 일종의 이상 정치였던 것입니다. 그러나 그들이 살았던 상황은 패권 정치여서 힘을 가진 자가 지배하기 위해서 전쟁을 했고 땅을 넓히기 위해서 전쟁하는 정치를 했던 것입니다. 그래서 실제로는 힘을 가진 자가 지배하는 정치를 했고 권력을 가진 것이 정의였습니다.

그래서 예수님이 빌라도의 재판을 받으시면서 "내 나라는 이 세상에 속하지 않았다"고 하시면서 "내가 진리를 위해서 왔다"고 하시니까 빌라도는 "진리가 무엇이냐?"고 물었습니다.

예수님은 이 세상에 사는 사람들은 누구든지 정의를 생각할 능력이 없다고 말씀하셨습니다. 그 이유는 그들이 정상적인 상태에 있지 않고 한번 큰 사고를 당한 후에 머리가 고장 나 버렸기 때문입니다. 그들은 가장 중요한 두 가지를 모르는데, 하나는 하나님 자신을 모르고, 또 하나는 하나님의 사랑을 모르는 것이었습니다.

16:2-3, "사람들이 너희를 출교할 뿐 아니라 때가 이르면 무릇 너희를 죽이는 자가 생각하기를 이것이 하나님을 섬기는 일이라 하리라 그들이 이런 일을 할 것은 아버지와 나를 알지 못함이라"

    이 세상 사람들에게 가장 심각한 문제는 인간에게 가장 중요한 정의의 개념을 잃어버린 것입니다. 그래서 사람들은 모두 각자 나름대로 정의나 하나님에 대한 생각을 가지고 이것을 정의라고 생각하기 때문에, 오히려 바르게 믿으려고 하는 사람이 있으면 회당에서 채찍질하고 재판정에서 재판해서 사회에서 추방을 하든지 아니면 감옥에 넣어버린다고 하셨습니다.

    예수님은 아무리 이 세상에서 뛰어난 정치인이나 학자라 하더라도 그들은 이미 한번 큰 사고를 당한 후부터 정의가 무엇인지 모르게 되었다고 말씀하고 있습니다. 그래서 사람마다 자기가 생각하는 정의가 생기게 된 것입니다. 조직 폭력배는 자기 나름대로 정의가 있고, 태극기파는 태극기 나름대로 정의가 있고, 북한은 북한 나름대로 정의가 있고, 집권당은 집권당이 생각하는 정의가 있는 것입니다. 이것이 서로 양보가 되고 이해가 되면 평화로운 나라가 되겠지만 이것이 이해가 안 되면 마치 조직 폭력배들이 싸우듯이 난장판을 만들게 되는 것입니다. 사람들에게 가장 큰 문제는 하나님을 모르는 것이고 예수님을 모르는 것입니다. 그나마 하나님께서 사람들이 하나님을 알든지 모르든지 온 세상을 누르셔서 평화가 유지되는 것이지 사람들에게 맡겨두면 단숨에 무법천지가 되고 말 것입니다.

    제자들은 예수님이 떠나시는 것에 불안해하고 있었습니다. 제자들은 예수님이 세상의 악한 자들을 다 정복하고 지배하시면 정말 사자와 어린 양이 함께 뛰놀고 어린아이가 독사굴에 손가락을 넣어도 물리지 않는 평화의 시대가 올 텐데, 예수님이 떠나시면 제자들만 왕따를 당하고 세상에 아무 영향을 미치지도 못하는 자들이 되고 말 것입니다.

2. 하나님이 세우시는 정의의 기준

예수님은 제자들에게 예수님이 떠나시는 것이 제자들에게 더 유익한 것이라고 말씀하셨습니다. 왜냐하면 예수님이 떠나시면 무슨 일이 일어날 것인데, 바로 인간의 고장 난 머리와 영혼을 예수님이 고치시는 것입니다. 그리고 예수님은 우리 믿는 자들에게 어마어마한 분을 보내실 텐데 그분이 이 세상에 정의에 대하여 바른 것을 가르쳐주시게 될 것입니다. 그분이 바로 보혜사 성령님이십니다. 성령님은 인간 마음 안에 오시는 하나님이십니다. 성령님은 가장 신비로운 하나님이시고 가장 희한한 능력을 가진 하나님이십니다.

16:7-8, "그러나 내가 너희에게 실상을 말하노니 내가 떠나가는 것이 너희에게 유익이라 내가 떠나가지 아니하면 보혜사가 너희에게로 오시지 아니할 것이요 가면 내가 그를 너희에게로 보내리니 그가 와서 죄에 대하여, 의에 대하여, 심판에 대하여 세상을 책망하시리라"

보혜사 성령이 이 세상에 오시면 사람들에게 죄가 무엇인지, 의가 무엇인지, 심판이 무엇인지 확실하게 가르쳐주신다는 뜻입니다. 여기서 "책망한다"는 것은 우리가 어렸을 때 아버지나 어머니에게 심한 야단을 맞거나 회초리로 매까지 맞으면 그것이 죽을 때까지 잊히지 않는 것과 같습니다. 마치 불로 벌겋게 단 인을 지지는 것 같이 우리 마음에 새겨지게 되는 것을 말하는 것입니다.

그러나 유감스러운 것은 역시 세상 사람들은 성령을 받지도 못하고 성령이란 분이 계신 것도 알지 못하는 것입니다. 오히려 이 세상 사람들의 양심은 죄로 지져져서 전혀 감각이 없는 사람이 되고 말 것입니다. 따라서 성령께서 가르쳐주시는 것은 우리 믿는 사람들입니다. 성령님께서는 우리 마음속에 진리를 마치 불로 지지듯이 확실하게 도장을 찍어주실 것입니다. 그런데 우리에게 불안한 것은 우리가 아무리 정의가 무엇인지 깨닫는다고 해도 세상 사람들이 그것을 모르고 자기주장만 고집하면 아무 소용이 없는 것 아니냐 하는 것입니다.

예수님은 그것에 대하여 아무것도 염려할 필요가 없다고 말씀하셨습니다. 왜냐하면 예수님은 성령을 보내시고 가만히 계시는 것이 아니라 하나님의 보좌 우편에 앉으셔서 온 세상을 다스릴 것이기 때문입니다. 그러므로 악한 자의 뜻대로 모든 것이 되지 않는다고 말씀하시는 것입니다. 즉 우리는 다른 사람이 무슨 주장을 떠들거나 무슨 짓을 하더라도 성령이 가르쳐주시는 것을 믿기만 하면 되는 것입니다.

성령이 이 세상에서 가장 먼저 가르쳐주시는 것은 죄에 대한 것입니다. 그것은 바로 믿음이 없는 것입니다.

16:9, "죄에 대하여라 함은 그들이 나를 믿지 아니함이요"

인간이 이 세상에 살기 위해서 가장 필요한 것은 믿음입니다. 이 믿음의 반대가 되는 것이 의심이기도 하지만 불안이기도 합니다. 이 세상에서 다른 사람을 믿어주는 것보다 더 아름다운 것은 없을 것입니다. 어린아이들은 부모가 자기를 버리거나 해치지 않는다는 것을 믿습니다. 그러니까 어린아이들은 언제든지 예쁘게 웃을 수 있습니다. 그런데 어린아이들이 엄마가 자기를 버릴 것이고 자기를 해칠 것이라고 생각한다면 온종일 울 것이고 못 생긴 아이가 되고 말 것입니다. 나중에는 아이가 정신적으로 이상하다고 해서 정신치료까지 받게 될 것입니다.

사람들이 사고를 당한 후에 잃어버린 것은 믿음이었습니다. 그중에서 가장 중요한 믿음은 하나님에 대한 믿음입니다. 사람들은 머리를 다친 후부터 하나님은 계시고 하나님은 나를 사랑하시며 하나님은 언제 우리에게 좋은 것을 주신다는 믿음을 잃어버렸습니다. 그래서 사람들은 죽자고 공부를 하고 죽자고 일을 하고 죽자고 무엇을 합니다. 하나님은 우리에게 굳이 그렇게 죽자고 할 필요가 없다고 말씀하셔도 우리 인간은 죽기 아니면 살기로 몸부림을 치는 것입니다. 그래서 정치하는 사람들도 자기편이 아니면 다 적이라고 생각합니다. 자기편이 아니지만 너무 훌륭한 사람도 많고 모르는 사람 중에서 나를 도와주는 사람이 얼마나 많은지 모르는데 말입니다. 우리가 이 세상에서 미쳐서 죽지 않는 방법은 하나님에 대한 믿음을 되찾는 것입니다. 그런데 우리는 하나님을 만난 적도 없고 하나님의 음성을 들은 적도 없어서 하나님을 믿을 수 없습니다. 어떤 사람은 저에게 "하나님이 있기는 있습니까?"라고 묻습니다.

하나님은 믿을 수 있는 분이고 하나님은 사랑이십니다. 그리고 실제로 하나님은 아들을 보내셨습니다. 누구든지 아들을 믿는 자는 영생을 얻습니다. 누구든지 아들을 믿는 자는 멸망하지 않습니다. 하나님은 우리의 미래를 아름답게 만들어주실 것입니다. 그래서 지금 우리가 가장 걱정하고 불안해하는 것은 우리의 미래 문제입니다. 혹시 암에 걸리면 어떻게 하나, 혹시 전쟁이 터지면 어떻게 하나, 혹시 사고가 나면 어떻게 하나 하는 염려를 합니다. 그러나 하나님은 우리의 미래를 책임져주십니다. 그래서 하나님의 사랑을 믿지 않는 것이 죄입니다. 하나님의 사랑을 두 자로 나타내면 예수입니다. 예수를 믿지 않는 것이 미치는 것이며 망하는 것이며 영원한 불행입니다. 우리는 누가 뭐라고 해도 하나님을 믿으면 됩니다. 앞으로 어떻게 살 것인가 우리는 하나님을 믿습니다. 딸이나 아들의 미래는 어떻게 할 것입니까? 하나님을 믿습니다.

전에 어떤 분은 허리를 선천적으로 다쳐서 허리가 배에 붙어버렸습니다. 그래서 이 사람은 구두를 닦는 것밖에 하지 못하는데 몸이 완전히 꺾여 있으니까 발밑밖에 보지 못하고 멀리 갈 수도 없었습니다. 그런데 이 사람이 어느 날 척추 수술을 받고 어느 정도 상당히 허리를 펼 수 있게 되었습니다. 이 사람은 자기가 허리를 펼 수 있다는 것이 너무 감사해서 울었습니다. 그리고 돌아가신 아버지를 향해서 "아버지예, 이제는 아버지 산소 풀도 벨 수 있게 되었습니더. 이제 저는 죽어도 한이 없습니더"라는 말을 했습니다.

우리는 하나님을 믿어야 합니다. 우리가 하나님을 믿으면 사람들이나 세상을 겁낼 이유가 없습니다. 왜냐하면 하나님은 우리에게 더 좋은 것을 주시고 최고로 좋은 것을 주시기 때문입니다. 우리가 하나님께 바르게 달라고만 하면 한없이 주시는 하나님 아버지이십니다. "구하라 주실 것이며, 찾으라 찾을 것이요, 문을 두드리는 이에게 열릴 것이니라"(마 7:7)고 하셨습니다. 우리의 미래는 아름다울 것이며 우리 자식들의 미래는 행복할 것이며 우리의 마지막은 멋있을 것입니다.

그리고 성령님은 정의가 무엇인지 가르쳐주실 것입니다. 정의라는 것은 다수가 행복한 것도 아니고 소수의 행복도 아닙니다. 정의라는 것은 적폐도 아니고 지난 과거를 다 들추어내어서 사람들을 감옥에 넣어서 희생당한 사람들에게 돈다발을 갖다 주는 것도 아닙니다.

16:10, "의에 대하여라 함은 내가 아버지께로 가니 너희가 다시 나를 보지 못함이요"

의라는 것은 오직 예수님이 하나님께로 가는 것입니다. 그래서 정의라는 것은 사람들이 보지 못하는 곳에서 이루어지게 됩니다. 그것은 바로 지옥 밑창인 것입니다. 예수님은 정의를 실현하시기 위하여 채찍에 맞고 십자가에 처형을 당하십니다. 그리고 그의 영혼은 지옥 밑창까지 끌려가십니다. 그런데 거기서 문제가 생겼습니다. 그것은 바로 죄가 하나도 없는 사람을 죽이면 사망이 깨어지고 죄가 깨어지고 사탄의 머리가 깨어지는 것입니다. 성경이 무서운 것은 딱 한 구절이 무서운 것입니다.

구약성경에 보면 "사망이 삼키우리라"는 말씀이 있습니다. 사망은 절대적인 폭군이었습니다. 이 세상에서 사망을 이겨낸 자가 없었습니다. 장군도, 영웅도, 정치인도, 독재자도 어느 누구도 사망을 삼켜버린 자는 없었습니다. 사망은 어린이도 죽입니다. 젊은 여성도 죽입니다. 약한 사람도 죽입니다. 노동자도 죽입니다. 전쟁 때는 수많은 젊은이도 죽입니다. 그런데 사망도 약점이 있는데 죄가 하나도 없는 사람을 죽이면 사망이 죽어야 한다는 것입니다. 마귀는 예수님의 죄를 찾아내는데 사흘이 걸렸습니다. 그러나 그의 죄를 찾아낼 수 없었습니다. 그리고는 사망은 깨어지고 죄도 깨어지고 사탄의 머리까지 깨어지고 말았습니다. 지금 이 세상의 마귀는 머리가 깨어진 상태로 있습니다.

그러나 사탄은 머리가 박살 나버렸습니다. 사탄의 머리는 치료가 불가능할 정도로 깨어지고 말았습니다. 정의라는 것은 죄를 이기고 죽음을 이기고 마귀의 머리를 깨는 것입니다. 그것 외에는 모두 정의가 아닙니다. 정의는 우리의 과거의 죄를 씻을 수 있어야 하고 정의는 우리를 하나님 앞에 갈 수 있게 해야 하고 정의는 우리를 영원히 살 수 있게 해야 합니다. 예수 믿는 우리에게는 정의가 가슴에 새겨져 있습니다.

3. 세상은 어떻게 되는가?

우리는 예수님이 십자가에 못 박히시고 죽음에서 살아나심으로 엄청난 일이 일어났다는 것을 알게 되었습니다. 우리는 하나님의 사랑을 믿습니다. 이제 우리는 안심하셔도 됩니다. 왜냐하면 아무도 우리를 해칠 자가 없기 때문입니다. 오늘 사람에게 가장 위험한 적은 자기 자신일 때가 많습니다. 그리고 가장 가까운 사람일 때가 많습니다. 즉 자기가 자기를 못살게 굴고 자식이나 직장 상사나 동료가 못 살게 구는 것입니다. 그러나 우리는 그런 사람을 생각하지 말고 하나님을 믿으시기 바랍니다. 병에 걸려도 하나님을 믿으시고 직장에서 나오게 되어도 하나님을 믿으시고 나이가 드셔도 하나님을 믿으시기 바랍니다. 왜냐하면 하나님은 절대로 우리를 배반하시지 않기 때문입니다. 하나님은 우리에게 가장 좋은 것을 주시기 때문입니다.

우리는 예수님 때문에 정의로워지게 되었습니다. 죽음은 패했습니다. 죄는 깨어졌습니다. 마귀는 머리가 박살 났습니다. 그러면 이 세상은 어떻게 되는 것일까요? 혹시 큰 전쟁이 또 터지지 않을까요? 혹시 대재앙이 일어나지는 않을까요? 나에게 너무 비참한 일이 일어나지는 않을까요? 그것에 대해서 예수님은 우리가 하나님만 제대로 믿는다면 그런 것은 걱정할 필요가 전혀 없다고 말씀하셨습니다.

16:11, "심판에 대하여라 함은 이 세상 임금이 심판을 받았음이라"

예수님은 이미 세상 임금은 심판을 받았다고 말씀하고 있습니다. 예수님은 죽음을 이기신 후 원래 자신의 강력한 모습을 회복하셨습니다. 예수님은 엄청나게 강하신 분이고 쇠몽둥이를 휘두르시는 분입니다. 예수님은 이 세상의 악한 자들을 모두 철장으로 두들겨 부수실 것입니다. 이 세상의 악한 자들은 모두 예수님 앞에서는 토기장이가 만든 질그릇에 불과합니다. 옛날에 우리가 어렸을 때 마당에서 돌을 던지다가 잘못해서 단지를 돌로 때리게 되면 단지가 깨어지게 됩니다. 아마 단지를 몽둥이로 때리면 박살이 나면서 깨어질 것입니다. 그리고 난 후 우리는 엄마에게 터지게 됩니다. 그 비싼 장독을 깨트렸으니까요.

예수님은 우리가 우리 정의를 바로 붙들고 있기만 하면 이 세상의 권력자들이나 악한 자들은 예수님이 알아서 심판하실 것입니다. 어떻게 심판하십니까? 철장으로 그들을 부수어서 박살을 내실 것입니다.

악한 자들은 지금 권력을 가지고 있습니다. 그들은 사람을 죽일 수도 있고 살릴 수도 있습니다. 전쟁을 일으킬 수도 있고 미사일을 쏠 수도 있고 마음에 들지 않는 자들을 총살시킬 수도 있습니다. 그들은 사람들을 감옥에 넣을 수도 있고 꺼내줄 수도 있으며, 기업체 회장도 감옥에 넣을 수 있고 망하게 하거나 돈을 요구할 수도 있습니다. 그러나 이미 하나님의 심판은 내려져 있습니다.

예수님은 그들을 두들겨 부수실 것입니다. 우리는 그저 참고 기다리기만 하면 됩니다. 그리고 마귀와 아들은 영원히 지옥에 있게 될 것입니다. 왜냐하면 교만한 자의 냄새는 너무 고약해서 영원히 유황불에서 태워야 하기 때문입니다. 정치인들이나 악한 부자들이나 독재자들이나 악당들은 모두 유황불에 영원히 태워야 할 것입니다. 단지 우리는 이 악한 세상 가운데서 끝까지 하나님의 향기를 내면서 살아야 합니다.

우리는 이 세상이 모르는 정의를 가지고 살아야 합니다. 우리는 하늘의 문을 열어서 너무나도 빡빡하고 힘든 이 세상을 행복하게 만들어주어야 합니다. 예수님은 천국문의 열쇠입니다. 예수님은 이 열쇠를 우리에게 맡기셨습니다. 천국의 축복이 쏟아지게 하는 성도님들이 다 되시기 바랍니다.

48

내가 세상을 이기었노라

요 16:16-33

세상에서

이긴다는 것은 참 좋은 것 같습니다. 만일 어떤 장군이 이차대전 같은 전쟁에서 이기게 되었다면 그 사람의 인기나 그 사람의 영향력은 온 세상에 미치게 될 것입니다. 그러나 그 전쟁에 이기기 위해서는 수천만 명의 사람이 죽어야 했고 우리나라도 6.25에서 나라를 지켜내기 위해서 수십만 명의 군인들이 죽고 수백만 명의 민간인 사망자와 실종자가 생겨야만 했습니다. 그러나 우리가 이겨야 할 대상으로는 축구나 전쟁만 있는 것이 아닙니다. 암도 이기지 못하면 사람이 죽고 우울증도 이기지 못하면 죽습니다. 그리고 사람은 궁극적으로 모두 다 죽게 되어 있습니다. 만일 사람이 병을 이기고 전쟁을 이기고 죽음을 이길 수 있다면 진정한 승리자라고 말할 수 있을 것입니다.

병에 걸려서 고통을 받거나 전쟁으로 고통을 받다가 이 모든 고통이 다 끝나게 되었다면 얼마나 기쁘겠습니까? 예를 들어서 뼈가 부러졌던 사람이 뼈가 다 붙어서 아픈 것이 나았고 암에 걸렸던 환자가 암이 나아서 다시 살게 되었고 전쟁이 끝나서 다시 평화의 시대가 왔다면 너무나도 기쁜 일인 것입니다. 고통이 끝났다는 것은 미래가 있다는 말입니다. 이제 더 이상 병이나 전쟁으로 죽을 걱정하지 않고 무엇이든지 내가 하고 싶은 것을 하면서 살아갈 수 있게 되었다는 것을 의미하기 때문입니다.

저는 우리나라가 경제적으로나 정신적으로 어려워지면서 안타까운 것이 있습니다. 옛날에 우리나라는 동남아시아나 아프리카나 북한이나 많은 사람에게 희망을 주는 나라였다는 사실입니다. 또 우리나라 젊은이들은 미래에 대하여 긍정적인 생각을 가졌었습니다. 그런데 이제는 다른 나라에 희망을 주지 못하게 되고 젊은이들에게 꿈을 주지 못하게 된 것이 가장 안타깝다는 생각이 듭니다.

그런데 오늘 예수님은 우리에게 엄청난 말씀을 하고 계십니다.

16:33, "이것을 너희에게 이르는 것은 너희로 내 안에서 평안을 누리게 하려 함이라 세상에서는 너희가 환난을 당하나 담대하라 내가 세상을 이기었노라"

예수님은 "내가 세상을 이기었다"고 말씀하고 있습니다. 보통 세상을 이기었다는 것은 정복자들이 하는 말입니다. 로마의 줄리어스 시저는 수리아와 전쟁에서 이긴 후 "왔노라! 보았노라! 이겼노라!"고 외쳤습니다. 그런데 예수님은 세상을 이겼다고 말씀하셨습니다. 이것은 두 가지 의미로 볼 수 있습니다. 그 하나는 이 세상에 있는 모든 악한 자들을 다 잡아서 죽이거나 체포했기 때문에 더 이상 악이 없다는 뜻이 될 수 있습니다. 또 다른 하나는 여전히 이 세상에 악의 세력이 있지만 그 두목을 체포했고 그 일당들의 일거수일투족을 모두 다 파악하고 있기 때문에 더 이상 악은 꼼짝하지 못한다는 뜻이라고 볼 수 있습니다.

또 예수님은 이렇게 말씀하셨습니다. "이것을 너희에게 이르는 것은 너희로 내 안에서 평안을 누리게 하려 함이라." 즉 우리는 예수님 안에서 고통이 끝났다는 것을 알아야 하는 것입니다. 그리고 예수님이 말씀하셨습니다. "세상에서는 너희가 환난을 당하나 담대하라 내가 세상을 이기었노라." 예수님은 오늘 이 세상에서는 환난이 있다는 것을 인정하셨습니다. 이 세상에는 사고도 있고 암도 있고 전쟁의 위험도 있다는 것을 인정하시는 것입니다. 그러나 예수님은 이 모든 고통을 다 파악하시고 통제하고 계시기 때문에 너희는 불안해하거나 두려워하지 말라고 말씀하시는 것입니다.

《천로역정》에 보면 크리스천이 천성 길로 가는데 앞에서 갑자기 두 사람이 허겁지겁 뛰어왔습니다. 그러면서 앞에 사자 두 마리가 있기 때문에 잡아먹히지 않으려면 도망을 쳐야 한다고 했습니다. 그래서 이 사람도 도망을 치려고 하는데, 그 집의 문지기가 이 사람을 보고 믿음이 그 정도밖에 안 되느냐고 하면서 사자는 목이 쇠사슬에 묶여 있어서 당신을 해치지 못할 것이라고 말합니다. 이 사자는 당신의 믿음을 시험해 보기 위해서 있는 것이라고 하면서, 크리스천에게 두 사자 사이를 똑바로 걸어오면 된다고 가르쳐주었습니다. 그래서 사자 옆을 지나가니까 사자가 으르렁거리면서 물려고 했지만 쇠사슬에 묶여 있어서 물지 못했습니다.

미국에 가면 동물원에 사자 우리와 사람들 사이를 두꺼운 유리 벽으로 막아 놓은 곳이 있습니다. 어린아이가 거기에 서 있으면 사자는 어린아이를 잡아먹으려고 덤벼들지만, 앞에 유리가 있어서 물지 못하는 것입니다. 표범도 물지 못하고 수족관에 있는 상어도 물지 못합니다. 마찬가지로 예수님은 이 세상에 암도 있고 사고도 있고 불경기도 있고 전쟁의 위험도 있지만 우리 사이에는 유리 벽이 있기 때문에 절대적으로 안전하다고 말씀하시는 것입니다.

1. '조금 후'에 이루어질 일

우리가 본문 말씀의 비밀을 안다면 정말 하나님의 비밀을 안다고 말할 수 있습니다. 그러나 본문 말씀은 아주 이해하기 어려운 말씀입니다.

하나님께서 우리에게 절대적인 평안을 주시는 것은 "조금 후"에 이루어질 일이기 때문입니다.

16:16, "조금 있으면 너희가 나를 보지 못하겠고 또 조금 있으면 나를 보리라 하시니"

예수님은 제자들에게 "조금 있으면 너희가 나를 보지 못하겠고 또 조금 있으면 나를 보리라"고 말씀하셨습니다. 제자들은 예수님이 말씀하신 "조금 후"라는 것이 무엇을 의미하는지 아주 궁금했습니다. 도대체 예수님은 조금 후에 어디를 다녀오시느냐 하는 것입니다. 우리는 누구를 만나고 있다가 무슨 급한 일이 있으면 "잠시 실례하겠습니다"라고 하면서 급히 가서 누군가를 만나서 일을 처리하고 올 것입니다. 예를 들어서 직장에서 손님을 만나서 무슨 이야기를 하고 있는데 상사가 급한 일로 나를 부른다고 하면 "잠시만 기다려 주십시오. 위엣 분이 부르시니까 급히 가서 말씀을 좀 듣고 다시 올 동안 차라도 마시면서 기다려주십시오"라고 말할 것입니다.

예수님께서 "조금 후"에 너희는 나를 만나지 못할 것이고, 또 조금 후에 다시 너희를 만날 것이라고 하니까 제자들은 도대체 예수님에게 무슨 일이 있는가 굉장히 궁금하게 생각했습니다. 그래서 제자들은 자기들끼리 이야기하면서 "조금 후에"라고 말씀하신 것이 무슨 뜻이냐 하면서 수군수군했습니다. 그때 예수님은 거의 구체적으로 조금 후에 이루어질 일을 말씀해주셨습니다.

16:19-20, "예수께서 그 묻고자 함을 아시고 이르시되 내 말이 조금 있으면 나를 보지 못하겠고 또 조금 있으면 나를 보리라 하므로 서로 문의하느냐 내가 진실로 진실로 너희에게 이르노니 너희는 곡하고 애통하겠으나 세상은 기뻐하리라 너희는 근심하겠으나 너희 근심이 도리어 기쁨이 되리라"

예수님은 조금 있으면 유대인들에게 붙들리시고 로마 군인들에 의해 십자가에 처형이 될 것입니다. 그때 제자들은 자기들이 하나님의 아들로 믿었던 예수님이 너무 비참하게 죽는 것을 보고 애통하고 통곡할 것입니다. 그러나 세상은 반대로 기뻐할 것입니다. 왜냐하면 그동안 눈에 가시 같던 예수가 드디어 제거되었기 때문입니다. 늘 말끝마다 "하나님, 하나님" 하면서 그들의 마음을 불편하게 하였는데 이제 예수가 죽음으로 드디어 하나님이 없는 것이 증명되었기 때문입니다. 이제 드디어 이 세상의 주인은 인간이기 때문에 누구든지 자기 마음대로 하고 싶은 것을 하면서 살 수 있게 된 것입니다. 그 대신 제자들은 그동안 오직 하나님만 배웠는데 이제는 먹고 살길도 없고 사람들은 그들을 잡아 죽이려고 하기 때문에 잘못하면 잡혀서 죽게 될지 몰라서 근심하게 될 것입니다. 그들은 모두 미래에 먹고살 것을 위해서, 전쟁이 날까봐, 병에 걸릴까봐 근심할 것입니다.

이때 예수님은 비유를 하나 들어서 말씀하셨습니다. 여자들에게 가장 고통스러운 것은 아마도 아기를 낳는 고통일 것입니다. 그런데 어떤 나이 드신 분은 "아기 낳는 고통은 내 지금 허리 아픈 것에 비하면 고통도 아니라"고 말씀하기도 하십니다. 아이를 임신하면 보통 불편한 것이 아닙니다. 아기 때문에 배가 불러오면 허리가 아프고 또 몸이 무거워서 마음대로 움직일 수 없습니다. 또 허리가 굵어지기 때문에 몸매도 다 망가지게 됩니다. 또 굉장히 예민해지기도 합니다. 혹시 아기가 뇌성마비나 장애를 가지고 태어날까 봐 걱정하기도 합니다.

더욱이 아기를 낳으면서 몇 시간씩 진통을 겪게 됩니다.

그러나 산모에게는 소망이 있습니다. 왜냐하면 자기 안에 생명이 있기 때문입니다. 엄마는 이 아기를 훌륭하게 키워서 유명한 사람이 되게 하고 싶은 욕망이 있습니다. 산모는 혼자서 죽을 고생을 하면서 결국 아기를 낳게 됩니다. 아기를 무사히 낳게 되면 이제 모든 고통은 다 끝난 것입니다. 왜냐하면 이제 더 이상 진통이 없을 것이기 때문입니다. 그리고 이제는 조금 전까지 보지 못했던 새로운 생명이 엄마 옆에서 잠을 자게 되고 젖을 빨게 됩니다. 아기가 태어나면 얼마나 신기한지 모릅니다. 불과 얼마 전까지만 해도 없었는데 이제 이 아기가 생겨서 한 식구가 되었습니다. 그뿐만 아니라 온 식구가 이 아이 하나에게 매달려서 젖을 먹이고 목욕을 시키고 달래어주어야 하고 업어주어야 하는 것입니다.

조금 있으면 예수님은 유대인들에게 잡히실 것이고 사형 선고를 받고 로마 군인들에 의해 십자가 위에 못 박혀서 죽을 것입니다. 그러나 예수님 안에는 새로운 생명이 들어 있었습니다. 그것은 바로 우리입니다. 예수님은 우리를 새로 태어나게 하시기 위해서 모든 것을 조심하셨고 결국 죽기까지 하셨습니다. 제자들은 자신이 예수를 믿은 것이 실패였다고 울고 통곡하는데 비하여 세상 사람들은 역시 예수는 아무것도 아니고 자기들의 생각이 맞았다고 기뻐할 것입니다.

2. 하나님 앞에서 우리를 자녀로 만드심

예수님이 십자가 위에서 죽으신 것은 단지 정치적인 힘이 없어서가 아니었습니다. 예수님은 십자가에서 죽으심을 통해서 하나님께로 가시는 것이었습니다.

16:28, "내가 아버지에게서 나와 세상에 왔고 다시 세상을 떠나 아버지께로 가노라 하시니"

예수님은 처음 이 세상에 오실 때 빈 몸으로 오셨습니다. 예수님의 배는 아주 홀쭉하셨습니다. 그러나 예수님이 죽으실 때는 배가 엄청 불렀습니다. 그것은 바로 우리 모두를 예수님의 배 안에 넣으셔서 하나님 앞으로 아기를 낳으러 가셨기 때문입니다.

예수님은 십자가에 죽으신 후에 지옥 밑창까지 끌려가셨습니다. 그때 우리는 다 죽었습니다. 우리는 이 세상의 죄와 마귀에 대하여 다 죽었습니다. 이것은 우리 안에 있는 모든 마귀의 쇠사슬이 다 끊어진 것을 의미합니다. 예수님은 십자가에 죽으심으로 우리와 하나가 되셨습니다. 예수님과 우리는 도저히 떼려야 뗄 수 없는 한 몸이 되어버린 것입니다. 즉 우리가 예수님의 말씀을 믿고 예수님이 십자가 위에 매달리실 때 우리는 모두 예수 안에 다 들어가게 된 것입니다. 마귀는 사흘을 샅샅이 뒤졌지만 예수님의 죄를 조금도 찾을 수 없었습니다. 예수님은 자기 피를 가지고 하나님 앞에 가서서 의로운 제사를 드리셨습니다. 이때 하나님은 예수님의 죽음이 완전한 제사라는 것을 인정하셨습니다. 그 증거가 예수님이 죽음에서 다시 살아나신 것이었습니다.

이것을 통해서 사망은 깨어졌습니다. 죄의 세력도 깨어졌습니다. 마귀는 머리가 깨어지게 되었습니다. 그리고 우리가 부활하신 예수님을 다시 보게 됨으로 우리는 모두 새사람으로 태어나게 되었습니다. 우리가 만일 아기였다면 새로 태어난 아기인 것입니다. 우리는 예수님의 부활로 이 세상에 태어나게 된 사람입니다. 혹시 여러분 중에서 부활절에 태어난 아기를 아십니까? 그것이 바로 우리입니다. 우리에게 죽음은 죽었습니다. 이 세상 사람들에게 죽음은 여전히 살아있지만 우리에게 죽음은 죽었습니다. 우리에게는 죄도 죽었습니다. 우리에게 마귀는 머리가 깨어진 상태입니다. 마귀는 우리에 대해서는 왕도 아니고 장군도 아니고 머리가 깨어져서 중상을 입은 존재인 것입니다.

그래서 예수님은 너희 근심이 기쁨으로 변할 것이라고 했습니다. 우리는 예수를 믿었기 때문에 예수님의 비참한 모습을 보았습니다. 우리는 예수를 믿었기 때문에 약하게 되었습니다. 우리는 예수를 믿었기 때문에 세상에서 할 수 없는 것이 많이 있습니다. 그러나 이것이 우리의 기쁨이 될 것이라고 했습니다. 왜냐하면 예수님이 모든 고통과 환난을 다 이기셨기 때문입니다.

16:22, "지금은 너희가 근심하나 내가 다시 너희를 보리니 너희 마음이 기쁠 것이요 너희 기쁨을 빼앗을 자가 없으리라"

우리에게 예수 믿는다는 것은 우리 옛사람이 죽는 것을 의미합니다. 우리는 이 세상에서 자랑할 것도 없고 할 수 있는 것도 없습니다. 왜냐하면 우리 믿음의 대상이 죽었기 때문입니다. 그러나 그 때문에 사망도 죽고 죄도 죽고 마귀도 머리가 깨어지고 우리는 새로 태어나게 됩니다. 우리는 새로운 인종이고 새로운 인류이고 영생의 백성입니다. 예수님이 부활하신 순간 우리는 기쁠 것입니다. 왜냐하면 모든 고통이 끝났기 때문입니다. 예수님은 죽었다가 부활하심으로 더 강해지셨습니다. 원래 예수님은 엄청나게 강한 분이셨습니다. 그러나 그는 우리 때문에 참으셨습니다. 그러나 이제는 더 강해지셔서 모든 악한 자들을 철장으로 두들겨 부술 것입니다. 예수님은 천지를 창조하신 분이십니다. 예수님은 백만대군보다 더 강하십니다. 예수님은 못 고치시는 병이 없으십니다. 그래서 우리는 기쁩니다. 왜냐하면 이 세상의 모든 전쟁이 끝났기 때문입니다. 이제는 이 세상의 어떤 것도 다시 우리를 비참하게 하거나 고통스럽게 할 수 없기 때문입니다.

우리는 이 세상에 있는 별종들입니다. 예수님은 우리에게 모두 영생이 있다고 하셨습니다. 겉으로 보기에는 세상 사람들과 비슷하지만 우리는 다릅니다. 왜냐하면 우리 안에 하나님의 생명이 있기 때문입니다. 우리가 하나님의 자녀로 이 세상에 사는 것은 엄청 재미있는 일입니다.

우리는 하나님 나라의 자녀들인데 모두 이 세상에 와서 하나씩 배우고 있습니다. 우리는 이 세상에 사는 것도 재미있는 일입니다.

3. 하나님의 약속

하나님은 이 세상에 사는 우리에게 한 가지 약속을 하셨습니다. 그것은 우리가 이제부터 예수님의 이름으로 무엇을 구하든지 하나님께서 다 들어주신다는 것입니다.

> 16:23, "그 날에는 너희가 아무 것도 내게 묻지 아니하리라 내가 진실로 진실로 너희에게 이르노니 너희가 무엇이든지 아버지께 구하는 것을 내 이름으로 주시리라"

예수님이 십자가 위에서 죽으시고 다시 제자들을 보는 그 순간부터 놀라운 일이 일어나게 됩니다. 그것은 우리가 모두 천국에 다 들어가게 되며 천국의 복을 다 물려받게 되기 때문입니다. 우리 하나님 아버지는 어마어마한 부자이십니다. 하나님은 우주를 만드셨습니다. 하나님은 지구에 있는 모든 보석과 석유와 권력과 지혜를 다 만드신 분입니다. 하나님은 은도 내 것이고 금도 내 것이라고 하셨습니다.

가장 중요한 것은 예수님이 부활하신 순간부터 우리는 새로운 신비의 세계에 들어가게 된다는 것입니다. 그것은 예수님에게 아무것도 묻지 않는 것입니다. 왜냐하면 보혜사 성령이라는 새로운 하나님이 우리 마음에 들어오시기 때문입니다. 이분이 바로 양자의 영입니다. 우리가 하나님이 내 아버지가 아닌데 아버지라고 부를 수 없습니다. 예를 들어서 사위가 되기도 전에 사귀는 여자 친구 아버지에게 아버지라고 부르면 "나는 네 아버지가 아니다"라고 말할 것입니다. 그런데 친자식은 아버지에게 저절로 아버지라는 말이 나가게 됩니다. 만약 친아버지가 "나는 네 아버지가 아니다"라고 한다면 아들은 "아버지가 내 아버지가 아니면 누가 내 아버지란 말입니까?"라고 따질 것입니다.

우리는 하나님에 대하여 "아버지"라고 합니다. 혹은 "사랑하는 내 아버지"라고 합니다. 왜냐하면 우리는 종이 아니기 때문입니다. 우리는 버림받은 자가 아니기 때문입니다. 하나님의 마음을 열고 천국 창고를 여는 열쇠의 비밀번호가 있습니다. 이 비밀번호가 예수 그리스도입니다. 우리가 예수님의 이름으로 기도하면 하나님은 마음 문을 여시고 "내 아들아"라고 하시면서 안아주십니다. 하나님은 우리가 무엇을 요구하든지 다 들어주실 것이라고 하셨습니다.

"너희가 무엇이든지 아버지께 구하는 것을 내 이름으로 주시리라"

그런데 우리 성도들은 아무리 기도를 해도 하나님이 안 들어주시더라고 말하는 분이 있을 것입니다. 나는 들어주시는데 왜 그분은 안 들어주실까요?

16:24, "지금까지는 너희가 내 이름으로 아무것도 구하지 아니하였으나 구하라 그리하면 받으리니 너희 기쁨이 충만하리라"

지금까지 제자들은 예수님께 달라고만 했지 예수님의 이름으로 하나님께 구하지 않았다고 하셨습니다. 그러나 이제는 예수님의 이름을 비밀번호로 쓰라고 하셨습니다. 예수님은 강하게 말씀하셨습니다.

"구하라 그리하면 받으리니 너희 기쁨이 충만하리라"

"구하라"고 하셨습니다. 구하면 되는 것입니다. 어떻게 구해야 합니까? 마구 구하면 되는 것입니다. 무엇이든지 기도하기만 하면 되는 것입니다. 미리 계산하지 말고 자식이 아버지께 필요한 것을 달라고 하듯이 구하라는 것입니다. 그러면 우리 기쁨이 충만할 것이라고 하셨습니다. 기쁨이 충만하면 어떻게 됩니까? 입이 벌써 벌어지게 됩니다. 얼마나 기쁜지 입을 다물 수 없는 것입니다. 그리고 다른 것은 우리 속에 들어올 수 없습니다. 염려나 걱정이 들어올 수 없습니다. 우리는 하나님으로 만족하게 됩니다. 왜냐하면 하나님께 기도하면 다 주시므로 다른 것을 생각할 필요가 없기 때문입니다. 우리는 하나님만 가지면 되는 것입니다. 왜냐하면 하나님이 보물 중의 보물이기 때문입니다.

예수님은 너희가 세상에서 환난을 당하지만 걱정하거나 염려하지 말라고 하셨습니다. 왜냐하면 예수님이 세상을 이기셨기 때문입니다. 예수님은 세상 전부를 손에 다 넣고 계시기 때문에 모든 것을 통제하고 계십니다. 이제 아무것도 염려하지 말고 모든 인생의 무거운 짐을 내려놓으시고 하나님 아버지의 축복과 예수 그리스도의 능력으로 행복하시기 바랍니다.

49

하나님이 내민 손

요 17:1-10

몇 년 전

프랑스 파리에서 어떤 어린아이 하나가 아파트에서 나와 난간에 매달리는 사고가 일어났습니다. 아이는 곧 아파트에서 떨어질 것 같은 위험에 처해있었지만, 땅에 있는 사람들이 할 수 있는 것은 발을 동동 굴리는 것밖에 없었습니다. 그런데 아프리카에서 온 흑인 청년 하나가 건물 벽을 마치 스파이더맨처럼 순식간에 기어 올라가서 그 아이의 손을 잡아서 끌어주는 바람에 아이는 목숨을 건지게 되었습니다. 프랑스 대통령은 그 흑인 청년을 대통령 궁으로 초청해서 감사를 표하고 그에게 프랑스 시민권을 내어주었습니다.

또 어떤 사람이 산의 절벽에서 떨어지려고 할 때 누군가가 손을 내밀어 끌어당겨 준다면 목숨을 건질 수 있을 것입니다. 그러나 얼마 전 미국 지하철에서는 한국 사람이 지하철 선로에 떨어져 있는데 다른 사람들이 스마트폰으로 사진만 찍으면서 구경만 하는 바람에 그 사람이 그만 열차에 치어 죽은 적도 있었습니다. 이 사람들은 손을 내밀어

주지 않았던 것입니다.

본문 말씀은 예수님께서 이 세상에서 마지막으로 하나님께 드린 기도입니다. 물론 예수님은 겟세마네에서도 기도하셨고 십자가 위에서도 기도하셨지만, 본문의 이 기도는 예수님이 하나님과 공식적으로 거의 마지막으로 한 기도입니다. 이 기도에는 예수님과 하나님 아버지 사이의 엄청난 사랑이 표현되고 있습니다. 그런데 하나님은 이 사랑에 우리를 끼워놓고 우리를 위해서 이 세상에 오신 것입니다.

예를 들어서 어느 곳에 불이 나서 사람들이 옥상으로 올라가 살려 달라고 소리를 지르거나 혹은 홍수가 나서 사람들이 지붕 위에서 구조해 달라고 소리를 지를 때 구조 헬기가 날아오게 되었습니다. 그런데 구조하는 대원이 자기 온몸을 헬기 밖으로 내어놓고 거꾸로 매달려서 사람들을 향하여 손을 뻗었습니다. 그 대원은 자기 손을 잡은 사람은 누구든지 온 힘을 다해서 끌어당겨서 헬기 안으로 끌어들여서 구조했습니다. 그는 힘이 다해서 죽을 때까지 구조를 했습니다. 그런데 그의 손을 잡지 못한 사람은 불에 타서 죽을 수밖에 없는 것입니다. 하나님은 영원히 죽을 수밖에 없는 우리를 위해서 손을 내밀어주셨습니다. 하나님이 내미신 손 바로 그것이 예수님이신 것입니다.

1. 하나님과 예수님의 관계

만약 어떤 빌딩에 불이 붙었는데 사람들이 빠져나오지 못하고 불에 갇혀 있다면 그곳은 그야말로 지옥과 같을 것입니다. 그들은 빠져나갈 곳을 찾아서 몰려다닐 것이고 소리를 지르고 유독 가스를 마셔서 여기저기서 쓰러질 것입니다. 또 건물 밖에 있는 사람들은 건물에 갇힌 사람을 구조할 수 없어서 발만 동동 구르면서 누가 저 사람들을 좀 구해 달라고 소리를 지를 것입니다. 이때 다행스럽게 소방차가 와서 사람들이 있는 곳까지 연결이 되면 건물에서 빠져나오겠지만 빠져나오지 못하면 모두 불에 타 죽고 말 것입니다.

예수님은 하나님께서 보낸 하나님의 아들이었습니다. 물론 하나님께서 천사들을 무더기로 보내어서 우리를 하나님께로 데려가면 좋겠지만 천사들은 우리를 데려갈 수 없습니다. 그들은 우리에게 하나님 나라의 합법적인 자격을 받게 해 줄 수 없습니다. 왜냐하면 우리가 하나님의 나라에 들어가려고 하면 대가를 주어야 하는데 그 대가는 완전히 죄가 없는 피 값이기 때문입니다.

예수님은 하나님의 아들로서 완전한 인간이 되셔서 이 세상에 오셨습니다. 그분은 인간으로 변장하신 것이 아니었습니다. 아마 예수님이 변장하셨더라면 어떻게 해서든지 하나님의 아들이라는 표시가 났을 것입니다. 그리고 하나님의 아들은 우리를 위해서 피를 줄 수 없습니다. 그래서 예수님은 여인의 몸에서 완전한 아기가 되어서 태어나셨습니다. 그런데 놀라운 것은 예수님은 천국에서 하나님과 함께 가지셨던 영광을 완전히 기억하고 계셨다는 것입니다.

17:1, "예수께서 이 말씀을 하시고 눈을 들어 하늘을 우러러 이르시되 아버지여 때가 이르렀사오니 아들을 영화롭게 하사 아들로 아버지를 영화롭게 하게 하옵소서"

예수님은 하나님과 자신이 아버지와 아들의 관계라는 것을 밝히셨습니다. 예수님은 사기꾼도 아니고 단순한 브로커도 아니고 미친 사람도 아니었습니다. 예수님은 분명히 하나님의 아들이셨습니다.

예수님은 이 세상에 오시기 전에 하늘나라에서 하나님 아버지와 함께 엄청난 영광과 존귀와 축복을 나누셨던 분이었습니다.

17:4, "아버지께서 내게 하라고 주신 일을 내가 이루어 아버지를 이 세

상에서 영화롭게 하였사오니"

예수님은 이 세상이나 우주가 만들어지기 전에 이미 영광스러운 분이셨습니다. 하나님 아버지와 아들은 부족한 것이 하나도 없으셨습니다. 그런데 하나님과 아들은 이 사랑을 인간과 천사들과 피조물과 함께 나누기 위하여 이 세상을 창조하셨던 것입니다.

예수님은 지금 자기 주위에 십여 명의 제자들을 데리고 계셨습니다. 그러나 예수님은 이십여 명의 제자들을 통해서 앞으로 수십만 아니, 수백만의 사람들이 이 세상을 탈출해서 하나님 나라로 가실 것을 알고 계셨습니다. 예수님은 우리에게 하나님의 나라가 어떤 나라인지 자세하게 말씀하시지 않았습니다. 오직 예수님은 "회개하라. 천국이 가까웠느니라"고만 말씀하셨습니다. 왜 예수님은 우리에게 하나님의 나라는 어떤 나라라고 자세히 말씀하시지 않았을까요? 그것은 우리의 언어로 표현할 수 없기 때문이 아니었을까요? 그리고 예수님은 이 세상에도 완전하지는 않지만 우리를 통해서 하나님의 나라를 실현하기를 원하셨습니다.

그래서 천국에 대해서 잘 모르고 오히려 이 세상에서 잘 사는 것이 더 낫다고 생각하는 사람들이 많이 있습니다. 그러나 예수님은 하나님 나라의 기적을 전부 다 가지고 계셨습니다. 그분은 하나님 아버지와 얼마나 영화롭게 지내셨으며 하나님의 나라가 얼마나 영광스러운 나라인지 다 기억하고 계셨습니다. 예수님은 이제 제자들과 함께 하나님 나라를 위한 이 위대한 출발을 하겠다고 하나님께 보고를 드리셨습니다. 그러면서 "아들을 영화롭게 하사 아들로 아버지를 영화롭게 하게 하옵소서"라고 말씀하셨습니다. 이 세상에 불타고 있는 건물이라면 예수 믿는 사람들은 구조받은 사람들입니다.

사람들은 이 세상에 살면서 가장 행복했던 시절이 있을 것입니다. 어떤 사람은 연애하면서 행복했던 시절이 있고, 어떤 사람은 신혼 때 아주 경치 좋은 곳에 가서 여기에 또 남편이나 아내를 데리고 또 와야 되겠다고 생각하는 곳이나 시절이 있을 것입니다. 예수님은 하나님 나라의 영화를 모두 생생하게 기억하고 계셨습니다. 그러나 이 세상의 행복은 영원히 계속되지 않습니다. 왜냐하면 우리는 현실 가운데로 다시 돌아와서 돈을 벌어야 하고 공부를 해야 하고 생활을 해야 하기 때문입니다. 그러나 이 세상은 지옥 불이 붙는 멸망할 세상입니다. 예수님은 이 세상이 완전한 세상이라고 말씀하시지 않았습니다. 예수님은 이 세상에서 기적의 능력을 가지고 있었습니다. 예수님에게는 탁월한 말씀이 있었습니다. 예수님은 물 위를 걸으시고 기적으로 병을 다 고치셨습니다. 그러나 예수님은 이것이 영화로운 것이라고 말씀하시지 않았습니다.

하나님 아버지와 아들은 어느 누구도 가까이 할 수 없는 깨끗한 영광 가운데 사셨습니다.

17:5, "아버지여 창세 전에 내가 아버지와 함께 가졌던 영화로써 지금도 아버지와 함께 나를 영화롭게 하옵소서"

이 세상이 창조되기 전에 예수님은 하나님 아버지와 영광 가운데 지내셨습니다. 예수님은 그 모든 영광을 다 버리고 인간으로 이 세상에 오셨습니다. 이제 예수님은 그 하나님의 영광을 향하여 다시 출발을 합니다. 예수님 혼자 가시는 것이 아니라 열두 명의 제자들과 앞으로 이들을 통해서 구원받을 모든 사람을 데리고 출애굽이 아니라 출세상을 하시는 것입니다. 예수님은 이미 하나님의 약속을 다 받으셨지만 지금이 바로 그 시간이 되었다고 아버지 하나님께 보고를 드리는 것입니다. 그리고 예수님은 드디어 하나님 나라를 향한 첫걸음을 시작하셨습니다.

2. 하나님이 내민 손

　이 세상은 언제 불행이 덮칠지 모르는 위험한 곳입니다. 하나님은 온 세상을 만드셨고 우리에게 생명을 주셨습니다. 하나님은 우리를 숨 쉬게 하시고 우리에게 많은 행복을 주셨습니다. 그러나 우리는 불에 탈 세상에서 죄가 들끓는 세상에서 한순간 한순간 살아가고 있는 것입니다. 이때 하나님은 우리에게 먼저 구원의 손을 내미셨습니다. 하나님께서 내미신 구원의 손이 바로 예수님입니다. 예수님의 손은 아주 힘이 세기 때문에 그 손을 붙잡은 사람들은 한 사람도 놓치지 않고 다 건져주십니다.

　17:2-3, "아버지께서 아들에게 주신 모든 사람에게 영생을 주게 하시려고 만민을 다스리는 권세를 아들에게 주셨음이로소이다 영생은 곧 유일하신 참 하나님과 그가 보내신 자 예수 그리스도를 아는 것이니이다"

　예수님께서 이 세상에 오신 것은 우리에게 영생을 주시기 위해서라고 말씀하셨습니다. 그러면 도대체 "영생"이라는 것은 무엇일까요? 우리 인간은 늙으면 음식을 먹을 수 없어서 빠짝 말라서 죽습니다. 우리는 그것이 자기와는 아무 상관이 없는 모습이라고 생각합니다. 그러나 모든 인간은 다 그렇게 죽게 되어 있습니다. 왜냐하면 우리 모든 사람 속에는 죽음의 유전 인자가 있고 미치는 시한폭탄이 있기 때문입니다. 암이나 심장병이나 스트레스도 시한폭탄입니다. 우리가 이 세상에 사는 자체가 시한폭탄을 안고 살아가고 있는 것입니다. 요즘 청년 중에서는 인터넷을 통해서 같이 자살할 사람을 찾아서 같이 죽는 사이트가 있다고 합니다.
　그런데 예수님은 영생을 가지고 이 세상에 오셨습니다. 예수님은 하나님이 내미신 손입니다. 우리가 그 손을 잡으면 두 가지 일이 생기게 됩니다. 하나는 우리에게 미치는 병이 없어진다는 것입니다. 즉 우리 안에 있는 시한폭탄이 없어지는 것입니다. 그리고 또 다른 하나는 우리 안에 영생의 유전 인자가 들어오게 됩니다. 영생의 유전 인자가 들어오면 반드시 다시 살게 됩니다. 하나님과 예수님을 아는 것이 영생이라고 했습니다.

우선 예수님은 우리가 갈 천국에 대해서 자세히 말씀하시지 않았습니다. 그 이유는 예수를 믿을 때 우리는 이 세상에도 하나님의 나라를 가져올 수 있기 때문입니다. 그러나 우리는 하나님 나라의 능력을 내 믿음의 분량만큼 가져올 수 있습니다. 아무리 하나님의 능력이 많이 준비되어 있다고 하여도 내가 믿음이 없으면 하나님의 능력은 한 줌도 가져올 수 없습니다. 그러나 내가 믿음이 아주 많으면 엄청난 하나님의 능력을 이 세상에 가져올 수 있습니다. 요즘 우리나라는 죽어가고 있습니다. 정치부터 시작해서 모든 것이 다 죽어가고 있습니다. 그 이유는 우리의 믿음이 작기 때문입니다.

우리가 믿음을 가지고 기도를 하면 하나님이 응답을 해 주십니다. 우리는 자주 자주 하나님 나라의 영광을 느끼게 됩니다. 우리는 속사람이 더 아름다워지고 영광스러워지게 됩니다. 더욱 중요한 것은 우리가 우리의 일생을 허비하지 않게 된다는 것입니다. 그러다가 우리가 죽을 때에는 이미 천사들의 나팔소리와 함께 천국에 들어가게 되는데, 거기는 빛의 나라입니다.

천국은 시간이 이 세상과 다릅니다. 우리는 얼마 지나지 않은 것 같은데 어느 순간 천사장의 나팔 소리가 나면서 모든 죽은 자는 부활하라는 말씀이 떨어지게 됩니다. 그때 우리는 새 육신을 입게 됩니다. 그때 얼마나 우리가 눈부시게 아름다운 육신을 입게 되는지, 또 멋있게 변하게 되는지, 그때 우리는 순간 이동을 하게 될 것입니다. 하나님은 그때 우주 전체를 다시 창조하셔서 우리에게 나누어주실 것입니다.

예수님은 우리를 위해서 먼저 죽음을 경험하셨습니다. 그러나 예수님은 죽음을 이기시고 부활하셔서 우리로 하여금 하늘 가는 길을 열어 놓으셨습니다. 그리고 예수님은 하나님의 우편에 앉으셔서 온 세상을 심판하는 권세를 받으셨습니다.

우리는 이 세상에 있는 하나님 나라의 특파원입니다. 우리는 이 세상에서 하나님의 비밀공작을 하는 사람들입니다. 그래서 우리는 교회만 왔다갔다 해서는 안 되고 자신의 정체를 너무 드러내서도 안 됩니다. 우리는 자꾸 이 세상에서 기도해서 악한 세력을 무너뜨려야 합니다. 그리고 자꾸 하나님의 말씀을 밝혀서 사람들로 하여금 진리를 알게 해야 합니다. 우리는 비밀스럽게 하나님의 나라가 오게 해야 합니다. 그런데 요즘 기도의 효력이 많이 나타나고 있습니다. 그것 중 하나가 이 세상의 거짓이 자꾸 드러나고 있다는 것입니다. 그리고 거짓의 힘이 자꾸 빠지고 있습니다.

3. 우리가 구원받는 과정

원래 인간이 눈에 보이지 않는 하나님을 믿는 것은 불가능합니다. 더욱이 사람들은 종교를 가지는 것이 자신의 자유를 억압당한다고 생각해서 싫어합니다. 사람들이 눈에 보이지 않는 하나님을 믿지 않는 것은 당연합니다. 그런데 이상하게 이 세상에는 하나님을 믿는 사람들이 있습니다. 그 이유는 이 사람들이 원래 하나님의 백성들이었기 때문입니다.

17:6, "세상 중에서 내게 주신 사람들에게 내가 아버지의 이름을 나타내었나이다 그들은 아버지의 것이었는데 내게 주셨으며 그들은 아버지의 말씀을 지키었나이다"

마치 야생동물들이 사람을 싫어하고 믿지 않듯이 모든 인간은 하나님을 믿지 않고 하나님을 싫어합니다. 그래서 원래는 구원받을 수 있는 사람이 한 명도 없습니다. 그래서 하나님은 창세 전에 무작위로 구원받을 사람들을 택하셨습니다. 여기서 택했다는 것은 그냥 찍었다는 뜻입니다. 그래서 하나님은 택하신 백성들의 인생을 우리도 모르는 사이에 몰아오셨습니다. 어떤 때는 죽으려고 하기도 하고 어떤 때는 큰 사고를 당할 뻔하지만, 하나님은 눈에 보이지 않는 손으로 우리를 막아주시고 우리를 계속 몰아오셔서 결정적인 순간에 사로잡으신 것입니다.

사도 바울 같은 경우에는 그렇게 악랄하게 예수를 핍박하고 반대했지만 그가 다메섹으로 가는 길에서 해보다 강한 빛 가운데 예수님이 나타나셔서 그를 사로잡아 버리셨습니다. 하나님은 우리를 사로잡으셔서 하나님의 말씀을 듣게 하셨습니다. 이것이 하나님께서 우리를 예수님에게 주시는 것입니다. 그런데 이상한 것은 우리가 평소에는 하나님을 반대하고 세상을 사랑했지만 어려움에 빠지면 하나님의 말씀이 믿어지고 예수님이 믿어진다는 것입니다. 예수님이 나 같은 죄인을 위하여 십자가에 못 박히셨다는 것이 믿어진다는 것입니다.

예수님이 이 세상에 오시지 않았더라면 구원받을 사람은 단 한 명도 없습니다. 예수님은 하나님이 우리에게 내미신 구원의 손입니다.

우리는 어떻게 하나님의 손을 잡을 수 있습니까? 그것은 바로 하나님이 주신 말씀을 믿는 것입니다.

17:8, "나는 아버지께서 내게 주신 말씀들을 그들에게 주었사오며 그들은 이것을 받고 내가 아버지께로부터 나온 줄을 참으로 아오며 아버지께서 나를 보내신 줄도 믿었사옵나이다"

우리가 하나님의 말씀을 듣는 것이 하나님의 손을 잡는 것입니다.

예수님은 하나님의 사랑의 줄입니다. 그런데 예수님은 우리를 통해서 이 세상에도 하나님의 나라가 임하게 하십니다. 그래서 우리는 이 세상에 더 살아야 합니다. 우리는 기도로 이 세상 죄의 불을 꺼야 하며 죽어가는 자들을 더 살려야 합니다. 우리는 이 세상에서 공부도 하고 돈도 벌고 놀러도 다니지만 그것이 우리의 일차적인 목적은 아닙니다. 주기도문에도 보면 "나라이 임하옵시며"라고 했습니다. 이 세상에도 하나님의 나라가 임하는 것입니다. 우리는 우리 주위 모든 사람이 몸에 시한폭탄을 감고 있는 것을 보고 있습니다. 우리는 그것을 떼 주어야 합니다.

그리고 우리는 하나님의 말씀으로 주위 사람들에게 영생의 주사를 놓아주어야 합니다. 그러나 사람들은 이 주사를 믿지 않습니다. 할 수 있으면 이 주사를 맞지 않으려고 합니다. 우리는 이미 영광의 나라에 합격을 받았고, 하나님 나라의 비자를 받았고, 하나님의 아들의 자격을 받았습니다.

우리도 모두 예수님의 뒤를 따라서 영광의 나라를 향하여 출발하시기 바랍니다. 우리에게 필요한 것은 오직 하나님께 대한 믿음입니다. 여호와를 의지하는 자는 영원히 수치를 당하지 않을 것이라고 했습니다. 예수님은 이 세상은 없어지겠지만 예수님의 말씀은 일점 일획도 없어지지 않고 다 이룰 것이라고 말씀하셨습니다(마 5:18). 우리는 하나님을 믿어야 합니다.

우리를 통해서 더 많은 하나님의 나라가 이 땅에 임할 수 있기를 바랍니다. 그리고 우리 모두 저 영원한 천국을 향하여 출발하시기를 바랍니다.

50

세상에 남은 자들

요 17:11-25

제 아버지

고향 뒷산에 가면 아주 높은 산이 있고, 그 산꼭대기를 넘어가면 드라마 허준 세트장이 있습니다. 허준 세트장은 제법 잘 만들어졌는데 초가집 몇 채가 있고 마당이 있고 돼지우리나 화장실 같은 것도 있습니다. 그 세트장은 억새가 필 때 가면 정말 눈부시게 아름답습니다.

그리고 《소설 동의보감》도 읽어보았습니다. 물론 소설이긴 하지만 주인공 허준은 양반의 자식이지만 서자로 태어났기 때문에 과거시험을 볼 수 없었습니다. 그래서 술 마시고 난봉꾼으로 살다가 사고를 치고 어느 날 어머니를 모시고 평안도에서 경상도 산청까지 도망을 와서 살게 됩니다. 그는 거기서 한의학에 밝은 선생을 만나서 그분 밑에서 의술을 배우게 됩니다. 나중에 그 선생은 죽을 때 자기 아들이 아닌 허준에게 자기 인체를 해부하게 내어주게 됩니다. 즉 사람을 제대로 고치려고 하면 인체의 내부를 직접 보아야 한다고 하면서 그 당시로써는 상상할 수 없었던 자신의 인체 해부를 허준에게 부탁합니다. 그래서 허준은 선생의 인체를 해부해서 인간 몸 안의 장기를 보게 됩니다. 또 한번은 전염병이 퍼져서 많은 사람이 감염되었는데 허준은 나름대로 한약을 달여서 많은 사람을 먹여 살립니다.

그리고 천민 출신이었지만 나중에 어의가 되어서 왕의 병을 고치는 일을 했고 또 귀양을 갔을 때 《동의보감》이라는 한의학 백과사전을 저술하게 됩니다. 그래서 가끔 한의원에서 원장실에 치료받으러 들어가면 꼭 《동의보감》은 빠짐없이 있는 것을 볼 수 있습니다. 특히 제 형은 서울약대를 나와서 양약을 전공했지만 한약학을 배워서 많은 사람을 고치는데 참 보람을 느낀다고 말을 하고 있습니다. 형도 자주 그 책을 인용해서 이야기하곤 합니다.

가끔 우리는 과연 무엇을 하는 사람인가 하는 생각이 들 때가 있을 것입니다. 특히 몸에 병이 들거나 큰 어려움에 빠져 있을 때 왜 주님은 나를 저 세상으로 데려가지 않으시고 이 세상에 살게 하셔서 이 모든 고통을 당하게 하시는가 하는 생각이 들 때도 있는 것입니다.

이것이 오늘 바로 예수님이 기도하신 내용이고, 이 세상에 남아 있는 자의 심정이 바로 제자들의 심정입니다. 예수님은 하나님께 이렇게 기도를 하십니다. "저는 이제 더 이상 이 세상에 있지 않고 아버지께로 갑니다. 그러나 저의 제자들과 신자들은 이 세상에 남아 있게 됩니다." 그러면서 저희들을 우리같이 보존해 달라고 기도를 하고 계신 것입니다.

1. 예수님이 우리에게 남겨두신 사람들

어떤 곳에서 큰 사고가 나서 많은 사람이 죽고 다치거나 행방불명이 되었는데 큰 헬기가 나타나서 사람들을 내려놓고 간다면 그들은 구조대원일 것입니다. 그들은 흰 가운을 입은 경우도 있고 십자가가 그려진 조끼를 입은 경우도 있을 것입니다. 그들은 헬기에서 내림과 동시에 작은 가방들을 하나씩 들고 사고 현장을 향해서 달려갈 것입니다. 그 가방 안에는 응급 처치할 수 있는 약과 주사가 들어 있고 또 무전기가 들어있을 것입니다. 그들은 모두 흩어져서 피를 흘리면서 쓰러져 있는 사람을 발견하면 먼저 죽었는지 살았는지 확인한 후에 지혈하고 할 수 있으면 상처를 꿰매고 약을 발라주며 큰 수술이 필요한 경우에는 무전 연락을 해서 구급차나 헬기를 부를 것입니다.

본문 말씀을 보면 예수님이 제자들을 두고 먼저 떠나시는 것을 볼 수 있습니다. 그 이유는 예수님께서 사람들을 살리는 약을 만들기 위해서입니다. 예수님은 제자들에게 흩어지지 말고 함께 있으라고 당부하셨습니다. 왜냐하면 그때까지만 해도 모든 사람을 살릴 수 있는 약이 아직 개발되지 않았기 때문입니다. 예수님은 제자들과 헤어진 후에 유대인들에게 붙들려서 끌려가십니다. 그리고 신성 모독의 판결을 받으시고 골고다라는 곳에서 십자가에 못 박혀서 처참하게 죽습니다. 이때 예수님은 인간으로서 당할 수 있는 모든 고통을 다 당하셨습니다.

그리고 죽은 후 그 영혼은 지옥 밑창까지 끌려가서 죄가 조금이라도 있는지 마귀에게 탈탈 털리십니다. 그러나 그에게는 죄가 전혀 없었습니다. 이것이 바로 마귀가 한 가장 큰 실수였습니다. 마귀는 예수님만 죽이면 온 세상 아니면 지구라도 자기 손에 떨어질 줄 알았고 모든 인간은 영원히 마귀의 종노릇할 줄 알았습니다. 그래서 마귀는 죄가 하나도 없는 하나님의 아들을 죽여서 지옥까지 끌고 왔던 것입니다. 이때 마귀는 당황하기 시작했습니다. 마귀는 큰 소리로 "우리가 큰 실수를 했다"고 소리 질렀을 때 이미 사망은 금이 가고 있었습니다. 죄의 세력은 무너지고 있었고 예수님은 마귀의 머리를 때리셔서 깨뜨려 버렸습니다.

예수님은 하나님 앞으로 바로 올라가셔서 예수님의 피로 단번의 제사를 드림으로 우리의 모든 죄 용서를 받으셨습니다. 그리고 예수님은 아버지로부터 모든 진리를 받으시고 진리의 영이신 성령까지 받으셔서 이 세상에 다시 오셨습니다. 죄 용서와 진리의 성령 바로 이분이 우리를 모든 병에서 고치는 약이었던 것입니다.

예수님은 이렇게 말씀하셨습니다.

17:11, "나는 세상에 더 있지 아니하오나 그들은 세상에 있사옵고 나는 아버지께로 가옵나니 거룩하신 아버지여 내게 주신 아버지의 이름으로 그들을 보전하사 우리와 같이 그들도 하나가 되게 하옵소서"

예수님은 지금 두 가지 일을 하려고 하십니다. 그 하나는 모든 인류를 살리는 약을 개발하시는 것입니다. 그 약의 이름은 '영생'입니다. 우리가 영원히 사는 것입니다. 그리고 예수님은 아버지 앞에 가셔서 온 세상의 성도들을 지휘하시며 그들의 기도를 들으시고 그들에게 힘을 공급하여 주시는 일을 하려고 하십니다.

그런데 예수님이 제자들을 도울 수 없는 시간이 있습니다. 그 시간이 바로 삼일입니다. 삼일 동안 예수님은 지옥 밑창에 가셔서 사망의 권세를 깨고 죄를 깨고 마귀의 머리를 깨어야 합니다. 그리고 예수님은 하나님 앞에 가셔서 의로운 제사를 드려서 합격의 판정을 받아야 합니다. 그러나 이 삼일 동안 예수님은 제자들을 지켜주실 수 없었습니다. 이 삼일 동안 마귀의 졸개들은 눈이 시뻘겋게 되어서 제자들을 다 잡아 죽이려고 미친 듯이 돌아다닐 것입니다.

17:12, "내가 그들과 함께 있을 때에 내게 주신 아버지의 이름으로 그들을 보전하고 지키었나이다 그 중의 하나도 멸망하지 않고 다만 멸망의 자식뿐이오니 이는 성경을 응하게 함이니이다"

예수님은 제자들을 부르신 후에 한순간도 제자들을 떠나시거나 버리신 적이 없으셨습니다. 그래서 제자들이 갈릴리 호수를 건너가면서 광풍이 몰아쳤을 때 물에 빠져 죽는다고 소리를 지른 것은 그들의 불신앙이었습니다. 물론 예수님은 거기서 주무시고 계셨지만 예수님이 제자들을 버리신 것도 아니고 떠나신 것도 아니고 단지 잠만 주무시고 계셨던 것입니다. 예수님이 제자들이나 믿는 자들을 떠나신 것은 십자가에 죽으시고 부활하시기까지 딱 삼일 동안이었습니다. 그리고 그 후에는 한 번도 우리를 떠난 적이 없습니다. 예수님이 버리신 사람은 오직 딱 하나 가룟 유다밖에 없었습니다. 그 이유는 그 자신이 예수님을 믿지 않고 멸망의 자식이 되었기 때문입니다. 우리가 예수를 믿는 이상 하나님이나 예수님은 일분일초도 우리를 떠나시지 않고 지켜주십니다. 우리는 우리 혼자만 있는 것이 아닙니다.

그런데 예수님은 아버지의 이름으로 그들을 지켜서 보존했다고 했습니다. 대개 여러 나라에서 선수들이 모일 때는 자기 나라 깃발 아래 모여 있게 됩니다. 우리나라 선수들이나 우리나라 구조대원들은 대한민국 깃발 아래 모여서 활동하게 될 것입니다. 그리고 그들이 입은 옷에는 '코리아'라고 적혀 있을 것입니다. 예수님은 항상 제자들에게 하나님의 이름이 적힌 옷을 입게 하셨고 하나님 나라의 능력을 사용하게 하셨습니다. 제자들은 그렇지 않은 적이 한 번도 없었습니다. 물론 제자들은 돈이나 양식이 넉넉하지 않았고 늘 부족했습니다.

그러나 그들에게 나타나는 것은 언제나 하나님의 능력이었습니다. 오병이어의 기적도 하나님의 능력이었습니다. 군대 귀신들린 자를 고치신 것도 하나님의 능력이었습니다. 장애인들을 고치시고 죽은 자를 살리신 것도 하나님의 능력이었습니다. 제자들은 하나님의 이름이 적혀 있는 유니폼을 입은 사람들이었습니다. 그러니까 세상 사람들은 그들을 미워하기 시작했습니다. 그 이유는 유니폼이 달랐기 때문입니다. 우리는 하나님의 유니폼을 입은 사람들입니다. 이 세상은 우리를 뽑아주지 않지만 하나님은 우리를 뽑아주신 것입니다. 하나님은 벤츠 정도가 아닙니다. 최고의 선물을 우리에게 주실 것입니다.

2. 예수님이 주신 약

인간에게 수많은 병이 있는데 그 병마다 써야 할 약이 다르기 때문에 의사들은 병이나 약에 대하여 많은 공부를 하게 됩니다. 의대생들은 예과를 빼고는 4년 동안 병명과 증세와 약에 대하여 엄청나게 공부를 하게 됩니다. 의대생들은 그것들을 모두 달달 외워야 하는 것입니다. 의대생들이 외우지 못하면 성적을 얻을 수도 없고 의사고시에 합격할 수도 없습니다.

그런데 예수님은 우리에게 성경책 한 권을 물려 주셨습니다. 그것은 바로 하나님의 말씀입니다.

> 17:14, "내가 아버지의 말씀을 그들에게 주었사오매 세상이 그들을 미워하였사오니 이는 내가 세상에 속하지 아니함 같이 그들도 세상에 속하지 아니함으로 인함이니이다"

예수님은 우리에게 성경책을 주셨습니다. 바로 이 성경책이 우리 인간이 구원받을 수 있는 유일한 길이 적혀 있는 책입니다. 그런데 우리가 성경책을 읽어보면 알지만 이 안에는 달달 외워야 할 것이 아무 것도 없습니다. 성경책은 병을 고치는 책 같지 않습니다. 성경책을 읽어보면 이야기로 되어 있고 어떤 부분에는 시도 있고 교훈도 있고 제사제도에 대한 법도 있고 알 수 없는 소리도 많이 적혀 있습니다. 성경은 오직 예수가 하나님의 아들이시며 예수를 믿으면 영생을 얻는다고 되어 있습니다. 그리고 우리가 이 악한 세상을 어떻게 살아가야 하는지 많이 적혀 있습니다.

그런데 성경은 마치 마이크로필름과 같습니다. 성경을 그냥 읽으면 단순한 이야기나 교훈 같지만 성령님의 조명으로 읽으면 마치 병원에서 CT나 MRI로 찍은 것처럼 모든 것이 세밀하게 다 보이게 됩니다. 그래서 히브리 기자는 "하나님의 말씀은 살아 있고 활력이 있어 좌우에 날선 어떤 검보다도 예리하여 혼과 영과 및 관절과 골수를 찔러 쪼개기까지 하며 또 마음의 생각과 뜻을 판단하나니"(히 4:12)라고 했습니다.

하나님의 말씀을 성령의 조명으로 찍어보면, 우리 혼 안에 있는 종양이 보이게 되고 내 영 속에 있는 암 덩어리가 나타나게 됩니다. 그리고 창자와 심장과 오장육부, 심지어 관절과 골수 안에 있는 병까지 다 드러나게 되는 것입니다. 어떤 사람은 골수에 고름이 차서 고통 받았습니다. 관절 때문에 고통을 받는 사람도 말로 표현할 수 없습니다. 어떤 사람은 관절염으로 손가락마다 붓고 온몸의 관절이 붓는데 굉장히 고통을 많이 받았습니다.

그런데 하나님의 말씀은 수술용 칼인데 살아 있는 칼이라고 했습니다. 그래서 이 칼이 움직이는 것입니다. 하나님의 말씀이 움직여서 우리 혼 안에 있는 종양을 잘라내고 영 안에 있는 암 덩어리를 잘라내고 창자 안에 있는 암을 잘라내고 심장 판막과 혈관과 동맥과 신장과 골수까지 치료하시는 것입니다. 그래서 하나님의 말씀을 사용하는 자는 칼잡이입니다. 사람을 죽이는 칼잡이가 아니라 사람을 살리기 위해 수술하는 칼잡이인 것입니다. 하나님의 백성들은 유명한 칼잡이가 되어야 하는 것입니다. 그렇게 하려면 크리스천은 철저한 장인정신이 있어야 합니다.

우선 중요한 것이 있는데, 의사는 먼저 정결해야 합니다. 만일 의사가 수술하기 전에 아무것이나 만지고 잘 씻지도 않은 손이나 칼을 가지고 수술한다면 환자는 다시 염증이 생겨서 죽을 고생을 할 것입니다.

그래서 예수님은 우리 믿는 사람들이 세상에 빠지지 않도록 하나님께서 지켜달라고 간구한다고 말씀하셨습니다.

17:15-17, "내가 비옵는 것은 그들을 세상에서 데려가시기를 위함이 아니요 다만 악에 빠지지 않게 보전하시기를 위함이니이다 내가 세상에 속하지 아니함 같이 그들도 세상에 속하지 아니하였사옵나이다 그들을 진리로 거룩하게 하옵소서 아버지의 말씀은 진리니이다"

하나님의 백성들은 이 세상에서 참 구하기 어려운 사람들입니다. 그래서 예수님은 이들을 이 세상에서 데려가는 것을 원하지 않으신다고 하셨습니다. 예수님은 할 수 있는 한 우리를 오랫동안 이 세상에 두셔서 사람들이 영생을 얻기를 바라시는 것입니다. 만일 우리가 환자를 수술하고 있다면 옆에서 사람들이 싸우거나 폭탄이 떨어져도 수술하던 것은 다 마치려고 할 것입니다. 마찬가지로 우리는 이 세상일에 너무 빠지면 됩니다. 즉 내가 하는 일에 집중해야 하는 것입니다.

그래서 예수 믿는 사람들을 만나기만 하면 영생을 얻을 가능성이 많습니다. 어떤 탈북자는 자기가 탈북할 때 올케 언니가 급하면 예수님의 이름으로 기도하라고 하면서, 예수님의 이름으로 기도하면 무슨 일이든지 다 이루어진다고 이야기했다고 합니다. 그는 국경에서 몇 번 잡혔는데 그때마다 예수님의 이름으로 기도하니까 풀려나게 되었고, 몸에 돈을 숨기고 있었는데 기도하니까 돈도 하나도 뺏기지 않았다고 합니다. 지금 그는 예수 믿는 사람이라고 당당하게 이야기를 했습니다.

우리가 손을 대고 기도하면 병이 잘 낫습니다. 우리가 예수 이름을 전해주면 사람들이 급하면 예수 이름으로 기도도 하게 되고 응답받게 됩니다. 그런데 우리도 이 세상에 살다 보면 자꾸 이 세상 사람이 되려고 합니다. 그래서 예수님은 우리가 이 세상의 욕심이나 음란이나 탐욕에 빠지지 않게 해 달라고 기도하셨습니다. 우리도 다른 사람들에게 하나님의 말씀을 주어야 하지만 우리 자신도 먹어야 하는 것입니다.

17:17, "그들을 진리로 거룩하게 하옵소서 아버지의 말씀은 진리니이다"

의사들이 독감환자를 진료하려고 하면 자신이 먼저 독감 주사를 맞아야 할 것입니다. 그러나 이 세상은 독감 정도가 아니라 마귀의 독이 가득 차 있습니다. 이 세상은 스트레스와 암과 미움과 분노가 가득 차 있습니다. 그래서 우리가 먼저 하나님의 말씀을 먹어야 하고 우리 자신을 깨끗하게 해야 다른 사람을 살릴 수 있을 것입니다.

3. 하나님이 주시는 선물

예수님이 우리에게 주시는 선물은 영생입니다. 이 영생의 선물이 지금 사람들의 눈에는 아무것도 아닌 것처럼 보일 수 있습니다. 왜냐하면 지금은 영생하는 사람도 없는 것 같고 예수님도 우리 눈에 보이지 않기 때문입니다. 그러나 한번 생각해 보시기 바랍니다. 같은 병실에서 수술을 받았는데 다른 사람들은 다 죽었는데 자기만 살았다면 얼마나 기쁠까요? 우리 교회에 그런 장로님이 계셨습니다. 그 병실에 다른 사람들은 심장 수술하다가 다 죽었는데 그분만 살아나신 것입니다. 그래서 정말 그분은 아름다운 인생을 사시다가 돌아가셨습니다.

예수님이 주신 선물은 우리가 영원히 죽지 않는 것입니다. 우리는 다시 살게 됩니다. 그때는 아픈 것도 없고 죽는 것도 없고 돈 벌기 위해서 죽으라고 일할 필요도 없을 것입니다.

그런데 우리는 세 가지를 주의해야 합니다.

먼저, 하나님과 예수님과 나, 이렇게 셋은 항상 연결되어 있어야 한다는 것입니다.

17:21, "아버지여, 아버지께서 내 안에, 내가 아버지 안에 있는 것 같이 그들도 다 하나가 되어 우리 안에 있게 하사 세상으로 아버지께서 나를 보내신 것을 믿게 하옵소서"

우리가 이 세상에서 할 수 있는 것은 아무것도 없습니다. 우리가 할 수 있는 것은 하나님을 모르거나 병든 사람에게 주님의 말씀을 전하는 것입니다. 그러면 하나님께서 그 수천만 미터 떨어진 곳에서도 그 사람을 치료하여 주십니다.

둘째로, 우리가 하나님과 연결되어 있다는 증거는 하나님의 말씀이 뜨거워지고 기도가 응답되고 기쁨이 있다는 것입니다.

17:13, "지금 내가 아버지께로 가오니 내가 세상에서 이 말을 하옵는 것은 그들로 내 기쁨을 그들 안에 충만히 가지게 하려 함이니이다"

하나님과 예수님이 우리 안에 계시면 우리는 하나님의 기쁨으로 충만해지게 됩니다. 사실 요즘 우리는 기쁨 없이 살아갈 때가 많습니다. 기쁨이 충만한 것이 아니라 기쁨이 고갈되어 있는 것입니다. 이것은 세상의 독을 많이 마셔서 그렇게 된 것입니다. 기쁨은 호르몬 작용인 것 같습니다. 하나님은 우리에게 하나님의 호르몬을 주셔서 기쁨이 충만하게 하시는 것입니다. 마약을 먹는 사람은 마약이 정상적인 호르몬보다 천 배나 나오게 한다고 하는데, 그래서 마약을 먹는 사람들은 심지어 밥을 먹지 않는다고 합니다. 그러나 나중에는 아예 호르몬 자체가 나오지 않아서 마약도 듣지 않는다고 합니다. 공산주의

자들은 기독교는 마약이라고 하는데 기독교는 결코 마약이 아닙니다. 이것은 하나님의 호르몬이 우리 안에서 생기는 것입니다. 이것을 위해서 우리는 하나님의 말씀으로 샤워를 할 필요가 있습니다. 그러면 하나님의 기쁨이 우리에게 충만하게 임할 것입니다.

셋째로, 하나님이 우리에게 주신 최종적인 선물은 하나님이 이 세상을 만드시기 전에 가지셨던 그 영광을 우리가 본다는 것입니다.

17:24, "아버지여 내게 주신 자도 나 있는 곳에 나와 함께 있어 아버지께서 창세 전부터 나를 사랑하시므로 내게 주신 나의 영광을 그들로 보게 하시기를 원하옵나이다"

사람들은 누구나 우주에 한번 나가서 저 넓은 세상을 구경하고 싶을 것입니다. 우주에 나가면 아무 소리도 들리지 않고 완전히 고요한 가운데 빛만 비췰 것입니다. 사실 이 세상이 생기고 난 후에 많은 소음이 생기게 되었고 불필요한 빛들도 많이 생기게 되었습니다. 그러나 창세 전에 예수님의 영광은 엄청났던 것입니다. 예수님의 빛은 온 우주 끝까지 비춰게 될 것입니다. 그때 우리는 모두 우주에 서 있게 될 것입니다. 우리는 모두 공중에 둥둥 떠서 예수님처럼 빛나게 될 것입니다. 그리고 우리는 모두 예수님을 보면서 손뼉 치면서 할렐루야를 외칠 것입니다.

우리는 이 세상에 살아야 할 목적이 분명히 있습니다. 예수님은 우리 모두에게 영생의 페니실린을 주셨습니다. 죽기 전까지 할 수 있는 대로 한 사람이라도 더 살리고 주님을 영광중에 만나는 성도들이 다 되시기 바랍니다.

51

믿는 자는 영원하다

요 17:15-23

사람은

누구든지 이 세상에 태어난 이상 무엇인가 가치 있는 일 하기를 원하고 자기 이름이 사람들로부터 잊히지 않기를 바랍니다. 우리나라에서는 세종대왕이 가장 가치 있는 일을 한 위인 중의 한 사람으로 기억되고 있습니다. 그리고 우리나라가 계속되는 한 이순신 장군의 업적도 잊히지 않을 것입니다. 그래서 우리는 이 세상에서 어떤 사람이 되어야 하는가 하는 문제를 가지고 고민을 많이 합니다. 공부를 잘해서 성공할 것인지 운동을 잘해서 성공할 것인지 군인으로 성공할 것인지 생각을 많이 합니다. 또 나이가 들면 어떻게 하면 내 이름을 멋있게 남길 것인지를 많이 생각하게 됩니다.

영국의 강해설교자 마틴 로이드존즈 목사는 웨일즈에 있는 시골 교회에서 목회를 하는데 그곳에서 부흥이 일어났습니다. 10년 목회를 했는데 어느 날 탈진이 되어서 목에서 소리가 나지 않았습니다. 그래서 그는 신학교 교수나 학장으로 가려고 했는데, 그가 너무 성경적이었기 때문에 교수들의 반대로 갈 수 없었습니다. 그 이후 그는 캠벨이라는 목사가 목회하는 런던의 웨스트민스터 채플의 공동 목회자로 청빙을 받았습니다. 두 분이 한 주씩 번갈아 가면서 설교를 했습니다. 그런데 얼마 후 이차대전이 터지면서 영국이 독일과 싸우게 되었습니다. 독일이 밤이나 낮이나 폭탄을 떨어트리니까 정부에서는 민간인들이나 어린이들을 모두 시골로 피신하게 했습니다. 그래서 웨스트민스터 채플은 교인 수가 많이 줄어들어서 두 목사에게 생활비를 줄 수 없게 되었습니다. 그때 캠벨 목사는 로이드존즈 목사를 불러서 이럴 줄 모르고 훌륭한 목사를 불러서 미안하다고 했습니다. 로이드존즈는 괜찮다고 하면서 하나님은 절대로 실수를 하시지 않는다고 했습니다.

그 후 런던에는 전 세계에서 간호사나 신문 기자, 비행기 조종사가 호주, 캐나다, 미국 등에서 몰려들면서 다시 교회는 꽉 차게 되었습니다. 전쟁에 나가는 그들은 로이드존즈 목사의 복음을 들었고 다음 주에 나오지 않으면 비행기 타고 출격해서 전사한 것이었습니다. 전쟁이 끝난 후 그들은 전 세계로 돌아가서 복음을 사랑하는 교인들이 되었습니다. 지금 영국은 기독교인의 숫자가 너무 적어서 그 교회도 아주 적은 인원이 모이고 있다고 합니다. 그러나 지금도 스펄전이나 로이드존즈 같이 설교할 수 있는 목사가 나타난다면 런던에도 교인들이 수천 명, 수만 명 모이는 교회가 생길 것입니다. 그러나 그렇게 복음적으로 설교할 수 있는 목사가 없는 것 같습니다.

본문은 예수님이 십자가를 지러 가시기 전에 제자들과 함께 공식적으로 드린 마지막 기도입니다. 즉 예수님의 '대제사장의 기도'인 것입니다. 예수님은 이 기도를 드리면서 예수님과 하나님과의 관계를 설명하셨습니다. 예수님은 하나님의 아들로서 우리를 구원하는 하나님의 손을 내밀기 위해서 이 세상에 오신 것입니다. 그래서 예수님은 하나님이 내민 손입니다. 이 손만 잡으면 우리는 영생을 얻는 것입니다. 그리고 우리가 예수를 믿게 되는 것은 원래 우리가 하나님이 택하신 사람들이기 때문에 믿는 것이라고 말씀하셨습니다. 즉 수의사들이 다친 야생동물을 고칠 때 한 마리나 몇 마리를 찍어서 코너로 몰아붙인 후 그물로 씌우든지 마취 총을 쏘든지 해서 사로잡아서 고치는 것처럼, 우리도 하나님께서 창세전에 찍어서 믿게 하신 것입니다.

그런데 본문은 하나님께서 우리를 이 세상에서 보존해 달라고 기도하고 있습니다. 즉 우리 예수 믿는 사람들이 이 세상에서 모두 신앙을 버리거나 없어지거나 하지 않고 끝까지 살아남아 있도록 지켜달라고 기도하고 있는 것입니다.

17:15, "내가 비옵는 것은 그들을 세상에서 데려가시기를 위함이 아니요 다만 악에 빠지지 않게 보전하시기를 위함이니이다"

요즘 사람들이 많이 쓰는 용어 중에 '버킷리스트(Bucket List)'라는 것이 있습니다. 그것은 죽기 전에 자기가 하고 싶은 것을 다 적어보는 것입니다. 그것을 보면 사람들은 언젠가는 자신이 죽을 것이라는 사실을 잘 아는 것 같습니다.

우리나라는 지금 북한과 가까워지려고 애를 많이 쓰고 있습니다. 그런데 공산주의의 제일의 적은 기독교인들입니다. 그들은 누군가가 기독교인인 것이 밝혀지면 죽입니다. 그리고 거대한 두 개의 지도자상을 만들어 느부갓네살 같이 그 앞에서 절을 하게 하는데 절하지 않는 사람은 죽는 것입니다. 지금 우리 사회는 분위기가 기독교에 대하여 굉장히 적대적이고 교회는 점점 힘을 잃어가고 있는 것 같습니다. 어린이들 숫자가 많이 줄어드니까 주일학교가 없는 교회도 많다고 합니다.

예수님은 천지는 없어지겠으나 예수님의 말씀은 일점일획도 없어지지 않는다고 말씀하셨습니다. 그러면서 우리 믿는 자나 교회가 없어지지 않고 끝까지 보존이 되도록 기도를 하셨습니다.

1. 그리스도인의 정체성

　우리 예수 믿는 사람들은 누구일까요? 그리고 이 세상에서 어떻게 사는 것이 성공적인 삶일까요? 우리는 이것에서 헷갈릴 때가 너무나도 많습니다. 왜냐하면 우리는 예수 믿는 것 말고는 다른 사람들과 다른 것이 하나도 없기 때문입니다. 학생들은 공부해야 하고 어른들은 직장에 가서 돈 벌어야 하고 엄마들은 아이들을 돌보든지 돈을 벌어야 할 때가 있습니다. 우리는 기왕 이 세상에 산다면 성공하고 싶고 높아지고 싶고 유명해지고 싶습니다. 그런데 예수님은 이렇게 기도를 하셨습니다. 즉 우리는 이 세상에서 당장 데려가시는 것이 목적이 아니고 악에 빠지지 않게 보존되도록 지켜달라고 기도하고 계신 것입니다.

　예수님은 우리에게 말씀을 주었고 우리는 그 말씀을 믿었다고 강조하고 있습니다. 우리 속에 하나님의 말씀이 들어오면 우리는 이미 보석이 되기 시작하고 있는 것입니다. 그런데 우리 보석에는 불순물이 많이 함유되어 있어서 그대로 보석으로는 쓸 수 없습니다.

　여기서 중요한 말씀이 "진리로 우리를 거룩하게 해 달라"는 내용입니다.

> 17:17, "그들을 진리로 거룩하게 하옵소서 아버지의 말씀은 진리니이다"

　여기서 "진리"는 무엇이며 또 "진리로 거룩하게 한다"는 말은 무엇일까요? 더 중요한 것은 예수님께서 이 말씀을 자신에게 적용시키신 것입니다.

> 17:19, "또 그들을 위하여 내가 나를 거룩하게 하오니"

예수님은 늘 하나님의 말씀과 함께 사셨고, 하나님의 말씀을 우리에게 전해주신 것입니다. 예수님은 우리에게 99.999999퍼센트 순도의 하나님의 말씀을 주신 것이 아니라 100퍼센트의 완전한 하나님의 말씀을 주셨습니다. 그런데 예수님은 다시 우리를 위하여 자기 자신을 더 거룩하게 하신다고 말씀하셨습니다. 여기서 우리는 진리로 거룩하게 한다는 말씀을 이해할 수 있습니다. 그것은 바로 우리 자신을 하나님의 말씀에 쳐 복종시켜서 순도를 높이는 것을 말합니다. 예수님도 십자가에서 고통스럽게 죽고 싶지 않았고 이 세상에서 하실 일이 많으셨습니다. 그러나 예수님은 그 모든 욕망을 버리고 자신을 하나님의 말씀에 쳐 복종시켜서 십자가 위에서 죽으셨을 때 예수님은 순도 100이 되면서 사망을 이기고 죄를 이기고 죽음에서 부활하실 수 있게 된 것입니다.

그래서 우리가 이 세상에서 하나님의 말씀에 자기 욕망이나 기질을 쳐 복종시키면 시킬수록 순도가 높아지게 됩니다. 처음에는 5퍼센트였다가 나중에는 10퍼센트 나중에는 70퍼센트로 점점 높아지게 되는 것입니다. 예를 들어서 학생의 경우에는 게임에 중독되는 것을 피하면 순도도 또 올라가고 거짓말을 하지 않으면 또 올라가고 도박이나 음주를 끊으면 또 순도가 올라가게 되는 것입니다. 결국 순도가 올라갈수록 우리는 보석이 되게 됩니다.

우리가 자기 자신을 하나님의 말씀에 복종시키면 복종시킬수록 순도가 높은 진짜 보석이 됩니다. 이런 진짜 보석은 영원히 없어지지 않습니다. 영국 같은 데서는 왕실에 쓰는 수십억짜리 보석은 몇백 년이 지나도 없어지지 않고 그대로 보존이 됩니다. 그러나 가짜 보석은 조금 가지고 있다가 결국 버리게 됩니다. 왜냐하면 그것은 아무 가치가 없기 때문입니다. 하나님에게 필요한 것은 순도가 높은 깨끗한 양심입니다. 우리의 양심은 순도가 몇도 정도 될까요? 우리가 전혀 거짓말도 하지 않고 죽으라고 하나님의 말씀을 사랑한다면 우리 양심의 순도는 99.9999정도까지나 될지 모르겠습니다. 이런 보물은 알아주는 사람이 없어도 보물입니다. 보물이라는 것은 보물 자체로 가치가 있는 것이지, 사람들이 알아주거나 알아주지 않거나 하는 것은 아무 상관이 없는 것입니다. 이 세상 사람들은 보물을 사거나 몸에 걸쳐서 부를 자랑하고 성공을 자랑하지만 우리는 우리 자신이 보물인 것입니다.

그리고 16절에 보면 "내가 세상에 속하지 아니함 같이 그들도 세상에 속하지 아니하였사옵나이다"라고 했습니다. 우리는 이 세상에 살지만 주님처럼 이 세상에 속하지 않은 사람들입니다. 그러면 우리는 이 세상에 속하지 아니했는데 왜 이 세상에 살아야 할까요? 가장 큰 이유는 우리가 보석이 되게 하기 위해서인 것입니다.

사도 바울은 이렇게 말을 했습니다.

"우리가 이 보배를 질그릇에 가졌으니 이는 심히 큰 능력은 하나님께 있고 우리에게 있지 아니함을 알게 하려 함이라"(고후 4:7).

우리의 외모는 보잘것없는 질그릇입니다. 그런데 이 안에는 엄청난 보물이 들어 있습니다. 즉 우리가 보물이 되기만 하면 엄청난 하나님의 능력이 우리를 지켜주고 축복해주는 것입니다. 그래서 우리는 양심을 속이지 맙시다. 남이 알아주든지 말든지 하나님의 말씀에 나 자신을 쳐 복종시킵시다.

2. 우리를 세상에 보내심

예수님은 하나님께서 우리를 순도 높은 보석으로 만들어서 지켜주실 뿐 아니라 이 세상에 보내서 사용하게 하신다고 말씀하셨습니다. 이것은 마치 일본이나 우리나라의 불화수소 회사가 순도 높은 불화수소를 만들기만 하는 것이 아니라 그것을 가지고 반도체를 깎아서

TV도 만들고 스마트폰도 만드는 것과 같은 것입니다.

17:18, "아버지께서 나를 세상에 보내신 것 같이 나도 그들을 세상에 보내었고"

예수님은 사람이 등불을 켜는 것은 등경 위에 올려서 비치게 하기 위함이지 그릇 밑에 두거나 혹은 침대 밑에 두기 위해서가 아니라고 말씀하셨습니다(마 5:15).

또 예수님은 우리가 이 세상에 소금이라고 말씀하셨습니다(마 5:13). 소금은 음식을 맛있게 하는 역할을 합니다. 고기를 구워먹는 데 소금이 없으면 니맛도 내맛도 없을 것입니다. 우리가 사는 이 세상에는 웃음이 없습니다. 그리고 참신한 아이디어가 없습니다. 사람들은 전부 자기 고집만 가지고 억지를 부리니까 살맛이 하나도 없는 것입니다. 그 분노가 사람들에게 스트레스가 되어서 죽게 만들고 있습니다. 우리 크리스천들은 이 세상에서 웃음을 주어야 합니다. 우리는 주위 사람에게 자꾸 웃어주시기 바랍니다. 웃어주는데 싫어할 사람은 아무도 없습니다. 그리고 무엇을 하더라도 참신한 아이디어로 다른 사람을 설득하면 좋을 것입니다.

우리는 싸워야 할 이유가 하나도 없습니다. 일본과 우리 사이에도 싸워야 할 이유가 없습니다. 옛날 일본이 우리를 지배하고 정신대로 잡아가고 강제노동을 시켰지만 그때는 그들이 미쳤을 때이고, 언제까지나 미친놈을 붙들고 과거를 물어내라고 할 필요가 없는 것입니다. 그러나 가장 중요한 것은 우리가 이 세상 사람들의 영혼을 살리는 것입니다. 그리고 할 수 있으면 그들의 육체도 망하지 않도록 지켜주는 것입니다.

우리는 어디에 있든지 여기에 보냄을 받았다고 생각해야 합니다. 우리는 이 세상 여기저기에 흩어져 살면서 이런 사람이나 저런 사람들을 많이 만나게 될 것입니다. 우리는 그 사람들을 무조건 싫어할 것이 아니라 한번 이해를 하려고 노력하는 것이 중요합니다. 사람을 이해한다는 것은 미워하지 않는 중요한 방법일 뿐 아니라 배우는 것이 굉장히 많습니다.

예수님은 세상이 우리를 미워할 것이라고 했습니다.

17:14, "내가 아버지의 말씀을 그들에게 주었사오매 세상이 그들을 미워하였사오니 이는 내가 세상에 속하지 아니함 같이 그들도 세상에 속하지 아니함으로 인함이니이다"

세상 사람들이 우리를 싫어하고 때로는 따돌리고 미워하는 이유는 우리가 그들과 다르기 때문입니다. 우선 예수 믿는 사람들에게는 고상함이 있습니다. 이것이 다른 사람들에게는 잘난 체하는 것으로 보이는 것입니다. 그리고 무엇인가 자기들을 판단하는 것으로 보입니다. 이것이 세상 사람들을 기분 나쁘게 할 때가 많습니다. 왜냐하면 자기들이 남을 판단하므로 남들도 자기를 판단한다고 생각하기 때문입니다. 그래서 예수 믿는 사람들은 잘난 체해서는 안 됩니다. 더욱이 하나님의 백성들은 세상 사람들이 하자고 하는 대로 하지 않습니다. 식사할 때도 기도하고 음란한 짓을 하자고 할 때에도 하지 않고 술도 마시지 않고 도박도 하지 않으니까 미워하는 것입니다.

그러나 하나님은 우리를 이 악한 세상에 물들지 않게 지켜주십니다. 시커먼 물에 흰옷을 입고 들어가면 시커멓게 되는데 우리는 물들지 않는 것입니다. '흰색은 더 희게 색깔 옷은 더 선명하게' 이것이 바로 우리의 능력인 것입니다. 사람은 우리를 모르기 때문에 미워할 때가 많습니다. 그래서 우리가 잘 설득할 필요가 있습니다. 그러면 벌써 세상 사람들에게도 예수를 믿고자 하는 마음이 생기게 됩니다.

3. 살아 있는 성전

예수님은 이 세상에 살아 있는 성전을 세우기를 원하셨습니다. 그것은 바로 우리 예수 믿는 사람들이 모이는 것입니다. 예수님은 "두세 사람이 내 이름으로 모인 곳에는 나도 그들 중에 있느니라"(마 18:20)고 말씀하셨습니다.

그리고 예수님은 본문 21절에서 "아버지여, 아버지께서 내 안에, 내가 아버지 안에 있는 것 같이 그들도 다 하나가 되어 우리 안에 있게 하사 세상으로 아버지께서 나를 보내신 것을 믿게 하옵소서"라고 하셨습니다.

예수님과 하나님 아버지는 하나였습니다. 그 두 분은 완전한 하나의 공동체를 이루고 계셨습니다. 예수님은 움직이는 살아 있는 성전을 원하셨습니다. 그래서 우리가 예수님의 이름으로 모일 때 우리는 하나님의 살아 있는 성전이 되는 것입니다.

그런데 예수님은 우리도 하나로 모일 때 우리는 살아 있는 성전이 되게 하십니다. 우리는 함께 모였을 때 하나님의 음성을 들으며 기도가 응답이 되게 되고 병이 낫게 됩니다. 우리가 기도해서 병이 낫는 경우도 많이 있고 낫지 않는 경우도 있습니다. 이것은 능력의 심히 큰 것이 우리에게 있지 않고 하나님께 있기 때문입니다. 그런데 최고의 순간은 우리가 모여서 예배드릴 때 하나님의 영광이 나타나는 것입니다.

17:22, "내게 주신 영광을 내가 그들에게 주었사오니 이는 우리가 하나가 된 것 같이 그들도 하나가 되게 하려 함이니이다"

우리가 모여서 예배드리는 가운데 이상하게 눈앞에 환해지면서 무엇인가 빛 같은 것이 마음에 비치는 것 같은 느낌이 들 때가 있습니다. 그때 우리는 얼마나 영광스럽고 기쁜지 말로 표현할 수가 없습니다. 어떤 분은 너무 좋아서 울면서 지금 죽어도 좋다고 말씀하기도 합니다. 이것이 바로 하나님의 영광이 우리에게 나타나는 것입니다.

우리에게는 하나님의 말로 표현할 수 없는 신비가 있습니다. 우리가 생각할 때 도저히 우리 머리로 이해가 되지 않을 때도 있습니다. 왜 병은 낫지 않으며 사랑하는 가족은 병으로 돌아가는가? 그것은 이 세상이 전부가 아니기 때문입니다. 우리는 이 세상을 지나가는 나그네입니다. 그러나 나그네보다는 우리가 더 중요한 역할을 합니다. 즉 우리가 연단되고 금이 되기도 하고 이 세상 사람들을 고치는 일도 하는 것입니다. 우리는 다른 사람들의 병이 낫고 하나님의 사랑을 체험할 수 있도록 열심히 기도해야 합니다.

사랑이 있는 곳에는 기적이 있습니다. 그러나 교회가 껍데기만 있고 그 안에 보석도 없고 하나님의 영광도 없고 첫사랑도 없을 때 하나님은 촛대를 다른 곳으로 옮기시게 됩니다. 그래서 예수님은 에베소 교회를 향해서 "네가 첫 사랑을 버렸으니 네게 있는 촛대를 옮길 것이라"고 경고하셨습니다. 그래서 한때는 기독교가 번창하였지만 나중에는 다 없어지고 유적지만 남는 곳도 있습니다. 에베소도 다 없어지고 기둥 같은 것들만 남아 있습니다. 우리가 이 세상을 이기는 비결은 뜨겁게 서로 사랑하는 것입니다. 우리는 모두 다른 사람에게 희망을 주고 기쁨을 주는 하나님의 성전이 다 되시기를 바랍니다.

52

우리가 가야 할 곳

요 17:24-26

가끔
살던 집이 바뀌게 되면 노인이나 어린아이는 집을 찾지 못해서 헤맬 때가 많이 있습니다. 더욱이 요즘처럼 아파트의 이름이 무슨 센트로 팔레스라든지 무슨 캐슬이라든지 하면 어린아이나 할머니들은 더 이름을 외우기가 어렵게 됩니다. 어떤 집은 주인이라도 번호를 잘못 누르면 30분 동안 문이 무조건 안 열리는 집도 있습니다.

예전 제가 서울에 다른 서민 아파트로 이사를 했을 때였습니다. 그때 우리 부부는 벽지도 새로 바르고 물건도 정리한다고 정신이 없었습니다. 우리 집 아이가 아주 어릴 때였는데 우리 아이는 집을 쉽게 찾을 수 있을 줄 알고 잠깐 나갔는데 나가서 보니까 모든 집이 다 똑같이 생긴 것이었습니다. 그래서 우리 아이는 새로 이사한 집을 찾을 수 없었습니다. 우리는 짐을 정리하다 보니까 아이가 안 보이는 것입니다. 그래서 둘 다 놀라서 아이를 찾으러 밖으로 나갔더니, 아이가 집을 찾다가 힘이 드니까 곰 인형을 안고 꽃밭에서 앉아서 잠을 자고 있었습니다. 그래서 얼른 아이를 안고 집으로 데리고 온 적이 있습니다.

사람들은 어디서 무엇을 하고 있든지 자기 집으로 돌아가야 합니다. 어떤 사람은 병원에 입원해 있으면서도 집으로 가고 싶다고 합니다. 왜냐하면 거기는 내 가족이 있고 내 물건이 있고 내가 있어야 할 곳이기 때문입니다. 외국에 여행을 다니면서 경치 좋은 곳에 있는 호텔에 묵으면서 구경 다니면 기분이 좋지만 결국은 집으로 돌아가야 합니다. 왜냐하면 거기에 오래 있을 자격도 없고 돈도 없기 때문입니다. 결국 자기 집으로 돌아와야 편안하게 쉴 수 있습니다.

그런데 남자나 여자나 결혼을 하게 되면 결혼과 동시에 집을 옮기게 됩니다. 남자나 여자나 처녀 총각으로 있을 때는 부모님 집에 있든지 혼자 원룸에 있든지 하지만 결혼을 하면 멋진 새집을 구해서 한 번도 살아보지 않은 보금자리에서 둘이서만 새로운 생활을 시작하게 됩니다.

그런데 사람이 죽으면 더 이상 자기 집에서 살 수 없습니다. 사람이 죽으면 더 이상 살아 있는 사람들과 살 수 없습니다. 결국 그의 시체는 썩기 때문에 땅에 묻혀서 무덤 속에 들어가든지 아니면 화장해서 납골당 같은 데 뼈를 가루로 내어서 보관하게 됩니다. 이것이 우리 인간에게 가장 슬프고 비참한 순간입니다. 그런데 예수님은 그것이 아니라고 말씀하셨습니다. 예수님은 하나님께서 나에게 주신 자는 죽는 것이야말로 새로운 결혼식이라고 말씀하셨습니다. 즉 우리는 이 세상에서 결혼식을 한 번 합니다. 그러나 우리는 죽으면서 시체가 되어서 썩는 것도 아니고 시체를 태워서 가루가 되는 것도 아니고 하나님의 아들과 한 번 더 결혼하게 됩니다. 우리는 외모가 변하게 되고 사는 곳이 달라지게 되고 함께 사는 사람들이 달라지게 되기 때문입니다. 거기가 바로 우리가 영원히 살게 될 아버지 집입니다.

1. 우리의 새로운 거처

우리는 새집으로 이사를 하면 기분이 아주 좋습니다. 더욱이 요즘은 아주 고층들이 많아서 50층, 60층에서 사는 이들도 있습니다. 우리는 이 세상 여러 곳에서 흩어져서 살고 있습니다. 그러나 우리가 이 세상에서 살고 있는 집들은 모두 기숙사와 같고 하숙집과 같습니다. 이 세상에 우리가 살고 있는 집은 완전한 우리 집이 아닙니다. 우리가 결국 가서 영원히 살게 될 집은 하나님이 계시는 곳입니다. 그래서 예수님은 이렇게 말씀하셨습니다.

> 17:24, "아버지여 내게 주신 자도 나 있는 곳에 나와 함께 있어 아버지께서 창세 전부터 나를 사랑하시므로 내게 주신 나의 영광을 그들로 보게 하시기를 원하옵나이다"

우리가 결국 살아야 할 집은 하나님이 계신 곳입니다. 만약 우리가 아버지 집에 가지 못한다면 우리는 우주 맨 밑 구덩이에 있는 지옥에 버려지게 될 것입니다. 거기는 바로 우주 쓰레기장입니다. 인간이 가지고 있는 욕심과 야망과 음란과 죄는 너무 더러워서 사람과 함께 우주 쓰레기장에 버려져서 영원히 태워지게 됩니다. 그런데 아버지께서 내게 주신 자는 예수님이 계신 곳, 즉 아버지가 계신 곳에 있게 됩니다. 그래서 사람이 죽은 후에 아무리 무덤을 크게 하든 작게 하든 거기에 쇠말뚝을 박든 아무 상관이 없는 것입니다.

그런데 하나님이 계신 곳은 어떤 곳일까요? 우리가 그 단서를 볼 수 있는 것이 바로 예수님이 부활하신 후 하늘로 올라가시던 장면입니다. 예수님은 제자들과 함께 사십일 동안 하나님 나라에 대하여 가르치시면서 친히 자신이 살아나신 것을 보이시고 어느 날 하늘로 올라가셨습니다. 제자들은 모두 '어!어!' 하고 있는데 예수님은 하늘로 천천히 올라가셨습니다. 그리고 구름이 예수님을 가리더니 더 이상 예수님은 보이지 않게 되었습니다.

그런데 예수님은 구름이 가리면서 어떤 비밀의 문으로 하나님의 나라에 들어가셨습니다. 즉 예수님은 우주선이 우주로 가듯이 하늘 위로 계속 올라간 것이 아니었습니다. 예수님은 대기권 밖으로 나가시고 우주 끝까지 가셔서 아버지 나라에 가신 것이 아니었습니다. 여기서 우리가 알 수 있는 것은 하나님의 나라는 하늘 어디에 문이 있다는 사실입니다. 마치 하나님의 세계는 우리 인간의 세계와 비닐 막처럼 가까이 있는 것입니다. 그런데 하나님의 세계에서는 이 세상이 다 보이지만 이 세상에서는 하나님의 세계는 전혀 보이지 않습니다. 일단 우리가 아버지의 집에 가려고 하면 공중에 뜰 수 있어야 합니다. 그래서 우리 이 몸으로는 갈 수 없는 것입니다. 그래서 예수님도 "육으로 난 것은 육이요 영으로 난 것은 영" 이라고 말씀하셨습니다.

우리 인간의 몸은 마치 흙으로 빚어진 인형과 같습니다. 가끔 도자기로 만들어진 인형이 있습니다. 도자기로 된 인형에 색을 칠하고 옷을 입히면 꼭 사람처럼 보이지만 땅에 떨어지면 깨어져서 부서지게 됩니다. 마찬가지로 지금 우리 인간이 가진 이 몸은 흙으로 만들어진 도자기 인형이기 때문에 이 몸으로는 하나님의 집에 갈 수 없습니다.

그런데 우리는 죽는 순간 한 번 더 결혼을 하게 됩니다. 즉 우리의 육신은 이 흙으로 된 몸이 아니라 영으로 만들어진 몸이 되어서 공중에 뜰 수 있게 됩니다. 그래서 우리는 공중에서 어린 양의 혼인 잔치에 참여하게 됩니다. 그때 예수님을 위해서 목 베임을 당하고 고문을 당해서 다리를 절거나 손이 잘라진 사람들도 모두 살아나서 멋진 새 몸을 입고 공중에서 예수님을 만나게 됩니다. 그때 성도들은 "주님! 이제 오십니까? 우리는 이 날을 너무 기다렸습니다!"라고 말할 것입니다. 우리는 모두 감격에서 울게 될 것입니다. 왜냐하면 우리 몸이 새 몸을 입었고 공중에 떠 있게 되기 때문입니다. 그때 예수님은 "모두 믿음을 지키느라고 수고가 많았다"고 하면서 "우리 다 같이 아버지를 만나러 가자"고 하실 것입니다.

그때 하늘이 없어지면서 우리는 바로 하나님의 세계 안으로 들어가게 되는데 태양보다 수천 배, 수만 배 환하게 빛나는 하나님을 이 눈으로 보게 될 것입니다. 그때 우리는 하나님이 전혀 무섭지 않고 또 우리 눈이 멀지도 않을 것입니다. 왜냐하면 우리 몸에서도 빛이 나게 되고 우리의 눈도 강해지게 될 것이기 때문입니다. 하나님의 세계에서는 태양이 필요 없습니다. 왜냐하면 하나님도 빛이시고 예수님도 빛이시고 모든 성도도 다 빛이기 때문입니다.

우리는 거기서 먼저 하나님과 보좌에 앉으신 예수님을 찬양하게 될 것입니다. 우리는 "능력과 권세와 부와 영광과 지혜와 축복이 하나님과 보좌에 앉으신 어린 양에게 있습니다"라는 찬양을 하게 될 것입니다. 그리고 우리는 모두 사탄과 마귀에게 속아서 불신앙으로 산 사람들을 심판할 것입니다. 그때 세상을 속인 많은 악한 천사들도 우리의 심판을 받게 될 것입니다. 그리고 우리가 무엇을 할지는 비밀입니다. 그러나 아마도 우리는 예수님과 함께 우주를 다시 창조하는 일을 하지 않을까 하는 생각을 합니다. 즉 수많은 별을 전부 아름답고 하나님을 찬양하는 아름다운 세계로 만드는 일을 하지 않을까 하는 생각을 하게 됩니다. 그래서 우리의 집은 이 세상에 있는 집이 아닙니다. 우리는 모두 하나님의 집으로 가게 됩니다. 그런데 그 집은 모두 새집인 것입니다.

예수님은 이렇게 말씀하셨습니다. "너희는 마음에 근심하지 말라 하나님을 믿으니 또 나를 믿으라 내 아버지 집에 거할 곳이 많도다"(요 14:1-2).

우리가 궁극적으로 가야 할 곳은 하늘 저 너머에 있는 아버지 집입니다. 우리 인간의 육신으로는 이 우주가 끝없이 넓지만 실제로는 유리나 비닐 같은 얇은 막으로 되어 있어서 서로 맞붙어 있는 것입니다.

2. 하나님의 나라에 가는 조건

지금 우리 인간으로는 하나님의 세계에 갈 수 있는 사람이 단 한 명도 없습니다. 왜냐하면 하나님의 세계와 우리 인간의 세계가 차단되어 있기 때문입니다. 그리고 우리 인간은 처음 만들어질 때부터 흙으로 만들어졌기 때문에 하나님의 세계에 올라갈 수 없습니다. 우리는 구름을 탈 수 없지 않습니까? 그런데 하나님의 아들이 흙을 입으시고 이 세상에 오셨습니다. 원래 하나님의 아들의 무게는 제로였습니다. 그러나 예수님은 흙으로 된 몸을 입으셔서 육신을 가진 인간이 되셨습니다. 예수님이 이 세상에 오신 것은 우리로 하나님께 갈 수 있는 길을 다시 연결시켜 놓기 위해서입니다.

우리가 하나님께 갈 수 있는 유일한 길은 예수님을 믿는 것입니다. 물론 인간 중에서 많은 사람은 신의 존재를 인정합니다. 그러나 하나님을 안다고 하는 것은 신의 존재를 아는 것을 말하지 않습니다. 이것은 두 가지를 말합니다. 즉 하나님을 안다는 것은 성경에서 말하는 하나님을 믿는 것입니다. 그것은 우리가 생각하는 절대적인 존재가 있다는 것을 믿는 것이 아닙니다. 성경에서 말하는 하나님이 참 하나님인 것을 믿는 것입니다. 그리고 두 번째는 예수님을 믿고 또 하나님을 믿는 것을 말합니다. 이것이 가장 어려운 것입니다. 즉 하나님은 예수님의 아버지이시고 예수님은 하나님의 아들이심을 믿는 것을 말합니다. 그렇지 않은 사람은 하나님을 모르는 사람입니다.

17:25, "의로우신 아버지여 세상이 아버지를 알지 못하여도 나는 아버지를 알았사옵고 그들도 아버지께서 나를 보내신 줄 알았사옵나이다"

우리 인간은 아무도 하나님을 아는 사람이 없었습니다. 사실 우리 인간은 하나님을 알 수도 없게 되었습니다. 그런데 하나님은 오직 한

민족 이스라엘 민족을 택하셔서 그들에게 하나님의 말씀을 주셨습니다. 그들이 만났던 하나님은 창조주 하나님이셨고 죄를 싫어하는 하나님이셨으며 이스라엘을 사랑하시는 하나님이셨습니다. 특히 하나님의 오른손을 펴시면 바다가 갈라진다는 것을 알았습니다. 하나님은 이스라엘 백성들에게 딱 한 가지를 요구하셨습니다. 그것은 절대로 우상을 숭배하지 말라는 것이었습니다. 왜냐하면 우상은 가짜요 거짓이요 우리 인간을 벌레같이 만드는 것이기 때문입니다. 그러나 이스라엘 백성이나 우리 인간은 너무 호기심이 많아서 그냥 하나님을 믿는 것만으로는 답답해서 견딜 수 없었습니다.

우리가 인간의 호기심과 죄를 이길 수 있는 유일한 방법은 하나님이 보내신 예수를 믿는 것밖에 없습니다. 왜냐하면 예수님만이 죄보다 더 강하시기 때문입니다. 그래서 예수님은 "영생은 곧 유일하신 참 하나님과 그가 보내신 자 예수 그리스도를 아는 것이니이다"고 말씀하셨습니다(요 17:3). 그래서 우리가 우상 숭배에 빠지지 않는 유일한 방법은 하나님의 말씀을 읽는 것입니다. 중독이 되는 것은 다 우상 숭배입니다. 그러나 우리가 예수님을 사랑하고 하나님을 사랑할 때 죄의 중독에서 벗어나게 됩니다.

예수님은 천국을 왕의 아들의 혼인 잔치로 비유하셨습니다. 처음 초청받은 자들은 다 거절해서 종들을 때리고 죽였습니다. 화가 난 왕은 자기 종들을 때리고 죽인 자들을 쫓아내고 누구든 다 초청을 했습니다. 악인이나 선인이나 장애인이나 가난한 자나 다 초청해서 자리를 채웠습니다. 그런데 왕이 손님을 보니까 딱 한 사람이 혼인 예복을 입지 않았습니다. 그래서 "왜 너는 예복을 입지 않았느냐?"고 물어보니까 말이 없었습니다. 왕은 그 사람을 "밧줄로 묶어서 어두운 데로 쫓아내라"고 했습니다. 그는 예복도 입지 않고 구경하거나 사람을 만나러 거기에 왔던 것입니다.

우리는 예수님을 통하지 않고는 하나님을 알 수 없습니다. 예수님을 나의 주로 모실 때 하나님이 나의 아버지가 되시고 우리는 영생에 들어갈 자격을 얻게 됩니다. 우리는 이미 이 세상에서 하나님의 아들의 자격으로 살게 됩니다. 하나님이 내 아버지이신데 무엇을 걱정하겠습니까? 돈을 걱정하겠습니까? 전쟁을 걱정하겠습니까? 미래를 걱정하겠습니까? 죽는 것을 걱정하겠습니까?

지금 제일 불쌍한 사람들이 있다면 하나님을 모르는 사람들입니다. 그들은 이 세상이 전부라고 생각합니다. 그러나 그들은 어두운 데서 이를 갈면서 있게 될 것입니다. 하나님이 우리를 사랑하셔서 예수님을 보내셨다는 것을 믿는 사람은 한 사람도 빠짐없이 영생을 얻습니다.

3. 하나님의 위대한 이름

국제 경기를 하는 운동선수들이나 전쟁을 하는 군인들에게 가장 중요한 것은 자기 나라의 깃발입니다. 우리나라 대표선수들은 모두 태극 마크를 달고 경기를 합니다. 왜냐하면 그는 우리나라를 대표하는 선수이기 때문입니다. 그가 국제 대회에서 우승을 하면 우리나라 국기가 올라가게 되고 우리나라 애국가가 연주되게 됩니다.

얼마 전에 북한 평양에서 국제 대회가 열렸는데 우리나라 선수가 우승했습니다. 그래서 태극기가 올라가고 애국가가 울려 퍼지는데 북한 사람들은 그때 애국가를 처음 들었다고 합니다. 또 전쟁하는 군인들은 적을 다 몰아내고 그 땅을 완전히 차지하게 되었을 때 자기 나라의 국기를 세우고 경례를 하게 됩니다. 이제 그 땅은 원수들이 완전히 다 섬멸되었고 평화의 땅이 된 것입니다.

예수님은 우리를 이 세상에서 하나님의 깃발로 싸우는 하늘나라의 대표로 삼으셨습니다. 그래서 우리는 모두 하나님 나라의 대표선수들이고 군인인 것입니다. 그리고 우리는 모두 하나님의 능력으로 죄나 마귀와 싸우게 됩니다.

> 17:26, "내가 아버지의 이름을 그들에게 알게 하였고 또 알게 하리니 이는 나를 사랑하신 사랑이 그들 안에 있고 나도 그들 안에 있게 하려 함이니이다"

예수님은 하나님의 이름을 우리에게 알게 하였다고 말씀하셨습니다. 하나님의 이름이 무엇입니까? 하나님의 이름은 '여호와' 입니다. 그런데 이스라엘 백성들은 하나님의 이름을 함부로 부르면 안 된다고 해서 '여호와' 라는 이름을 결코 부르지 않고 그 대신 '아도나이' (주) 라고 불렀습니다. 그래서 지금 영어 성경은 여호와를 전부 'Lord' 로 번역하고 있습니다. 그러나 하나님의 이름을 우리에게 알게 하였다는 것은 우리의 소속을 말합니다. 우리는 모두 하나님 나라를 대표하는 군인들이고 선수들인 것입니다.

예수님은 우리에게 나사렛 예수의 이름을 주셨습니다. 그래서 초대교회 교인들은 자기가 기독교인인 것을 표시할 때 물고기 그림을 그렸습니다. 물고기는 헬라어로 '익투스' 인데 '예수 그리스도 하나님의 아들 구주' 의 약자도 되기 때문입니다. 우리는 하나님의 해병대이기 때문에 용감해야 합니다.

그런데 나사렛 예수의 이름은 어떤 이름입니까? 나사렛 예수는 이 우주 전체에서 가장 강한 자입니다. 그래서 마귀도 예수 이름을 들으면 벌벌 떨 정도입니다. 베드로와 요한은 돈은 없었지만 나사렛 예수의 이름으로 장애인을 일으켜 세웠습니다. 예수님의 제자들은 유대인 지도자들에게 붙들려갔을 때 베드로는 내일 죽기로 되어 있는데 천사가 와서 옥문을 열고 나오게 했고 천사가 와서 쇠사슬을 풀고 옥문을 열고 나오게 했습니다. 사도 바울은 루스드라에서 돌에 맞아 죽었는데 형제들이 기도할 때 일어나서 살아났습니다.

우리 예수님은 가장 싸움에 능한 자이고 가장 힘이 센 분이십니다. 그분이 한번 진노하시면 지진이 일어나서 산이 바다에 빠지는 일이 일어나게 되고 독재자가 죽임을 당하고 나라가 망하게 됩니다. 그러나 우리는 사랑으로 싸우도록 명령을 받았습니다. 왜냐하면 우리는 전투부대가 아니고 구원하는 사람들이기 때문입니다.

"이는 나를 사랑하신 사랑이 그들 안에 있고 나도 그들 안에 있게 하려 함이니이다"

우리는 사랑으로 마귀를 몰아내는 자들입니다. 원수 갚는 것은 하나님께 있다고 했습니다. 우리는 한 사람이라도 사랑하면 이긴 것입니다. 그래서 우리는 폭력을 쓸 수 없습니다. 우리가 만일 사랑으로 한 사람이라도 설득할 수 있다면 이긴 것입니다.

주님이 오늘 우리 안에 있겠다고 말씀하셨습니다. 병원의 수술실에도, 암 환자들이 있는 곳에도, 자살의 유혹을 느끼거나 우울증이나 통증으로 고통받는 모든 사람이 나사렛 예수님의 이름으로 모두 치료될지어다.

53

죽음을 찾아 들어가심

요 18:1-11

얼마 전

우리나라 한 지방에서 약간의 지적장애를 가지고 있는 한 여중생이 실종되는 일이 일어났습니다. 이 여학생은 가족들과 같이 등산한다고 산에 올라갔는데 벌레가 많으니까 자기가 먼저 내려가겠다고 하고는 집에도 돌아오지 않고 연락도 끊어지고 실종이 되어버린 것입니다. 사람이 실종되었을 때 골든타임이라는 것이 있는데, 48시간 즉 이틀이 지나면 살리기 어려운 시간을 말합니다. 그런데 이 여학생은 무려 열흘을 찾지 못했습니다. 가족이 찾지 못하고 군인들이 찾지 못했는데 결국 군인들이 데리고 온 개가 찾아내었습니다. 이 군견은 누군가가 산에 쓰러져 있는 것을 발견하고는 신호를 보낸 것입니다. 이 여학생은 무려 열흘 동안 음식을 먹지 않고 견디어내었습니다. 다행히도 여름이어서 덜 추워서 산 것 같았습니다. 물은 빗물을 마셨는지 아무것도 기억이 나지 않는다고 했습니다.

예를 들어서 대도시는 모두 큰 하수구가 있습니다. 사람들은 누구나 그런 냄새나고 더러운 하수구에 들어가는 것은 싫어합니다. 그런데 만일 어린아이 하나가 그런 대형 하수구에 빠져서 울고 있다면 어른들은 들어가서 그 아이를 건져내야 하는 것입니다. 아마 그 아이의 어머니나 아버지 같으면 조금도 주저하지 않고 그 하수구에 내려가서 아이를 안고 데리고 나올 것입니다.

전쟁이 일어났을 때 총을 가지지 않고 전쟁을 하는 분들이 있습니다. 그리고 이들은 용감한 군인들보다는 부상병이나 죽어가는 군인들을 찾아가는 장교가 있습니다. 그 사람은 바로 군의관이나 군목이나 신부입니다. 군의관은 전투가 벌어지면 무수한 부상병들이 생기게 되는데 의무병들이 응급처치하고 실어오는 부상병을 수술하든지 찢어진 부분을 꿰매든지 해서 살리려고 합니다. 그래서 군의관은 총이 필요 없습니다. 군의관은 가운을 입고 정신없이 뛰어다니면서 피투성이 부상병들을 돌보아야 하는 것입니다. 그리고 군목이나 신부는 전투하러 나가는 군인들을 위해서 예배를 인도하고 기도를 해주고 신부는 성찬식을 합니다. 그리고 부상이 너무 심해서 죽어가는 군인들이 있으면 목사는 임종 예배를 드리고 신부는 임종 미사를 드리는 일을 하게 되는 것입니다. 이 들은 장교이지만 총이 필요 없습니다.

예수님이 예루살렘에 입성하셨을 때 인기가 절정이었습니다. 수많은 사람이 승리를 상징하는 종려나무 가지를 들고 나와서 "호산나 다윗의 자손으로 오시는 이여!"라고 하면서 환영했고 특히 어린아이들의 찬양은 밤늦게까지 계속되었던 것입니다. 예수님은 성전에 들어가셔서 장사하는 자들을 모두 내쫓으셨습니다. 이제 예수님은 어느 누구도 무시할 수 없는 존재가 되었습니다. 예수님이 예루살렘에서 당장 왕이 되시지는 않는다 하더라도 가만 계시기만 해도 얼마든지 지도자가 될 수 있었습니다. 그러나 예수님은 그 길을 포기하시고 기드론 시내를 건너서 죽음의 길을 가셨습니다. 그것은 예수님께서 지금 모든 인간이 죽음의 하수구에서 허우적거린다는 것을 아셨기 때문입니다. 예수님은 우리 인간을 구원하시기 위하여 기꺼이 영광의 자리를 버리시고 죽음과 고통의 자리를 찾아가셨습니다.

1. 마른 뼈와 같은 인간

18:1-2, "예수께서 이 말씀을 하시고 제자들과 함께 기드론 시내 건너편으로 나가시니 그곳에 동산이 있는데 제자들과 함께 들어가시니라 그곳은 가끔 예수께서 제자들과 모이시는 곳이므로 예수를 파는 유다도 그 곳을 알더라"

이제 예수님에게는 결단의 순간이 왔습니다. 그것은 바로 자기 스스로 유대인들에게 잡혀서 고문을 당하시고 죽으시는 것이었습니다. 그래서 예수님이 기드론 시내를 건너가셨다고 하는 것은 돌이킬 수 없는 길을 걸으신 것입니다. 그러나 아무도 예수님이 이 길을 가신 것을 이해하지 못합니다. 사람들이 존경하는 알버트 슈바이처 박사조차도 예수님이 이 기드론 시내를 건너신 것을 이해하지 못했습니다.

예수님이 지금 가려고 하시는 곳은 죽음의 시궁창이었습니다. 죽음의 시궁창은 해골들이 널려 있고 뼈들이 많이 있고 쌓여 있는 곳인데 썩은 물이 흐르는 곳입니다.

에스겔 선지도 이런 해골 골짜기를 본 적이 있었습니다. 하루는 하나님이 환상 중에 에스겔을 어떤 골짜기로 데리고 갔는데 거기에는 뼈와 해골이 가득 차 있는 곳이었습니다. 그때 하나님은 에스겔에게 물어보셨습니다. "인자야, 이 뼈들이 살겠느냐?" 어떻게 이 뼈들이 살 수 있겠습니까? 그러나 에스겔은 하나님께 "저는 모릅니다. 하나님이 아시지요."라고 하니까 하나님은 에스겔에게 뼈들에게 하나님의 말씀을 대언하라고 하셨습니다. 그래서 에스겔은 하나님의 말씀으로 "뼈들아, 하나님의 이름으로 살아나라"고 소리를 질렀습니다. 그랬더니 놀라운 일이 일어났습니다. 뼈들이 움직이면서 자기 뼈를 찾아가서 붙는 것이었습니다. 해골이 허리뼈를 찾아가고 갈비뼈가 자기 몸통뼈와 다리뼈를 찾아가서 붙었습니다. 그래서 그 골짜기에 있는 뼈들이 모두 자기 뼈를 다 찾아가서 붙었습니다. 그러더니 그 뼈 위에 힘줄이 덮이고 근육이 생기더니 나중에는 피부까지 덮여서 사람이 되었습니다. 단지 숨을 쉬지 못하는 죽은 인간이 된 것입니다.

가끔 신문에서 인체의 신비라고 해서 사람과 똑같이 생긴 인간의 내부를 만든 모형을 전시하는 것을 볼 수 있습니다. 그런데 알고 보니까 그것은 진짜 시체였습니다. 중국에는 시체 공장이 있는데 싱싱한 시체나 산 사람을 죽여서 약품에 담그고 경직시켜서 여러 가지 모양의 사람의 모형을 만드는 것입니다. 그러나 에스겔의 골짜기에서는 그 반대되는 일이 일어났습니다. 그러나 아무리 뼈나 근육이 생겼다고 하지만 숨을 쉬지 못하니까 그 사람들은 다 죽은 사람들이었습니다. 그때 하나님은 에스겔에게 말씀하기를 생기에게 명령해서 모든 사람이 다 살아나게 하라고 하셨습니다. 그래서 에스겔은 하나님의 말씀을 대언했습니다. "생기야, 이 모든 죽은 사람에게 들어가서 산 사람이 되게 하라"고 했더니 전부 숨을 쉬기 시작하면서 사람들이 일어나게 되었습니다. 그래서 그들은 모두 군대같이 되었습니다.

이 골짜기의 뼈들은 바벨론에 포로가 되어서 정신적으로 죽어있는 이스라엘 백성들을 말함과 동시에 우리 모든 인간을 말하는 것입니다. 우리 모든 인간은 사실 죽어있는 마른 뼈와 같습니다. 그러나 예수님은 우리를 살리시기 위하여 사망의 골짜기로 담대하게 가셨던 것입니다.

예수님이 가셨던 곳은 죽음의 함정이었습니다. 예루살렘 밖에 있는 기드론 시내는 예수님이 자주 가시던 곳이고 가룟 유다도 잘 알던 곳이었습니다. 예수님이 제자들과 식사를 하실 때 가룟 유다가 예수님과 가장 가까운 자리에 앉았던 것을 우리가 기억합니다. 그가 예수님 가장 가까이에 앉았던 것은 예수님으로부터 오늘 밤에 어디에 계실지를 알아내기 위해서였습니다. 예수님은 당연히 오늘 저녁은 기드론 시내 동산에서 지내자라고 말씀하셨을 것입니다. 그 이야기를 듣고서야 가룟 유다는 밖으로 나갔던 것입니다. 왜냐하면 대제사장과 서기관들에게 예수님이 어디 계신지 알려주고 돈을 받기 위해서였습니다. 예수님이 거기만 안 가셨더라면 절대로 체포될 리도 없고 죽으실 수도 없었습니다. 그러나 우리는 영원한 해골의 신세를 면하지 못하는 것입니다.

2. 예수님이 잡히실 때의 권세

보통 사람들은 죄를 짓고 잡힐 때 도망을 치다가 잡히든지 아니면 범인을 검거하려고 잠복근무 중인 경찰에 잡히든지 할 것입니다. 그러나 예수님은 자기를 잡으러 오는 사람들을 기다리고 계셨습니다.

18:3, "유다가 군대와 대제사장들과 바리새인들에게서 얻은 아랫사람들을 데리고 등과 횃불과 무기를 가지고 그리로 오는지라"

유다는 자기가 앞장서고 군대와 대제사장과 바리새인들과 하인들을 데리고 상당히 많은 군대가 예수님을 체포하러 왔습니다. 이 시간이 한밤중이기 때문에 사실 누가 누구인지 잘 알 수 없었습니다. 결국 대제사장과 바리새인들은 예수 일당을 전부 체포하는 수밖에 없다고 생각했을 것입니다. 그래도 예수를 확실하게 잡아야 하니까 유다는 체포조와 서로 사인을 해놓았습니다. 그것은 바로 유다가 와서 예수님께 키스를 하는 것이었습니다. 가룟 유다가 "랍비여, 안녕하십니까?"라고 하면서 키스를 하면 그 사람이 예수가 확실하다는 것이었습니다.

예수님은 자신이 가장 앞에 서서 군인들과 대제사장에게 "너희가 누구를 찾느냐?"고 물으셨습니다. 그리고 예수님은 "내가 예수다"라고 대답을 하셨습니다. 그때 예수님을 잡으러왔던 군사들과 대제사장들이 모두 뒤로 우르르 물러나면서 땅에 엎드려졌습니다.

18:6, "예수께서 그들에게 내가 그니라 하실 때에 그들이 물러가서 땅에 엎드러지는지라"

예수님을 잡으러 온 사람들이 예수님이 내가 예수라고 하는데 왜 모두 뒤로 물러가서 땅에 엎드러졌을까요? 그것은 본인들도 모르는 일이었습니다. 이들은 자기들이 뒤로 물러가고 싶어서 물러간 것이 아니었습니다. 그들은 자기들도 모르는 힘에 의하여 뒤로 끌려가면서 어떤 힘에 눌려서 땅에 엎드러진 것이었습니다. 그것이 무엇이었을까요? 바로 하나님의 천사가 그곳에 있었던 것입니다. 천사는 예수님을 잡으러 온 사람들에게 "너희가 어떻게 감히 하나님 앞에 오만하게 서 있으려고 해?"라고 하면서 뒤로 끌고 가서 모두 엎드리게 했던 것입니다.

예수님은 자신이 원하시면 지금이라도 당장 하나님께 말씀드려서 열두 영이 더 되는 천사들을 오게 할 수 있다고 말씀하셨습니다. 열두 영은 열두 개의 부대를 말합니다. 그러나 예수님은 또 군인들과 대제사장에게 물었습니다. "너희가 누구를 찾느냐고?" 하니까 그들은 "나사렛 예수라"고 대답을 했습니다. 예수님은 군인들에게 너희가 나를 잡으러 왔다면 이 사람들은 가게 하라고 하시면서 제자들은 모두 가게 하셨습니다. 그 이유는 예수님은 성경을 성취하게 하는 것이 가장 중요하셨기 때문입니다.

18:9, "이는 아버지께서 내게 주신 자 중에서 하나도 잃지 아니하였사옵나이다 하신 말씀을 응하게 하려 함이러라"

예수님에게 가장 중요한 것은 하나님의 말씀이 이루어지는 것이었습니다. 그래서 제자 중 한 사람도 죽지 않고 모두 살 수 있도록 예수님은 힘으로 군대와 대제사장들을 누르셨습니다. 그러면서도 예수님은 잡혀가셨습니다. 그 이유는 수렁에 빠져 있는 해골 같은 우리들을 살리기 위해서입니다. 여기서 우리가 알아야 할 것은 예수님은 우리 중 한 사람도 잃는 것을 원치 않으신다는 사실입니다. 물론 우리에게 환란과 어려움은 있지만 이것은 모두 우리를 훈련하는 것이지 절대로 우리의 믿음을 포기하게 하시지는 않는 것입니다. 예수님은 힘으로는 어느 누구보다 강하신 분이십니다. 히스기야 때 천사 한 명이 하루 밤새 앗수르 군사 십팔만 오천 명을 죽이기도 했습니다. 이스라엘 백성들이 출애굽할 때 병거를 타고 추격한 애굽 군대 전부를 홍해에 수장시키기도 하셨습니다.

예수님은 지금도 악한 자들이 우리를 잡아가거나 건드리는 것을 허락하지 않으십니다. 그래서 세상을 두려워해서는 안 됩니다. 하나님은 우리가 감당할 시험만 주신다고 하셨고 시험당할 때 피할 길을 주신다고 말씀하셨습니다. 세상 권력자들이 그 권력을 가지고 모든 것을 다 쥐었다 폈다 한다 하더라도 그들의 뜻대로 되지 않을 때가 많이 있습니다. 이것이 바로 하나님이 우리를 지켜주시는 것입니다.

3. 칼을 쓰지 말라

예수님은 제자들에게 모두 다 가라고 말씀하셨는데 가지 않고 싸우려고 하는 제자들이 있었습니다. 아마 한두 사람이 있었던 것 같은

데 그중에 베드로가 있었습니다. 베드로는 예수님을 잡으러 온 사람들과 실제로 싸웠습니다. 베드로는 칼을 가지고 있었는데 칼을 빼어서 대제사장의 종의 머리를 향해서 칼을 내리쳤는데 칼이 빗나가는 바람에 그 사람의 귀가 베어지고 말았습니다. 아마 그 사람이 투구를 썼기 때문에 칼이 미끄러지면서 귀를 잘랐는지도 모르겠습니다. 그 사람은 '악' 소리를 내면서 손으로 귀를 싸매는데 귀에서는 엄청난 피가 쏟아지고 있었습니다. 이때 예수님을 잡으러 온 사람들도 칼을 빼내어서 베드로를 칼로 치거나 창으로 찌르려고 했던 것 같습니다. 이제 자칫 잘못하면 예수님의 제자들과 잡으러 온 사람들 사이에 싸움이 벌어질 판이었습니다.

그때 예수님은 베드로에게 칼을 칼집에 꽂으라고 하시면서 아버지께서 내게 주신 잔을 어떻게 내가 피하겠느냐고 말씀하셨습니다.

18:10-11, "이에 시몬 베드로가 칼을 가졌는데 그것을 빼어 대제사장의 종을 쳐서 오른편 귀를 베어버리니 그 종의 이름은 말고라 예수께서 베드로더러 이르시되 칼을 칼집에 꽂으라 아버지께서 주신 잔을 내가 마시지 아니하겠느냐 하시니라"

예수님은 베드로가 칼을 가지고 있지만 칼을 사용하지 못하게 하셨습니다. 베드로는 지금 이 칼을 휘둘러서 예수님을 구출하려고 하는 것입니다. 그러나 예수님은 베드로에게 너는 나를 구출할 필요가 없다고 말씀하셨습니다. 왜냐하면 예수님이 붙들려 가는 것은 하나님이 주시는 약이므로 예수님의 이 약을 먹어야 모두 살 수 있기 때문입니다. 예수님의 이 약을 마시지 않으면 아무도 살지 못하는 것입니다. 우리 속담에도 "몸에 이로운 약은 입에 쓰다"는 말이 있습니다. 아마 옛날에도 좋은 약은 입에 굉장히 썼던 것 같습니다. 우리가 어렸을 때 한약을 달여서 짜면 약물이 한 사발 모이게 되는데 그 약이 얼마나 쓴

지 모릅니다. 그 쓴 한약을 먹는 사람은 온 인상을 다 찌푸리게 되고 온몸이 부르르 떨리게 되는데 그 약을 먹어야 병이 낫게 되는 것입니다. 예수님이 붙들려가서 채찍에 맞으시고 십자가에 못 박혀 죽는 것은 우리가 먹어야 할 약을 예수님이 모두 대신 드시는 것이었습니다. 아니, 내가 먹어야 할 약을 다른 사람이 대신 먹어주는 것이 어디에 있습니까? 물론 우리 육신의 약은 다른 사람이 대신 먹어줄 수 없습니다. 내가 그 약을 먹어야 내가 살 수 있습니다. 그러나 하나님의 아들은 우리의 약을 대신 먹어주실 수 있습니다. 왜냐하면 예수님이 그 약을 먹으시고 우리와 몸을 바꾸시기 때문입니다.

그런데 예수님은 다른 곳에서 아주 중요한 말씀을 하셨습니다. 그것은 예수님에게 베드로에게 칼을 칼집에 꽂으라고 하시면서 누구든지 칼을 쓰는 자는 칼로 망한다고 말씀하신 것입니다. "이에 예수께서 이르시되 네 칼을 도로 칼집에 꽂으라 칼을 가지는 자는 다 칼로 망하느니라"(마 26:52).

예수님은 잡히시기 전에 제자들에게 너희에게 칼이 있느냐고 물으시면서 칼이 없는 사람은 옷을 팔아서라도 칼을 사라고 말씀하셨습니다. 이것은 이제부터 본격적인 전쟁이 시작되기 때문에 제자들은 칼을 가지고 싸울 준비를 해야 한다는 뜻입니다. 그러나 예수님은 정작 제자들이 칼로 사람을 치니까 칼을 칼집에 도로 넣으라고 하시면서 칼을 쓰는 자는 칼로 망한다고 말씀을 하셨습니다.

도대체 예수님께서 칼을 가지라는 말씀은 무슨 뜻이고, 칼을 쓰지 말라는 것은 무슨 뜻일까요? 예수님이 말씀하시는 칼은 방어용 칼을 말하는 것입니다. 이제 제자들은 예수님 없이 전 세계를 다니면서 복음을 전할 텐데 강도나 산적을 만나게 되면 칼을 가지고 그들을 위협해서 붙들리지 않을 수 있습니다. 즉 우리는 이 세상에서 쓸데없이 싸움해서 사람을 죽이거나 죽을 필요는 없는 것입니다. 우리는 칼을 가지고 사과를 깎아 먹거나 오이를 잘라먹을 수는 있을 것입니다. 그러나 칼을 가지고 공격용으로 사용하는 사람은 결국 그 칼 때문에 망할 것입니다. 또 대포나 핵무기를 쓰는 사람은 바로 그 대포나 핵무기 때문에 망할 것입니다. 왜냐하면 하나님이 모든 것을 다 보고 계시기 때문입니다. 인간이 아무리 머리를 잘 굴린다 하더라도 하나님의 머리는 이길 수 없습니다.

예수님께서는 남을 비판하는 사람은 자기도 비판을 받을 것이라고 하셨는데 우리나라에 보면 그렇게 남을 많이 비판하던 사람이 똑같은 비판을 받는 것을 볼 수 있습니다. 오직 하나님의 말씀만이 뼈들을 살릴 수 있고 하나님의 영만이 죽은 인간을 살릴 수 있습니다. 자신이 가지고 있는 미움의 칼을 절대로 쓰지 마시기 바랍니다. 예수님께서 기드론 시내를 건너서 죽음의 자리로 걸어가신 것은 해골 같이 서로 미워하고 죽이고 썩은 냄새나 풍기는 우리를 살리기 위해서입니다. 그래서 우리는 이 세상에서 해골에 온갖 장식을 하고서는 칼을 휘두르며 떵떵거리는 사람들을 부러워할 것이 아니라 산 사람답게 살아야 할 것입니다. 미움의 칼은 칼집에 넣으시고 아무도 미워하지 마시고 어려움을 당해도 하나님이 나에게 주시는 쓴 약이라 생각하시고 그 약을 다 마심으로 모든 병이 다 낫는 기적이 일어나기 바랍니다.

54

억울한 죄수

요 18:12-27

다른 사람들로부터 가끔 억울한 오해를 받을 때가 있는데 그때는 참 억울할 것입니다. 심지어 죄를 짓지도 않았는데 죄를 지었다고 해서 경찰이 와서 다른 사람들이 보는 앞에서 수갑을 채워 간다면 굉장한 수치심을 느낄 것입니다. 한 육군 대장은 공관에서 병들에게 갑질했다고 해서 온갖 비난을 다 당하고 국방부 감옥에 갇히게 되었을 때 너무나도 억울했지만 벽에다 성경 구절을 붙여 놓으니까 마음이 좀 편해서 견딜 수 있었다고 합니다. 후에 그는 무죄가 되어서 지금 사회 활동을 하고 있습니다. 최근 우리나라에서는 이런 식으로 억울하게 조사를 받다가 목숨을 끊는 안타까운 일들이 많이 벌어지고 있습니다. 이런 억울한 사람들의 피 값에 대하여 누군가는 갚아야 할 것입니다.

성경에서 가장 억울하게 노예가 되고 죄인 된 사람은 요셉이었습니다. 요셉은 형들에 의해서 노예로 팔려갔습니다. 요셉은 강간 미수 혐의로 몰려서 감옥에 갇히게 되었습니다. 그러나 그의 양심은 깨끗했기 때문에 하나님이 요셉을 감옥에서 나오게 하시고 후에 애굽의 총리가 되게 하셨습니다. 감옥은 요셉이 하나님의 뜻을 이루는 통로가 되었던 것입니다.

그러나 요셉보다 더 억울한 사람이 있다면 그분은 바로 예수님이라고 할 수 있습니다. 예수님은 하나님의 아들이었지만 완벽하게 변장했기 때문에 하나님의 아들로 인정을 받지 못했습니다. 하나님의 말씀을 가지고 적당하게 타협을 하지 않고 하나님 말씀의 뜻을 바로 밝히려고 했기 때문에 결국 죄수로 몰려서 재판받는 곳까지 끌려가게 되었습니다. 그래서 우리 성도들은 억울한 누명을 쓰게 될 때마다 예수님을 생각하시기 바랍니다.

1. 악의 예언자

유대인들이 예수님을 붙들어간 곳은 로마 군대가 있는 곳이 아니라 전 대제사장 안나스의 집이었습니다. 이것을 보면 예수님을 체포하는데 가장 주동적인 역할을 한 사람이 안나스였던 것을 알 수 있습니다. 안나스는 전직 대제사장이었기 때문에 어떻게 보면 하나님과 가장 가까운 사람일 것 같습니다. 그러나 그는 돈과 가장 가까운 사람이었고 마귀의 종이었습니다. 그런데 놀랍게도 안나스는 예수님의 죽음을 가장 먼저 예언한 대제사장 가야바의 장인이었습니다.

유대와 예루살렘의 많은 사람이 예수님을 믿게 된 사건은 역시 예수님이 죽은 나사로를 살렸을 때였습니다. 나사로의 집이 있는 베다니는 예루살렘과 가까운 곳이어서 예루살렘 사람들도 와서 다시 살아난 나사로를 보고 많은 사람이 예수를 믿었습니다. 죽은 지 나흘이 되어서 썩은 냄새가 나던 나사로를 말씀 한마디로 살리신 분은 하나님이 보내신 분인 것이 분명했습니다. 그가 하나님의 아들인지 천사인지 선지자인지는 잘 모르지만 틀림없이 하나님이 보내신 분이었습니다. 하나님이 보내신 분이라면 틀림없이 하나님의 메시지를 말씀하실 것이며 그 말씀을 들으면 얼마든지 살길이 생기는 것입니다.

"마리아에게 와서 예수께서 하신 일을 본 많은 유대인이 그를 믿었으나"(요 11:45).

만일 예수님이 하나님께서 보내신 분이라면 그는 틀림없이 시대와 나라를 떠나서 하나님의 메시지를 우리에게 전해주실 것입니다. 우리는 그 말씀을 믿으면 얼마든지 살 수 있습니다. 그러나 이것을 다르게 생각하는 사람들이 있었습니다. 그들은 바로 안나스와 가야바와 유대 지도자들이었습니다. 이들은 예수가 능력을 행하면서 사람들의 세력을 끌어모으고 있다고 생각했습니다.

그들이 우려했던 것은 두 가지였습니다. 하나는 이것을 그냥 그대로 두면 모든 사람이 예수를 믿기 때문에 자기들의 세력이 약화가 될 것이고, 또 다른 하나는 이들이 민란이라도 일으키게 되면 로마인들이 군대를 끌고 와서 유대인들을 학살하게 될 것이라는 걱정 때문이었습니다. 그러나 이것은 안나스와 유대 지도자들의 쓸데없는 생각이었습니다. 왜냐하면 예수님은 자기 세력을 끌어모을 생각도 없었고 로마에 대하여 반란을 일으킬 생각도 없으셨기 때문입니다.

예수님의 말씀은 성경 말씀을 자기 멋대로 해석하지 말고 성경을 있는 그대로 믿으면 하나님의 뜻이 이루어진다는 것이었습니다. 즉 성경을 있는 그대로 믿으면 하나님의 아들이 오신 엄청난 사실을 알게 될 것이고, 지금이 어마어마한 축복의 시대라는 것을 알게 되는 것입니다. 그러나 대제사장 가야바는 로마와의 관계를 굉장히 걱정을 했습니다. 그래서 가야바는 예수님에 대하여 좋지 않은 예언을 했습니다. 그것은 바로 예수가 죽어야 한다는 것이었습니다. 즉 한 사람이 죄를 지었든지 죄를 짓지 않았든지 그가 죽으면 로마는 유대인들을 덜 의심하게 될 것이고 로마와의 전쟁을 막을 수 있다고 말한 것입니다.

"그 중의 한 사람 그 해의 대제사장인 가야바가 그들에게 말하되 너희가 아무 것도 알지 못하는도다 한 사람이 백성을 위하여 죽어서 온 민족이 망하지 않게 되는 것이 너희에게 유익한 줄을 생각하지 아니하는도다 하였으니"(요 11:49-50).

가야바는 예수 한 사람을 죽여 버리면 로마는 유대인들의 반역에 대한 의심을 풀게 될 것이고, 전쟁을 막을 수 있다는 의미의 말을 한 것입니다. 이것은 요즘 우리나라의 사정과 굉장히 비슷합니다. 우리나라 정치인 중에는 북한이 핵무기를 가지고 있기 때문에 어떻게 해서든지 핵무기를 터트리지 못하게 모든 것을 양보해야 한다고 생각하는 사람이 있습니다. 또 어떤 사람은 미군이 북한을 공격하지 못하게 해야 한다고 생각하고 있습니다. 그런데 사람들이 알지 못하는 것은 참새 한 마리도 하나님의 허락이 없으면 그냥은 땅에 떨어져 죽지 않는다는 사실입니다. 사람이 아무리 위협하고 공격할 생각은 할 수 있지만 결정적인 것은 하나님이 허락을 하셔야 일어날 수 있는 것입니다.

그래서 예수님은 로마 황제나 유대 지도자들의 생각은 하지 않고 오직 하나님의 말씀만 생각하고 앞으로 나가셨습니다. 어떻게 보면 예수님은 참으로 무모하고 어리석은 것 같았지만 그것은 올바른 방법이었습니다. 유대인들은 예수님을 체포해서 먼저 가야바의 장인 안나스의 집으로 끌고 갔습니다.

18:12-14, "이에 군대와 천부장과 유대인의 아랫사람들이 예수를 잡아 결박하여 먼저 안나스에게로 끌고 가니 안나스는 그 해의 대제사장인 가야바의 장인이라 가야바는 유대인들에게 한 사람이 백성을 위하여 죽는 것이 유익하다고 권고하던 자러라"

하나님의 아들은 아무 죄가 없었지만 죄인으로 결박되어서 끌려 가셨습니다. 예수님은 제자들에게도 사람들이 너희를 죄인으로 욕하고 결박하고 끌고 갈 때 기뻐하라고 하셨습니다. 왜냐하면 옛날 선지자들에게도 다 그렇게 했기 때문이라고 하셨습니다.

예수님은 다른 곳에서 포도원 비유를 하셨습니다. 어떤 주인이 좋은 포도원을 세를 주고 먼 곳으로 떠났습니다. 그러나 농부들은 질이 나쁜 사람들이었습니다. 그들은 포도원을 자기 것으로 차지하기 위하여 주인이 보낸 종들을 때리고 죽이고 아무것도 주지 않았습니다. 나중에 주인은 할 수 없어서 아들을 보내었습니다. 주인은 "내 아들은 공경하고 세를 내겠지"라고 했는데 그들은 아들을 죽이면 포도원이 자기들의 것이 된다고 생각해서 아들을 포도원 밖으로 끌고 가서 죽였던 것입니다. 그러나 농부들이 알지 못한 것은 포도원 주인은 어마어마한 군대를 가진 왕이었다는 사실입니다. 그는 악한 농부들을 진멸하고 다른 사람에게 그 포도원을 맡겼다고 했습니다. 그 포도원이 바로 하나님의 말씀이고 복음입니다.

오늘 사람들은 우리나라를 자기가 차지하려고 엄청난 투쟁을 하고 있습니다. 또 북한이 핵무기를 쏘지 않을까, 미군이 핵공격을 하지 않을까 불안해하고 있습니다. 그러나 하나님이 원하시는 것은 말씀대로만 믿고 그대로 살면 아무것도 걱정할 필요가 없다는 것입니다. 교회는 서로 차지하려고 할 필요가 없습니다. 우리나라도 자기의 것으로 생각해서는 안 됩니다. 대제사장은 로마의 비위를 거스르지 않으려고 예수님을 죽였지만 결국 로마와 전쟁이 일어나서 백십만 명이 예루살렘에서 죽게 됩니다.

2. 베드로의 실패한 구출 작전

베드로는 어떻게 해서든지 예수님을 구출해야 한다고 생각했습니다. 그래서 베드로는 예수님이 감람산에게 유대인들에게 붙들릴 때도 칼을 빼서 한 사람의 귀를 잘라버렸습니다. 그러나 예수님이 가장 우려하신 것은 바로 이것이었습니다. 제자들은 예수님을 구출해서는 안 되는 것입니다. 왜냐하면 예수님은 하나님께 희생의 제물로 바쳐져서 죽으셔야 했기 때문입니다. 그래서 예수님이 겟세마네에서 기도하실 때에도 베드로와 요한과 야고보를 따로 데리고 가서 시험에 들지 않게 깨어 기도하라고 하신 것은 이 세 사람이 가장 성질이 급한 사람들이었고 다혈질이었던 제자였기 때문입니다. 그러나 예수님은 겟세마네 동산에게 땀이 피가 되도록 기도하셨지만 이 세 제자는 잠만 잤습니다. 그 이유는 문제의 심각성을 깨닫지 못하고 있었기 때문입니다.

베드로는 예수님이 제자들에게 자신은 예루살렘에 가서 대제사장들과 서기관들과 유대 장로들에게 붙들려서 수치를 당하고 죽임을 당한 후 사흘 만에 다시 살아날 것이라고 말씀하셨을 때도 절대로 그런 약한 말씀을 하시지 말라고 하면서 반대했다가 주님께 "사탄아! 내 뒤로 물러나라!"고 책망을 들은 적이 있습니다. 예수님이 잡히시는 날은 제자들이 도망을 쳐서 사는 것이 하나님의 뜻이었습니다. 구약성경에도 "내가 목자를 치리니 양들이 흩어지리라"고 예언하셨습니다. 제자들은 비겁하게 도망을 쳐서 사는 것이 하나님의 뜻인데 베드로는 그럴 수 없었습니다.

그래서 베드로와 다른 한 제자는 몰래 예수님을 뒤따라서 안나스의 집까지 들어왔습니다. 그런데 베드로는 그날 사탄이 베드로를 죽이려고 얼마나 맹렬하게 설치고 있었는지 모르고 있었던 것입니다. 사탄은 가룟 유다 하나만 지옥에 데려가는 것은 수지가 맞지 않는다고 생각해서 베드로까지 죽게 해서 지옥으로 끌고 가려고 했던 것입니다. 그런데 예수님은 베드로를 위하여 기도하셨습니다.

일단 다른 제자가 안나스 집의 하인들과 잘 아는 사이여서 베드로는 안나스의 집까지 잠입하는 데 성공했습니다. 이제 베드로는 예수님을 찾아서 같이 도망을 치면 된다고 생각했습니다. 그런데 문을 지키는 여종이 베드로를 보고 "당신은 예수의 제자 중 한 사람인 것 같다"고 말했습니다. 이때 이 여자는 확신하지 못한 것 같습니다. 만일 이 여자가 "예수의 제자가 여기에 있다!"고 소리를 질렀다면 베드로는 잡혔을 것입니다. 그때 베드로는 일단 자신의 신분을 감추기 위해서 거짓말을 했습니다. "아, 나는 예수의 제자가 아니야!" 이것이 바로 첫 번째 주님을 부인한 것이었고 닭이 첫 번째로 울었습니다.

그러나 베드로는 너무 긴장하고 있었기 때문에 아무것도 깨닫지 못하고 있었습니다. 일단 베드로는 사정을 좀 봐야 하니까 추워서 모닥불을 피운 데 가서 하인들과 같이 불을 쬐고 있었습니다. 그때 또 다른 사람 하나가 베드로를 보고 "너도 예수의 제자 중 하나가 아니냐? 여기에 정탐하러 온 것이 아니냐?"라고 물었습니다. 이때 베드로는 마음이 뜨끔해지면서 "무슨 소리를 하는거냐? 나는 예수의 제자가 아니야. 나는 예수와 아무 상관도 없는 사람이라구!"라고 대답했습니다. 베드로의 예수님 구출 작전은 점점 어려워지고 있었습니다. 베드로는 이미 얼굴이 많이 팔려 있는 사람이었습니다.

그런데 한 사람이 베드로에게 결정적인 이야기를 했습니다. 즉 "당신은 예수의 제자가 틀림없다. 왜냐하면 당신의 억양이 갈릴리 억양이기 때문이라"고 했습니다. 유대나라도 우리나라처럼 사투리나 억양이 다 달랐던 것 같습니다. 이때 베드로는 입 다물고 가만히 있었어야 했는데 또 거기서 말을 많이 했던 것 같습니다. 이번에는 아주 예수님에 대하여 저주까지 하면서 부인했습니다. 그리고 그 즉시 닭이 세 번째 울었습니다.

그때야 비로소 베드로는 자기가 주님을 부인한 것을 알고는 밖에 나가서 심히 통곡했습니다. 베드로가 주님을 부인하면 그는 정말 예수님과의 관계가 끊어지고 신앙이 없어지게 됩니까? 그런 것은 아니지만 베드로의 신앙이 아주 위험해지는 것은 사실입니다. 그가 그동안 예수님에 대하여 고백했던 모든 신앙이 다 무너지고 있었던 것입니다. 그가 했던 "주는 그리스도시요 살아계신 하나님의 아들이십니다"라는 고백이 무너지고 있었습니다. "영생하는 말씀이 주께 있사오니 우리가 어디로 가겠습니까?"라는 고백이 무너지고 있었습니다. 어떻게 보면 베드로는 가롯 유다 만큼이나 심각한 불신앙에 빠져 있었습니다. 가롯 유다는 돈이라도 챙기고 양심의 가책으로 자살이라도 했지만 베드로는 예수님을 저주하고 세 번이나 부인을 했던 것입니다. 그러나 베드로는 밖에 나가서 심하게 통곡했습니다. 그는 회개를 했던 것입니다.

그 후에 베드로와 닭은 사이가 좋았을까요, 나쁘게 되었을까요? 일단 그 닭은 베드로에게 불신앙을 깨닫게 한 고마운 닭이었습니다. 그래서 어떤 천주교 성당 첨탑에 보면 닭이 세워져 있는 곳도 있습니다. 수탉은 베드로의 잠자는 영혼을 깨워서 통곡하게 했습니다. 나귀는 돈에 팔려가는 발람 선지자가 천사의 칼에 맞아 죽지 않도록 피했습니다. 그리고 나귀가 말을 해서 미련한 선지자를 책망했습니다. 하나님의 백성들이 미련해지면 닭이나 나귀보다 더 못해지는 것 같습니다. 지금은 자다가 깰 때라고 했습니다. 지금은 밤이고 예수님이 잡히시던 밤처럼 모든 사탄이 나와서 설치고 있습니다. 이때 시험에 들지 않기를 바랍니다.

3. 안나스의 심문

드디어 안나스는 예수님을 심문하기 시작했습니다. 왜냐하면 그의 죄가 무엇인지 정확하게 알지 못했기 때문입니다. 이때 안나스가 관심을 가졌던 것은 일 년에 세 번 유대인의 명절 때 들어오는 엄청난 수입이었습니다. 그러나 예수님이 그것을 하지 못하게 해서 돈줄이 막히니까 죽이려고 한 것이었습니다. 즉 예수님은 "성전은 만민이 기도하는 집이라고 했는데 너희는 강도의 소굴을 만들었다"고 책망을 하셨던 것입니다. 성전은 이 세상에서 실패하고 죄짓고 병들고 어려움을 가진 사람들이 하나님께 나아와서 기도하는 곳인데, 대제사장이나 유대 지도자들은 그런 것에는 관심이 없고 오직 자기들의 주머니에 들어오는 수입에만 관심이 있었던 것입니다.

안나스는 예수님에게 "네가 사람들에게 무엇을 가르쳤느냐?"고 물었습니다. 즉 안나스는 예수님이 가르친 것 중에서 잘못된 것이 있으면 이단으로 정죄할 생각이었던 것입니다. 그러나 예수님은 대제사장 앞에서 자신이 가르쳤던 것을 다시 말씀하지 아니하셨습니다. 여기서 보면 예수님이 대제사장을 아주 경멸하시는 것을 볼 수 있습니다.

18:19-21, "대제사장이 예수에게 그의 제자들과 그의 교훈에 대하여 물으니 예수께서 대답하시되 내가 드러내 놓고 세상에 말하였노라 모든 유대인들이 모이는 회당과 성전에서 항상 가르쳤고 은밀하게는 아무 것도 말하지 아니하였거늘 어찌하여 내게 묻느냐 내가 무슨 말을 하였는지 들은 자들에게 물어 보라 그들이 내가 하던 말을 아느니라"

여기 대제사장은 안나스입니다. 안나스는 자기가 유대인들 중에는 가장 높은 사람이니까 예수님도 자기 명령에 복종할 줄 알았던 모양입니다. 그래서 안나스는 예수님에게 네가 사람들에게 가르친 것을 여기서 다시 반복해서 말하라고 요구한 것이었습니다. 이것은 마치 어떤 목사가 설교를 마치고 집으로 가는데 그때야 시장이나 경찰 서장이 허겁지겁 와서 오늘 무슨 설교를 했는지 다시 말해달라고 하는 것과 같은 것이었습니다. 이것은 자기들은 직책이 높은 사람들이니까 상을 다시 한번 차려달라는 것밖에 되지 않는 것이었습니다.

그러나 하나님의 아들의 천국 잔치는 한번으로 끝나는 것이었습니다. 그래서 어떤 설교도 똑같을 수 없습니다. 왜냐하면 거기에 오는 사람들의 형편과 처지가 다르고 성령이 다르게 역사하기 때문에 똑같은 말씀을 다시 할 수는 없는 것입니다. 예수님은 이미 회당과 성전에서 다 가르쳤기 때문에 더 이상 대제사장이라고 해서 줄 말씀이 없다고 하니까 옆에 서 있던 하인 하나가 예수님의 뺨을 후려치면서 네가 대제사장에게 이따위 식으로 말을 하느냐고 말했습니다.

한번은 어느 청년 수련회에서 설교를 하는데 성령님이 엄청나게 역사하셨습니다. 청년들마다 엄청난 성령의 역사를 체험했습니다. 이 청년들은 수련회에 오지 않은 친구들에게 문자를 보내기 시작했습니다. 그것은 "우리 엄청난 성령을 받았다. 너희들도 오기를 바란다"는 문자였습니다. 그러나 그다음 날은 수련회를 마치고 돌아가는 날이었습니다. 제가 수련회를 마치고 돌아가는데 청년들이 각자 자가용을 몰고 들어오기 시작했습니다. 그러면서 한 여자 청년이 차에서 저에게 말을 했습니다. "저도 성령을 받을 수 없나요?" 그래서 저는 이렇게 대답을 했습니다. "지금 우리는 마치고 돌아갑니다. 조금 더 일찍 올 수는 없었나요?"

예수님이 회당과 성전에서 사람들에게 가르쳤던 말씀이 무엇이었습니까? 하나님은 누구든지 사랑하신다는 것이었습니다. 하나님은 모든 사람을 사랑하십니다. 그리고 예수님은 누구든지 목마르거든 내게로 와서 마시라고 말씀하셨습니다. 즉 인생에 만족하지 못하고 갈급한 자는 예수님에게 와서 말씀을 들으면 예수님은 그 사람에게 뱃속에서부터 솟아나는 생수를 주시겠다고 말씀하셨습니다. 예수님은 누구든지 나를 믿는 자는 죽지 않고 영생을 얻는다고 하셨습니다. 그리고 끝에 가서 예수님은 내가 하나님의 아들이라고 말씀하셨습니다.

예수님이 대제사장에게 말씀을 들은 자에게 물어보라는 것은 진실이 있는 말씀이었습니다. 그것은 바리새인이라는 교만을 버리고 먼저 말씀을 들은 자에게 배우려고 하는 겸손한 자세만 있으면 생명을 얻을 수 있다는 뜻이었습니다. 그러나 안나스는 그렇게 겸손한 사람이 아니었습니다. 그는 예수님이 죽어야 로마와 전쟁을 막을 수 있다고 생각해서 어떻게 해서든지 예수님을 죽이려고 했습니다.

본문에는 나오지 않지만 대제사장 가야바가 아무리 예수님의 죄를 입증하려고 거짓 증인들을 불러 모아도 말이 하나도 맞지 않았습니다. 그래서 할 수 없어서 가야바는 예수님에게 네가 하나님의 아들이냐고 물었습니다. 그때 예수님은 네 말이 맞다고 하시면서 "나는 하나님의 아들"이라고 하셨습니다. 그리고 "인자가 권능자의 우편에 앉은 것과 하늘 구름을 타고 오는 것을 너희가 보리라"고 하니까 가야바는 자기 옷을 찢으면서 우리가 신성 모독하는 말을 들었다고 하면서 예수님을 신성 모독죄로 죽이기로 결정하게 됩니다.

그런데 만일 예수님이 진짜 메시야이고 진짜 하나님의 아들이라면 안나스와 가야바는 어떻게 되겠습니까? 그들은 권력과 돈에 눈이 어두워서 그런 것은 생각하지 않았습니다. 그들은 무조건 예수를 죽여서 자신들의 권력과 돈을 유지하는 것만이 중요하다고 생각했던 것입니다. 그래서 그들은 진짜 하나님의 아들을 신성모독죄를 지었다고 해서 죽이도록 넘겼던 것입니다. 결국 그들은 하나님의 아들을 만날 수 있는 기회가 있었지만 자기들만 망한 것이 아니라 모든 유대인들이 다 망하게 되었던 것입니다. 결국 유대인들은 로마와 전쟁을 해서 공식적으로 예루살렘에서만 110만 명이 죽습니다. 그 피를 우리 후손에게 돌리라고 했는데 이차대전 때 히틀러에 의해서 600만 명의 유대인들이 죽게 됩니다. 예수님의 말씀 잔치는 이미 끝나 있었습니다. 우리는 기회를 놓치지 말고 하나님의 말씀 잔치에 참여해서 충만한 은혜를 받으시기를 바랍니다.

55

왕을 심판하다

요 18:28-40

사람이

다른 사람을 위하여 죽는 것은 쉬운 일이 아닙니다. 그런데 6·25전쟁 때 미국을 중심으로 영국, 호주, 캐나다, 에티오피아, 터키 등 많은 나라에서 젊은이들이 우리나라에 와서 싸우다가 부상하기도 하고 죽기도 했습니다. 그때 우리나라는 정말 아무것도 없었습니다. 전부 초가집이고 잘 사는 사람들도 아무것도 없고 전부 농사를 짓는 무식한 사람들이었습니다. 그때 우리나라에 있는 것이 있었다면 오십만 명 정도의 크리스천이 있었을 것입니다. 우리나라를 지키기 위하여 많은 외국의 젊은이들이 피를 흘리면서 죽은 것은 하나님의 사랑이었습니다. 그때 하나님은 우리를 사랑하셨습니다. 지금 하나님은 우리를 변함없이 사랑하십니다. 우리는 하나님의 사랑 때문에 지금도 살아가고 있습니다.

가끔 어떤 이들은 죽으면서 자신의 장기를 다른 사람에게 기증하고 죽는 경우가 있습니다. 어떤 사람은 안구도 기증하고 심장도 기증하고 콩팥도 기증합니다. 왜냐하면 그런 장기를 기다리는 환자들이 줄을 서 있기 때문입니다. 이런 사람들 때문에 한 사람은 죽지만 다른 몇 사람은 살게 됩니다.

　우리가 예배드릴 때마다 가장 억울하게 생각할 사람이 하나 있습니다. 그 사람은 바로 로마 총독 본디오 빌라도입니다. 그는 예수님에게 사형선고를 내린 자입니다. 그래서 우리는 예배를 드릴 때 신앙고백을 하는데 그때마다 "본디오 빌라도에게 고난을 받으사 십자가에 못 박혀 죽으시고"라는 구절을 암송합니다. 아마 지금까지 본디오 빌라도의 이름이 불린 것을 다 합하면 아무 수천억 번은 넘을 것입니다. 아마 본디오 빌라도는 지옥에서 "이제 제발 예배드릴 때 내 이름을 좀 빼달라"고 아우성을 칠 것입니다. "예수를 팔아먹은 가룟 유다도 있고 또 나에게 예수를 십자가에 못 박아 달라고 끌고 온 대제사장도 있지 않느냐?" 하면서 이젠 그 이름을 바꾸어 달라고 해도 안 되는 것입니다. 그 이유는 우리가 본디오 빌라도가 미워서 예배 때마다 그의 이름을 이야기하는 것이 아니기 때문입니다. 단지 예수님이 우리를 위해서 십자가에 죽은 것이 역사적인 사실이라는 것을 밝히기 위하여 본디오 빌라도의 이름을 거론하는 것입니다.

　예수님은 사람을 죽인 적이 없었습니다. 예수님은 로마에 반역을 한 적도 없었습니다. 예수님은 남의 물건을 훔친 적도 없었습니다. 오히려 예수님은 많은 사람의 병을 고치셨습니다. 예수님은 하나님의 말씀으로 방황하던 많은 사람에게 많은 믿음을 주셨습니다. 그런데 왜 예수님은 그 당시에 가장 고통스러운 십자가의 형벌로 죽어야 했고, 채찍에 뼈가 보일 정도로 맞아야 했으며, 재판에서 사형 판결을 받아야 했을까요? 사실 예수님은 지은 죄가 하나도 없기 때문에 십자가에 못 박혀 죽는다는 것은 불가능한 일이었습니다. 그래서 예수님이 제자들에게 자신이 예루살렘에 올라가면 대제사장과 서기관들에게 넘겨져서 수치를 당하고 채찍에 맞고 십자가에 못 박혀 죽고 삼일

만에 살아날 것이라고 했을 때, 제자들 중에 그 누구도 예수님의 그 말씀을 믿지 않았던 것입니다.

제자들이 보기에 예수님은 지금 죽을 때가 아니라 더 많은 지지자를 모으고 왕이 되셔야 할 때라고 생각해서 그들은 아무도 예수님이 죽으신다는 말을 믿지 않았습니다. 그러나 예수님은 체포되셨고 본디오 빌라도에 의해서 사형선고를 받고 십자가 위에서 죽으셨습니다. 왜 아무 죄도 짓지 않은 예수님이 본디오 빌라도에 의해서 사형 판결을 받아야 했을까요?

1. 성경대로 믿어야 한다

예수님 당시 유대교는 하나님의 율법을 중요시한다고 하면서도 하나님의 율법을 많이 변형시켰습니다. 즉 율법에는 네 부모를 공경하라고 되어 있었습니다. 그러나 유대인들은 헌금을 더 많이 내게 할 목적으로 부모 공경하기를 마땅히 해야 하지만 하나님께 재산을 바친 사람은 부모를 공경하지 않아도 된다고 가르쳤습니다. 그때 예수님은 유대 지도자들에게 "너희는 왜 성경을 엉터리로 바꾸어서 믿느냐?"고 책망하셨습니다. 부모를 공경하라고 했으면 해야 하는 것이지, 왜 거기에 재산을 바치면 공경하지 않아도 된다고 엉터리를 끼워 넣느냐 하는 것입니다.

또 유대인들은 제물을 많이 바치게 할 목적으로 제단보다 더 중요한 것이 제물이기 때문에 제물을 많이 바치기만 하면 얼마든지 죄 용서받을 수 있다고 가르쳤던 것입니다. 예수님은 유대인들에게 제단이 중요하냐, 제물이 중요하냐고 물어보셨습니다.

또 유대인들은 순교한 선지자들의 무덤을 아름답게 치장하고 다시 만들었습니다. 예수님은 너희들이 선지자의 말대로 살면 되는 것이지 무엇 때문에 죽은 사람들의 무덤을 꾸미면서 신앙이 좋은 체하느냐고 책망하셨습니다. 더 결정적인 것이 있습니다. 당시 대제사장과 서기관들은 성전에서 많은 소나 양 같은 제물을 팔아서 돈을 벌었는데 명목상으로는 먼 데서 오는 사람들의 편의를 제공한다는 것이었습니다. 그런데 이를 보고 예수님은 "내 집은 만민이 기도하는 집이라"고 하면서 "너희는 강도의 소굴을 만들었다"고 책망하셨습니다. 성전은 누구든지 죄를 짓고 인생에 실패하고 병에 걸린 사람들이 하나님께 나아와서 기도하고 응답받고 새 인생을 사는 곳인데, 강도들이 들어와서 모든 것을 돈으로 해결하고 돈을 서로 차지하고 빼앗기지 않으려고 싸우는 곳이 되었다고 책망하신 것입니다. 결국 예수님의 이 말씀 때문에 대제사장은 예수를 그냥 두면 안 되겠구나라고 생각해서 죽이기로 작정했던 것입니다. 즉 대제사장은 자기 성전을 자기 밥그릇으로 생각을 했던 것입니다.

오늘날도 교회가 하나님의 말씀대로 믿어야지, 교회가 크게 되고 돈으로 무엇을 하려고 하면 강도의 소굴이 되게 되고 하나님의 심판을 받게 됩니다. 그곳에는 진정한 부흥이 일어나지 않는 것입니다. 그리고 시간이 갈수록 돈에 의해서 썩어들어가게 됩니다. 예수님은 성경 그대로 믿어야 하나님의 능력이 나타난다고 강조하신 것입니다. 우리도 성경 그대로 믿어야 말씀할 때 능력이 나타나고 기도할 때 능력이 나타나는 것입니다. 병이 낫고 기적이 일어나고 사탄의 세력들이 죽는 것입니다.

18:32, "이는 예수께서 자기가 어떠한 죽음으로 죽을 것을 가리켜 하신 말씀을 응하게 하려 함이러라"

그런데 예수님이 가장 중요하게 생각하신 것은 성경은 변질이 되어서는 안 되고 그대로 믿어야 한다는 것이었습니다. 그런데 예수님에게 가장 어려운 것은 메시야가 고난당해야 한다는 것이었습니다. 이사야 53장에 보면 메시야는 찔림을 당해야 하고 채찍에 맞아야 하고 심지어 곤욕과 심문을 당해야 하고 죽어서 무덤에 묻혀야 한다고 예언했습니다. 42장에서는 상한 갈대를 꺾지 아니하시며 꺼져가는 심지를 끄지 아니하시고 매를 맞을 때나 억울한 일이나 욕을 먹을 때도 소리를 지르지 아니하고 묵묵히 다 감당을 해야 한다는 것이었습니다. 구약을 연구하는 학자들에게 가장 해석하기 어려운 것이 왜 하나님의 종이 고난당해야 하며 찔림을 받아야 하는가 하는 것이었습니다. 그것은 바로 우리의 죄 때문이고 우리의 허물 때문이었던 것입니다.

　예수님은 성경을 하나씩 성취시켜 나가셨습니다. 그래서 그는 은 삼십에 가룟 유다에게 팔리셨습니다. 그 은은 결국 토기장이의 밭을 사는 데 사용되었습니다. 예수님은 예루살렘에 들어가실 때 나귀 새끼를 타고 입성하셨습니다. 예수님이 입성하실 때 어린아이들이 성령에 감동되어서 예수님을 저녁 내내 찬송했습니다. 이 모든 것은 성경의 예언이 이루어지는 것이었습니다. 예수님은 이제 더 어려운 성경 구절을 성취시키기 위하여 도전하셨습니다.

2. 네가 유대인의 왕이냐?

　대제사장은 예수님에게 물어보았습니다. "네가 하나님의 아들이냐?" 그때 예수님은 조금도 주저하지 않고 "내가 하나님의 아들이다"라고 대답하셨습니다. 그리고 장차 내가 하나님의 보좌 우편에 앉은 것과 구름을 타고 천사들과 함께 올 것을 볼 것이라고 하셨습니다. 그때 대제사장은 예수에 대한 증거를 잡았다고 하면서 자기 옷을 찢고 신성모독죄로 예수님을 죽이기로 결정했습니다.

　그런데 이 당시 유대인들은 다른 사소한 재판권은 있었지만 사형을 시킬 수 있는 권한은 로마 총독만 가지고 있었습니다. 그런데 로마에는 신성 모독죄라는 것이 없었습니다. 왜냐하면 로마는 다신교 국가이므로 무엇이든지 신일 수 있었기 때문입니다.

대제사장과 유대인들은 아침 일찍 예수님을 포박해서 로마 군인들에게 넘겼습니다. 그런데 유대인들은 유월절이 다 되어 이방인의 집에 들어가면 부정해지기 때문에 그들은 진영 밖에서 고발하고 예수님은 안에 잡혀 있고 총독은 왔다 갔다 하면서 재판을 했던 것입니다.

18:28, "그들이 예수를 가야바에게서 관정으로 끌고 가니 새벽이라 그들은 더럽힘을 받지 아니하고 유월절 잔치를 먹고자 하여 관정에 들어가지 아니하더라"

이들은 예수님을 죽이면서도 형식은 아주 더 중요하게 생각했습니다. 죄가 없는 사람을 죽이면서 율법을 잘 지키고 있다고 생각하고 있는 것이었습니다. 율법은 하나님의 말씀에 복종하는 것이고 예수님의 말씀에 순종하는 것이고 죽을 때까지 하나님을 신뢰하는 것입니다.

빌라도는 유대인들에게 나가서 이 사람을 무슨 죄로 잡아왔느냐고 물어보았습니다. 그랬더니 대제사장과 유대인들은 아주 애매한 대답을 했습니다. 그것은 이 사람이 행악자가 아니었으면 잡아 오지 않았을 것이라고 했습니다. 그러면서도 죄명은 무엇인지 분명하게 말하지 못했습니다. 그래서 빌라도가 그런 정도 같으면 너희들이 처벌할 수 있는 권한이 있으니까 너희들이 데려가서 재판하라고 했습니다. 그랬더니 유대인들이 무서운 말을 했습니다. 그것은 "우리에게는 사람을 죽이는 권한이 없다"는 것이었습니다. 즉 대제사장과 유대인들은 본디오 빌라도에게 이 사람을 죽여 달라고 데리고 온 것이었습니다.

18:31, "빌라도가 이르되 너희가 그를 데려다가 너희 법대로 재판하라

유대인들이 이르되 우리에게는 사람을 죽이는 권한이 없나이다 하니"

이 때 빌라도는 정신을 빠짝 차려야 했습니다. 왜냐하면 유대인들은 가장 반항적이고 골치 아픈 족속인데 이들이 죽여 달라고 잡아 왔다면 로마의 앞잡이밖에 없는 것입니다. 왜냐하면 유대인들이 자기에게 중요한 지도자를 죽여 달라고 할 리가 없기 때문입니다. 예를 들어서 한국 사람들이 일본 총독에게 김구라든지 안창호 같은 사람을 죽여 달라고 잡아올 리는 없는 것입니다. 그런데 빌라도가 보니까 자신은 잘 모르는 사람이었습니다. 그는 로마의 앞잡이가 아니었습니다. 그런데 유대인들은 이 사람을 미워해서 죽여 달라고 하는 것입니다. 그렇다면 이것은 유대인들 안의 문제이고 잘못하면 자기는 이용만 당하는 꼴이 되는 것입니다.

18:33-34, "이에 빌라도가 다시 관정에 들어가 예수를 불러 이르되 네가 유대인의 왕이냐 예수께서 대답하시되 이는 네가 스스로 하는 말이냐 다른 사람들이 나에 대하여 네게 한 말이냐"

그래서 빌라도가 예수님께 물었습니다. "네가 유대인의 왕이냐?" 다른 복음서에는 예수님이 "그렇다"라고 대답하는데 요한복음에는 좀 더 자세하게 적혀 있습니다. 예수님은 빌라도에게 "그것은 네가 스스로 하는 말이냐, 다른 사람들이 나에 대하여 네게 한 말이냐?"고 물으셨습니다. 이것은 예수님의 죄명이 바뀐 것입니다. 대제사장은 예수님 자신이 하나님의 아들이라고 했기 때문에 죽이려고 했지만 로마인에게는 그것이 죄가 되지 않기 때문에 "자기가 유대인의 왕이라고 한다"는 죄목으로 바꾸었던 것입니다. 그래서 "네가 하는 말이냐? 남들이 하는 말이냐?"라는 말의 뜻은 '네가 보기에도 왕처럼 보이느냐?' 는 뜻입니다. 즉 네가 보기에도 내가 혁명을 일으키고 전쟁을 할 사람으로 생각되느냐는 뜻입니다. 빌라도가 보기에 예수님은 전혀 전쟁할 사람이 아니었습니다.

그러니까 빌라도는 예수님에게 "네가 유대인이냐? 대제사장과 유대 지도자들이 너를 넘겼는데 너는 무슨 짓을 했느냐?"고 물었습니다. 이것은 빌라도가 '내가 보기에는 유대인들 사이에 무슨 알력이나 갈등이 있는 것 같은데 네가 무슨 짓을 했느냐?' 라고 물은 것입니다.

그때 예수님은 이것은 유대인의 알력 때문이 아니라고 하셨습니다.

18:36, "예수께서 대답하시되 내 나라는 이 세상에 속한 것이 아니니라 만일 내 나라가 이 세상에 속한 것이었더라면 내 종들이 싸워 나로 유대인들에게 넘겨지지 않게 하였으리라 이제 내 나라는 여기에 속한 것이 아니니라"

예수님은 유대인 안의 문제가 아니라고 대답하셨습니다. 예수님은 다른 나라에서 오신 왕이었습니다. 그런데 그가 유대인들의 왕이라고 해서 붙들려왔고 또 로마 총독에게 붙들려온 것이었습니다. 그런데 여기에 다른 나라는 없었습니다. 유다는 빌라도가 통치하고 있었고, 갈릴리는 헤롯이 통치하고 있었고, 로마는 황제가 있고 그 외에 다른 나라는 없었습니다. 그런데 예수님은 전혀 정신이 이상한 사람이 아니었습니다. 오히려 예수님은 빌라도에게 아주 정중하셨고 진실하셨습니다. 그래서 빌라도는 예수님에게 "네가 왕이 아니냐?"라고 물었습니다. 그랬더니 자신이 왕이라고 대답하셨습니다.

18:37, "빌라도가 이르되 그러면 네가 왕이 아니냐 예수께서 대답하시되 네 말과 같이 내가 왕이니라 내가 이를 위하여 태어났으며 이를 위하여 세상에 왔나니 곧 진리에 대하여 증언하려 함이로라 무릇 진리에 속한 자는 내 음성을 듣느니라 하신대"

그런데 예수님은 빌라도에게 내가 이것을 위해서 왔는데 곧 진리를 위해서 왔다고 하셨습니다. 빌라도는 이 세상에 다른 나라는 많이 들어봤습니다. 그런데 빌라도는 진리의 나라는 처음 들어봤습니다. 그래서 "진리가 무엇이냐"고 물었습니다. 예수님은 그때부터 아무 말씀도 하지 아니하셨습니다. 진리가 무엇입니까? 하나님이 우리를 사랑하시는 것이 진리입니다. 하나님이 예수님을 보내신 것이 진리이고, 우리 죄를 대신해서 예수님이 죽으시는 것이 진리이고, 예수 믿는 사람은 영생을 얻는 것이 진리인 것입니다.

예수님은 우리 옆에 엄청나게 거대한 나라가 와 있다고 말씀하고 있습니다. 그 나라는 말씀의 나라이고 사랑의 나라이고 영생의 나라입니다. 그런데 눈에는 보이지 않지만 능력이 있습니다. 그래서 예수님은 하나님의 나라를 바람에 비유하셨습니다. 예수님은 니고데모에게 네가 바람을 보지 못하지만 불고 있는 것처럼 하나님의 나라도 그렇다고 하셨습니다. 그런데 사탄의 나라도 바람입니다. 그러나 그것은 아주 나쁜 바람입니다. 음란한 바람이고 미움의 바람이고 전쟁의 바람이고 사람을 죽이는 바람입니다. 그러나 성령의 바람은 기쁨의 바람이고 축복의 바람이고 사람을 살리는 바람이고 부흥의 바람인 것입니다.

3. 하나님의 말씀이 이루어짐

본문 말씀 중에 가장 중요한 것은 유대인들이 예수님을 빌라도에게 잡아 넘기면서 "우리에게는 사람을 죽이는 권한이 없나이다"(31절)라고 말한 것입니다.

18:32, "이는 예수께서 자기가 어떠한 죽음으로 죽을 것을 가리켜 하신

말씀을 응하게 하려 함이러라"

즉 대제사장과 유대인들이 예수님을 본디오 빌라도에게 넘긴 것은 구약성경에서 하나님의 종이 고난당하여 죽어야 한다는 말씀을 이루게 하시기 위함이라고 했습니다. 예수님은 오직 성경이 이루어지는 것에 모든 관심을 다 집중시키셨습니다. 왜냐하면 예수님은 이 세상 모든 것은 다 풀과 같이 없어지지만 하나님의 말씀이 이루어져야지만 우리가 영생을 얻고 하나님의 축복이 이루어진다는 것을 아셨기 때문입니다. 그래서 예수님은 바보같이 죽을 대답만 골라서 하셨습니다. 예수님은 대제사장에게 "나는 하나님의 아들이라"고 하셨는데, 이것이야말로 대제사장이 기다리는 대답이었습니다. 그리고 본디오 빌라도에게도 "나는 왕이라"고 하셨습니다. 이것도 빌라도가 예수님을 살려주고 싶어도 살려주기 어려운 말씀이었습니다.

그런데 예수님은 내 나라는 따로 있다고 말씀하셨습니다. 만일 여기가 내 나라라면 내 종들이 싸워서 나를 유대인이나 너에게 넘겨주지 않았을 것이라고 말씀하셨습니다. 그러면 이 왕은 자기 종들을 데리고 오지 않고 왜 혼자 와서 붙들리셨을까요? 종들을 데리고 오면 예수님은 붙들릴 수 없었고 죽을 수 없었기 때문입니다. 하나님은 모든 천사에게 '동작 그만!'을 명령하셨습니다. 천사들은 예수님이 붙들리시고 채찍에 맞으시고 십자가에 못 박히실 때 출동하고 싶어서 미칠 지경이었지만 하나님은 천사들을 꼼짝 못하게 하셨고 아들 혼자 붙들려 죽게 하셨습니다. 그 이유는 아들이 죽어야 우리가 살 수 있기 때문이었습니다.

빌라도는 얼마든지 예수님을 처형하지 않을 수 있었습니다. 보통 때 같으면 이런 사형에 해당하는 죄인을 붙들려온 즉시 결정하는 법이 없었습니다. 어느 나라든지 사형에 해당하는 죄는 충분히 심문하고 확실한 경우에만 최종적으로 결정합니다. 그래서 빌라도가 이런 중요한 범죄는 오늘 당일로 재판할 수 없다고 하면서 좀 더 충분히 심리해야겠다고 했으면 하나님의 아들을 죽이는 죄에서 벗어날 수 있었을 것입니다. 그러나 빌라도는 포퓰리즘을 좋아했습니다. 그래서 유대인들에게 잘난 체하려고 그들의 비위를 맞추어주려고 하면서 질질 끌었습니다. 이것이 문제였습니다.

그리고 원래 유월절은 아무리 죄인이라도 죽이는 날이 아니라 풀어주는 날이었습니다. 그래서 유월절이 되면 살인자도 풀어주는 경우가 있었습니다. 빌라도는 예수를 풀어주고 싶었지만 유대인들은 바라바라는 살인강도를 풀어달라고 했습니다. 또 빌라도의 부인은 아마 유대인이었는데 경건한 자였던 것 같습니다. 그래서 자기가 꿈에 이 의로운 자를 살리려고 엄청 애를 썼다고 하면서 이분을 제발 관계하지 말고 풀어주라고 했습니다. 하지만 유대인들이 워낙 미친 것처럼 날뛰니까 잘못하면 반란이 일어날 것 같았습니다. 즉 사탄의 바람이 강하게 불고 있었던 것입니다. 결국 빌라도는 그 바람에 떠밀려 사랑으로 오신 하나님의 아들을 처형을 하는 결정을 내리게 되었습니다. 그리고 그는 영원토록 "본디오 빌라도에 의하여 고난을 받으사"라는 저주를 받게 되었던 것입니다.

이미 하나님의 큰 나라는 와 있습니다. 이 나라의 종들은 모두 다 싸움을 잘합니다. 우리 주님은 죽은 지 사흘 만에 다시 살아나셔서 우리를 모두 인질에서 풀어버리셨습니다. 우리는 인질이었는데 이제는 다 풀어졌습니다. 우리는 다른 것을 두려워하지 말고 하나님의 말씀만 이루어지도록 하면 큰 구원이 일어날 줄 믿습니다.

56

예수님의 십자가

요 19:1-42

가끔

미국의 텔레비전 영화를 보면 어떤 주 교도소에서 사형을 집행하는 모습을 보여줄 때가 있습니다. 유리 벽으로 된 방 안에 죄수가 전기 의자에 앉아 있고 유리 밖에서는 가족이나 혹은 그 죄수가 죽는 장면을 보기를 원하는 사람들이 보게 됩니다. 시간이 되면 죄수가 묶인 채로 사형집행실로 들어오고 의자에 앉힌 후에 얼굴에 보자기 같은 것을 씌웁니다. 그리고 머리에 물을 적시고 발에도 물을 적신 후 시간이 되었을 때 주지사의 지시로 전기를 올리면 머리에 강력한 고압 전기가 들어가면서 머리가 타들어가면서 죽게 됩니다. 그리고 나면 의사가 와서 진맥을 해보고 죄수가 완전히 죽었다는 것을 확인하게 됩니다. 그러면 그동안 세상을 떠들썩하게 하고 여러 사람을 죽인 죄수는 완전히 없어지게 됩니다. 이런 식으로 사형집행 장면을 보여주는 이유는 자신들의 사회를 두렵게 하고 고통스럽게 했던 죄수가 완전히 처리되었다는 것을 확인시켜주는 것입니다.

예수님은 드디어 십자가를 지시고 십자가 위에서 공개적으로 죽임을 당하셨습니다. 오늘 모든 인간의 문제는 십자가에 달리신 예수님에게 집중되게 됩니다. 물론 로마 시대에 십자가에 못 박혀 죽은 죄수는 수도 없이 많았습니다. 그런데 예수님이 십자가에 못 박혀 죽으신 것은 그런 죄수의 죽음과는 비교할 수 없습니다. 그분은 십자가에 못 박혀 죽을 죄가 전혀 없었을 뿐 아니라 그가 하나님의 아들이셨기 때문입니다. 예수님은 분명히 대제사장에게 "나는 하나님의 아들이다"라고 말씀하셨습니다. 그리고 로마 총독 빌라도에게도 "나는 왕이다. 그런데 나의 나라는 이 세상 나라가 아니다"라고 분명히 말씀하셨습니다. 로마 총독 빌라도나 대제사장은 예수님의 죽음을 일반 죄인의 죽음으로 묻어버리려고 했습니다. 그러나 그는 죽음에서 살아나심으로 자신이 하나님의 아들이심을 증명하셨습니다.

1. 메시야의 고난

하나님은 이스라엘 백성에게 선지자를 통해서 하나님의 비밀 계획을 말씀하셨습니다. 그것은 바로 앞으로 하나님은 이 세상에 완전한 평화의 시대 그리고 축복의 시대가 오게 하신다는 것이었습니다. 그때는 칼을 쳐서 삽을 만들고 창을 쳐서 낫을 만드는 시대입니다. 사자가 어린 양과 함께 놀고 어린아이가 독사굴에 손을 넣어도 물리지 않는 평화의 시대가 온다고 했습니다. 그런데 여기에 비밀이 있었습니다. 그것은 바로 메시야가 와야 한다는 것이었습니다.

메시야는 얼마나 사랑이 많으신지 상한 갈대를 꺾지 아니하고 꺼져가는 등불의 심지를 끄지 않는다고 했습니다. 메시야는 연약한 싹같이 날 것이며 큰소리도 지르지 않을 것이라고 했습니다. 그는 얼마나 능력이 많으신지 맹인들의 눈을 뜨게 할 것이고, 듣지 못하는 자의 귀를 열리게 할 것이고, 말 못하는 자의 혀가 풀려서 노래하게 할 것이고, 일어서지 못하는 장애인을 일어서게 할 것이고, 포로로 붙들려 간 자들을 다 돌아오게 해서 자기 포도나무와 자기 무화과나무 밑에서 평안히 쉬게 할 것이라고 했습니다.

그런데 이 메시야는 고난을 받아야 했습니다. 이 메시야는 우리를 대신해서 채찍에 맞아야 하고 사람들의 오해를 받아야 하고 사람들에게 찔려야만 하고 나무에 달려 죽어야만 했습니다. 구약의 선지자들은 이것을 이해하지 못했습니다. 왜 메시야가 이런 고난을 당하고 이런 찔림을 당하고 나중에는 무덤에 묻혀야 하는지 이해가 되지 않았습니다. 그런데 그것은 우리 모두의 죄 때문이었습니다. 메시야는 우리의 죄 때문에 고통을 당하고 채찍에 맞으시고 십자가에 못 박혀 죽고 무덤에 장사되는 것을 다 보여주셨습니다. 그리고 공개적으로 그는 다시 살아나셨습니다. 이것은 우리의 모든 죄가 하나님 앞에서 치료되었고 우리가 새사람이 된 것을 보여주는 것이었습니다.

그래서 메시야의 고난은 먼저 무지무지하게 두들겨 맞는 것에서부터 시작이 되었습니다. 예수님은 대제사장의 재판을 받은 후 그 종들에게 따귀를 맞으시고 침 뱉음을 당하시고 머리털과 수염이 뽑힘을 당하셨습니다. 어떤 사람은 그의 눈을 수건으로 가린 후 뺨을 때리면서 "선지자야, 너를 때린 사람이 누구인지 알아 맞추어 봐라"고 조롱하기도 했습니다. 예수님은 사람들에게 오해를 받았습니다. 이것이 그의 마음을 아프게 했고 그의 심장을 상하게 했습니다. 그리고 그가 로마 총독에서 끌려간 후 십자가에 못 박히기 전에 채찍으로 죽도록 맞아야 했습니다.

19:1, "이에 빌라도가 예수를 데려다가 채찍질하더라"

로마 군인의 채찍은 가죽 줄 끝에 못이나 뼛조각이 붙어 있어서 그 채찍으로 때리면 살이 찢어졌습니다. 그래서 그 채찍질은 그야말로 가죽을 찢어놓는 아픔이었습니다. 예수님의 등과 배와 어깨와 다리는 채찍에 맞음으로 다 찢어졌습니다. 그런데 그때 이상한 일이 일어났습니다. 그것은 몸에 아직도 아프고 상처가 있는 사람들은 예수님이 채찍에 맞을 때마다 아물기 시작했다는 것입니다. 예수님이 맞았을 때마다 몸이 아프던 사람들은 나음을 받았습니다.

그리고 예수님은 로마 군인들에게 유대인의 왕이라는 조롱을 당했습니다. 그들은 예수님에게 가시 왕관을 씌웠습니다. 그런데 이 가시 왕관이 예수님이 돌아가실 때까지 머리를 아프게 했습니다. 이 가시관은 그의 머리를 찢고 들어가서 머리를 내내 아프게 했고 얼굴에 피가 흘러내렸습니다. 누군가 그 가시관을 좀 빼주었으면 좋겠는데 아무도 빼주지 않았습니다. 교인 중에는 두통 때문에 머리가 아주 많이 아픈 분들이 간혹 있습니다. 우리는 이런 고통을 통해서 예수님과 더 가까워지게 됩니다. 이런 괴로운 두통을 통해서 십자가의 아픔을 느끼는 것입니다.

예수님은 예루살렘 성 밖으로 십자가를 지고 가서서 산 채로 십자가에 못이 박히셨습니다.

19:17-18, "그들이 예수를 맡으매 예수께서 자기의 십자가를 지시고 해골(히브리 말로 골고다)이라 하는 곳에 나가시니 그들이 거기서 예수를 십자가에 못 박을새 다른 두 사람도 그와 함께 좌우편에 못 박으니 예수는 가운데 있더라"

왜 예수님은 인간의 죽는 방법 중에서 가장 고통스러운 십자가의 형벌로 죽으셔야 했을까요? 그것은 우리가 다 알 수 없습니다. 그런데 인간의 몸에는 신경이 있어서 몸에 이상이 있으면 그 신경을 통해서 고통을 느끼게 됩니다. 즉 우리 몸에서 고통을 느낀다는 것은 우리가 살아 있다는 증거임과 동시에 지금 아프다는 것을 나타내는 것입니다.

우선 예수님은 예루살렘 성 밖에서 죽으실 것을 아셨습니다. 옛날에 제사장이 속죄 제사를 드릴 때 소나 양의 내장 기름은 번제단 위에서 태웠지만 고기나 머리나 가죽이나 내장의 내용물도 이스라엘 진 밖의 어떤 장소에서 조금도 남지 않게 전부 다 태웠습니다. 그래서 예수님의 속마음은 겟세마네 동산에서 땀이 피가 될 정도로 다 태우시고, 그의 육신은 성 밖의 해골이라는 곳에서 모든 피와 땀과 힘이 다 태워 없어질 때까지 고통을 받으셔야 했던 것입니다. 그것은 우리 몸 안의 죄의 찌꺼기가 조금도 남지 않도록 하기 위해서였습니다.

그래서 히브리서에서는 "그러므로 예수도 자기 피로써 백성을 거룩하게 하려고 성문 밖에서 고난을 받으셨느니라 그런즉 우리도 그의 치욕을 짊어지고 영문 밖으로 그에게 나아가자"(히 13:12-13)고 하셨습니다. 우리가 있어야 할 자리는 영광의 자리가 아니라 영문 밖의 고통의 자리인 것입니다.

2. 왜 십자가인가?

사람에게 가장 두려운 것은 죽음입니다. 왜냐하면 사람이 죽으면서 가장 큰 고통을 받기 때문입니다. 암이나 중한 병으로 돌아가실 때는 한 달 이상 제대로 먹지 못하고 잠을 자지 못하고 고통을 받습니다. 그런데 높은 데서 떨어지거나 칼에 찔리거나 목을 매거나 물에 빠져 죽을 때 순간적으로 너무 답답하고 고통스러울 뿐 아니라 죽고 난 후의 모습은 너무 처참합니다.

사람에게는 아름다운 죽음도 있고 비참한 죽음도 있습니다. 중국의 《사기》를 쓴 사마천은 적에게 항복한 친구를 변호하다가 거세형을 당하게 됩니다. 거세를 당하면 그 과정도 너무 고통스러울 뿐 아니라 나중에 호르몬이 나오지 않으니까 늙은 여자같이 목소리나 외모도 변하게 됩니다. 그는 너무 부끄러워서 죽으려고 하다가 왜 어떤 사람의 죽음은 아름다운데 어떤 사람의 죽음은 비참한가 생각하다가 삶이 아름답지 못해서 그렇다는 것을 깨닫게 되었습니다. 그때부터 그는 자신의 삶을 아름답게 하기 위해서 실제로 현장을 발로 뛰어다니면서 그 방대한 역사를 기록했는데《사기》는 중국역사의 보물이 되었습니다.

예수님은 이 세상에 살면서 자신의 영광이나 다른 사람의 기대나 출세나 인정은 일체 생각하지 않고 오직 하나님의 말씀을 이루는 것만 생각했습니다. 왜냐하면 하나님의 말씀에 순종하는 것이 하나님의 영광을 나타내는 것임을 잘 아셨기 때문입니다.

예수님은 자신이 가장 고통스러운 십자가의 처형 방식으로 죽어야 하는 것을 아셨습니다. 왜냐하면 그는 성경을 묵상하는 가운데 모세가 광야에서 놋뱀을 나무에 매달았고 그것을 본 사람이 다 치유함을 받은 것을 아셨기 때문입니다.

"모세가 광야에서 뱀을 든 것 같이 인자도 들려야 하리니 이는 그를 믿는 자마다 영생을 얻게 하려 하심이니라"(요 3:14-15).

이스라엘 백성들은 출애굽한 후 사십 년을 광야에서 돌아다니니까 화가 나서 모세와 하나님을 원망했습니다. 이스라엘 백성들의 마음속에는 하나님이 우리를 이리저리 끌고 다니다가 아무 데서나 팽개쳐서 죽게 하시겠구나 하는 불신이 팽배해 있었던 것입니다. 이스라엘 백성들이 하나님을 불신하고 원망하는 순간 하나님의 백성들을 보호하던 눈에 보이지 않는 벽이 사라지면서 불뱀 떼가 날면서 사람들을 물기 시작했습니다. 이 뱀은 아주 맹독을 가진 독사였습니다. 이만 명이 넘는 수많은 사람이 목숨을 잃었습니다. 이때 이스라엘 백성들은 모세에게 우리가 잘못했다고 하면서 살려달라고 간구하니까 하나님은 놋으로 뱀을 만들어서 나무에 달라고 하셨습니다.

그리고 누구든지 뱀에 물린 사람은 그 놋뱀을 보면 산다고 하셨습니다. 우리가 뱀에 물리면 입으로 독을 빨든지 해야 독이 빠지는데 그냥 눈으로 본다고 독이 빠질까요? 그러나 이것이 바로 믿음의 방법이었습니다. 모세는 얼른 놋으로 뱀을 만들어서 높은 장대에 매달았는데 뱀에 물린 사람이 그 놋뱀을 보면 진짜 부은 것이 빠지면서 살아나게 되었습니다. 하나님은 예수님을 장대에 높이 다심으로 인간이 자기 죄를 보기를 원하셨습니다. 예수님이 우리 죄를 대신해서 높이 달리셨던 것입니다.

그리고 예수님은 자신이 못에 찔려야 하는 것도 아셨습니다. 그것은 다윗의 시편에 그렇게 예언되어 있었기 때문입니다.

"개들이 나를 에워쌌으며 악한 무리가 나를 둘러 내 수족을 찔렀나이다"(시 22:16).

악한 무리들은 예수님을 가장 고통스럽게 할 목적으로 그의 손과 발에 못을 박았습니다. 사람의 손과 발에 대못을 박으면 정말 견딜 수 없을 정도로 아프고 또 손과 발을 움직일 수 없습니다. 그리고 정말 두려운 것은 이제 그에게는 살 소망이 없다는 것입니다. 그는 다시는 살아서 이 십자가에서 내려가지 못할 것입니다. 예수님에게 소망이 있다면 오직 하나 하나님밖에 없었습니다. 예수님이 바라볼 수 있는 곳은 하나님밖에 없었습니다. 그래서 그는 십자가 위에서 "나의 하나님, 나의 하나님, 어찌하여 나를 버리십니까?"라고 부르짖었습니다. 하나님은 진짜 예수님을 버리셨습니다. 그런데 하나님은 아들이라고 해서 조금도 봐주는 것 없이 한 방울도 국물도 없이 그를 지옥 밑창으로 버리셨던 것입니다.

예수님이야말로 특권 중의 특권을 누릴 수 있는 위치에 있었지만, 하나님은 그야말로 인정사정없이 아들을 내팽개치시고 죽도록 맞게 하시고 고통이라는 고통은 다 당하게 하셨던 것입니다. 그것은 나중에 우리로 하여금 평안을 누리게 하시기 위함이었습니다. 즉 마귀가 특혜시비를 하지 못하게 하시려는 것이었습니다.

3. 하나님의 말씀을 이루시다

예수님의 죽으심은 성경대로 죽으신 것입니다. 왜냐하면 세부적인 것까지 성경이 성취되는데 이것은 정말 놀라운 것입니다. 이것이 의미하는 것은 예수님의 죽음은 일반 죄인의 죽음이 아니라 하나님의 아들이 하나님의 뜻에 따라 죽었다는 것입니다. 즉 인간이 자기들을 구원하러 오신 하나님의 아들을 죽인 것입니다.

19:23, "군인들이 예수를 십자가에 못 박고 그의 옷을 취하여 네 깃에 나눠 각각 한 깃씩 얻고 속옷도 취하니 이 속옷은 호지 아니하고 위에서부터 통으로 짠 것이라"

예수님을 십자가에 못 박고 난 후에 로마 군인들은 대개 사형수들이 가진 물건을 나누어 가졌습니다. 그러나 예수님은 일체 가진 것이 없으셨고 입은 옷밖에 없었습니다. 그래서 로마 군인들은 예수님의 겉옷을 찢어서 사등분 하고 속옷은 통으로 짠 옷이니까 제비 뽑아서 한 명이 가졌습니다. 그런데 이것이 놀랍게도 시편에 예언되어 있었습니다.

"내 겉옷을 나누며 속옷을 제비 뽑나이다"(시 22:18)

예수님은 십자가 밑에 서 있는 어머니 마리아에게 새 아들을 정해 주셨습니다. 바로 사도 요한이었습니다.

19:26, "예수께서 자기의 어머니와 사랑하시는 제자가 곁에 서 있는 것을 보시고 자기 어머니께 말씀하시되 여자여 보소서 아들이니이다 하시고"

예수님이 어린아이 때 정결예식을 받기 위해 성전에 올라갔는데, 그때 시므온이라는 선지자는 마리아에게 "칼이 네 가슴을 찌르는 듯하리라"고 예언했습니다. 예수님이 십자가에 못 박혀 죽어가는 것을 보고 어머니 마리아의 가슴은 칼로 찌르는 것 같았습니다. 그러나 예수님은 자신이 인류의 대표로 죽는 것임을 말씀하시고 요한을 아들로 정해주셨습니다. 그리고 요한에게 "네 어머니"라고 했습니다. 사도 요한은 그때부터 예수의 어머니 마리아를 모시고 집에 가서 살았는데, 에베소에서 목회할 때에도 마리아를 모시고 살았으며 그곳에 마리아의 무덤이 있었다고 합니다.

왜 예수님은 마리아를 자기 동생들이나 이모에게 맡기지 않았을까요? 그들은 아직 믿음이 없어서 예수님이 죽으신 후에는 모든 부정적인 말을 다 쏟아낼지 모르기 때문입니다. 그러면 마리아의 마음의 상처는 말로 표현할 수 없이 커지게 될 것입니다.

예수님은 온종일 물을 마시지 못했고 땡볕에서 십자가에 매달려 있었기 때문에 혀가 타들어 갔습니다. 그래서 그는 성경을 응하게 하시려고 "내가 목마르다"라고 하셨습니다.

"내 힘이 말라 질그릇 조각 같고 내 혀가 입천장에 붙었나이다 주께서 또 나를 죽음의 진토 속에 두셨나이다" (시 22:15).

"그들이 쓸개를 나의 음식물로 주며 목마를 때에는 초를 마시게 하였사오니" (시 69:21).

예수님의 혀는 입천장에 붙어 있어서 말을 제대로 할 수 없었습니다. 할 수 있는 것이라고는 오직 짐승같이 소리 지르는 것밖에 없었습니다. 그러나 그는 소리를 지르지 않았습니다. 왜냐하면 하나님께 드리는 제물은 소리를 지르지 않기 때문입니다. 예수님은 그들이 쓸개와 초를 내 식물로 주었다는 시편의 말씀을 이루기 위하여 간신히 목마르다고 하셨습니다. 그랬더니 사람들이 예수님에게 신 식초를 마시게 하려고 했습니다. 그리고 예수님은 "다 이루었다"고 말씀하시고 돌아가셨습니다.

곧 유월절이 시작하기 때문에 시체를 나무에 달아놓은 것은 유대인의 율법에 맞지 않았습니다. 그때 부자 아리마대 요셉이 빌라도에게 가서 예수의 시체를 달라고 했습니다. 그랬더니 빌라도가 백부장에게 그렇게 빨리 죽었느냐고 확인을 했습니다. 예수님과 같이 십자가에 달렸던 두 강도는 죽지 않고 버둥거리고 있었습니다. 그래서 로마 군인들이 망치로 두 강도의 다리를 부수어서 죽여주었습니다. 그런데 예수님은 이미 숨이 져 있었습니다. 그래서 한 로마 군병이 창으로 예수님의 옆구리를 찌르니까 그곳에서 물과 피가 쏟아졌습니다.

유월절 어린 양은 뼈를 꺾지 않았습니다. 예수님은 유월절 어린 양으로 죽으셨기 때문에 다리뼈를 꺾지 않았던 것입니다. 그리고 구약에는 "그를 찌른 자도 볼 것이요"라고 했는데 정말 예수님의 옆구리를 창으로 찔렀습니다.

예수님이 성경대로 죽으신 것은 그가 하나님의 아들로서 죽으신 것을 증거하는 것입니다. 인간이 죽었다면 성경이 이렇게 이루어질 수 없을 것입니다. 인간이 하나님의 아들을 죽였다면 무엇이 남겠습니까? 무서운 심판이 올 것입니다. 하나님의 아들을 죽였는데 하나님이 그들을 가만히 두시겠습니까? 그런데 하나님의 사랑이 얼마나 크신지 그 악한 짓을 한 인간에게 누구든지 하나님의 아들을 믿는 자는 모든 죄를 다 용서하고 하나님의 아들로 삼겠다고 선포하셨습니다. 왜냐하면 하나님에게는 하나님의 아들의 죽음이 너무 아까웠기 때문입니다. 하나님은 아들의 죽음을 헛되게 하지 않기 위해 누구든지 아들을 믿는 자는 모두 영생을 주시겠다고 선포하셨습니다.

예수님이 하나님의 말씀을 이루면서 죽으셨다면 우리는 하나님의 말씀을 기대하게 됩니다. 즉 그다음 말씀은 어떻게 되느냐 하는 것입니다. 그다음 말씀은 그 영혼이 음부에 버려지지 아니하며 그 살이 썩지 않을 것이라는 것입니다. 결국 그는 다시 살아나시게 되는 것입니다. 예수님은 자신이 죽은 지 사흘 만에 살아나리라고 말씀하셨습니다. 그는 남종과 여종에게 내 영을 부어 주리라고 말씀하셨습니다. 그것은 우리에게 성령을 주시는 것입니다. 그리고 그는 철장으로 세상의 모든 악한 자들 그리고 법을 어기는 자들을 질그릇같이 부수실 것입니다.

우리는 하나님이 무섭습니까, 예수님의 철장이 무섭습니까? 아니면 강대국의 대통령이 위협하는 말이 더 무섭습니까? 아니면 보좌 우편에 계신 어린 양의 진노가 무섭습니까? 하나님은 이 세상의 왕들과 정치인들이 꾸미는 모략에 대하여 비웃으신다고 하셨습니다.

"어찌하여 이방 나라들이 분노하며 민족들이 헛된 일을 꾸미는가 … 하늘에 계신 이가 웃으심이여 주께서 그들을 비웃으시리로다"(시 2:1, 4).

하나님의 아들은 우리의 모든 고통을 다 가지고 가셨습니다. 지금 우리가 당하는 고통은 주님과 더 가까워지게 하는 고통이요 우리 영혼의 면류관입니다. 십자가를 붙들고 끝까지 주님을 사랑하는 성도들이 다 되시기 바랍니다.

57

놀라운 소식

요 20:1-18

저희 교회에

찬양 인도를 잘하는 청년이 있었습니다. 그 청년은 금요 찬양을 마치고 오토바이를 타고 집으로 가다가 어느 차에 부딪쳤는데 헬멧도 부서지고 오토바이도 부서지고 의식을 잃었습니다. 정말 놀라운 소식이었습니다. 그런데 더 놀라운 소식은 이 청년이 큰 상처 없이 살았다는 것입니다. 병원에 며칠 입원해 있으면서 사진도 찍고 검사도 했는데 아무 이상이 없다고 해서 퇴원해서 지금도 여전히 찬양하고 있습니다. 아마 그 청년이 그 교통사고로 죽었다면 우리는 마음이 너무 슬프게 되었을 것입니다.

아프리카의 콩고에서는 에볼라 바이러스가 집중적으로 퍼지면서 많은 사람이 죽었습니다. 그때 한 영국 남자 간호사는 아프리카에 봉사활동을 갔다가 에볼라 바이러스에 감염되었었는데 치료되고 난 후에 다시 그곳으로 들어갔습니다. 왜냐하면 거기에는 자기의 도움을 필요로 하는 사람들이 많이 있기 때문이라고 했습니다. 그런데 초기에는 에볼라 바이러스를 치료하는 백신이 없었습니다. 제약 회사들이 돈을 버는 약을 우선적으로 만드는데 에볼라 바이러스라고 해봐야 아프리카 사람들이나 걸리는 것이니까 만들지 않는다는 것이었습니다. 그러나 수많은 사람이 바이러스에 걸린 사람들을 위하여 아프리카로 들어가고 세계적인 관심을 끌게 되니까 시험용으로 가지고 있던 백신을 주사 놓았는데 환자가 다 치료되었습니다. 그 백신의 치료 효과는 90퍼센트가 넘는다고 했습니다. 에볼라 바이러스에 걸린 사람들에게는 이 백신이 통한다는 것이 아주 놀라운 기쁜 소식일 것입니다.

그러나 아직도 모든 사람을 다 살리는 백신은 개발이 되지 않고 있습니다. 만약 우리가 죽었다가 다시 한번 살게 된다면 어떤 인생을 살고 싶어질까요? 그러나 모든 사람은 단 한 번밖에 살지 못합니다. 사람들은 누구든지 성공했든지 실패했든지 딱 한 번 살고 죽어야 합니다. 사람들이 젊고 건강할 때는 죽음이라는 것이 남의 이야기인 것 같지만 중병에 걸리거나 나이가 많이 들게 되면 죽음이 현실이 되게 됩니다. 이제 언제 죽을까? 죽고 나면 사람들이 나를 기억이나 할까? 죽을 때 얼마나 고통스러울까 하는 걱정을 하게 되는 것입니다.

그런데 하나님은 오래전부터 비밀 계획을 하나 가지고 계셨습니다. 그것은 죽은 인간을 다시 살리는 계획이었습니다. 그런데 이것은 성공하기가 굉장히 어려운 과정이었습니다. 왜냐하면 인간은 죽으면 바로 육신이 썩어들어갈 뿐 아니라 그 영혼이 죄에 오염이 되어 있어서 다시 살려봤자 쓸모없었기 때문입니다. 그러나 하나님의 계획은 0.00000000000000001%의 불순물이 있어도 우리 인간은 살 수 없습니다. 하나님은 이 비밀을 아무에게도 말하지 않으셨습니다. 오직 하나님과 하나님의 아들만 이 비밀을 알고 있었습니다.

1. 하나님의 비밀계획의 실행

하나님은 드디어 때가 되었을 때 하나님의 비밀계획을 실행하셨습니다. 이것은 두 가지가 동시에 이루어지는 것이었습니다. 첫째로 하나님의 아들 즉 신이 처녀의 몸에서 아기로 태어나는 것이었습니다. 이것은 굉장히 어려운 기술이었습니다. 요즘은 유전공학의 발달로 사람들도 돼지나 개를 복제하고 있습니다. 우리나라가 다른 것은 몰라도 개 복제는 세계적인 수준이라고 합니다. 그래서 요즘은 세계에서 가장 유명한 개들을 주문을 받아서 복제한다고 합니다. 그런데 하나님은 하나님의 아들을 처녀의 몸에서 인간이 되게 하셨습니다. 그래서 이사야 선지는 "보라 처녀가 잉태하여 아들을 낳을 것이요 그의 이름을 임마누엘이라 하리라"고 예언했습니다. 하나님의 아들이 사람이 되어서 이 세상에 태어난 것이었습니다. 이 세상에 태어난 수많은 아기 중에서 딱 한 명은 하나님의 아들이었던 것입니다.

그리고 둘째로 하나님은 이 세상에 하나님의 나라가 가까이 오게 하셨습니다. 하나님은 우리 인간의 힘으로는 도저히 가까이 갈 수 없는 하나님의 나라가 하나님의 아들을 통하여 이 세상에 오게 했습니다. 하나님의 아들은 이 세상에서 정상적으로 자랐습니다. 그에게는 무슨 특이한 점을 발견할 수 없었습니다. 단지 그가 태어날 때 큰 별이 나타났고 천사들이 나타났고 헤롯이 아기를 죽이려고 했던 일은 있었습니다. 이 아들은 나이가 삼십이 될 때까지 그냥 평범한 목수였습니다.

그런데 세례 요한이라는 사람이 나타나서 "나는 물로 세례를 주지만 내 뒤에 성령으로 세례를 주실 분이 오실 것이라"고 예언했습니다. 예수님은 세례 요한에게 세례를 받으시고 난 후부터 말씀을 전하시며 병자를 고치시며 기적을 행하기 시작하셨습니다. 그러나 그는 사역을 하신 지 3년 즉 사역의 절정기에 자신은 예루살렘에 올라가서 유대 지도자들에게 수치를 당하고 십자가에 죽었다가 사흘 만에 다시 살아나야 한다고 말씀하셨습니다.

이것이 하나님의 비밀계획에 가장 어려운 부분이었습니다. 하나님의 아들은 우리 죄를 대신해서 십자가 위에서 피를 흘리심으로 우리의 썩은 영혼을 살리시고 지옥 밑바닥에 내려가셔서 거기서 사망을 깨트리고 죄를 이기고 사탄의 머리를 깨고 하나님의 백 퍼센트 의로운 제사를 인정받으신 후 다시 살아나셔야 했던 것입니다. 그래서 예수님이 죽었다가 다시 살아나시는 것은 우리 모두가 갇혀 있는 죽음의 감옥에서 열쇠를 열고 가장 먼저 나오시는 것을 말하는 것입니다.

예수님은 이 하나님의 비밀계획이 실패하지 않도록 겟세마네 동산에서 땀이 피가 되도록 기도하셨습니다. 그는 자신이 하나님의 뜻에 100퍼센트 합당하게 죽도록 결사적으로 기도를 하셨던 것입니다. 그래서 그는 성경 그대로 죽으셨습니다. 그의 손과 발은 못에 찔리셨고 그의 옷은 나누어지고 제비 뽑혔으며 그의 목은 말라서 갈라졌고 그의 옆구리는 창에 찔리고 그의 다리는 꺾이지 아니하였습니다. 그리고 그는 사흘 동안 지옥에서 마귀와 그 부하들에 의하여 죄가 먼지만큼이라도 있는지 털리고 또 털리셨던 것입니다. 그러나 마귀와 그 부하들이 아무리 예수님의 죄를 찾고 털고 또 털어도 예수님에게는 0.000001 퍼센트의 죄도 찾을 수 없었습니다.

이제 드디어 예수님이 일어나실 때가 되었습니다. 예수님은 거기서 죽음의 벽을 깨트리고 죽음의 문은 여셨습니다. 그리고 죄의 세력을 깨트리시고 마귀의 머리를 깨어버리셨습니다. 그리고 예수님은 자기 피를 가지고 하나님께 가서 피를 바쳤는데, 그 피는 99.9999999999999999퍼센트 순수한 것이 아니라, 완전 100퍼센트, 아니 1,000퍼센트 순수한 피였습니다. 하나님은 예수님의 피에 합격이라고 선언하시고 그를 다시 살게 하셨습니다. 이것이 우리 인간이 처음 다시 사는 것이었습니다. 예수님은 그 첫 스타트를 끊으신 것이었습니다.

2. 최초의 발견자

예수님은 드디어 사망을 깨트리고 육체의 썩음과 영혼의 오염을 이기시고 깨끗한 새 몸으로 사셨습니다. 예수님은 살아계실 때보다 훨씬 더 젊어지셨고 멋있어지셨고 엄청난 능력을 가지셨습니다. 그러나 예수 믿는 사람들도 실제로 예수님이 이렇게 살아나실 줄은 몰랐습니다. 왜냐하면 예수님의 제자들도 사람들이 죽었다가 이런 식으로 다시 사는 것은 보지 못했는데, 이것은 하나님의 비밀 작전이었기 때문입니다.

예수님이 갑자기 유대 지도자들에게 체포되어 사형 선고를 받으시고 로마 군인들에게 십자가에서 처형당하셨기 때문에 예수님을 따르던 자들은 예수님의 장례 준비를 전혀 하지 못했습니다. 이때 예수님의 제자들은 유대인들에게 잡히지 않으려고 숨기에 바빴지만 예수님을 따르던 여인들은 용감했습니다. 예수님을 따르던 여인들은 "우리가 예수님을 다른 사람의 손에 의해서 장례지내서는 안 된다. 우리 손으로 직접 향유를 발라서 장례를 지내야 한다"고 생각해서 예수님이 죽으시고 삼일 되던 일요일 아침 새벽에 향유를 준비해서 예수님의 무덤을 찾아갔습니다.

이 여인들은 예수님이 이런 식으로 죽으신 것을 이해할 수 없었습니다. 그들은 이제 더 이상 믿을 대상도 없어졌고 이 세상을 살 자신도 없어졌습니다. 그들이 생각한 것은 다시 한번 예수님의 시신에 향유을 바르면서 예수님의 얼굴을 보는 것이었습니다. 그들은 예수님이 죽으시는 것을 보았지만 예수님의 죽음이 믿어지지 않았습니다. 이들의 걱정은 예수님의 무덤을 큰 돌로 막아 놓았는데 여인들의 힘으로는 그 돌을 옮길 수 없다는 것이었습니다. 그래도 혹시 그 무덤가에 남자가 있으면 힘을 합해서 돌문을 열 생각을 하고 막달라 마리아와 여인들은 이른 새벽에 예수님의 무덤을 찾아갔던 것입니다.

그런데 예수님의 무덤은 이미 열려 있었습니다.

20:1, "안식 후 첫날 일찍이 아직 어두울 때에 막달라 마리아가 무덤에 와서 돌이 무덤에서 옮겨진 것을 보고"

다른 복음서를 보면 이때의 장면이 더 자세히 기록되어 있습니다. 예수님의 무덤은 제자들이 예수님의 시체를 훔쳐가고서는 예수가 부활했다고 선전하지 못하도록 로마 군병들이 지키고 있었고 무덤 돌에는 총독의 인이 찍힌 종이가 붙어 있었습니다. 그러나 예수님은 드디어 죽음을 이기시고 살아나셨습니다. 예수님이 살아나실 때 무덤 주위에는 지진이 일어나고 돌들이 터졌다고 말씀하고 있습니다. 그리고 천사가 내려와서 로마 총독의 인이 찍힌 종이를 찢어버리고 무덤을 막은 돌을 굴려버렸습니다. 그때 로마 군인들은 너무 놀라서 얼굴이 사색이 되었다고 했습니다. 사람이 이런 쇼크를 받으면 대개 오래 살지 못하게 되어 있습니다. 그때 막달라 마리아와 여인들이 예수님의 시신에 향유를 바르려고 무덤에 찾아왔던 것입니다.

예수님이 다시 살아나시는 순간도 놀라웠습니다. 예수님의 창백했던 몸과 얼굴에 화색이 돌기 시작했습니다. 거기서 한 걸음 더 나아가서 그의 육신은 빛이 나기 시작했습니다. 그리고 예수님의 눈은 떠졌습니다. 그리고 예수님은 미소를 지으셨습니다. 왜냐하면 너무나도 기뻤기 때문입니다. 예수님은 드디어 사망을 이기셨고 우리의 첫 열매로 예수님이 새 몸을 가지고 살아나셨기 때문입니다. 예수님의 그 몸은 옛날 몸과 다른 몸이었습니다. 그리고 예수님의 자격도 옛날과 다른 자격이었습니다. 예수님은 그 자리에서 일어나셔서 바로 하나님의 보좌 우편으로 올라가셨습니다. 예수님은 이 세상과 우주에서 가장 높은 분이 되셨습니다.

막달라 마리아와 여인들은 천사를 보고 두려워했습니다. 왜냐하면 그들의 옷은 빛나고 있었고 얼굴은 너무나도 아름다웠기 때문입니다. 여인들은 이 두 사람이 천사인지 알지 못하고 그냥 높은 사람인 줄 알았습니다. 천사는 막달라 마리아에게 "너희가 누구를 찾는지 안다"고 하면서 "십자가에 못 박힌 예수를 찾는구나"라고 했습니다. 이어서 천사는 그들에게 "그가 다시 살아나셨느니라 그의 누우신 자리를 보라"고 했습니다. 여기서 가장 놀라운 말씀은 "그가 다시 살아나셨느니라"는 것입니다. 이것은 '그가 다시 살아나는데 성공하셨느니라'는 말과 같은 것입니다. 예수님은 사망의 문의 열쇠를 여는 데 성공하신 것입니다.

그러나 여인들은 아직 그 천사의 말을 믿지 못했습니다. 예수님의 누우신 자리를 보니까 예수님은 없고 예수님을 입혔던 수의가 깨끗하게 개켜져 있었습니다. 바로 거기가 첫 부활의 현장이었습니다. 우리 인간의 모든 죄와 모든 병과 모든 죽음은 치료되고 다시 사는 현장이었던 것입니다.

천사는 막달라 마리아와 여인들에게 제자들을 찾아가 예수님이 살아나셨다는 놀라운 소식을 전하라고 했습니다. 아마 여인들은 거의 신발이 벗겨지는 것도 모를 정도로 달려가서 숨어있는 제자들에게 예수님의 무덤 문이 열렸고 예수님은 없어졌으며 천사같이 생긴 사람이 예수님이 다시 살아나셨다고 하더라고 전해주었을 것입니다. 그때 제자들은 이 여자들이 예수님의 무덤에 가더니 미쳤나라고 생각했을 것입니다. 왜냐하면 그들은 모두 예수님이 죽어서 무덤에 장사지내는 것을 눈으로 똑똑히 보았기 때문입니다.

그러나 예수님의 두 제자 베드로와 요한은 용기를 내어서 무덤으로 달려가 보았습니다. 그래도 나이가 젊은 요한이 더 빨리 달려서 무덤까지는 갔지만 들어가지는 않고 밖에서 안을 보고 있었습니다. 즉 이 무덤이 그 무덤이 맞나?, 여자들이 착각한 것은 아닐까? 하는 것을 살펴보았습니다. 그리고 베드로는 좀 늦게 왔지만 바로 무덤 안으로 달려 들어갔습니다. 그런데 진짜 예수님은 거기에 없었습니다.

20:6-8, "시몬 베드로는 따라와서 무덤에 들어가 보니 세마포가 놓였고 또 머리를 쌌던 수건은 세마포와 함께 놓이지 않고 딴 곳에 쌌던 대로 놓여 있더라 그 때에야 무덤에 먼저 갔던 그 다른 제자도 들어가 보고 믿더라"

예수님의 수의는 흩어져 있지 않았고 단정하게 놓여 있었습니다. 그리고 머리를 쌌던 수건은 따로 접혀 있었습니다. 이들이 믿었던 것은 예수님이 다시 살아난 것을 믿었던 것이 아니라 예수님이 없어진 것을 믿었던 것입니다. 즉 예수님의 시체가 없어진 것을 비로소 믿었던 것입니다.

3. 예수님을 처음 만난 여인

예수님의 두 제자 베드로와 요한은 예수님이 사라진 것을 보고서도 찾아볼 생각을 하지 않고 서둘러서 집으로 가버렸습니다. 그 이유는 유대인들에게 붙들릴 것이 두려웠기 때문입니다. 그러나 막달라 마리아는 갈 수 없었습니다. 왜냐하면 예수님이 그의 전부였기 때문입니다. 막달라 마리아는 일곱 귀신이 들려서 두통과 불면증과 히스테리성 발작으로 거의 미쳤던 여자였는데, 예수님이 말씀으로 고쳐주셨습니다. 마리아는 자기가 보관하고 있던 향유를 예수님의 발에 붓고 자기 머리털로 닦았던 여자였습니다. 그는 꼭 예수님의 시신을 찾아야겠다고 생각해서 계속 무덤 옆에서 울고 누군가 오기를 기다리고 있었습니다. 그때 예수님이 누우셨던 곳에 천사 둘이 나타났는데, 하나는 예수님의 머리가 있던 곳에, 하나는 예수님의 발이 있던 곳에 앉아 있었습니다. 그러면서 천사는 마리아에게 "여자여, 왜 우느냐?"고 물었습니다.

그랬더니 막달라 마리아는 사람들이 주님을 어디로 옮겼는데 어디로 옮겼는지 몰라서 울고 있다고 대답했습니다. 그런데 뒤에 누가 있었습니다. 마리아는 뒤를 돌아보았지만 예수님인 줄 알아보지 못했습니다. 왜냐하면 너무 젊어져 있었고 더 멋있어져 있었기 때문입니다. 예수님은 모르는 체 하시고 "여자여, 왜 울며 누구를 찾느냐?"고 물으니까 마리아는 그 사람이 동산 관리인인 줄 알고 만일 당신이 우리 주님의 시신을 옮겼으면 어디에 두었는지 알려달라고 했습니다. 그때 익숙한 목소리로 예수님은 "마리아야!"라고 부르셨습니다. 이때 마리아는 예수님을 알아보고 "랍오니!"라고 부르는데 이것은 '선생님' 이라는 뜻입니다. 예수님은 진짜 살아계셨습니다.

막달라 마리아가 예수님의 발을 잡으려고 하니까 예수님은 잡지 말라고 하셨습니다. 막달라 마리아는 이제는 다시 예수님을 놓치지 않으려고 두 손으로 예수님을 꽉 잡으려고 했던 것입니다. 그러나 예수님은 막달라 마리아에게 나를 잡으려고 하지 말라고 하시면서 나는 내 아버지께 가야 한다고 하셨습니다. 즉 내 아버지 곧 너희 아버지 내 하나님 곧 너희 하나님께로 가야 한다고 하셨습니다.

> 20:17-18, "예수께서 이르시되 나를 붙들지 말라 내가 아직 아버지께로 올라가지 아니하였노라 너는 내 형제들에게 가서 이르되 내가 내 아버지 곧 너희 아버지, 내 하나님 곧 너희 하나님께로 올라간다 하라 하시니 막달라 마리아가 가서 제자들에게 내가 주를 보았다 하고 또 주께서 자기에게 이렇게 말씀하셨다 이르니라"

예수님의 부활은 하나님의 비밀계획의 성공이었습니다. 예수님은 성공하셨습니다. 그러나 하나님은 서두르지 아니하십니다. 우리로 하여금 이 세상에서 충분히 하나님의 능력으로 살게 하십니다. 왜냐하면 우리가 이 세상에 사는 것도 의미가 있기 때문입니다.

예수님은 우리 가까이 계십니다. 그리고 우리가 우는 것이나 걱정하는 것을 다 알고 계십니다. 예수님은 도마가 불신에 가득 차서 하는 말까지 다 듣고 계셨던 것입니다.

우리가 죽는 것은 잠시 마취되는 것입니다. 물론 우리는 몇 시간이나 혹은 몇 주나 아플 수 있습니다. 어떤 경우에는 고통이 거의 없을 수도 있습니다. 우리 어떤 장로님은 세수하시다가 돌아가시고 어떤 분은 성경 읽다가 돌아가시고 어떤 분은 예배 마치고 가시다가 돌아가셨습니다. 하나님은 우리를 다시 살리시는 데 성공하셨습니다. 우리는 훨씬 젊게 훨씬 멋있게 다시 살게 될 것입니다. 가족들도 처음에는 잘 몰라볼 것입니다.

그때 우리가 무엇을 할지는 아직 비밀입니다. 우리가 다시 살아나서는 무엇을 할지 아무도 모릅니다. 단지 마귀와 그 졸개들과 살인자들과 불신자들과 음란한 자들과 영혼이 썩은 자들은 저 우주 맨 밑바닥에 있는 불못에 들어가서 유황을 넣은 불에 영원히 타게 됩니다. 마치 광우병에 걸린 소를 태우고 구제역 돼지를 살처분하듯이 태우게 되는 것입니다.

예수님의 부활은 우리 부활의 첫 열매입니다. 우리는 예수님처럼 살 것입니다. 몸에 상처도 다 아물고 세상 옷도 필요 없고 계급이나 직책도 필요 없고 태양도 없어지고 옛 땅도 없고 부자도 없고 정치인도 없고 군대도 없고 하늘은 종이같이 말려가 버리고 우리는 다시 멋있게 태어나서 살 것입니다. 이 세상일을 무가치하다고 생각하지 마시고 세상의 정치인이나 성공한 사람들 부러워하지 마시고 하나님의 자녀답게 당당하고 멋있게 사시기 바랍니다.

58

평강 있으라

요 20:19-31

얼마 전

경북 안동에서 새로운 도로를 내기 위해서 450년 된 오래된 무덤을 이장해야만 했습니다. 그래서 후손이나 관계되는 사람들이 다 모여서 밤에 무덤을 이장했는데, 관이나 시신의 상태가 잘 보존되어 있었습니다. 그때 관에서 한 남자 시신을 들어내는데 가슴에 종이가 하나 붙어 있었습니다. 그것은 그 돌아가신 사람의 부인이 한글로 남편에게 보내는 편지였습니다. 그 편지는 종이를 한 장 빼곡히 채우고 위로 채우고 다시 앞으로 와서 쓰여 있었습니다. 그 편지에는 부인이 남편에게 "자네는 나와 아이들을 두고 어떻게 이렇게 떠나실 수가 있습니까?"라고 하면서 남편에 대한 사랑을 절절하게 적어 놓았습니다. 아마도 그 당시에는 부인이 남편을 높여서 부를 때 "자네"라고 불렀던 것 같습니다.

그리고 그 관 안에 무엇인가가 들어있는데 자세히 보니까 미투리 신발이었습니다. 보통 신발이 아니고 남편이 투병하는 동안 부인이 자기 머리를 잘라서 짚신으로 짠 것이었습니다. 거기에도 편지가 쓰여 있었는데 "자네가 병이 나아서 내 머리로 짠 신을 신고 일어서기를 바랐는데 이렇게 돌아가시니 이 신발을 같이 넣어드립니다"라고 적혀 있었습니다. 저는 450년 전 한국 여성이 자기 죽은 남편에 대하여 이렇게 대담하게 사랑을 표현할 수 있었는가 하는 점에서 놀랐습니다.

우리 교인 중에도 가족이 돌아가셔서 늘 생각하고 그리워하는 분들이 있습니다. 어떤 부인은 처음 남편이 돌아가셨을 때 매일 무덤에 가서 꽃을 꽂아두고 하루 동안 있었던 일을 이야기하는 분도 계셨고, 자녀들은 아침에 학교 갈 때마다 아버지 사진을 보고 "학교 다녀오겠습니다"라고 인사를 하는 아이도 있고, 자기 아이를 먼저 보내고 너무 허전해서 하루라도 빨리 천국에 가서 딸을 만나고 싶어 하는 부모들도 계실 것입니다.

그런데 아무리 돌아가신 어머니가 보고 싶고 남편이나 아내가 보고 싶고 자녀들이 보고 싶다 하더라도 실제로 죽었던 그 사람이 살아서 방에 들어온다면 반갑기보다는 너무 놀라서 뒤로 물러날 것입니다. 왜냐하면 절대로 있을 수 없는 일이 일어나고 있기 때문입니다. 이것은 현실일 수 없는 것입니다. 이 사람은 귀신이든지 아니면 내가 정신이 이상해서 헛것을 보았든지 절대로 있을 수 없는 일이 일어나고 있는 것입니다.

예수님의 제자들이 경험했던 것이 바로 이것이었습니다. 예수님의 제자들은 예수님을 너무나도 사랑했습니다. 어떤 의미에서 제자들은 자기 부모나 자녀들이나 자기 자신보다 예수님을 더 사랑했습니다. 그런데 그들은 자기들의 눈앞에서 사랑하는 예수님이 너무 비참하게 죽으시는 것을 보았습니다. 예수님은 커다란 대못으로 십자가에 못 박혀서 고통받으시다가 여섯 시간 만에 돌아가셨습니다. 그리고 로마 군인들은 예수님이 사망한 것을 확인하기 위하여 옆구리를 창으로 찔렀는데 물과 피가 쏟아져 나왔습니다. 그리고 나서 예수님의 시신은 아리마대 요셉의 빈 무덤에 장사를 지냈습니다. 예수님의 무덤은 큰 돌로 막아서 아무도 열 수 없었고 안에서도 나올 수 없었습니다.

그런데 예수님이 십자가에 못 박혀 죽으시고 사흘이 되던 아침에 예수님의 시신에 향유를 바르려고 갔던 여인들이 이상한 말을 전했습니다. 즉 예수님의 무덤을 막았던 돌은 치워져 있고 예수님의 시신이 없어졌다는 것이었습니다. 그리고 거기에서 천사 같은 사람을 만났는데 예수님은 다시 살아나셨다고 말했다는 것입니다. 그래서 베드로와 요한이 예수님의 무덤으로 달려가서 예수님의 시신이 없어진 것을 확인하게 되었습니다. 그러나 제자들 중에 어느 누구도 예수님이 다시 살아나셨다고 믿는 사람은 없었습니다. 심지어 두 제자는 이런 말을 다 듣고서도 이것은 말도 안 되는 소리라고 하면서 장사나 하고 농사나 지으려고 엠마오로 내려가 버렸습니다.

1. 너희에게 평강이 있을지어다

예수님이 다시 살아나신 것을 맨 먼저 보았던 사람은 막달라 마리아였습니다. 막달라 마리아는 제자들에게 예수님을 만났다고 했습니다. 물론 막달라 마리아도 처음 예수님을 만났을 때 예수님이라고는 꿈에도 생각하지 못했습니다. 단지 그를 동산 관리하는 사람인 줄 알고 예수님의 시신을 어디로 옮겼느냐고 물어보았던 것입니다. 막달라 마리아는 예전에 일곱 귀신이 들려서 정신적으로 고통을 많이 받았던 여자였습니다. 제자들은 막달라 마리아가 예수님을 만났고 천사들을 보았다고 하니까 그 말을 그대로 믿지 못했습니다. 아마도 막달라 마리아가 예수님께서 십자가에 못 박혀 죽는 것을 보고 너무 충격을 받아서 옛날 병이 다시 도졌다고 생각했을지 모릅니다.

그러나 예수님의 제자들은 비밀 장소에 다시 모였습니다. 아마도 그 장소는 예수님과 마지막 만찬을 나누었던 마가의 다락방일 가능성이 큽니다. 그들은 유대인들이 잡으러 올까 두려워서 한 명씩 한 명씩 몰래 모였고 문을 잠그고 있었습니다. 그러면서 서로 얼굴을 쳐다보면서 "예수님의 시신이 없어졌다니 누가 도대체 어디로 옮겼단 말이요?"라고 물어보았을 것입니다. 예수님의 제자들은 아무도 예수님이 다시 살아나셨다고 믿는 사람은 없었습니다.

그때 문이 잠겨 있었는데 갑자기 죽으셨던 예수님이 그들 가운데 나타나셔서 서 계셨습니다. 그리고 "너희에게 평강이 있을지어다"라고 말씀하셨습니다. 이때 제자들은 모두 놀라서 미쳐 죽는 줄 알았습니다. 왜냐하면 말도 안 되는 일이 눈앞에서 일어나고 있었기 때문입니다. 그들은 예수님을 너무 사랑했고 보고 싶어 하는 것 역시 사실이었습니다. 그러나 예수님은 틀림없이 죽으셨습니다. 예수님의 시신은 무덤 안으로 들어갔고 설사 옮겼다 하더라도 어느 무덤 안에서 썩어 가고 있을 것입니다. 그런데 그 죽었던 예수님이 문이 닫힌 방에 갑자기 나타나셔서 가운데 서서 "너희에게 평강이 있을지어다"라고 하시니까 너무 놀라서 뒤로 다 나자빠졌던 것입니다. 이것은 있을 수 없는 일이었습니다. 이것은 유령이든지 착각이든지 헛것을 보았든지 정상적인 것이 아니었습니다.

예수님은 제자들에게 "너희에게 평강이 있을지어다"라고 말씀하셨습니다. 이것이 예수님의 첫 인사였습니다. 여기서 "평안하다"는 것은 정신적으로나 육체적으로나 가정적으로나 어려움이 전혀 없는 것을 말합니다. 그러나 사실 제자들은 그 당시 평강하지 못했습니다. 제자들은 예수님이 돌아가심으로 갑자기 믿던 기둥이 빠져버렸습니다. 제자들은 완전 아노미 상태에 빠졌고 정신이 없었습니다. 그들은 미래에 어떻게 살아야 할지도 몰랐고 지금도 그들의 운명이 어떻게 될지 몰랐습니다. 예수님이 안 계신 제자들은 절대로 평강할 수 없었습니다. 그러나 예수님은 너희에게 평강이 있으라고 명령하셨습니다. 그것은 이제 예수님이 다시 돌아오셨기 때문에 너희들의 모든 불안과 두려움은 다 쫓겨나고 내가 다시 너희들을 책임지겠다고 말씀하시는 것입니다.

제자들은 여전히 예수님을 믿지 못하니까 예수님은 제자들에게 못이 박혔던 손을 보여주시고 창에 찔렸던 옆구리를 보여주셨습니다.

20:20, "이 말씀을 하시고 손과 옆구리를 보이시니 제자들이 주를 보고 기뻐하더라"

예수님은 제자들이 자신을 유령인 줄 아니까 친히 못이 박혔던 손을 보여주시고 창에 찔렸던 옆구리를 보여주셨습니다. 그러면서 예수님은 유령은 몸이 없지만 나는 몸을 가지고 있다고 말씀하셨습니다. 그리고 다른 복음서를 보면 너희에게 먹을 것이 있느냐고 하시면서 구운 생선을 잡수시기도 하셨습니다. 정말 예수님은 살아서 돌아오셨습니다. 제자들은 아무도 예수님이 전에 "내가 사흘 만에 다시 살아나리라"는 말씀을 기억하지도 못했던 것입니다. 예수님은 살아서 돌아오셨고 제자들의 모든 불안과 두려움은 필요 없어지게 되었습니다. 왜냐하면 예수님이 전능하신 능력으로 다시 돌아오셨기 때문입니다. 예수님은 죽음을 이기셨고 죄를 이기셨고 사탄의 머리를 깨셨습니다. 이제는 제자들도 죽음이나 죄나 사탄을 두려워할 필요가 전혀 없게 되었습니다.

오늘 우리도 예수님이 눈에 보이지 않으니까 미래를 두려워하고 전쟁을 두려워하고 가난이나 병을 두려워하고 있습니다. 우리는 아직도 예수님이 돌아가셨다고 생각하고 있거나 아니면 아주 멀리 계신다고 생각하고 있습니다. 그러나 오늘 예수님은 우리에게 명령하십니다. "너희에게 평강이 있을지어다." 즉 모든 의심과 두려움과 불안을 버리고 예수님이 우리와 함께 계신 것을 믿으라는 뜻입니다. 예수님은 우리와 함께 계십니다. 이제 아무도 우리를 해칠 수 없습니다.

2. 우리를 세상에 보내심

예수님은 제자들에게 다시 한번 "너희에게 평강이 있을지어다"라고 말씀하셨습니다. 우리는 지금 평안하십니까? 아니면 병이나 가족의 문제나 우울증이나 두통이나 암으로 고통 중에 있습니까? 예수님이 또 "너희에게 평강이 있을지어다"라고 말씀하신 것은 두려움을 버리라는 뜻입니다. 우리는 미래를 두려워하고 있습니다. 그런데 이런 두려움이 우리의 정신적인 짐을 수십 배나 무겁게 만들고 있는 것입니다. 예수님은 우리의 짐을 지시는 분입니다. 그래서 우리는 미래의 짐까지 지고 고생할 필요가 없습니다.

그런데 예수님은 우리를 다시 이 세상으로 보내신다고 말씀하셨습니다.

20:21, "예수께서 또 이르시되 너희에게 평강이 있을지어다 아버지께서 나를 보내신 것 같이 나도 너희를 보내노라"

예수님은 지금까지 그렇게 두려워하고 떨고 절망하던 제자들을 다시 세상에 보내신다고 말씀하셨습니다. 하나님께서 나를 보내신 것 같이 너희를 보내신다고 말씀하셨습니다. 예수님은 하나님의 전권대사로 이 세상에 오셨습니다. 예수님이 우리의 죄를 위하여 죽으셨다면 우리의 옛사람은 다 죽은 것이며 우리 죄는 다 용서가 된 것입니다. 마찬가지로 예수님은 우리를 하나님 나라의 전권대사로 이 세상에 보내시는 것입니다. 그런데 예수님은 그냥 우리를 보내지 않으셨습니다.

20:22-23, "이 말씀을 하시고 그들을 향하사 숨을 내쉬며 이르시되 성령을 받으라 너희가 누구의 죄든지 사하면 사하여질 것이요 누구의 죄든지 그대로 두면 그대로 있으리라 하시니라"

예수님은 제자들에게 숨을 내쉬면서 "성령을 받으라"고 하셨습니다. 이것은 도대체 무엇이겠습니까? 예수님이 제자들에게 한숨을 쉰 것이 아닙니다. "너희 같은 겁쟁이들이 무엇을 하겠니? 어휴!"라고 하신 것이 아닙니다. 예수님은 제자들에게 천국의 새 기운을 불어 넣어주신 것입니다. 예수님은 지옥의 냄새를 풍기신 것이 아니라 하나님의 보좌 우편에서 가지고 오신 아주 신령한 기운을 부어주신 것입니다.

우리는 공기가 나쁘면 가슴이 답답하고 어지러울 때가 있습니다. 더욱이 일산화탄소나 질소가 많으면 질식되어서 죽기도 합니다. 그러나 예수님은 제자들에게 가장 신선한 공기 천국의 기운을 뿜어주셨습니다. 이 공기를 마시면 정신이 완전히 깨끗해지고 마음이 시원해지고 집중력이 엄청나게 생기게 됩니다. 즉 예수님은 성령의 새 기운을 뿜어주신 것입니다. 물론 제자들은 오순절에 성령을 받게 되지만 이때도 성령을 받으셨던 것입니다. 그래서 그들은 예수님의 가르침을 이해하고 기도에 집중할 수 있었습니다. 여기서 예수님은 우리를 세상에 보내시는 이유를 말씀하셨습니다. 그것은 돈 벌거나 유명해지거나 성공하기 위해서가 아닙니다. 우리는 새 영혼들을 건지기 위해서 세상에 나가는 것입니다.

예수님은 누구 죄든지 너희가 용서하면 죄가 용서되고 그대로 두면 그대로 있게 된다고 하셨습니다. 죄 용서 받으면 어떻게 됩니까? 그는 바로 새사람이 되는 것입니다. 우리는 새사람을 만드는 사람들입니다.

우리는 전 세계에 새사람들을 만드는 사람들입니다. 누구 죄든지 용서하면 새사람이 만들어집니다. 우리는 누구 죄든지 용서를 해야 합니다. 용서가 안 되면 이해라도 하면 용서가 되는 것입니다.

3. 믿지 않은 제자들

예수님의 열두 제자 중에서 의심이 아주 많은 제자가 있었습니다. 그는 바로 도마였습니다. 도마는 예수님이 죽으시고 장사되심으로 모든 것이 다 끝났다고 생각했습니다. 그래서 처음 제자들이 모여서 예수님을 만났을 때 도마는 거기 있지 않았습니다. 왜냐하면 괜히 제자들과 어울렸다가 붙들리면 자기도 잡혀 죽을 수 있었기 때문입니다. 도마는 굉장히 합리적인 사람이었고 감정적이라기보다는 지적인 사람이었습니다. 제자들은 부활의 주님을 만난 후 당장 같이 있지 않았던 도마를 찾아가서 만났습니다. 제자들은 도마에게 "예수님이 진짜 살아나셨더라. 막달라 마리아가 헛소리를 한 것이 아니더라"고 하면서 우리가 예수님의 손의 못 자국을 보았고 옆구리의 창 자국을 보았다고 흥분해서 이야기했습니다.

그런데 도마의 그다음 한 마디에 제자들은 찍소리도 하지 못했습니다. 도마는 다른 제자들에게 "그래 너희들이 예수님의 손에서 못 자국을 보고 옆구리에서 창 자국을 보았다고 하자. 중요한 것은 너희들이 그 못 자국과 창 자국을 만져 보았느냐 하는 거야"라고 한 것입니다. 제자들은 예수님을 보고 너무 흥분하고 놀라서 예수님의 못 자국만 보고도 믿었고 창 자국만 보고도 믿었습니다. 제자들은 감히 예수님의 못 자국을 만져 볼 생각을 하지 못했던 것입니다.

그러나 도마는 이렇게 말했습니다. "나는 예수님 손의 못 자국이나 옆구리의 창 자국을 보는 것으로는 인정하지 못하겠어. 나는 예수님 손의 못 자국에 내 손을 직접 넣어보고 예수님 옆구리의 창 자국에 손을 넣어보기 전에는 예수님이 살아나신 것을 못 믿겠어." 그러니까 다른 제자들도 흥분해 있다가 도마의 이 말을 듣고는 더 이상 할 말이 없었습니다.

그리고 제자들은 일주일을 더 예루살렘에 있었습니다. 다른 사람들은 유월절도 지났으니 모두 짐을 싸서 집으로 돌아가고 있었습니다. 그러나 제자들은 예수님이 또 오신다고는 말씀하시지 않았지만 안식 후 첫날 즉 일요일에 또 오실지 모른다는 기대가 있었습니다. 그래서 제자들은 도마에게 이번 주일에는 너도 우리와 같이 있어 보자 혹시 예수님이 또 오실지도 모른다고 권면했습니다. 우리가 다른 사람에게 할 수 있는 것은 완전한 설득이 아닙니다. 그냥 교회에 한번 가 보자는 말이 우리가 할 수 있는 말의 전부일 수도 있습니다. 그런데 이번에는 도마도 호기심이 생겼는지 안식 후 첫날 주일에 제자들과 같이 한자리에 모였습니다. 그때 예수님이 또 찾아오셨습니다.

20:27-29, "도마에게 이르시되 네 손가락을 이리 내밀어 내 손을 보고 네 손을 내밀어 내 옆구리에 넣어 보라 그리하여 믿음 없는 자가 되지 말고 믿는 자가 되라 도마가 대답하여 이르되 나의 주님이시요 나의 하나님이시니이다 예수께서 이르시되 너는 나를 본 고로 믿느냐 보지 못하고 믿는 자들은 복되도다 하시니라"

예수님은 어디에 계시다가 제자들을 찾아오셨을까요? 바로 하나님의 보좌 우편에 계시다가 찾아오신 것입니다. 예수님은 제자들에게 또 "너희에게 평강이 있을지어다"라고 말씀하셨습니다. 제자들은 평강이 필요했습니다. 왜냐하면 도마는 주님의 부활을 여전히 불신하고 있었기 때문입니다. 그리고 예수님은 오시자 말자 도마에게 "여기 와서 네 손가락으로 내 못 자국을 만져보고 네 옆구리에 손을 넣어서 창자국을 만져보라"고 하셨습니다. 그리고 예수님은 도마에게 "믿음이 없는 자가 되지 말고 믿는 자가 되라"고 하셨습니다.

도마가 예수님의 손에 자기 손가락을 얹어 놓으니까 정말 거기에 못 자국이 있었습니다. 상처는 아물었지만 여전히 못 자국 주위는 멍이 들어있었습니다. 예수님의 발에도 못 자국이 분명했습니다. 예수님의 발등에 구멍이 뚫어져 있었습니다. 또 도마는 예수님의 옆구리에 손을 넣었습니다. 거기에도 분명히 창 자국이 만져졌습니다. 도마는 거기서 바닥에 엎드리며 "나의 주님이시요 나의 하나님이십니다"라고 고백하면서 벌벌 떨었습니다.

예수님은 도마가 제자들 앞에서 하는 불신앙의 말을 다 듣고 계셨던 것입니다. 오늘도 예수님은 우리가 하는 말이나 다른 사람들이 우리에게 하는 말을 다 듣고 계십니다. 예수님은 도마에게 믿음 없는 자가 되지 말고 믿는 자가 되라고 말씀하셨습니다. 이것은 자기 생각대로 되지 않는다고 해서 믿음을 팔아먹지 말라는 뜻입니다.

예수님은 도마에게 이렇게 말씀하셨습니다. "너는 나를 본 고로 믿느냐 보지 못하고 믿는 자들은 복되도다." 도마는 예수님의 못 자국과 창 자국을 보기만 한 것이 아니라 만져보고 난 후에야 믿었습니다. 그러나 이제 복음은 보지 않고 만지지 않고 믿는 자가 복이 있습니다. 무조건 하나님의 말씀만 듣고 믿는 자가 복된 것입니다. 왜냐하면 말씀을 듣고 믿는 것이 바로 예수님을 믿는 것이기 때문입니다.

예수님은 하나님의 아들이시요 예수님을 믿으면 영생을 얻습니다. 우리에게는 또 다음 생명이 있습니다. 우리는 죽어 없어지지 않습니다. 우리는 모두 또 한 번 살게 되는 것입니다. 이 복음이 바로 그 약입니다. 우리는 죽어도 죽지 않습니다. 우리는 이 세상에 건질 자들이 많습니다. 그들을 건지려고 하면 자존심을 버려야 합니다. 계급의식도 버려야 합니다. 모든 사람을 다 살리는 성도들이 되시기 바랍니다.

59

배 오른편에 던지라

요 21:1-14

옛날에는

우울증이나 공황장애는 잘 치료되지 않았습니다. 특히 위나 심장이나 장이 발작을 일으키면 거의 죽고 싶은 충동이 생기게 됩니다. 사실 자살하는 사람 중에서 이것이 너무 괴로워서 자살하는 사람들이 많이 있습니다. 그런데 얼마 전에 간질약이 우울증 치료에 특효가 있는 것이 알려지게 되었습니다. 그런데 이 약이 얼마나 효과가 좋은지 의사들은 이 약을 신이 내린 약이라고 말을 한다는 것입니다. 우리는 지금까지 해 오던 방식이야말로 가장 검증된 것이고 믿을 수 있는 것이라고 생각하지만, 아직 우리가 알지 못하는 것들이 너무나도 많이 있다는 것을 인정해야 합니다.

전에 지방에서 한 흉부외과 교수를 만나게 되었습니다. 이분은 교회에 나온 지 얼마 안 되었는데 작은 개척 교회에 다니고 계셨습니다. 그런데 이분은 어느 날 환자의 심장을 이식 수술하는데 실이 잘 꿰매어지지 않았습니다. 이분은 수술하다가 잠시 손을 멈추고 예수님께

기도를 했다고 합니다. "예수님, 이 사람의 심장이 잘 꿰매어지지 않는데 어떻게 하면 좋습니까? 예수님은 만병의 의사시니까 이 사람의 병도 고칠 수 있으리라 믿습니다"라고 하며 기도했습니다. 이 기도를 마치자 갑자기 어느 실을 쓰라는 생각이 들면서 간호사에게 그 실을 가져오게 해서 꿰매었습니다. 그리고 그 환자는 살았습니다. 그 교수님은 인턴이나 레지던트들에게 이번 수술은 예수님이 하셨다고 말을 했다고 합니다. 그 후에 이분은 반드시 기도하고 심장 수술을 한다고 했습니다. 그런데 얼마 후 신문을 보니까 그 의사의 기사가 실려 있었는데, 심장 이식 수술을 천 번 성공시킨 의사로 기사가 났습니다.

본문은 예수님이 부활하신 후 제자들과 세 번째 만난 것을 기록하고 있습니다. 이날 밤에도 제자들은 고기를 잡으러 갔다가 밤새도록 그물을 던졌지만 단 한 마리의 물고기도 잡지 못했습니다. 그런데 예수님의 말씀 한마디로 제자들은 엄청나게 큰 고기들을 그물이 찢어질 정도로 많이 잡게 되었습니다. 기적이었습니다. 사람 중에는 기적을 믿는 사람도 있고 믿지 않는 사람도 있습니다. 그런데 기적이 어려운 것은 우리가 일으키거나 우리 힘으로 멈추게 할 수 없다는 점입니다. 기적은 하나님이 일으키시는 것입니다. 그런데 우리가 주님의 말씀을 잘 듣고 자존심을 버리고 순종하면 기적이 일어나게 됩니다.

1. 고기 잡으러 갈란다

원래 예수님은 부활하신 후에 제자들에게 갈릴리에서 만나자고 말씀하셨습니다. 그런데 이미 두 번씩이나 예루살렘에서 제자들을 만나셨습니다. 그 이유는 예수님이 제자들을 너무 만나고 싶으셨기 때문입니다. 예수님은 이 부활의 기쁜 소식을 제자들에게 너무 전하고 싶어서 견딜 수 없었습니다. 그런데 이제 드디어 예수님과 제자들이 갈릴리에서 만나게 되었습니다.

원래 요한복음은 20장으로 끝나게 되어 있습니다. 그런데 아무래도 요한은 21장 내용을 추가시켜야 하겠다고 생각한 것 같습니다. 그런데 사실 21장이 추가된 것은 우리에게 얼마나 다행인지 모릅니다. 왜냐하면 이 21장이 우리가 살아갈 삶의 방향을 제시하는 말씀이기 때문입니다.

여기에 보면 예수님이 제자들을 만난 배경을 이렇게 설명하고 있습니다.

21:1, "그 후에 예수께서 디베랴 호수에서 또 제자들에게 자기를 나타내셨으니 나타내신 일은 이러하니라"

여기에 보면 갈릴리 호수를 디베랴 호수라고 부르는 것이 특징입니다. 디베랴 호수는 로마의 티베리우스 황제를 높이기 위해서 이름을 그렇게 부른 것인데, 이것을 보면 이 당시 전 세계를 지배했던 사람은 로마 황제였던 것을 알 수 있습니다. 로마가 지배하는 세상에서 이제 예수님의 제자들이나 크리스천들은 어떻게 살아가야 되겠습니까? 예수님은 부활하셨지만 늘 제자들과 함께 계신 것은 아니었습니다. 예수님은 갈릴리 호수에서 제자들을 만나자고 하셨지만 아직 오시지 않았고 제자들도 다 모이지 않았습니다.

21:2, "시몬 베드로와 디두모라 하는 도마와 갈릴리 가나 사람 나다나엘과 세베대의 아들들과 또 다른 제자 둘이 함께 있더니"

예수님의 제자 일곱 명이 갈릴리 호숫가에, 예수님과 만나던 곳에 있었습니다. 그런데 여기에 보면 시몬 베드로와 디두모라 하는 도마가 맨 먼저 나옵니다. 우리는 여기서 왜 예수님이 제자들을 갈릴리에서 만나자고 하셨는지 생각해볼 필요가 있습니다. 예수님의 제자들은 모두 예수님의 부활을 믿지 못했습니다. 더욱이 베드로는 예수님이 체포되자 자기는 예수님을 모른다고 세 번이나 부인했습니다. 도마는 다른 제자들은 예수님이 살아나신 것을 직접 보았다고 했지만 자기는 예수님의 못 자국에 손가락을 넣어보고 창 자국에 손가락을 넣기 전에는 예수님의 부활을 믿지 않겠다고 했습니다.

제자들은 어떤 의미에서 모두 신앙에서 실패한 사람들이었고 그들은 나름대로 예수님에 대한 처음 열정을 잃어버린 상태였습니다. 그때 예수님은 제자들에게 처음 예수님의 말씀을 듣고 은혜받았던 곳으로 오라고 하신 것입니다. 왜냐하면 그곳은 제자들이 처음 새 출발할 수 있는 곳이었기 때문입니다. 그들에게는 모두 조용하게 생각하면서 예수님을 기다리는 시간이 필요했습니다. 그때 갑자기 베드로는 다른 제자들에게 자기는 물고기를 잡으러 가겠다고 했습니다. 그러니까 다른 제자들도 모두 고기를 잡으러 같이 가겠다고 해서 모두 고기를 잡으러 가게 되었습니다.

21:3, "시몬 베드로가 나는 물고기 잡으러 가노라 하니 그들이 우리도 함께 가겠다 하고 나가서 배에 올랐으나 그 날 밤에 아무 것도 잡지 못하였더니"

여기서 우리가 생각해 봐야 할 것은 왜 갑자기 베드로가 물고기를 잡으러 가겠다고 했을까 하는 것입니다. 어떤 사람은 베드로가 멍청하게 기다리는 것보다는 고기 잡는 것이 덜 심심하다고 생각했다는 것입니다. 그러나 우리가 조금만 더 깊이 생각을 해보면 제자들은 처음 예수님을 만났을 때 배나 그물이나 집을 다 버렸습니다. 그들은 지금 가지고 있는 것이 아무것도 없습니다. 앞으로 먹고도 살아야겠고 복음도 전해야겠고 제자들도 훈련시켜야 하겠는데 이들은 가지고 있는 것이 아무것도 없었던 것입니다. 이때 다른 제자들은 어떻게 되겠지 하면서 가만히 있었지만, 베드로는 책임감이 있었기 때문에 "우리가 가지고 있는 기술은 고기 잡는 것이니까 고기나 잡자"라고 말한 것입니다. 즉 제자들이 갈릴리에 와보니까 현실적인 문제가 그들을 기다리고 있었던 것입니다. 즉 돈이 없는 것이었습니다.

그런데 그날은 물고기들이 너무 냉정했습니다. 지금 제자들은 비장한 각오로 물고기를 잡아서 복음도 전하고 선교사도 파송해야 하는데 물고기들이 다 어디에 갔는지 단 한 마리도 잡혀주지 않았습니다. 제자들은 옛날 솜씨를 발휘해서 밤새도록 그물을 던졌지만 단 한 마리도 잡지 못했습니다. 제자들은 너무나도 초조하고 신경질이 났을 것입니다. 제자들이 할 수 있는 것은 고기를 잡는 것밖에 없는데 고기마저 잡히지 않으니까 제자들은 이제 무엇을 먹고 살아야 합니까? 현실이라고 하는 것은 너무나도 냉혹했습니다.

2. 예수님이 찾아오심

제자들은 밤새도록 그물을 던졌지만 물고기를 한 마리도 잡지 못했습니다. 그리고 이제 드디어 날은 밝아가고 있었습니다. 그때 예수님이 호숫가에 찾아오셨습니다. 그러나 제자들은 아무도 예수님을 알아보지 못했습니다.

21:4, "날날이 새어갈 때에 예수께서 바닷가에 서셨으나 제자들이 예수이신 줄 알지 못하는지라"

날은 제법 훤해졌지만 제자들은 호숫가에 서 계신 분이 예수님인 줄 알지 못했습니다. 그들은 누군가 이 아침에 호숫가에 산책을 나왔을까 아니면 물고기를 사러 나왔나 하고 생각했을 것입니다. 그런데 놀라운 것은 바로 그분이 하신 말씀이었습니다.

21:5, "예수께서 이르시되 얘들아 너희에게 고기가 있느냐 대답하되 없나이다"

우선 제자들은 왜 예수님을 알아보지 못했을까요? 물론 아직 날이 덜 밝아서 얼굴이 잘 안 보였을 수도 있고, 제자들이 밤새 일을 하는 바람에 피곤했을 수도 있습니다. 그런데 더 중요한 것은 예수님이 부활하면서 변하신 것이었습니다. 예수님은 훨씬 더 젊어지셨고 더 멋있어졌으며 활기에 넘쳐 있었던 것입니다. 그래서 제자들은 예수님을 금방 알아보지 못했습니다. 그런데 놀라운 것은 바로 예수님이 제자들에게 하신 말씀이었습니다.

"얘들아, 너희에게 고기가 있느냐?"

예수님은 제자들을 '얘들'이라고 불렀습니다. "얘들"은 보통 몇 살부터 몇 살 사이의 아이들을 부르는 말일까요? 원래 '얘들'은 정말 코나 질질 흘리는 어린아이들을 말하는 것입니다. 그런데 예수님은 다 큰 어른들을 보고 '얘들'(파이디아)이라고 부르셨습니다. 그 이유는 제자들이 아무리 나이가 들었고 배운 것이 많다고 해도 예수님에게는 여전히 코흘리개 어린아이들밖에 되지 않았기 때문입니다.

예를 들어서 세계적인 바이올리니스트에게 지금 막 바이올린을 배우는 아이는 '얘들'에 불과한 것입니다. 컴퓨터를 능숙하게 다루는 전문가의 눈에는 처음 컴퓨터를 배우는 사람은 '얘들'밖에 되지 않는 것입니다. 부활하신 예수님은 못하시는 것이 없는 어른이었습니다. 그는 전문가 중의 전문가였습니다. 그러나 제자들은 여전히 아이들이었던 것입니다.

요즘도 우리는 너무 아는 것이 없는 어린아이에 불과합니다. 그럼에도 불구하고 우리는 모든 것을 다 안다고 생각하는 것입니다. 그러나 우리는 죽으라고 일을 하고 공부를 하고 노력은 하는데 아무것도 없습니다. 그 이유는 우리가 '파이디아' 즉 어린아이이기 때문입니다. 우리는 예수님께서 우리를 '애들'이라고 부르는 소리가 들려야 합니다. "그래 네가 죽도록 돈 벌려고 쫓아다녔는데 돈 좀 번 것이 있니?" 하는 소리가 우리의 귀에 들려야 하는 것입니다.

그때 예수님의 음성이 들렸습니다.

21:6, "이르시되 그물을 배 오른편에 던지라 그리하면 잡으리라 하시니 이에 던졌더니 물고기가 많아 그물을 들 수 없더라"

예수님은 제자들에게 그물을 배 오른편에 던지라고 하셨습니다. 제자들은 이미 오른편 왼편 다 던져보았습니다. 그러나 예수님인 줄 모르지만 누군가가 하는 소리를 듣고 그들은 순종했습니다. 왜냐하면 제자들은 이제 자존심도 다 죽었고 자기들은 아무것도 아니라고 생각하고 있었기 때문입니다. 제자들의 마음은 자기가 아니면 안 된다는 고집이나 교만한 생각이 다 사라지고 누구든지 시키면 시키는 대로 할 마음이 있었습니다. 그들의 마음이 말랑말랑해져 있었던 것입니다.

제자들은 예수님의 이 말 한마디에 단번에 그물이 찢어질 정도로 많은 물고기를 잡게 되었습니다. 이것이 바로 이 새로운 시대에 우리가 사는 비결입니다. 즉 우리는 나는 전문가라는 생각을 버리고 겸손한 어린아이의 마음으로 주님이 던지라고 하는 곳에 던지면 되는 것입니다. 주님은 오늘도 우리에게 영감을 주십니다. 이 '인스피레이션'이 처음에는 맞을 때도 있고 틀릴 때도 있습니다. 그러나 자꾸 연습하는 가운데 점점 더 정확해지게 됩니다.

전에 어떤 분을 만났는데 경찰대학 교수였습니다. 그는 미국에서 유학하면서 박사 논문을 쓰는데 방향을 잡을 수 없었다고 합니다. 그런데 그가 다니는 한인교회 목사님이 교회에 와서 한글학교 봉사를 하면 좋겠다고 하더라는 것입니다. 그는 좀 짜증이 났지만 순종했습니다. 그런데 그때부터 자꾸 논문에 대한 생각이 나면서 쉽게 완성했다고 합니다. 그리고 지도교수 세 사람이 모이는 것이 참 어려운데 너무 쉽게 모여서 논문을 통과시켜주고, 또 한국에 교수 자리가 나서 지금은 교수를 하고 있다고 했습니다. 자기는 한 것이 아무것도 없다고 했습니다. 우리가 어린아이가 되면 주님의 음성을 들을 수 있고 기적이 일어나게 됩니다.

3. 잃어버린 열정

이때 예수님의 사랑하는 제자 요한이 주님을 알아보고는 "주님이시라"고 하니까 베드로가 그 말을 듣고 옷을 벗고 있다가 옷을 입고 바다로 뛰어내려서 예수님께로 갔습니다.

> 21:7, "예수께서 사랑하시는 그 제자가 베드로에게 이르되 주님이시라 하니 시몬 베드로가 벗고 있다가 주님이라 하는 말을 듣고 겉옷을 두른 후에 바다로 뛰어 내리더라"

바다에서 수영하려면 옷을 벗고 있다가 입고 바다로 뛰어들어야 할까요, 아니면 입은 옷을 벗고 바다로 뛰어들어야 할까요? 베드로는 옷을 벗고 있다가 입고 바다로 뛰어들었습니다. 왜 베드로는 옷을 입고 바다에 뛰어들었을까요?

베드로는 이미 이것과 비슷한 경험을 해 본 적이 있습니다. 이런 것을 '데자뷔'라고 하는데 옛날에 있었던 일이 똑같이 또 일어나는 것입니다. 누가복음 5장에 보면 베드로가 처음 예수님의 부르심 받았을 때의 장면이 나옵니다. 이때 예수님은 베드로의 배를 빌려서 하나님의 말씀을 전하셨는데, 예수님의 말씀은 은혜스러웠지만 베드로는 예수님이 자기 배에서 설교하시는 바람에 고기 잡는 일정에 차질이 생기게 되었습니다. 그물을 씻고 좀 쉬었다가 물고기를 잡으러 가야 하는데 그물을 씻을 시간이 없었던 것입니다. 그런데 그 전날 밤에도 베드로는 물고기를 한 마리도 잡지 못했습니다.

그때 예수님은 베드로에게 이 그물을 그대로 가지고 깊은 데 가서 그물을 던지라고 말씀하셨습니다. 베드로는 지금 짜증이 나려고 하고 있었습니다. 왜냐하면 예수님은 하나님의 말씀은 잘 전하시는지 몰라도 물고기 잡는 것은 자기가 더 전문가였기 때문입니다. 사람들은 아무것도 모르는 사람이 자신의 전문 영역에 대하여 이러쿵저러쿵하면서 간섭하면 굉장히 짜증 나게 됩니다. 그러나 베드로는 예수님의 말씀을 듣고 은혜를 받았기 때문에 "주여 우리가 밤새도록 그물을 던졌지만 한 마리도 잡지 못했습니다. 그러나 말씀에 의지해서 그물을 내리겠습니다"라고 하며 순종했습니다. 그랬더니 그물이 찢어질 정도로 많은 고기가 잡혔습니다. 그때 베드로는 자기가 예수님을 무시했던 것이 부끄러웠습니다. 예수님은 호수 안에 지금 물고기가 어디에 모여 있는지 다 알고 계신 분이었던 것입니다. 예수님은 베드로의 마음도 다 알고 계셨습니다.

그때 베드로는 "주여, 저는 죄인입니다. 나를 떠나소서"라고 고백했습니다. 요즘 자기는 모든 것을 잘했다고 기자들 앞에서 큰소리를 떵떵 쳤는데 검찰에서 압수한 컴퓨터에서 모든 증거물이 나오니까 꼼짝하지 못하고 죄인이라고 고백하는 것입니다. 예수님은 모든 것을 다 알고 계십니다. 그때 예수님은 베드로에게 오늘부터 너는 사람을 낚는 어부가 되리라고 말씀하셨습니다. 그 순간 베드로는 목숨을 걸고 주님을 따르려고 허리띠를 졸라매었습니다.

그러나 삼 년이 지나면서 베드로의 열정도 식었고 또 여전히 먹고 사는 것을 걱정하면서 물고기와 싸우고 있었던 것입니다. 그런데 이 시간 처음 주님을 만나 물고기를 많이 잡았던 때가 생각나서 마음속에 '아, 주님이시구나. 이제는 절대로 내가 이 열정을 잃지 말고 주님을 따라가야겠다!'고 각오하면서 옷을 입고 허리띠를 매었던 것입니다.

21:11-13, "시몬 베드로가 올라가서 그물을 육지에 끌어 올리니 가득히 찬 큰 물고기가 백쉰세 마리라 이같이 많으나 그물이 찢어지지 아니하였더라 예수께서 이르시되 와서 조반을 먹으라 하시니 제자들이 주님이신 줄 아는 고로 당신이 누구냐 감히 묻는 자가 없더라 예수께서 가셔서 떡을 가져다가 그들에게 주시고 생선도 그와 같이 하시니라"

이때 잡은 물고기의 수는 큰 물고기만 153마리였습니다. 그리고 예수님은 불을 피워놓으시고 그 위에 생선도 구워놓으시고 떡도 구워놓으셨습니다. 그리고 와서 조반을 먹으라 하셨습니다.

이제는 새로운 시대가 시작되었습니다. 이제 우리는 어린아이가 되고 예수님이 하라고 하시는 대로 하면 기적이 일어나는 시대가 된 것입니다. 내일 굶어 죽을 걱정을 하지 마시고 열정을 회복하는 여러분이 다 되시기 바랍니다.

60

네가 나를 사랑하느냐

요 21:15-25

미국의
한 여자 교수가 있었는데 술을 자꾸 마시다 보니까 알코올 중독자가 되어버렸습니다. 그녀는 술 때문에 교수 일을 계속할 수도 없었고 또 집도 나오게 되어서 어느 공원의 벤치에서 잠을 자는 노숙자가 되고 말았습니다. 술이라는 것이 얼마나 무섭고 지독한 것인지 최고의 지성인을 폐인으로 만들어버렸던 것입니다. 그러다가 술에 취해서 공원 벤치에서 잠을 자던 그녀는 결국 경찰에 의해서 발견되게 되었고 나중에 가족과도 연락이 되었습니다. 그녀의 언니는 폐인이 되고 술 냄새가 진동하는 이 동생을 집으로 데리고 가서 씻긴 후 알코올 중독자들이 재활하는 곳에 데리고 가서 술을 끊게 했는데, 나중에 어느 정도 정신이 돌아오게 되었고, 후에 정상생활로 복귀했다고 합니다. 아마도 가족이 챙기지 않았더라면 이 사람은 공원에서 얼어 죽었을 것입니다.

미국 드라마를 보면 어렸을 때는 그렇게 귀엽고 말도 잘 듣던 아이들이 십대만 되면 눈빛이 사나워지고 사사건건 부모와 말싸움 하는 것을 보게 됩니다. 또 부모가 재혼한 경우에는 "당신은 내 아버지가 아니잖아"라고 반항하는 말을 하기도 합니다. 그래서 옆집 사람이 무슨 일이 있냐고 물으면 "아이가 십대잖아요"라고 하면 "그렇죠?"라고 하며 맞장구치는 것을 볼 수 있습니다. 아이들이 좀 더 크면 부모와 싸워서 가출해버리는 때도 많이 있습니다.

그런데 사실 자녀가 부모와 싸우는 것은 자기를 찾으려고 하는 과정입니다. 부모는 늘 자기를 어린아이로 취급을 하는데 아이들은 자기를 더 이상 아이 취급하지 말라는 의미가 들어있는 것입니다. 그런 아이들이 친구를 만나면 그렇게 잘 지낼 수가 없습니다. 왜냐하면 친구들은 더 이상 자기를 어린아이로 취급을 하지 않기 때문입니다. 우리나라에서는 십대라고 하기보다는 '사춘기'라고 합니다. 부모의 잔소리를 듣기 싫어하고 혼자의 시간을 가지려고 하고 가수의 노래를 좋아하고 부모에게 반항하는 시기입니다. 이것은 모두 자기를 찾으려고 하는 과정입니다.

예수님은 드디어 사망의 권세를 깨고 부활하셨습니다. 예수님은 제자들에게 자신의 부활을 보여주셨습니다. 제자들은 예수님의 손과 발의 못 자국을 보았고 옆구리의 창 자국도 보았습니다. 이제 제자들은 어떻게 해야 합니까? 옛날같이 계속 예수님을 따라다니기만 하면 되는 것입니까? 아니면 모든 것이 다 끝난 것입니까? 특히 베드로는 누구입니까? 베드로는 예수님이 잡히셨을 때 예수님을 모른다고 세 번이나 부인한 사람입니다. 그는 예수님의 제자입니까? 아니면 예수님의 제자가 아닙니까?

베드로는 공식적으로는 자기는 예수님의 제자가 아니라고 선언을 한 상태입니다. 그러나 그것은 진짜 예수님이 싫어서 그렇게 한 것은 아니고 붙잡혀 죽을까 봐 무서워서 그렇게 한 것입니다. 예수님은 겟세마네 동산에서 잠을 자는 제자들에게 "마음은 원이로되 육신이 약하도다"라고 말씀하셨습니다. 그럼에도 불구하고 베드로는 침체에 빠져서 아무것도 할 수 없는 상태였습니다. 그는 제자도 아니고 아닌 것도 아니었습니다.

아마 사탄은 베드로를 그냥 두지 않고 앞으로 계속 공격할 것입니다. "너는 예수님의 제자도 아니면서 왜 제자들과 같이 있는 거야? 가룟 유다는 양심이 있어서 자살이라도 했지만 너는 왜 자살도 안 하는 거야?"라고 공격할 것입니다. 베드로와 예수님 사이에는 눈에 보이지 않는 서먹서먹한 불신의 벽이 놓여 있어서 더 이상 가까워질 수 없었습니다. 그러나 예수님은 베드로를 그런 영적인 침체에서 벗어나게 하셔서 열정적인 신앙 지도자가 되기를 원하셨습니다. 예수님은 한번 실패했던 베드로가 충만한 성령의 은혜를 받아서 수많은 사람을 살려 주는 사람이 되기를 원하셨습니다. 그래서 예수님은 먼저 베드로에게 말씀하셨습니다.

1. 네가 나를 사랑하느냐?

21:15, "그들이 조반 먹은 후에 예수께서 시몬 베드로에게 이르시되 요한의 아들 시몬아 네가 이 사람들보다 나를 더 사랑하느냐 하시니 이르되 주님 그러하나이다 내가 주님을 사랑하는 줄 주님께서 아시나이다 이르시되 내 어린 양을 먹이라 하시고"

무엇이든지 처음 하는 말이 아주 중요한 법입니다. 만일 예수님이 베드로에게 첫 마디로 "너는 왜 나를 모른다고 했어?"라고 하셨더라면 베드로는 쥐구멍에라도 들어가고 싶을 것입니다. 마치 그때 베드로와 예수님 사이는 완전히 비닐 같은 막으로 싸여 있어서 무슨 말을 해도 안 통할 정도로 불신으로 막혀 있었습니다. 아마 예수님이 베드로에게 "너는 나를 모른다고 했지만 나는 여전히 너를 사랑한다"고 말씀하셨더라면 베드로는 분명히 용기를 내었을 것입니다. "그래 나는 넘어지고 또 넘어지지만 주님은 언제나 나를 용서하시고 사랑하셔." 이것이 우리에게 얼마나 힘이 되는지 모릅니다. 그런데 예수님은 소극적인 질문에서 아주 적극적인 질문으로 나가셨습니다.

예수님은 베드로를 "요한의 아들 시몬"이라고 부르셨습니다. 그동안 예수님은 베드로를 부를 때 늘 '게바'나 '베드로'라고 부르셨습니다. 이것은 예수님이 지어주신 새 이름이었습니다. 그러나 베드로는 예수님을 세 번 모른다고 하면서 새 이름을 잃어버렸습니다. 그는 옛날의 '요한의 아들 시몬'으로 돌아가 있었던 것입니다. 즉 예수님의 부르심을 받기 전의 상태로 돌아가 있었던 것입니다.

그런데 갑자기 예수님은 벼락같은 말씀으로 베드로에게 물으셨습니다. 그것은 "네가 나를 사랑하느냐?"는 물음이었습니다. 이 말씀 속에는 "그동안 그 모든 불신앙과 불신에도 불구하고 나를 하나님의 아들로 믿느냐?" 하는 뜻이 들어있습니다. 우리 기독교에서 중요한 것은 '그럼에도 불구하고'입니다. 즉 지금까지 술도 마시고 교회도 잘 안다니고 나쁜 짓도 했지만 그럼에도 불구하고 마음속으로 예수님을 하나님의 아들로 믿느냐고 물으시는 것입니다.

예수님은 "이 사람들보다 더 나를 사랑하느냐?"고 물으셨습니다. 그것은 이 사람들을 사랑하는 것보다 주님을 더 사랑하느냐라는 뜻도 있지만, 이 사람들이 뭐라고 하든지 간에 나를 더 사랑하느냐는 뜻이 있습니다. 즉 이 사람들 중에는 너를 싫어하고 뭐라고 뒤에서 말하는 사람이 있을지도 모르겠지만 그럼에도 불구하고 내가 하나님의 아들인 것을 믿느냐라는 뜻입니다. 베드로는 다른 것은 다 부인해도 예수님이 하나님의 아들인 것을 부인할 수 없었습니다. 그래서 베드로는 "내가 주님을 사랑하는 줄 주님이 아십니다"라고 대답을 했습니다.

결국 베드로와 예수님이 통할 수 있는 유일한 통로는 사람들과의 관계가 좋아지는 것도 아니고, 사람들에게 변명하는 것도 아니고, 예수님을 하나님의 아들로 믿는 믿음이었습니다. 이것이 바로 하나님의 사랑을 믿는 것이고 예수님을 사랑하는 것입니다. 그랬더니 예수님은 놀라운 말씀을 하셨습니다. 그것은 바로 "내 어린 양을 먹이라"는 것이었습니다.

우리는 하나님 앞에 나올 때마다 말씀대로 살지 못하고 불순종한 죄 때문에 죄송할 때가 많습니다. 그래서 어떤 사람은 기도하면서 "하나님, 미안합니다"라고 시작하기도 합니다. 그런데 우리가 침체에서 회복할 수 있는 유일한 길은 "내가 예수님을 믿느냐?" 하는 것입니다. 그것만 대답할 수 있다면 다른 것은 아무 문제가 되지 않는 것입니다.

베드로가 "내가 주님을 사랑하는 줄 주님이 아십니다"라고 했을 때 예수님은 "그 말 한마디로 충분하다. 모든 것이 다 끝났다"라고 말씀하지 않으셨습니다. 예수님은 똑같은 질문을 또 하셨습니다.

21:16, "또 두 번째 이르시되 요한의 아들 시몬아 네가 나를 사랑하느냐 하시니 이르되 주님 그러하나이다 내가 주님을 사랑하는 줄 주님께서 아시나이다 이르시되 내 양을 치라 하시고"

예수님은 베드로의 마음은 잘 알고 계시는 분이었습니다. 그렇다면 한 번만 물어보면 충분할 것입니다. 그런데 예수님은 똑같은 질문을 또 물어보셨습니다.

"요한의 아들 시몬아 네가 나를 사랑하느냐"

왜 예수님은 똑같은 질문을 또 물어보셨을까요? 그것은 예수님께서 우리가 마음으로는 원하지만 육신이 약해서 얼마든지 또 넘어질 수 있다는 것을 잘 아셨기 때문입니다.

우리 인간에게는 '관성의 법칙'이라는 것이 있어서 머리로는 죄를 완전히 끊은 것 같은데 실컷 회개하고 얼마 시간이 지나지 않아도 또 죄를 짓고 싶은 마음이 슬슬 일어나게 되는 것입니다. 그때 우리는 그 유혹이 너무 강해서 너무 많이 넘어집니다. 그러나 우리는 또다시 예수님의 사랑을 확인하고 새로 시작해야 합니다. 왜냐하면 이 세상 그 어느 것도 우리를 예수 그리스도의 사랑에서 끊을 수 없기 때문입니다. 베드로가 예수님을 사랑하는 것은 예수님이 우리를 사랑하시는 그 사랑에 비하면 백만분의 일도 안될 것입니다. 그러나 우리의 사랑도 필요합니다. 왜냐하면 이것이 바로 주님을 향하여 우리가 손을 내미는 것이기 때문입니다. 그때 베드로는 "주님을 사랑하는 줄 주님이 아십니다"라고 대답했습니다. 그랬더니 주님은 "내 양을 먹이라"고 하셨습니다. '내 어린 양'에서 '양'으로 바뀐 것입니다. 이것은 양이 조금 자란 것이라고 볼 수 있습니다.

그런데 예수님은 세 번째로 또 똑같은 질문을 하셨습니다.

21:17, "세 번째 이르시되 요한의 아들 시몬아 네가 나를 사랑하느냐 하시니 주께서 세 번째 네가 나를 사랑하느냐 하시므로 베드로가 근심하여 이르되 주님 모든 것을 아시오매 내가 주님을 사랑하는 줄을 주님께서 아시나이다 예수께서 이르시되 내 양을 먹이라"

예수님이 두 번째 베드로에게 "네가 나를 사랑하느냐" 물으신 것은 이해가 됩니다. 왜냐하면 우리의 모든 행동이 우리 마음먹은 대로 되지 않기 때문입니다. 그런데 세 번씩이나 예수님이 똑같은 질문으로 물으셨을 때, 베드로는 자기 답변에 무슨 잘못이 있었는지 생각하게 되었고, 근심을 했습니다. '아, 내가 예수님을 사랑하지 않는 것이 아닌가? 혹 예수님이 내 말을 못 믿으시는 것이 아닌가? 예수님은 내가 지금 거짓말하고 있다고 생각하는가?'

예수님이 베드로에게 세 번이나 나를 사랑하느냐고 물으신 것은 베드로가 세 번 주님을 모른다고 부인했기 때문입니다. 베드로는 그것이 별 것 아니라고 생각할지 모르지만 이것은 하나님 앞에서는 엄청나게 큰 사건이었던 것입니다. 그래서 예수님은 베드로가 완전히 예수님을 부인한 그 사건에서 회복되기를 원하셨습니다. 그래서 예수님은 세 번째 똑같은 질문으로 네가 나를 사랑하느냐고 물으셨습니다. 그때 베드로는 고통 가운데서 대답을 했습니다. "주님은 모든 것을 다 아시오니 내가 주님을 사랑합니다." 이때 아마도 베드로의 마음속에 있던 모든 응어리와 답답한 것이 다 튀어나왔던 것 같습니다. 이제 모든 불신앙과 거짓의 비닐은 다 벗겨졌습니다. 그때 예수님은 또 "내 양을 먹이라"고 말씀하셨습니다. 그리고 베드로는 모든 침체와 의심에서 벗어나서 가장 활발하고 자신 있는 제자가 될 수 있었습니다. 베드로를 침체에서 벗어나게 한 것은 예수님과의 사랑의 대화였습니다.

2. 예수님의 양을 먹이는 시대가 오다

예수님이 부활하신 후 제자들이나 예수 믿는 사람들은 모두 자신이 무엇을 해야 할지 알지 못하고 있었습니다. 예수님이 살아나신 후에도 그들은 옛날같이 예수님을 따라다니면서 병든 자를 고치는 것을 보고 예수님의 말씀을 들어야 하는지, 아니면 예수님은 왕이 되시고 자기들은 신하가 되는지, 아니면 바로 세상의 악을 척결하기 위하여 세상과 전쟁할 준비를 해야 하는지 알지 못했던 것입니다. 그런데 예수님이 베드로에게 가장 먼저 하신 말씀은 "내 어린 양을 먹이라"는 것이었습니다. 즉 제자들이 할 일은 이곳 저것에 흩어져 있는 하나님의 어린 양들을 찾아서 먹이는 것이었습니다.

이 어린 양들은 어떤 양들입니까? 모두 너무 어려서 일어서지도 못하고 어미젖도 먹지 못해서 제대로 살 수 없는 양들입니다. 이 어린 양들을 살리려고 하면 먼저 양들을 빨리 찾아야 하고 그리고는 양들을 안고 젖을 먹어야 합니다. 그래서 베드로나 목자는 이 어린 양이 스스로 자라서 풀을 뜯어 먹을 때까지 잘 돌보아 주어야 하는 것입니다.

예수님은 베드로에게 "내 어린 양을 먹이라"고 하심으로 이제 드디어 위대한 교회의 시대가 온 것을 알려주셨습니다. 이제 제자들이 해야 할 일은 누구든지 복음을 들으면 어린 양이 되는데 그들은 모두 이 양들을 돌보아 주어서 죽지 않게 해야 한다는 것입니다.

그리고 예수님은 "내 양을 먹이라"고 말씀하셨습니다.

이 '양'은 어린 양에 비하면 좀 큰 양입니다. 자기 나름대로 풀을 뜯어 먹을 수 있는 조금 큰 양인 셈입니다. 그러나 이런 양도 길을 잃기 쉽고 절벽에서 떨어지기도 쉽습니다. 또 힘이 센 양들에게 받혀서 다칠 수도 있습니다. 그러나 여전히 양은 목자가 필요합니다. 그 대신 먹는 것과 자라는 방법이 다를 수 있습니다. 이제 좀 자란 양은 억센 풀은 먹지 못하지만 부드러운 풀은 먹을 수 있습니다. 그리고 맑은 물을 마셔야 합니다. 그리고 이 양들은 목자의 음성을 듣고 따라가는 훈련을 받아야 합니다. 그래서 목자가 말하지 못하면 안 됩니다. 목자는 양들의 이름을 불러 주어야 하고 소리를 내어야 하고 길을 잃으면 찾아야 하는 것입니다.

예수님은 세 번째로 "내 양을 치라"고 하셨습니다. 이 양은 다 큰 양입니다. 이 양들은 세상에 보내어야 합니다. 왜냐하면 예수님도 그렇게 하셨기 때문입니다. 예수님은 제자들에게 내가 너희를 세상에 보내는 것은 양을 이리들 가운데로 보내는 것과 같다고 말씀하셨습니다. 양들을 이리 가운데로 보내면 다 잡아 먹히고 말 것입니다. 그래서 교회에서는 희생이 따릅니다. 즉 세상에서 물려 죽는 양이 생기는 것입니다.

그래서 양들이 세상에서 죽지 않는 법을 가르쳐주어야 합니다. 예수님은 너희는 뱀같이 슬기롭고 비둘기같이 순결하라고 하셨습니다. 항상 교회의 끈을 끊어버리면 안 됩니다. 그리고 말씀을 굶으면 죽게 됩니다. 그리고 예수님이 주시는 영감에 따라서 갈 때는 가고 물러설 때는 물러서야 합니다. 세상 사람들은 거인이지만 눈이 먼 거인들입니다. 붙잡히지만 않으면 이길 수 있습니다. 우리는 이 세상에서 모두 하나님 나라의 특사요 에이전트입니다. 그래서 많은 경우 드러내지 말고 하나님의 일을 잘해야 합니다. 즉 우리는 하나님의 비밀 병기입니다. 이 세상에 하나님의 폭탄을 터트릴 수 있어야 합니다.

예수님은 교회 시대가 올 것을 말씀하셨습니다. 교회에서 양 떼를 지키고 먹이는 것이 가장 중요한 일입니다. 왜냐하면 양은 늑대나 사자와 다르기 때문입니다. 양 떼는 다른 짐승을 잡아먹지 않습니다. 오히려 풀을 먹고 물을 마시면 튼튼해지고 좋은 털을 만들어서 사람을 입히는 것이 목적입니다. 교회는 양들을 말씀으로 먹이면 자기들이 알아서 기도하게 되는데 이때 폭발적인 부흥이 일어나게 됩니다. 이것이 베드로가 해야 할 일인 것입니다.

3. 네가 늙어서는

예수님은 베드로가 젊었을 때와 늙었을 때에 하나님의 일을 하는 방법이 다를 것이라고 말씀하셨습니다.

21:18, "내가 진실로 진실로 네게 이르노니 네가 젊어서는 스스로 띠 띠고 원하는 곳으로 다녔거니와 늙어서는 네 팔을 벌리리니 남이 네게 띠 띠우고 원하지 아니하는 곳으로 데려가리라"

사람이 확실히 젊었을 때와 늙었을 때는 생각하는 방식이 다릅니다. 일단 젊었을 때는 아직 이 세상에 살 시간이 많이 남아 있기 때문에 할 일이 많다고 생각합니다. 사실 젊었을 때는 너무나도 하고 싶은 것이 많아서 무엇을 해야 할지 모릅니다. 공부도 하고 싶고 정치도 하고 싶고 사업도 하고 싶고 의사도 되고 싶습니다. 젊었을 때는 얼마나 체력이 좋은지 며칠 밤을 새워서 놀거나 공부해도 하루만 자고 나면 거뜬하고 열정이 넘쳐서 흐릅니다. 그런데 젊은 사람은 없는 것이 있습니다. 일단 돈이 없고 지혜가 없습니다. 그 대신 앞으로 살 기간이 몇십 년이 있고 죽는 것을 생각하지도 않습니다.

그러나 노인이 되면 일단 힘이 없고 아프기 시작합니다. 허리부터 아프기 시작하고 나중에는 온 데가 다 아프게 되는데 이제는 정말 죽을 날만 바라보게 됩니다. 그래서 정년퇴직을 하고 나면 그 뛰어난 지식을 가지셨던 분들도 무엇을 해야 할지 모르는 것입니다. 처음에는 자전거도 타고 등산도 다니고 외국 여행도 가지만 나중에는 다 힘들어지게 됩니다. 나중에 할 수 있는 것은 죽는 시간을 기다리는 것밖에 없습니다. 노인은 힘이 없고 살 시간이 많이 남지 않았습니다. 그러나 돈은 벌어놓은 것이 있고 지혜는 엄청 많습니다. 그러나 젊은이들은 그것을 잔소리라고 생각해서 상대하려고 하지 않습니다. 그러나 그리스도 안에서 늙는 것은 보물 중의 보물입니다. 그 자체가 보물이고 기름 덩어리이고 부흥의 불이 바로 붙을 수 있는 것입니다.

그런데 예수님은 베드로의 장래를 띠 띠는 것으로 말씀하셨습니다. "네가 젊어서는 스스로 띠 띠고 원하는 곳으로 다녔다"고 했습니다. 유대인들은 띠를 띠는 방식이 두 가지 있습니다. 하나는 허리에 띠를 띠는 것입니다. 이것이 정식으로 띠를 띠는 것입니다. 그런데 달리기나 전쟁할 때에는 밑으로 처진 옷을 접어서 띠를 다시 띱니다. 이것이 전쟁하거나 일하는 자세입니다. 베드로는 젊어서는 많은 영적인 전쟁을 치를 것입니다. 그런데 베드로는 늙어서까지 살 것입니다. 왜냐하면 "늙어서는"이라고 하셨기 때문입니다. 베드로는 야고보 같이 빨리 죽지 않고 늙어서까지 살 것입니다. 주님은 베드로에게 충분한 시간을 주실 것을 말씀하셨습니다.

그런데 늙으면 베드로는 팔을 벌리고 다른 사람이 그의 띠를 띠게 될 것입니다. 사람들은 대개 늙어도 띠 정도는 스스로 띨 수 있습니다. 팔십이 넘은 분들도 벨트 정도는 스스로 띠고 교회를 오실 수 있습니다. 그런데 팔을 벌리고 남이 띠를 띠우는 것은 체포된 사람의 자세입니다. 그래서 요한도 베드로가 어떤 죽음으로 영광 돌릴 것인지 말한 것이라고 해석했습니다. 아마 이 글을 쓸 때 베드로는 이미 죽었을 것입니다. 아마 요한은 오래 살아서 모든 사도들이 다 죽은 후에 다음 세대 사람들에게 복음과 예수님의 사랑을 전하는 것이 그의 사명이었던 것 같습니다.

우리는 모두 죽는 것을 두려워합니다. 죽은 후의 가족이나 자기가 사랑하는 모든 것과의 헤어짐도 두렵고 또 죽음의 고통도 두려워합니다. 그러나 늙어서나 젊어서나 주님을 위해서 죽는 것은 최고의 영광입니다. 그러나 주님을 위해서 죽는 기회는 아무에게나 오지 않습니다.

베드로는 주님의 품에 늘 의지했던 요한은 어떻게 되느냐고 주님께 물었습니다. 그랬더니 주님은 "그를 내가 다시 올 때까지 살려주어도 너와 무슨 상관이 있느냐"고 말씀하셨습니다. 여기서 우리가 알 수 있는 것은 사람이 살고 죽는 것을 주님이 결정하신다는 것입니다. 교인 중에 아무리 기도해도 병이 낫지 않는 분이 있습니다. 그분은 주님이 부르고 있는 것입니다. 그러나 주님이 살라고 명하시면 기적적으로 병이 낫습니다. 우리는 다른 사람이야 살든지 죽든지 나만의 길이 있습니다. 우리는 자신의 길을 끝까지 가야 합니다. 그러나 후회 없이 가장 가치 있게 살아야 합니다. 시간을 허비하지 마시고 가장 아름답고 가치 있는 인생을 사시는 성도들이 다 되시기 바랍니다.